이탈리아 해상법

이 도서의 국립중앙도서관 출판시도서목록(CIP)은 서지정보유통지원시스템 홈페이지(http://seoji.nl.go.kr)와 국가자료공동목록시스템(http://www.nl.go.kr/kolisnet)에서 이용하실 수 있습니다.(CIP제어번호: CIP2014016706)

이탈리아 해상법

채이식 저

세창出판사

머 리 말

해상법은 오랜 역사를 가지고 서서히 발전되어 왔다. 해상법은 또한 다른 어떤 법보다 국제화된 법이기에 해상법을 이해하고 그 발전 방향을 가늠하려면 해상법이 발전하여 온 발자취를 살피고 세계 여러 나라 해상법과 비교하는 것이 필수적이다. 이러한 노력의 일환으로 필자는 이미 많은 나라 해상법을 소개한 바 있다. 이탈리아는 지중해 중심에 자리 잡은 중요한 나라이지만 우리나라에는 아직 이탈리아법이 별로 소개되지 못하였다. 이러한 어려운 환경 속에서 필자는 제한된 시간 내에 이탈리아 해상법 중 그 법전만이라도 우리나라에 소개하려고 시도하였다. 이러한 노력을 하는 도중에 관심을 넓혀 이전에 이탈리아에 있었던 해상법인 1865년 이탈리아 해상법 및 1882년 이탈리아 해상법을 추가하고, 나아가 책의 초입에 이탈리아 해상법 전반에 관한 약간의 해설도 추가하였다. 제한된 시간에 이처럼 필자의 능력을 넘는 시도를 하다 보니 자연 많은 사람으로부터 도움을 받게 되었다. 특히 로마대학 해상법연구소 소장인 Leopoldo Tullio 교수 및 동 연구소 연구원인 Giovanni Marchiafava 박사, 사르데니아 갈리알리대학 법대학장이며 해상법교수인 Massimiliano Piras 교수, 동 대학 해상법교수인 Luca Ancis 교수, 동 대학 해상법 연구원인 Vanna Cuccu 박사 등의 헌신적인 도움이 없었다면 이 책이 출판될 수 없었을 것이다. 이들에게 이 자리를 빌려 심심한 감사를 드린다.

그리고 어려운 환경속에 출판을 맡아주신 세창출판사 이방원 사장님과 꼼꼼하게 정성을 들여 교정을 맡아주신 임길남 상무님에 감사드리며 조판과 정리를 맡아 일하신 강윤경 님에게도 감사드린다. 그리고 변함없는 우정으로 나의 연구와 학교 생활에 항상 든든한 후원자로 버팀목이 되어 주시고 이번에도 이 책이 출판될 수 있도록 재정적인 지원을 하여 주신 해송법률문화재단 정유근 이사장님에게도 진심어린 마음으로 다시 한 번 감사드린다.

마지막으로 이 책은 나와 개인적으로는 흉금을 털어놓는 오랜 친구이고 업무상으로는 내가 IMO에서 활동하는 오랜 기간 동안 든든한 후원자로 많은 도움을 준 전 주영 이탈리아대사관 해무관이었고 IMO Facilitation Committee의 의장이었던 Adm. Giancarlo Olimbo 제독에게, 나의 감사를 전하고 변하지 않는 우정을 새기면서, 이 책을 정중히 증정하고자 한다.

2014년 4월 30일

고려대학교 법학전문대학원 연구실에서

채이식

PREFAZIONE

Il diritto della navigazione si è andato perfezionando durante la sua lunga storia, ed essendosi internazionalizzato più di qualsiasi altro diritto, se si vuole comprenderlo bene e valutarne le direttrici di sviluppo è essenziale esaminare il percorso di tale sviluppo e confrontarlo con quello degli altri paesi del mondo. Come parte di questo sforzo, ho già presentato il diritto della navigazione di molti paesi. La legislazione italiana non è stata ancora molto presentata in Corea, nonostante che l'Italia sia un paese importante situato al centro del Mar Mediterraneo. In questo difficile contesto, entro i limiti di tempo a disposizione, ho cercato di presentare in Corea, almeno il Codice del Diritto della Navigazione Italiano. Nel compiere questo sforzo, ho esteso il mio interesse al precedente Diritto della navigazione italiano del 1865 e del 1882, aggiungendo all'inizio del libro un breve commento sull'insieme della legislazione italiana sulla navigazione. Nel fare questo tentativo che supera le mie capacità, in un tempo limitato, ho naturalmente ricevuto l'aiuto di tante persone. In particolare, la pubblicazione di questo libro non sarebbe stata possibile senza il prezioso aiuto del Prof. Leopoldo Tullio, Direttore dell'Istituto per lo Studio del Diritto dei Trasporti dell'Università di Roma, del Dott. Giovanni Marchiafava, ricercatore del medesimo Istituto, del Prof. Massimiliano Piras, Preside della Facoltà di Giurisprudenza dell'Università di Cagliari in Sardegna e docente di Diritto della navigazione, del Prof. Luca Ancis, docente di Diritto della navigazione e della Dott.ssa Vanna Cuccu, ricercatrice di Diritto della navigazione, entrambi nella medesima Università di Cagliari, ed altri. Attraverso questo libro vanno a loro i miei più cordiali ringraziamenti.

Ringrazio anche Bangwon Lee, Presidente della casa editrice Sechang che ha pubblicato questo libro nonostante le difficoltà, il Direttore Gilnam Im che si è occupato accuratamente delle correzioni e Yunkyung Kang che ne ha curato la composizione e l'impostazione. Inoltre vorrei ringraziare di cuore ancora una volta Yugeun Jeong, Presidente della Fondazione Culturale per il Diritto Haesong, che con costante amicizia mi è sempre stato di solido supporto nella mia ricerca e nella vita accademica, e che anche in questa occasione col suo supporto finanziario ha reso possibile la pubblicazione di questo libro.

Infine vorrei, ringraziando e con immutata amicizia, cortesemente dedicare questo libro all'Ammiraglio Giancarlo Olimbo, ex Addetto militare navale dell'Ambasciata d'Italia in Inghilterra ed ex Presidente dell'IMO Facilitation Committee(Comitato sulle Facilitazioni dell'Organizzazione Marittima Internazionale), mio vecchio e intimo amico personale e che dal punto di vista lavorativo mi ha molto aiutato e mi è stato di solido sostegno durante il lungo periodo in cui ho lavorato all'IMO.

30 Aprile 2014

Lee-Sik, Chai

Facoltà di specializzazione in Giurisprudenza dell'Università Korea

차 례

이탈리아 해상법 해설

CODICE DI COMMERCIO 1865

1865년 이탈리아 상법

CODICE DI COMMERCIO
(R.D. 31 OTTOBRE 1882, N. 1062)

1882년 이탈리아 상법

CODICE DELLA NAVIGAZIONE
Approvato con R.D. 30 marzo 1942, n. 327
(con succ. mod. e integr. sino al 2002)

1942년 이탈리아 항행법(해상법 및 항공법)

이탈리아 해상법 해설

이탈리아 해상법 해설[1)]

제1 해상법 일반

1. 취　지

이 책은 이태리 해상법을 우리나라에 소개하는 것을 목적으로 이탈리아 해상법전의 1865년부터 2003년까지의 변경 과정을 추적하고 번역하여 이를 독자에게 제시하고자 하는 것을 목표로 한다. 이탈리아 해상법은 지금까지 우리나라에 전혀 소개된 일이 없었다. 이탈리아 법 자체가 종래 우리나라에서 많은 학자들의 관심을 끌지 못했다. 이탈리아 해상법을 연구하려면 이탈리아 민법 기타 사법 전반에 대한 이해가 전제되어야 하는데, 다행히도 이탈리아 민법에 대하여 약간의 연구가 이루어졌고,[2)] 이것이 필자가 이탈리아 해상법을 공부하는 데에 많은 참고가 되었다. 이탈리아 사법 전반에 대한 연구와 이해가 부족한 상태에서 이탈리아 해상법을 깊이 있게 연구한다는 것은 사실 거의 불가능하기에, 필자는 처음부터 목표를 조금 낮추어 잡아서 이탈리아 해상법 법전을 번역하여 우리나라에 소개하기로

---

1) 이 부분은 본인이 발표한 한국해법학회지 2012년 11월 제34(2)회 분에 게재한 내용을 수정한 것이다.

2) 광운대학 법학과 김동민 교수님이 이탈리아 민법에 관심을 가지시고 이탈리아 채권법(고대출판부, 2011)이라는 서적을 출판하시었다.

정한 다음, 이탈리아에 일시 유학하고서 로마대학 해상법 연구소의 도움을 받아 이탈리아 현행 해상법 법전을 번역하여 소개하는 논문을 발표하였고, 이후에 필자는 로마대학 해상법 연구소의 도움으로 해상법이 아주 강한 학교인 이탈리아 Sardenia 섬에 있는 Cagliari 대학 법과대학에 다시 가서, 동 대학에서 해상법 전공 교수로 현재 동 대학 학장을 맡고 있는 Piras 교수의 적극적인 지원을 받고 동 대학 해상법 전공 교수인 Ancis 교수의 자문을 받아 이탈리아 해상법을 공부하는 기회를 가졌다. 이 과정에서 현행 1942년 이탈리아 해상법이 입법되기 이전에 이탈리아가 1861년 독립된 직후에 공포된 이탈리아 최초의 1865년 이탈리아 해상법이 있고 이 법이 개정되어 제정된 1882년 이탈리아 해상법이 있다는 사실을 발견하고 이를 모두 한데 묶어 이 책에서 같이 소개하기로 하였다. 그리하여 필자가 이미 번역하여 놓은 1) 1682년부터 2002년까지의 프랑스 해상법 법전과 2) 1737년부터 2004년까지의 스페인 해상법 법전과 시리즈로서 일체를 이루고, 나아가 필자가 정리하고 번역하여 출판한 3) 1898년부터 현재까지의 한국, 중국 및 일본의 해상법 법전과도 대비를 시도하였다. 이러한 과정에서 1865년 이탈리아 해상법과 1882년 이탈리아 해상법은 모두 우리 현행 해상법과 같이 상법전의 일부에 해당하는 규정이지만, 이와 달리 오늘날 시행되는 1942년 이탈리아 해상법은 특별법인 항행법에 포함되어 있고, 여기에는 상법상 해상법에 해당하는 규정 이외에도 1) 해사 행정 및 2) 해사 절차에 관한 규정이 함께 규정되어 있는 사실도 알게 되었다. 이 두 분야의 규정도 해상법을 이해하는 데에 참고가 될 것이라고 판단되어, 필자의 능력이나 할애된 지면에 비추어 다소 무리가 있지만, 이를 함께 변역하여 본서에 삽입하기로 하였다. 상법적 의미의 해상법이 아니라 이처럼 통합적인 의미의 해상법을 갖는 것은 스페인, 케나다 등에서 시도된 바 있는 새로운 시도요 세계적인 경향이기도 하다. 그리고 이 이탈리아 항행법에는 항공운송에 관한 규정도 포함되어 있지만, 이는 위 여러 서적에는 없는 것으로 이 책의 목적을 벗어나는 것이라고 생각되어 이를 이 책의 범위에서 제외하였다. 해상법이 갖는 국제성에 비추어 이러한 단순한 법전의 소개도 학문적으로 의미가 있다고 생각된다. 이러한 해상법에 대한 비교법적인 고찰을 통하여 장차 입법 방향을 정하는 데 있어 많은 참고가 될 것이며, 나아가 우리 해상법을 해석하고 적용하는 데에도 참고가 될 수 있다고 생각한다. 다만 제한된 시간과 필자의 능력의 한계 때문에 이탈리아 해상법을 충분히 이해하고 소화한 다음 이를 소개하지 못한 것은 이를 대단히 아쉽게 생각한다. 다만 이러한 법전을 소개하기 이전에 여기 서문에서 개략적이나마 이탈리아 해상법의 줄거리를 소개하여 법전을 읽는 독자의 이해를 돕고자 한다.

이탈리아라는 국가가 유럽연합 내에서 차지하는 경제적인 지위나 우리나라와의 교역 기타 물자 교류의 규모에 비추어 이탈리아 해상법의 이해는 국익과도 무관한 것이 아니라고 생각된다. 필자는 이러한 의미에서 이 책을 집필하는 데에 쏟아 부은 많은 개인적인 재원과 어려운 수고가 헛되지 아니하기를 바라고, 또 후학들이 해상법을 이해하는 데에 조금이라도 도움이 된다면 그것으로 위안을 삼고자 한다. 필자는 제한된 시간 내에 이러한 거대한 과제를 달성하여야 하는 상황하에서 한정된 자료에 의존할 수밖에 없었음을 솔직히 고백한다. 제한된 시간 내에 이탈리아 언어를 배워야 하고 해상법의 전제가 되는 이탈리아 사법 일반에 대한 이해를 위해 노력하여야 했기에,[3] 자연히 연구가 깊이 있게 수행될 수 없었으며, 결과적으로는 필자가 보유한 몇 가지 서적에 주로 의존할 수밖에 없었다. 행운이라면 이러한 연구 과정에서 로마대학(Sapienza) 해상법연구소 및 Sardenia의 Cagliari 대학 법과대학의 많은 도움이 있었고, 이 책을 통하여 이들에게 감사를 드린다.[4]

---

3) 이탈리아 민법을 이해하기 위하여 요약한 수험서에 불과한 Diritto Civile per tutti I concorsi(2012, 2nd ed., Alpha Test)에 의존하였다. 동 서적은 비록 권위 있는 서적은 아니지만 필자가 용어와 이탈리아 민법의 기본 접근 방식을 이해하는 데에는 많은 도움이 되었다. 이 책으로 해결되지 아니하는 부분은 민법 서적으로 Linguaggio e Regole del Dritto Privado, Giovanni Ludica & Paolo Zatti 저(12th ed. Cedam)를 참조하였고 상법서적으로 Manuale di Diritto Commerciale, A Graziani 외 2인 저(14th ed. Cedam)를 참조하였다.

4) 동 연구소 소장인 Leopoldo Tullio 교수와 Giovanni Marchiafava 박사가 많은 도움을 주었다 특히 Marchiafava 박사는 이탈리아 해상법을 영문으로 번역하여 약간의

2. 역 사

이탈리아는 지정학적으로 지중해 한가운데에 위치하여 있고 역사적으로 로마를 중심으로 근대 유럽 문명의 중심에 서서 그 근간을 형성하는 데에 중추적 역할을 한 국가이다. 수천 년 동안 지중해가 세계 교역의 중심지이었고 그러한 교역을 통하여 많은 상관행과 상관습이 생겨났을 것이라는 것은 쉽게 추측이 가능하다. 현재 우리에게 남아 있는 해상법전으로 초기 지중해 해상운송과 관련된 법으로 '로드 해법'이 있다. 그리고 이 지중해 한가운데 위치하여 있고 막강한 정치력을 겸비하였던 로마 제국이니만큼 이탈리아를 중심으로 해상법에 관한 많은 법과 관행이 형성되었을 것이라고 생각된다. 근대 사법의 형성에 중추적인 역할을 한 로마법을 생각할 때에 근대 해상법의 형성에 있어서도 당연히 로마법이 많은 영향을 미쳤을 것이라고 추측된다. 그러나 로마는 본래 도시 국가이지만, 다른 여러 도시 국가와 달리, 해외 무역에 국가의 명운을 건 국가는 아니었다. 해외 식민지의 건설에 많은 관심을 가졌지만, 일단 식민지가 건설된 다음에는 그 피지배 국가와는 공무역이 중심이 되었다. 로마제국에서도 해상운송은 사적인 선박이 주류를 이루었다고 한다.[5] 그러나 상업을 천시하였던 로마 제국에서는 비록 해상운송이 공적 성격을 가지고 국가적으로 중요한 곡물을 제공하는 수단이었지만, 운송을 위탁하는 국가와 운송을 실행하는 천민 사이에 동등한 지위란 있을 수 없고 그 결과 해상법이 발전될 소지는 매우 적었다. 물론 로마법에도 일부 해상법의 흔적을 발견할 수 있다. 그러나 사적인 거

해설을 곁들인 The Italian Code of Navigation, Translation and Commentary(Plinio Manca)의 복사본과 위 Tullio 해상법연구소장이 집필한 해상법 법전도 보내주었다. 이 자료가 없었다면 이탈리아 언어와 사법지식이 제한되어 있는 필자가 이탈리아 해상법을 아주 짧은 시간 내에 이렇게 자신 있게 번역할 수 없었을 것이다. 그리고 위 Tullio 교수는 내가 이해하지 못하는 많은 논점에 대하여 친절히 답장을 하여 주었다. 이 두 분에게 특히 감사드린다.

5) Economia privata e pubblici servizi nell'impero romano : i corpora naviculariorum, Lietta de Salvo(Samperi, 1992), 23면부터 27면 참조; 이 책은 로마제국의 해운을 이해하는 데에 많은 도움을 준다.

래를 기초로 하는 해상법은 관심이 미미했다. 로마라는 국가가 서기 500년경에 실질적으로 소멸하자 원래부터 미미하였던 로마법상 해상법은 완전히 자취를 감추고 말았다. 현재는 남아 있는 법전을 통하여 단편적인 내용이나마 로마법상 해상법의 흔적을 찾아볼 수 있을 뿐이다.[6] 그러다가 로마가 멸망한 후 여러 이민족의 지배를 받으며 1000년이 넘는 기간이 지난 다음에야 이탈리아 반도에 해상 무역을 주된 국가 산업으로 삼고 발전한 제노바, 베네치아 같은 도시국가가 출현하게 되었다. 이 도시국가들은 한때 지중해를 무대로 하여 동서를 연결하는 무역의 중추로서 기능을 하였고 이 도시국가에서 근대적인 의미의 해상법이 생겨났다. 그러나 그 이후에 세계 교역의 중심이 지중해에서 대서양으로 이전되고 이후 이들 이탈리아 도시국가는 차츰 그 세력을 잃게 되었다. 그 과정에서 이러한 도시국가는 당시 선진 관습법이나 상관행을 이들 국가에 전수하는 데에는 성공하였지만, 이후 스스로 자기 해상법을 발전시켜 나가는 데에는 실패하였다. 이러한 도시국가에서 시행되던 해상법이 17세기를 거치면서 이탈리아보다 먼저 근대국가로 형태를 갖춘 프랑스, 스페인, 네덜란드 등에 계수되어 오늘날 근대 해상법으로 자리 잡게 되었다. 그리고 19세기에 와서 이러한 국가에서 발전되고 확립된 해상법이 다시 역으로 이탈리아에 들어와 오늘날 이탈리아 해상법으로 자리 잡게 되었다. 로마는 도시국가에서 출발하였고 마지막 멸망에 이르기까지 도시국가로 남아 영토를 확장하였고, 로마가 오늘날 이탈리아 반도 전부를 근거지로 삼고 독자성을 보유한 국가로 존재하였던 것이 아니었고, 이탈리아가 오늘날과 같이 이탈리아 반도를 점령하고 독립된 국가로 역사에 출현한 것은 19세기에 이르러 비로소 나타난 현상이었으며, 그리하여 지금도 이탈리아 사람은 많은 사람들이 이탈리아라는 국가보다

6) 로마법을 집대성한 유스티아누스 법전(Codex)에도 해상법에 관한 규정이 전혀 없고, 다만 실무가들과 학자들이 법사상과 원리 및 구체적인 사건을 해설한 법학전집(Digest) 제4부에 1) 의장자의 책임 및 2) 투기에 관한 해설이 있다. 동 법학전집에 있는 법이론과 견해는 법적인 효력이 부여되었다 ; 로마법, 현승종, 조규창(법문사 1996년), 179면 참조.

각 소속 지역에 대하여 더욱 연대감, 소속감을 깊이 느끼고 있다. 로마가 멸망하고 1500년이라는 긴 공백 기간이 있었고 로마 자체가 본래 도시국가라는 점을 고려하면, 이러한 단절은 쉽게 이해가 되는 측면도 있다.[7]

이탈리아는 그 선입견과 달리 적어도 법률문화 특히 해상법의 측면에서 보면 19세기 말에 비로소 형성된 신생국가이고, 1861년에 이탈리아가 독립된 직후인 1865년에 와서야 비로소 해상법이 최초로 제정되었다. 1861년에 독립되기 이전 이탈리아는 프랑스의 지배를 받고 있었다. 그 결과 1865년 이탈리아 해상법이 제정되기 이전에는 프랑스 상법, 즉 1807년 나폴레옹 상법전이 이탈리아에서 시행되었고, 동 상법전 중 해상편이 해상법으로서 역할을 하였다. 그리하여 1865년 이탈리아 해상법은 이전부터 시행되어 오던 나폴레옹 상법전을 여러 부분에서 모방하여 제정되었다. 이 최초 1865년 이탈리아 해상법은, 1882년 제1차 개정을 거쳐, 1942년에 제정된 항행법의 일부로 오늘날의 해상법으로 자리 잡게 되었다.

3. 체 계

1865년 해상법은 상법전의 일부로서 거기에 해상편(編)으로 자리 잡고 있었고, 이러한 전통은 1882년 해상법에도 이어져서 마찬가지로 해상법이 상법전 내에서 해상편으로 존재하였다. 이와 달리 1942년 해상법은 상법전의 일부가 아니라 「항행법」이라는 독립된 법전에서 그 일부로 존재하게 되었다. 나폴레옹 상법전 이후 대륙법 체계하에서는 일반적으로 상사법과 해상법을 묶어서 하나의 법전으로 체계화하여 왔고 이러한 전통은 오늘날 우리나라 해상법에까지 이어져 왔다. 해상법이 회사법 기타 분야를 규

---

7) 로마에 대한 많은 역사 서적이 있지만 이탈리아에 대한 역사책이 아주 희귀한 것도 이 때문이다. 이탈리아는 로마가 멸망하고 난 이후 다른 강대국의 일부로 남아 있었고 따라서 그 나라 역사에 편입되어 존재하였다. 소박한 의미에서 이탈리아를 설명한 책으로 『이야기 이탈리아사』(후지사와 미치오 지음/임희선 옮김, 일빛사)를 예로 들 수 있다.

율하는 상법과 함께 수평적인 자리로 매김하여 그 속에 편입됨으로 인하여 상법 전반에 걸친 공통적인 일반원리가 있어 그 규범이 해상법에도 적용되는 형식을 갖게 되었다. 그리고 민법이라는 일반법이 존재하고 그 위에 우선하여 적용이 되는 해상법을 포함한 상법이 존재하는 형식을 취하게 되었다. 이는 해상법의 입장에서 보면 다른 한 측면에서는 그 지위의 격하를 의미하고 나아가 독자성의 훼손에 해당한다. 해상법이 독립적인 법률 형태로 유지되고 있다고 함은 이러한 맥락에서 보면 나폴레옹 상법전 이전의 본래 의미의 해상법으로의 회귀를 의미한다.[8] 다른 한편 해상법이 상법의 일부로 남아 그 사법적인 성격을 가진 법의 일부로 발전하는 근대적인 추세에서 역행하는 시대에 뒤떨어진 수구적인 입법이라는 주장도 가능하다.

이탈리아 현행 해상법의 가장 큰 특색은 해상법이 독자적인 형태로 존재하고 우리 해상법과 같이 상법의 일부로 존재하는 것이 아니라는 것이다. 즉 이탈리아 해상법은 우리 해상법과 같이 대륙법에 기초하고 있으면서도, 그 체계와 구성에 있어 우리 해상법과 근본적으로 많은 차이를 보이고 있다. 1940년경에 이루어진 개혁 입법에서 이탈리아는 민상법을 구분하지 아니하고 하나의 법전으로 통합하여 입법을 하여, 이른바 "민상법 통일의 원칙"을 채택하였다. 민상법이 통일되어 단일한 사법으로 존재할 때에 그러한 체계 속에서 해상법이 설 자리는 매우 제한될 수밖에 없다. 미세하고 구체적인 규칙을 전제로 하는 해상법을, 그 분량이 많은 기본법인 민법에 추가하여 결합한다는 것은 우선 형식상 매우 어렵다. 그 결과 해상법은 자연히 민법의 특칙으로 자리 잡게 되었다. 그리고 해상법 내에도 여러 곳에서 민법을 인용하기도 하고 해상법이 거기에 추가한 특칙임을 명시하기도 한다. 이로 인하여 민법과 구별되는 별도의 '상법적인' 특성을 해상법 내에서 추구하는 일은 없어졌고 그 결과 이탈리아 해상법은 상법적인 특성은

8) 이탈리아가 나폴레옹의 치하에 있었고 당시에는 나폴레옹 상법전이 이탈리아에도 적용되었다고 한다. 그리하여 1942년 현행 항행법이 시행되기 이전에는 해상법이 상법의 일부로 남아 있었다고 한다; A.L. D'Ovidio, G. Pescatore & L. Tullio 저, Manuale di Diritto della Navegazione, 12th ed.(2011, Giuffre Editore), 17면 내지 23면 참조.

감소되었다고 할 수도 있고, 다른 한편 이탈리아 해상법은 그 독자성이 한층 강화되었다고 할 수 있다. 이처럼 해상법이 그 독자성을 강화할 것인지 혹은 사법으로 남아 상법적인 특성을 추구할 것인지 여부는 근대 해상법이 갖는 고민이다. 이처럼 독자성이 강조되자 그에 따른 발전 방향도 우리 해상법과 완전히 달라져 해상법이 통합적, 종합적인 성격을 갖게 되었다.

이탈리아 항행법에는 주로 해상운송에 관한 사법 규정이 거기에 포함되어 있지만, 여기에 추가하여 해상운송 행정에 관한 규정도 거기에 같이 포함되어 있다. 이탈리아 항행법 제1부 '해상에 관한 규정'은 총 4편으로 구성되어 있고 그 제1편이 해상운항 행정에 관한 규정이다. 그리고 제2편은 선박의 소유와 의장, 제3편은 항해와 관련된 채권, 제4편은 해상운송과 관련된 민사절차에 관한 규정이다. 그리하여 우리나라 해상법의 관점에서 보면 이탈리아 항행법 제1부 내에 있는 제2편과 제3편이 협의의 의미로 해상법에 해당된다고 할 수 있다. 제1편에서 규정한 행정적 사항의 범위는 약간 불분명하다. 다만 확실한 것은 동 규정이 해상운송 행정 전반을 모두 규율하려고 하는 것은 아니라는 것이다. 이에 해당하는 규정의 조문이 그 수에 있어 217개에 불과한 것이[9] 이를 단적으로 증명한다. 그리고 이처럼 해상운송 행정에 관한 사항을 해상법으로 묶어 같이 규정하는 방식은 근대 해상법의 모태에 해당하는 1681년 「프랑스 해사칙령」의 태도이기도 하고, 다른 한편 해상법의 독자성을 반영한 것이기도 하다. 이로 인하여 해상법이 갖는 사법적인, 특히 상법적인 특성이 약화되었고, 또 이로 인하여 해상법이 사법의 일부로서 정신을 반영하고 다른 사법과 조화롭게 발전하여 나가는 데 장애가 될 수 있음은 물론이다.[10]

이탈리아 해상법의 다른 하나의 큰 특색은 해상운송법과 항공운송법

---

9) 이탈리아 항운법 제15조부터 제231조까지이다. 조문 숫자도 위와 마찬가지 이유로 대략 계산한 것이다.

10) 1942년 이전에는 해운행정, 국제업무, 형사처벌 및 절차법을 다루는 독립된 법인 해운법(Codice per la Marina Mercantile)이 있었고 이 법이 해상법과 함께 1942년 항행법으로 통합되었다 : A.L. D'Ovidio, G. Pescatore & L. Tullio 저, Manuale di Diritto della Navegazione, 12th ed.(2011, Giuffre Editore), 17면 내지 20면 참조.

이 결합되어 하나의 법전을 형성하고 있다는 것이다. 종래 항공운송에 관한 법률이 별도로 없었을 때에[11] 항공운송에 대하여 해상운송에 관한 규정을 준용하여야 한다고 보는 것이 보통이었다.[12] 이는 해상운송과 항공운송이 적어도 그 운송 용구와 방법에 있어 유사한 점이 많고 따라서 법적인 규제도 유사하다는 것을 말해준다. 이탈리아 해상법은 그 명칭부터 항행법(Il Codice della Navegazione)이라고 되어 있다. 동법 제1부는 해상운항법(Navegazione Marittima e Interna), 제2부는 항공운항법(Navegazione Aerea)으로 되어 있으며, 해상운송과 항공운송으로 양분하여 해상운송은 약 671조문, 항공운송은 약 392개 조문[13]을 두고 있다. 이 분량에 비추어보면 이탈리아 항행법이 이 양 분야에 비슷한 무게를 두고 입법을 하였음을 알 수 있다. 그리고 해상운송과 항공운송이 그 운송 용구와 방법에 있어 많은 유사점이 있다면 제1부에서 먼저 규정을 하여 두었던 해상운항법의 규정이 항공운항법의 규정에서 많이 인용될 것도 같은데, 이러한 예상과 달리 실제로 양 규정은 서로 연관이 없이 별도로 독자적인 입법의 형태를 유지하고 있다. 그럼에도 불구하고 우선 양 분야 입법이 하나의 법전 속에서 제1부와 제2부로 양분되어 쌍벽을 이루고 있다는 그 자체가 양 법률의 유사성을 말하여 준다고 생각된다. 제3부에 있는 186개 조문은 형사 및 행정 처벌에 관한 규정이고, 마지막 제4부에 있는 66개 조문은 입법 및 그 개정 시에 적용될 부수적, 전환기적인 상황에 관한 규정이다.[14] 이러한 제3부와 제4부의 규정은 모두 해상운송과 항공운송에 공통적으로 적용될 규정으로 항행

11) 2011년 상법 개정으로 이제 우리 상법전 내에도 항공운송을 규율할 규정이 마련되었다.

12) 육상운송에 관한 규정을 유추 적용하여야 한다는 주장이 일본에서 통설로 인정받고 있다. 국내에서도 이러한 견해를 가지신 분도 있었고, 육상운송과 해상운송에 관한 규정을 모두 유추 적용하여야 한다는 주장도 있었다(자세한 것은 임홍근, 상행위법, 법문사, 1989, 794면 참조).

13) 해상운송에 관한 규정은 제15조부터 제686조까지이고 항공운송에 관한 규정은 제687조부터 제1079조까지이다. 그리하여 이 조문 숫자는 그 중간에 있는 삭제된 부분 혹은 추가된 부분을 계산하지 아니한 숫자이다.

14) 제3부는 제1080조부터 제1265조까지이며 제4부는 제1266조부터 제1331조까지이다.

법의 통합성의 한 표현이라고 해석된다.

4. 형 식

이탈리아 해상법을 담고 있는 이탈리아 「항행법」은 법률의 형식을 취하고 있다. 이탈리아는 최고 상위 규범으로 성문 헌법을 가진 국가이고 헌법에 따른 적법절차를 거쳐 국회를 통과한 법률이 그 다음으로 헌법에 배치되지 아니하는 범위 내에서 효력을 발휘한다. 헌법재판소가 있어 그 판결에 의하여 헌법에 위반되는 법률은 효력을 잃게 된다.[15] 이탈리아 항행법도 이탈리아 헌법에 기하여 법률로서 효력을 갖는다. 대통령령과 여타 각령은 원칙적으로 법률과 상치될 수 없으며 상위 법률과 상치되는 대통령령과 각령은 그 효력이 없다. 그러나 상위 규범에 아무런 규정이 없는 경우, 즉 상위규범과 충돌하지 아니한 경우, 비록 상위규범에 입법적인 근거가 없는 경우에도 비교적 광범위하게 하위 규범으로 국민의 권리와 의무에 관한 사항이 정하여진다. 이러한 규제 방식은 이탈리아 헌법에서도 그 가능성을 명시적으로 규정하고 있고,[16] 실제 관행도 우리나라에서 반드시 법률로 정해야 할 사항이 하위 규범의 형식으로 흔히 존재한다. 그리하여 해상법의 경우에도 많은 사항이 각령으로 규율되고 있고 이 각령을 모두 이해하여야 비로소 진정한 의미에서 이탈리아 해상법을 이해할 수 있다.[17] 이는 프랑스법, 스페인법 등 라틴계 법제하에서의 일반적인 경향이기도 하다.[18]

해상법이 갖는 중요한 특색이 그 국제성이다. 이를 반영하여 해상법에

15) 이탈리아 헌법 제136조.

16) 이탈리아 헌법 제77조 참조.

17) 특히 이탈리아 헌법 제77조 참조 : 그럼에도 불구하고 이 책에서는 시간적인 제약 때문에 주로 위에서 본 항행법의 내용을 중심으로 검토하고자 한다.

18) 자세한 것은 Dritto Costituzionale, Roberto Bin & Giovanni Pitruzzella (Giappichelli, 13th ed., 2012) 365면 내지 370면 참조.

관련된 많은 국제조약이 있고, 대부분 선진국은 이 조약에 기초하여 해운 활동을 규제하고 있다. 이탈리아도 선진 해운국으로 많은 국제조약에 가입하여 있고 이 조약에 기초하여 국내외 해상운송을 규율하고 있다. 이탈리아 헌법 제10조는 이탈리아가 일반적으로 인정되는 국제법을 준수할 것을 천명하고 있다. 이탈리아 헌법에 의하면 대통령이 국제조약을 체결할 권한을 가지지만[19] 조약의 내용이 정책적인 사항, 중재 기타 사법적인 규제, 국토의 변경에 관한 사항, 경제적인 부담이 오는 사항 및 기존 법률의 변경에 관한 사항이면 원칙적으로 국회의 동의를 얻어 법률의 형식으로 승인을 받아야 하며[20] 대통령은 사전에 이러한 동의를 받아 해당 부처의 부서를 거쳐 조약을 체결하여야 한다. 해상법에 관한 국제조약은 대부분 여기에 해당되기 때문에 원칙적으로 국회의 동의를 받아야 하고 법률의 형식으로 국내에서 그 효력을 갖는다.[21] 체약을 허용하는 근거 법률에는 조약의 내용을 적시함이 없이 혹은 조약을 첨부하여 비준을 허용하는 입법도 있고, 이와 달리 조약의 내용을 모두 구체화하여 법률의 형식으로 정식으로 국내법으로서 효력이 생기도록 하는 방법도 있다.[22] 또 비준과 동시에 바로 국내법으로 발효되는 방식도 있고 조약이 발효되는 장래에 발효가 되는 방식도 있다. 비준을 허용하는 입법이 있다 하더라도 실제로는 비준을 하지 아니하여 발효가 전혀 되지 아니할 수도 있다.[23]

이러한 정상적인 조약의 체결과 발효 절차와는 달리 국제기구에서 정한 규범이 바로 국내법으로 효력을 갖는 수도 있다. 유럽 연합의 규칙이 그 예이다. 물론 그 기구의 구성과 그 기구에서 규범을 정할 권한이 조약에 의

---

19) 이탈리아 헌법 제87조.

20) 이탈리아 헌법 제80조.

21) 조약의 체결을 허용하는 이 법률의 내에 조약이 첨부되는 것이 보통이다.

22) 이러한 정식으로 효력이 생기는 방식을 일반절차(procedimento ordinario)라고 하고 내용을 적시하지 아니하고 포괄적으로 체약을 허락하는 방식을 특별절차(procedimento speciale)라고 한다; Corso di Diritto Costituzionale, Augusto Barbera & Carlo Fusaro(il Mulino 2012), 60면 참조.

23) 선주책임조약이 그 예이다; 후술.

하여 부여되어 있지만 이는 실질적으로 주권의 일부 포기와 이양을 의미한다. 이를 정당화하기 위하여 2001년 헌법을 개정하여 그 근거를 마련하였지만, 이로 인하여 헌법적인 근거와 범위에 관한 논의가 완전히 종결되었다고 할 수는 없다. 이러한 방식으로 간접적으로 국제기구가 정한 규범이 국내법으로 효력을 갖는 예는 해상 관련 조약에서도 찾아볼 수 있다.[24)]

국내법과 국제조약이 상충하는 경우 이를 해결하는 규범은 헌법에 없다. 다만 해석에 있어 국제조약에 의한 규범을 특별법으로 해석하여 우선적으로 적용되는 것으로 보는 것이 통설이다.[25)] 그러나 이 원칙의 적용 범위에 관하여는 약간의 의문이 있다. 이 원칙을 따른다는 것은 다른 한편 조약과 국내법 사이에는 신법우선의 원칙이 적용되지 아니한다는 것을 의미한다.

제2 내 용

1. 서

아래에서는 이탈리아 해상법을 1) 기업조직 2) 운송과 용선 3) 해상위험의 순으로 분리하여 고찰하고자 한다. 이는 순전히 독자들의 이해의 편의를 위한 구분이며 또한 우리 해상법이 채택하고 있는 입법 순서이기도 하다. 다행인 것은 이탈리아 해상법, 즉 위에서 본 이탈리아 항행법 제1부 제2편과 제3편도 대체로 동일한 순서로 규정을 하고 있다. 이탈리아 항행법은 제1부 제2편에 해상기업에 관한 규정이 있고 이 규정은 우리 상법 해

---

24) 1996년 L.L.M.C. 의정서 제8조 및 1992년 C.L.C. 제15조 참조.

25) La garanzia costituzionale delle convenzioni de dritto maritimo, Paola Ivaldi, Numero speciale di il Dritto Maritimo 2010 scritti in onore di Francesco Berlingeri, Volume 1, 555면 참조.

상편 제1장 해상기업에 관한 규정과 매우 유사한 편제를 채택하고 있다. 그러나 중요한 사항은 아니지만 양자 사이에는 약간의 차이도 있다. 이탈리아 항행법 제1부 제3편의 경우 해상채권이라는 제목으로, 여기에 해상운송 즉 운송과 용선에 관한 규정은 물론, 공동해손 등 우리 상법 해상편상 해상위험에 관한 규정도 포함시켜 규정하고 있다. 그러나 이러한 형식상, 분류상 차이에도 불구하고 실제로 그 배열순서나 내용을 보면 우리 상법 해상편과 거의 동일하다. 다만 해상채권과 관련이 있다는 이유로 선박우선특권과 선박저당권에 관한 규정을 해상법 실체법 가장 말미, 즉 해상법 절차법 바로 이전에 규정하고 있다. 이는 2009년 개정 이전 우리 상법 해상편의 우선특권과 저당권에 관한 배열순서와 일치한다. 당시 우리 상법 해상편은 독립된 장(제8장 선박채권)으로 해상편 가장 말미에서 우선특권과 저당권을 다루고 있었는데, 그 이유와 논리는 이를 이해하기가 약간 어려웠다. 아마 당시 그처럼 말미에 제8장 해사채권에서 우선특권과 저당권에 관한 규정을 둔 것은 이탈리아 해상법과 같은 논리에서 이를 말미에 배치한 것이 아니었던가 생각된다.[26]

그리고 이탈리아 항행법은 유럽 여러 나라 전통을 이어받아 해상보험에 관한 규정을 해상법의 일부로 항행법에 포함시키고 있다.[27] 이탈리아 민법에 보험에 관한 일반적 규정이 있고[28] 항행법에 있는 해상보험에 관한 규정은 이에 대한 특칙으로 효력을 갖는다. 그러나 이 책에서는 우리 상법 해상편의 규정을 좇아 이를 보험법의 연구에 맡기고 여기에서는 해상보험에 관한 부분을 다루지 아니한다. 다만 이 부분도 해상법의 연구에 참고가 될 수 있다고 판단되어 다음에 볼 항행법의 번역문에는 이를 포함시켜 번역하여 함께 포함시켜 놓았다. 그리고 이탈리아 민법에는 운송계약에 관한

---

26) 다만 이를 전체로 묶어 해상채권이라는 제목하에서 여러 장을 둔 것이 아니라 이들을 각각 독립된 별도의 장으로 처리하여 그 논리적인 이해가 불가능하게 되었었다.

27) 이는 근대 상법의 효시라고 볼 수 있는 나폴레옹 상법전의 태도이다(나폴레옹 상법 제332조부터 제396조 참조): 이는 또 일본 상법의 태도이다(일본 상법 제4편 해상 제6장 보험 제815조 내지 제841조 참조).

28) 이탈리아 민법 제1882조 내지 제1935조 참조.

일반 규정도 있다. 동 규정은 주로 육상운송에 적용될 것이지만, 운송에 관한 법 일반원칙을 선언한 것이기 때문에, 반대의 규정이 없는 한, 해상운송과 항공운송에 대하여도 당연히 적용된다.[29)]

2. 해상기업

(1) 서

해상기업에 관한 규정은 위에서 이미 언급하였듯이 이탈리아 항행법 제1부 해상 규정 내 제2편에 자리잡고 있다. 비록 약간의 차이는 있지만 그 기본 골격과 중요한 내용은 현행 우리 상법 제5편 해상편 제1장 해상기업에 관한 규정과 상당 부분 유사하다. 그리하여 이 책에서는 순전히 독자의 이해의 편의를 위하여 우리나라 상법 해상편의 구성과 그 내용을 고려하여 우리 상법 해상편의 관점에서 이탈리아 항행법의 해상기업에 관한 규정을 보기로 한다. 여기에서 말하는 해상기업이란 주로 해상영업을 영위하기 위한 인적 조직과 물적 설비를 말하며, 이 양자의 결합을 통해 형성되는 해상기업의 주체를 말한다. 그리고 위에서 이미 언급하였듯이 이탈리아 항행법은 선박담보에 관한 규정을, 2007년 상법 개정 이전 우리나라 상법과 마찬가지로, 해상법 실체법의 말미 즉 항행법 제1부 제3편에서 그 마지막 제4장(우선특권과 저당권의 장)에 배치하고 있다. 이탈리아 항행법은 "제3편 해사채권"이라는 편(編)을 두고 여기에 용선과 운송에 관한 규정은 물론 공동해손 등 해상위험에 대한 규정을 두어 적어도 논리적으로 이러한 채권을 담보하기 위한 물적 권리인 우선특권과 저당권을 그 말미에 배열할 여지가 있다. 2007년 상법 개정 이전 우리 상법 해상편은 이와 달리 해사채권이라는 포괄적인 내용을 가진 장을 두지 아니하였음에도 불구하고 해상편 말미에 별도의 독립된 장(제8장 선박채권)에서 우선특권과 저당권을 다루고

---

29) 운송에 관한 일반 규정은 이탈리아 민법 제1678조 내지 제1702조에 있다. 동법 제1680조는 이 규정이 항행법에 달리 규정이 없으면 해상운송과 항공운송에 대하여도 적용된다는 것을 명시하고 있다.

있었고 그 결과 당시 우리 상법 해상편을 논리적으로 이해하고 설명하기가 상당히 난해하였다. 현행 우리 상법 해상편은 해상기업의 조직과 주체를 다루는 장(제1장)을 먼저 둔 다음,[30] 이어서 해상활동과 관련되는 용선과 운송을 하나의 장(제2장)으로[31] 삼고, 그 다음 공동해손 등 해상위험에 관한 규정을 별도의 장(제3장)으로[32] 처리하고 있는바, 그로 인하여 이제 순전히 논리적으로 보아 해상담보에 관한 규정을 해상법 말미에 배치할 필요가 없게 되었고, 선박담보가 해상설비와 관련된 것인 만큼 해상기업의 장에 포함시키는 것이 옳게 되었다.[33] 이러한 논리에 충실하여 이 책에서도 선박담보를 여기 해상기업을 설명하면서 같이 보기로 한다.

(2) 선 박

선박이란 수상에서 운송을 목적으로 건조된 모든 용구를 말하고, 그 목적을 가리지 아니하고 예인, 어로, 유람 등 목적을 가진 선박을 포함한다.[34] 이탈리아 항행법이 선박의 상사 활동뿐만 아니라 항만 기타 행정에 관한 사항도 다루고 있기 때문에, 우리 상법 해상편과 달리, 상업성을 요구함이 없이 광의로 선박을 정의하고 있다. 즉, 수상에서 운송을 보조하는 구조물도 그 종류를 가리지 아니하고 유동구조물이면 이를 선박과 동일하게 법적으로 규제한다. 이탈리아 항행법은 선박을 대형선박(大型船舶: Navi Maggiori)과 소형선박(小型船舶: Navi Minori)으로 구분하고 있다.[35] 그러나 여기에서 말하는 대형선박과 소형선박은 선박의 규모의 차이를 기준으로 구분하는 것이 아니라 그 기능을 중심으로 한 구분으로서, 대형선박이란

30) 제1장 해상기업.
31) 제2장 운송과 용선.
32) 제3장 해상위험.
33) 제1장 제5절 선박담보.
34) 이탈리아 항행법 제136조 참조.
35) Navi maggiori(대형선박)와 Navi minori(소형선박)으로 구분한다: 자세한 것은 A.L. D'Ovidio, G. Pescatore & L. Tullio, Manuale di Diritto della Navegazione, 12th ed.(2011, Giuffre Editore), 230면 참조.

외부 원양 항해선을 말하고 소형선박이란 연안항해, 내수항행 혹은 항내 운항 선박을 말한다.[36] 이로 인하여 독자들에게 혼란을 불러일으키기 쉽기 때문에 이 책에서는 원문에 있는 대형선박 및 소형선박이라는 용어 대신에 다소 무리가 있다 하더라도 그 뜻과도 어느 정도 연관성을 가지면서도 원래 내역에 따른 분류와도 일부는 상응할 수 있도록 하기 위해 '원양선' 및 '내항선'이라는 용어를 대신 사용하여 이탈리아 항행법을 번역하였다. 이탈리아 항행법에는 내항선에 한해 적용될 특칙이 여기저기 많이 보인다. 이러한 때에는 통상 그 규정 내에 선박의 규모가 표시되며, 가장 많이 사용되는 기준은 동력선인 경우 총톤수 10톤, 여타 선박의 경우 총톤수 25톤이고, 이를 기준으로 그 초과 선박을 대형선박, 그 이하 선박을 소형선박으로 구분하여 법적인 규제를 달리한다.[37]

이탈리아 항행법이 해상기업과 관련하여 갖는 가시적 특색으로 선박건조에 관한 규정을 들 수 있다. 주로 선주와 조선소 사이의 건조계약에 관한 것이다. 건조 개시와 과정에 그 강제적인 등록을 요구하고 행정적인 통제가 가해진다. 그러나 오늘날 대형선박의 경우 당사자가 전문가의 도움을 받아 건조의 과정을 세세히 약정하고 있는 현실에 비추어, 이 규정이 편익적인 강행성을 갖는 것도 아니기 때문에, 이러한 규정이 갖는 사법적, 현실적인 기능은 제한적이다. 다만 구태여 의미를 찾는다면 조선소의 책임에 2년이라는 시효가 설정되어 있다는 것이다.[38] 이처럼 건조 개시와 동시에 등록을 요건으로 하여 건조중인 선박의 처분, 특히 그 담보를 용이하게 한다. 우리나라 법제하에서는 건조 개시와 과정에 등록이 강제되지 아니하고 건조 과정이 일일이 행정적인 통제하에 놓이지 아니한다. 다만 우리 법제하에서도 건조중인 선박을 등록하고 건조중 선박이 저당권의 목적이 될 수

36) 이탈리아 항행법 제136조.

37) 예: 이탈리아 항행법 249조. 이 구분에 따라 처분문서의 형식을 달리하고 있다. 그러나 용어로 소형선박과 대형선박은 위에서 본 것같이 다른 의미를 내포하고 있기에 소형선박에 적용될 규정은 이러한 톤수를 기준으로 본문에서 반복하여 그 구분을 하고 있다.

38) 이탈리아 항행법 제240조 참조.

는 있다.[39] 그리고 이탈리아 항행법에서는, 특별한 규정이 없는 한, 민법상 도급에 관한 규정이 선박건조계약에 준용된다.[40]

이탈리아 항행법은 선박을 그 법적 성격에 있어 동산으로 본다.[41] 그러나 선박은 부동산 유사성이 있어 권리의 이전 기타 처분을 위해 부동산과 마찬가지로 그 공시를 요건으로 한다. 이탈리아 항행법은 등록의 방법으로 이를 해운관청에의 등록으로 일원화하고 있다.[42] 이전 기타 처분과 관련된 등록의 효력은 민법상 부동산 처분 시의 등기와 동일하다.[43] 당사자 사이에서는 의사주의를 채택하여 계약의 효력으로 이전이 이루어지지만, 동일한 선박에 서로 병존할 수 없는 권리를 취득한 제3자와의 관계에서는 먼저 등록하는 사람의 권리가 우선한다.[44] 즉, 우리 상법과 마찬가지로 이탈리아 항행법은 선박이전에 관하여 당사자 사이에서는 의사주의, 제3자와의 관계에서는 대항주의를 채택하고 있다. 그리고 이탈리아 항행법은 제3자에 대한 이전의 대항요건으로 '해운관청'에의 등록 이외에 '항해허가서에의 부기'를 요구하고 있다.[45]

(3) 선장 기타 선원

이탈리아 항행법은 선장의 지위와 권한에 관해 자세한 규정을 두고 있다. 이 중에는 행정적, 공법적인 것에 관한 규정도 있지만 우리의 관심은 주로 그 상사적 지위에 관한 것이다. 선주가 선장을 임명하고 선장은 선주

---

39) 우리 상법 제790조.

40) 이탈리아 항행법 제241조 및 민법 제1655조 내지 제1677조 참조.

41) 이탈리아 항행법 제245조 참조.

42) 우리나라 상법은 해운관청에의 등록과 등기소에의 등록으로 이원화하고 있다. 이탈리아 항행법도 등록 이외에 국적증서에의 부기를 요건으로 한다. 이 점에서 우리나라 상법과 유사하다(후술); 상법 제743조.

43) 이탈리아 항행법 제250조 참조.

44) 이탈리아 민법 제2645조 참조.

45) 이탈리아 항행법 제250조 참조(항해허가서에 관하여는 이탈리아 항행법 제149조 참조).

를 대리한다.[46] 선장은 선박은 물론 적하에 관하여도 법률의 규정에 따라 이해관계인을 대리할 권한을 가진다.[47] 그리하여 위급한 경우 자금을 마련하기 위하여 선박은 물론 적하도 이를 처분하거나 담보로 제공할 수 있다.[48] 선장 기타 선원의 행위로 인하여 손해가 발생하거나 선장이 그 권한의 범위 내에서 체결한 계약에 관해 의장자가 책임을 진다.[49]

이탈리아 항행법은 선장에 관한 규정 이외에도 선원에 관해 많은 조문을 두고 있다.[50] 선원에 관한 규정이 무려 60개 조문에 달하여 나머지 해상기업에 대한 조문 전체의 수 60개와 그 양에 있어 동일하다. 선원에 관한 규정은 두 개 부분으로 구성되어 있어 첫 번째 제3장(章) 제5절(節)은 선원의 구성과 지위에 관한 것이고, 두 번째 제4장(章)은 승선계약에 관한 것이다. 제4장이 다루고 있는 승선계약은 선원법이 관할할 사항이지만 그 내용이 참고는 될 수 있다고 보고 이를 이 책의 번역문에 포함시켰다.

항구를 출입하거나 기타 필요시 선장은 도선사를 고용하여 선박을 안전하게 운항할 의무가 있다. 이탈리아 항행법은 도선사의 행정적 지위에 관해 자세한 규정을 두고 있지만,[51] 우리가 특별히 관심을 갖는 것은 그의 사법적인 지위이다. 선장은 최종적인 지휘를 하는 사람으로 선박의 운항에 대해 모든 책임을 져야 한다.[52] 그리하여 만일 도선사가 선박을 운전하던 중에 사고가 발생하면, 선장은 그 책임을 면하지 못하고, 다만 운항상 잘못이 도선사가 제공한 정보나 지시가 그 원인이 된 것을 선장이 증명하는 때에는 선장이 그 책임을 면한다.[53]

---

46) 이탈리아 항행법 제273조 및 제295조 참조.
47) 이탈리아 항행법 제295조 참조.
48) 이탈리아 항행법 제307조, 제311조 및 제312조 참조.
49) 이탈리아 항행법 제274조 참조.
50) 이탈리아 항행법 제316조 내지 제375조 참조.
51) 이탈리아 항행법 제86조 내지 제100조.
52) 이탈리아 항행법 제298조 참조.
53) 이탈리아 항행법 제313조 참조.

(4) 선박소유자와 선박공유자

인적·물적 설비를 갖추고 해상기업이 활동하는 과정에는 법적인 관점에서 보면 인격을 가진 권리, 의무의 주체가 필요하다. 이러한 필요에 의하여 개발된 개념이 의장자(艤裝者)이다. 선박의 의장자란 선박의 운항을 책임지고 있는 사람을 말하고, 의장자는 반드시 해운관청에 일정한 사항을 신고하여야 한다.[54] 우리나라에서도 오로지 해상법에 한해 사용되는 독특한 용어로 의장자라는 말이 자주 쓰인다. 필자는 오래전부터 의장자라는 용어가 정확한 의미도 모른 채 순전히 해상법에 대한 약간의 지식을 나타내기 위한 수단으로 남용되는 것을 경계하여 왔다. 이탈리아 해상법에서 의장자라는 용어를 개발하여 사용하는 것은 이탈리아 해상법이 갖는 독자성 때문이다. 이탈리아 항행법은 독립 입법의 형식을 취하고 있기 때문에 책임의 주체를 스스로 창설할 필요가 있다. 이에 비하여 우리나라 해상법은 상법의 일부로서 그 권리와 책임의 주체가 민법과 상법에 의해 이미 정하여져 있기 때문에 이러한 원칙을 해상기업 활동에도 그대로 적용하면 되지 별도로 해상기업에 독특한 주체를 창설할 필요가 없다. 그리하여 의장자라는 용어를 차용하여 사용한다 하더라도 결국 이로 인해 혼란과 의문만 추가될 뿐이고 종래 상법상 상인의 개념과 별로 달라지는 것이 없다.

이탈리아 항행법에 의하면 의장자(艤裝者)는 선박의 운항과 관련 선원의 행위와 선장의 계약에 대하여 책임을 진다.[55] 이러한 책임을 지게 되는 의장자는 선박의 운항을 책임지고 있는 사람을 말한다.[56] 그러나 어디에도 운항의 책임의 의미에 관해 더욱 자세한 규정을 찾아볼 수 없다. 따라서 이러한 의장자라는 개념을 통하여 정하여진 책임의 주체가 종래 사법 일반원칙에 의하여 정하여지는 책임의 주체와 그 범위와 한계에 있어 어떤 차이가 있는지 알기가 대단히 어렵다.[57] 불법행위에서 책임을 질 사용자와 여

---

54) 이탈리아 항행법 제265조 및 제270조 참조.

55) 이탈리아 항행법 제274조 참조.

56) 이탈리아 항행법 제265조 참조.

57) 의장자의 개념을 정의하면서 선박의 이용에 관한 '조직적인 활동'이 그 핵심이

기에서 말하는 의장자는 그 범위가 일치하는가? 이 규정이 선장이 갖는 실제적 혹은 추정적 대리권과 그에 기한 대리행위의 효력에 어떤 영향을 미치는가? 선박을 점유하며 영업에 제공하는 선주나, 선박을 임차하여 영업에 사용하는 임차인이 일반적으로 의장자로 알려져 있다. 그러나 정기용선이나 항해용선에 이르면 해답이 간단하지 아니하다. 정기용선이나 항해용선의 경우, 계약상 책임에 있어 그 주체는 일반 계약법의 원리에 따라 정하는 것이 원칙이다. 그리하여 임대차계약에서는 임차인(Conduttore)과 임대인(Locatore), 용선계약에서는 용선자(Noleggiatore)와 대선자(Noleggiante), 운송계약에서는 운송인(Vettore)과 여객 혹은 하주(Passagero 혹은 Caricatore)라는 용어가 사용되고 있다 그러나 가끔 의장자라는 개념이 여기에 출현하여 이러한 계약상 책임의 주체와 혼동을 주기도 한다.[58] 결국 의장자라는 용어의 도입을 통하여 법적인 개념이 특별히 명확해졌다는 증거는 찾아볼 수 없다.

이탈리아 항행법에서도 우리나라 해상법과 마찬가지로 선박의 공유에 대하여 자세한 규정을 두고 있다. 공유자는 지분의 규모에 따라 의사 결정에 참여하며, 공유자는 선박관리인을 두어야 한다.[59] 다른 규정도 우리나라 상법 규정과 크게 다르지 않고 그 내용도 특별한 것이 없으며 통상적 동업의 범주를 벗어나지 아니한다. 다만 물권적 의미에서의 공동소유와 공동소유인 선박을 공동으로 운항함으로 인해 자연히 형성되는 공유조합을 구별하고 이 조합의 경우 그 등록을 요구하고 있다. 이는 당연한 결과라고 치부할 수도 있지만, 적어도 규정 방식에 있어 개념을 분명히 한 진일보한 태도라고 생각된다. 이탈리아 항행법은 항구 기타 지역에서 선주를 대리하는 선주대리인(Raccomandatario)에 관하여 그 등록을 요구하고 여러 가지 법적

된다고 본다[A.L. D'Ovidio, G. Pescatore & L. Tullio, Manuale di Diritto della Navegazione, 12th ed.(2011, Giuffre Editore), 285-6면 참조].

58) 그 예로서 이탈리아 항행법 제384조 참조.

59) 이탈리아 항행법 제259조 및 제282조 참조.

인 규제를 가하고 있다.[60] 공동으로 소유하면서도 회사 형태로 기업을 조직하여 운용할 수 있기 때문에 오늘날 선박공유제도가 소규모 선박을 제외하고는 별로 많이 활용되지 아니하고, 또 교통 및 통신의 발달로 인하여 대리상의 기능이 점점 약화되어 가고 있는 추세를 반영하여, 오늘날에 와서는 선박공유제도와 선주대리인제도는 점점 그 기능을 상실하고 있다. 이탈리아의 경우에도 이는 마찬가지로 이러한 제도는 옛 제도의 유물로서 오로지 법전에서만 중요 부분을 차지하고 있을 뿐이라고 생각된다.

의장자는 선주책임제한을 주장할 수 있다. 1865년 이탈리아 해상법(상법)에 의하면 선박소유자는 선박이나 항해에 관련된 것이면 선장의 행위에 대하여 책임이 있고 선장이 체결한 계약상 채무에 대하여도 책임이 있지만, 선박소유자는 여하한 경우에도 선박과 운임을 위부하고 이러한 책임과 의무를 면할 수 있었다.[61] 즉 1865년 이탈리아 상법은 위부주의를 채택하고 있었다. 1882년 이탈리아 해상법(상법)에 의하면 선박의 소유자는, 자기가 개인적으로 채무를 부담한 것이 아닌 한, 여하한 경우에도, 선박과 이미 받은 및 받을 운임을 위부하고 이러한 책임과 의무를 면할 수 있고, 다만 선원의 월급과 보수에 대하여는 그러하지 아니하다.[62] 즉 1882년 이탈리아 상법도 원칙적으로 위부주의를 유지하고 있다. 1942년 이탈리아 항행법에 의하면 의장자는 해사채권의 범위를 선박과 그 부속물의 가격[63]으로 제한할 수 있다.[64] 이는 1924년 통일조약과 그 내용이 같고 이로 미루어 보아 동

60) 이탈리아 항행법 제287조 내지 제291조; 선주 대리인의 임무는 선주와 계약에 따라 다르겠지만 통상 현지 관청의 상대, 화물의 수령과 인도, 여객의 승선과 하선 지원, 운임의 수령, 여객이나 화물의 운송계약의 체결과 운송서류의 발부 등이다; A.L. D'Ovidio, G. Pescatore & L. Tullio, Manuale di Diritto della Navegazione, 12th ed.(2011, Giuffre Editore), 331면 p.225참조.

61) 1865년 이탈리아 해상법 제311조 참조.

62) 1882년 이탈리아 상법 제491조 참조.

63) 지불이 되지 아니한 운임이 여기에 포함됨은 물론이나 체선료가 여기에 포함되는지 여부는 의문이다. A.L. D'Ovidio, G. Pescatore & L. Tullio, Manuale di Diritto della Navegazione, 12th ed.(2011, Giuffre Editore), 301면 p.201 참조.

64) 이탈리아 항행법 제275조 참조; 책임제한절차를 개시하는 결정이 내려지면 그때부터

조약의 내용을 반영한 입법이라고 생각된다.[65] 어느 항해의 도중에 항해를 계속할 필요에 의해 체결한 계약, 항해 과정에서 취하였던 법률행위 혹은 사실행위로 인하여 발생한 채권 총액이 책임제한의 대상이 된다. 특이한 것으로 책임한도를 정하기 위한 선박 가격은 항해가 종료된 이후로 책임제한을 주장할 때의 가격을 말하는 것이지만, 이 가격은 발항 당시 가격에 비추어 적어도 5분지 1 이상이며 또 5분지 2를 초과하지 못한다.[66] 그리고 의장자에게 고의 혹은 중대한 과실이 있었던 경우 그 의장자는 이러한 책임제한을 주장할 수 없다.[67]

2009년에 이탈리아 국회는 1976년 선주책임제한조약(LLMC)을 개정한 1996년 개정의정서에 가입할 권한을 부여하는 법안을 통과시켰다. 하지만 이탈리아 정부는 아직까지도 이 법에 근거하여 동 조약을 비준하고 동 조약이 이탈리아 국내법으로 효력을 발휘하는 조치는 취하지 아니하고 있다.[68] 그 대신 이탈리아는 유럽연합의 지시에 의하여[69] 2012년 6월 28일 법 제111호로 「해사채권에 대한 의장자의 보험에 관한 법」을 통과시켰다 동법은 이탈리아 항행법과 별도의 독립된 입법으로 본래는 선박소유자의 책임한도를 보험한도로 하는 강제보험제도를 도입하는 것이 목적이었지만, 동법 제7조와 제8조에서 선주가 질 책임한도를 정하고 동법 제13조 제1항

그 의장자 소유 다른 물건에 대하여 강제집행이 허용되지 아니한다. 그리고 신청인은 책임제한금액을 공탁하여야 한다[동법 제626조 및 A.L. D'Ovidio, G. Pescatore & L. Tullio. Manuale di Diritto della Navegazione, 12th ed.(2011, Giuffre Editore), 301면 p.202 참조].

65) 이탈리아는 1924년 및 1957년 선주책임제한 조약에 모두 가입하지 아니하였다; A.L. D'Ovidio, G. Pescatore & L. Tullio. Manuale di Diritto della Navegazione, 12th ed.(2011, Giuffre Editore), 302면 p.203 참조: 선주책임제한은 선적국법에 의한다(이탈리아 항행법 제7조 참조).

66) 이탈리아 항행법 제276조 참조.

67) 이탈리아 항행법 제275조 참조: 동법은 책임제한절차에 대하여도 자세한 규정을 두고 있다(동법 제620조 내지 642조 참조).

68) 2009년 12월 23일 법을 말함; S.M. Carbone, P.Celle & M.L. de Gonzalo Il Diritto Marittimo, 4th ed.(2011, G. Giappichelli Editore), 105면 참조.

69) Direttiva 2009/20/CE.

에서 선주책임제한을 정한 항행법 제275조 제1항의 적용을 총톤수 300톤 미만의 선박으로 제한함으로써 실질적으로 선주책임제한에 관한 규정을 신설하였다. 동법에서 규정하고 있는 책임한도는 그 금액에 있어 1996년 LLMC 의정서와 실질적으로 큰 차이가 없다.[70)]

(5) 선박담보

선박담보제도는 우리나라 선박담보제도와 유사하게 선박우선특권과 선박저당권이 있고 그 내용도 매우 유사하다. 이탈리아 항행법은 그 내용에 비추어 1926년 선박 우선특권과 저당권에 관한 통일조약을 수용한 결과라고 판단된다.[71)] 위에서 이미 언급하였듯이 이탈리아 항행법은 선박담보를 해상기업의 문제로 다루지 아니하고 선박채권의 문제로 다루고 그 규정 속에 포함시켜 이를 해상절차에 관한 규정 바로 이전으로, 실체적인 해상법에 관한 규정의 말미에 배치하여 규정하고 있다.[72)]

3. 운송과 용선

(1) 서

운송과 용선은 이윤 창조의 원천이 되는 기업활동에 관한 것이고 따라서 이를 규제하는 법도 해상법에서 핵심을 이루어야 마땅하다. 그러나 이에 대한 접근과 대처 방식은 나라마다 조금씩 다르다. 우리나라에서도 이 분야 계약, 특히 운송계약의 개념과 범위를 둘러싸고 논란이 끊이지 않았다. 종래 통설적 견해는 개품운송계약과 항해용선계약을 묶어서 운송계약이라고 보고 여기에 추가하여 별도로 정기용선계약이 있고 또 이것과 성질을 달리하는 선박임대차계약이 있다고 보았다. 특히 선박임대차는 해상기업 활동의 일부로 취급하는 것이 아니라 해상기업 조직의 일부로 취급하여

---

70) Decreto Legislativo 28 giugno 2012 , n. 111 (12G0125) 참조.

71) 이탈리아는 1926년 선박 우선특권과 저당권에 관한 통일조약의 체약국이다.

72) 이탈리아 항행법 제548조 내지 제577조 참조.

왔다. 이러한 시각은 그 자체가 많은 모순을 내포하고 있다. 육상운송과 해상운송은 운송 지역이 다를 뿐이라고 생각하는 초심자들은 해상운송계약이 육상운송계약과 운송계약이라는 개념에 있어 왜 이러한 차이가 있는지 의문을 제기하며 많은 혼란을 겪어야 했다. 나아가 법률에 문외한인 보통 사람은 선박을 빌리는 항해용선계약과 물건을 인수받아 이동하는 운송계약을 구별하지 아니하고 이같이 동일하게 운송계약이라고 하는지 그 이유를 알기가 더욱 어려웠다. 이어서 유사한 형태로 운송이 이루어지는 항해용선과 정기용선을 완전히 다른 형태의 운송으로 보고 또 경제적인 요소에 있어 많은 유사점을 담고 있는 정기용선과 선박임대차(선체용선 혹은 나용선)가 완전히 성질이 다른 계약으로 보는 오류에 빠지게 되었다. 그러나 우리나라에서도 2007년에 상법 중 해상편을 개정하면서 이 해상기업 활동을 둘러싼 법적 규제에 관해 많은 혁신이 있었다. 그럼에도 불구하고 지금도 이러한 전통적인 분류를 고집하는 학자가 주류를 이루고 있는 것이 현실이다. 2007년에 우리 상법 해상편을 개정할 때에 불행히도 이탈리아 항행법을 참고하지 아니하였다. 하지만 아주 우연히도 해상기업 활동에 관한 한 이탈리아 항행법의 구성체계는 우리 현행 상법 해상편의 구성체계와 많은 유사점을 가지고 있다. 즉 동일하게 일반적인 육상운송과 마찬가지 성질을 가진 (1) 해상운송계약과 선박을 빌려 사용하는 것을 목적으로 하는 (2) 용선계약을 분리하여 취급하고 있다. 이러한 태도는 본질에 있어 올바른 접근이라고 생각된다. 그러나 이탈리아 항행법은 정기용선과 항해용선을 구별함이 없이 하나의 형태의 용선계약만 인정하고 있다. 즉, 이탈리아 항행법은 선체용선(선박임대차)과 일반용선 2가지 용선계약에 관한 규정을 두고 있다. 그런데 이탈리아 학자들은 그 주류가 이러한 원래 의도와는 달리 오늘날 세계적으로 널리 사용되는 정기용선계약과 항해용선계약이 이탈리아 항행법에서 말하는 용선계약이 아니라 동법에서 말하는 해상운송계약에 해당한다고 해석한다. 이러한 계약의 본질에 관한 혼란은 이탈리아 해상법을 이해하려는 외국인 초심자를 당혹하게 하면서, 동시에 우리나라에서 주장되고 있는 해상운송계약의 개념과 상통하는 측면도 있어, 다른 한편으로 이해가 쉽게 되기도 한다. 이에 대하여는 후에 다시 언급한다.

(2) 선박임대차(선체용선, 나용선)

이탈리아 항행법은 선박의 이용에 관한 계약을 1) 선박임대차, 2) 용선계약 및 3) 운송계약 등 3종류 계약으로 분류하여 제1절 제2절 및 제3절로 나누어 차례로 규정하고 있다. 이는 우리 상법 해상편에서 볼 수 있는 분류와 매우 유사하다. 그 차례는 운송계약부터 시작하는 우리법과 반대로 역순으로 되어 있지만, 순서의 기초가 되는 논리적 구성은 마찬가지라고 하겠다. 우리 상법 해상편은 2007년 개정 이전까지 해상기업의 조직에 관한 규정에서 선박임대차를 다루고 있었다.[73] 이러한 접근은 많은 나라에서 아직까지 채택하고 있는 것으로[74] 우리나라에서도 아직까지 여러 학자들이 고집하고 있는 견해이다. 이 견해에 의하면 해상기업의 주체로 선박소유자 혹은 선주가 있고 이를 해상법에서 의장자라고 하며, 의장자에는 자선의장자(自船艤裝者)와 타선의장자(他船艤裝者)가 있고 선박임차인이 바로 타선의장자라고 한다. 역사적으로 하나의 선박을 하나의 기업으로 인식한 전제 위에서 이러한 주장이 출발하였고 그 결과로 선박임차인도 의장자로서 선박소유자와 마찬가지로 선주책임제한을 주장할 수 있다고 본다. 그리고 선박은 그 수명이 아주 짧기 때문에 실제로 선박을 운영하는 임차인을 소유자와 동일시할 경제적인 필요도 있다. 특히 선박의 운영과 관련하여 발생한 채권이 있는 경우, 이를 임대인에 대한 채권자에 불과한 선박임차인 개인의 채무로 돌린다면 결국 선박 자체에 의해 담보적 기능을 완전히 잃게 된다. 이러한 성격과 필요를 인정한다 하더라도 그로 인하여 선박임대차계약이 민법상 임대차계약으로 그 본질이 변하는 것은 아니다. 임대차계약이 본질적으로 임차인과 임대인의 채권계약이고, 따라서 계약에서 당사자가 정하는 바에 따라 권리와 의무가 정하여지며, 당사자에 한하여 그 임

73) 개정 전 상법 제765조 및 766조 참조.

74) 일본 상법 제703조 및 제704조 참조.

대차계약의 효력이 미치고, 다만 해상법의 규정은 이러한 원칙하에서 여러 가지 특칙을 정한 것이다. 그러나 종래에는 이러한 특칙이 지나치게 강조되어 결과적으로 선박임대차가 해상법에 존재하는 특수한 제도로 많은 사람이 오인하는 결과를 가져왔다. 특히 이러한 오해에서 출발하여 "선박임대차는 선박용선과 완전히 성격이 다르다" 혹은 "정기용선에 한하여 선박임대차로 보아야 한다"라는 주장까지 나오게 만들었다. 이탈리아 항행법은 선박임대차를 용선과 종류가 다른 또 하나의 선박이용계약으로 보아 이러한 오해가 생길 소지를 원천적으로 막고 있고, 이처럼 오해의 소지를 원천적으로 없앴다는 점에서 입법적인 관점에서 보아 긍정적으로 평가된다.

선박임차인은 선박임대인에 대한 관계에서 채권자에 불과하고 따라서 이탈리아 항행법 하에서는 임차인이 등기 기타 방법으로 제3자에게 대항할 방법이 없다. 따라서 2중으로 임대가 이루어진 경우 결국 먼저 인도를 받아 사용하는 사람의 권리가 사실상 우선한다. 임대인은 선박의 감항능력을 유지할 의무가 있고 이 감항능력의 부재로 인하여 손해가 발생한 경우, 임차인에게 손해배상책임을 진다. 동일한 원인으로 인하여 제3자가 손해를 입은 경우, 이 제3자에 대하여도 임대인은 책임을 진다.[75] 다만 그 하자가 통상의 주의를 다하여도 발견할 수 없는 숨은 하자인 것을 입증하면 임대인은 그 책임을 면한다.[76] 이 경우 임차인은 물건의 점유자로서 민법 일반원칙에 따라 손해배상책임을 진다. 임대인과 임차인 사이의 법률관계는 전부 당사자 사이의 계약에 맡겨져 있다. 다만 이탈리아 항행법에 의하면 임대차가 종료된 다음 반선이 지체되는 경우, 지체된 기간에 대하여 임대인은 일반원칙에 따라 손해배상을 청구하는 대신 약정한 임대료의 두 배를 청구할 수 있다.[77] 그러나 이것마저도 강행규정은 아니기 때문에 당사자가

---

75) 이 관계는 원칙적으로 선박의 물융(leasing)에 대하여도 적용되지만 특칙이 있을 수 있다 ; A.L. D'Ovidio, G. Pescatore & L. Tullio, Manuale di Diritto della Navegazione, 12th ed.(2011, Giuffre Editore), 392-3면 p.278 참조.

76) 이탈리아 항행법 제380조.

77) 이탈리아 항행법 제382조.

이와 다른 약정을 하면 그 약정이 우선한다. 선박임차인은 의장자로서 당연히 선주책임제한을 주장할 수 있다. 그리고 선박의 운항과 관련하여 발생한 채권인 경우, 임대인이 책임을 지든 임차인이 책임을 지든, 채권자는 그 선박에 대하여 선박우선특권을 행사할 수 있다.

(3) 용 선

이탈리아 항행법 제384조는 "용선계약이란, 용선자가 합의한 용선료를 지급할 것을 약정하는 대신, 의장자가 약정한 조건 혹은 관행에 따라 특정한 항해를 수행하기로 약정한다든가 혹은 합의한 기간 내에 용선자가 지시한 항해를 수행하기로 약정하는 계약을 말한다" 라고 규정하고 있다. 이 정의에 의하여 용선계약은 그 본질이 명백해졌다. 즉, 용선계약은 용선자와 대선자 사이의 채권계약이며, 이 채권계약의 효력으로 당사자 사이에 채권이 발생하며, 대선자가 채무를 이행하는 수단으로 계약에 따라 자기의 점유와 책임하에 운송을 수행한다. 이러한 점에서 항해용선과 정기용선은 하등 차이가 없고, 이러한 점에서 제2절 용선계약은 제3절 개품운송계약이나 제1절 선박임대차계약과 구별되고 대비된다. 정기용선이든 항해용선이든 용선계약에 제공된 선박은 계속 의장자의 점유하에 놓여 있고, 따라서 용선계약으로 인하여 의장자에 변경이 생기는 것은 아니다.[78] 만일 그 선박의 운항 중에 다른 선박과 충돌, 화물에 대한 손상, 기타 제3자에 대하여 손해를 입힌 때에는, 원칙적으로 대선자가 의장자로서 그 제3자에 대하여 손해배상책임을 진다. 용선자가 누구나 지는 민법상 일반적인 주의의무를 해태하여 발생하는 손해에 대해 제3자에게 직접적으로 책임을 질 수 있음은 물론이다. 이와 다른 문제로 사고의 결과로 발생한 손해에 대하여 대선자와 용선자가 어떻게 손해를 분담할 것인지 혹은 용선자나 대선자가 제3자와의 계약이 있어 그 계약에 기해 어떤 책임을 지는지 여부는 모두 계약의

78) A.L. D'Ovidio, G. Pescatore & L. Tullio, Manuale di Diritto della Navegazione, 12th ed.(2011, Giuffre Editore), 394-5면 p.280 참조.

해석의 문제이다. 이러한 분야에 법률이 개입하여 당사자 사이의 권리나 의무를 일일이 정할 수 없고, 당사자 사이의 법률관계는 당사자의 합의에 맡겨둘 수밖에 없다. 그리하여 실제로 이탈리아 항행법에도 용선계약에서 당사자 사이의 권리나 의무에 관하여 의미 있는 내용은 극히 제한되어 있다.

1865년 이탈리아 해상법(상법)은 오로지 용선계약(Il Contratto di Noleggio)에 대해서만 규정을 두고 있었고, 선박임대차나 운송계약에 관해서는 별도의 규정이 없었다. 이는 1882년 이탈리아 해상법(상법)도 마찬가지이었다. 그리고 선하증권이 발행된 경우 그 효력에 대한 규정을 두고 있었을 뿐이었다. 1942년 이탈리아 항행법에서 비로소 용선계약과 별도로 동렬에 있는 선박임대차계약 및 운송계약(Il Contratto di Trasporto)에 관한 규정이 도입되었고, 운송계약은 이를 여객운송과 물건운송으로 구별하여 규정하게 되었다. 이러한 분류는 곧, 항해용선계약과 개품운송계약의 완전한 분리를 의미한다. 이탈리아 항행법에는 용선계약에 관해 규정을 두면서도 그 내용은 주로 정기용선을 염두에 둔 몇 개의 조문에 불과하다. 따라서 이 규정에 근거하여 당사자의 권리나 의무를 규율한다는 것은 전혀 기대하기 어렵다. 이와 반대로 운송계약에 관한 규정은 쌍방의 권리나 의무에 관해 비교적 자세한 사항을 규정하고 있다. 그리고 이탈리아 항행법에는 운송계약의 한 종류로 용선계약과 비슷한 '불특정 화물운송계약'에 관한 규정이 있다. 이 조문이 도입됨으로 인하여 운송계약과 용선계약의 한계가 모호해지게 되었다. 근래 많은 용선계약이 GENCON이나 NYPE와 같은 국제적으로 널리 사용되는 양식을 사용하여 부합계약의 형태로 체결되는데, 여기에는 많은 약정 조항들이 있어 당사자 사이에 권리와 의무가 거기에 의해 정해지고, 한걸음 더 나아가 이러한 양식에는 파라마운트 조항이 있어 오늘날 거의 국제규범으로 승화된 헤이그 규칙이 적용된다. 그 결과로 오늘날 많은 이탈리아 학자들이 이른바 영미법상 voyage charter 혹은 time charter는 이를 운송계약으로 보아야 한다는 주장을 하기에 이르렀다. 이러한 chaterparty 를 용선계약서가 아니라 운송계약서로 보아야 한다는 주된 근거는 이러한 국제적으로 널리 사용되는 양식에 의한 운송계약에서 운송 도중에 대선자가 운송물을 보호 혹은 관리할 의무를 진다는 것을 든다.[79] 이러한 해석은 이탈리아 항해법이 규정하고 있는 운송계약에 적용될 편익적인 강행규정이 모두 용선계약에도 적용되는 결과를 가지고 와서 결국 용선계약의 대원칙인 계약자유의 원칙과 상치되는 결과를 낳게 된다.

(4) 여객운송

이탈리아 항행법은 선박임대차계약, 용선계약에 이어서 별도로 운송계약에 관한 절(節)을 마련하고 이 절(節) 내에 여객운송에 관한 관(款)을 먼저 마련하고 이어서 화물운송에 관한 여러 관(款)을 두고 있다. 이로 인하여 운송의 대상인 여객 혹은 화물이 운송인에게 인계되어 상대방의 관여 없이 운송인의 관리와 책임하에 이동이 이루어지는 운송계약과, 의장자가 선박 자체를 제공하고 그 대가를 지불한 상대방이 그 선박을 이용하는 것을 목적으로 하는 선박임대차계약이나 용선계약과 구별하고 있다. 이는 동시에 법적 성격에 있어 도급적인 성격의 운송계약과 임대차적인 성격의 선박임대차계약이나 용선계약을 구별하는 것을 의미한다. 또 이로 인하여 해상에서의 운송계약과 육상에서의 운송계약은 그 운송장소가 다를 뿐이지 그 성격이 동일하다는 것을 잘 나타내고 있다.

해상여객운송의 경우에도 이탈리아 민법에서 정한 여객운송에 관한 일반규정이 당연히 적용된다.[80] 그럼에도 불구하고 이탈리아 항행법은 여객운송과 관련하여 여객 및 수하물에 관하여 운송의 중지 기타 발생이 예상되는 여러 경우를 상정하여 아주 자세한 규정을 두고 있다. 나아가 이러한

79) 자세한 것은 A.L. D'Ovidio, G. Pescatore & L. Tullio, Manuale di Diritto della Navegazione, 12th ed.(2011, Giuffre Editore), 394면 내지 398면 p.280-p.282 및 S.M. Carbone, P.Celle & M.L. de Gonzalo Il Diritto Marittimo, 4th ed.(2011, G.Giappichelli Editore), p.213-218 참조.

80) 이탈리아 민법 제1678조 내지 1680조(운송계약 통칙) 및 1681조 내지 1682조(여객운송); A.L. D'Ovidio, G. Pescatore & L. Tullio, Manuale di Diritto della Navegazione, 12th ed.(2011, Giuffre Editore), 418면 p.298 참조.

규정의 대부분을 여객을 위한 편익적인 강행규정으로 삼았다.[81] 다만 이러한 여러 규정상 당사자의 권리와 의무의 내용을 자세히 검토하여 보면 특이한 것은 별로 발견되지 아니한다.[82] 다만 특기할 것으로 여객의 인적 피해에 관하여 당사자 사이에 존재하는 계약상 책임에 대하여 개별적 책임제한을 인정하지 아니한다.[83]

이러한 종래 이탈리아 항행법상 여객운송에 관한 규정은 2009년 중대한 변혁을 경험하게 되었다. 2009년 4월 23일 유럽연합이 「해상여객운송인의 사고에 대한 책임에 관한 규칙」을[84] 공포하였고, 동 규칙은 다른 절차 없이 바로 이탈리아 국내법으로 효력을 갖게 되었다. 이 규칙은 원칙적으로 위에서 보았듯이 국제조약으로 특별법으로서의 효력을 갖고 우선적으로 적용되며 따라서 그 범위 내에서는 이탈리아 항행법은 변경되었다고 보아야 한다. 동 규칙에 의하여 동 규칙에 별첨 1로 첨부된「여객과 수하물의 해상운송에 관한, 2002년 개정 협약에 의하여 개정된 1974년 아테네 협약」이 실질적으로 이탈리아에서 효력을 갖게 되었다. 이제 동 개정협약에 정한 바에 따라, 책임의 발생 원칙이 정하여지고, 동 협약에서 정한 책임 한도가 적용되며, 그 범위 내에서 운송인은 강제보험에 가입하여야 한다. 그리고 동 협약은 본래 국제운송에 한하여 적용이 되지만, 동 규칙에 의하여 유럽연합 역내 및 국내 운송에 대하여도 경우에 따라 동 조약의 내용이 적용되게 되었다.[85]

---

81) 이탈리아 항행법 제415조.

82) 이탈리아는 1974년 아테네 협약의 가입국이 아니다; 그러나 그 내용은 이를 수용하여 국내법화하였고 이 법은 2012년 12월에 발효된다고 한다; A.L. D'Ovidio, G. Pescatore & L. Tullio. Manuale di Diritto della Navegazione, 12th ed.(2011, Giuffre Editore), 419면 p.298 참조.

83) 이는 여객운송에 관한 아테네협약 제7조 제1항과 그 내용이 다르다. 통합적인 책임제한제도인 선주책임제한을 주장할 수 있음은 물론이다.

84) 유럽연합규칙(CE) 제329/2009호.

85) 동 규칙 제2조 참조.

(5) 화물운송

해상운송의 핵심을 이루는 화물운송에 관해 이탈리아 항행법은 자세한 규정을 두고 있다. 화물운송에 관한 이탈리아 항행법의 특색으로 모든 화물운송에 적용될 일반원칙을 정한 다음 이를 1) 특정 화물운송과 2) 불특정 화물운송으로 나누어 별도의 관(款)으로 취급하고 있다. 여기에서 말하는 특정 화물과 불특정 화물을 구별하는 기준에 대하여는 약간의 의문이 있다. 특정 화물운송이란 운송을 위하여 육지의 특정 지점에서 운송인에게 목적물을 인도하고 운송인이 자기의 책임하에 운송 용구를 선정하여 목적지까지 이동하여 목적지인 육지 특정 지점에서 수하인에게 목적물을 인도하는 것을 목적으로 하는 운송이고, 불특정 화물운송이란 운송인이 운송용구인 선박을 제공하고 송하인이 자기 책임하에 이를 선측에 가지고 와서 선박에 인도하고 그 선박으로 운송을 완료하여 목적지에 도달하면 수하인이 역시 선측에서 화물을 인수하여야 하는 운송계약을 말한다고 해석된다.[86] 그리하여 운송계약을 체결할 당시에 운송할 물건이 이미 확정되어 있었다 하더라도 운송인의 관여 없이 송하인이 자기 책임하에 이를 선측으로 이동시켜 운송인에게 인도하는 계약은 이를 불특정 화물운송계약으로 본다. 물론 이러한 전형적인 운송계약 이외에 이 양자의 중간적 성격을 가진 여러 종류의 운송계약이 있을 수 있다. 이탈리아 항행법상 불특정 화물운송계약도 우리 상법 해상편에서 말하는 개품운송계약에 해당된다고 해석된다. 이러한 분류와 구성의 실익에 대하여는 차후에 다시 면밀한 검토가 필요하겠지만, 같은 개품운송계약에 해당된다 하더라도 이 양자 사이에는 그 태양과 성격에 약간의 차이가 있는 것은 사실이다.

이탈리아 항행법은 먼저 두 가지 물건운송계약에 공통적으로 적용될 총칙을 정하고 있다.[87] 이 총칙에서 선박과 적하에 대한 감항능력주의의무

---

86) 그리하여 오늘날 이른바 Voyage Charter로 Tramp 이면 여기에 해당된다; A.L.D' Ovidio, G. Pescatore & L. Tullio, Manuale di Diritto della Navegazione, 12th ed.(2011, Giuffre Editore), 465면 p.322 참조.

87) 그 전제로 민법에 있는 운송계약에 관한 규정이 적용되는 것은 위에서 본 여객운송

를[88] 정하여 놓고 이어서 운송인에게 운송물에 대한 주의의무를 부과하고 있으며, 운송인은 개별적인 책임제한을 주장할 수 있게 하고,[89] 이러한 운송인의 책임에 관한 규정은 이를 송하인이나 수하인을 위한 편익적 강행규정으로 삼고 있다.[90] 이러한 규정들이 모두 헤이그 규칙에 근거하고 있음은 의문의 여지가 없다.[91] 불특정 화물운송에 관한 규정에서 선적기간 및 체선료에 관한 규정을 두고 있다.[92] 이 점은 항해용선을 전제로 하여 선적기간과 체선료에 관한 규정을 두고 있는 우리 상법 해상편과 완전히 다르다.[93] 어느 종류의 화물운송에 속하든 공통적으로 적용될 규정으로 별도의 관(款)을 만들어 선하증권에 관한 규정을 두고 있다. 이러한 여객 및 화물의 운송계약에 관한 규정은 원칙적으로 내수항해에 의한 운송에 대하여도 적용된다.[94]

이탈리아는 1985년 헤이그-비스비 규칙에 가입하였다. 그리하여 동 규칙에서 정하는 국제운송에 대하여는 동 규칙이 우선하여 적용된다. 그렇다면 이탈리아 항행법의 규정은 실질적으로 국내운송이나 선하증권이 없는 운송에 한하여 제한적으로 적용되게 되었다.[95]

과 마찬가지이다 ; A.L. D'Ovidio, G. Pescatore & L. Tullio, Manuale di Diritto della Navegazione, 12th ed.(2011, Giuffre Editore), 418면 p.298 참조.

88) 감항능력의 기준에 대하여 이탈리아 항행법은 별도 규정을 두고 있다(동법 164조 참조).

89) 법령에는 이를 200,000 리라로 기술하였으나 이 금액은 103,29 유로에 해당한다고 한다. 그러나 헤이그 비스비 규칙이 적용되면 666.67SDR이 되고 다른 기준으로 무게를 기준으로 한 책임한도도 있다; A.L. D'Ovidio, G. Pescatore & L. Tullio, Manuale di Diritto della Navegazione, 12th ed.(2011, Giuffre), 514면 참조.

90) 이탈리아 항행법 제421조 내지 424조 참조.

91) 이탈리아는 1968년 헤이그-비스비 조약 가입국이다.

92) 이탈리아 항행법 제444조 내지 제449조 참조.

93) 우리나라 상법 제829조 및 제838조 참조.

94) 이탈리아 항행법 제468조 참조.

95) 이 책 해당 규정에 근거 입법을 번역하여 첨부하였다.

4. 해상위험

(1) 서

우리 상법 해상편과 마찬가지로 이탈리아 항행법도 그 끝부분에 해상위험에 해당하는 공동해손, 선박충돌 및 해난구조에 관한 규정을 두고 있다. 이 3가지 주제에 관하여 그 순서마저 우리 상법 해상편과 동일하지만, 이를 해상위험이라는 절에서 묶어서 공동으로 다루는 것이 아니라 각각의 주제를 용선 혹은 운송과 동렬의 별도 절(節)로서 취급하고 이 모두를 해사채권이라는 장(章) 하에서 각각 하나의 절로 삼아 다루고 있다. 이러한 편제상의 차이는 논리 전개의 약간의 차이에서 연유한 것이고 본질적 내용과는 상관이 없지만, 이해의 편의라는 관점에서 보아 우리 상법 해상편보다 잘 정리되어 있다고 할 수는 없다.

아래에서는 이를 차례차례로 검토한 다음 해상법에서 다루어지는 여타 문제에 대하여도 간단히 언급하고자 한다.

(2) 공동해손

이탈리아 항행법상 공동해손에 관한 규정은 그 내용을 자세히 검토하여 보면 우리상법 해상편에 있는 공동해손에 관한 규정과 비교하여 그 요건이나 효과에 있어 비교적 구체적이고 세세한 규정을 찾아볼 수 있다. 그러나 그 내용 중에 우리 상법 해상편의 공동해손과 특별히 다른 특이한 내용은 보이지 아니한다. 그리고 공동해손에 관한 국제규범인 요크-안더워프 규칙을 참고하여 내용을 정리하고 수정하였다는 흔적도 엿볼 수 없다. 이는 결국 당사자의 자유와 선택에 의거 국제규범인 요크-안더워프 규칙에 의하여 공동해손이 정산되는 것을 전제로 한 것이 아닌가 추측된다. 다만 특이한 것은 공동해손에 관한 실체법이 불과 13개 조문에 불과하지만, 그 정산절차에 관해 20개 조문을 두고 있는데,[96] 이는 절차에 관한 규정이

---

96) 이탈리아 항행법 제469조 내지 제481조 및 제610조 내지 제619조 참조.

거의 없는 우리 상법 해상편과 크게 다르다.

(3) 선박충돌

이탈리아 항행법은 선박이 충돌한 때에 적용될 책임발생원칙으로 이를 1) 불가항력 혹은 원인불명충돌, 2) 일방과실로 인한 충돌, 3) 쌍방과실로 인한 충돌 등 3가지로 나누어 원칙을 천명하고 있다. 이 3가지 원칙은 그 내용에 있어 우리 상법 해상편의 규정과 거의 대동소이하다. 이 원칙은 「1910년 선박충돌에 관한 민사책임에 대한 통일조약」을 반영하고 있다고 보여진다.[97] 다만 이탈리아 항행법은 위 1910년 통일조약의 내용을 더욱 많이 수용하여 선박충돌 후에 상호구조의무와 신원통지의무를 부과하고 있다.[98] 나아가 이탈리아 항행법은, 위에서 본 책임의 발생원칙은, 당사자 사이에 운송계약 기타 계약관계가 존재하는 때에는, 거기에 영향을 미치지 않는다는 명시적인 규정을 두고 있다. 이는 위 1910년 통일조약의 내용을 반영한 것이다.[99]

(4) 해난구조

이탈리아 항행법은, 우리 상법 해상편에서 해난구조에 해당하는 사건을, 원조와 구조로 구분하여 이원화하고 있다. 원조란 위험에 처하여 있지만 아직 이동이 가능한 선박에 대하여 안전하게 항해할 수 있도록 지원을 하는 것을 말하고, 구조란 선박이 스스로 이동이 전혀 불가능하게 된 때에 그 선박을 위험으로부터 탈출하게 조치하는 것을 말한다. 이러한 구분은 1910년 해난구조조약에 의한 구분으로 동 조약은 이 양자를 거의 동일하

97) 이탈리아는 「1910년 선박충돌에 관한 민사책임에 대한 통일조약」의 회원국이다.

98) 이탈리아 항행법 제485조 참조. 「1910년 선박충돌에 관한 민사책임에 관한 통일조약」 제8조 참조.

99) 이탈리아 항행법 제486조 및 「1910년 선박충돌에 관한 민사책임에 관한 통일조약」 제10조 참조.

게 취급하고 있다.[100] 이탈리아 항행법도 이 양자를 구분하여 규정하고 있지만,[101] 그 법적 효과는 크게 달리 취급하지 아니하고 있다. 이탈리아 항행법은, 선상에 사람이 있는 때에는, 원조와 구조를 모든 선박이 지는 의무로 정하고 있다.[102] 선장이 명시적으로 정당하게 거부를 하지 아니하는 한, 구조자는 비용과 손해에 대해 보상과 전보를 청구할 수 있고, 나아가 구조에 성공한 때에는 특별보수를 청구할 수 있다. 즉 우리 상법 해상편과[103] 달리 이른바 "No cure, No pay"원칙을 고수하지 아니하고 비용과 손해는 항행법이 정한 원조나 구조의 요건이 갖추어지면 그 성공 여부와 상관없이 무조건 배상이나 전보를 청구할 수 있고, 만일 구조에 성공한 경우 그에 추가하여 특별보수를 청구할 수 있게 하고 있다. 우리 상법 해상편은 오로지 환경손해방지작업에 한하여 그 성공 여부와 상관없이 실제로 발생한 비용의 전보만 청구할 수 있는데,[104] 이 점이 이탈리아 항행법과 다르다. 이탈리아 항행법에는 환경손해보상에 대한 이러한 특칙이 없다는 점에 비추어 보상이나 전보를 요구할 수 있는 손해나 비용이 상당히 광범위하게 인정되어 환경손해발생의 경감을 위한 조치도 모두 거기에 포함되는 것이라고 생각된다.[105] 인명을 구조한 때에는, 보험으로 보상금이 지급되는 금액이 있거나 동시에 재산의 구조가 이루어진 경우에 한하여, 구조에 성공하면 특별보수를 청구할 수 있다.[106] 선박을 가지고 구조를 한 경우, 선주가 특별보수의 3분지 1을, 선원이 나머지 3분지 2를 가지며, 선원들은 이를 각자 보수의 비율에 따라 분배한다.[107]

100) 「1910년 해난 원조 및 구조에 관한 법의 통일에 관한 조약」 제1조 참조.
101) 이탈리아는 「1910년 해난 원조 및 구조에 관한 법의 통일에 관한 조약」의 체약국이다.
102) 이탈리아 항행법 제489조 및 490조 참조.
103) 상법 제882조 참조.
104) 우리 상법 제885조 참조.
105) 이탈리아는 1989년 구조조약의 체약국이다.
106) 이탈리아 항행법 제493조 참조.
107) 이탈리아 항행법 제496조 참조.

이탈리아 국회는 1989년 4월 28일 런던에서 채택된 「1989년 해난구조협약」의 가입을 허락하는 「해난구조에 관한 1989년 국제협약의 가입과 시행에 관한 법」을[108] 1995년 제정하였고 동법은 관보에 개제된 날 다음날인 1995년 9월 15일부터 효력을 발하였다. 이 법에 의거 이탈리아는 동년에 1989년 해난구조협약에 가입하였고 동 조약이 1996년 7월 14일 발효되어 이때부터 이탈리아에서 동 조약의 내용이 법률로 효력을 갖게 되었고 특별법으로 국내법인 이탈리아 항행법에 우선하여 효력을 갖고 적용되며, 이탈리아 항행법은 결국 동 조약이 적용되지 아니하는 범위 내에서만 효력을 갖게 되었다.[109]

이탈리아 항행법은 해저에 침몰한 선박을 인양한 사람에 대하여 그 비용보상과 특별보수를 인정한다. 그리고 이러한 인양에 대하여 자세한 규정을 두고 있다. 또 이탈리아 항행법은 해상유실물이 회수된 경우, 그 신고와 반환에 대하여도 자세한 규정을 두고 이들에게 비용보상과 특별보수를 인정하고 있다.[110] 이러한 규정은 우리 상법 해상편에는 전혀 보이지 않는다. 그러나 1681년 프랑스 해상칙령에서 이러한 주제에 관해 아주 자세한 규정을 찾아볼 수 있고, 1829년 스페인 상법에도 난파를 규율하는 별도의 장이 마련되어 있다.[111] 아주 오래전에는 이러한 작업이 항구 혹은 해안을 관할하는 관청과 주민들 사이에서 자주 발생하는 사건으로 입법자의 관심을 끄는 사안이 아니었던가 생각된다.

(5) 기 타

이탈리아 항행법은 그 이외에도 선박예인과 도선에 관하여 약간의 규

---

108) 이 협약이 이탈리아 헌법에 따라 국내법 특히 항행법의 규정보다 우선하여 적용된다.

109) 이 책에 근거 입법을 첨부하였다.

110) 이탈리아 항행법 제510조 내지 제513조 참조.

111) 1829년 스페인 상법 제4장 제3절 제982조 내지 제991조 참조.

정을 두고 있다.[112] 그러나 주로 예인과 도선에 관한 행정적 규제를 목적으로 하고 있고, 따라서 이러한 작업에서 발생하는 당사자 사이의 권리와 의무는 그들 사이에 존재하는 계약에 맡겨져 있다. 그리고 이미 위에서 언급한 바와 같이, 이탈리아 항행법에는 해상보험에 관해 상당히 많은 규정을 찾아볼 수 있고, 동 규정은 민법상 보험에 관한 규정의 특칙에 해당한다.[113] 그리고 이탈리아 항행법에도 우리 상법과 마찬가지로 해상오염손해의 보상에 대하여는 아무런 규정이 없다.

112) 이탈리아 항행법 제86조 내지 제107조 참조.

113) 그러나 이 책에서는 이를 소개의 대상으로 삼지 아니한다.

CODICE DI COMMERCIO 1865

1865년 이탈리아 상법

CODICE DI COMMERCIO 1865

본문은 "CODICE DI COMMERCIO DEL REGNO D'ITALIA, LIBRERIA DELLA MINERVA SUBALPINA DI GIACINTO BELGRANO (1865: TORINO)"를 원본으로 하였다.

LIBRO SECONDO
DEL COMMERCIO MARITTIMO

TITOLO I DELLE NAVI

284. Le navi sono beni mobili.

Sono vincolate, anche presso il terzo possessore, al pagamento dei debiti, che la legge dichiara privilegiati, nei modi e limiti stabiliti in appresso:

285. Sono privilegiati sopra la nave, i suoi attrezzi, il suo armamento e corredo, e collocati sul prezzo nell'ordine in cui sono indicati nel presente articolo, i seguenti crediti:

1. Le spese di giustizia per]a vendita giudiziale della nave e per la distribuzione del prezzo;
2. I diritti di navigazione, come diritti di tonnellaggio, ancoraggio, pilotaggio ed altri stabiliti dalla legge;
3. I salari dèi piloti, le spese, le indennità e premii di salvataggio nell'ultimo viaggio, il salario del custode e le spese di custodia della nave dal momento del suo ingresso nel porto fino alla vendita;
4. Il fitto dei magazzini ove si trovano depositati gli attrezzi e gli arredi

1865년 이탈리아 상법

제2편 해 상

제1장 선 박

제284조 선박은 이를 동산으로 본다.

법이 우선특권을 인정한 채권은, 아래에서 정한 방법과 범위 내에서, 그 물건이 비록 제3자의 점유하에 있다 하더라도, 그 물건에 대해 우선변제권을 가진다.

제285조 다음 채권은 선박, 그 장비, 무장 및 의장에 대해 우선특권을 갖고 본조에 열거된 순서에 따라 그 대금으로 우선변제를 받는다:

1. 법원이 경매를 하고 대금을 분배하기 위한 사법비용;

2. 톤세, 정박료, 도선료, 기타 법정 세금과 같은 항해 관련 제세;

3. 최후 항해 중 도선료, 해난구조에 대한 비용, 구조료 및 특별보상, 매각 목적으로 입항한 이후 매각시까지 보관인 급료 및 보관비용;

4. 선박의 장비와 의장을 보관하는 창고의 창고료;

della nave;

5. Le spese di manutenzione della nave e dei suoi attrezzi ed arredi dopo il suo ultimo viaggio ed ingresso nel porto;
6. I salari e gli emolumenti del capitano e dell'equipaggio per l'ultimo viaggio, e le indennità dovute per lo stesso viaggio dagli armatori, a norma del titolo V di questo libro;
7. Le somme impiegate nelle riparazioni e nei bisogni della nave durante l'ultimo viaggio, e dovute a coloro che somministrarono direttamente al capitano i materiali, attrezzi, provviste, vettovaglie e mano d'opera, o a coloro che diedero a cambio marittimo sul corpo e sugli attrezzi il danaro necessario a tal uopo, o ai proprietari delle merci vendute dal capitano per lo stesso oggetto nel corso del viaggio;
8. Le somme dovute dai creditori per somministrazioni di materiali, attrezzi, provviste, vettovaglie o mano d'opera, fatte prima dell'ultimo viaggio direttamente al proprietario della nave riparata, al capitano, o ad altra persona che avesse mandato dal proprietario; e le somme prestate a cambio marittimo sul corpo e sugli attrezzi prima dell'ultimo viaggio;
9. Le somme dovute al costruttore o ai somministratori di materiali impiegati nella costruzione, ed agli operai che vi prestarono il loro lavoro, quando queste somministrazioni e prestazioni siano state fatte direttamente al proprietario o al capitano, o ad altro suo mandatario come sopra;
10. I premi di assicurazione fatta sul corpo, sugli attrezzi, armamento e corredo della nave per l'ultimo viaggio, sia la nave assicurata a viaggio o a tempo, e per i piroscafi in navigazione periodica assicurati a tempo, i premii corrispondenti agli ultimi sei mesi, e i ripartimenti o le contribuzioni nelle associazioni di mutua assicurazione altresì per gli

5. 최후 항해 후 입항한 다음 선박, 장비 및 의장의 유지비용;

6. 선장과 선원에 대한 최후 항해의 봉급과 보수 및 최후 항해에서 본편 제5장의 규정에 의해 의장자가 지는 손해배상책임;

7. 최후 항해에서 선박의 수리 및 필요에 의해 지출한 금액, 직접 선장에게 물자, 장비, 부품, 식량 및 노무를 제공한 사람에게 지급할 금액, 이러한 목적으로 선체 혹은 장비를 담보로 한 모험대차로 필요한 자금을 제공한 사람에게 지급할 금액, 혹은 항해 중에 동일한 목적으로 선장이 판매한 물건의 소유자에게 지급할 금액;

8. 최후항해 이전에 선박을 수리한 소유자, 선장 혹은 소유자의 대리인에게 물자, 장비, 부품, 식량 혹은 노무를 직접 제공한 채권자에게 지급할 금액; 최후 항해 이전에 선박 혹은 장비를 담보로 모험대차로 차용해준 금액;

9. 선박 건조자, 건조에 사용된 물자 공급자 및 건조에 노무를 제공한 노동자에 지급할 금액으로 물자의 공급과 노무의 제공은 위와 마찬가지로 선주, 선장 혹은 그 대리인에게 직접 제공한 것이어야 한다;

10. 선체, 장비, 무장 및 의장에 관해, 항해보험이든 기간보험이든, 최후 항해에 대한 보험료, 정기선으로 활동하는 증기선으로 기간보험에 가입한 선박의 최종 6개월의 보험료 및 마찬가지로 최근 6개월간의 상호보험회사의 분담금 및 수수료;

ultimi sei mesi;

11. I danni dovuti ai noleggiatori per mancanza di consegna delle merci caricate, o per rimborso delle avarie sofferte dalle medesime per colpa del capitano ed equipaggio nell'ultimo viaggio;
12. Il prezzo della nave ancora dovuto al venditore;
13. I crediti pe'quali la nave è stata data in pegno;

I crediti indicati in ciascuno dei numeri 3, 4, 5, 6, 7, 8, e 9 di questo articolo, e creati nello stesso porto, vengono in concorso, nel caso di insufficienza di prezzo; ma se, ripresa la navigazione, eguali debiti sono fatti posteriormente, i crediti posteriori sono preferiti agli anteriori.

Nel concorso di più crediti con pegno, la preferenza è determinata dalla data della trascrizione ed annotazione accennate in appresso.

286. I privilegi accordati ai crediti enunciati nel precedente articolo non possono essere esercitati se i crediti non sono provati e i privilegi non sono conservati nel modo seguente:

1. Le spese di giustizia, con le note liquidate dal giudice competente, nelle forme stabilite dalle leggi di procedura;
2. I diritti di navigazione, con le quitanze legali degli esattori o ricevitori;
3. I salarii dei piloti, le spese, le indennità e i premi di salvataggio, con sentenze, con attestati degli amministratori di marina mercantile, o con quelle altre prove che l'autorità giudiziaria crederà di ammettere secondo le circostanze: il salario del custode e le spese di custodia enunciate nel numero 3, ed i crediti enunciati nei numeri 4 e 5, mediante prospetti che sieno regolati dal Presidente del Tribunale di commercio;
4. I salari e gli emolumenti dell'equipaggio coi ruoli d'armamento e disarmamento estratti dagli uffizi di amministrazione della marina mercantile: le altre indennità, con la relazione del capitano e con le altre

11. 최후 항해에서 선적한 화물의 미인도로 인한 손해배상 및 선장과 선원의 과실로 입은 해손에 대한 보상으로 용선자에 지급할 금액;

12. 매도인에게 아직 지고 있는 선박 대금;
13. 선박이 질물로 제공된 채권.

본조 제3호, 제4호, 제5호, 제6호, 제7호, 제8호 및 제9호에 각각 열거된 채권은 동일한 항구에서 발생한 것이면, 만일 대금이 채권 전액을 충당하기에 불충분한 때에는, 이를 분배한다; 그러나 다시 항해를 개시하여 이후 동일한 채권이 발생하면 이 후에 생긴 채권이 전에 생긴 채권에 우선한다.

입질한 채권이 경합하는 경우, 다음에 볼 등재와 부기에 의하여 우선순위를 정한다.

제286조 위에서 본 우선특권은 다음과 같은 방식으로 입증하고 보존된 경우에 한하여 행사할 수 있다:

1. 사법비용은 절차법이 정한 형식으로 권한이 있는 판사가 정산을 한 결정서;
2. 항해 제세는 징수원 혹은 수납인이 법적으로 발행한 영수증;
3. 도선사의 보수, 해난구조의 비용, 구조료 및 특별보상금은 결정문, 해운관청 공무원의 확정서, 기타 상황에 따라 사법기관이 믿을 수 있는 증거; 제3호에서 말하는 보관인의 급료, 보관 비용, 제4호 및 제5호에서 말하는 채권은 상사법원 법원장이 정한 규정에 따른 견적서;

4. 선장과 선원의 봉급 기타 보수는 해운관청 공무원이 초본을 만든 승선 및 하선명부; 다른 손해배상금은 선장의 보고서 및 권리를 유발하는 사건의 법정 증거;

prove legali degli avvenimenti che ne attribuiscono il diritto:

5. Le somministrazioni fatte pei bisogni e le riparazioni della nave durante il viaggio, e le vendite delle merci in corso di viaggio per lo stesso oggetto, mediante prospetti sottoscritti dal capitano ed avvalorati da perizie, atti di vendita e processi verbali sottoscritti dal medesimo e dai principali dell'equipaggio, o mediante altri atti comprovanti la necessità delle spese;
6. Le somministrazioni per le riparazioni della nave prima dell'ultimo viaggio e per la costruzione di essa, con memorie, prospetti o fatture sottoscritti dal capitano e dall'armatore, dei quali un duplicato sia depositato nella Cancelleria del Tribunale di commercio prima della partenza della nave, o entro dieci giorni dalla partenza;
7. Le somme prestate a cambio marittimo, con scritture fatte e trascritte in conformità del disposto dall'articolo 427.

Nel concorso di più cambi marittimi la preferenza è regolata dall'articolo 437.

Chi dà a cambio marittimo non è obbligato a provare l'impiego effettivo del danaro da lui dato in buona fede per i bisogni della nave;

8. I premii di assicurazioni, con le polizze di assicurazione, coi buoni sottoscritti dall'assicurato, e cogli estratti dei libri dei pubblici mediatori di assicurazioni: i ripartimenti o le contribuzioni nelle associazioni di mutua assicurazione, con gli estratti dei registri di ammissione delle navi alle medesime;
9. I danni dovuti ai noleggiatori, con le sentenze che li liquidarono.

Se al tempo della distribuzione del prezzo è pronunziata la sentenza di condanna al risarcimento dei danni, ma questi non sono ancora liquidati, possono secondo i casi o collocarsi i creditori delle indennità per una somma approssimativa, mediante cauzione di restituire

5. 항해 중 선박의 수리상 필요에 의해 하였던 물자 제공, 동일한 목적으로 항해 중에 한 화물의 매각은 선장이 서명하고 감정인이 승인한 견적서, 매매계약서, 선장과 사관이 서명한 진술서 및 기타 비용의 필요성을 입증할 문서;

6. 최종 항해 이전에 선박수리를 위해 혹은 선박의 건조를 위해 제공한 물자는 경위서, 견적서 혹은 송장으로 선장과 의장자가 서명한 것으로 사본 하나는 출발 이전 혹은 10일 이내에 상사법원 서기과에 보관하여야 한다;

7. 모험대차로 대여한 금액은 대차계약서와 제427조 규정에 따른 등록. 다수 보험대차가 경쟁을 하는 경우 제437조에 따라 우선순위를 정한다.
모험대차로 대부를 한 사람은, 선박의 필요에 관해 선의로 대부를 하는 한, 대여한 금전이 실제로 목적에 사용되었는지 입증할 의무는 없다;

8. 보험료는 보험증서, 가입확인서 기타 피보험자가 서명한 증서 혹은 보험중개인의 중개인일기 사본; 상호보험회사의 분담금과 수수료는 회사에 선박이 입고된 등록부 사본;

9. 용선자에 대한 손해배상책임은 이를 정산하여 금액이 확정된 판결문. 분배시에 청구권은 확정적으로 인정하는 판결이 있지만 아직 금액을 확정하는 판결이 없으면 경우에 따라 추정한 금액으로 순위를 정하고 과지급분이 있으면 반환할 것에 대한 담보를 제공하게 할 수 있고 혹은 그렇지 않고 역시 반환할 것을 보증하고서 그들보다 후순위로 정

l'eccedenza, o collocarsi i creditori ad essi posteriori, altresì mediante cauzione di restituire;

10. La vendita della nave, con l'atto di vendita trascritto e annotato nel modo stabilito dall'art. 288;
11. I crediti con pegno, con la scrittura costitutiva del pegno trascritta ed annotata nel modo stabilito dall'articolo seguente.

287. Il pegno sulle navi dev'essere costituito per iscritto.

La scrittura costitutiva del pegno non ha alcun effetto rispetto ai terzi, se non è trascritta nei registri del compartimento marittimo ove è iscritta la nave quando è fata nello Stato, o nei registri del regio Consolato del luogo, ove si trova la nave, quando è fatta all'estero.

In ambedue i casi ne è fatta annotazione sull'atto di nazionalità della nave. A tal uopo gli amministratori della marina mercantile e gli uffiziali consolari all'estero non possono trascrivere sui registri l'atto di pegno, se non è loro presentato l'atto di nazionalità.

Nell'atto di trascrizione è fatta menzione dell'annotazione del pegno sull'atto di nazionalità.

Per l'efficacia del pegno rispetto ai terzi è inoltre necessaria la deputazione di un custode se il proprietario di tutta o di parte della nave ne sia ad un tempo il capitano.

Negli altri casi si reputa custode nell'interesse del creditore il capitano stesso.

288. La vendita volontaria della nave o di porzione della medesima dev'essere fatta per iscritto, sotto pena di nullità.

Se la vendita è fatta nello Stato, può essere fatta sì per atto pubblico come per privata scrittura. In ambedue i casi non ha alcun effetto rispetto ai terzi, se non è trascritta sui registri del compartimento marittimo dove la nave è iscritta.

할 수도 있다;

10. 선박의 매매는 제288조에 규정된 바에 따라 등록되고 부기된 매매계약서;
11. 질권을 설정한 채권은 질권설정서 및 아래 조문에 의거 등록과 부기를 한 것

제287조 선박에 대한 질권계약은 반드시 서면으로 하여야 한다.

질권의 설정을 목적으로 하는 문서는 선박등록부에 등록하지 아니하면 제3자에 대하여 효력이 없고, 등록은 국내에서 설정이 이루어지는 경우 선박이 등록된 해역사무소 등록부에 등록하여야 하며, 해외에서 설정이 이루어지는 경우 선박소재지 영사관 등록부에 등록하여야 한다. 영사는 질권계약서의 증명사본을 작성하여 위 등록사무소에 즉시 송부하여야 한다.

두 경우 모두 질권은 선박국적증서에 부기하여야 한다. 해운관청 공무원이나 영사관 공무원은 선박국적증서가 이러한 목적으로 첨부되어 제출되지 아니하면 질권설정을 등록할 수 없다.

등록처분에는 국적증서에의 부기 여부를 언급하여야 한다.

그 이외에도 질권이 제3자에 대하여 효력을 가지려면, 만일 어느 한 시기에 선박 혹은 그 지분의 소유자가 동시에 선장인 경우, 선박의 보관인을 임명하여야 한다.

여타 경우에는 그 선장을 채권자를 위한 보관인으로 본다.

제288조 선박 혹은 그 지분의 임의 매매는 반드시 문서로 하여야 하고 그렇지 아니하면 그 효력이 없다.

국내에서 매매가 이루어지는 경우, 매매계약은 공증문서로 할 수도 있고 사적 문서로 할 수도 있다. 어느 경우이든 선박이 등록된 해역사무실 선박등록부에 등록하지 아니하면 제3자에 대하여 효력이 없다.

해외에서 매매가 이루어지는 경우, 영사관 서기과에서 영사관 공무원의

Se la vendita ha luogo in paese estero, dev'essere fatta per atto ricevuto nella cancelleria del Regio Consolato dinanzi all'uffiziale consolare, e trascritta nei registri del Consolato medesimo. Il Console trasmetterà copia da lui autenticata dell'atto di vendita all'uffizio del comportamento marittimo dove è iscritta la nave.

In tutti i casi dev'essere fatta annotazione della vendita sull'atto di nazionalità.

A quest'effetto gli amministratori della marina mercantile non possono trascrivere l'atto di vendita, e gli uffiziali consolari all'estero non possono riceverlo, né registrarlo, se loro non viene presentato l'atto di nazionalità.

Nel concorso di più vendite la data dell'annotazione sull'atto di nazionalità determina la preferenza.

289. Gli uffiziali consolari all'estero non possono ricevere gli atti di vendita delle navi, se non è provveduto al pagamento o alla sicurezza dei crediti privilegiati iscritti sull'atto di nazionalità.

290. I privilegi dei creditori del venditore sulla nave si estinguono, oltre i modi generali di estinzione delle obbligazioni

1. Con la vendita giudiziale fatta nelle forme stabilite dal titolo seguente;
2. Col decorso del termine di tre mesi nel casi di vendita volontaria;

Questo termine decorre:

Dalla data della trascrizione della vendita volontaria, se la nave si trova al tempo della trascrizione nel compartimento dov'è iscritta.

Dalla data del suo ritorno in questo compartimento, se la trascrizione della vendita volontaria è fatta quando la nave ne è già partita.

Se il creditore privilegiato cita in giudizio entro il suddetto termine il compratore per ottenere la dichiarazione del suo privilegio, il privilegio più non si estingue rispetto al compratore.

면전에서 확인한 계약서로 하여야 하며, 이를 영사관 등록부에 등록하여야 한다. 영사관은 매매계약서의 인증사본을 선박이 등록된 해역사무소로 송부하여야 한다.

어느 경우에 있어서든 선박의 매매는 선박국적증서에 매매를 부기하여야 한다.

그리하여 선박국적증서가 제출되지 아니하면, 해운관청 공무원은 매매계약서를 등록할 수 없고, 영사관 공무원은 이를 확인하고 등록할 수 없다.

다수 선박매매가 경합하는 경우, 선박국적증서의 부기일자에 의하여 우선순위를 정한다.

제289조 해외에 있는 영사관 공무원은, 선박국적증서에 부기된 우선특권 채권의 변제 혹은 담보 조치가 이루어지지 아니하면, 선박의 매매계약서를 확인할 수 없다.

제290조 일반적인 채권의 소멸사유 이외에, 매도인의 채권자의 선박에 대한 우선특권은 다음 사유로 소멸한다.

1. 아래 장에 정한 방식으로 사법절차에 의한 매각;
2. 임의매각이 있은 후 3개월의 경과:

이 기간은 다음 시부터 진행한다:

등록 시에 선박이 등록지 해역 내에 있는 경우, 임의매각의 등록일로부터.

이전등록이 선박이 출발을 하고 난 다음에 이루어진 때에는 그 해역 내로 귀항한 날로부터.

우선특권이 있는 채권자가 이 기간이 도과하기 이전에 매수인을 상대로 그 우선특권의 확인을 위한 소를 제기한 경우에는 그 매수인에 대하여는 이를 적용하지 아니한다.

TITOLO II
DEL PIGNORAMENTO, DEL SEQUESTRO
E DELLA VENDITA GIUDIZIALE DELLE NAVI

291. Le navi possono essere pignorate, vendute e sequestrate con le formalità stabilite in appresso.

I diritti e privilegi dei creditori sulle medesime sono estinti coll'adempimento delle formalità che seguono.

292. Non può procedersi al pignoramento, se non ventiquattro ore dopo la notificazione del precetto con intimazione di pagare.

Se vi sia pericolo di sottrazione, il Pretore può autorizzare il pignoramento nelle forme del Codice di procedure civile, senza che preceda la formalità del precetto.

293. La notificazione del precetto deve essere fatta al proprietario se si tratta di azione generale da esercitarsi contro di lui.

La notificazione può essere fatta al capitano se il credito è privilegiato sopra la nave.

294. L'usciere deve enunciare nel processo verbale di pignoramento:

- il luogo, l'anno, il mese, giorno e l'ora, e le rimessioni ad altri giorni ed ore;
- il nome, cognome, la professione, il domicilio e la residenza del creditore;
- il nome e cognome dell'usciere e dei testimoni, coll'indicazione dell'età e della residenza di questi ultimi;
- i titoli in forza dei quali si procede;
- la somma di cui si chiede il pagamento;
- l'elezione o la dichiarazione di domicilio o di residenza a norma

제2장 선박의 압류, 가압류 및 경매

제291조 선박은 아래 방식으로 압류되고, 경매되고 또 가압류가 된다.

선박상 권리와 우선특권은 아래 절차를 밟아 소멸한다.

제292조 지급요청이 담긴 압류예고의 통지가 있고 난 다음 24시간이 경과하여야 비로소 압류절차에 들어갈 수 있다.

훼멸의 위험이 있으면 간이판사는 압류예고의 절차를 밟지 아니하고 민사소송법이 정한 방식으로 바로 압류를 하는 것을 허가할 수 있다.

제293조 압류예고의 통지는 보통 소송에서는 권리를 행사할 상대방인 소유자에게 하여야 한다.

채권이 선박에 우선특권이 있으면 선장에게 통지할 수 있다.

제294조 집행서기는 압류의 집행조서에 다음 사항을 기재하여야 한다:

장소, 연월, 일시 및 연기 일시;

채권자의 성명, 직업, 주소 및 거소;

집행서기의 성명 및 증인의 성명과 그 연령 및 주소.

집행절차의 권원;

요구한 지급 금액;

경매절차를 진행할 선박 정박지 관할 법원 소재지 읍면에 민사소송법 제563조 규정에 따른 주소 혹은 거소의 선정 혹은 신고;

선주와 선장의 성명, 주소 및 거소;

선박의 명칭, 종류 및 용량;

dell'articolo 563 del Codice di procedura, nel comune ove siede il Tribunale civile, dinanzi al quale deve procedersi per la vendita, e nel luogo ove la nave pignorata è ancorata;

- il nome e cognome, il domicilio e la residenza del proprietario e del capitano;

- il nome, la specie e la portata della nave.

L'usciere descrive nel processo verbale gli schifi, le scialuppe, gli attrezzi, arredi, le armi, munizioni e provviste;

Il processo verbale, è sottoscritto dalle parti se siano presenti, dai testimoni e dall'usciere.

295. Se il proprietario della nave pignorata ha residenza o dimora nel comune dove si è proceduto al pignoramento, il creditore istante deve fargli notificare nel termine di tre giorni copia del processo verbale e farlo citare dinanzi al Tribunale civile nella cui giurisdizione si fa l'esecuzione perché si proceda alla vendita delle cose pignorate.

Se il proprietario non ha residenza o dimora nel detto comune, le notificazioni e citazioni gli sono fatte al capitano della nave pignorata, e in sua assenza, a chi rappresenta il proprietario od il capitano.

Se il proprietario è straniero e non ha residenza o dimora nel Regno, le citazioni e notificazioni sono fatte nel modo stabilito dagli articoli 141 e 142 del Codice di procedura civile.

296. Il Tribunale nell'autorizzare la vendita fissa le condizioni della medesima, rimette le parti davanti un giudice delegato perché stabilisca l'udienza in cui deve farsi l'incanto e proceda alle altre operazioni occorrenti, ed ordina al cancelliere di formare il bando per la vendita.

297. Il bando deve indicare:

- Il nome, cognome, la professione, la residenza, il domicilio o la dimora del creditore istante;

집행서기는 집행조서에 보조선, 구명선, 장비, 의장, 무기, 탄약 및 비품을 기재하여야 한다;

집행조서는 참여한 당사자, 증인 및 집행서기가 서명하여야 한다.

제295조 소유자가 압류절차를 진행하는 읍면에 거소 혹은 임시거소를 가지고 있는 경우, 압류된 물건의 공매에 들어가려면, 진행을 신청한 채권자는 3일 내에 집행조서 사본을 송달하여야 하고 집행법원으로 출두할 것을 요구하는 소장을 통지하여야 한다.

위 거소나 임시거소가 그 읍면 내에 없는 경우 압류한 선박의 선장에게 송달과 통지를 하여야 하며, 선장도 없는 때에는 소유자나 선장의 대리인에게 송달과 통지를 하여야 한다.

소유자가 외국인으로 국내에 거소나 임시거소가 없는 경우, 송달과 통지는 민사소송법 제141조 및 142조에 규정한 방식으로 한다.

제296조 법원은 매각을 허락하면서 매각의 조건을 정하고, 당사자를 담당 판사에게 보내며, 그러면 지정된 판사가 경매를 하기 위한 기일을 지정하고 다른 필요한 조치를 취하며, 또 법원은 서기에게 명하여 매각을 위한 공고문을 작성할 것을 명한다.

제297조 공고문에는 다음 사항이 기재되어야 한다:

채권자의 성명, 직업, 거소, 주소 및 임시거소;

강제집행을 하는 권원;

- i titoli in forza dei quali si procede;
- la somma dovuta;
- l'elezione del domicilio fatta dal creditore istante nel comune ove siede il Tribunale innanzi al quale si procede, e nel luogo dove la nave è ancorata;
- il nome e cognome, la residenza, domicilio o la dimora del proprietario della nave pignorata;
- il nome, la specie e la portata della nave, se è armata od in armamento, il nome e cognome del capitano;
- il luogo dove la nave è giacente o galleggiante;
- gli schifi, le scialuppe, gli attrezzi, arredi, le armi, le munizioni e provviste cadenti nella vendita;
- il nome e cognome del procuratore del creditore istante;
- le condizioni della vendita;
- l'udienza fissata per l'incanto.

298. Il bando è pubblicato mediante affissione.

All'albero maestro della nave pignorata;

Alla porta principale della sede del Tribunale davanti cui si procede la vendita;

Nella piazza principale e sul molo o scalo del porto in cui la nave è ancorata;

Nella Borsa, se vi esiste.

Un estratto sommario del bando sarà inserto nel giornale degli annunzi giudiziari, tre giorni prima della vendita.

299. Se il pignoramento ha per oggetto una nave la cui portata sia maggiore di trenta tonnellate, il bando è pubblicato per tre volte consecutive di otto in otto giorni.

Dopo la prima pubblicazione del bando il Giudice delegato per la vendita riceve le offerte del prezzo per mezzo della cancelleria.

Dopo la terza pubblicazione del bando l'incanto si apre all'udienza fissata

채무 금액;

집행절차를 진행하는 선박의 정박 소재지 관할 법원의 소재지 읍면에 있는 신청인이 한 선정주소;

압류된 선박의 소유자의 성명, 거소, 주소 및 임시거소;

선박의 명칭, 종류, 용량, 무장 여부, 선장의 성명;

선박이 계류되어 있거나 부유하는 장소;

매각에 수반될 보조선, 구명선, 장비, 의장, 무기, 탄약 및 비품;

신청을 한 채권자의 대리인의 성명;

매각의 조건;

경매를 하기로 지정된 기일.

제298조 공고는 다음 장소에 게시를 통하여 실시한다.

압류된 선박의 주된 돛;

경매집행법원 정문;

선박이 정박한 항구의 주된 광장 및 부두와 선창;

항구에 시장이 있으면 시장.

공고문의 요지는 경매기일 3일전 사법공고 일간지에 게재하여야 한다.

제299조 30톤 이상 용량을 가진 선박이 압류의 목적물인 경우, 8시부터 다음 날 8시까지 연속하여 3일간 공고를 하여야 한다.

제1차 공고를 한 다음 담당 판사는 서기를 통하여 가격과 함께 청약을 접수한다.

제3차 공고후 담당판사가 경매기일에 경매입찰서를 개봉하고 최고가격

dal Giudice delegato, e la vendita è fatta al maggior offerente ad estinzione di una candela vergine, senz'altra formalità.

300. Il giudice delegato può per gravi motivi accordare ed anche ordinare d'uffizio una o due dilazioni, di otto giorni ciascuna.

Le dilazioni sono rese note per mezzo di avvisi pubblicati e affissi nel modo sopraindicato.

301. Se sono pignorate barche, scialuppe o altre navi di portata non maggiore di trenta tonnellate, la vendita è fatta davanti il giudice delegato, dopo la pubblicazione per tre giorni consecutivi di un solo bando affisso all'albero, e in mancanza, in altro luogo apparente della nave, alla porta della sede del tribunale e sul molo o scalo, senz'altra formalità.

La vendita non può farsi prima che siano trascorsi otto giorni dalla notificazione del pignoramento.

302. La vendita della nave fa cessare le funzioni del capitano, salvo ogni suo diritto per indennità verso chi di ragione.

303. Il compratore della nave, qualunque ne sia la portata, è tenuto a pagare nel termine di ventiquattro ore il prezzo della vendita depositandolo nella cassa dei depositi giudiziari, sotto pena di esservi astretto coll'arresto personale.

Se il compratore non eseguisce il deposito, la nave è rimessa all'incanto a rischio e spese di lui, e sarà venduta tre giorni dopo nuova ed unica pubblicazione del bando. Egli è sottoposto all'arresto personale per il pagamento della differenza in meno del prezzo, dei danni e delle spese.

304. Le domande di separazione sono notificate al creditore istante prima della vendita.

Le domande di separazione posteriori alla vendita si convertono di diritto in opposizione sul prezzo.

청약자에게 다른 절차 없이 촛불이 꺼지면[1] 매각을 한다.

제300조 담당 판사는 중대한 사유가 있으면 1회 혹은 2회 각각 8일의 연기를 허가하거나 직권으로 명령할 수 있다.

연기는 공지사항으로 하여 위에서 본 방식으로 게시하고 공고하여야 한다.

제301조 부선, 구명선, 기타 30톤 미만 용량 선박이 압류된 경우, 오로지 하나의 공고문을 돛대, 돛대가 없으면 선박의 다른 게시 장소, 법원의 문 및 부두나 선창에 3일간 계속 공고하고, 다른 절차 없이 담당 판사가 매각을 한다.

매각은 압류의 송달 후 8일이 경과하기 이전에는 이를 실시할 수 없다.

제302조 선박이 매각되면 선장의 기능은 정지되며, 다만 선장은 다른 이유가 있는 사람에게 손해배상을 청구할 수 있다.

제303조 선박의 경락인은, 선박의 용량이 어느 정도이든, 24시간 내에 매각대금을 납부하여야 하며, 납부는 사법기금에 공탁하여야 하며, 이를 납부하지 아니하는 경우 체포하여 이행을 강제한다.

경락인이 대금을 납부하지 아니하면 경락인의 위험과 비용으로 재경매에 붙여지며, 새로운 공시를 1회에 한해 한 다음 재경매를 실시한다. 최초 경락인은 대금의 차액과 손해 및 비용을 지급하여야 하고, 그 지급을 강제하기 위하여 체포의 대상이 된다.

제304조 분리신청은 매각 이전에 신청인인 채권자에게 송달되어야 한다. 매각 후에 하는 분리신청은 법적으로 매각대금에 대한 이의로 본다.

---

1) 시계가 귀하고 시간을 정하기가 쉽지 않던 시절이라 촛불을 켜놓고 그것이 꺼지면 청약 기간이 종료되는 것으로 하였다고 한다.

305. La domanda di separazione deve contenere citazione del creditore istante a comparire a udienza fissa davanti il tribunale, e l'elezione, o la dichiarazione di domicilio o di residenza a norma dell'articolo 647 del Codice di procedura civile.

Se la domanda è rigettata, può l'attore, oltre alle spese e ai danni, essere condannato in una pena pecuniaria estendibile a lire cinquecento.

306. Le opposizioni sul prezzo sono fatto, sotto pena di decadenza, entro tre giorni da quello della vendita.

307. 1 creditori opponenti sono tenuti a produrre nella cancelleria i loro titoli di credito nel termine che sarà stabilito dal giudice delegato; in mancanza di tale produzione nel termine stabilito, si procede alla distribuzione del prezzo, senza che essi vi siano compresi.

308. La graduazione dei creditori e la distribuzione del prezzo sono fatte tra i creditori privilegiati nell'ordine stabilito dall'articolo 285, e tra gli altri creditori in proporzione dei loro crediti.

Ciascun creditore è collocato nello stesso grado per il capitale, gl'interessi e le spese.

309. La nave può essere sequestrata nei casi e con le forme stabilite dal capo I, titolo XI, libro III del codice di procedura civile.

Il giudizio per la validità del sequestro appartiene sempre al tribunale di commercio.

310. La nave pronta a far vela non è soggetta a pignoramento nè a sequestro, salvochè per debiti contratti a causa del viaggio che sta per imprendere. Anche in questo caso si può impedire o far rivocare il pignoramento ed il sequestro mediante cauzione.

La nave si reputa pronta a far vela, quando il capitano è munito delle carte di bordo per il viaggio.

제305조 분리신청은 신청한 법원이 지정한 기일에 신청한 채권자가 출두하도록 소장을 제출하여야 하며, 민사소송법 제647조에 따라 주소와 거소를 선정하여 신고하여야 한다.

신청이 기각되면 그로 인한 비용과 손해를 부담하여야 하는 것 이외에 500리라 이하의 벌금에 처하여질 수 있다.

제306조 경락대금에 대한 이의는 매각한 날로부터 3일 이내에 하여야 하며, 그렇지 아니하면 효력이 없다.

제307조 이의를 하는 채권자는 담당판사가 지정하는 기일 이내에 담당서기에게 채권의 근거를 제시하여야 한다; 지정된 기간 내에 이를 제시하지 아니하면 그 채권자를 포함시키지 아니하고 대금을 분배한다.

제308조 채권자의 우선순위 및 대금의 분배는 우선특권 채권자 사이에서는 제285조에 규정된 순서대로 하며, 그 이외의 채권자 사이에서는 채권의 금액의 비율로 분배한다.

채권자는 각자 원금, 이자 및 비용 모두를 가지고 동일한 순위로 경합한다.

제309조 선박은 민사소송법 제3편 제11장 제1절에 규정된 방식과 경우에 가압류의 대상이 된다.

보전처분의 효력에 대한 판단은 항상 상사법원의 권한에 속한다.

제310조 항해 준비를 완료한 선박에 대하여는 압류나 가압류를 하지 못하고, 다만 당시 하려고 하는 그 항해로 인한 계약에 기한 채무인 경우에는 그러하지 않다. 이러한 경우에도 담보를 제공하면 압류나 가압류를 보류하거나 취소할 수 있다.

항해를 개시하기 위해 선장에게 승선허가증이 부여된 경우 선박은 출항준비가 된 것으로 의제한다.

TITOLO III
DEI PROPRIETARI DELLE NAVI

311. I proprietari di navi sono risponsabili dei fatti del capitano e tenuti per le obbligazioni contratte da questo per ciò che concerne la nave e la .spedizione; possono in tutti i casi liberarsi dalla risponsabilità e dalle obbligazioni mediante l'abbandono della nave e del nolo.

Tuttavia la facoltà di fare l'abbandono non spetta a colui il quale è nel tempo stesso capitano e proprietario o comproprietario della nave. Qualora il capitano non sia che comproprietario, egli non è tenuto personalmente por le obbligazioni da lui contratte per ciò che concerne la nave e la spedizione, che in proporzione del suo interesse.

312. I proprietari di navi equipaggiate in guerra sono risponsabili dei delitti e delle depredazioni commesse in mare dalla gente di guerra che si trova sulle loro navi o dall'equipaggio, sino a concorrenza della somma per la quale hanno dato cauzione.

Quando però sieno agenti principali o complici, sono tenuti personalmente, salva inoltre l'azione penale.

313. Il proprietario può congedare il capitano.

Nel caso di congedo non è dovuta indennità, se non vi è convenzione in iscritto.

314. Se il capitano congedato è comproprietario della nave, può rinunziare alla comproprietà ed esigere il rimborso del capitale corrispondente.

Il ammontare di questo capitale è determinato mediante perizia.

315. Per tutto ciò che riguarda l'interesse comune dei proprietari di una nave, le deliberazioni della maggioranza sono obbligatorie anche per la minorità dissenziente.

La maggioranza si determina da una porzione d'interesse nella nave

제3장 선박의 소유자

제311조 선박소유자는 선박이나 항해에 관련된 것이면 선장의 행위에 대하여 책임이 있고 선장이 체결한 계약상 채무에 대하여 책임이 있다; 그러나 선박소유자는 여하한 경우에도 선박과 운임을 위부하고 이러한 책임과 의무를 면할 수 있다.

그러나 선박의 선장이며 동시에 또 소유자나 공유자인 사람은 선박을 위부할 권리가 없다. 선장이 공유자인 때에는 선박이나 항해에 관해 자기가 체결한 계약상 채무에 대해 오로지 자기 이해관계 비율에 따라 책임이 있다.

제312조 무장으로 의장한 선박소유자는 선상 전투원 혹은 선원들에 의해 해상에서 범한 범죄나 약탈에 대해 책임이 있고, 다만 그 책임은 이를 목적으로 제공한 보증을 한 금액을 한도로 한다.

그러나 소유자가 개인적으로 주범 혹은 공범으로 직접 관여된 때에는 개인적으로 책임이 있고 이와 별도로 형사책임도 진다.

제313조 선박소유자는 선장을 해고할 수 있다.

해고를 한 경우에도, 반대의 서면 약정이 없는 한, 선박소유자는 이로 인한 손해를 배상할 의무가 없다.

제314조 해고된 선장이 선박의 공유자인 경우, 그 공유자는 지분을 포기하고 원금에 해당하는 보상을 요구할 수 있다.

이 원금의 액수는 감정에 의하여 정한다.

제315조 선박공유자 공동이익에 관한 것이면, 무엇이든 다수결로 결정하면, 이는 이의를 한 소수에게 구속력이 있다.

여기에서 다수란 가격의 과반에 해당하는 이해 지분을 말한다.

법원이 선박의 경매를 지시하려면, 반대의 약정이 없는 한, 지분을 합하

eccedente la metà del suo valore.

La vendita della nave all'incanto non può essere ordinata dal tribunale, se non sulla domanda di tanti fra i comproprietari che insieme uniti abbiano la metà almeno della proprietà della nave, salvo convenzione contraria.

316. I contratti per la costruzione delle navi, i patti relativi e le spiegazioni, modificazioni, variazioni o rivocazioni dei medesimi, devono essere fatti per iscritto e trascritti nei registri del compartimento marittimo ove deve eseguirsi la costruzione, sotto pena di nullità.

Le dichiarazioni o cessioni di partecipazione di una nave in costruzione per parte sia del committente, sia del costruttore che avesse impresa la costruzione per proprio conto, devono essere fatte anche per iscritto sotto pena di nullità, e non hanno effetto verso i terzi, se non sono trascritte nei registri del compartimento marittimo dove è stato trascritto il contratto di costruzione.

317. Il costruttore non può sciogliere il contratto, se non per causa di forza maggiore.

Nel caso di morte del costruttore, il contratto è sciolto in conformità del disposto dagli articoli 1642 e 1643 del codice civile.

Il committente può sciogliere il contratto per manifesta imperizia o frode del costruttore. Eccettuato questo caso, non può scioglierlo se non in conformità del disposto dall'articolo 1641 del codice civile.

TITOLO IV
DEL CAPITANO

318. Il capitano o padrone incaricato della direzione di una nave è obbligato per le colpe anche leggiere che commette nell'esercizio delle sue funzioni.

여 적어도 반에 해당하는 공유자의 신청이 있어야 한다.

제316조 선박의 건조에 관한 계약, 이에 관한 협약 및 이러한 계약의 세칙 약정, 계약의 수정, 변경 및 취소는 이를 서면으로 하여야 하고, 건조를 할 해역사무소 등록부에 등록을 하여야 하며, 그렇지 아니하면 그 효력이 없다.

건조 중인 선박의 지분 참여 혹은 그 처분도, 자기의 계산으로 인수한 것이면, 위탁자이든 건조자이든, 반드시 서면으로 하여야 하며, 그렇지 아니하면 효력이 없고, 또 건조계약이 등록된 해역사무소 등록부에 이를 등록하지 아니하면 제3자에 대해 효력이 없다.

제317조 건조자는 불가항력적 사유가 아닌 한 건조계약을 해지할 수 없다.

건조자가 사망한 경우, 민법 제1642조 및 1643조 규정에 따라 건조계약은 해지된다.

위임인은 건조자의 명백한 무능과 사기를 이유로 건조계약을 해지할 수 있다. 이 경우를 제외하고는, 민법 제1641조에 따라 해지를 하지 않는 한, 건조계약을 해지할 수 없다.

제4장 선 장

제318조 선박의 지휘를 책임진 선장은,[2] 그 업무를 수행 중에 범한 잘못

2) 선장은 많은 조문에서 계속하여 capitan 혹은 padrone라고 하고 있고 가끔은 capitan

319. Il capitano è risponsabile delle merci delle quali s'incarica.

Ne dà ricevuta mediante scrittura.

Questa scrittura si chiama polizza di carico.

320. Appartiene al capitano di formare l'equipaggio della nave, di scegliere e prendere a stipendio i marinai ed altra gente dell'equipaggio; ciò deve fare di concerto coi proprietari, allorchè si trova nel luogo della loro dimora.

321. Il capitano che comanda una nave della portata maggiore di trenta tonnellate, deve tenere un giornale nautico numerato, firmato e vidimato dagli amministratori di marina del compartimento o circondario.

In esso deve annotare,

La via tenuta e le scoperte fatte;

Le avarie, il getto, gli altri infortuni, e generalmente gli avvenimenti importanti della navigazione e le risoluzioni prese durante il viaggio;

L'entrata e la spesa riguardante la nave;

Gli oggetti componenti il carico;

Tutto ciò che concerne il suo uffizio, o può dar luogo a rendimento di conto o a domanda giudiziale.

322. Il capitano deve far visitare la nave nei modi stabiliti dal codice della marina mercantile.

Egli deve prima di far vela verificare se la nave è bene stivata e caricata, se è ben corredata di catene, ancore, attrezzi e d'ogni altra cosa necessaria alla navigazione, salvo inoltre ciò che è stabilito dall'articolo 80 del detto codice.

323. Il capitano deve avere a bordo

l'atto di proprietà della nave;

L'atto di nazionalità;

Il ruolo dell'equipaggio;

Le polizze di carico ed i contratti di noleggio;

은 비록 경미한 것일지라도, 그에 대하여 책임이 있다.

제319조 선장은 선적한 화물에 대하여 책임이 있다.

선장은 화물에 관해 서면의 영수증을 주어야 한다.

이 서면은 이를 선하증권이라고 부른다.

제320조 선원을 구성하고, 선원 기타 해원을 선정하여 유상으로 채용하는 것은 선장의 권한에 속한다; 선장이 선박소유자의 거소에 있는 때에는 이를 하려면 선박소유자와 협의를 거쳐야 한다.

제321조 30톤 이상의 용량을 가진 선박을 지휘하는 선장은 항해일지를 보유하여야 하며, 항해일지에는 각장에 해역 혹은 해구 공무원이 일련 번호를 부여하고 서명 및 확인을 하여야 한다.

여기에 기재할 사항은,

항해한 항로와 행해진 발견;

해손, 투기, 여타 사고 및 일반적으로 항해 중 항해에 관한 중요 사건 및 취해진 결정;

선박에 관한 수입과 비용;

화물을 구성하는 목적물;

그 직책에 관한 사항 전부 및 해주어야 할 계산 및 사법적 청구.

제322조 선장은 해운법이 정하는 바에 따라 선박의 검사를 받아야 한다.

항해를 개시하기 전에 선장은 화물이 적절하게 적부되었는지, 밧줄, 닻, 장비 기타 항해에 필요한 물건을 모두 갖추고 있는지 확인하여야 하고, 그 외에도 위 법 제80조에 규정하는 것도 하여야 한다.

제323조 선장은 다음의 것을 선상에 보유하여야 한다.

(예 501조) 혹은 padrone(예 487조)이라는 것을 단독으로 사용한다. capitan은 정식 자격을 갖추고 따라서 대형선박을 지휘하는 사람을 말하고 padrone는 특별한 자격 없이 소형선박을 지휘하는 사람을 말하며, 다만 양자의 법적 지위에는 전혀 차이가 없다. 따라서 이를 모두 단순히 선장으로 번역한다.

I processi verbali di visita;

Le quitanze di pagamento o le bollette di cauzione delle dogane.

324. Il capitano deve trovarsi in persona sulla nave all'ingresso ed all'uscita dei porti, seni, canali, o fiumi.

Qualora il capitano debba approdare in un porto o entrare in un seno, canale o fiume, nel quale nè esso nè altri dell'equipaggio siano mai entrati, deve valersi di piloti pratici dell'ingresso a spese della nave.

325. Nel caso di contravvenzione ai quattro articoli precedenti, il capitano è risponsabile di tutti gli accidenti verso gl'interessati nella nave e nel carico.

326. Il capitano è pure risponsabile di ogni danno che possa accadere alle merci da esso caricate sopra la coperta della nave senza il consenso scritto del caricatore.

Questa disposizione non è applicabile ai viaggi accennati nell'articolo 378.

327. La risponsabilità del capitano non cessa, se non colla prova di ostacoli provenienti da forza maggiore.

328. Il capitano e le persone dell'equipaggio, che sono a bordo, o che in scialuppa si recano a bordo per far vela; non possono essere arrestati per debiti, salvochè per quelli contratti a causa del viaggio. In questo caso sono esenti dall'arresto, se danno cauzione.

329. Il capitano non può nel luogo della dimora dei proprietari o dei loro procuratori, senza autorizzazione speciale di essi, far riparare la nave, comprare vele, cordaggi ed altre cose per uso di essa, prendere danaro in prestito sul corpo della nave, nè noleggiarla.

선박 권리 문서;
국적증서;
선원명부;
선하증권과 용선계약서;
검사 조서;
관세 납부영수증 혹은 이행보증서.

제324조 선박이 항구, 석호, 운하 및 하천을 출입할 때에 선장은 항상 선상에 직접 있어야 한다.

선장이나 선원이 전에 들어간 적이 전혀 없이, 어느 항구에 기항하거나 어느 석호, 운하 혹은 하천에 진입하는 경우, 선장은 선박의 비용으로 진입 담당 도선사를 고용하여야 한다.

제325조 위 4개 조항의 규정을 위반한 경우, 선장은 선박 및 화물 이해관계인에게 모든 사고에 대해 책임이 있다.

제326조 선장은 화주의 서면 동의 없이 갑판에 선적한 화물에 발생한 모든 손해에 대해 책임이 있다.

이 규정은 제378조에 규정한 항해에 대하여는 적용하지 아니한다.

제327조 선장의 책임은 불가항력에 기인한 장애를 증명하지 아니하면 소멸하지 아니한다.

제328조 출발을 하기 위해 선상에 있거나 구명선상에 있는 선장 혹은 선원은; 채무를 이유로 이를 체포할 수 없고, 다만 항해를 위한 계약에 기한 경우에는 그러하지 아니하다. 이때에도 담보를 제공하면 체포에서 면제된다.

제329조 선박소유자 혹은 그 대리인이 체재하는 곳에서는, 그의 특별한 수권이 없는 한, 선장은 선박을 수리하고, 선박이 사용할 돛, 밧줄 및 기타 물건을 구입하고, 선체에 대해 모험대차로 차용을 하고, 또 용선을 하여 주는 등 행위를 할 수 없다.

330. Se la nave è noleggiata di consenso dei proprietari e qualcuno di essi ricusa di contribuire alle spese necessarie per la spedizione, il capitano, ventiquattro ore dopo la intimazione fatta a coloro che ricusano di dare la loro quota, può prendere con autorizzazione del tribunale di commercio, o in mancanza, del Pretore, l'occorrente somma a cambio marittimo per loro conto e sulla loro porzione d'interesse nella nave.

331. Se nel corso del viaggio vi è necessità di riparazioni o di compra di vettovaglie, il capitano, dopo aver accertata la necessità con un processo verbale sottoscritto dai principali dell'equipaggio, può farsi autorizzare nel Regno dal Tribunale di commercio, od in mancanza dal Pretore, e all'estero dal Regio consolo od in mancanza dalle autorità del luogo, a prendere danaro in prestito sul corpo della nave, dare in pegno o vendere merci, fino a concorrenza della somma necessaria.

Se il capitano rifiuti di provvedere e ne venga a mancare alla gente dell'equipaggio il vitto consueto, le autorità suddette, secondo il luogo dove trovasi la nave, provvedono al bisogno ne'modi indicati.

Le vendite delle merci sono fatte all'incanto.

I proprietari od il capitano che li rappresenta, tengono conto delle merci vendute secondo il valore, che le merci della medesima natura e qualità hanno nel luogo dello scaricamento della nave al tempo del suo arrivo.

Il noleggiatore unico o i diversi caricatori, quando sono d'accordo, possono opporsi alla vendita od al pegno delle loro merci, scaricandole e pagandone il nolo in proporzione del cammino percorso. Se manca il consenso di uno o più caricatori, colui che voglia usare di questa facoltà, deve pagare il nolo intiero per le sue merci.

332. Il capitano, prima della partenza da un porto estero per ritornare nel regno, deve mandare ai proprietari o armatori della nave od ai loro procuratori un conto da lui sottoscritto, contenente lo stato del carico,

제330조 선박공유자의 동의를 얻어 선박이 용선되었음에도 불구하고 어느 공유자가 항해에 필요한 비용을 분담하기를 거절하는 경우, 선장은 분담금의 지급을 거절하는 공유자에게 통지를 하고 24시간이 경과한 다음, 상사법원, 상사법원이 없으면 간이판사의 허락을 얻어, 그 공유자의 계산으로 그 공유자의 지분을 담보로 한 모험대차로 금전을 차용할 수 있다.

제331조 항해 도중에 선박을 수리하거나 식량을 구입할 필요가 있는 경우, 선장은 사관이 서명한 진술조서에 의하여 그 필요성을 확인한 다음, 국내에서는 상사법원, 상사법원이 없으면 간이판사로부터, 해외에서는 영사의, 영사가 없으면 지역 관청으로부터 허가를 얻은 다음, 필요한 금액의 범위 내에서 선체를 담보로 하여 모험대차로 금전을 빌리거나 혹은 화물을 매각하거나 담보로 금전을 차용할 수 있다.

선원에게 제공할 통상의 식량이 없게 되었음에도 불구하고, 선장이 이러한 조치를 위하는 것을 거절하는 경우, 선박이 있는 곳에 있는 위에서 말한 행정기관이 위에 본 방식으로 긴급한 조치를 취할 수 있다.

화물은 경매를 통하여 매각한다.

선박소유자나 그를 대리하는 선장은 매각한 물건이 목적지에 도착하였을 때에 양하할 장소에서 동일한 종류와 품질의 물건이 가졌을 가격을 참고하여야 한다.

단독 용선자 혹은 의견이 일치한 다수 화주는 자기 물건의 입질 혹은 매각에 이의를 하고, 수행한 운송의 비율로 운임을 지급하고 화물을 양하할 수 있다. 어느 하나 혹은 다수의 화주가 동의를 하지 아니하는 경우, 동의를 하는 화주는 자기 화물에 대한 운임 전부를 지급하고 이러한 권리를 행사할 수 있다.

제332조 외국 항구로부터 국내로 귀항하기 위하여 출발하기 이전에 선장은 선박소유자나 의장자 혹은 그 대리인에게 자기가 서명한 정산서를 송부하여야 하며, 정산서에는 선적의 상태, 선적한 화물의 가격, 모험대차로 차

il prezzo delle merci caricate, le somme da lui prese a mutuo, il nome, cognome e la residenza dei mutuanti.

Quando il caricamento in porto estero sia eseguito per conto dei noleggiatori dai loro commissionari, il capitano non è tenuto a rimettere ai proprietari o armatori della nave od ai loro procuratori, che lo stato del suo carico risultante dalle polizze da lui firmate e quello delle somme prese a mutuo colle anzidette indicazioni.

333. Il capitano che senza necessità ha preso danaro in prestito sul corpo, sugli attrezzi, armamento o corredo della nave, che ha dato in pegno o venduto merci o vettovaglie, che ha portato ne'suoi conti avarie e spese supposte, è risponsabile verso gli armatori e verso tutti gl'interessati, ed è personalmente obbligato al rimborso del denaro od al pagamento degli oggetti, salva inoltre l'azione penale se vi è luogo.

334. Il capitano non può vendere la nave senza mandato speciale del proprietario, eccettuato il caso d'inabilità alla navigazione.

L'inabilità deve essere dichiarata e la vendila autorizzata con decreto del Tribunale di commercio nello Stato, e con decreto dell'uffiziale consolare all'estero.

La vendita deve essere fatta ai pubblici incanti.

335. Il capitano obbligato per un viaggio è tenuto di compierlo, sotto pena dei danni e delle spese verso i proprietari ed i noleggiatori.

336. Il capitano che naviga a profitto comune sul carico, non può fare alcun traffico nè commercio per suo conto particolare, se non vi è convenzione contraria per iscritto.

Nel caso di contravvenzione, le merci caricate dal capitano per suo conto particolare sono devolute a profitto degli altri interessati.

337. Il capitano, qualunque sia il pericolo, non può abbandonare la nave, se non prima sentito il parere degli ufficiali di bordo e di due almeno dei

용한 금액 및 그 대주의 성명과 주소가 포함되어 있어야 한다.

해외 항구에서 선적이 용선자의 계산으로 그의 대리상에 의하여 이루어진 경우, 소유자나 의장자 혹은 그 대리인에게, 선장은 자기가 서명한 선하증권에 기해 선적한 화물의 상태와 모험대차로 차용한 금액을 위에서 본 표시와 함께 송부하면 된다.

제333조 선장이 선박의 필요성이 없이, 선박의 선체, 장비, 무장 혹은 의장을 담보로 모험대차로 금전을 차용하거나, 화물이나 식량을 담보로 제공하거나 혹은 매각하거나, 또는 이러한 물건의 계산으로 해손을 야기하거나 예상되는 비용를 부담하게 한 경우, 선장은 의장자나 다른 모든 이해관계인에게 책임이 있고 또 개인적으로 금전을 반환하고 목적물을 변상하여야 하며 그 외에 해당이 되는 때에는 형사책임도 진다.

제334조 선장은, 선박의 항해가 불가능한 경우가 아닌 한, 선박소유자의 특별한 수권이 없으면 선박을 매각할 수 없다.

항해불능과 매각은 국내에서는 상사법원이 판결로, 해외에서는 영사관 공무원이 결정으로 선언하고 허가한다.

매각은 공매입찰 방식으로 하여야 한다.

제335조 항해를 책임진 선장은 이를 완수하여야 하며, 그렇지 아니하면 선박소유자와 용선자에 대하여 손해배상과 비용보상의 의무가 있다.

제336조 화물로 발생하는 이익의 분배를 조건으로 항해를 하는 선장은, 반대의 서면 약정이 없는 한, 개인 계산으로 운송이나 영업을 하지 못한다. 이를 위반한 경우에, 선장이 자기 개인 계산으로 선적한 화물은 다른 이해관계인의 이익으로 돌아간다.

제337조 위험이 무엇이든, 먼저 선상 사관과 가장 연장 선원 2명의 의견을 듣지 아니하고는 선장은 선박을 포기할 수 없다.

marinai più anziani.

Il capitano deve essere sempre l'ultimo ad abbandonare la nave, e salvare con sè il giornale, le carte e quanto può degli oggetti preziosi.

Se gli oggetti in tal modo salvati sono poscia perduti per qualche caso fortuito, il capitano è liberato.

338. Il capitano all'arrivo nel porto di sua destinazione sì di andata come di ritorno, o nel luogo di qualunque approdo volontario o forzato, come pure nel caso di naufragio, deve far vidimare il suo giornale nautico e fare la relazione del suo viaggio.

La relazione deve contenere

Il luogo e il tempo della partenza;

La via tenuta;

I rischi corsi;

Le deliberazioni prese durante il viaggio, e il consiglio dell'equipaggio intorno al getto e alle altre operazioni dirette alla salvezza della nave e del carico;

I disordini avvenuti nella nave;

E in generale tutti gli avvenimenti importanti del viaggio.

339. La relazione deve essere fatta entro ventiquattro ore dall'arrivo o dall'approdo, davanti al presidente del Tribunale di commercio e in mancanza di questo davanti al Pretore, se l'arrivo o l'approdo ha luogo in porto del Regno, e davanti al Regio console e in mancanza di questo davanti all'autorità locale, se ha luogo in un porto estero.

Quando la relazione è fatta nel Regno, deve essere depositata nella cancelleria del Tribunale di commercio. A tal uopo il Pretore la trasmette senza ritardo al presidente del Tribunale.

340. Per verificare la relazione del capitano, le suddette autorità devono interrogare le persone dell'equipaggio e, se è possibile, i passeggieri;

선장은 항상 마지막으로 선박을 포기하는 사람이어야 하며, 자기와 함께 항해일지, 중요 증서 및 가능한 한 다수의 귀중품을 휴대하여야 한다.

이러한 방식으로 구조된 물건이 이후 천재지변으로 멸실된다 하더라도 선장은 책임이 없다.

제338조 진행항해이든 귀환항해이든 선박이 항구에 도착하면, 또 임의이든 난파를 포함한 강제이든 어느 장소에 기항하면, 항해일지를 인증받아야 하며 항해보고를 하여야 한다.

항해보고서에는 다음 사항이 포함되어야 한다.

출발 시간과 장소;

수행한 항로;

경험한 위험;

항해 도중에 선박과 화물을 구조할 목적으로 한 투기 기타 조치와 관련하여 취한 결정과 선원의 권고;

선상 질서 문란 사건;

기타 일반적으로 항해와 관련된 모든 중요 사건.

제339조 이러한 보고는 국내에 도착 혹은 기항을 하는 경우 상사법원 법원장, 법원장이 없으면 간이법원 판사에게, 외국 항구가 있는 곳에서 하는 경우 영사에게, 영사가 없으면 지역 공무소 공무원에게, 도착이나 기항한 다음 24시간 이내에 하여야 한다.

국내에서 보고서를 제출하는 경우, 상사법원 서기과에 이를 제출하여야 한다. 이를 목적으로 간이법원 판사는 보고서를 지체 없이 상사법원 법원장에게 송부하여야 한다.

제340조 선장의 보고를 확인하기 위하여, 위 관청은 선원과 가능하면 여객까지 심문하여야 하며; 이들로부터 대답을 들어 기록하고; 그 외에도 다

riceverne le risposte; raccogliere inoltre quelle maggiori informazioni o prove che credessero opportune.

Le relazioni non verificate non sono ammesse a scarico del capitano e non fanno fede in giudizio, eccettuato il caso che il capitano sia salvato solo dal naufragio nel luogo dove ha fatto la sua relazione.

341. Fuori del caso di pericolo imminente, il capitano non può scaricare alcuna merce prima di avere fatta la sua relazione.

342. Se le vettovaglie della nave mancano durante il viaggio, il capitano, col previo parere dei principali dell'equipaggio, può costringere quelli che hanno viveri in particolare a metterli in comune, coll'obbligo di pagarne loro il valore.

TITOLO V
DELL'ARRUOLAMENTO E DEI SALARI DELLE PERSONE DELL'EQUIPAGGIO

343. Le persone componenti l'equipaggio sono il capitano o padrone, gli uffiziali, i marinai e i mozzi indicati nel ruolo dell'equipaggio formato nel modo stabilito dai regolamenti.

Il ruolo deve indicare i salari, o la parte di utili dovuti alle persone dell'equipaggio. Le altre condizioni dell'arruolamento possono risultare dal ruolo o da convenzioni particolari.

344. Le convenzioni particolari di arruolamento sono fatte in presenza dell'amministratore di marina locale nel regno, e dell'uffiziale consolare all'estero.

Gli amministratori o gli uffiziali consolari scrivono sui loro registri le seguite convenzioni e ne rimettono copia al capitano, dal quale nelle ventiquattro ore successive sono trascritte o fatte trascrivere nel giornale

른 모든 적의한 정보나 증거를 수집하여야 한다.

이러한 확인절차를 거치지 아니한 보고서는 선장의 책임을 감경하기 위한 증거로 인정되지 아니하며, 또 재판에서 증명력이 없다. 다만 보고를 하는 장소에서 난파된 후 오로지 선장만이 구조된 경우에는 그러하지 않다.

제341조 급박한 위험에 노출된 경우가 아닌 한, 선장은 이러한 보고를 하기 이전에는, 어떤 화물이든 이를 양륙할 수 없다.

제342조 항해 도중에 선박의 식량이 부족하게 된 경우, 선장은 먼저 선임선원의 의견을 들은 다음 개인적으로 보유한 식음료를 공동 사용에 제공하도록 강제할 수 있고, 그러면 소유자에게 그 가격에 상당하는 금액을 보상하여야 한다.

제5장 선원의 승선과 급여

제343조 선박의 구성원은, 선장, 사관, 해원 및 사환으로, 각령으로 정한 방식으로 작성한 선원명부에 등재된 사람을 말한다.

선원명부에는 지급할 급여 혹은 배분할 이익을 표시하여야 한다. 다른 승선조건도 선원명부나 개별 계약에 의하여 정해질 수 있다.

제344조 개별적인 승선계약은 국내에서는 지역 해운관청 공무원의 면전에서, 해외에서는 영사관 공무원의 면전에서 하여야 한다.

해운관청 공무권이나 영사관 공무원은 받은 승선계약을 등록부에 기재하고 그 사본을 선장에게 송부하여야 하고, 선장은 이로부터 24시간 이내에 이를 선상일기에 등재하거나 등재하게 하여야 한다. 이 선상일기는 해운관청 공무원 혹은 영사관 공무원에게 제출하여 등재를 공인받아야 한다.

di bordo. Questo giornale sarà presentato all'amministratore od uffiziale consolare per l'autenticazione della trascrizione.

Le convenzioni verbali, e le convenzioni scritte che non sono rivestite delle accennate formalità, non hanno effetto.

Se taluno però è arruolato in paese estero dove non sia ufficiale consolare, basta che la convenzione sia scritta dallo scrivano del bordo e sottoscritta dal capitano e dall'arruolato.

Se l'arruolato non può o non sa scrivere, la convenzione sarà sottoscritta da due testimoni.

345. Le convenzioni di arruolamento enunciano in modo chiaro e preciso la durata di esso e la navigazione per cui ha luogo.

Possono essere tenute segrete per ragione di speculazioni commerciali la destinazione e la navigazione, purché l'equipaggio sia di ciò avvertito e consenta di arruolarsi a tale condizione. L'accordo sarà ridotto in iscritto nella forma stabilita dall'articolo precedente.

346. Se non è convenuto il tempo dell'arruolamento, s'intende che questo duri sino alla scadenza del termine per cui sono concesse le carte di bordo della nave, e l'arruolato deve prestare il suo servizio in tutti i viaggi compresi nella classe del primo viaggio intrapreso.

Scaduto il termine delle carte di bordo, l'arruolato deve continuare il suo servizio sino al ritorno nel Regno al luogo della destinazione della nave, purché il ritorno si faccia direttamente con gli scali soltanto che possono occorrere.

S'intende sempre terminato l'arruolamento ancorché il termine delle carte di bordo non sia scaduto, ogniqualvolta la nave è di ritorno nel Regno al luogo della sua destinazione, dopo di aver eseguito il primo viaggio e dopo essere stata caricata.

Le disposizioni di quest'articolo si applicano in mancanza di convenzioni

구두 약정 혹은 위 요건을 갖추지 아니한 계약은 그 효력이 없다.

다만 영사관 공무원이 없는 해외에서 승선한 선원인 경우, 승선계약이 선상 서기에 의해 서면으로 작성되고, 선장과 선원이 서명하면 그것으로 족하다.

선원이 서명을 할 수 없거나 서명을 할 줄 모르면 계약서에 두 명의 증인이 대신 서명한다.

제345조 승선계약서에는 명확하고 분명한 방식으로 승선기간과 목적항해를 표시하여야 한다.

영업상 비밀 때문에 목적지와 항해를 비밀에 부칠 수 있고, 그렇게 하려면 여기에 대해 선원에게 고지하고 선원이 그러한 조건에 동의를 하여야 한다. 이러한 합의는 전조에서 정한 방식으로 서면으로 작성되어야 한다.

제346조 승선계약에서 승선기간이 정하여지지 아니한 경우, 선박에 부여된 승선허가증이 종료되는 기간동안 승선계약이 지속되는 것으로 간주하며, 선원은 수행하는 최초 항해의 종류에 속하는 모든 항해를 위해 계속 근무할 의무가 있다.

승선허가증의 기간이 종료된다 하더라도 선원은 그 선박이 국내 목적지까지 귀환할 때까지 계속 근무하여야 한다. 다만 이는 선박이 오로지 필요한 기항만 하면서 바로 귀항항해를 하는 것을 전제로 한다.

승선허가증이 종료되지 않았다 하더라도 선박이 최초 항해를 수행하고 화물을 선적한 다음 국내 목적지로 귀환했을 때에는 승선계약이 종료된 것으로 본다.

본조의 규정은 다른 반대의 합의가 없는 경우에 한하여 적용한다.

contrarie.

347. Terminato l'arruolamento, il capitano deve rilasciare il congedo in iscritto a ciascuna persona dell'equipaggio.

Il congedo enuncia il nome e la qualità della nave, il nome e cognome del capitano e il tempo dell'imbarco; se ne fa menzione sul giornale di bordo.

Quando per qualunque causa il capitano sia nell'impossibilità di scrivere il congedo, questo sarà scritto in sua presenza dal secondo della nave, e sarà sottoscritto dal medesimo e da due testimoni.

348. Gli uffiziali consolari in paese estero possono, quando vi siano motivi gravissimi, e la nave sia diretta ai porti del Regno, prorogare il termine dell'arruolamento per il tempo strettamente necessario al ritorno. In questo caso colui al quale viene prorogato l'arruolamento, ha diritto ad una retribuzione proporzionata al salario.

349. I viaggi sono divisi in varie classi secondo il Codice della marina mercantile.

350. Il capitano e le persone dell'equipaggio non possono sotto verun pretesto caricare sulla nave alcuna merce per loro conto, senza la permissione dei proprietari e senza pagare il nolo, se non vi sono autorizzati dalle condizioni del loro arruolamento.

351. Se il viaggio è rotto per fatto dei proprietari, del capitano o dei noleggiatori prima della partenza della nave, i marinai arruolati a viaggio od a mese hanno diritto al pagamento delle giornate da essi impiegate ad allestire la nave, e ritengono per indennità le anticipazioni ricevute. Se le anticipazioni non sono ancora state pagate, ricevono per indennità una mesata del salario convenuto, fatto calcolo della durata presunta del viaggio per i marinai arruolati a viaggio.

Se il viaggio è rotto dopo la partenza della nave,

I marinai salariati a viaggio hanno diritto all'intero salario a norma della

제347조 승선계약이 종료되면 선장은 서면으로 승선종료증을 작성하여 각 선원에게 발부하여 주어야 한다.

승선종료증에는 선박의 명칭과 종류; 선장의 성명과 승선 기간; 선상일기에의 기록 여부를 기재하여야 한다.

무슨 이유이든 선장이 승선종료증을 작성할 수 없을 때에는, 선장의 면전에서 차석 선임자가 작성하고 그와 다른 2명이 거기에 서명하여야 한다.

제348조 해외에 있는 영사관 공무원은, 중대한 사유가 있고 또 선박이 국내를 향하여 가는 중인 때에는, 귀환에 필요한 최소 기간에 한해 승선기간을 연장할 수 있다. 이 경우에 승선기간이 연장된 선원은 봉급에 비례하는 보상을 청구할 수 있다.

제349조 해운법의 규정에 따라 항해는 이를 여러 종류로 구분한다.

제350조 선장과 해원은, 소유자의 허가를 받고 또 그에 대한 운임을 지급하는 경우를 제외하고는, 여하한 명분이든 자기 계산으로 여하한 화물도 선적할 수 없고, 다만 승선 조건으로 선적이 허용되는 때에는 그러하지 아니하다.

제351조 선박이 출항을 하기 이전에 선박소유자, 선장 혹은 용선자에 의하여 항해가 취소된 경우, 항해 혹은 월을 단위로 고용된 선원은 선박의 준비를 위하여 근무한 날짜를 기준으로 보수의 지급을 요구할 수 있고 보상으로 선급된 금액을 보유할 수 있다. 선급금이 아직 지급되지 아니한 때에는 1개월분의 월급을 보상으로 받고, 항해를 단위로 승선한 선원은 전제되는 항해를 기간으로 계산하여 이 금액을 산정한다.

출항을 하고 난 다음 항해가 취소된 경우,

항해를 단위로 임금을 계약한 해원은 원래 계약에 따라 봉급 전부를 받을 권리가 있고;

loro convenzione;

I marinai salariati a mese hanno diritto ai salari convenuti per il tempo che hanno servito, e inoltre a titolo d'indennità alla metà de'loro salari pel resto della durata presunta del viaggio, per cui si erano arruolati;

I marinai salariati a viaggio od a mese hanno diritto inoltre alle spese di ritorno sino al luogo della partenza della nave, salvo che il capitano od altro interessato o l'autorità competente non procuri il loro imbarco sopra un'altra nave diretta al detto luogo.

352. Se è interdetto il commercio col luogo della destinazione della nave, o se questa è arrestata per ordine del governo prima che sia cominciato il viaggio, i marinai non hanno diritto che al pagamento delle giornate impiegate ad allestire la nave.

353. Se l'interdizione del commercio o l'arresto della nave accade durante il corso del viaggio,

Nel caso d'interdizione, i marinai hanno diritto al pagamento del salario in proporzione del tempo che hanno servito;

Nel caso di arresto, i marinai arruolati a mese hanno diritto alla metà del salario durante il tempo dell'arresto; i marinai arruolati a viaggio hanno diritto al salario a norma del loro arruolamento.

354. Se il viaggio è prolungato, il montare dei salari dei marinai arruolati a viaggio è aumentato in proporzione del prolungamento.

355. Se lo scaricamento della nave si fa volontariamente in un luogo più vicino di quello indicato dal noleggio, non si fa diminuzione di salari.

356. Se i marinai sono arruolati con partecipazione del profitto o del nolo, non hanno diritto a pagamento di giornate né ad indennità per il viaggio rotto, ritardato o prolungato per forza maggiore.

Se il viaggio è rotto, ritardato o prolungato per fatto dei caricatori, le persone dell'equipaggio hanno parte alle indennità che sono aggiudicate alla

월을 단위로 계약한 해원은 근무한 기간 동안 월급을 받을 권리가 있고, 여기에 추가하여 원래 계약한 항해의 추정기간의 나머지 기간 동안 약정한 월급의 반액에 해당하는 금액을 보상으로 청구할 권리가 있고;

항해 단위이든 월 단위이든 해원은 그 외에도 선박이 출발한 곳까지 귀환하는 비용을 청구할 권리가 있다. 다만 선장, 이해관계인 혹은 해당 관청이 그곳으로 향하는 선박에 승선을 주선하여 주는 경우에는 그러하지 아니하다.

제352조 항해를 개시하기 이전에 선박의 목적지와의 상업이 금지된 경우 및 정부의 명령으로 선박이 억류된 경우, 해원은 선박을 준비하기 위하여 근무한 날짜에 해당하는 일당만 청구할 권리가 있다.

제353조 상업의 금지 혹은 선박의 억류가 항해 도중에 발생한 경우,

상업 금지의 경우, 해원은 근무한 기간의 비율에 따른 봉급의 지급을 청구할 권리가 있고;

선박 억류의 경우 월 단위로 계약한 해원은 억류기간 동안 월급의 반액을 청구할 권리가 있고; 항해단위로 계약한 해원은 승선계약에 따라 봉급을 청구할 권리가 있다.

제354조 항해가 연장된 경우 항해를 단위로 계약한 선원의 봉급 금액은 연장의 비율에 따라 증액된다.

제355조 용선계약에 표시된 장소보다 더욱 가까운 곳에서 자의적으로 화물의 양륙이 이루어졌다 하더라도 그로 인하여 봉급이 감액되지 아니한다.

제356조 수익 혹은 운임을 분배하는 계약으로 승선한 해원은, 천재지변 혹은 불가항력으로 인해 항해가 취소, 연기 혹은 연장된다 하더라도, 일당을 청구할 권리가 없고 보상을 청구할 권리도 없다.

화주의 행위로 인하여 항해가 취소, 연기 혹은 연장된 경우, 해원은 선박에 인정된 보상의 분배를 요구할 수 있다. 이 보상은 선주와 해원 사이에

nave. Queste indennità sono divise tra i proprietari della nave e le persone dell'equipaggio, nella medesima proporzione in cui sarebbe stato tra essi diviso il nolo.

Se l'impedimento procede da fatto del capitano o dei proprietari, essi sono tenuti alle indennità dovute alle persone dell'equipaggio.

357. Se il capitano, decorso il termine indicato nelle carte di bordo, si trovi all'estero, e voglia ottenere una proroga per imprendere un nuovo viaggio a cui gli uomini dell'equipaggio non sieno obbligati, l'uffiziale consolare deve assicurarsi della rinnovazione della convenzioni per l'arruolamento dell'equipaggio in conformità delle precedenti disposizioni.

358. Alle persone dell'equipaggio arruolate a mese è dovuto il salario dal giorno in cui sono iscritte sul ruolo, salvo il caso di convenzione contraria.

359. Nel caso di preda, di rottura o naufragio con perdita intiera della nave e delle merci, i marinai non possono pretendere alcun salario.

Essi però non sono obbligati a restituire ciò che loro fosse stato anticipato.

360. Se qualche parte della nave è salvata, i marinai arruolati a viaggio od a mese sono pagati sugli avanzi della nave dei salari scaduti.

Se gli avanzi non bastano, o se non si sono salvate che merci, essi sono pagali sussidiariamente sul nolo.

361. I marinai arruolati con partecipazione al nolo sono pagati in proporzione del nolo lucrato.

362. I marinai, in qualunque modo arruolati, hanno diritto al pagamento delle giornate da essi impiegate per salvare gli avanzi della nave e le cose naufragate.

363. Il marinaio è pagato dei salari ed è curato e medicato a spese della nave, se cade ammalato durante il viaggio, o se è ferito per servizio della nave.

운임을 분배하였을 것과 동일한 비율로 분배한다.

선주 혹은 선장의 행위로 장애가 발생한 경우, 이들이 선원에 대해 손해를 보상하여야 한다.

제357조 승선허가증에 표시된 기간이 도과하여 해외에 있는 선장이 그 기간을 연장하여 새로운 항해를 하기를 희망하는 경우, 선원은 여기에 대해 근무를 계속할 의무를 지지 아니하는 때에는, 영사관 공무원은 위에서 본 규정에 따라 선원의 승선계약 갱신 여부를 확인하여야 한다.

제358조 월을 단위로 승선을 한 선원은, 반대의 약정이 없는 한, 선원명부에 등재된 날로부터 월급을 청구할 수 있다.

제359조 선박이 나포, 파괴 혹은 난파되어 선박과 화물이 모두 멸실된 경우, 해원은 어떠한 봉급도 요구할 수 없다.

그러나 이들은 자기에게 선급된 금액을 반환할 의무는 없다.

제360조 선박의 일부라도 회수가 되면 항해 단위로 혹은 월 단위로 계약한 해원은 선박의 잔존물로 소멸하였던 임금을 지급받는다.

구조한 물건이 지급에 충분하지 아니하거나 혹은 오로지 화물만 구조된 경우에, 이들은 운임에 대하여 부수적으로[3] 지급을 받는다.

제361조 운임 분배의 조건으로 계약한 해원은 획득한 운임의 비율로 지급을 받는다.

제362조 해원은 어느 조건으로 계약을 하였든 상관없이 선박의 잔존물이나 난파된 물건을 구조하기 위하여 종사한 기간의 일당을 받을 권리가 있다.

제363조 항해 중에 질병에 걸린 해원과 근무 도중에 상해를 입은 해원은 봉급이 지급되고 선박의 비용으로 치료와 간호를 하여야 한다.

---

3) 부수적인(sussidiaria) 채무는 이탈리아 민법이 인정하는 특별한 채무이다.

364. Il marinaio è curato a spese della nave e del carico, se è ferito combattendo contro i nemici od i pirati.

365. Nei casi espressi nei due articoli precedenti, se il marinaio deve essere sbarcato, il capitano rimette nelle mani dell'uffiziale consolare la somma stimata necessaria per la cura e il ritorno in patria del marinaio ammalato.

Dove non sia uffiziale consolare, il capitano fa ricoverare il marinaio in un ospedale od altro luogo in cui possa essere curato, rimettendo anche la somma necessaria affinché possa ritornare in patria.

366. Se il marinaio è ferito in rissa o si ammala per condotta cattiva ed immorale, è curato tuttavia a spese della nave, e si applica il disposto dal precedente articolo, salva l'azione contro il marinaio pel rimborso.

367. Se il marinaio disceso dalla nave senza autorizzazione è ferito in terra o vi contrae malattia, può anche essere congedato dal capitano.

I salari in questo caso non gli sono dovuti che in proporzione del tempo che ha servito, dedotte le spese della cura.

368. Nel caso di morte del marinaio durante il viaggio;

Se esso era arruolato a mese, i salari sono dovuti ai suoi eredi sino al giorno della sua morte;

Se era arruolato a viaggio, è dovuta la metà dei salari quando muoia nell'andata o nel porto di arrivo; i salari sono dovuti per intero se muore nel ritorno;

Se il marinaio è arruolato con partecipazione del profitto o del nolo, è dovuta la parte intiera, semprechè muoia dopo cominciato il viaggio.

I salari del marinaio morto in difesa della nave sono dovuti in intero per tutto il viaggio, se la nave arriva a buon porto.

369. Il marinaio preso sulla nave e fatto schiavo nulla può pretendere contro il capitano, i proprietari ed i noleggiatori per il pagamento del suo

제364조 적이나 해적에 대항하여 싸우다가 상해를 입은 해원은 선박과 화물의 비용으로 치료를 한다.

제365조 전시 2개 조문에서 말하는 경우에, 치료를 위해 해원이 하선을 하여야 하는 때에는, 선장은 영사관 공무원에게 치료와 귀국에 필요하다고 판단되는 금액을 보관하여야 한다.

영사관이 없는 곳에서는 선장은 해원이 병원 기타 치료를 할 수 있는 곳에 입원을 하여 치료를 받을 수 있도록 조치하여야 하고, 또 본국으로 귀환할 수 있도록 필요한 금액을 예치하여야 한다.

제366조 선원이 개인적으로 싸움을 하던 도중 혹은 나쁘고 비도덕적인 행위로 인하여 질병에 걸린 경우라 하더라도, 선박의 비용으로 이를 치료하여 주어야 하고 전조의 규정이 적용되며, 다만 선원 개인에 대하여 구상을 요구할 수 있다.

제367조 해원이 허가 없이 상륙한 사이에 상해를 입거나 질병에 걸린 경우, 선장은 그 선원을 해고할 수 있다.

이 경우, 그 선원에게 실제 근무한 기간에 비례한 봉급을 지급하여야 하며, 여기에서 치료비는 또 공제하여야 한다.

제368조 항해 도중에 해원이 사망한 경우;

월 단위로 계약을 한 경우, 사망한 날까지 월급을 그 상속인에게 지급하여야 하며;

항해 단위로 계약을 한 경우, 진행 항해 도중에 혹은 도착 항구 내에서 사망한 때에는 봉급의 반액을 지급해야 하며; 귀환 항해 도중에 사망한 때에는 봉급 전액을 지급하여야 한다;

이익 혹은 운임 분배 조건으로 계약을 한 경우, 항해를 개시한 후에 사망을 한 때에는 분배 지분 총액을 지급하여야 한다.

선박을 방어하다 선원이 사망한 경우, 선박이 안전한 항구에 도착하면, 항해 전부에 대해 봉급 전액을 지급하여야 한다.

제369조 선상에서 납치되어 노예가 된 선원은 선장, 소유자 및 용선자에 대하여 인질석방 보상금의 지급을 요구할 수 없다.

riscatto.

Egli ha diritto ai salari sino al giorno in cui è stato preso e fatto schiavo.

370. Se il marinaio è preso e fatto schiavo mentre è spedito in mare o a terra per servizio della nave, ha diritto al pagamento dei salari per intero.

Egli ha diritto al pagamento di una indennità per il suo riscatto, se la nave arriva a buon porto.

371. L'indennità è dovuta dai proprietari della nave, se il marinaio è stato spedito in mare o a terra per servizio della nave.

È dovuta dai proprietari della nave e del carico, se il marinaio è stato spedito in mare o a terra per servizio della nave e del carico.

372. Il montare delle indennità non può oltrepassare le lire mille duecento. La riscossione e l'impiego si fanno nel modo stabilito dai regolamenti.

373. Se la nave è venduta durante il tempo dell'arruolamento, le persone dell'equipaggio che non hanno convenuto il contrario, hanno diritto di essere ricondotte in patria a spese della nave e di essere pagate dei loro salari.

374. Il marinaio che prova di essere stato congedato senza giusto motivo, ha diritto ad una indennità contro il capitano.

L'indennità è fissata nel terzo dei salari, se il congedo è dato prima che cominci il viaggio.

E'fissata nello intero salario e nelle spese di ritorno, se il congedo è dato durante il corso del viaggio.

Il capitano non può in alcuno dei casi sopra accennati ripetere il montare delle indennità dai proprietari della nave, salvo che il congedo fosse stato dato sulla loro domanda.

Non vi è luogo a indennità, se il marinaio è congedato prima che si chiuda il ruolo dell'equipaggio.

Il marinaio non può essere congedato in paese estero, salvo nei casi determinati dalla legge.

그 선원은 납치되어 노예가 된 날까지의 봉급을 청구할 수 있다.

제370조 선박을 위하여 근무를 하기 위해 해상 혹은 육지에 보내져 있던 중에 납치되어 노예가 된 경우 봉급 전액을 청구할 권리가 있다.

선박이 안전한 항구에 도착하면 그 선원은 인질 석방금에 대한 보상을 청구할 수 있다.

제371조 선원이 선박을 위한 근무를 하기 위해 육지나 해상에 보내진 때에는 선박소유자가 보상을 할 의무를 진다.

선박과 적하를 위한 근무를 하기 위해 육지나 해상에 보내진 때에는 선박소유자 및 화물소유자가 보상을 할 의무를 진다.

제372조 보상 총액은 1200리라를 초과할 수 없다.

징수와 배분은 각령으로 정한 바에 의한다.

제373조 승선기간 도중에 선박이 매각된 경우, 반대의 약정이 있지 않은 경우, 선원은 선박의 비용으로 본국으로 귀환을 할 권리가 있고 또 봉급을 받을 권리도 있다.

제374조 정당한 이유 없이 해고당한 것을 증명하는 선원은 선장에 대하여 손해배상을 청구할 권리가 있다.

해고가 항해를 개시하기 이전에 이루어진 때에는 봉급의 3분지 1로 산정한다.

항해 도중에 해고가 된 때에는 봉급 전액과 귀환비용으로 산정한다.

위에서 말하는 여하한 경우라도 하더라도, 선장은 선박소유자에 대하여 배상 금액의 구상을 청구할 수 없고, 다만 선박소유자의 요구에 의하여 해고가 이루어진 때에는 그러하지 아니하다.

선원명부가 완결되기 이전에 해고를 당한 선원은 이러한 보상을 청구할 수 없다.

법률로 정한 경우를 제외하고는 해외에서 선원을 해고할 수 없다.

375. La nave ed il nolo sono specialmente vincolati per i salari dei marinai.

376. Le persone dell'equipaggio hanno diritto di essere mantenute a bordo, finché sieno intieramente pagate dei loro salari o del profitto della parte a esse dovuta.

377. Non essendovi convenzioni contrarie, le persone dell'equipaggio, terminato l'arruolamento, debbono continuare a prestare il loro servizio finché la nave sia posta in sicuro, scaricata ed ammessa a libera pratica.

Esse hanno però diritto di essere mantenute e pagate.

Se la nave durante la quarantena deve ripartire per un nuovo viaggio, la persona che non vuole arruolarsi per il medesimo, ha diritto di essere sbarcata in lazzaretto e pagata sino a libera pratica.

Le spese di mantenimento, di quarantena e di lazzaretto sono a carico della nave.

378. Sono eccettuate dalle disposizioni degli articoli 344, 345, 346 e 347 le spedizioni dei padroni, quando sono limitate alle coste del dipartimento militare marittimo nella cui circoscrizione sono prese, ed a quelle del dipartimento limitrofo.

379. Se sono levate persone di un equipaggio per servire sulle regie navi da guerra, il capitano deve regolare i loro conti e pagare il loro avere.

380. Le disposizioni concernenti i salari, la cura ed il riscatto de'marinai sono comuni al capitano o padrone, agli uffiziali e a qualunque altra persona dell'equipaggio.

제375조 선원의 봉급은 선박과 운임에 대해 특별한 우선특권이 인정된다.

제376조 선원은 그들의 봉급 혹은 분배할 이익이 전부 지급될 때까지 선상에 체재할 권리가 있다.

제377조 반대의 약정이 없는 한 승선기간이 종료된 선원은 화물을 양륙하고 자유로이 이동할 수 있어 선박이 안전하게 될 때까지 근무를 계속할 의무가 있다.

그러나 해원은 그동안 체재를 하고 보수를 요구할 권리가 있다.

검역기간 동안, 선박이 새로운 항해를 개시하여야 하는 경우, 이 새로운 항해를 위한 승선을 원하지 아니하는 선원은 하선하여 격리병원[4]에 입원할 권리가 있고 이후 자유롭게 이동할 수 있을 때까지 보수를 청구할 수 있다.

체재, 검역 및 격리병원 비용은 모두 선박의 부담으로 한다.

제378조 항해가 어느 군사해역, 혹은 그 인근해역 관할지역 해안으로 제한된 연안선의 항해는 제344조, 제345조, 제346조 및 제347조 규정의 적용에서 제외한다.

제379조 선원이 전함에 근무하기 위하여 소집된 때에는 선장은 그와 정산을 하고, 그 결과 지급해야 할 금액을 모두 지급하여야 한다.

제380조 선원의 봉급, 치료 및 석방 보상금에 관한 규정은 선장, 사관 및 다른 해원에 대하여도 마찬가지로 적용된다.

---

4) 도시마다 시외에 조금 떨어진 곳에 격리에 편한 병원을 가지고 있었다고 한다. 지금도 도시마다 이러한 병원시설이 도시가 커지자 시내로 편입되어 남아 있다.

TITOLO VI
DEL CONTRATTO DI NOLEGGIO

CAPO I
Disposizioni generali

381. Il contratto di noleggio deve essere fatto per iscritto.

Questo deve enunciare

Il nome e la portata della nave;

Il nome e cognome del capitano o padrone;

I nomi e cognomi del noleggiatore e del locatore;

Il luogo ed il tempo convenuti per il caricamento e lo scaricamento;

Il nolo;

Se il noleggio è di tutta o parte della nave;

L'indennità convenuta nel caso di ritardo.

382. Se il tempo del caricamento o dello scaricamento della nave non è stabilito dalla convenzione delle parti, sarà regolato secondo l'uso del luogo.

383. Se la nave è noleggiata a mese e se non vi è convenzione contraria, il nolo decorre dal giorno in cui la nave ha fatto vela sino a quello in cui sono scaricate le merci.

384. Se prima della partenza della nave vi è interdizione di commercio col paese per cui è destinata, le convenzioni sono risolte senza risarcimento di danni per alcuna delle parti.

Il caricatore è obbligato alle spese del caricamento e scaricamento delle sue merci.

385. Se la partenza della nave è impedita temporaneamente per forza maggiore, le convenzioni sussistono, e non vi è luogo a risarcimento dei danni per cagione di ritardo.

第6장 용선계약

제1절 통 칙

第381条 용선계약은 반드시 서면으로 작성하여야 한다.

서면에는 다음 사항이 기재되어야 한다.

선박의 명칭, 국적 및 용량;

선장의 성명;

용선자와 대선자의 성명;

약정한 선적과 양하의 일시와 장소;

운임;

용선이 선박의 전부인지 일부인지;

지연의 경우 합의한 손해.

第382条 선적과 양하의 시간에 관하여, 계약에서 따로 정하지 아니한 경우, 그 장소의 관행에 의하여 이를 규율한다.

第383条 월을 단위로 용선을 하면서, 달리 정함이 없는 경우, 운임은 항해를 개시한 날로부터 화물이 양하를 종료한 때까지 발생한다.

第384条 선박이 출발을 하기 이전에 목적지 국가와 상업이 금지된 경우, 약정은 해지되고 어느 당사자도 상대방에 대해 손해배상을 청구하지 못한다.

화주는 자기 화물의 선적 및 양하 비용을 부담하여야 한다.

第385条 항해의 개시가 불가항력적 사유로 일시 지장이 생기는 경우, 계약은 계속하여 존속하고, 연착으로 인한 손해를 보상할 책임도 없다.

항해 도중에 후발적으로 불가항력적 사유가 생긴 때에도 마찬가지로 운

Le convenzioni sussistono parimente e non si fa luogo ad aumento di nolo, se la forza maggiore sopravviene durante il viaggio.

386. Il caricatore può, mentre dura l'impedimento, fare scaricare le sue merci a proprie spese, coll'obbligo di ricaricarle o di indennizzare il capitano.

387. Nel caso di blocco del porto al quale la nave è destinata, il capitano, se non ha ordini contrari, deve condursi in uno dei porti vicini del medesimo Stato ove gli sia permesso di approdare.

388. La nave, gli attrezzi e arredi, il nolo e le merci caricate sono rispettivamente vincolati per l'esecuzione delle convenzioni delle parti.

CAPO II

Della polizza di carico

389. La polizza di carico deve esprimere la natura, specie, qualità e quantità delle merci da trasportare.

Essa deve enunciare.

Il nome, cognome e la residenza del caricatore;

Il nome, cognome e l'indirizzo di quello a cui è fatta la spedizione;

Il nome e cognome del capitano o padrone;

Il nome e la portata della nave;

Il luogo della partenza e quello della destinazione;

Il nolo.

La polizza deve portare in margine le marche ed i numeri delle merci da trasportare.

Essa deve essere datata, e può essere all'ordine o al portatore.

390. La polizza di carico è sottoscritta dal caricatore e dal capitano entro ventiquattro ore dopo compiuto il caricamento.

송계약이 존속하고 운임도 증가하지 아니한다.

제386조 화주는 일시적인 장애가 지속되는 동안 자기 비용으로 화물을 양륙할 수 있지만 그렇게 하면 이를 다시 선적하여야 하고, 선장이 입은 손해도 배상하여야 한다.

제387조 목적지 항구가 폐쇄된 경우, 선장은, 다른 지시를 받지 못하면, 동일한 국가 내에 있고 기항이 허용되는 다른 인근 항구로 선박을 운전하여 가야 한다.

제388조 선박, 장비, 의장, 운임과 선적한 화물은 당사자 사이에 상호 약정의 이행을 담보하여 서로가 우선특권이 있다.

제2절 선하증권

제389조 선하증권에는 선적한 화물의 성질, 종류, 품질 및 수량이 표시되어야 한다.

거기에는 다음 사항이 기재되어야 한다.

화주의 성명과 그 주소;

수취할 사람의 성명과 그 주소;

선장의 성명;

선박의 명칭 및 용량;

출발지와 목적지;

운임;

선하증권의 공란에 선적 화물의 기호와 개수를 표시하여야 한다.

선하증권에는 날짜를 기재하여야 하고 이는 지시식 혹은 무기명식으로 발행할 수 있다.

제390조 선적을 완료한 다음 24시간 이내에 화주와 선장이 선하증권에 서명하여야 한다.

È fatta in quattro originali almeno, da servire per il caricatore, il ricevitore, il capitano e il proprietario od armatore della nave, uno per ciascuno.

II caricatore deve consegnare al capitano nello stesso termine le spedizioni delle merci caricate, ossia le quitanze di pagamento, o le bollette di cauzione delle dogane.

391. La polizza di carico formata nel modo sopra stabilito fa fede tra tutte le parti interessate nel carico, come pure tra esse e gli assicuratori.

392. Nel caso di diversità tra le polizze di un medesimo carico, quella che è presso del capitano, fa fede se è riempiuta di mano del caricatore o di mano del suo commissionario, e quella che è presentata dal caricatore, o da colui al quale è fatto l'indirizzo, fa fede se è compiuta di mano del capitano.

393. Il commissionario o destinatario che ha ricevuto le merci indicate nelle polizze di carico o nei contratti di noleggio, deve darne ricevuta al capitano che gliela domandi, sotto pena delle spese e dei danni, compresi quelli del ritardo.

CAPO III
Del nolo

394. Il nolo è regolato dalle convenzioni delle parti.

Esso è provato dal contratto di noleggio o dalla polizza di carico.

Ha luogo per tutta o parte della nave, per un viaggio intiero o per un tempo limitato, a tonnellate, a quintali o ad altri pesi o misure conosciuti, in massa, a collegio.

395. Se la nave è noleggiata per intero ed il noleggiatore non dà tutto il carico, il capitano non può prendere altre merci senza il consenso del noleggiatore. Questi profitta del nolo delle merci che compiono il carico.

선하증권은 적어도 4부의 원본을 작성하여야 하며, 화주, 수하인, 선장 및 선주나 의장자에게 각각 1부씩 제공한다.
화주는 이와 동일한 기간 내에 선적한 화물에 대한 송장을 교부하여야 하고, 그렇지 아니하면 관세의 납부영수증이나 지급보증서를 제출하여야 한다.
제391조 위에서 규정한 형식을 밟아 발행된 선하증권은 화물에 관한 모든 이해관계인 사이에서 증명력이 부여되며, 이는 이들과 보험자 사이에서도 마찬가지이다.
제392조 동일한 화물에 대한 수통의 선하증권에 차이가 있는 경우, 선장이 소지한 선하증권은, 만일 화주나 혹은 그 주선인이 자기 손으로 보충을 한 것이면, 거기에 증명력이 부여되며, 화주나 수하인이 제출한 선하증권은 만일 선장의 손으로 이를 보충한 것이면 그 증명력이 부여된다.
제393조 화물주선인이나 수하인이 선하증권 혹은 용선계약에 표시된 물건을 수령한 때에는 그에게 요구를 하면 그 수령증을 교부하여야 하며, 그렇지 아니하면 지연을 포함한 모든 손해와 비용을 부담하여야 한다.

제3절 운 임

제394조 운임은 당사자의 합의를 기초로 정한다.
운임은 용선계약 혹은 선하증권를 증거로 정한다.
운임은 선박 전부 혹은 일부에 대해, 어느 항해 전체 혹은 일정한 한정된 기간으로, 톤, 100킬로, 기타 대량으로 집합하여 알려진 중량 혹은 단위로 정할 수 있다.
제395조 용선자가 선박 전체를 용선하고도 화물 전부를 제공하지 않는 경우, 선장은 용선자의 동의 없이 다른 물건을 선적할 수 없다. 그럼에도 불구하고 선적을 실행했다면 그 물건에 대한 운임은 용선자의 이익으로 한다.

396. Se il noleggiatore prima della partenza della nave, senza aver caricato cosa alcuna, dichiara di rompere il viaggio, deve pagare al capitano la metà del nolo.

Se non ha dichiarato di rompere il viaggio, deve pagare il nolo intiero.

Se carica una quantità di merci minore di quella convenuta, deve parimente pagare il nolo intero.

Se carica una quantità maggiore, deve pagare il nolo per l'eccedenza in ragione di quello convenuto.

397. Il capitano che ha dichiarato la nave di una portata maggiore della vera, è obbligato al risarcimento dei danni verso il noleggiatore.

Non si reputa esservi errore nella dichiarazione della portata, se l'errore non eccede un quarantesimo, o se la dichiarazione è conforme al certificato dello stazatore.

398. Se la nave è caricata a collegio, sia a quintali, sia a tonnellate, sia ad altri pesi e misure conosciuti, sia a massa, il caricatore può ritirare le sue merci prima della partenza della nave pagando la metà del nolo.

Egli sopporta le spese di caricamento, di scaricamento e di ricaricamento delle altre merci che bisogna muovere di luogo, e le spese del ritardo.

399. Il capitano può far mettere a terra nel luogo del caricamento le merci trovate nella nave, se non gli sono state dichiarate, od esigerne il nolo al prezzo massimo che si paga nel medesimo luogo per le merci di simile natura.

400. Il caricatore che ritira le sue merci durante il viaggio, deve pagare il nolo per intiero e tutte le spese di traslocazione cagionate dallo scaricamento.

Se le merci sono ritirate per fatto o colpa del capitano, questi è

제396조 출발을 하기 이전에 어떠한 물건도 선적하지 아니하고 항해를 취소하는 용선자는 선장에게 운임의 반액을 지급하여야 한다.

만일 항해의 취소를 선언하지 아니 하면, 용선자는 운임 전액을 지급하여야 한다.

만일 약정한 화물보다 더욱 적은 화물을 선적했다 하더라도 용선자는 마찬가지로 운임 전액을 지급하여야 한다.

약정한 화물보다 초과하여 더 선적을 한 용선자는 약정한 운임의 비율로 증가한 운임을 지급하여야 한다.

제397조 실제 선박의 용량보다 더 큰 용량을 제시한 선장은 용선자에 대해 그로 인한 손해를 배상할 책임이 있다.

잘못된 용량의 차이가 40분지 1을 초과하지 아니하거나 혹은 제시한 용량이 선측증서와 일치하는 경우, 용량의 제시에 오류가 있다고 보지 아니한다.

제398조 집합물이 선적된 경우, 그것이 100킬로그램 단위이든, 톤 단위이든, 다른 중량이나 부피이든, 혹은 산화물로 선적된 경우이든, 화주는 선박이 출발을 하기 이전에는 운임의 반액를 지급하고 자기 화물을 회수할 수 있다.

그 화주는 이동하기 위하여 필요했던 다른 물건의 선적, 양하 및 재선적의 비용을 부담하여야 하고, 그로 인한 지연으로 발생한 비용도 부담하여야 한다.

제399조 선장이 선적지에서 선상에 신고가 되지 아니한 물건을 발견하였을 때에는 이를 선적지에 양륙할 수 있고, 혹은 이에 대하여 동일한 장소에서 유사한 성질의 물건에 대해 징수하는 최고 운임을 요구할 수도 있다.

제400조 항해 도중에 선적한 화물을 회수하는 화주는 운임 전액과 양하로 유발된 모든 이동 비용을 부담하여야 한다.

선장의 행위 혹은 잘못으로 인하여 물건을 회수한 경우, 선장은 그로 인한 비용과 손해를 배상할 책임이 있다.

risponsabile dei danni e delle spese.

401. Se la nave è trattenuta alla partenza, nel corso del viaggio od al luogo dello scaricamento, per fatto del noleggiatore, le spese del ritardo sono dovute da lui.

Se essendo stata noleggiata per andata e ritorno, la nave ritorna senza carico o con un carico non compiuto, è dovuto al capitano il nolo intiero, oltre l'indennità per il ritardo.

402. Il capitano è tenuto a risarcire i danni al noleggiatore, se per fatto suo la nave è stata trattenuta od ha sofferto ritardo alla partenza, durante il viaggio o nel luogo dello scaricamento.

I danni sono determinati da perizia.

403. Se il capitano è costretto per caso fortuito o forza maggiore a fare riparare la nave nel corso del viaggio, il noleggiatore è obbligato ad aspettare o pagare il nolo intiero.

Quando la nave non potesse essere riparata, il nolo è dovuto in proporzione del viaggio fatto.

Il capitano deve però prendere a nolo, se è possibile, un'altra nave per condurre le merci alla loro destinazione. Il nuovo noleggio s'intende fatto per conto del caricatore.

404. Il capitano perde il nolo ed è tenuto al risarcimento dei danni verso il noleggiatore, se questi prova che quando la nave ha messo alla vela era inabile a navigare.

La prova è ammessa anche contro il certificato di visita.

405. Il nolo è dovuto per le merci che il capitano è stato costretto a vendere o dare in pegno per provvedere alla mancanza di vettovaglie, alle riparazioni e ad altri bisogni urgenti della nave.

Egli deve però tener conto delle dette merci ai proprietari, al prezzo di vendita delle rimanenti o di altre merci della stessa qualità nel luogo dello

제401조 항해 중에 혹은 양하지에서, 용선자의 행위에 의하여 선박의 출발이 지체되는 경우, 용선자는 지체로 인한 비용에 대하여 책임이 있다.

왕복항해를 위해 용선한 선박이 화물이 없이 혹은 약정한 화물이 아닌 화물을 싣고 귀환한 경우, 운임 전액을 지급하여야 하고, 그 이외에 지연이 있으면 그로 인한 손해도 배상하여야 한다.

제402조 항해 도중에 혹은 양하를 하는 곳에서, 선장의 행위로 인하여 선박이 억류되거나 혹은 출발이 지연되는 결과에 이른 경우, 선장은 용선자에게 그로 인한 손해를 배상할 책임이 있다.

손해는 감정인에 의하여 정한다.

제403조 천재지변 혹은 불가항력으로 인해 항해 도중에 선장이 선박을 수리하지 않을 수 없게 된 경우, 용선자는 이를 기다려야 하고 또 운임도 전액 지급하여야 한다.

선박을 수리할 수 없는 경우, 운임은 수행한 항해의 비율에 따라 지급하여야 한다.

그러나 선장은 선적한 물건을 목적지까지 운송하기 위해 가능한 한 운임을 주고 다른 선박을 용선하여야 한다. 새로운 용선은 용선자의 계산으로 한 것으로 본다.

제404조 출발을 할 때에 선박이 감항능력을 갖추지 못한 것을 용선자가 증명하면, 선장은 운임청구권을 상실하고 용선자에게 그 손해를 보상하여야 한다.

검사결과에 나타난 것과 반대로 이러한 사실을 입증하는 것도 허용된다.

제405조 선장이 식량 부족, 수리, 기타 선박의 긴급한 필요에 의해, 부득이 화물을 매각하거나 혹은 화물을 입질한 경우, 그 화물에 대해서도 운임을 지급하여야 한다.

그러나 선장은 만일 그 선박이 안전한 항구에 도착하여 하역할 곳에서 나머지 화물 혹은 동질의 화물이 가졌을 가격을 기준으로 전시 소유자에

scaricamento, se la nave giunga a buon porto.

Se la nave si è perduta, il capitano deve tener conto, per le merci vendute, del prezzo che ne ha ritratto, e per quelle date in pegno, della somma avuta in prestito, ritenendo parimente il nolo risultante dalle polizze di carico.

E'salvo in questi due casi il diritto riservato ai proprietari della nave dall'articolo 311.

Qualora dall'esercizio di questo diritto risulti una perdita per coloro le cui merci sono state vendute o date in pegno, la medesima sarà ripartita per contribuzione sul valore di queste merci e di tutto quelle che sono giunte alla loro destinazione, o che sono state salvate dal naufragio posteriormente agli avvenimenti di mare che hanno resa necessaria la vendita o la dazione in pegno.

406. Qualora sopravenga interdizione di commercio col paese per cui la nave è in viaggio, e questa sia costretta a ritornare col suo carico, non è dovuto al capitano che il nolo di andata, quantunque la nave sia stata noleggiata per andata e ritorno.

Se la nave è noleggiata per andare in un porto a prendere un carico e condurlo in altro porto, e la interdizione di commercio sopravviene mentre essa viaggia in zavorra pel luogo ove deve levare il carico, è dovuta al capitano una indennità per le spese fatte in esecuzione del contratto, da liquidarsi con riguardo alle circostanze.

407. Se la nave è trattenuta nel corso del viaggio per ordine di una Potenza, o costretta a soggiornare in un porto per riparare i danni anche volontariamente sofferti per la salvezza comune, non è dovuto alcun nolo durante il tempo della sua detenzione o stazione nel porto, quando la nave sia noleggiata a mese, né accrescimento di nolo quando sia noleggiata a viaggio.

408. Il capitano ha diritto al nolo delle merci gettate in mare per salvezza

대해 전시 화물을 계산하여 주어야 한다.

만일 선박이 멸실된 경우, 선장은 매각하거나 사용한 물건의 소유자에게 그로 인하여 얻는 가격을 계산하여 주어야 하고, 입질한 물건에 대하여는 차용한 금액으로 계산하여 주어야 하며, 이때에도 선장은 선하증권에 표시된 운임은 마찬가지로 청구할 수 있다.

제311조에 의해 선박소유자에게 부여된 권리는 이 두 경우에는 이를 예외로 한다.

이러한 권리의 행사로 인하여 사용하고 매각되고 입질된 물건의 귀속자에게 손실이 발생하면, 그 손해는 그 손실이 발생한 물건들의 가격, 목적지에 안전하게 도착한 물건들의 가격 및 사용, 매각 혹은 입질을 가져오게 한 사건 이후에 발생한 난파 후 구조된 물건의 가격을 각각 기초로 이를 분담한다.

제406조 선박이 항해를 개시한 후 목적지 국가와 상업이 금지되고 따라서 선박이 부득이 화물을 가지고 선적지로 되돌아온 경우, 선장에게 오로지 진행항해의 운임을 지급하면 되고, 이는 왕복항해를 위해 용선하였던 경우에도 마찬가지이다.

어느 항구로 가서 화물을 실은 후에 다시 다른 항구로 운반하기 위하여 용선을 하였는데, 화물을 싣기 위하여 저하 상태로 항해하여 가는 도중에 상업 금지가 발령된 경우, 계약을 이행하기 위해 지출한 비용으로 상황에 비추어 정산한 일정 금액을 선장에게 보상하여야 한다.

제407조 선박이 항해 도중에 어느 정부의 명령에 의하여 억류가 되는 경우, 혹은 훼손을 수리하기 위해 부득이 어느 항구에 체재하게 된 경우, 가사 그 훼손이 공동이익을 목적으로 구조를 위해 자의로 저질러진 것이라 하더라도, 항구에서 억류 혹은 지체되어 있는 동안에는, 선박이 월 단위로 용선이 되었다면 그동안의 운임을 전혀 지급할 필요가 없고, 선박이 항해 단위로 용선이 되었다면 그로 인한 용선료 증액이 별도로 필요없다.

제408조 선박의 구조를 위해 해상에 투기되고 그로 인해 해손의 분담이

comune ed ammesse a contribuzione.

409. Non è dovuto alcun nolo per le merci perdute per naufragio od investimento, rapite da pirati o prese dai nemici.

Il capitano deve restituire il nolo che gli fosse stato anticipato, salva convenzione contraria.

410. Se la nave e le merci sono riscattate o se le merci sono salvate dal naufragio, il capitano ha diritto al nolo sino al luogo della preda o del naufragio.

Contribuendo al riscatto, egli ha diritto al nolo intiero, sempreché conduca le merci al luogo della loro destinazione.

411. La contribuzione pel riscatto si fa sul prezzo corrente delle merci nel luogo dello scaricamento, dedotte le spese, e sulla metà della nave e del nolo.

I salari dei marinai sono esenti dalla contribuzione.

412. Se quello a cui sono indirizzale le merci, ricusa di riceverle, il capitano può, coll'autorizzazione del giudice, farne vendere la quantità occorrente per il pagamento del nolo e fare il deposito delle rimanenti.

Se il prezzo delle merci non è sufficiente al pagamento, egli conserva il regresso contro il caricatore.

413. Il capitano non può ritenere le merci nella nave per mancanza di pagamento del nolo.

Egli può nel tempo dello scaricamento domandare che le merci sieno depositate presso un terzo sino al pagamento del nolo.

414. Il capitano ha per il nolo la preferenza sulle merci del carico durante quindici giorni dopo la loro consegna, se non sono passate in mano di terzi.

415. Nel caso di fallimento dei caricatori o reclamanti prima della scadenza dei quindici giorni, il capitano è preferito a tutti i creditori per il pagamento

인정되는 화물에 대해 선장은 운임을 청구할 수 있다.

제409조 난파나 침몰되어 멸실된 화물, 해적에게 약탈된 화물 및 적에게 나포된 화물은 어떠한 운임도 청구할 수 없다.

선급한 운임이 있으면, 반대의 약정이 없는 한, 이를 반환하여야 한다.

제410조 선박이나 화물이 탈취 후 타협으로 회수되거나 혹은 난파 후에 구조된 때에는 선장은 탈취 혹은 난파된 지점까지 운임을 청구할 수 있다.

만일 화물을 목적지까지 운반하였을 경우, 타협의 비용을 분담하는 것 이외에, 운임 전액을 청구할 수 있다.

제411조 타협 회수에 대한 분담은 화물의 경우 양륙지에서 비용을 공제한 시가를, 선박과 운임의 경우 그 반액을 기초로 하여 정한다.

제412조 화물을 수령할 사람이 수령을 거절하는 경우, 선장은 판사의 허가를 얻어서 운임의 지급에 필요한 분량을 매각하고 나머지를 보관할 수 있다.

회수한 대금이 지급에 충분하지 아니한 경우, 선장은 화주에 대해 추가로 구상할 권리를 갖는다.

제413조 선장은 운임의 미지급을 이유로 화물을 유치할 수 없다.

선장은 양하를 할 때에 화물을 운임이 지급될 때까지 제3자에게 보관할 것을 요구할 수 있다.

제414조 선장은 운송한 화물에 대해, 인도를 한 다음 15일 동안, 그 화물이 아직 제3자의 점유로 들어가지 아니하는 때에 한해, 운임의 지급을 위한 우선특권을 보유한다.

제415조 15일이 경과하기 이전에 화주 혹은 회수인이 파산을 한 경우, 선장은 운임과 해손에 의해 가지고 있는 채권에 대해 다른 모든 채권자보다

del nolo e delle avarie a lui dovute.

416. In nessun caso il caricatore può domandare diminuzione del nolo.

417. Il caricatore non può abbandonare per il nolo le merci diminuite di prezzo, o deteriorate per vizio proprio o per caso fortuito.

Tuttavia se vino, olio od altri liquidi sieno colati lasciando vuote o quasi vuote le botti che li contenevano, queste possono essere abbandonate per il nolo.

CAPO IV
Dei passeggieri

418. Il contratto di noleggio per trasporto di passeggieri a bordo di navi a vela è regolato, in mancanza di convenzioni speciali, dalle seguenti disposizioni.

419. Nel caso di rottura del viaggio prima della partenza della nave.

Se il viaggio è rotto per volontà del passeggiere, è dovuta al capitano la metà del nolo;

Se è rotto per morte, malattia, o altro caso di forza maggiore riguardante la persona del passeggiere, è dovuto il quarto del nolo, dedotte le spese di vitto per la presunta durata del viaggio, quando queste spese sono comprese nel nolo;

Se è rotto per fatto del capitano, il passeggere ha diritto al risarcimento dei danni;

Se è rotto per caso fortuito o per forza maggiore che riguardi la nave, il contralto è risolto senza indennità per l'una e per l'altra parte.

420. Se il viaggio è rotto dopo la partenza della nave,

Il passeggiere che sbarca volontariamente in un porto d'approdo, paga il nolo intiero;

우선변제권이 있다.

제416조 여하한 경우라 하더라도, 화주는 운임의 감액을 요구할 수 없다.

제417조 화주는 가격이 감소된 화물, 혹은 자체 하자나 천재지변으로 인해 훼손된 화물을 운임 대신 위부할 수 없다.

다만 포도주, 올리브유, 기타 흘러내리는 유동물은 용기가 거의 비어 있거나 완전히 비어있을 때에 그에 상응하는 운임 대신으로 이를 위부할 수 있다.

제4절 여 객

제418조 범선에 의한 여객 운송을 위한 용선계약은, 다른 특별한 약정이 없는 한, 아래 규정에 의하여 규율한다.

제419조 선박이 출항을 하기 이전에 여행이 취소된 경우,

여객이 자의로 여행을 취소한 경우, 선장에게 운임 반액을 지급하여야 하고;

여행이 여객의 사망, 질병, 기타 여객 개인에 관한 천재지변 혹은 불가항력적 사유에 의하여 취소된 경우, 운임의 4분지 1을 지급하여야 하고, 운임에 식사가 포함되어 있으면 추정 여행 기간의 식비를 공제한다.

선장의 처분에 의하여 여행이 취소되면, 여객은 그로 인한 손해배상청구권을 갖고;

선박에 관한 불가항력 혹은 천제지변에 의해 여행이 취소된 경우, 운송계약은 실효되고, 당사자는 상대방에 대해 손해배상을 청구하지 못한다.

제420조 항해를 개시한 후에 여행이 취소된 경우,

여객이 어느 기항지에서 임의로 하선한 경우, 운임 전액을 지급하여야 하고;

Il capitano che ricusa di proseguire il viaggio o è altrimenti in colpa dello sbarco del passeggiere in un porto di approdo, è obbligato al risarcimento dei danni;

Se il viaggio è rotto per malattia o morte del passeggiere, per caso fortuito o per forza maggiore che riguardi la nave, il nolo è dovuto in proporzione del cammino percorso.

Nessun nolo è dovuto dagli eredi del passeggiere morto in naufragio.

421. Se la nave per qualsiasi causa non lascia il porto nel giorno fissato per la partenza, il passeggiere ha diritto di essere alloggiato e nutrito a bordo, durante il ritardo, oltre al risarcimento dei danni.

Se il ritardo eccede dieci giorni, il passeggiere può inoltre sciogliere il contratto, e in questo caso il nolo deve restituirsi per intero.

Se il ritardo è cagionato da tempo cattivo, lo scioglimento del contratto per parte dei passeggeri non ha luogo, se non colla perdita di un terzo del nolo.

La circostanza del tempo cattivo è riconosciuta e dichiarata dal capitano del porto o da chi ne fa le veci.

422. La nave noleggiata per trasporto di passeggeri deve, qualunque sia il loro numero, condurli direttamente nel porto di destinazione, salvo il caso di diversa convenzione.

Se la nave deviasse dal cammino o facesse rilascio per volontà o fatto del capitano, i passeggeri continueranno ad essere alloggiati e nutriti a spese della nave, oltre al risarcimento dei danni e salva la facoltà di risolvere il contratto.

423. Nel caso di ritardo avvenuto durante il viaggio per arresto ordinato da Potenza, o per bisogno di riparare la nave,

Se il passeggere non vuole aspettare che cessi l'arresto o sieno compiute le riparazioni, può sciogliere il contratto pagando il nolo in proporzione del cammino percorso;

선장이 항해를 계속하기를 거부하거나 기타 여객이 어느 기항지에서 하선하는 것에 선장에게 귀책사유가 있는 경우, 그로 인하여 발생한 손해를 배상할 책임이 있고;

여객의 질병 혹은 사망 또는 선박과 관련된 천재지변 혹은 불가항력적 사유로 여행이 취소된 경우, 수행한 운송의 비율로 운임을 지급하여야 한다.

난파를 당하여 사망한 여객의 상속인은 여하한 경우에도 운임을 지급할 의무가 없다.

제421조 선박이 그 원인이 무엇이든 지정된 출발일자에 항구를 떠나지 아니하는 경우, 여객은 숙박과 식사의 권한이 있고, 그 이외에 손해에 대한 배상청구권도 있다.

지연이 10일을 초과하면 여객은 그 이외에도 운송계약을 해지할 수 있고, 그러면 운임은 전액 반환하여야 한다.

지연이 나쁜 일기 때문에 생긴 것이면, 여객이 운송계약을 해지하면 그 여객은 운임의 3분지 1을 상실한다.

나쁜 일기를 구성하는 상황은 항만장 혹은 그 대리인이 이를 인정하고 선언하여야 한다.

제422조 오로지 여객의 운송을 위해 용선계약을 한 경우, 그 숫자가 얼마나 되든지 상관없이, 다른 약정이 없는 한, 목적지 항구로 직진하여야 한다.

선장의 결정이나 처분에 의하여 항로를 이탈하거나 다른 항구에 기항을 하면, 여객은 계속하여 선박의 비용으로 숙식을 하고, 그 이외에도 손해의 보상을 청구할 권리가 있으며, 또 계약을 해지할 권리가 있다.

제423조 국가의 지시에 의한 선박의 억류로 인해 혹은 선박의 수리가 필요하여 여행 도중에 지연이 발생하는 경우,

억류가 중지되고 수리가 완료되는 것을 기다리기를 희망하지 아니하는 여객은 계약을 해지하고 수행한 운송의 비율에 따른 비율운임을 지급할 수 있고;

Se preferisse aspettare la ripresa della navigazione, non deve alcun aumento di nolo, ma deve alimentarsi a sue spese durante il tempo dell'arresto o delle riparazioni.

424. Gli alimenti del passeggiere durante il viaggio s'intendono compresi nel nolo, se non vi è convenzione contraria.

Nel caso di tale convenzione il capitano deve somministrare al passeggiare che ne manchi i viveri durante il viaggio a giusto prezzo.

Nei viaggi al di là dello stretto di Gibilterra o del canale di Suez i passeggeri hanno diritto di restare a bordo e i essere alimentati per quarant'ore successive all'arrivo della nave nel porto di destinazione, salvo che la nave fosse costretta di partire immediatamente.

425. Il trasporto di passeggeri sopra navi a vapore è retto da leggi o regolamenti speciali.

TITOLO VII
DEL PRESTITO A CAMBIO MARITTIMO

426. Il contratto di prestito a cambio marittimo deve farsi per iscritto, altrimenti si risolve in semplice mutuo, ed il capitale sborsato può ripetersi cogl'interessi legali.

La scrittura deve enunciare

Il capitale prestato e la somma convenuta per interesse marittimo;

Gli oggetti sui quali il prestito è assicurato;

Il nome della nave;

Il nome e cognome del capitano o padrone;

I nomi e cognomi di chi dà e i chi riceve il danaro;

Se il prestito ha luogo per un viaggio;

Per qual viaggio e per quale tempo;

만일 항해를 재개하는 것을 기다리는 것을 선호하는 여객은 그로 인하여 어떠한 운임 증가도 없으며, 다만 억류 혹은 수리기간 동안 자기의 비용으로 식사를 해결하여야 한다.

제424조 여행 중 여객의 식사는 반대의 약정이 없는 한 운임에 포함된 것으로 추정한다.

만일 이러한 반대의 약정이 있는 경우, 선장은 여행 중 양식을 준비하지 아니한 여객에게 정당한 가격에 이를 제공하여야 한다.

지브롤터 해협과 수에즈 운하를 넘어가는 여행에는 여객은 선박이 목적항구에 도착한 다음 40시간 이내에는 선박에 체재하고 식사를 제공받을 권리가 있고, 다만 선박이 바로 출발을 하지 않을 수 없는 경우에는 그러하지 아니하다.

제425조 증기선에 의한 여객운송은 별도의 법령에 의하여 이를 규율한다.

제7장 모험대차

제426조 모험대차계약은 서면으로 하여야 하고, 그렇지 아니하면 상호계약을 해지할 수 있으며, 그러면 지급한 원금은 법정이자를 붙여 반환하면 된다.

서면에는 다음 사항을 표시하여야 한다.

차용한 원금 및 해사 이자로 약정한 금액;

차용금이 담보된 물건;

선박의 명칭;

선장의 성명;

차주와 대주의 성명;

대차가 어느 한 항해를 위해 이루어지는지 여부;

어느 항해 및 어느 기간;

Il tempo del rimborso.

427. Il prestito a cambio marittimo fatto nel Regno deve essere trascritto nei registri dell'amministrazione di marina del compartimento dove è stipulato, e deve essere annotato sull'atto di nazionalità entro dieci giorni dalla sua data, sotto pena della perdita del privilegio.

Il prestito a cambio marittimo fatto all'estero deve essere trascritto nei registri del regio consolato del luogo dov'è stipulato, e deve essere annotato sull'atto di nazionalità nello stesso termine e sotto la stessa pena.

Gli amministratori della marina e gli uffiziali consolari all'estero devono trasmettere copia dell'atto all'amministrazione di marina del compartimento dove è iscritta la nave.

Non possono trascrivere l'atto di cambio marittimo nei loro registri, se non viene presentato l'atto di nazionalità per far annotazione sul medesimo dell'atto di cambio.

Il prestito a cambio marittimo fatto all'estero ove non ha sede un uffiziale consolare né altri che ne faccia le veci, deve essere fatto annotare nell'atto di nazionalità, a cura del capitano, dall'autorità che concede l'autorizzazione o da altro pubblico uffiziale del luogo. Uno degli originali o una copia autentica del contratto deve spedirsi dal capitano, insieme a copia autentica dell'atto di autorizzazione, all'uffiziale consolare più vicino, il quale ne farà la trascrizione nei suoi registri e la trasmissione all'amministrazione di marina suindicata.

Il capitano che non giustifica l'adempimento di queste formalità, è obbligato in proprio al pagamento del cambio marittimo.

Il tutto salvo le disposizioni dell'articolo 331.

428. L'atto di prestito a cambio marittimo, quando è all'ordine, può essere negoziato per mezzo di girata.

In questo caso l'atto di prestito e la negoziazione del medesimo producono

반환의 일시.

제427조 국내에서 이루어지는 모험대차는 체약지 관할 해역 사무실 모험대차등재부에 등재하여야 하며, 그날로부터 10일 이내에 이를 국적증서에도 부기하여야 하며, 이를 하지 아니한 때에는 우선특권을 상실한다.

해외에서 모험대차가 이루어지는 경우 체약지 관할 영사관에 있는 모험대차등재부에 이를 등재하여야 하며, 국적증서에도 동일한 기한 내에 이를 부기하여야 하며, 그렇지 아니하면 마찬가지로 우선특권을 상실한다.

해운관청 공무원 혹은 해외 영사관 공무원은 모험대차서의 사본을 선박이 등록된 해운관청에 송부하여야 한다.

모험대차는 모험대차를 부기할 선박국적증서가 첨부되지 아니하면 이를 모험대차등재부에 등재할 수 없다.

영사관이나 그 대리인이 없는 해외에서 이루어진 모험대차는 선장의 책임 하에 허가를 하는 관청 기타 지역 공무원에 의하여 국적증서에 부기하는 방식으로 한다. 모험대차서의 원본 혹은 공증사본을 허가서 공증사본과 함께 가장 인근 영사관 공무원에게 송부하고 영사관 공무원은 이를 모험대차등재부에 등재하고 이를 위 해운관청에 송부하여야 한다.

이러한 절차를 거침에 있어 그 적법성을 입증하지 못하면 선장은 개인적으로 대차의 변제를 해야 한다.

여하한 경우이든 제331조 규정은 이를 별도로 한다.

제428조 모험대차서가 지시식으로 된 경우 이를 배서에 의하여 양도할 수 있다.

이러한 경우, 모험대차서와 그 배서는 비록 상인 사이가 아니라 하더라

anche tra non commercianti gli stessi effetti e le stesse azioni in garanzia che il biglietto all'ordine.

429. La garanzia di pagamento non si estende al profitto marittimo, salvo convenzione contraria.

430. I prestiti a cambio marittimo possono essere costituiti.

Sul corpo, sugli attrezzi, armamento e corredo della nave, o sopra un determinato numero di carati della medesima;

Sul carico o sopra una porzione determinata di esso;

Su tutta la nave e se tutto il carico congiuntamente.

431. Il prestito a cambio marittimo, eccedente il valore degli oggetti sopra i quali è costituito, è valido sino a concorrenza di questo valore secondo la stima fatta o convenuta.

L'eccedenza della somma presa a prestito è rimborsata insieme coll'interesse al corso della piazza.

Se chi riceve il prestito è in dolo, chi lo ha dato può domandare l'annullamento del contratto.

432. Il prestito a cambio marittimo sul nolo a guadagnarsi della nave e sul profitto sperato dalle merci, è vietato.

Se nondimeno il prestito ha luogo, chi lo dà, ha diritto soltanto al rimborso del capitale senza interessi.

433. Non può essere fatto prestito a cambio marittimo ai mariani ed alla gente di mare sui loro salari o sulle loro partecipazioni.

434. La nave, gli attrezzi, gli arredi, l'armamento ed anche il nolo guadagnato, sono vincolati per privilegio al capitale ed all'interesse del danaro dato a cambio marittimo sul corpo e sugli attrezzi della nave.

Il carico è parimente vincolato al capitale ed agli interessi del denaro prestato a cambio marittimo sul medesimo.

Se il prestito è stato fatto sopra un numero determinato di carati della nave

도 약속어음의 배서와 동일한 효력이 있고 그 담보권이 있다.

제429조 반대의 약정이 없는 한, 지급에 대한 담보는 해사 이자에도 미친다.

제430조 모험대차는 다음 목적물에 대하여 성립될 수 있다.

선박의 선체, 장비, 무장, 의장 혹은 이들에 대한 일정한 지분;

화물 혹은 그 일정 지분;

선박 전부와 화물 전부를 함께.

제431조 피담보 목적물의 가격을 초과하여 모험대차가 이루어진 경우, 그 약정 혹은 평가한 가격의 범위 내에서 모험대차는 유효하다.

가격을 초과하여 수령한 나머지 대차금액은 시장 이율에 의한 이자와 함께 반환하여야 한다.

만일 차주가 사기로 차용을 한 경우, 대주는 모험대차계약의 해제를 요구할 수 있다.

제432조 선박이 벌어들일 운임 혹은 화물에 기대되는 수익을 담보물로 하는 모험대차는 이를 금한다.

그럼에도 불구하고 대차를 한 경우, 대주는 이자 없이 오로지 원금만 반환을 청구할 수 있다.

제433조 모험대차는 선원 기타 해원을 상대로 그들의 봉급 혹은 분배이익을 담보로 이를 할 수 없다.

제434조 선박의 선체와 장비를 담보로 한 모험대차는 선박, 장비, 무장은 물론 벌어들인 운임도 모두 원금과 이자에 기한 우선특권이 인정된다.

화물을 담보로 한 모험대차도 마찬가지로 원금과 이자 모두에 대해 우선특권이 인정된다.

선박에 대한 일정한 수의 지분 혹은 화물에 대한 일정한 지분을 목적으로 하여 모험대차를 한 경우, 대차의 담보는 선박에 대한 지정된 숫자의 지

o sopra una porzione determinata del carico, il privilegio si restringe ai soli carati o alla sola porzione del carico vincolata al prestito.

435. Il prestito a cambio marittimo, contratto dal capitano nel luogo della dimora dei proprietari della nave senza loro autorizzazione, non dà azione né privilegio che sulla porzione della nave e del nolo spettante al capitano.

436. Sono vincolate alle somme rese a cambio marittimo, anche nel luogo della dimora degli interessati, per riparazioni e vettovaglie, le porzioni della nave e del nolo spettanti ai proprietari che non hanno somministrato la loro quota per mettere la nave in assetto, entro ventiquattro ore dalla intimazione loro fatta.

437. I prestiti fatti per l'ultimo viaggio sono rimborsati con preferenza a quelli fatti per un viaggio precedente, ancorché si fosse dichiarato che le somme già prestate si erano lasciate per continuazione o rinnovazione del contratto.

Le somme prestate durante il viaggio hanno privilegio sulle somme prestate prima della partenza della nave; se sono più i prestiti fatti durante lo stesso viaggio, il posteriore ha sempre privilegio sull'anteriore.

438. Chi dà il danaro non corre rischio per le merci sulle quali fu costituito il cambio marittimo, se furono caricate sopra una nave diversa da quella indicata nel contratto, salvo che il cambiamento della nave sia avvenuto per forza maggiore.

439. Se le cose sulle quali fu costituito il prestito a cambio marittimo, sono interamente perdute per caso fortuito o per forza maggiore nel tempo e nel luogo dei rischi assunti da chi ha dato il danaro, chi lo ha ricevuto è liberato.

440. I cali, le diminuzioni e le perdite che accadono per vizio proprio della cosa vincolata al cambio marittimo, e i danni cagionati dal fatto di chi ha ricevuto il danaro, non sono a carico di chi lo ha dato.

분 혹은 화물에 대한 특정된 분량의 지분에 한하여 효력이 있다.

제435조 선박소유자가 거주하는 곳에서 그의 허락을 받지 아니하고 선장이 체결한 계약에 의한 모험대차는 효력이 없고 우선특권도 발생하지 아니하며, 다만 그 선장이 선박이나 운임에 지분을 가지고 있는 때에는 그 범위 내에서 효력이 있다.

제436조 이해관계인이 거주하는 곳이라 하더라도, 그 통지를 하고 24시간이 경과하였음에도 불구하고 이를 제공하지 아니하는 소유자가 있으면, 수리나 식량에 의해 선박을 정상으로 만들기 위해, 그 지분 혹은 그에 속하는 운임을 담보로 모험대차를 하면 그에 대해 유효한 우선특권이 성립한다.

제437조 이전 항해를 위해 모험대차로 차용한 금액보다 이후 항해를 위해 모험대차로 차용한 금액을 우선하여 반환하여야 하고, 이는 대차계약을 계속 혹은 갱신하기 위해 이미 차용한 금액을 유지한다고 확인하는 경우에도 마찬가지이다.

항해 도중에 차용한 금액이 항해 개시 이전에 차용한 금액에 우선하고; 동일한 항해에서 다수 차용이 있는 경우, 후에 차용한 금액이 항상 이전에 차용한 금액에 우선한다.

제438조 담보로 하여 모험대차를 한 화물이 계약에서 지정한 선박과 다른 선박에 선적된 경우, 그 변경이 불가항력으로 인하여 일어난 것이 아닌 한, 대주는 위험을 부담하지 아니한다.

제439조 모험대차의 피담보 목적물이 대주가 인수한 위험의 장소와 기간 내에 천재지변 혹은 불가항력으로 인해 완전히 멸실된 경우, 모험대차로 금전을 차용한 차주는 의무를 면한다.

제440조 모험대차 피담보 목적물 자체의 숨은 하자로 인한 혹은 차주의 행위로 인하여 야기된 변질, 감손 및 멸실에 대하여는 대주가 위험을 부담하지 아니한다.

441. Nel caso di naufragio, il pagamento delle somme prese a cambio marittimo è ridotto al valore delle cose salvate e vincolate al prestito dedotte le spese di ricuperamento.

442. Il tempo dei rischi, se non è determinato dal contratto, decorre,

Quanto alla nave, dal giorno in cui essa ha fatto vela sino al giorno in cui ha ancorato e dato fondo nel porto o luogo della sua destinazione;

Quanto alle merci, dal giorno in cui esse sono state caricate sulla nave o nelle barche per recarle nella medesima sino a quello in cui sono consegnate a terra.

443. Colui che prende a cambio marittimo sopra merci, non è liberato per la perdita della nave e del carico, se non prova esservi state merci per conto suo sino a concorrenza della somma presa a cambio.

444. Coloro che danno a cambio marittimo, contribuiscono alle avarie comuni a scarico di coloro che prendono; ogni convenzione contraria è nulla.

Le avarie particolari sono pure a carico di coloro che danno a cambio marittimo, se non vi è convenzione contraria.

445. Se vi è cambio marittimo ed assicurazione sulla stessa nave o sullo stesso carico, il prodotto delle cose ricuperate dal naufragio è diviso tra quello che diede a cambio marittimo per il solo capitale e l'assicuratore per le somme assicurate, in proporzione del loro interesse, salvi i privilegi stabiliti dall'articolo 285.

제441조 난파의 경우, 모험대차로 차용한 금액의 반환은, 피담보 목적물로서 구조된 물건의 가격에서 구조비용을 공제한 금액을 한도로 한다.

제442조 대주가 부담할 위험은, 당사자가 계약에서 정하지 아니하면, 다음과 같이 진행한다.

선박을 목적으로 하는 경우, 선박이 항해를 개시한 날로부터 목적 항구나 지점에 도착하여 정박하여 닻을 내린 날까지;

화물을 목적으로 하는 경우, 운송할 선박상에 혹은 운송할 선박으로 옮기기 위해 부선에, 화물을 선적한 날로부터 육지에서 화물을 인도한 날까지.

제443조 화물을 담보로 하여 모험대차로 금전을 차용한 사람은, 선박과 화물이 멸실되었다 하더라도, 차용금에 상당하는 화물이 자기 계산으로 그 선상에 존재하였다고 하는 것을 입증하지 아니하면, 이를 반환할 책임을 면하지 못한다.

제444조 모험대차의 대주는 차주를 대신하여 공동해손의 분담금을 부담할 의무가 있다; 이에 반하는 모든 약정은 그 효력이 없다.

단독해손은, 반대의 약정이 없는 한, 대주의 부담으로 한다.

제445조 동일한 선박 혹은 화물에 모험대차와 보험이 있는 경우, 난파 후 구조된 물건에 기한 산물은 모험대차로 제공한 원금과 부보한 보험금액으로 그 이해의 비율로 대주와 보험자가 분할하며, 제285조에 의해 성립하는 우선특권은 이를 별론으로 한다.

TITOLO VIII
DELLE ASSICURAZIONI

CAPO I
Del contratto di assicurazione, della sua forma e del suo oggetto

446. Il contratto di assicurazione deve essere fatto per iscritto, sotto pena di nullità.

Esso deve avere la data del giorno in cui è sottoscritto, e indicare se è stipulato prima o dopo mezzogiorno.

Non può contenere intervalli in bianco.

Esso deve enunciare

Il nome e cognome, la residenza o il domicilio di colui che fa assicurare, la sua qualità di proprietario o di commissionario;

Il nome, la specie e la portata della nave;

Il nome e cognome dei capitano o padrone;

Il luogo dove le merci sono state o debbono essere caricate;

Il porto o la rada da cui la nave ha dovuto o deve partire;

I porti o le rade in cui deve caricare o scaricare;

I porti o le rade in cui deve entrare;

La natura ed il valore o la stima delle cose che vengono assicurate;

Il tempo in cui i rischi debbono cominciare e quello in cui debbono finire;

La somma assicurata;

Il premio dell'assicurazione.

447. La stessa polizza può contenere più assicurazioni, anche diverse per le cose assicurate, per il premio e per le persone degli assicuratori.

448. Un'assicurazione può avere per oggetto

La nave vuota o carica, armata o non armata, sola o accompagnata;

제8장 보 험

제1절 보험계약 및 그 형식과 목적물

제446조 보험계약은 서면으로 작성하여야 하고, 그렇지 않으면 그 효력이 없다.

보험계약에는 서명한 날짜가 있어야 하고, 오전인지 오후인지 여부도 기재하여야 한다.

보험계약에는 공란이 없어야 한다.

보험계약에는 다음 사항을 기재하여야 한다.

보험에 드는 사람의 성명, 주소와 거소 및 소유자 혹은 대리인의 자격;

선박의 명칭, 종류 및 용량;

선장의 성명;

화물이 있었던 혹은 선적할 장소;

선박이 출발했던 혹은 출발할 항구 혹은 정박소;

선적 혹은 양하를 할 항구 혹은 정박소;

기항할 항구나 정박소;

부보할 물건의 종류 및 가격이나 평가액;

위험의 시기와 종기;

보험금액;

보험료.

제447조 하나의 보험증권에 부보 물건, 보험료 및 보험자가 다른 다수 보험이 포함될 수 있다.

제448조 보험은 그 목적물로,

화물을 선적했든 공선이든, 의장을 했든 아니했든, 단독이든 다른 물건

Gli arredi e attrezzi; ‘

L’armamento, o anche le vettovaglie soltanto;

Le somme date a cambio marittimo;

Le merci;

E generalmente ogni altra cosa stimabile in danaro, esposta ai rischi della navigazione.

449. L’assicurazione può essere fatta sulle dette cose o sopra parte di esse, unitamente o separatamente.

Può essere fatta in tempo di pace o in tempo di guerra, prima del viaggio o durante il viaggio della nave.

Può essere fatta per la sola andata o per il solo ritorno, o per l’andata e il ritorno; per il viaggio intiero o per un determinato tempo; per tutti i viaggi e trasporti per mare, laghi, fiumi e canali.

450. Nel caso di frode nella valutazione delle cose assicurate, di simulazione o di falsificazione, l’assicuratore può far procedere alla verificazione e stima delle cose stesse senza pregiudizio di ogni altra azione sia civile sia penale.

451. I carichi fatti per l’Europa negli scali di Levante, nelle coste d’Africa e nelle altre parti del mondo, possono essere assicurati su qualsiasi nave senza indicazione di essa e del capitano.

Le merci possono in questo caso essere assicurate senza indicazione della loro natura e specie.

Tuttavia la polizza deve indicare quello a cui la spedizione è fatta o quello a cui deve essere consegnata la merce, se non contiene convenzione contraria.

452. Le cose, il cui prezzo è dedotto nel contratto in moneta straniera, sono valutate al prezzo che ha la medesima in moneta dello Stato secondo il corso al tempo della sottoscrizione della polizza.

과 같이하든 상관없이 모든 선박;

선박의 의장 및 장비;

무장 혹은 오로지 식량;

모험대차로 제공한 금액;

화물;

일반적으로 항해 위험에 노출된 금전으로 평가할 수 있는 모든 것.

제449조 보험은 위 물건이나 그 지분에, 혹은 개별적이나 집합적으로, 가입할 수 있다.

보험은 평시에도, 전시에도 가입할 수 있고, 항해 전에도, 항해 도중에도 가입할 수 있다.

보험은 진행항해이든 귀항항해이든, 단독으로 혹은 왕복항해로, 부보할 수도 있고; 어느 전체 항해를 위해 혹은 어느 기간 동안 부보할 수 있고; 어느 해상, 호수, 하천 및 운하에서이든 항해와 운송을 위해 부보할 수도 있다.

제450조 부보된 물건을 평가하는 데 있어 사기, 위장 혹은 허위가 있었다면 보험자는 그 물건에 대한 확인과 평가를 위한 소송을 제기할 수 있고, 이러한 소송은 다른 민사상 배상이나 형사상 처벌에는 영향이 없다.

제451조 동지중해 제항, 아프리카 연안 및 세계 다른 지역에서 유럽을 향해 선적된 화물은 선박의 종류를 가리지 아니하고 선박이나 선장을 표시하지 아니하고 부보할 수 있다.

이 경우에 화물은 그 성질이나 종류를 표시하지 아니하고도 부보할 수 있다.

그러나 송부를 받을 사람이나 인도를 받을 사람은, 반대의 약정이 없는 한, 이를 기재하여야 한다.

제452조 보험계약에서 물건이 외국 화폐로 지정되어 있는 경우, 이는 보험증권을 서명한 날의 환율에 의해 국내 화폐로 환산하여 평가한다.

453. Se il valore delle merci non è stabilito dal contratto, può essere giustificato dalle fatture e dai libri; in mancanza, se ne fa la stima secondo il prezzo corrente al tempo e nel luogo del caricamento, compresi tutti i dritti pagati e le spese fatte sino a bordo.

454. Se l'assicurazione è fatta per il ritorno da un paese ove il commercio non si fa che di permuta, e se la valutazione delle merci non è espressa nella polizza, essa è regolata secondo il valore delle merci date in cambio con l'aggiunta delle spese di trasporto.

455. Se il contratto di assicurazione non determina il tempo dei rischi, questi cominciano e finiscono nel termine stabilito dell'articolo 442.

456. L'assicuratore può far riassicurare da altri le cose che ha già assicurate. L'assicurato può far assicurare il premio dell'assicurazione.

Il premio della riassicurazione può essere minore o maggiore di quello dell'assicurazione.

457. L'aumento di premio convenuto in tempo di pace pel tempo di guerra che potesse sopravvenire, e la cui quantità non fosse determinata dai contratti di assicurazione, è stabilito dal giudice, avuto riguardo ai rischi, alle circostanze ed alle convenzioni di ciascuna polizza di assicurazione.

458. Nel caso di perdita delle merci assicurate e caricate sulla nave per conto del capitano, questi deve giustificare agli assicuratori la compra delle merci ed esibirne loro una polizza di carico sottoscritta da due dei principali dell'equipaggio.

459. La persona dell'equipaggio o il passeggiere che porta da paesi stranieri merci assicurate nel Regno, deve rimetterne la polizza di carico al regio console del luogo in cui si fa il caricamento, e in mancanza ad uno dei principali negozianti nazionali o all'autorità locale.

460. Se l'assicuratore fallisce quando il rischio non è ancora terminato, l'assicurato può chiedere cauzione o lo scioglimento del contratto.

제453조 보험계약에서 화물의 가격을 협정하지 아니한 경우, 송장이나 장부를 통하여 이를 정하며; 이러한 것이 없는 경우, 선적한 시간과 장소에서 이를 평가하여 정하며, 여기에 선적시까지 납부한 제세와 지급한 비용을 포함시켜 정한다.

제454조 물물교환 이외 영업이 없는 지역에서 귀환항해를 위한 부보로서 당사자가 보험증권에서 평가에 대해 언급을 하지 아니한 경우, 교환을 위해 제공한 화물의 가격에 운송비용을 더하여 이를 정한다.

제455조 인수한 위험의 시기에 대해, 당사자가 보험계약에서 이를 정하지 아니한 때에는, 제442조에서 정한 기간에 위험이 개시되고 종료한다.

제456조 보험자는 이미 보험에 든 물건을 가지고 다른 보험자에게 재보험을 들 수 있다.

피보험자는 보험료에 대하여 보험에 들 수 있다.

재보험의 보험료는 원보험의 보험료보다 적을 수도 있고 많을 수도 있다.

제457조 평시에 체결한 보험계약에서 전시에 보험료가 증액될 것을 정하면서 그 보험계약에서 그 금액을 정하지 아니한 경우, 판사가 위험, 상황 및 각 보험증권의 규정을 참조하여 이를 정한다.

제458조 선장의 계산으로 선적되고 부보된 화물이 멸실된 경우, 선장은 그 구입을 입증하여야 하고, 두 명의 선임사관이 서명한 선하증권을 보험자에게 제시하여야 한다.

제459조 외국에서 국내로 화물을 가지고 오는 선원 혹은 여객이 국내에서 부보를 한 경우, 선적하는 장소 영사관에서, 영사관이 없으면 우리나라 국민으로 그곳에서 영업을 하는 상인이나 지역 관청에서 선하증권을 송부하여야 한다.

제460조 위험이 아직 종료되지 아니하고 있는 동안 보험자가 파산에 이른 경우, 피보험자는 담보를 제공할 것을 요구하거나 보험계약을 해지할

L'assicuratore ha lo stesso diritto nel caso di fallimento dell'assicurato.

461. Il contratto di assicurazione è nullo, se ha per oggetto

Il nolo delle merci che sono a bordo della nave;

Il profitto sperato delle merci;

I salari della gente di mare;

Le somme prese a cambio marittimo;

Gli interessi marittimi delle somme date a cambio marittimo.

462. Qualunque reticenze o falsa dichiarazione per parte dell'assicurato o differenza tra il contratto di assicurazione e la polizza di carico, che diminuisse l'opinione del rischio o ne cambiasse l'oggetto, rende nulla l'assicurazione.

L'assicurazione è nulla anche nel caso in cui la reticenza, la falsa dichiarazione o la differenza non avesse influito sul danno o sulla perdita della cosa assicurata.

CAPO II

Degli obblighi dell'assicuratore e dell'assicurato

463. Se il viaggio è rotto prima della partenza della nave, ancorchè ciò avvenga per fatto dell'assicurato, l'assicurazione è senza effetto.

L'assicuratore riceve a titolo d'indennità il mezzo per cento della somma assicurata.

Il premio intiero è però dovuto, quando l'assicurato reclami il risarcimento di un danno.

464. Sono a rischio degli assicuratori le perdite e i danni che accadono alle cose assicurate per cagione di tempesta, naufragio, investimento, urto fortuito, cambiamenti forzati di via, di viaggio o di nave, per cagione di

수 있다.

피보험자가 파산에 이른 경우, 보험자도 동일한 권리가 있다.

제461조 다음 물건을 목적으로 하는 보험계약은 그 효력이 없다.

선상에 있는 화물의 운임;

화물에 대한 희망 이익;

해원의 봉급;

모험대차로 차용한 금액;

모험대차로 제공된 금액에 대한 해사 이자.

제462조 보험자의 불고지나 허위고지 혹은 보험계약과 보험증권의 차이가 위험에 대한 의견을 달리하거나 혹은 목적물의 변경을 가져오는 경우 보험계약은 실효된다.

이러한 불고지, 불실고지 혹은 차이가 부보된 물건의 멸실이나 훼손에 영향이 없는 때에도 마찬가지로 보험계약은 실효된다.

제2절 보험자와 피보험자의 의무

제463조 선박이 항해를 위해 출발을 하기 이전에 항해가 취소된 경우, 비록 그것이 피보험자의 행위로 인한 것이라 하더라도, 보험계약은 그 효력이 없다.

이때에 보험자는 보험금액의 0.5%를 보상으로 수령한다.

그러나 피보험자가 어느 손해의 보상을 청구한 경우, 보험료 전액을 지급하여야 한다.

제464조 폭풍, 난파, 침몰, 불가항력적 충돌 및 천재지변으로 인한 항로, 항해 혹은 선박의 변경 등으로 인해 투기, 화재, 나포, 약탈, 정부 지시에 의한 억류, 전쟁 선포 및 보복나포 등으로 인해, 혹은 기타 그 종류가 무엇이

getto, fuoco, preda, saccheggio, arresto per ordine di Potenza, dichiarazione di guerra, rappresaglia, e in generale pei tutti gli altri accidenti di mare

465. I cambiamenti di via, di viaggio o di nave, le perdite e i danni provenienti dal fatto dell'assicurato non sono a carico dell'assicuratore; questi guadagna il premio, se ha cominciato a correre i rischi.

466. Gli assicuratori non rispondono dei cali, delle diminuzioni e delle perdite che provengono da vizio inerente alla cosa, né dei danni cagionati dalla colpa o dal fatto dei proprietari.

467. L'Assicuratore non è risponsabile delle prevaricazioni e colpe del capitano e dell'equipaggio, conosciute sotto nome di baratteria, salva convenzione contraria.

468. L'assicuratore non è tenuto alle spese di pilotaggio, rimorchio e lamanaggio né ad alcuna specie di dritti imposti sulla nave e sulle merci.

469. Devono essere indicate nella polizza le merci soggette per loro natura a deterioramento particolare o diminuzione, come sono i grani, i sali o le merci soggette a scolo; altrimenti gli assicuratori non sono risponsabili dei danni o delle perdite che possono accadere a queste merci, salvoché. l'assicurato ignorasse la natura del carico al tempo della sottoscrizione della polizza.

470. Se l'assicurazione ha per oggetto merci per l'andata ed il ritorno, e se giunta la nave alla sua prima destinazione non si fa alcun carico di ritorno o se il carico di ritorno non è compiuto, l'assicuratore ha diritto soltanto ai due terzi del premio convenuto, quando non vi sia patto contrario.

471. Il contratto di assicurazione o di riassicurazione stipulalo per una somma eccedente il valore delle cose caricate è nullo riguardo al solo assicurato, se vi fu dolo o frode per parte sua.

든 해상 사고로 인해, 부보 목적물에 발생한 멸실과 훼손은 그 위험을 보험자가 부담하여야 한다.

제465조 항로, 항해 및 선박의 변경, 기타 피보험자의 행위에 연유한 멸실과 훼손은 이를 보험자가 부담하지 아니한다; 위험이 개시된 때에는 보험자는 보험료청구권을 갖는다.

제466조 보험자는 부보된 물건 자체의 하자에 의하거나 혹은 소유자의 행위나 잘못으로 야기된 훼손, 감소 및 멸실에 대해서는 책임이 없다.

제467조 보험자는 선장 및 선원의 횡령 및 잘못에 의한 것, 이른바 '바레이터리'라고 알려진 것에 대하여, 반대의 약정이 없는 한, 책임이 없다.

제468조 보험자는 도선, 예인 및 정박[5]의 비용과 기타 선박 및 화물에 부과되는 제세의 비용에 대하여는 책임이 없다.

제469조 곡물, 소금, 기타 흘러내릴 수 있는 화물과 같이 부보된 목적물이 그 성질상 손상 혹은 감손이 될 수 있는 물건은 이를 보험증권에 표시하여야 한다; 그렇지 아니하면 이러한 물건에 이처럼 발생할 가능성이 있는 멸실이나 훼손에 대하여 보험자는 책임이 없고, 다만 피보험자가 보험증서에 서명할 때에 화물의 성질에 관해 알지 못하고 있었던 때에는 그러하지 아니하다.

제470조 화물을 부보하면서 왕복 항해를 목적으로 하였지만, 목적지에 도착한 다음에는 귀환항해를 할 화물이 전혀 없다든가 혹은 화물을 전혀 선적하지 아니한 경우, 반대의 약정이 없는 한, 보험자는 오로지 약정한 보험료의 3분지 2만 청구할 수 있다.

제471조 선적한 물건의 가격을 초과하는 금액을 보험금액으로 정하는 보험계약 혹은 재보험계약은, 만일 거기에 피보험자의 악의 혹은 사기가 관

---

5) lamanaggio는 이탈리아 사전에 없는 단어이고 이곳 교수들도 다 모르는 단어이다. 그리하여 전후 문맥으로 이렇게 변역하였다. 혹시 등대료 등이 아닌지도 모르겠다.

472. Se non vi è dolo né frode, il contratto è valido sino alla concorrenza del valore delle cose caricate, secondo la stima fatta o convenuta.

Nel caso di perdita, gli assicuratori devono contribuire ciascuno in proporzione delle somme da essi assicurate.

Essi non hanno diritto al premio dell'eccedenza, ma soltanto all'indennità del mezzo per cento.

473. Se vi sono diversi contratti di assicurazione fatti senza frode sullo stesso carico, e se il primo contratto assicura il valore intiero delle merci caricate, questo solo ha effetto.

Gli assicuratori che hanno firmati i contratti susseguenti, sono liberati; essi non hanno diritto che al mezzo per cento della somma assicurata.

Se il valore intiero delle merci caricate non è stato assicurato dal primo contratto, gli assicuratori che hanno firmati i contratti susseguenti, sono obbligati per l'eccedenza secondo l'ordine di data dei contratti.

474. Se il valore delle merci caricate eguaglia le somme assicurate, la perdita di una parte di esse è sopportata da tutti gli assicuratori in proporzione del loro interesse.

475. Se l'assicurazione è fatta separatamente per merci che debbono essere caricate sopra più navi indicate con enunciazione della somma assicurata sopra ciascuna, e se il carico intiero è posto sopra una sola nave o sopra un numero di navi minore dell'indicato nel contratto, l'assicuratore non è tenuto oltre alla somma che ha assicurato sulla nave che ha ricevuto il carico, ancorché avvenga la perdita di tutte le navi indicate: nondimeno egli ha diritto al mezzo per cento delle somme, le cui assicurazioni rimangono senza effetto.

476. Se il capitano ha la facoltà di entrare in diversi porti per compiere o cambiare il carico, l'assicuratore non corre i rischi delle cose assicurate, se

여되었다면, 오로지 피보험자에 대하여 그 효력이 없다.

제472조 거기에 악의나 사기가 관여되지 않았다면, 평가 혹은 약정에 기해, 선적한 물건의 가격의 범위 내에서 그 효력이 있다.

목적물이 멸실된 때에 보험자는 각자 부보한 보험금액의 비율에 따라 보상에 참여한다.

보험자는 초과분에 대한 보험료를 청구할 수 없지만, 0.5%에 해당하는 보상을 요구할 수 있다.

제473조 동일한 물건에 사기의 관여 없이 다수 보험계약이 있고, 최초 계약이 선적한 화물 가격 전부를 부보하고 있으면, 오로지 이 보험계약에 한해 효력이 발생한다.

이후에 서명한 보험자는 책임을 면하고; 다만 그 보험자는 보험금액의 0.5%에 해당하는 금액을 보상으로 요구할 수 있다.

만일 최초 보험에 의해 선적한 화물 가격 전체가 부보되지 아니한 경우, 이후에 서명한 보험자가 약정일자 순서에 따라 초과 금액에 대해 보상할 책임이 있다.

제474조 선적한 화물의 가격이 부보한 금액과 동일한 경우, 그 물건이 일부가 멸실되면 모든 보험자는 자기 이해관계의 비율에 의해 이를 분담한다.

제475조 수개의 특정한 선박에 선적할 물건에 대해 분리하여 보험계약이 체결되고 각 선박에 대하여 보험금액이 지정된 경우, 하나의 선박 혹은 계약에서 정한 선박보다 적은 수의 선박에 선적이 이루어지면, 보험자는 선적을 했던 선박에 대한 보험금액 이상에 대하여는 책임이 없고 이는 그 선박이 전부 멸실된 때에도 마찬가지이며: 다만 효력이 없게 된 보험의 부보금액의 0.5%에 해당하는 금액을 보상으로 청구할 수 있다.

제476조 화물을 인수하고 변경하기 위해 선장이 여러 항구에 기항할 수 있는 경우, 반대의 약정이 없는 한, 보험자는 부보된 물건이 선상에 있는

non quando sono a bordo, salvo convenzione contraria.

477. Se l'assicurazione è fatta per un tempo determinato, l'assicuratore è liberato con lo spirare di questo tempo, e l'assicurato può fare una nuova assicurazione.

478. L'assicuratore è liberato dai rischi e guadagna il premio, se l'assicurato spedisce la nave in un luogo più lontano di quello indicato dal contratto, quantunque per la stessa via.

L'assicurazione ha pieno effetto, se il viaggio è abbreviato,

479. L'assicurazione fatta dopo la perdita o l'arrivo degli oggetti assicurati è nulla, qualora vi sia presunzione che prima della firma del contratto l'assicurato abbia potuto essere informato della perdita o l'assicuratore dell'arrivo degli oggetti assicurati.

480. La presunzione esiste se vi è pubblica notorietà, o se dal luogo dell'arrivo o della perdita della nave, o da quello dove pervenne la prima notizia, questa ha potuto giungere nel luogo del contratto prima della sua stipulazione.

È ammessa la prova contraria a questa presunzione.

481. Nel caso di prova contro l'assicurato, questi paga all'assicuratore un doppio premio, o nel caso di prova contro l'assicuratore, questi paga all'assicurato una somma doppia del premio stabilito, salva in ambidue i casi l'azione penale se vi è luogo.

CAPO III
Dell'abbandono

482. L'abbandono delle cose assicurate può essere fatto nel caso

Di preda;

기간에 한해 위험을 부담한다.

제477조 특정한 기간 동안 부보를 한 보험에서 그 기간이 도과한 경우, 보험자는 책임을 면하고, 피보험자는 새로이 보험에 들 수 있다.

제478조 피보험자가 보험계약에서 지정한 곳보다 더욱 먼 곳으로 선박을 보내는 경우, 그것이 비록 동일한 항로에 있다 하더라도, 보험자는 책임을 면하고, 그렇지만 보험료는 이를 청구할 수 있다.

항해가 축소된 경우에도 보험계약은 완전한 효력을 유지한다.

제479조 부보된 목적물이 멸실된 다음 혹은 안전하게 도착한 다음 부보된 때에는, 보험계약에 서명하기 이전에 피보험자가 목적물의 멸실을, 혹은 보험자가 목적물이 안전하게 도착한 것을 알 수 있었다는 추정이 있는 경우, 그 보험은 무효로 한다.

제480조 그것이 공지의 사실이 되었거나, 혹은 선박의 멸실되거나 도착한 곳 또는 최초 소식이 도착한 곳에서 약정 이전에 그 소식이 계약지에 도달할 수 있었다면, 이러한 추정이 있다고 본다.

이러한 추정에 대하여 반증이 허용된다.

제481조 피보험자에 대하여 이러한 증거가 있는 경우, 피보험자는 보험자에게 보험료의 두 배에 해당하는 금액을 지급하여야 하고, 보험자에 대하여 이러한 입증이 있는 경우, 보험자는 약정한 보험료의 두 배에 해당하는 금액을 지급하여야 하며, 그 외에 형사 처벌도 해당이 되면 받아야 한다.

제3절 보험 위부

제482조 다음과 같은 경우에 보험의 목적을 위부할 수 있다.

나포;

Di naufragio;

D'investimento con rottura;

D'inabilità alla navigazione per sinistro di mare;

Di arresto per ordine di Potenza estera;

Di perdita o deterioramento delle cose assicurate, se il deterioramento o la perdita ascende almeno ai tre quarti del valore della cosa;

Di arresto per ordine del governo, dopo cominciato il viaggio.

483. Tutti gli altri danni sono riputati avarie, e si regolano tra gli assicuratori e gli assicurati in ragione dei loro interessi.

484. L'abbandono delle cose assicurate non può farsi in parte né sotto condizione.

Esso comprende soltanto le cose che formano l'oggetto dell'assicurazione e del rischio.

485. L'abbandono deve essere fatto agli assicuratori nel termine

Di sei mesi dal giorno della ricevuta notizia della perdita accaduta nei porti o sulle coste dell'Europa o su quelle dell'Asia e dell'Africa nel Mediterraneo, e nel caso di preda, dal giorno della ricevuta notizia della condotta della nave in uno dei porti o luoghi situati nelle coste anzidette;

Di un anno dal giorno della ricevuta notizia della perdita accaduta o della preda condotta alle isole Azzorre, alle Canarie, a Madera e ad altre isole e coste occidentali dell'Africa ed orientali dell'America;

Di due anni dal giorno della ricevuta notizia delle perdite accadute o delle prede condotte in qualunque altra parte del mondo.

Trascorsi tali termini, gli assicurati non sono ammessi a fare l'abbandono.

L'azione per il pagamento della somma assicurata può essere promossa contemporaneamente all'atto di .abbandono.

486. Nel caso in cui l'abbandono può essere fatto, e in quello di ogni altro avvenimento a rischio degli assicuratori, l'assicurato deve notificare

난파;

파손으로 인한 침몰;

해상 사고로 인한 항해불능;

외국 정부의 명령으로 인한 억류;

부보된 물건이 멸실이나 훼손되고 그로 인한 피해가 가격의 4분지 3에 이른 경우;

항해를 개시한 후 국가의 명령에 의한 선박 압류.

제483조 그 외의 다른 손상은 모두 이를 해손으로 보며, 해손은 보험자들과 피보험자들이 각각의 이해관계의 비율에 따라 이를 분담한다.

제484조 부보된 물건의 위부는 부분적으로 혹은 조건을 붙여 할 수는 없다.

여기에 물건은 오로지 부보와 위험의 목적물을 형성하는 물건을 말한다.

제485조 위부는 보험자에 대하여 다음 기간에 하여야 한다.

유럽 해안이나 항구, 혹은 아시아나 아프리카의 지중해 해안이나 항구에서 발생한 손해에 관해서는 그 소식을 들은 날로부터, 나포의 경우, 전시 해안의 항구나 지역에서 선박이 예인되었다는 소식을 들은 날로부터, 각각 6개월 내에

아조래 섬들, 카나리에, 마데라 및 기타 서부 아프리카나 동부 아메리카 해안이나 섬에서 멸실이 발생하였거나 나포되어 예인되었다는 소식을 들은 날로부터 1년 내에;

다른 세계 어느 지역에서 멸실이 발생하였거나 예인되어 나포되었다는 소식을 들은 날로부터 2년 내에.

이러한 기간이 도과하면 위부를 하는 것이 허용되지 아니한다.

부보된 금액의 지급을 위한 소송은 위부 행위와 동시에 진행할 수 있다.

제486조 위부를 할 수 있는 경우 및 기타 보험자가 인수한 위험인 다른 모든 사고의 경우, 피보험자는 수령한 모든 정보를 보험자에게 통지하여야

all'assicuratore gli avvisi che ha ricevuti.

La notificazione deve essere fatta entro tre giorni dal ricevuto avviso, sotto pena dei danni.

487. Trascorso un anno per la navigazione dei padroni e per i viaggi di gran cabottaggio, e trascorsi due anni per quelli di lungo corso, dal giorno della partenza della nave o dal giorno al quale si riferiscono le ultime notizie, se l'assicurato dichiara non avere ricevuta alcuna notizia della nave, egli può fare l'abbandono all'assicuratore e chiedere il pagamento della somma assicurata, senza che sia necessaria la prova della perdita.

Dopo che l'anno od i due anni sono trascorsi, l'assicurato ha per fare l'abbandono i termini stabiliti dall'articolo 485.

488. Nel caso di assicurazione a tempo limitato, spirati i termini stabiliti come sopra per la navigazione dei padroni, per i viaggi di gran cabotaggio e per quelli di lungo corso, la perdita della nave si presume accaduta entro il tempo dell'assicurazione.

Essendovi più assicurazioni successive a tempo limitato, la perdita si presume accaduta nel termine della prima assicurazione.

489. L'assicurato, notificando gli avvisi a norma dell'articolo 486, può fare l'abbandono con intimazione all'assicuratore di pagare la somma assicurata nel termine stabilito dal contratto, o riservarsi di farlo nei termini stabiliti dalla legge.

490. L'assicurato nel fare l'abbandono deve dichiarare le assicurazioni che ha fatto od ordinate, e il danaro che ha preso a cambio marittimo sulla nave o sulle merci; in mancanza, il termine al pagamento non comincia a decorrere che dal giorno in cui fa notificare la detta dichiarazione, senza che ne risulti alcuna proroga del termine per promuovere l'azione di abbandono.

한다.

통지는 그 정보를 접수한 날로부터 3일 내에 하여야 하며, 그렇지 아니하면 손해배상책임이 생긴다.

제487조 소형선박 선장[6]의 항해 및 연안 항해는 선박이 출발한 날로부터 혹은 선박에 관한 마지막 소식을 들은 날로부터 1년, 다른 원양 항해는 2년이 각각 경과한 다음 피보험자가 선박에 관해 아무런 소식도 듣지 못한 것을 통지하면, 그 피보험자는 보험자에게 위부를 하고 부보된 금액의 지급을 청구할 수 있으며, 그러면 그 선박이 실제로 멸실되었다는 것을 입증하지 않고도 보험금을 청구할 수 있다.

1년 혹은 2년이 경과한 다음에 제485조에서 정한 기간 동안 피보험자는 위부할 기간을 갖는다.

제488조 일정한 기간으로 정해진 보험에서, 위에서 본 소형선박 항해, 연안 항해 및 원양 항해를 위해 각각 정해진 기간이 경과한 경우, 선박의 멸실은 보험기간 내에 발생한 것으로 추정한다.

기간으로 정한 수개의 보험이 연속적으로 있는 경우, 멸실은 최초 보험의 기간에 발생한 것으로 추정한다.

제489조 제486조에 따라 정보를 통지한 피보험자는 위부를 하고 보험계약에서 정한 기간 내에 부보한 금액을 지급하여 줄 것을 요구할 수도 있고, 그렇지 않고 법에서 정하여진 기간 내에는 위부하는 것을 유보할 수도 있다.

제490조 위부를 하면서 피보험자는 그 선박이나 화물에 대해 가입 혹은 신청한 보험 및 선박이나 적하를 담보로 모험대차로 차용한 금액을 신고하여야 한다; 이를 하지 아니하는 경우 보험금의 지급기간은 이러한 통지를 하기 이전까지 진행되지 아니하며, 그렇다고 하더라도 위부 소송을 진행하

6) 여기에서만 capitan 이라는 용어를 삭제하고 오로지 padroni 라는 용어를 사용하고 있다. 특별한 의미가 있을 것 같지만 이렇게 번역하는 것으로 만족하고자 한다.

491. Nel caso di dichiarazione fraudolenta, gli effetti dell'assicurazione cessano per l'assicurato, il quale è però tenuto a pagare le somme prese a cambio, non ostante la perdita della nave.

492. Nel caso di naufragio o d'investimento con rottura, l'assicurato deve, senza pregiudizio del diritto di fare l'abbandono, dare opera al ricuperamento delle cose naufragate.

Sulla dichiarazione giurata dell'assicurato, le spese di ricuperamento gli sono rimborsate sino a concorrenza del valore delle cose ricuperate.

493. Se il tempo del pagamento non è stabilito dal contratto, l'assicuratore deve pagare la somma assicurata dopo tre mesi dalla notificazione dell'abbandono.

494. L'assicurato deve notificare agli assicuratori, entro tre giorni da quello in cui gli sono pervenuti, gli atti comprovanti che le cose assicurate furono esposte ai rischi assunti dagli assicuratori e che andarono perdute.

495. L'assicuratore è ammesso alla prova dei fatti contrari a quelli che sono contenuti nei documenti presentati dall'assicurato.

L'ammissione alla prova di tali fatti non sospende la condanna dell'assicuratore a pagare intanto la somma assicurata, coll'obbligo all'assicurato di dare cauzione.

La cauzione è sciolta col decorso di quattro anni, se non vi fu domanda giudiziale.

496. Notificato ed accettato o giudicato valido l'abbandono, le cose assicurate appartengono all'assicuratore dal giorno in cui fu fatto.

L'assicuratore non può, sotto pretesto di ritorno della nave, dispensarsi dal pagare la somma assicurata.

497. Il nolo delle merci salvate, ancorché pagato anticipatamente, fa parte dell'abbandono della nave ed appartiene all'assicuratore, senza pregiudizio

는 기간이 연장되는 것은 아니다.

제491조 사기로 이러한 통지를 한 경우, 보험계약은 피보험자에 대하여는 그 효력이 없고, 피보험자는 선박이 멸실되었다 하더라도 모험대차로 차용한 금액을 반환하여야 한다.

제492조 난파의 경우 혹은 파손으로 인한 침몰의 경우, 피보험자는 난파된 물건의 회수를 위하여 노력하여야 하며, 이로 인하여 위부할 수 있는 권리에 지장을 가져오는 것은 아니다.

피보험자가 선서를 하고서 신고를 하면, 회수한 물건의 가격의 범위 내에서, 회수의 비용을 보상하여야 한다.

제493조 보험계약에서 보험금 지급시기를 달리 정하지 아니하는 한, 보험자는 위부통지를 받은 때부터 3개월 후에 부보한 금액을 지급하여야 한다.

제494조 부보된 목적물이 보험자가 인수한 위험에 노출되고 멸실되어 간다는 확실한 사실이 피보험자에 도달하면, 피보험자는 그날로부터 3일 이내에 이를 보험자에게 통지하여야 한다.

제495조 보험자는 피보험자가 제출한 서류에 있는 사실과 반대되는 사실을 입증하는 것이 허용된다.

이러한 사실의 입증을 허용한다 하더라도, 피보험자 보증서를 제공하는 것을 조건으로 하여, 그 사이에 보험금의 지급을 명할 수 있다.

이 보증서는, 그에 기한 사법적인 청구가 개시되지 아니하는 한, 4년이 경과하면 그 효력을 상실한다.

제496조 위부의 통지가 보험자에 의해 수용되거나 사법적으로 유효한 것으로 판정되면, 그날로부터 부보된 물건은 보험자의 소유에 귀속한다.

보험자는 선박이 반환되어 돌아왔다는 것을 이유로 부보한 금액의 지급을 면할 수 없다.

제497조 구조된 화물의 운임은, 가사 선급되었다 하더라도, 위부 선박의 일부가 되고 보험자에게 귀속하며, 다만 모험대차로 대여를 한 사람, 선원

dei diritti di coloro che hanno dato a cambio marittimo, di quelli dei marinai pei salari, e delle spese fatte durante il viaggio.

498. Nel caso di arresto per ordino di una Potenza, l'assicurato è tenuto di farne la notificazione all'assicuratore entro tre giorni dalla ricevuta notizia.

L'abbandono delle cose colpite da arresto non può essere fatto che dopo sei mesi dalla notificazione se l'arresto ha avuto luogo nei mari dell'Europa, e dopo un anno se l'arresto ha avuto luogo in mare più lontano.

Tali termini decorrono dal giorno della notificazione dell'arresto.

Quando le merci siano soggette a perimento, i termini sono ridotti ad un mese e mezzo nel primo caso e a tre mesi nel secondo.

499. Durante i termini stabiliti dall'articolo precedente gli assicurati devono fare tutti gli atti che da loro dipendono, per ottenere la liberazione delle cose colpite da arresto.

Gli assicuratori possano dal canto loro, di concerto cogli assicurati o separatamente, adoperarsi allo stesso fine.

500. L'abbandono per causa d'inabilità a navigare non può farsi, se la nave può essere rialzata, riparata e messa in istato di continuare il viaggio per il luogo della sua destinazione, salva all'assicurato l'azione di avaria.

501. Se la nave è stata dichiarata inabile a navigare, l'assicurato sul carico deve farne la notificazione entro tre giorni dalla ricevuta notizia.

Il capitano deve usare ogni diligenza per procurarsi un'altra nave a fine di trasportare le merci al luogo della loro destinazione.

502. Nel caso accennato nell'articolo precedente, l'assicuratore continua a correre i rischi delle merci caricate sull'altra nave.

Egli è obbligato inoltre per le avarie, spese di scaricamento, deposito e custodia nei magazzini di ricaricamento, per l'eccedenza del nolo, e per tutte le altre spese che sono state fatte per salvare le merci, sino alla concorrenza

의 임금에 대한 권리 및 항해를 하는 도중에 발생한 비용은 그로 인하여 영향을 받지 아니한다.

제498조 어느 정부의 명령으로 선박이 억류된 경우, 피보험자는 그 소식을 접한 날로부터 3일 내에 보험자에게 이를 통지하여야 한다.

억류로 인해 피해를 입은 물건의 위부는, 억류가 유럽 해상에서 발생하면 통지를 한 날로부터 6개월 후에, 억류가 더욱 원거리 해상에서 발생하면 통지를 한 날로부터 1년 후에, 각각 비로소 위부를 할 수 있다.

이러한 기간은 억류를 통지한 날로부터 진행한다.

화물이 부패의 대상인 경우, 이 기간은 첫 번째 경우에는 1개월 반, 두 번째 경우에는 3개월로, 각각 축소된다.

제499조 전조에 정한 기간 동안, 피보험자는 억류로 인해 피해를 입은 물건의 석방을 위해 자기에게 속하는 모든 조치를 취하여야 한다.

보험자도 자기 비용으로, 피보험자와 함께 혹은 별도로 혼자, 동일한 목적으로 모든 수단을 다할 수 있다.

제500조 만일 선박을 인양하고 수리하여 목적지까지 항해를 계속할 수 있는 상태로 만들 수 있다고 한다면, 항해불능을 원인으로 한 위부는 할 수 없으며, 다만 피보험자는 해손을 이유로 보상을 청구할 수 있다.

제501조 선박이 항해를 하는 것이 불가능하다고 선언되면, 화물의 피보험자는 그 소식을 들은 날로부터 3일 이내에 이를 보험자에게 통지하여야 한다.

선장은 그 화물을 목적지까지 운송할 목적으로 다른 선박을 마련하기 위해 모든 노력을 다하여야 한다.

제502조 전조에서 말한 경우에, 보험자는 다른 선박에 선적한 그 화물에 대하여도 계속하여 위험을 부담한다.

그 외에도 보험자는 양하, 적치 및 창고 보관과 재선적의 비용, 초과된 운임 및 그 외에 화물을 구조하기 위하여 지출한 모든 비용을 보험금액의 범위 내에서 부담하여야 한다.

della somma assicurata.

503. Se nei termini stabiliti dall'articolo 498 il capitano non ha potuto trovar nave per ricaricare le merci e condurle al luogo della loro destinazione, l'assicurato può farne l'abbandono.

504. Nel caso di preda, se l'assicurato non ha potuto darne avviso all'assicuratore, può riscattare le cose predate senza aspettare l'ordine di questo.

L'assicurato deve però notificare all'assicuratore l'accordo fatto, tosto che gli sia possibile.

505. L'assicuratore ha la scelta di assumere l'accordo per conto proprio o di rinunziarvi; egli deve notificare la sua scelta all'assicurato entro le ventiquattro ore che seguono la notificazione dell'accordo.

Se dichiara di assumere l'accordo per conto proprio, deve contribuire senza dilazione al pagamento del riscatto a norma della convenzione ed in proporzione del suo interesse, e continua a correre i rischi del viaggio in conformità del contratto di assicurazione.

Se dichiara di rinunziare all'accordo, deve pagare la somma assicurata, senza potere nulla pretendere delle cose riscattate.

Quando l'assicuratore non ha notificato la sua scelta nel termine suddetto, si reputa avere rinunziato al benefizio dell'accordo.

TITOLO IX
DELLE AVARIE

506. Sono avarie tutte le spese straordinarie fatte per la nave e per le merci unitamente o separatamente, e tutti i danni che accadono alla nave ed alle merci dopo il caricamento e la partenza fino al loro ritorno e scaricamento.

507. In mancanza di convenzioni speciali tra le parti, le avarie sono

제503조 제498조에 정한 기간 내에 선장이 화물을 선적하고 목적지까지 운반할 선박을 발견하지 못한 경우, 피보험자는 이를 위부할 수 있다.

제504조 나포의 경우에 있어, 피보험자가 보험자에게 이를 통지할 수 없었다면, 보험자의 지시를 기다리지 아니하고서 나포된 물건에 관해 보상 후 회수의 타협을 할 수 있다.

그러나 타협이 이루어지면 피보험자는 가능한 한 신속히 이를 보험자에 통지하여야 한다.

제505조 보험자는 합의를 자기 계산으로 수용하든 혹은 이를 부인하든 선택권이 있다; 보험자는 타협의 통지를 받은 날로부터 24시간 내에 선택을 통지하여야 한다.

타협을 자기 계산으로 수용한 보험자는 지체 없이 타협한 바에 따라 그 이해관계의 비율로 보상금의 지급에 참여하여야 하며, 보험계약에서 정한 바에 따라 계속하여 항해의 위험을 인수하여야 한다.

보험자가 타협을 부인하면 부보한 금액을 지급하여야 하고 그 다음에는 여하한 경우라 하더라도 회수한 물건에 대해 권리를 주장할 수 없다.

위에서 말한 기간 내에 보험자가 자기의 선택을 통지하지 아니한 경우 타협의 이익을 부인한 것으로 간주한다.

제9장 해 손

제506조 선적과 출항 이후 회항과 양하를 할 때까지, 선박과 화물을 위하여, 결합하여 혹은 개별적으로, 지출한 특별한 비용 및 선박 및 화물에 발생한 모든 손해는 해손이 된다.

제507조 당사자 사이에 다른 합의가 없으면, 해손은 다음 규정에 의하여

regolate dalle disposizioni seguenti.

508. Le avarie sono di due specie; avarie grosse o comuni, e avarie semplici o particolari.

509. Sono avarie comuni

1. Le cose date al predatore per composizione e a titolo di riscatto della nave e delle merci;
2. Le cose gettate in mare per la salvezza comune;
3. Le gomene, gli alberi, le vele o altri attrezzi rotti o tagliati per la salvezza comune;
4. Le ancore, catene ed altri oggetti abbandonati per la salvezza comune;
5. I danni cagionati dal getto alle merci rimaste nella nave;
6. I danni cagionati alla nave nell'operazione del getto volontariamente o per conseguenza necessaria del medesimo, i danni recati alla nave per facilitare il salvataggio delle merci o per agevolare lo scolo od esaurimento delle acque, e i danni che ne derivarono alle merci;
7. La cura, e il vitto delle persone dell'equipaggio e delle altre persone ferite in difesa della nave;
8. Il prezzo o l'indennità di riscatto delle persone dell'equipaggio mandate a terra per servizio della nave e fatte prigioniere o schiave;
9. I salari e il vitto delle persone dell'equipaggio durante l'arresto o l'impedimento, quando la nave è arrestata in viaggio per ordine di una Potenza, o è costretta a trattenersi in un porto per sopravvenienza di guerra o altra simile causa che impedisca il viaggio al porto di destinazione, finché la nave ed il carico non sono svincolati dalle loro reciproche obbligazioni;
10. Le spese di pilotaggio e di entrata od uscita e le tasse di navigazione pagate in un porto dove la nave ha dovuto far rilascio forzato per causa di tempesta, caccia di nemici o pirati, o vena d'acqua cagionata da forza

규율한다.

제508조 해손은 두 종류가 있다; 복합 혹은 공동 해손과, 단독 혹은 개별 해손.

제509조 공동해손은 다음과 같다.

1. 선박과 화물에 관해 나포한 자와 타협을 하고 속환금 명목으로 제공한 물건;
2. 공동의 구조를 위하여 바다에 투기한 물건;
3. 공동의 구조를 위해 파괴나 절단한 대줄, 돛대, 돛 기타 장비;
4. 공동의 구조를 위해 유기한 닻 및 닻줄 기타 물건;
5. 투기로 인하여 선박에 남은 물건에 가한 손상;
6. 투기의 작업을 하는 과정에 자의적으로 혹은 그 필연적인 결과로 선박에 가한 손상, 화물의 구조를 용이하게 하기 위해 혹은 해수의 배출과 증발을 용이하게 하기 위해 선박에 가져온 손상 및 이로 인하여 화물에 발생한 손상;
7. 선박을 방어하다가 상해를 입은 선원 기타 사람의 치료 및 식사 비용;
8. 선상 근무를 위해 육지에 보내졌다가 죄수나 노예가 되고 만 해원에 관한 속환에 의한 대금 혹은 손해;
9. 항해 도중에 정부의 명령으로 선박이 억류된 경우, 혹은 목적항으로 항해 도중에 전쟁의 발발 기타 목적지로의 항해를 방해하는 유사한 사유로 어느 항구에 지체할 수밖에 없는 경우, 그 억류 혹은 지체 중에 선원의 봉급과 식비로, 다만 이로 인해 선박과 적하가 계약에 의하여 상호 의무로 연결되어 있지 아니한 것을 전제로 한다;
10. 폭풍, 적이나 해적의 추적, 혹은 선박의 하자가 아닌 불가항력으로 인한 침수 때문에, 선박이 강제기항을 한 항구에서 지급한 도선료, 출입료 및 항해세

maggiore e non da vizi della nave;

11. I salari e il vitto delle persone dell'equipaggio in un porto di rilascio forzato, durante il tempo delle riparazioni necessarie a proseguire la navigazione;
12. Le spese di scaricamento e ricaricamento delle merci messe a terra per eseguire le riparazioni della nave in un porto di rilascio forzato, e i fitti dei magazzini ove le merci stesse furono depositate;
13. Le spese fatte per ottenere la liberazione o restituzione della nave arrestata, se l'arresto non procedeva da causa che riguardasse esclusivamente la nave o le persone del capitano, del proprietario o dell'armatore, ed i salari e il vitto delle persone dell'equipaggio durante il tempo necessario per ottenere tale liberazione o restituzione, se questa si è ottenuta;
14. Le spese di scaricamento per alleggerire la nave a fine di entrare in un seno, fiume, o canale, quando la nave vi sia costretta per tempesta, per caccia di nemici o pirati, o per altro motivo di comune salvezza della nave e del carico, e i danni che la nave o le merci hanno sofferto nella operazione di scaricare e ricaricare;
15. I danni sofferti dalla nave o dalle merci nell'investimento volontario per salvare la nave da tempesta, da preda o da altro pericolo imminente;

16. Le spese fatte per rimettere a galla la nave investita nel caso espresso nel numero precedente, e le ricompense dovute per le opere e i servizi prestati in tale occasione;
17. La perdita e i danni sofferti dalle merci messe sulle barche per alleggerire la nave nel caso espresso nel numero 14, comprese le quote di contribuzione che si dovessero alle barche stesse, e reciprocamente i danni sofferti dalle merci rimaste a bordo della nave, in quanto tali

11. 항해를 계속하기 위해 필요한 수리를 하는 동안 강제 기항한 항구에서의 선원의 봉급과 식비;

12. 강제 기항한 항구에서 선박의 수리를 위해 양륙해야 했던 화물의 양하와 재선적 비용 및 그 화물이 보관된 창고의 창고료;

13. 억류된 선박의 회수나 석방을 위해 지출한 비용으로, 그 억류가 오로지 선박 혹은 선장, 소유자나 의장자에 연유한 것이 아닌 경우와, 이러한 회수와 석방을 위해 필요한 기간 동안 선원의 봉급과 식비로서, 실제 반환이 이루어진 경우;

14. 폭풍 때문에, 적이나 해적의 추적 때문에, 혹은 기타 선박과 적하를 공동위험으로부터 구조하기 위해, 선박이 부득이 어느 석호, 하천 혹은 운하에 들어가야 하는 때에, 그 선박을 가볍게 하기 위한 양하 비용 및 양하를 하고 다시 선적을 하는 작업 중에 선박과 적하가 입은 손상;

15. 폭풍, 나포, 기타 급박한 위험으로부터 선박을 구조하기 위하여 자의적으로 조성한 선박 혹은 하물의 침몰로 인해 적하나 선박이 입은 손상;

16. 전항에서 말한 경우, 침몰한 선박을 다시 부양하기 위해 지출한 비용 및 그 경우에 있어 제공한 서비스 혹은 작업에 대한 보상 비용;

17. 위 제14항에 기재된 경우, 선박을 가볍게 하기 위해 부선에 선적한 화물이 입은 멸실과 훼손. 여기에는 그 부선에 부담할 공동해손분담금도 포함되며, 또 그에 상응하여 선박에 남은 목적물이 당한 손상도 그러한 손해가 공동해손에 해당되면 마찬가지이다;

danni siano riputati avarie comuni;

18. I premi e gli interessi del cambio marittimo contratto per far fronte alle spese annoverate tra le avarie comuni, e i premi di assicurazione di questo cambio marittimo o delle dette spese, come pure la perdita che dovesse rimborsarsi al proprietario delle merci vendute durante il viaggio in un porto di rilascio forzato per far fronte alle spese stesse;
19. Le spese d'una quarantena straordinaria non preveduta nel contratto di noleggio, se essa colpisce egualmente la nave ed il carico, compresi i salari e il vitto delle persone dell'equipaggio durante la quarantena;
20. Le spese del regolamento delle avarie comuni;
21. Generalmente i danni sofferti e le spese fatte previe deliberazioni ragionate per il bene e la salvezza comune della nave e delle merci, dopo il caricamento e la partenza sino al ritorno e scaricamento.

510. Non sono riputate avarie comuni, ancorché incontrate volontariamente e previe deliberazioni prese per il bene e la salvezza comune, i danni sofferti dalla nave o le spese fatte per la medesima, quando provengano da vizio o vetustà della nave ovvero da colpa o negligenza del capitano o dell'equipaggio.

511. Le avarie comuni sono a carico delle merci e della metà della nave e del nolo, in proporzione del valore.

Il prezzo delle merci è stabilito secondo il loro valore nel luogo dello scaricamento.

512. Sono avarie particolari

1. Qualunque perdita o danno sofferto dalle merci per tempesta, incendio, preda, naufragio, investimento, rottura o altro qualsiasi caso fortuito o di forza maggiore;
2. La perdita degli alberi, delle gomene, ancore, vele, corde, e qualunque altro danno sofferto dalla nave per le cause espresse nel numero

18. 공동해손으로 열거된 비용을 마련하기 위하여 모험대차를 하여 발생한 보상과 이자, 이 모험대차와 전시 비용의 부보를 위한 보험료, 동일한 비용을 마련하기 위하여 항해 중 강제 기항한 항구에서 매각하였던 화물의 소유자에 대한 보상으로 인한 손해;

19. 용선계약에서 예상하지 못했던 특별한 검역 비용으로 그 검역이 선박과 적하에게 공통으로 영향을 미치는 경우이며, 여기에는 검역하는 동안 선원의 봉급과 식비도 포함된다;
20. 공동해손의 정산비용;
21. 일반적으로 선적을 하고 출발을 한 후에서부터 양하를 하고 돌아올 때까지 사이에 선박과 적하 공동의 이익과 구조를 위해 사전 결의를 거쳐 지출한 비용 및 감수한 손해.

제510조 선박이 입은 손해 혹은 지출한 비용으로, 비록 공동 이익과 구조를 위해 사전 결정을 거쳐 자의적으로 행하여진 것일지라도, 그것이 선박의 하자 혹은 연령이나 선장과 선원의 잘못이나 과실로 인한 것인 때에는 공동해손으로 보지 아니한다.

제511조 공동해손은 선박과 운임의 절반과 화물이 그 이해관계의 비율에 따라 이를 분담한다.
화물의 가격은 양하지 가격에 의하여 이를 정한다.

제512조 다음은 단독 손해이다.
1. 폭풍, 화재, 나포, 난파, 침몰, 마모 기타 천재지변 혹은 불가항력으로 화물이 입은 멸실과 훼손;

2. 전호 기재 사유로 돛대, 대줄, 닻, 돛, 소줄의 멸실 및 기타 선박이 입은 여타 손상;

precedente;

3. Qualunque danno sofferto per vizio proprio della nave o delle merci;
4. Le spese di qualunque approdo cagionato da vizio della nave, da vena di acqua proveniente da vetustà, da mancanza di provvigioni di bordo, o da causa qualunque imputabile all'armatore o al capitano;
5. I salari e il vitto dei marinai durante la quarantena ordinaria preveduta nel contratto, o durante le riparazioni provenienti da vizio o vetustà della nave o da altra causa imputabile al capitano o all'armatore, o durante l'arresto a stazione in un porto che riguardi la nave sola o le merci sole, e le spese per ottenere in questo caso la liberazione dell'una o delle altre;
6. Le spese per conservare le merci o riparare i fusti, le casse o gli involti in cui sono contenute, quando queste spese non procedano da danni riputati avarie comuni;
7. L'eccedenza del nolo nel caso espresso nell'articolo 403;
8. Generalmente tutti i danni sofferti e tutte le spese fatte per la nave sola o per le merci sole, dopo il caricamento e la partenza sino al ritorno e scaricamento.

513. Le avarie particolari sono sopportate e pagate dal proprietario della cosa che ha sofferto il danno o dato occasione alla spesa.

514. I danni accaduti alle merci per avere mancato il capitano di chiudere i boccaporti, ancorare la nave, provvedere buoni cavi, e per tutti gli altri accidenti provenienti dalla negligenza del capitano o dell'equipaggio, sono altresì avarie particolari a carico del proprietario delle merci, per le quali però egli ha regresso contro il capitano, la nave ed il nolo.

I danni che fossero provenuti ai proprietari della nave per una più lunga ed arbitraria stazione nei porti, sono risarciti dal capitano.

3. 선박 혹은 여객 자체의 하자에 의하여 발생한 여하한 손상;
4. 선박 자체의 하자, 선박의 고령에 따른 침수, 선상 비품의 부재, 기타 선주나 의장자 혹은 선장의 책임 있는 어떤 사유로 발생한 기항의 비용;
5. 계약에서 이미 예상한 통상의 검역 기간 및 선박 자체의 하자 그 연령, 기타 선주나 의장자 혹은 선장의 귀책사유로 인한 수리 기간의 선원의 봉급과 식비, 또 오로지 선박 혹은 화물과 관련되어 어느 항구에서 체재 중 압류되어 있는 기간 동안의 선원의 봉급과 식비 및 이러한 것의 석방을 위한 비용;

6. 선적한 화물의 보존을 위해 혹은 화물을 담고 있는 통, 갑, 포장의 수리를 위한 비용으로 이러한 비용이 공동해손으로 분류되는 손해로 인한 비용이 아닌 경우;
7. 제403조에 규정된 경우에 증가된 운임;
8. 일반적으로 말하여 선적과 출발 후에 귀환과 양하시까지 사이에 오로지 선박 혹은 오로지 화물을 위해 지출한 비용 및 발생한 손상은 단독해손이 된다.

제513조 개별 혹은 단독 해손은 손해를 입은 혹은 비용을 유발한 물건의 소유자가 이를 부담하고 지급하여야 한다.

제514조 선구를 닫고, 선박을 정박시키고, 좋은 계선을 마련하는 등을 하지 아니하여, 혹은 기타 선장이나 선원의 과실로 인한 모든 사고로, 선적한 화물에 발생한 손해는 마찬가지로 그 물건 소유자가 부담하는 단독해손이며, 다만 선장 개인, 혹은 선박이나 운임에 대해 구상을 할 수 있다.

선장이 어느 항구에 임의로 연장하여 체재함으로 인하여 소유자에게 발생하는 손해는 선장이 이를 보상하여야 한다.

515. Le spese di pilotaggio, lamanaggio e rimorchio per entrare nei seni, fiumi o canali, o per uscirne, i diritti di congedo, visite, relazioni, tonnellaggio, segnali, ancoraggio e gli altri diritti di navigazione, non sono avarie ma semplici spese a carico della nave, salvo il caso espresso nel numero 10 dell'articolo 509.

516. Nel caso di urto di navi,

Se l'urto è stato puramente fortuito, il danno è sopportato dalla nave che lo ha sofferto senza diritto a ripetizione;

Se è accaduto per colpa di uno dei capitani, il danno è a carico di quello che lo ha cagionato;

Se vi è dubbio sulle cause dell'urto, il danno è riparato a spese comuni e per porzioni eguali dalle navi che lo hanno cagionato e sofferto.

In questi due ultimi casi la stima del danno è fatta da periti.

517. La domanda per avaria non è ammissibile, se l'avaria comune non eccede l'uno per cento del valore cumulato della nave o delle merci, e se l'avaria particolare non eccede l'uno per cento del valore della cosa danneggiata.

518. La clausola franco d'avaria libera gli assicuratori da ogni avaria comune o particolare, eccettuati i casi che danno luogo all'abbandono: in questi casi gli assicurati hanno la scelta tra l'abbandono e l'esercizio dell'azione di avaria.

제515조 석호, 하천 혹은 운하를 출입하기 위한 도선, 정박,[7] 예인 등 비용 및 허가, 검사, 보고, 톤수, 신호, 정박 등과 관련된 세금과 기타 항해 관련 제세는 해손이 아니고 다만 선박이 부담하여야 할 단순한 비용이며, 다만 제509조 제10호에서 말하는 경우에는 그러하지 아니하다.

제516조 선박이 상호 충돌한 경우,

충돌이 완전히 천재지변으로 일어난 것인 때에는, 그 손해는 피해를 입은 선박이 감수하여야 하고, 다른 사람에게 보상을 청구하지 못한다;

충돌이 어느 한 선장의 잘못으로 발생한 때에는 그 손해는 이를 유발한 사람의 책임이 된다;

충돌의 원인이 불분명한 경우, 그 손해는 충돌을 유발한 선박과 손실을 입은 선박이 공동 비용으로 동일한 비율로 분담한다.

이 마지막 두 경우에 손해는 감정인의 감정에 의하여 정한다.

제517조 공동해손이 선박과 적하의 가격을 합한 금액의 1%를 초과하지 아니하는 경우 및 단독해손이 피해를 입은 물건의 가격의 1%를 넘지 않는 경우에는, 해손으로 인한 청구가 허용되지 아니한다.

제518조 "해손면제" 조항이 있으면 보험자는 모든 공동해손과 단독해손으로부터 책임이 면제되며, 다만 예외적으로 보험위부가 된 경우에는 그렇지 아니하다: 이 경우에 피보험자는 위부와 해손청구권의 행사 사이에 선택권을 가진다.

---

7) amanaggio는 이탈리아 사전에 없는 단어이고 이곳 교수들도 다 모르는 단어이다. 그리하여 전후 문맥으로 이렇게 변역하였다. 혹시 등대료 등이 아닌지도 모르겠다. 위 제468조도 동일하다.

TITOLO X
DEL GETTO E DELLA CONTRIBUZIONE

519. Se per tempesta o per caccia di nemici o pirati il capitano si crede in obbligo per la salvezza della nave di gettare in mare una parte del carico, di tagliare gli alberi o di abbandonare le ancore, deve consultare gli interessati nel carico che si trovano nella nave e i principali dell'equipaggio.

Se sono diversi i pareri, prevale quello del capitano e dei principali dell'equipaggio.

520. Le cose meno necessarie, le più pesanti e di minor valore sono gettate le prime, ed in seguito le merci del primo ponte a scelta del capitano e col parere dei principali dell'equipaggio.

521. Il capitano deve stendere in scritto la deliberazione, tosto che potrà ciò fare.

La deliberazione esprime i motivi che hanno determinato il getto, e le cose gettate o danneggiate.

Essa contiene la sottoscrizione dei deliberanti od i motivi del loro rifiuto di sottoscrivere.

Deve essere trascritta sul registro.

522. La descrizione delle perdite e dei danni è fatta nel luogo dello scaricamento della nave per cura del capitano e per mezzo di uno o più periti nominati, se nel regno, dal tribunale di commercio e in mancanza dal pretore, se all'estero, dall'uffiziale consolare o da chi ne fa le veci, e in mancanza dall'autorità locale.

523. Le merci gettate sono stimate secondo il valore in corso nel luogo dello scaricamento; la loro qualità è stabilita dalla presentazione delle polizze di carico e delle fatture, se ve ne sono.

524. I periti nominati giusta l'articolo 522 fanno la ripartizione delle

제10장 투기와 그 분담

제519조 적이나 해적의 추적 혹은 폭풍 때문에 선박을 구조하기 위해 화물 일부를 투기하고, 돛대를 절단하고, 혹은 닻을 유기해야 한다고 선장이 믿을 수밖에 없는 경우, 선장은 선상에 있는 화물 이해관계인과 선원 중 사관과 상의하여야 한다.

이 경우에 의견이 서로 다르면 선장과 사관의 의견이 우선한다.

제520조 투기는 필요성이 더욱 적은 것, 더욱 무거운 것 및 가치가 더욱 적은 것을 우선하여 투기하며, 다음으로 선장과 사관이 선정한 상갑판에 있는 화물을 먼저 투기한다.

제521조 선장은 내린 결정을 가능한 한 신속히 서면으로 기술하여 두어야 한다.

결정서에는 투기를 결정한 이유와 투기한 물건을 기술하고, 그로 인해 손상을 입은 화물을 표시하여야 한다.

거기에는 결정에 참여한 사람의 서명이 포함되어 있어야 하고 서명을 거절하면 그 이유도 기술하여야 한다.

투기결정서는 항해일지에도 이기하여야 한다.

제522조 멸실과 손상의 기술은 선박이 양하를 하는 곳에서 선장의 책임하에 검증인에 의하여 실시하며, 검증인은 국내에서는 상사법원이, 상사법원이 없으면 간이판사가 선정하고, 해외에서는 영사관 공무원이나 그 대리인이, 이러한 사람이 없으면 지역 관청이 선정한다.

제523조 투기한 화물은 양하지 시가에 의하여 이를 평가한다; 화물의 품질은 선하증권 및 송장이 있으면 송장을 가지고 정한다.

제524조 제522조에 따라 임명된 정산인은 멸실과 훼손을 정산한다.

perdite e dei danni.

La ripartizione è resa esecutiva mediante l'omologazione del Tribunale di commercio.

Nei porti stranieri la ripartizione è resa esecutiva dall'uffiziale consolare e in sua mancanza dal giudice competente del luogo.

525. La ripartizione delle perdite e dei danni è fatta sulle cose gettate e salvate e sulla metà della nave e del nolo, in proporzione del loro valore nel luogo dello scaricamento.

526. Quando nella polizza di carico è simulata una qualità o un valore delle merci inferiore al vero, le merci contribuiscono secondo la loro stima se sono salvate, e si pagano in ragione della qualità o del valore indicato se sono gettate o danneggiate.

Se invece è simulata una qualità o un valore superiore al vero, le merci contribuiscono in ragione della qualità o del valore indicato se sono salvate, e si pagano secondo la loro stima, se sono gettate o danneggiate.

527. Le munizioni da guerra e da bocca ed i bagagli delle persone dell'equipaggio non contribuiscono al getto, se sono salvati, e danno diritto a contribuzione secondo il loro valore, se sono gettati.

528. Le merci, delle quali non vi è polizza di carico né dichiarazione del capitano, non sono pagate se sono gettate, contribuiscono se sono salvate.

529. Le merci, caricate sulla coperta della nave, contribuiscono se sono salvate.

Se sono gettate o danneggiate per il getto, il proprietario non è ammesso a chiedere la contribuzione, e non può esercitare azione che contro il capitano.

Questa disposizione non è applicabile ai viaggi indicati nell'articolo 378.

530. Se il getto non salva la nave, non vi è luogo a contribuzione.

Le merci salvate non sono soggette al pagamento o all'indennità per quelle

정산은 상사법원의 승인이 있어야 그 집행력이 있다.

해외 항구에서는 영사관 공무원에 의하여 집행력이 부여되고, 영사관이 없으면 현지 해당 판사에 의하여 집행력이 부여된다.

제525조 멸실과 훼손은, 투기되거나 구조된 물건 및 선박과 운임의 반액에 의해 양하지에서 각자의 가격에 비례하여, 이를 정산한다.

제526조 선하증권에 품질과 가격에 있어 실제보다 낮은 허위의 기재가 있는 경우, 그 화물은 구조가 되면 그 평가에 의하여 해손을 분담하고, 투기 나 손상이 있으면 표시된 품질이나 가격에 기준하여 보상을 받는다.

만일 역으로 실제보다 상질 혹은 고가로 허위기재가 된 경우, 그 선적 화물은 구조가 되면 기재된 품질이나 가격을 기준으로 공동해손을 분담하고 투기나 손상이 되면 평가에 의하여 보상을 한다.

제527조 전쟁 물자나 군용 식량 및 선원의 휴대품은 구조가 된다 하더라도 공동해손을 분담하지 아니하며, 반대로 투기가 되면 그 가격에 따라 분담을 청구할 권리가 있다.

제528조 선하증권이 없고 선장의 통지도 없는 화물은 투기가 된다 하더라도 해손으로 지급이 되지 아니하며, 대신 구조가 되면 해손을 분담하여야 한다.

제529조 갑판에 선적한 화물은 구조가 되면 공동해손을 분담한다.

갑판에 선적한 화물이 투기가 되거나 투기로 손상이 생기면, 그 소유자는 해손의 분담을 요구하는 것이 허용되지 아니하며, 다만 선장에 대하여 권리를 행사할 수 있다.

이 규정은 제378조에서 말하는 항해에는 적용되지 아니한다.

제530조 투기의 결과 선박이 구조되지 아니하면 거기에는 여하한 해손의 분담도 없다.

che sono gettate o danneggiate.

531. Se il getto salva la nave, e questa continuando il suo viaggio si perde, le cose salvate contribuiscono al getto secondo il loro valore nello stato in cui si trovano, dedotto le spese di salvamento.

532. Le cose gettate non contribuiscono in alcun caso al pagamento dei danni accaduti dopo il getto alle merci salvate.

Le merci non contribuiscono al pagamento della nave perduta o resa inabile a navigare.

533. Nel caso di perdita delle merci poste in barche per alleggerire la nave all'entrare in un porto, fiume o canale, la ripartizione della perdita è fatta sulla nave e sul carico per intiero.

Se la nave si perde col resto del carico, non si fa alcuna ripartizione sulle merci poste sugli scafi, ancorché arrivino a buon porto.

534. In tutti i casi sopra espressi, il capitano e l'equipaggio hanno privilegio sulle merci o sopra il loro prezzo per il montare della contribuzione.

535. Se dopo la ripartizione le cose gettate sono ricuperate dai proprietari, questi devono restituire al capitano ed agli interessati quanto hanno ricevuto nella contribuzione, dedotti i danni cagionati dal getto e dalle spese di ricuperamento.

구조된 화물은 투기된 화물이나 그로 인하여 손해를 입은 화물에 대해 분담이나 보상을 할 의무가 없다.

제531조 투기로 인하여 구조된 선박이 그 후 항해를 계속하다가 멸실된 경우, 구조된 물건은 그 상태의 가격에 따라 구조의 비용을 공제하고 투기에 대해 분담을 하여야 한다.

제532조 투기된 물건은 여하한 경우라 하더라도 구조된 화물이 이후에 손해를 입는다 하더라도 이를 분담할 의무가 없다.

화물은 멸실되거나 항해 불능에 이른 선박의 지급을 분담하지 아니한다.

제533조 항구, 하천 혹은 운하에 들어가기 위해 선박을 가볍게 할 목적으로 부선에 놓아둔 물건이 멸실된 경우, 그 손해는 선박과 모든 화물이 분담한다.

만일 선박이 나머지 화물을 가지고 멸실되면 보조선[8]에 놓여 있던 화물은 비록 안전하게 항구에 도착한다 하더라도 손해를 분담하지 아니한다.

제534조 위에서 말하는 모든 경우에, 선장과 선원은 화물과 그 대금에 대해 분담금 총액에 해당하는 우선특권이 있다.

제535조 분담을 한 다음 투기된 물건이 소유자에 의해 회수된 때에는, 그 소유자는 분담하여 받은 금액에서 회수의 비용과 투기로 발생한 손해를 공제하고 이를 선장 및 이해관계인에게 반환하여야 한다.

---

8) 원문에는 scafi로 표현되어 있다. 그리하여 적힌 그대로 해석하면 '선체'가 맞다. 그러면 전후 문맥상 맞지 않다. 왜냐하면 위에 나오는 barche를 대신하는 용어라고 생각되기 때문이다. 그래서 제294조에 있는 schifi의 오타가 아닌가 생각되어 이렇게 해석하였다. 그러면 앞의 문장과 의미가 통하기 때문이다. 그런데 1882년 법에서 다시 scafi라는 용어를 사용하는 것으로 보아 오타는 아닌 것 같기도 하다. 당시에는 scafi는 schifi라는 용어와 혼동되어 사용된 것이 아닌가 생각된다.

TITOLO XI
DELLA INAMMISSIBILITÀ DI AZIONE

536. Non sono ammissibili

Le azioni contro il capitano e gli assicuratori per danno accaduto alla merce, se essa è stata ricevuta senza protesta;

Le azioni contro il noleggiatore per avarie, se il capitano ha consegnato le merci e ricevuto il nolo senza protesta;

Le azioni per risarcimento dei danni cagionati dall'urto di navi in un luogo in cui il capitano avrebbe potuto agire, se egli non ha fatto richiamo.

537. Le proteste e i richiami sono nulli, se non sono fatti e notificati entro tre giorni, e se entro due mesi dalla notificazione non sono seguiti dalla domanda giudiziale di pagamento.

Il termine di due mesi è accresciuto quanto alle notificazioni fatte all'estero, a norma dell'articolo 601.

TITOLO XII
DELLA PRESCRIZIONE

538. L'azione per rivendicare la proprietà della nave si prescrive col decorso di dieci anni, senza che possa opporsi la mancanza di titolo o di buona fede.

Chi possiede una nave in forza di un titolo stipulato di buona fede, che sia stato debitamente trascritto e che non sia nullo per difetto di forma, ne compie in suo favore la prescrizione col decorso di cinque anni dalla data della trascrizione ed annotazione sull'atto di nazionalità.

Il capitano non può acquistare la proprietà della nave per mezzo di prescrizione.

제11장 청구의 제한

제536조 다음과 같은 청구는 허용되지 아니한다.

화물에 발생한 손해를 이유로 한 선장 및 보험자에 대한 청구는, 그 화물을 이의 없이 수령하였던 경우;

해손을 이유로 한 용선자에 대한 청구는, 선장이 이의 없이 화물을 인도하고 운임을 수령하였던 경우;

선박충돌로 발생한 손해보상청구는 충돌한 곳에서 선장이 행위를 할 수 있었음에도 불구하고 배상청구를 하지 아니한 경우.

제537조 이러한 이의나 청구는 3일 내에 실행되고 통지하지 아니하면 그 효력이 없고, 또 통지로부터 2개월 내에 지급을 위한 사법적인 청구를 하지 아니하면 그 효력이 없다.

2개월의 기간은 해외에서 통지를 한 때에는 제601조의 규정에 따라 연장된다.

제12장 시 효

제538조 선박에 대한 소유권의 회복을 위한 소송은 10년이 경과하면 소멸하고, 다만 권원이 없음 혹은 선의가 없음을 이유로 하여 대항할 수 있다.

선의로 약정한 권원에 기해 선박을 점유하고 이를 적법하게 등록하고 국적증서에도 부기하고 그 절차에 하자가 없었다면 등록과 국적증서의 부기를 한 날로부터 5년이 경과하면 자기 것으로 그 권리를 주장할 수 있다.

선장은 시효의 방식으로 선박의 소유권을 취득할 수 없다.

539. L'azione di abbandono si prescrive col decorso di sei mesi dall'atto di abbandono.

540. Le azioni provenienti dai contratti di cambio marittimo e di assicurazione si prescrivono col decorso di cinque anni dalla data del contratto.

541. Si prescrivono le azioni

Per pagamento di nolo di navi, salari e stipendi degli uffiziali, marinai ed altre persone dell'equipaggio, col decorso di un anno dalla fine del viaggio;

Per alimenti somministrati ai marinai d'ordine del capitano, col decorso di un anno dalla somministrazione;

Per somministrazioni di legnami ed altro cose necessario alle costruzioni, all'allestimento ed alle vettovaglie della nave, col decorso di un anno dalle somministrazioni;

Per salari di operai e per opere fatte, col decorso di un anno dalla prestazione dell'opera;

Per consegna di merci, col decorso di un anno dall'arrivo della nave.

Nondimeno coloro ai quali fossero opposte le prescrizioni enunciate in questo articolo, possono valersi del disposto dall'articolo 2142 del Codice civile.

542. La prescrizione non è interrotta, se non quando vi è stato un riconoscimento del debito per iscritto o una domanda giudiziale non perenta.

제539조 보험위부에 기한 청구는 위부행위로부터 6개월이 경과하면 소멸한다.

제540조 모험대차계약 및 보험계약에 기한 청구는 계약일로부터 5년이 경과하면 시효로 인하여 소멸한다.

제541조 다음과 같은 기간이 경과하면 시효로 인하여 권리가 소멸한다.

선박의 운임 및, 사관, 선원 기타 해원의 봉급과 보수는, 항해 종료시부터 1년의 경과;

선장의 주문에 의해 선원에 제공한 식량은 제공한 때부터 1년의 경과;

목재 기타 선박의 건조, 항해 준비 및 식량 대비를 위하여 필요한 물건의 공급에 대하여는 공급일로부터 1년의 경과;

노무자의 급료 및 제공한 노무에 대한 것은, 노무 제공일로부터 1년의 경과;

화물의 인도로 인한 것은 선박 도착일로부터 1년의 경과.

이와 별도로, 본조에서 정한 시효에 기해 대항하는 때에, 그 상대방은 민법 제2142조[9]를 원용할 수 있다.

제542조 시효는 서면에 의해 채무의 승인이 있다든가 혹은 청구를 위한 제척기간 내에 사법적인 청구가 있다든가 하지 않는 한 중단되지 아니한다.

---

9) 현행 민법 조문 제2142조와 대조 의미를 찾으려고 노력하였으나 그 의미가 약간 불분명하다.

CODICE DI COMMERCIO
(R.D. 31 OTTOBRE 1882, N. 1062)

1882년 이탈리아 상법

CODICE DI COMMERCIO[1)]
(R.D. 31 OTTOBRE 1882, N. 1062)

본문은 Codice Civile(1865), Codice di Commercio(1882), Simone(2008) 를 참고하여 작성한 것임.

LIBRO SECONDO
DEL COMMERCIO MARITTIMO
E DELLA NAVIGAZIONE

TITOLO I
DELLE NAVI E DEI PROPRIETARI DI ESSE

480. Le navi sono beni mobili.

Fanno parte della nave le imbarcazioni, gli attrezzi, gli arredi, le armi, le munizioni, le provviste ed in generale tutte le cose destinate all'uso permanente di essa, ancorché ne siano temporaneamente separate.

481. I contratti per la costruzione delle navi, le modificazioni e le rivocazioni di essi e così pure le dichiarazioni e le cessioni di partecipazione alla proprietà di una nave in costruzione fatte dal committente o dal costruttore, che abbia impresa la costruzione per proprio conto, devono essere fatte per iscritto e non hanno effetto verso i terzi, se non sono trascritti nei registri dell'ufficio del compartimento marittimo in cui deve eseguirsi od

1) 본문은 Codice Civile(1865). Codice di Commercio(1882) del Regino d'Italia. Testi non commentati(2008)를 기초로 하여 원문을 작성하였다.

1882년 이탈리아 상법

제2편 해상 영업과 항해

제1장 선박과 선박 소유자

제480조 선박은 동산으로 본다.

승선용구, 장비, 의장, 무기, 탄약, 비품 기타 일반적으로 선박의 이용에 항구적으로 제공되는 모든 물건은 선박의 일부로 보며, 일시적으로 선박과 분리되어 있는 경우에도 마찬가지이다.

제481조 선박 건조를 위한 계약의 체결, 변경 및 취소는 물론, 건조 중인 선박의 소유 지분에 참여 및 이전은, 자기 계산으로 선박 건조를 하는 위임인 혹은 건조자가 반드시 서면으로 하여야 하며, 이를 건조를 인수하거나 실행할 해수구 사무실에 등록하지 아니하면 제3자에 대항할 수 없다.

è impresa la costruzione.

482. Il committente può sciogliere il contratto per manifesta imperizia o frode del costruttore. Eccettuato questo caso, si applica la disposizione dell'articolo 1641 del codice civile.

Il costruttore non può sciogliere il contratto, se non per caso fortuito o per forza maggiore.

Nel caso di morte del costruttore il contratto si scioglie secondo le disposizioni degli articoli 1642 e 1643 del codice civile.

483. Ogni alienazione o cessione totale o parziale della proprietà o del godimento della nave deve essere fatta per iscritto, salve le disposizioni del titolo IV di questo libro.

Se l'alienazione o la cessione ha luogo nel Regno, essa può farsi per atto pubblico o per scrittura privata, ma non ha effetto rispetto ai terzi, se non è trascritta nei registri dell'ufficio marittimo presso il quale la nave è inscritta.

In paese estero l'alienazione dev'essere fatta per atto ricevuto nella cancelleria del regio consolato dinanzi all'ufficiale consolare, e non ha effetto rispetto ai terzi, se non è trascritta nei registri del consolato. Il console deve trasmettere copia da lui autenticata dell'atto di alienazione all'ufficio marittimo presso il quale è inscritta la nave.

In tutti i casi l'alienazione dev'essere annotata sull'atto di nazionalità coll'indicazione se il venditore resti in credito del prezzo in tutto o in parte.

Gli amministratori della marina mercantile e gli ufficiali consolari non possono ricevere e trascrivere l'atto di alienazione, se loro non viene presentato l'atto di nazionalità, salvo il caso preveduto nell'art. 489.

Nel concorso di più alienazioni la data dell'annotazione sull'atto di nazionalità determina la preferenza.

484. Gli ufficiali consolari in paese estero non possono ricevere gli atti di alienazione delle navi, se non è provveduto al pagamento o alla sicurezza

제482조 건조자가 명백히 무능력하거나 혹은 사기로 인한 경우에는 위임인은 건조계약을 해지할 수 있다. 이러한 경우를 제외하고는 민법 제1641조 규정이 적용된다.

건조자는 천재지변이나 불가항력에 해당되는 경우를 제외하고는 건조계약을 해지할 수 없다.

건조자가 사망한 경우 민법 제1642조 및 1643조 규정에 따라 건조계약은 해지된다.

제483조 선박의 소유 및 사용에 관한 권리는, 그 전부이든 일부이든, 이전 기타 처분을 하려면 반드시 서면으로 하여야 하며, 다만 본편 제4장에 규정이 있는 경우에는 이를 별도로 한다.

이전 기타 처분은 만일 국내에서 이루어지는 경우, 공증증서이든 개인사서이든 상관이 없지만, 이를 선박등록사무소에 등록하지 아니하면 제3자에 대해 효력이 없다.

해외에서 이전은 해당 영사관에서 영사에 의하여 신청서가 접수되어야 하며 영사관 선박등록부에 등록되지 아니하면 제3자에 대해 효력이 없다. 영사는 이전신청서 사본을 작성하여 직접 공증사본임을 확인한 다음 이를 그 선박등록지 사무소에 송부하여야 한다.

어떤 경우에 해당되든, 이러한 이전은 반드시 국적증서에 부기되어야 하며, 만일 대금의 전부 혹은 일부가 매도인에게 미수로 남아 있는 경우에도 이를 국적증서에 부기하여야 한다.

해운관청 공무원이나 영사관 공무원은, 제489조에 규정된 경우를 제외하고는, 국적증서가 첨부되어 제출되지 아니하면, 이전신청서를 접수하거나 등록할 수 없다.

다수 이전이 경합하는 경우 선박국적증서에 부기한 일자에 따라 우선순위가 정해진다.

제484조 해외 영사관 공무원은 선박국적증서에 기재된 우선특권을 가진 채권이 모두 변제되거나 담보가 제공되지 아니하면 선박이전신청서를 접

dei crediti privilegiati annotati sull'atto di nazionalità.

485. Il contratto di pegno sulla nave, o su porzione di essa, deve essere fatto per iscritto.

La scrittura costitutiva del pegno non ha effetto rispetto ai terzi, se non è trascritta nei registri dell'ufficio marittimo presso il quale è inscritta la nave, quando è fatta nel Regno, o nei registri del Regio consolato del luogo ove si trova la nave, quando è fatta in paese estero. Il console deve tosto trasmettere copia da lui autenticata del contratto di pegno all'ufficio suddetto.

In entrambi i casi il pegno deve essere annotato sull'atto di nazionalità della nave.

Gli amministratori della marina mercantile e gli ufficiali consolari in paese estero non possono trascrivere l'atto di pegno se non è loro presentato l'atto di nazionalità, salvi i casi preveduti negli articoli 486 e 489.

Nell'atto di trascrizione dev'essere fatta menzione dell'annotazione del pegno sull'atto di nazionalità.

486. La scrittura costitutiva di pegno sopra una nave in costruzione non ha effetto rispetto ai terzi, se non è trascritta nei registri dell'ufficio marittimo nel cui compartimento si fa la costruzione.

Allorché dopo compiuta la costruzione viene rilasciato alla nave l'atto di nazionalità, deve farsi in esso annotazione delle scritture costitutive di pegno già trascritte.

487. Per l'efficacia del pegno sulle navi non è necessaria la nomina di un custode.

488. Se la scrittura costitutiva del pegno è all'ordine, la girata di essa produce il trasferimento del credito e di ogni diritto accessorio.

489. Se l'alienazione, la cessione o la costituzione in pegno di una nave si fa nel Regno mentre la nave è in viaggio per un paese estero, può

수할 수 없다.

제485조 선박 전부 혹은 그 지분에 대한 질권계약은 반드시 서면으로 하여야 한다.

질권의 설정을 목적으로 하는 문서는 선박등록부에 등록하지 아니하면 제3자에 대하여 효력이 없고, 등록은 국내에서 설정이 이루어지는 경우 선박등록지 등록사무소 등록부에 등록하여야 하며, 해외에서 설정이 이루어지는 경우 선박소재지 영사관 등록부에 등록하여야 한다. 영사는 질권계약서의 증명사본을 작성하여 위 등록사무소에 지체없이 송부하여야 한다.

두 경우 모두 질권은 선박국적증서에 부기하여야 한다.

해운관청 공무원이나 영사관 공무원은, 제486조 및 489조에 규정된 경우를 제외하고는, 선박국적증서가 첨부되어 제출되지 아니하면, 질권신청서를 등록할 수 없다.

등록행위에는 국적증서에 부기를 언급하여야 한다.

제486조 건조 중인 선박에 대한 질권설정 서류는 건조지 관할 해수구 해운관청 등록부에 등록하지 아니하면 제3자에 대하여 효력이 없다.

선박이 건조된 다음에 선박국적증서가 발행되는 때에는 이미 설정되어 등록된 질권이 그것에 부기되어야 한다.

제487조 선박에 대한 질권이 효력을 갖기 위해 보관인을 임명할 것을 요하지 아니한다.

제488조 질권설정서가 지시식으로 된 경우 이를 배서하면 채권 및 부수권리를 이전하는 효력이 있다.

제489조 선박이 해외로 항해 도중에, 국내에서 선박 질권의 이전, 처분 및 설정이 이루어지는 경우, 선박국적증서에 그 부기는 선박 소재지 혹은 목

convenirsi che l'annotazione sull'atto di nazionalità debba essere eseguita nella cancelleria del regio consolato del luogo ove la nave si trova o per dove è diretta, purché però il luogo suddetto sia dichiarato per iscritto contemporaneamente alla domanda di trascrizione del titolo. In questo caso l'amministratore della marina mercantile deve tosto trasmettere una copia del titolo da lui autenticata all'ufficiale consolare suddetto a spese del richiedente.

Il contratto non ha effetto, rispetto ai terzi, che dalla data dell'annotazione sull'atto di nazionalità.

490. I contratti di costruzione, di alienazione e di pegno delle navi minori non destinate ad uscire dai porti, dalle rade, dai fiumi, dai canali o dai laghi ed altre non provvedute di atto di nazionalità, non hanno effetto verso i terzi, se non siano trascritti in un registro speciale presso le autorità e nelle forme designate con regio decreto.

491. I proprietari di navi sono responsabili dei fatti del capitano e delle altre persone dell'equipaggio, e sono tenuti per le obbligazioni contratte dal capitano, per ciò che concerne la nave e la spedizione. Tuttavia ogni proprietario o comproprietario che non ha contratto obbligazione personale può in tutti i casi mediante l'abbandono della nave e del nolo esatto o da esigere, liberarsi dalla responsabilità e dalle obbligazioni suddette, ad eccezione di quelle per i salari e gli emolumenti delle persone dell'equipaggio.

La facoltà di fare l'abbandono non ispetta a chi è nel tempo stesso capitano e proprietario o comproprietario della nave. Qualora il capitano non sia che comproprietario, in mancanza di speciale convenzione, egli non è tenuto personalmente per le obbligazioni da lui contratte per ciò che concerne la nave e la spedizione che in proporzione del suo interesse.

492. L'abbandono può essere fatto a tutti i creditori o solamente ad alcuni.

적지 관할 영사관에서 실시하는 것으로 약정할 수 있고, 그렇게 하려면 권리의 등록을 요청할 때에 동시에 서면으로 그 장소를 명시하여야 한다. 이 경우 해운관청 공무원은 지체없이 신청인의 비용으로 자기가 인증한 권리증서 사본을 작성하여 그 영사관에 송부하여야 한다.

계약은 국적증서에 부기되는 날짜 이전에는 제3자에 대하여 효력이 없다.

제490조 선박이 항구, 묘박지, 하천, 운하 밖으로 나가지 아니하게 지정되어 국적증서를 구비하지 아니한 소형선인 경우, 그 건조·이전 혹은 입질계약은 별도 칙령이 정한 방식으로 해당 관청에 있는 특별등록부에 등록하지 아니하면 제3자에 대하여 효력이 없다.

제491조 선박의 소유자는, 선박이나 항해에 관한 한, 선장 기타 선원의 행위에 대하여 책임이 있고, 선장이 체결한 계약상 채무에 대하여 책임이 있다. 그러나 선박 소유자나 공유자는 자기가 개인적으로 채무를 부담한 것이 아닌 한, 여하한 경우라 하더라도, 선박과 이미 받은 및 받을 운임을 위부하고 이러한 책임과 의무를 면할 수 있고, 다만 선원의 월급과 보수에 대하여는 그러하지 아니하다.

선박의 선장이며 동시에 또 소유자나 공유자인 사람은 선박을 위부할 권리가 없다. 선장이 공유자인 때에는, 별도의 다른 합의가 없는 한, 선박이나 항해에 관해 자기가 체결한 계약상 채무에 대해 오로지 자기의 이해관계의 비율에 따라 책임이 있다.

제492조 선박의 위부는 모든 채권자에 대하여 혹은 일부 채권자에 대하

La dichiarazione di abbandono deve essere trascritta nei registri dell'ufficio marittimo presso il quale è inscritta la nave e l'avvenuta trascrizione dev'essere notificata ai creditori i titoli dei quali sono trascritti nei registri stessi od annotati sull'atto di nazionalità.

Rispetto ai creditori che hanno fatto notificare citazione o precetto, l'abbandono si deve fare per atto d'usciere notificato al domicilio eletto, e in mancanza alla cancelleria del tribunale di commercio, entro otto giorni dalla data della citazione e del precetto, sotto pena di decadenza.

493. In caso di abbandono, ciascun creditore può prendere la nave per suo conto coll'obbligo di pagare gli altri creditori privilegiati. Se concorrano più creditori, è preferito il primo dichiarante; e se concorrano contemporaneamente, è preferito il creditore di maggior somma.

Se nessun creditore prende la nave per suo conto, essa è venduta ad istanza del creditore più diligente, il prezzo è distribuito tra i creditori e ciò che rimane dopo pagati i creditori appartiene al proprietario.

494. Il proprietario può congedare il capitano.

Nel caso di congedo non è dovuta indennità, se il diritto al risarcimento del danno non è stato convenuto in iscritto.

Se il capitano congedato è comproprietario della nave, egli può rinunciare alla comproprietà ed esigere il rimborso del capitale corrispondente.

La somma di questo capitale è determinata mediante perizia.

495. Per tutto ciò che riguarda l'interesse comune dei proprietari di una nave, le deliberazioni della maggioranza sono obbligatorie anche per la minoranza.

La maggioranza si determina da una porzione di interesse nella nave eccedente la metà del suo valore.

Il tribunale deve ordinare la vendita della nave all'incanto, quando ne è fatta domanda da tanti tra i comproprietari, che insieme uniti abbiano la

여 할 수 있다.

위부 선언은 선박등록사무소 등록부에 등록하여야 하며, 그러면 이미 등록부에 등록되어 있거나 국적증서에 부기되어 있는 채권자에게 이같이 등록한 것을 통지하여야 한다.

이미 소장 혹은 집행예고[1]를 통지한 채권자에 대한 위부는 집행관의 송달로 하고, 이를 선정주소에 고지하여야 하고, 선정주소가 없으면 상사법원 서기에 통지하여야 하며, 소장이나 집행예고가 있은 날로부터 8일 내에 이러한 고지나 통지가 없으면 위부는 실효한다.

제493조 선박위부가 이루어진 경우, 채권자는 누구이든 다른 우선특권 채권자에 대해 변제할 의무를 지고서 자기 계산으로 그 선박을 인수할 수 있다. 여러 채권자가 경쟁적으로 인수를 희망하는 경우, 먼저 인수를 선언한 사람이 우선하고; 동시에 선언을 하는 경우, 다액 채권자가 우선한다.

자기 계산으로 선박을 인수할 채권자가 없는 경우, 어느 채권자이든 먼저 나서는 사람에 의해 선박을 매각하며, 매각대금은 채권자에게 분배하고, 채권자에게 변제하고 남은 잔액은 소유자에게 귀속한다.

제494조 선박소유자는 선장을 해고할 수 있다.

해고된다 하더라도. 별도 서면으로 손해보상권이 부여되지 아니하는 한, 그 선장에 대해 손해배상의무가 있는 것은 아니다.

공유자인 선장이 해고된 경우, 지분을 다른 공유자에게 위부하고 지분에 해당하는 보상을 청구할 수 있다.

지분에 대해 지급할 금액은 감정에 의하여 결정한다.

제495조 선박 공유자의 공동 이해에 관한 것은 다수결에 의하여 결정되면 소수자도 이에 따를 의무가 있다.

다수결에 의한 결정은 선박 가치의 과반수를 초과하는 해당 지분에 의한 결정을 말한다.

전부 합하여 선박 소유권 과반 이상에 해당하는 권리를 가진 공유자가

---

1) 이탈리아 법은 강제집행을 하기 이전에 지급청구를 하여야 한다.

metà almeno della proprietà di essa, se non vi è convenzione contraria.

Se la vendita della nave sia richiesta per gravi ed urgenti circostanze riguardanti l'interesse comune, il tribunale può ordinarla, ancorché i comproprietari che la domandano rappresentino solamente un quarto della proprietà di essa.

TITOLO II
DEL CAPITANO

496. Il capitano o padrone incaricato del comando di una nave è obbligato per le colpe anche leggiere che commette nell'esercizio delle sue funzioni.
La responsabilità del capitano nei casi determinati nel presente codice non cessa se non colla prova di ostacoli provenienti da caso fortuito o da forza maggiore.

497. Il capitano non può ricusare il caricamento delle cose delle quali sia convenuto il trasporto coll'addurre che non siano adatte ai boccaporti, ai corridoi od alle andane della sua nave.

498. Il capitano è responsabile delle cose caricate.

Ne dà ricevuta mediante polizza di carico.

II capitano non risponde degli effetti preziosi, dei denari e dei titoli di credito che non gli sono stati dichiarati.

Il capitano è pure responsabile di ogni danno che per qualunque causa possa accadere alle cose da esso caricate sopra la coperta della nave senza il consenso scritto dal caricatore. Il consenso si presume accordato per le spedizioni limitate alle coste del compartimento marittimo amministrativo nella cui circoscrizione sono prese o di un compartimento limitrofo, e per la navigazione dei fiumi e dei laghi.

요청하면, 다른 합의가 없는 한, 법원은 선박의 공매를 명한다.

공동의 이해와 관련하여, 심각하고 긴급한 상황하에서, 선박의 공매 신청이 있으면, 비록 신청을 하는 공유자가 그 권리가 4분지 1 이상에 불과한 때에도, 법원은 공매를 명할 수 있다.

제2장 선 장

제496조 선박의 지휘를 책임진 선장[2)]은, 그 직책을 수행하며 범한 잘못은 비록 경미하다 할지라도, 그에 대해 책임이 있다.

본법에서 정한 선장의 책임은, 천재지변이나 불가항력에 연유한 장애를 증명하니 아니하는 한, 면제되지 아니한다.

제497조 선장은 운송을 인수한 물건이 선구, 통로 혹은 회랑에 적합하지 아니하다는 이유를 들어 선적을 거절할 수 없다.

제498조 선장은 선적한 화물에 대하여 책임이 있다.

선하증권이라는 방식으로 화물의 선적을 증명하는 영수증을 발부하여 주어야 한다.

선장에게 통지를 하지 아니한 귀중품, 현금 및 유가증권에 대하여 선장은 책임이 없다.

선장은 서면에 의한 동의가 없이 갑판 위에 선적한 화물에 발생한 모든

---

2) 선장은 많은 조문에서 계속하여 capitan 혹은 padrone라고 하고 있고 가끔은 capitan 혹은 padrone이라는 것을 단독으로 사용한다. capitan은 정식 자격을 갖추고 따라서 대형선박을 지휘하는 사람을 말하고 padrone는 특별한 자격 없이 소형선박을 지휘하는 사람을 말하며, 다만 양자의 법적 지위에는 전혀 차이가 없다. 따라서 이를 모두 단순히 선장으로 번역한다.

499. Appartiene al capitano di formare l'equipaggio della nave e di fissare lo stipendio delle persone che lo compongono, ma deve in ciò procedere di concerto coi proprietari ed armatori, quando si trova nel luogo della loro dimora.

500. Il capitano deve tenere il giornale nautico diviso nei libri seguenti:

giornale generale e di contabilità;

giornale di navigazione;

giornale di boccaporto o manuale di bordo;

inventario di bordo.

I libri suddetti non possono essere posti in uso, se prima ciascun foglio non sia stato numerato e firmato dall'ufficiale marittimo a ciò destinato, e devono essere tenuti secondo le disposizioni dell'articolo 25 coll'osservanza delle norme seguenti.

Nel giornale generale e di contabilità dev'essere annotato tutto ciò che appartiene all'ufficio del capitano rispetto alle persone dell'equipaggio o dei passeggeri, alle cose caricate, agli avvenimenti importanti del viaggio, alle prese deliberazioni, all'entrata ed alla spesa della nave ed in generale a tutto ciò che riguarda l'interesse dei caricatori, e che può dar luogo a rendimento di conto o a domanda giudiziale, salve le annotazioni particolari da farsi negli altri libri.

Nel giornale di navigazione devesi particolarmente annotare la rotta seguita, il cammino percorso, le manovre eseguite, le osservazioni geografiche, meteorologiche ed astronomiche, e quant'altro riguarda la navigazione.

Nel giornale di boccaporto, o manuale di bordo, devono annotarsi le date

손해에 대해, 그 원인이 무엇이든 가리지 않고, 책임이 있다. 다만, 운송이 인수한 지역 관할 해역 혹은 인근 해역 해안으로 제한되어 있는 경우, 이러한 동의가 있었다고 추정하며, 강이나 호수에서 항해를 위한 경우에도 동의가 있었다고 추정한다.

제499조 선박의 선원을 구성하고, 구성한 선원의 보수를 책정하는 것은 선장의 권한에 속하나, 다만 소유자나 의장자의 거소가 있는 곳에서는 이들과 협의를 하여 진행하여야 한다.

제500조 선장은 항해일지를 보유하여야 하고, 이를 다음과 같이 나누어 장부를 보유하여야 한다:

일반 및 회계일기;

항해 일기;

선구 및 선상 작업 일기;

속구목록.

위 장부는 목적지 해운관청 공무원이 매 장에 번호를 매기고 날인하지 아니하면 사용할 수 없고, 제25조 규정에 따라 보관하여야 하며, 다음 규칙을 준수하여야 한다.

일반 및 회계일기에는 선원과 여객, 선적 화물, 여행상 중요 사건, 합의하여 내린 결정, 선박의 수입과 지출, 기타 일반적으로 화주의 이해와 관계가 있고 또 계산을 하여 주어야 하거나 사법적인 청구가 있는 사항으로 선장의 직무에 속하는 사항을 기재하여야 하며, 다만 다른 장부에 별도로 기재할 사항을 제외한다.

항해일기에는 추적한 항로, 수행한 경로, 실시한 이동, 지리적인, 기상적, 성운적인 관측 및 기타 항해에 관한 사항을 기재하여야 한다.

선구 및 선상 작업 일기에는 선적 장소와 날짜, 화물의 종류, 성질 및 수량, 그들의 목적지, 선적인과 수하인, 인도 일자와 장소 및 기타 화물에 관한 사항을 기재하여야 한다.

속구목록에는 선박이 갖추고 있는 장비, 의장 품목, 용구 및 이들에 변동이 있는 모든 사항을 표시하여야 한다.

e i luoghi del caricamento, la natura, qualità e quantità delle cose caricate, la loro destinazione, le persone dei caricatori e dei destinatari, il luogo e la data della riconsegna, e quant'altro concerne il carico.

Nell'inventario di bordo, devono indicarsi gli attrezzi, gli oggetti di corredo e gli strumenti dei quali la nave è provveduta ed ogni variazione che in essi intervenga.

Le norme per l'uniforme tenuta, del giornale nautico e dei libri dei quali si compone e per la verificazione dell'inventario, in relazione alle disposizioni delle leggi marittime, sono determinate con regolamento da pubblicarsi per regio decreto.

501. La tenuta del giornale nautico non è obbligatoria per la navigazione dei laghi e dei fiumi, e per i viaggi, con navi di portata inferiore alle cinquanta tonnellate, che non debbano estendersi al di là delle coste continentali ed insulari del Regno, delle isole di Corsica e Malta ed isolette adiacenti, delle coste di Provenza non oltrepassando Cette, delle coste estere dell'Adriatico non oltrepassando Vallona in Albania, delle coste dell'Algeria e della reggenza di Tunisi ed isole rispettive.

502. Il capitano deve far visitare la nave nei casi e nei modi stabiliti nel codice per la marina mercantile.

Egli deve prima della partenza accertarsi che la nave sia perfettamente idonea al viaggio da intraprendere e sia convenientemente caricata e stivata, quand'anche siano stati adoperati appositi stivatori.

503. Il capitano deve avere a bordo:

1. L'atto di nazionalità;
2. Il ruolo dell'equipaggio;
3. Le polizze di carico ed i contratti di noleggio;
4. Gli atti di visita;
5. Le quietanze di pagamento o le bollette di cauzione delle dogane.

해운 법률에 의거하여 항해일지 및 구성 도서의 일관된 보유 및 속구목록의 확인 등에 관한 규범은 칙령으로 공포하여 규정으로 이를 정한다.

제501조 호수와 하천을 항해하는 선박은 항해일지를 보유할 의무가 없고, 또 50톤 미만의 선박으로 대륙과 인근 도서 해안 및 코르시카, 몰타 섬 및 인근 도서 해안, 세트를 넘지 않는 프로벤자 해안, 알바니아 발로나를 넘지 않는 아드리아 외국 해안, 알제리 및 튀니지와 그 부속도서 해안 등을 넘어서 더 멀리 항해하지 아니하는 선박도 항해일지를 보유할 의무가 없다.

제502조 선장은 해운 법령이 정한 경우에 그 정한 방식에 따라 선박의 검사를 받아야 한다.

선장은 항해를 개시하기 이전에 선박이 곧 수행하려고 하는 항해에 완전히 적합한지 여부와 선적과 적부가 적정하게 이루어졌는지 여부를 확인하여야 하며, 이는 적정한 하역인이 고용되어 있는 경우에도 마찬가지이다.

제503조 선장은 선상에 다음 서류를 보유하여야 한다.

1. 국적증서
2. 선원명부
3. 선하증권과 용선계약서
4. 검사증서
5. 관세 납입영수증 혹은 납입보증서

504. Il capitano deve comandare personalmente la nave all'ingresso ed all'uscita dei porti, dei seni, dei canali o dei fiumi.

Egli è obbligato a valersi di un pilota pratico a spese della nave, dovunque ciò sia dichiarato obbligatorio dal Governo nel Regno, e prescritto dai regolamenti o dagli usi locali in paese estero.

505. In caso di contravvenzione alle disposizioni degli articoli 500, 502, 503 e 504, il capitano è responsabile dei danni verso gl'interessati nella nave e nel carico.

506. Nel luogo della dimora dei proprietari od armatori, o dei loro procuratori, il capitano non può, senza autorizzazione speciale di essi, far riparare la nave, comprare vele, cordaggi od altre cose per uso di essa, noleggiarla, né prendere danaro a prestito per conto della nave o del carico.

507. Se la nave è noleggiata di consenso dei proprietari o per deliberazione della maggioranza e qualcuno dei comproprietari ricusa di contribuire alle spese necessarie per la spedizione, il capitano, ventiquattro ore dopo la intimazione fatta a coloro che ricusano di dare la loro quota, può farsi autorizzare dal tribunale di commercio o in mancanza dal pretore a prendere per loro conto l'occorrente somma a cambio marittimo o con pegno sulla loro porzione d'interesse nella nave.

508. Durante il viaggio, il capitano, dopo averne accertata la necessità con processo verbale sottoscritto dai principali dell'equipaggio, può impiegare per gli usi della nave le cose esistenti a bordo, coll'obbligo di pagarne il valore.

509. Se nel corso del viaggio vi è necessità di danaro per riparazioni, per compra di vettovaglie o altro urgente bisogno della nave, il capitano deve possibilmente darne avviso agli armatori, caricatori e destinatari e dopo aver accertata la necessità nel modo stabilito nell'articolo precedente può farsi autorizzare, nel Regno dal tribunale di commercio ed in mancanza

제504조 선박이 항구, 석호, 운하 및 하천을 출입할 때에는 선장은 반드시 직접 선박을 지휘하여야 한다.

정부에 의하여 혹은 외국 지역 관습이나 규정에 의하여 강제도선이 선포된 곳에서는, 선장은 선박의 비용으로 현지 도선사를 반드시 고용하여야 한다.

제505조 500조, 502조, 503조 및 504조 규정을 위반한 경우, 선장은 선박이나 화물의 이해관계인에 대해 손해배상책임이 있다.

제506조 선박소유자나 의장자 및 이들의 대리인이 거주하는 곳에서는, 사전에 특별한 수권이 없는 한, 선장은 선박의 수리, 돛, 밧줄, 기타 선박에 사용할 물건의 구입, 선박의 용선 및 선박과 화물의 부담으로 하는 금전의 차용 등을 할 수 없다.

제507조 공유자의 합의 혹은 다수결에 의하여 선박의 용선이 이루어졌음에도 불구하고, 어느 공유자가 항해를 위하여 필요한 비용의 분담을 거부하는 경우, 지분의 분담을 거부하는 공유자에게 통지를 한 후 24시간이 경과하면, 상사법원 혹은 상사법원이 없으면 간이법원 판사[3]에 의하여 허가를 얻은 다음, 그 지분에 관해 모험대차의 담보로 제공하거나 혹은 선박 지분에 질권을 설정하고 그 공유자의 계산으로 필요한 금액을 차용할 수 있다.

제508조 수석 사관이 부서한 진술조서에 의하여 그 필요성이 확인된 다음에 비로소 선장은 항해 도중에 선상에 존재하는 화물을 선박의 용도에 제공할 수 있고, 선장은 이후 소유자에게 그 가격을 지급하여야 한다.

제509조 항해 도중에 선박의 수리, 식량의 구입 기타 선박에 긴급한 필요가 생겨 자금이 필요하게 된 경우, 선장은 가능한 한 이를 의장자, 선적인 및 수하인에게 통지하여야 한다: 그리고 전조 규정에 정한 방식으로 그 필

---

3) 현재는 제도가 없어지고 모두 판사로 통일되었음.

dal pretore, e in paese estero dal regio Console o da chi ne fa le veci e in mancanza dall'autorità del luogo, a procurarsi la somma necessaria col prendere danaro a prestito o a cambio marittimo, col dare in pegno o vendere le cose caricate, oppure coll'obbligarsi verso coloro i quali somministrano direttamente materiali, attrezzi, provviste e mano d'opera.

II titolo del prestito a cambio marittimo e il documento comprovante altre operazioni suddette dev'essere trascritto nel modo stabilito nel presente codice, ed annotato sull'atto di nazionalità dall'ufficiale marittimo o consolare o dall'autorità che ha dato l'autorizzazione, a cura del capitano, tra dieci giorni dalla data del contratto, sotto pena della perdita del grado del privilegio.

La vendita delle cose caricate dev'essere fatta all'incanto.

I proprietari della nave od il capitano che li rappresenta devono tener conto delle cose vendute secondo il valore che hanno nel luogo ed al tempo dello scaricamento della nave.

Il noleggiatore unico o i diversi caricatori, quando sono d'accordo, possono opporsi alla vendita o al pegno delle cose loro, scaricandole e pagandone il nolo in proporzione del cammino percorso. Se manca il consenso di uno o più caricatori, colui che voglia usare di uesta facoltà deve pagare il nolo intiero per la sua parte del carico.

510. Nel corso del viaggio, il capitano può, se vi è urgenza, notificare atti ed anche istituire e proseguire giudizi in nome e nell'interesse dei proprietari della nave, per quanto riguarda la nave stessa e la navigazione cui è preposto.

Similmente possono i terzi, fuori del luogo di dimora dei proprietari o di coloro che li rappresentano, far eseguire notificazioni, promuovere e proseguire giudizi contro il capitano, per quanto riguarda i fatti di lui o dell'equipaggio oppure le obbligazioni da lui contratte durante la spedizione.

요성이 확인되면 국내에서는 상사법원, 상사법원이 없으면 간이법원 판사의 허락을 얻고, 해외에서는 영사나 그 대리인 혹은 이들이 없으면 그 지역관청의 허락을 얻어서, 금전을 빌리거나 화물에 모험대차하든지, 혹은 질권의 설정 혹은 매각을 하든지, 선장은 필요한 자금을 마련할 수 있고, 그렇지 않고 물자, 장비, 비품 혹은 작업을 제공하는 사람에게 직접 의무를 부담할 수도 있다.

계약체결일로부터 10일 이내에 선장의 책임하에 모험대차증서 기타 입증증서는 본법에서 정한 바에 따라 등록하여야 하고, 허가를 하는 영사관 공무원이나 해운관청 공무원이 국적증서에도 기재하여야 하며, 그렇지 아니하면 우선특권으로 우선순위를 주장하지 못한다.

화물의 매각은 공매를 통하여 실행하여야 한다.

선박의 소유자 및 이를 대리한 선장은 하역 일시와 장소에서 화물의 가격에 의거 매각한 화물을 계산하여 주어야 한다.

단독으로 용선한 용선자가, 혹은 다수 선적인이 모두 합의를 하면, 자기 화물의 매각 혹은 입질에 반대하고 화물을 하역하고 운송한 비율에 따라 운임을 지급할 수 있다. 만일 어느 하나 혹은 다수 화주가 동의를 하지 아니하는 때에는 이러한 권한을 행사하고자 하는 화주는 자기 화물에 대해 운임 전부를 지급하여야 한다.

제510조 선박 자체에 관한 것이거나 수행중인 항해에 관한 것이면, 항해의 도중에 긴급한 필요가 있는 경우, 선장은 선박소유자의 명칭과 계산으로, 소장을 제출하여 제소통지를 할 수 있고, 소송을 추진하고 수행할 수 있다.

유사하게, 선장이나 선원의 행위에 기인한 것이거나 항해 중에 선장이 계약을 하여 이루어진 채무인 때에는, 선박소유자나 그 대리인이 거주하는 지역 이외에서는, 제3자도 선장을 상대로 제소통지를 하고 소송을 진행하고 수행할 수 있다. 소장은 선장에게 개인적으로 송달하거나 선상에 송달

Gli atti devono essere notificati al capitano personalmente o a bordo della nave.

I proprietari possono sempre riassumere l'istanza proposta dal capitano o contro di lui.

Le condanne pronunciate contro il capitano non privano i proprietari del diritto di fare l'abbandono secondo le disposizioni dell'articolo 491.

511. Il capitano, prima della partenza da un luogo dove ha fatto spese straordinarie o contratto obbligazioni, deve rimettere ai proprietari od ai loro procuratori un conto da lui sottoscritto, sì delle spese coll'indicazione dei documenti giustificativi se ve ne sono, come delle obbligazioni col nome, cognome e residenza dei creditori.

Se il carico è fatto per conto dei proprietari o degli armatori, il capitano deve rimettere ad essi il conto delle cose caricate, e del loro prezzo.

512. Il capitano che senza necessità ha contratto obbligazioni, dato in pegno o venduto cose caricate o vettovaglie od ha portato nei suoi conti avarie e spese non vere, è personalmente obbligato verso gli armatori e verso tutti gli interessati al rimborso del danaro od al pagamento delle cose ed al risarcimento dei danni, salva inoltre l'azione penale, se vi é luogo.

513. Il capitano non può vendere la nave senza mandato speciale del proprietario, eccettuato il caso d'inabilità alla navigazione.

La dichiarazione d'inabilità e l'autorizzazione di vendita devono essere pronunciate dal tribunale di commercio nel Regno, dall'ufficiale consolare in paese estero.

La vendita dev'essere fatta ai pubblici incanti.

514. Il capitano obbligato per un viaggio è tenuto a compierlo, altrimenti deve rifondere i danni e le spese verso i proprietari ed i noleggiatori.

Se la nave è stata dichiarata inabile a navigare, il capitano deve usare ogni diligenza per procurarsi un'altra nave a fine di trasportare le cose caricate al

할 수 있다.

소유자는 선장에 의하여 혹은 선장을 상대로 한 소송을 언제든지 수계할 수 있다.

선장을 상대로 선고가 이루어졌다 하더라도 선박소유자가 제491조 규정에 따라 선박을 위부할 수 있는 권리를 상실하는 것은 아니다.

제511조 선장은 특이한 비용을 지출하거나 혹은 의무를 부담하는 계약을 체결한 때에는, 그곳을 출발하기 전에 선박소유자나 그 대리인에게 서명한 계산서를 송부하여야 하며 계산서에는 증명할 증서가 있으면 이를 표시하여야 하고 채무에는 채권자의 성명과 주소를 기재하여야 한다.

선박소유자 혹은 의장자의 계산으로 선적이 이루어진 경우에도, 선장은 선적한 화물과 그 가격에 대하여 계산서를 작성하여 송부하여야 한다.

제512조 필요성이 없음에도 불구하고, 만일 선장이 채무를 부담하는 계약을 하고, 선적한 화물 혹은 식량을 입질이나 매각하며, 또는 계산서에 허위의 손해나 비용을 포함시킨 경우, 선장은 선박소유자 및 모든 이해관계인에 대하여 금전을 보상하고, 물건에 대해 지급을 하고, 또 손해를 배상하여야 하고, 그 외에도 해당이 되면 형사책임을 진다.

제513조 선장은 선박소유자의 특별수권이 없으면 선박을 매각할 수 없고, 다만 선박이 항해를 할 수 없는 경우에는 그러하지 않다.

항해불능의 선언 및 매각의 허가는 국내에 있는 경우 상사법원이, 해외에 있는 경우 영사관 공무원이 이를 결정한다.

매각은 공매를 통하여 하여야 한다.

제514조 어느 항해를 위해 책임을 인수한 선장은 이를 끝까지 수행할 의무가 있고, 그렇지 아니하면 선박소유자와 용선자에 대해 그로 인한 손해와 비용을 배상하여야 한다.

선박이 항해불능의 선고를 받은 경우, 선장은 목적지까지 화물을 운송할

luogo di destinazione.

515. Il capitano che naviga a profitto comune sul carico non può fare alcun commercio per suo conto particolare, se non vi è convenzione contraria per iscritto.

In caso di contravvenzione, le cose caricate dal capitano per suo conto particolare sono devolute a profitto degli altri interessati.

516. Il capitano all'arrivo nel porto di sua destinazione sì di andata come di ritorno o nel luogo di qualunque approdo volontario o forzato, come pure in caso di naufragio, deve far vidimare il suo giornale nautico dall'ufficiale pubblico che ne ha l'incarico. Se vi furono avvenimenti straordinari interessanti la nave, le cose caricate o le persone, il capitano oltre quanto è prescritto nel codice per la marina mercantile, deve fare la sua relazione.

La relazione deve enunciare il luogo ed il tempo della partenza, la via tenuta, i rischi corsi, i disordini avvenuti nella nave e in generale tutti gli avvenimenti importanti del viaggio.

517. La relazione deve essere fatta al più presto, e non oltre ventiquattro ore dopo l'arrivo o l''approdo, davanti al presidente del tribunale di commercio o ad un giudice da lui delegato, e dove non sia tribunale davanti al pretore, se l'arrivo o l'approdo ha luogo in un porto del Regno, e davanti al regio console od a chi ne fa le veci ed in mancanza davanti all'autorità locale, se ha luogo in un porto estero.

Quando la relazione è fatta nel Regno, dev'essere depositata nella cancelleria del tribunale di commercio. A tal uopo il pretore deve trasmetterla senza ritardo al presidente del tribunale.

518. Il presidente, il pretore o l'ufficiale consolare che ha ricevuto la relazione, deve verificare i fatti in essa esposti, interrogando, fuori della presenza del capitano e l'una separatamente dall'altra, le persone dell'equipaggio e se è possibile i passeggeri. Le risposte devono essere

목적으로 다른 선박을 수배하기 위해 최선을 다하여야 한다.

제515조 화물에 대한 이익을 분배하는 조건으로 항해하는 경우에도, 그에 대한 별도의 반대의 서면 합의가 없는 한, 선장은 자기 개인 계산으로 영리 행위를 할 수 없다.

이를 위반하면 선장이 별도로 개인 계산으로 선적한 화물은 다른 이해관계인의 이익으로 돌아간다.

제516조 귀항항해이든 진행항해이든 선박이 목적항에 도착하면, 혹은 난파를 포함하여 강제이든 임의이든 기항한 곳에 도착하면, 선장은 해당 공무원으로 하여금 자기 선박의 항해일지를 인증하게 하여야 한다. 만일 선박, 선적 화물, 혹은 사람과 관련된 특별한 사건이 있었던 경우, 선장은 해상운송 관련법이 별도로 정한 것 이외에, 사건보고서를 작성하여야 한다.

사건보고서에는 출발 시간과 장소, 수행한 항로, 감수한 위험, 선상 질서 위반, 기타 일반적으로 항해 중 발생한 중요한 사건을 기술하여야 한다.

제517조 보고는 가능한 한 가장 신속히 하여야 하며 도착이나 정박 이후 늦어도 24시간 이내에 하여야 하고, 선박이 국내에 도착하거나 정박하는 경우 상사법원 법원장 혹은 그로부터 위임을 받은 판사에게, 상사법원이 없는 곳에서는 간이판사에게 하여야 하며, 해외 항구에서 보고를 하여야 하는 경우 그곳 영사나 그 대리인에게, 영사가 없으면 지역 관청에 하여야 한다.

국내에서 보고를 하는 경우, 상사법원 서기관에게 보고서를 접수하여야 한다. 이러한 목적을 위하여 간이판사는 지체없이 보고서를 상사법원 법원장에게 송부하여야 한다.

제518조 법원장, 간이판사 혹은 영사는 보고서를 받은 다음 거기에 적시된 사실을 조사하여야 하며 이를 위해 선원과 필요하면 여객을 선장이 없는 상태로 다른 사람과 분리하여 개별적으로 심문한다. 이들의 대답은 이를 기록하여야 하며 그 외에도 법이 허용하는 모든 방법을 동원하여 사안

scritte, e devono inoltre raccogliersi con tutti i mezzi autorizzati dalla legge quelle maggiori informazioni o prove, che fossero opportune secondo le particolarità dei fatti.

La verificazione suddetta deve farsi entro un brevissimo termine, e il giorno all'uopo prefisso dev'essere annunciato senza spese al pubblico mediante affissione di un avviso alla porta dell'ufficio in cui la relazione fu deposta, nei locali della borsa più vicina, nelle vicinanze del luogo dove la nave è ancorata e dovunque si ritenga opportuno.

Gli interessati e coloro che vogliono rappresentarli, ancorché senza mandato, sono ammessi ad assistere agli atti della verificazione.

I processi verbali formati sulle operazioni suddette devono essere uniti alla relazione.

È ammessa la prova contraria sui fatti risultanti dalla relazione.

519. Le relazioni non verificate non sono ammesse a scarico del capitano e non fanno prova in giudizio, eccettuato il caso che il solo capitano si sia salvato dal naufragio, nel luogo dove ha fatto la relazione.

520. Fuori del caso di urgenza, il capitano non può scaricare dalla nave cosa alcuna prima che la relazione sia fatta e verificata.

TITOLO III
DELL'ARRUOLAMENTO E DEI SALARI DELLE PERSONE DELL'EQUIPAGGIO

521. Le persone componenti l'equipaggio sono il capitano o padrone, gli ufficiale, i marinai, i mozzi e gli operai indicati nel ruolo dell'equipaggio formato nel modo stabilito dai regolamenti, ed inoltre i macchinisti, i fuochisti e tutte le altre persone impiegate con qualunque denominazione al

의 특수성에 따라 가장 적의한 정보와 증거를 최대한 수집하여야 한다.

위 조사는 가장 짧은 기간에 하여야 하며, 이를 목적으로 미리 정한 날짜를 공적 비용의 지출 없이 공시하여야 하며, 공시는 보고서 제출 관청 정문, 인근 시장 소재지, 선박정박지 인근 지역 및 기타 적당하다고 생각되는 곳에 공고를 게시하는 방식으로 한다.

이해관계인과 출석하여 진술을 희망하는 사람은 별도 위임장이 없다 하더라도 조사 절차에 관여하기 위해 참여가 허용된다.

이 과정에서 작성한 진술조서는 보고서에 첨부하여야 한다.

보고서의 결과로 나타난 사실에 대하여는 반증이 허용된다.

第519条 이러한 조사 절차를 거치지 아니한 보고서는 선장의 이익으로 수용되지 아니하며, 재판에서 증거로 허용되지 않고, 다만 보고를 한 곳에서 난파가 있고 난 다음 오로지 선장만이 구조된 경우에는 그러하지 아니하다.

第520条 긴급한 경우를 제외하고는, 이러한 보고를 하고 조사가 이루어지기 이전에는, 선장은 선박으로부터 어느 물건이든 이를 양하할 수 없다.

제3장 선원의 승선과 급여

第521条 선원을 구성하는 인원은 선장, 사관, 해원, 사환 및 노무자 등으로 각령으로 정한 방식에 따라 작성한 선원명부에 등제된 사람이며, 그 외에도 기관원, 화부, 기타 증기선에서 기관의 운영에 관여하는 모든 사람이 그 명칭이 무엇이든 여기에 속한다.

servizio delle macchine nelle navi a vapore.

Il ruolo deve indicare i salari o la parte di utili dovuti alle persone dell'equipaggio. Le altre condizioni dell'arruolamento devono risultare dal contratto di arruolamento.

522. Il contratto di arruolamento dev'essere fatto per iscritto in presenza dell'amministratore locale di marina nel Regno, e dell'ufficiale consolare in paese estero, e dev'essere scritto nei registri di ufficio e trascritto nel giornale nautico.

Se taluno è arruolato in paese estero dove non risiede un ufficiale consolare, il contratto dev'essere scritto nel giornale nautico.

In ogni caso il contratto d'arruolamento dev'essere sottoscritto dal capitano e dall'arruolato; e se questi non può o non sa sottoscrivere da due testimoni.

Le convenzioni non rivestite di tali formalità non hanno effetto.

Le precedenti disposizioni non sono obbligatorie per le convenzioni d'arruolamento riguardanti le navi ed i viaggi indicati nell'articolo 501.

523. Il contratto di arruolamento enuncia in modo chiaro e preciso la durata di esso e la navigazione per cui ha luogo.

Per ragione di speculazione commerciale possono essere tenute segrete la destinazione e la navigazione, purché l'equipaggio sia di ciò avvertito e consenta di arruolarsi a tale condizione. Il consenso dev'essere espresso in iscritto nella forma stabilita nell'articolo precedente.

524. L'arruolato deve continuare il suo servizio anche dopo scaduto il termine dell'arruolamento sino al ritorno della nave del Regno al luogo di sua destinazione, purché il ritorno si faccia direttamente, con gli scali soltanto che possono occorrere. In questo caso, colui al quale viene prorogato l'arruolamento ha diritto ad una retribuzione proporzionata al salario.

선원명부에는 선원에 지급할 급여와 배분할 이익을 표시하여야 한다. 다른 승선조건은 승선계약에 의하여 정하여진다.

제522조 승선계약은 국내에서는 지역 해운관청 공무원의, 해외에서는 영사관 공무원의 면전에서 서면으로 작성하여야 하며, 이를 그 사무소 등록부에 등재하고 나서 항해일지에 이기하여야 한다.

영사관이 없는 해외에서 승선을 하는 경우, 승선계약은 항해일지에 이를 기재하여야 한다.

여하한 경우에 해당되든, 승선계약은 선장과 선원이 서명하여야 하며; 선원이 서명을 할 수 없거나 서명을 할 줄 모르면 2명의 증인이 서명하여야 한다.

이러한 형식을 갖추지 아니한 승선계약은 그 효력이 없다.

위 규정은 제501조 소정의 선박과 항해에 관한 승선계약에 대하여는 이를 의무사항으로 하지 아니한다.

제523조 승선계약에는 분명하고 명확한 방식으로 승선할 기간과 수행할 항해를 표시하여야 한다.

상업적인 유동성 때문에 목적지와 항해를 비밀에 붙일 수 있으나 선원이 이러한 조건으로 승선하는 것에 대해 충분히 인지하고 동의하여야 한다. 선원의 동의는 전조에서 정한 방식에 따라 서면으로 명시하여야 한다.

제524조 비록 승선기간이 만료되었다 하더라도 승선 인원은 선박이 국내 목적지까지 회항할 때까지 근무를 계속하여야 하며, 다만 이는 오로지 필요한 기항만 하고 바로 귀항하는 것을 전제로 한다. 이 경우 승선이 연장된 사람은 그에 대해 급여에 비례한 보수를 청구할 수 있다.

약정한 기간이 경과하지 아니한 경우라 하더라도, 선박이 원래 항해를 종료하고 화물을 양하한 다음 국내 목적지에 도착하면, 언제이든, 승선기

S'intende sempre terminato l'arruolamento, ancorché il termine convenuto non sia scaduto, qualora la nave sia di ritorno nel Regno al luogo della sua destinazione dopo di aver eseguito il primo viaggio e dopo di essere stata scaricata.

525. Se non è convenuta, la durata dell'arruolamento, il marinaio può chiedere il suo congedo dopo due anni dall'entrata in servizio, salva la disposizione dell'articolo precedente. Se la nave si trova in paese estero e non è cominciato né ordinato il viaggio di ritorno nel Regno, il marinaio, oltre il pagamento dei salari scaduti, ha diritto alle spese di ritorno in patria, ove il capitano non gli procura un altro imbarco.

Il marinaio non può domandare il congedo in un porto di scalo o di rilascio, ma soltanto in un porto di destinazione.

L'arruolamento a tempo indeterminato e per tutti i viaggi da intraprendere non impedisce al marinaio di domandare dopo due anni il suo congedo, ove non siasi convenuto espressamente che il servizio possa continuare per più di due anni.

526. Terminato il tempo dell'arruolamento il capitano deve rilasciare il congedo in iscritto a ciascuna persona dell'equipaggio.

Il congedo deve indicare il nome e la qualità della nave, il nome e cognome del capitano e il tempo dell'imbarco, e dev'essere annotato nel giornale nautico.

Quando per qualunque causa il capitano sia nell'impossibilità di scrivere il congedo, questo deve essere scritto in sua presenza dal secondo della nave e sottoscritto da questo e da due testimoni.

527. Il capitano e le persone dell'equipaggio non possono sotto verun protesto caricare sulla nave alcuna merce per loro conto, senza la permissione dei proprietari e senza pagare il nolo, se non vi sono autorizzati dalle condizioni del loro arruolamento.

간이 종료된 것으로 본다.

제525조 승선기간에 관한 합의가 없는 경우, 전조가 적용되는 경우를 제외하고, 해원은 근무 개시부터 2년이 경과하면 그 종료를 요구할 수 있다. 선박이 해외에 있고 아직 국내로 귀환을 개시하거나 지시받지 아니한 경우, 해원은 종료된 급여를 청구할 권리 이외에 국내로 귀환하는 비용을 청구할 권리가 있고, 다만 선장이 다른 선박에 승선하는 조치를 취한 때에는 그러하지 아니하다.

해원은 선박이 어느 항구에 정박하거나 기항[4]하는 때에는 이러한 종료를 요구할 수 없고, 단지 목적항에 있을 때에만 이러한 요구를 할 수 있다.

불확정 기간 동안 장차 수행할 모든 항해를 위해 승선했다 하더라도 2년이 경과한 다음에 종료를 요구할 권리에 지장을 가져오는 것은 아니며, 다만 명시적으로 근무가 2년 이상 계속될 수 있다고 합의한 경우에는 그러하지 아니하다.

제526조 승선기간이 종료되면 선장은 선원 각자에게 서면에 의한 승선종료장을 발행하여 주어야 한다.

종료장에는 선박의 명칭과 종류, 선장의 성명 및 승선 기간을 표시하고 이를 항해일지에 부기하여야 한다.

그 이유가 무엇이든 선장이 종료장을 작성할 수 없는 경우, 그의 면전에서 선박의 제2인자가 이를 작성하고 그 2인자와 2명의 증인이 서명하여 대신할 수 있다.

제527조 선장과 해원은, 소유자의 허가를 받고 또 운임을 지급하는 경우

---

4) 이탈리아 해운관청에 문의한 결과 scalo는 선원이 근무를 계속하는 경우, rilascio는 완전히 하선하는 경우를 말한다고 하나 여기에서 그런 의미로는 전후 문맥이 통하지 아니한다.

528. Alle persone dell'equipaggio arruolato a mese è dovuto il salario dal giorno in cui sono inscritte sul ruolo, se non vi è convenzione contraria.

529. Se il viaggio è rotto per fatto dei proprietarii, del capitano o dei noleggiatori prima della partenza della nave, i marinai arruolati a viaggio od a mese hanno diritto al pagamento delle giornate da essi impiegate ad allestire la nave e ritengono per indennità le anticipazioni ricevute.

Se le anticipazioni non sono ancora state pagate, i marinai arruolati a mese ricevono per indennità una mesata del salario convenuto; quelli arruolati a viaggio ricevono la somma corrispondente ad una mesata di salario, fatto calcolo della durata presunta del viaggio, e se la durata presunta non eccede un mese ricevono l'intiero salario convenuto.

Se il viaggio è rotto dopo la partenza della nave:

1. I marinai arruolati a viaggio hanno diritto all'intiero salario a norma della loro convenzione;
2. I marinai arruolati a mese hanno diritto al salario convenuto per il tempo che hanno servito; e inoltre ad un'equa indennità proporzionata al salario convenuto per il resto della durata presunta del viaggio per cui si erano arruolati;
3. I marinai arruolati a viaggio od a mese hanno inoltre diritto alle spese di ritorno sino al luogo della partenza della nave, se il capitano od altro interessato o l'autorità competente non procuri ad essi un imbarco sopra altra nave diretta al detto luogo.

530. Se è interdetto il commercio col luogo di destinazione della nave, o se questa è arrestata per ordine del Governo prima che sia cominciato il viaggio, i marinai non hanno diritto che al pagamento delle giornate impiegate ad allestire la nave.

를 제외하고는, 여하한 명분이든 자기 계산으로 여하한 화물도 선적할 수 없고, 다만 승선 조건으로 선적이 허용되는 때에는 그러하지 아니하다.

제528조 월을 단위로 승선한 선원은 반대의 약정이 없는 한 선원명부에 등재된 날로부터 월급을 청구할 수 있다.

제529조 선박이 출항을 하기 이전에 선박소유자, 선장 혹은 용선자에 의하여 항해가 취소된 경우, 항해 혹은 월을 단위로 고용된 선원은 항해 준비를 위하여 근무한 날짜를 기준으로 지급을 요구할 수 있고, 보상으로 선급된 금액을 보유할 수 있다.

선급금이 아직 지급되지 아니한 때에는 월을 단위로 승선한 해원은 약정한 월급 1개월분을 받고; 항해를 단위로 승선한 선원은 전제되는 항해기간을 계산하여 1개월분에 해당하는 금액을 받으며, 전제되는 항해 기간이 1개월 을 초과하지 아니하는 때에는 약정한 급여 전부를 받는다.

출항을 하고 난 다음 항해가 취소된 경우:

1. 항해를 단위로 계약한 해원은 원래 계약에 따라 봉급 전부를 받을 권리가 있고;
2. 월을 단위로 계약한 해원은 근무한 기간 동안 월급을 받을 권리가 있고; 여기에 추가하여 원래 계약한 항해의 추정기간의 나머지 기간 동안 약정한 월급에 비추어 상당한 비율의 보상을 청구할 권리가 있고;
3. 항해 단위이든 월 단위이든 해원은 그 이외에도 선박이 출발한 곳까지 귀환하는 비용을 청구할 권리가 있고, 다만 선장, 이해관계인 혹은 해당 관청이 그곳으로 향하는 선박에 승선을 주선한 경우에는 그러하지 아니하다.

제530조 항해를 개시하기 이전에 선박의 목적지와의 상업이 금지된 경우 및 정부의 명령으로 선박이 억류된 경우, 해원은 선박을 준비하기 위하여 근무한 날짜에 해당하는 일당만 청구할 권리가 있다.

531. Se l'interdizione del commercio o l'arresto della nave accade durante il corso del viaggio:

1. In caso di interdizione, i marinai hanno diritto al pagamento del salario in proporzione del tempo che hanno servito;
2. In caso di arresto, i marinai arruolati a mese hanno diritto alla metà del salario durante il tempo dell'arresto, e i marinai arruolati a viaggio hanno diritto al salario a norma del loro arruolamento.

Se viene accordata un'indennità per l'interdizione o per l'arresto, i marinai arruolati a mese ricevono il complemento dei loro salarii, e quelli arruolati a viaggio ricevono un aumento di salario proporzionato al tempo dell'arresto, ma l'indennità dovuta a tutti i marinai non può eccedere il terzo dell'indennità accordata alla nave.

532. Se il viaggio è prolungato, la somma del salario dei marinai arruolati a viaggio è aumentata in proporzione del prolungamento.

533. Se lo scaricamento della nave si fa volontariamente in un luogo più vicino di quello indicato nel contratto di noleggio, i salarii non sono soggetti a diminuzione.

534. I marinai arruolati con partecipazione al profitto od al nolo non hanno diritto a pagamento di giornate, né ad indennità per il viaggio rotto, ritardato o prolungato per caso fortuito o per forza maggiore.

Se il viaggio è rotto, ritardato o prolungato per fatto dei caricatori, le persone dell'equipaggio hanno parte alle indennità che sono aggiudicate alla nave. Queste indennità sono divise tra i proprietarii della nave e le persone dell'equipaggio nella medesima proporzione in cui sarebbe stato tra essi diviso il nolo.

Se l'impedimento procede da fatto del capitano o dei proprietari essi sono tenuti alle indennità dovute alle persone dell'equipaggio.

535. Nel caso di preda, di rottura o di naufragio con perdita intiera della

제531조 상업의 금지 혹은 선박의 억류가 항해 도중에 발생한 경우:

1. 상업금지의 경우, 해원은 근무한 기간의 비율에 따른 봉급의 지급을 청구할 권리가 있고
2. 선박억류의 경우, 월 단위로 계약한 해원은 억류 기간 동안 월급의 반액을 청구할 권리가 있고, 항해단위로 계약한 해원은 승선계약에 따라 봉급을 청구할 권리가 있다.

상업금지 혹은 선박억류를 이유로 하여 선박과 보상 합의가 이루어지면, 월 단위로 계약한 해원은 월급에 더한 추가금을 받고 항해 단위로 계약한 해원은 억류기간에 비례하여 봉급에 더한 증액을 받으며, 다만 모든 해원에 대한 보상은 선박과 합의한 보상 금액의 3분지 1을 초과할 수 없다.

제532조 항해가 연장된 경우 항해를 단위로 계약한 선원의 봉급 금액은 연장의 비율에 따라 증액된다.

제533조 용선계약에 표시된 장소보다 더욱 가까운 곳에서 자의적으로 화물의 양하가 이루어진 경우, 봉급은 그로 인하여 감액되지 아니한다.

제534조 수익 혹은 운임을 분배하는 조건의 계약으로 승선한 해원은 일당을 청구할 권리가 없고 천재지변 혹은 불가항력으로 인해 항해가 취소, 연기 혹은 연장된다 하더라도 보상을 청구할 권리가 없다.

화주의 행위로 인하여 항해가 취소, 연기 혹은 연장된 경우, 해원은 선박에 인정된 보상의 분배를 요구할 수 있다. 이 보상은 선주와 해원 사이에 운임을 분배하였을 것과 동일한 비율로 분배한다.

선주 혹은 선장의 행위로 장애가 발생한 경우, 이들이 선원에 대하여 손해를 보상하여야 한다.

제535조 선박이 나포, 파괴 혹은 난파되어 선박과 화물이 모두 멸실된 경

nave e del carico, i marinai non possono pretendere alcun salario.

Essi però non sono obbligati a restituire ciò che loro fosse stato anticipato.

536. Se qualche parte della nave è ricoperta, i marinai arruolati a viaggio od a mese sono pagati del salario scaduto sugli avanzi della nave, o su ciò che venne ricuperato dalla preda.

Se le cose salvate o ricuperate non bastano, o se non si è salvato o ricuperato che il carico, essi sono pagati sussidiariamente sul nolo.

I marinai arruolati con partecipazione al nolo sono pagati in proporzione del nolo guadagnato.

I marinai, in qualunque modo arruolati, hanno diritto al pagamento delle giornate da essi impiegate per salvare gli avanzi della nave e le cose naufragate.

537. Il marinaio che contrae malattia durante il viaggio o che è ferito per servizio della nave è pagato dei salarii ed è curato e medicato a spese della nave.

Se è ferito nell'eseguire un servizio comandato nell'interesse della nave e del carico, è curato a spese della nave e del carico.

Allorché la cura richieda che il marinaio sia sbarcato, il capitano deve depositare nelle mani dell'ufficiale consolare la somma giudicata necessaria per la cura ed il ritorno in patria.

Dove non trovasi ufficiale consolare, il capitano deve far ricoverare il marinaio in un ospedale od altro luogo in cui possa essere curato, depositando anche la somma indicata di sopra.

In ogni caso il marinaio sbarcato non ha diritto alle spese di cura ed ai salarii per più di quattro mesi dallo sbarco.

538. Se il marinaio è ferito o contrae malattia per sua colpa o mentre si trova a terra senza autorizzazione, le spese della cura sono a suo carico, ma il capitano è obbligato ad anticiparle.

우, 해원은 어떠한 봉급도 요구할 수 없다.

그러나 이들은 자기에게 이미 선급된 금액을 반환할 의무는 없다.

第536条 선박의 일부라도 회수가 되면 항해 단위로 혹은 월 단위로 계약한 해원은 선박의 잔존물이나 나포 후 회수한 것으로 이미 발생하였던 임금을 지급받는다.

구조하거나 회수한 물건이 지급에 충분하지 아니하거나 혹은 오로지 화물만 구조된 경우에, 이들은 운임에 대하여 부수적으로 지급을 받는다.

운임 분배의 조건으로 계약한 해원은 획득한 운임의 비율로 지급을 받는다.

해원은 어느 조건으로 계약을 하였든 상관없이 선박의 잔존물이나 난파된 물건을 구조하기 위하여 종사한 기간의 일당을 받을 권리가 있다.

第537条 항해 중에 질병에 걸린 해원과 근무 도중에 상해를 입은 해원은 봉급이 지급되고 선박의 비용으로 양호와 치료를 받는다.

선박과 화물의 이익을 위하여 지시된 업무를 수행하다가 상해를 입은 해원은 선박과 화물의 비용으로 치료를 한다.

치료를 위해 해원이 하선을 하여야 하는 경우, 선장은 영사관 공무원의 책임하에 치료와 귀환에 필요하다고 판단되는 금액을 보관하여야 한다.

영사관이 없는 곳에서는 선장은 해원이 병원 기타 적당한 곳에 입원을 하여 치료를 받을 수 있도록 하여야 하고 위에서 본 금액을 예치하여야 한다. 여하한 경우라 하더라도 하선한 해원은 하선 후 4개월 이상 봉급과 치료 비용을 청구할 수 없다.

第538条 해원이 자기의 잘못으로 인하여, 혹은 허가 없이 상륙한 사이에, 상해를 입거나 질병에 걸린 경우, 치료비는 자기의 부담으로 하나 다만 선장은 이를 선급할 의무가 있다.

Se il marinaio dev'essere sbarcato, il capitano provvede per la cura e per il ritorno in patria nel modo indicato nell'articolo precedente, salvo il diritto al rimborso; ed il salario non è pagato che per il tempo durante il quale il marinaio ha servito.

539. Nel caso di morte del marinaio durante il viaggio:

1. Se era arruolato a mese, il salario è dovuto ai suoi eredi sino al giorno della sua morte;
2. Se era arruolato a viaggio, è dovuta la metà del salario, quando muoia nell'andata o nel porto di arrivo; il salario è dovuto per intiero, se muore nel ritorno
3. Se il marinaio era arruolato con partecipazione al profitto ed al nolo, è dovuta la parte intiera, quando muoia dopo cominciato il viaggio.

540. Il marinaio preso sulla nave e fatto prigioniero, ha diritto al salario sino al giorno in cui è stato preso.

Se è preso e fatto prigioniero mentre è spedito in mare o a terra per servizio della nave, ha diritto all'intiero salario sino al giorno in cui sarebbe cessato il suo servizio. Al pagamento concorre il carico, se la spedizione ha avuto luogo anche per interesse di questo.

541. Se la nave è venduta durante il tempo dell'arruolamento, le persone dell'equipaggio hanno diritto di essere ricondotte in patria a spese della nave e di essere pagate dei loro salarii.

542. Il capitano può sempre congedare il marinaio, avanti il termine dell'arruolamento e senza obbligo di dimostrare ch'egli abbia commesso alcun fatto riprensibile; ma deve rilasciargli il congedo e provvedergli i mezzi per il ritorno in patria o procurarne l'imbarco sopra un'altra nave diretta al detto luogo.

Il marinaio congedato senza giusto motivo, oltre il pagamento per i servigi prestati, ha diritto ad una indennità.

선원이 하선을 하여야 하는 때에는 선장은 전조에서 말한 방식으로 치료를 하고 본국에 귀환하는 조치를 취하여야 하나, 다만 추후 그 선원에 대하여 환급을 청구할 수 있다; 그리고 실제로 근무한 기간에 한해 봉급을 지급한다.

제539조 항해 도중에 해원이 사망한 경우:

1. 월 단위로 계약을 한 경우, 사망한 날까지 월급을 그 상속인에게 지급하며;
2. 항해 단위로 계약을 한 경우, 진행 항해 도중에 혹은 도착 항구 내에서 사망한 때에는 봉급의 반액을 지급해야 하며, 귀환 항해 도중에 사망한 경우 봉급 전액을 지급하여야 한다;
3. 이익 혹은 운임 분배 조건으로 계약을 한 경우, 항해를 개시한 후에 사망한 때에는 분배 총액을 지급하여야 한다.

제540조 선상에서 납치되어 감옥에 억류된 선원은 납치된 날까지 봉급을 받을 권리가 있다.

선박을 위하여 근무를 하기 위해 해상 혹은 육지에 보내져 있던 중에 억류된 경우 그렇지 않았으면 근무가 계속되었을 기간 동안 봉급 전액을 청구할 권리가 있다. 화물의 이익을 위하여도 선원이 보내졌을 경우, 화물도 그 지급에 참여하여야 한다.

제541조 승선기간 도중에 선박이 매각된 경우, 선원은 선박의 비용으로 본국으로 귀환할 권리가 있고 봉급을 받을 권리도 있다.

제542조 선장은 승선기간 전이라도 언제든지 선원을 해고할 수 있고, 그렇다 하더라도 선원이 귀책사유가 있는 행위를 한 사실을 보여줄 의무도 없다; 그러나 선장은 근무종료증을 작성하여 그 해원에게 발부하여 주고 다른 선박에 승선하여 귀국할 수 있도록 하거나 기타 귀국할 수단을 마련하여 주어야 한다.

정당한 이유 없이 해고를 당한 선원은 수행한 근무 기간에 대하여 보수를 청구하는 것 이외에 손해배상을 청구할 수 있다.

Se il congedo è dato nel porto nel quale è fatto l'arruolamento e prima della partenza, la indennità è uguale ad un mese di salario. Se il congedo è dato dopo la partenza o in un porto del Regno diverso da quello dell'arruolamento, l'indennità è uguale a quaranta giorni di salario. Se il congedo è dato sulle altre coste d'Europa o su quelle d'Asia o d'Africa bagnate dal mar Mediterraneo, dal mar Nero, dal canale di Suez o dal mar Rosso, l'indennità è di due mesi di salario, e di quattro, se il congedo è dato in qualunque altro luogo.

Il capitano non può in alcuno dei casi sopra indicati esigere dai proprietari della nave la rifusione delle indennità pagate, se il congedo non è dato di accordo con essi.

Non vi è luogo ad indennità, se il marinaio è congedato prima che si chiuda il ruolo dell'equipaggio.

543. Le persone dell'equipaggio hanno diritto di essere mantenute a bordo, finché siano intieramente pagate dei loro salarii o della parte del profitto ad esse dovuto.

544. Se non vi è convenzione contraria, le persone dell'equipaggio, terminato l'arruolamento, devono continuare a prestare il loro servizio finché la nave sia posta in sicuro, scaricata ed ammessa a libera pratica. Esse hanno però diritto di essere mantenute o pagate.

Se durante la quarantena la nave deve ripartire per un nuovo viaggio, la persona che non vuole arruolarsi per esso ha diritto di essere sbarcata in lazzaretto e pagata sino a libera pratica.

Le spese di mantenimento, di quarantena e di lazzaretto sono a carico della nave.

승선을 한 항구에서 출항을 하기 이전에 해고를 한 경우 보상할 손해는 1개월의 봉급으로 한다. 만일 해고가 출항을 하고 난 다음에 이루어지거나, 혹은 승선계약을 했던 나라와 다른 나라 항구에서 이루어진 경우, 보상할 손해는 40일의 봉급에 해당하는 금액으로 한다. 해고가 다른 유럽 해안, 혹은 지중해, 흑해, 수에즈 운하, 홍해에 인접한 아시아 아프리카 해안에서 이루어 진 경우 보상할 손해는 2개월의 봉급에 해당하는 금액으로 하며, 그 외 다른 지역에서 해고를 하는 경우 4개월의 봉급을 보상할 손해액으로 한다.

선장은 위에서 본 여하한 경우라 하더라도, 선주의 동의를 얻어 해고를 한 경우를 제외하고는, 자기가 지급한 보상에 대하여 선주에게 구상을 요구할 수 없다.

선원명부에 등록하기 이전에 선원이 해고된 경우 이러한 보상을 청구할 권리가 없다.

제543조 선원은 그들의 봉급 혹은 분배할 이익이 전부 지급될 때까지 선상에 머물 권리가 있다.

제544조 반대의 약정이 없는 한, 승선기간이 종료한 선원은 선박이 안전하게 되고 화물을 양하하고 자유로이 이동할 수 있을 때까지 근무를 계속할 의무가 있다. 그러나 해원은 그동안 체재를 하고 보수를 요구할 권리가 있다.

검역 기간 동안 선박이 새로운 항해를 개시하여야 하는 경우, 이를 위한 새로운 승선을 원하지 아니하는 선원은 하선하여 격리병원[5]에 입원할 권리가 있고 이후 자유롭게 이동할 수 있을 때까지 보수를 청구할 수 있다.

체재, 검역 및 격리병원 등의 비용은 모두 선박의 부담으로 한다.

---

5) 도시마다 시외에 조금 떨어진 곳에 격리에 편한 병원을 가지고 있었다고 한다. 지금도 도시마다 이러한 병원시설이 도시가 커지자 시내로 편입되어 남아 있다.

545. I salarii e gli emolumenti dei marinai non possono essere ceduti né sequestrati, se non per causa di alimenti dovuti per legge, e per debiti verso la nave dipendenti dal servizio della nave stessa. Nel primo dei detti casi la ritenzione per sequestro sui salari ed emolumenti non può eccedere il terzo del loro ammontare.

546. Le disposizioni riguardanti salari e la cura dei marinai si applicano anche al capitano o padrone, agli ufficiali e a qualunque altra persona dell'equipaggio.

TITOLO IV
DEL CONTRATTO DI NOLEGGIO

CAPO I
Disposizioni Generali

547. Il contratto di noleggio dev'essere fatto per iscritto.

La scrittura deve enunciare:

1. Il nome, la nazionalità e la portata della nave;
2. Il nome e il cognome del noleggiatore e del locatore;
3. Il nome e il cognome del capitano o padrone;
4. Il luogo e il tempo convenuti per il caricamento e lo scaricamento;
5. Il nolo;
6. Se il noleggio è di tutta la nave o parte di essa;
7. L'indennità convenuta nel caso di ritardo.

Non è necessaria la prova per iscritto, se il noleggio ha per oggetto le navi ed i viaggi indicati nell'articolo 501.

548. Il cambiamento del capitano o del padrone indicato nella scrittura, anche per congedo datogli dal proprietario della nave, non fa cessare gli

第545条 해원의 봉급과 보수는 이를 양도하거나 압류할 수 없고, 다만 법에 의하여 제공하여야 하는 식량에 의한 것이거나 혹은 선박에 대해 지는 채무로 그 선박 자체 근무와 관련된 것이면 그러하지 아니하다. 이 중에 첫 번째 것은 압류하여 보유할 수 있는 금액은 봉급 혹은 보수 총액의 3분지 1을 초과하지 못한다.

第546条 봉급과 치료에 관한 규정은 선장, 사관, 기타 선원을 구성하는 모든 사람에 대하여도 마찬가지로 적용된다.

제4장 용선계약

제1절 통 칙

第547条 용선계약은 반드시 서면으로 작성하여야 한다.

서면에는 다음 사항을 기재하여야 한다:

1. 선박의 명칭, 국적 및 용량;
2. 용선자와 대선자의 성명;
3. 선장의 성명;
4. 약정한 선적과 양하의 일시와 장소;
5. 운임;
6. 용선이 선박의 전부인지 일부인지;
7. 지연의 경우 합의한 손해.

용선의 목적이 제501조에서 말하는 선박과 항해를 위한 것이면 서면에 의한 입증을 요구하지 아니한다.

第548条 서면에 표시된 선장의 변경은, 비록 선주가 해고한 것이라 하더라도, 별도의 반대 합의가 없는 한, 용선계약의 효력을 소멸하게 하지 아니

effetti del contratto di noleggio, se non vi è convenzione contraria.

549. Il tempo del caricamento o dello scaricamento della nave, se non è stabilito dalla convenzione, e regolato secondo l'uso del luogo.

550. Se il noleggio è convenuto a mese od altrimenti in ragione di tempo, e non è stabilita la decorrenza del nolo, questo decorre dal giorno in cui comincia il caricamento delle cose da trasportare, sino a quelle in cui sono scaricate nel luogo di destinazione.

551. Se prima della partenza della nave il viaggio per il luogo di destinazione è impedito per fatto d'una Potenza, il contratto è sciolto e nessuna delle parti è tenuta a risarcire il danno.

Il caricatore è obbligato a sostenere le spese di caricamento e di scaricamento.

552. Se la partenza della nave o la prosecuzione del viaggio è impedita temporaneamente per caso fortuito o per forza maggiore, il contratto sussiste e non vi è luogo ad aumento di nolo né a risarcimento di danni per cagione del ritardo.

Il caricatore può, mentre dura l'impedimento temporaneo, far scaricare a sue spese le cose proprie coll'obbligo di ricaricarle o di indennizzare il capitano, ma deve far cauzione per l'adempimento di tale obbligo.

553. Nel caso di blocco del porto di destinazione o in altro caso fortuito o di forza maggiore da cui sia impedita l'entrata nel porto stesso, il capitano, se non ha ricevuto ordini o se gli ordini ricevuti sono ineseguibili, deve agire nel modo migliore per gli interessi del caricatore, sia approdando in altro porto vicino, sia ritornando al porto dal quale è partito.

554. Le disposizioni dell'articolo 415 si applicano anche al contratto di noleggio.

한다.

제549조 선적과 양하의 시간에 관하여, 계약에서 따로 정하지 아니한 경우, 그 장소의 관행에 의하여 이를 규율한다.

제550조 월을 단위로 혹은 기타 기간을 기준으로 용선을 약정하면서 운임의 발생 기간에 대하여 달리 정함이 없는 경우, 운임은 운송할 물건의 선적을 개시한 날로부터 목적지에서 양하를 종료한 때까지 발생한다.

제551조 선박이 출발을 하기 이전에 목적지로의 항해가 정부의 처분에 의하여 금지된 경우, 용선계약은 해지되고 당사자는 서로 상대방에 대해 손해배상책임이 없다.

제552조 항해의 개시 혹은 항해의 진행이 천재지변 혹은 불가항력의 사유로 일시 지장이 생기는 경우, 계약은 계속하여 존속하고, 그로 인하여 운임의 증가를 가져오지 아니하며, 연착으로 인한 손해를 보상할 책임도 없다.

화주는 일시적인 장애가 지속되는 동안 자기 비용으로 화물을 양하할 수 있지만, 그렇게 하면 이를 다시 선적하여야 하고 선장이 입은 손해도 배상하여야 하며, 이러한 의무의 이행을 담보하기 위한 담보도 제공하여야 한다.

제553조 목적지 항구가 폐쇄되거나 혹은 기타 천재지변이나 불가항력적 사유로 목적항에 진입하는 것이 불가능하게 된 경우, 선장은 다른 지시를 받지 못하거나 받은 지시를 수행할 수 없게 된 때에는, 화주의 이익에 가장 유리한 방식으로 조치를 취하여야 하며, 인근 항구에 기항하거나 출발한 항구로 귀항할 수도 있다.

제554조 제415조 규정은 용선계약에 대하여도 적용된다.

CAPO II

Della polizza di carico

555. La polizza di carico deve esprimere la natura, la specie, la qualità e la quantità delle cose caricate.

Essa dev'essere datata, ed enunciare:

1. La persona del caricatore e la sua residenza;
2. La persona cui è diretta la spedizione e la sua residenza;
3. Il nome e il cognome del capitano o padrone;
4. Il nome, la nazionalità e la portata della nave;
5. Il luogo della partenza e quello della destinazione;
6. Il nolo.

La polizza deve avere segnata in margine le marche ed i numeri delle cose caricate.

Essa può essere all'ordine o al portatore, e nel primo caso la forma e gli effetti della girata sono regolati secondo le disposizioni del titolo X del libro primo.

La polizza non può essere sottoscritta dal capitano prima del caricamento.

556. La polizza di carico è fatta in quattro originali, destinati al capitano, al proprietario od armatore della nave, al caricatore ed alla persona cui le cose caricate devono essere consegnate.

Sopra ciascuno degli originali si deve indicare la persona alla quale è destinato.

Se il caricatore chiede uno o più duplicati dell'originale destinato alla persona cui devono essere consegnate le cose caricate, si applicano ai duplicati le disposizioni degli articoli 277 e 278.

Gli originali per il capitano e per il proprietario o armatore della nave sono sottoscritti dal caricatore, gli altri sono sottoscritti dal capitano.

제2절 선하증권

제555조 선하증권에는 선적한 화물의 성질, 종류, 품질 및 수량이 표시되어야 한다.

거기에는 날짜가 표시되어야 하고, 다음 사항이 기재되어야 한다:

1. 화주와 그 주소;
2. 수취할 사람과 그 주소;
3. 선장의 성명;
4. 선박의 명칭, 국적 및 용량;
5. 출발지와 목적지;
6. 운임

선하증권에는 공란에 선적 화물의 표시와 개수를 기재하여야 한다.

선하증권은 지시식 혹은 무기명식으로 발행할 수 있고, 첫 번째 방식으로 발행된 경우 배서의 형식과 효력은 제1편 제10장의 규정에 의하여 규율한다.

선적을 하기 이전에는 선장은 선하증권에 서명할 수 없다.

제556조 선하증권은 4부의 원본을 작성하여 선장, 선주 혹은 의장자, 화주 및 수하인에게 각각 교부하여야 한다.

각각의 선하증권에는 누구에게 발행되었는지 표시하여야 한다.

화주가 수하인에게 교부할 선하증권에 1개 혹은 다수 복본을 요구하는 경우 제277조 및 278조 규정이 그 복본에 적용된다.

선주나 의장자, 혹은 선장에게 교부할 선하증권 원본은 화주가 서명하여야 하며 다른 선하증권 원본은 선장이 서명하여야 한다.

선하증권 원본의 서명과 교부는 선적을 완료한 다음 24시간 이내에 하여야 한다.

화주는 이와 동일한 기간 내에 선적한 화물에 대한 출항허가서를 교부하

La sottoscrizione e la consegna rispettiva degli originali dev'essere eseguita entro ventiquattro ore dopo compiuto il caricamento.

Il caricatore deve consegnare nello stesso termine al capitano le spedizioni delle cose caricate ossia le quietanze di pagamento o le bollette di cauzione delle dogane.

557. Il capitano deve consegnare il carico nel luogo di destinazione a chi gli presenta la polizza di carico, qualunque sia il numero che essa porta, se non gli è stata notificata alcuna opposizione.

In caso di opposizione, o se si presentano più portatori della polizza di carico, il capitano deve depositare giudizialmente il carico, e può anche farsi autorizzare a venderne la quantità occorrente per il pagamento del nolo.

558. La polizza di carico formata nel modo sopra stabilito, fa prova tra tutte le parti interessate nel carico, come pure tra esse e gli assicuratori.

559. In caso di diversità tra le polizze di un medesimo carico, fa prova quella che è presso il capitano, se è riempiuta di mano del caricatore o di mano del suo commissionario; e quella che è presentata dal caricatore o dalla persona cui è diretta la spedizione fa prova, se è riempiuta di mano del capitano.

560. Il commissionario o il destinatario che ha ricevuto le cose indicate nella polizza di carico o nel contratto di noleggio deve darne ricevuta al capitano che la domandi; altrimenti deve rifondere le spese e i danni, compresi quelli del ritardo.

CAPO III
Del Nolo

561. Il nolo è regolato dalle convenzioni delle parti ed è provato dal

여야 하고, 그렇지 아니하면 관세의 납부영수증 혹은 지급보증서를 제출하여야 한다.

제557조 선장은 목적지에서 선하증권을 제시하는 사람에게 화물을 인도하여야 하며, 가지고 있는 선하증권의 숫자와 상관없이 인도에 반대가 없는 한 제시인에게 교부한다.

인도에 반대가 있거나 혹은 수개 선하증권이 제시된 경우, 선장은 법적 절차에 의해 이를 보관시켜야 하며, 운임의 지급에 필요한 분량은 허가를 받아 매각할 수 있다.

제558조 위에서 규정한 형식을 밟아 발행된 선하증권은 화물에 관한 모든 이해관계인 사이에서 증명력이 부여되며, 이는 이들과 보험자 사이에서도 마찬가지이다.

제559조 동일한 화물에 대해 발행된 수통의 선하증권에 차이가 있는 경우 선장이 소지한 선하증권은, 만일 하주나 혹은 그 주선인이 자기 손으로 보충한 것이면, 거기에 증명력이 부여된다; 화주나 수하인이 제출한 선하증권은 만일 선장의 손으로 이를 보충한 것이면 그 증명력이 부여된다.

제560조 화물주선인이나 수하인이 선하증권 혹은 용선계약에 표시된 물건을 수령한 때에는 선장의 요구가 있으면 수령증을 교부하여야 한다; 그렇지 아니하면 비용과 지연을 포함한 손해에 대한 보상을 하여야 한다.

제3절 운 임

제561조 운임은 당사자의 합의에 의하여 규율되며 용선계약과 선하증권

contratto di noleggio o dalla polizza di carico.

II nolo può essere convenuto:

per tutta la nave o per una parte di essa, per uno o più viaggi o per un certo tempo;

per il trasporto di cose determinate;

in ragione del numero del peso o del volume delle cose da trasportarsi.

562. Il capitano che ha dichiarato la nave d'una portata maggiore o minore della vera e obbligato al risarcimento dei danni verso il noleggiatore.

Non si reputa esservi errore nella dichiarazione, se la differenza non eccede un ventesimo, o se la dichiarazione è conforme all'atto di nazionalità.

563. Se la nave è noleggiata per intiero ed il noleggiatore non dà tutto il carico, il capitano non può caricare altre cose senza il consenso del noleggiatore. Questi profitta del nolo delle cose che compiono il carico.

564. Il noleggiatore che prima della partenza della nave dichiara di rompere il viaggio senza aver caricato cosa alcuna deve pagare la metà del nolo.

Se non ha dichiarato di rompere il viaggio o se carica una quantità minore di quella convenuta, deve pagare il nolo intiero.

Se carica una quantità maggiore, deve pagare il nolo per l'eccedenza in ragione del nolo convenuto.

565. Se il contratto di noleggio ha per oggetto il trasporto di cose determinate, il caricatore prima della partenza della nave può ritirare le cose caricate, pagando la metà del nolo.

Egli sopporta le spese di caricamento, di scaricamento e di ricaricamento delle altre cose che devonsi muovere di luogo, e le spese del ritardo.

566. Il capitano può far mettere a terra nel luogo del caricamento le cose trovate nella nave che non gli sono state dichiarate, od esigerne il nolo al prezzo massimo che si paga nel medesimo luogo per le cose di simile natura.

에 의하여 입증된다.

운임은 당사자의 합의에 의하여 다음과 같은 여러 방식으로 정할 수 있다:

선박 전부 혹은 일부, 특정한 항해 혹은 일정한 기간;

특정한 물건의 운송;

운송할 물건의 중량 혹은 수량에 따라.

제562조 선박의 진정한 용량보다 더 크거나 적은 용량을 제시한 선장은 용선자에 대해 그로 인한 손해를 배상할 책임이 있다.

차이가 20분지 1을 초과하지 아니 하거나 혹은 제시한 용량이 선박국적 증서와 일치하는 경우, 제시에 오류가 있었다고 보지 아니한다.

제563조 용선자가 선박 전체를 용선하고도 용선자가 화물 전부를 제공하지 않는 경우, 선장은 용선자의 동의 없이 다른 물건을 선적할 수 없다. 그럼에도 불구하고 선적을 실행한 물건에 대한 운임은 용선자의 이익으로 한다.

제564조 출발을 하기 이전에 어떠한 물건도 선적하지 아니하고 항해를 취소하는 용선자는 운임의 반액을 지급하여야 한다.

항해의 취소를 선언하지 아니 하거나 약정한 화물보다 적은 화물을 선적한 용선자는 운임 전액을 지급하여야 한다.

약정한 화물보다 더욱 많은 선적을 한 용선자는 약정한 운임의 비율로 증가한 추가 운임을 지급하여야 한다.

제565조 특정한 물건의 운송을 목적으로 용선계약을 한 경우, 출발 이전에는 화주는 운임의 반액을 지급하고 선적한 화물을 회수할 수 있다.

화주는 선적 및 양하 비용과 다른 물건의 이동 및 재선적의 비용을 부담하고, 지연의 비용도 부담하여야 한다.

제566조 선장은 선적지에서 선상에 신고되지 아니한 물건을 발견하였을 때에 이를 육지에 양륙할 수 있고, 그렇지 않고 이에 대하여 동일한 장소에서 유사한 성질의 물건에 대해 징수하는 최고 운임을 요구할 수도 있다.

567. Il caricatore che durante il viaggio ritira le cose caricate deve pagare il nolo per intiero e tutte le spese di traslocazione cagionate dallo scaricamento.

Se le cose sono ritirate per fatto o per colpa del capitano, questi è responsabile dei danni o delle spese.

568. Se la nave è trattenuta alla partenza, nel corso del viaggio ed al luogo dello scaricamento, per fatto del noleggiatore, questi è responsabile delle spese del ritardo.

Se la nave noleggiata per andata e ritorno ritorna senza carico o con un carico non compiuto, è dovuto il nolo intiero, oltre l'indennità per il ritardo.

569. Il capitano è tenuto a risarcire al noleggiatore i danni, se per fatto suo la nave è stata trattenuta od ha sofferto ritardo alla partenza, durante il viaggio o nel luogo dello scaricamento.

570. Se il capitano è costretto per caso fortuito o per forza maggiore a far riparare la nave nel corso del viaggio, il noleggiatore deve aspettare o pagare il nolo intiero.

Se la nave non può essere riparata, il nolo è dovuto in proporzione del viaggio fatto. Se per condurre le cose caricate alla loro destinazione il capitano noleggia un'altra nave, il nuovo noleggio s'intende fatto per conto del caricatore.

571. Il capitano perde il nolo ed è tenuto al risarcimento dei danni verso il noleggiatore, se questi prova che la nave era inabile a navigare quando è partita.

La prova è ammessa anche contro gli atti di visita.

572. Qualora sopravvenga interdizione di commercio col paese per cui la nave è in viaggio, è dovuto al capitano l'intiero nolo, quantunque essa sia costretta a ritornare col suo carico al luogo di partenza; ma se la nave è noleggiata per andata e ritorno, è dovuta la metà dell'intero nolo o dei due

第567조 항해 도중에 선적한 화물을 회수하는 화주는 운임 전액과 양하로 인한 이동 비용을 부담하여야 한다.

선장의 행위 혹은 잘못으로 인하여 물건을 회수한 경우, 선장은 그로 인한 비용과 손해를 배상할 책임이 있다.

第568조 항해 도중에 혹은 양하지에서 용선자의 행위에 의하여 선박의 출발이 지체되는 경우, 용선자는 지체로 인한 비용에 대하여 책임이 있다.

왕복항해를 위해 용선한 선박이 화물이 없이 혹은 약정한 화물이 아닌 화물을 싣고 귀환한 경우, 운임 전액을 지급하여야 하고, 그 외에 지연으로 인한 손해도 배상하여야 한다.

第569조 항해 도중에 혹은 양하를 하는 곳에서 선장의 행위로 인하여 선박이 억류되거나 혹은 출발이 지연되는 결과에 이른 경우 선장은 용선자에게 그로 인한 손해를 보상할 책임이 있다.

第570조 천재지변 혹은 불가항력으로 인해 항해 도중에 선장이 선박을 수리하지 않을 수 없게 된 경우, 용선자는 이를 기다려야 하고 또 운임도 전액 지급하여야 한다.

선박을 수리할 수 없는 경우, 운임은 수행한 항해의 비율에 따라 지급하여야 한다. 선적한 물건을 목적지까지 운송하기 위하여 선장이 다른 선박을 용선한 경우, 새로운 용선은 용선자의 계산으로 한 것으로 본다.

第571조 출발을 할 때에 선박이 감항능력을 갖추지 못한 것을 용선자가 증명하면, 선장은 운임청구권을 상실하고 용선자에게 그 손해를 보상할 책임이 있다.

검사결과와 반대로 이러한 입증을 하는 것도 허용된다.

第572조 선박이 항해를 개시한 후 목적지 국가와 상업이 금지되는 경우, 선장에게 운임 전액을 지급하여야 하며, 선박이 부득이 화물을 가지고 선적지로 되돌아온 경우에도 마찬가지이다; 그러나 선박이 왕복항해를 위해 용선을 한 경우 전체 운임 혹은 양 운임 총액의 반액을 지급하면 된다.

noli cumulati.

573. Se la nave è noleggiata per andare in un porto a prendere un carico e condurlo in un altro porto e la interdizione di commercio sopravviene mentre essa viaggia in zavorra per andare a prendere il carico, è dovuta al capitano, per le spese fatte in esecuzione del contratto, una indennità da liquidarsi secondo le circostanze.

574. Se la nave è arrestata nel corso del viaggio per ordine di una Potenza, o costretta a soggiornare in un porto per riparare i danni anche volontariamente sofferti per salvezza comune, non è dovuto alcun nolo durante il tempo dell'arresto o della stazione nel porto quando la nave sia noleggiata a mese, né accrescimento di nolo quando sia noleggiata a viaggio.

575. Il nolo è dovuto per le cose caricate che il capitano è stato costretto a vendere, a dare in pegno o ad impiegare per i bisogni urgenti della nave.

Egli deve però rimborsare ai proprietari il valore che le cose stesse avrebbero nel luogo di scaricamento,, se la nave è giunta a buon porto.

Se la nave è perduta, il capitano deve rimborsare ai proprietarii delle cose vendute od impiegate il prezzo che ne ha ritratto, e per quelle date in pegno la somma avuta in prestito, ritenendo parimenti il nolo indicato nelle polizze di carico.

È salvo in questi due casi ai proprietarii della nave il diritto di far l'abbandono.

Qualora dall'esercizio di questo diritto risulti una perdita per coloro ai quali appartengono le cose impiegate, vendute o date in pegno, la perdita è ripartita per contribuzione sul valore di queste e di tutte quelle che sono giunte alla loro destinazione, o che sono state salvate dal naufragio, posteriormente agli avvenimenti di mare che hanno reso necessario l'impiego, la vendita o il pegno.

제573조 어느 항구로 가서 화물을 실은 후에 다시 다른 항구로 운반하기 위하여 용선을 하였는데, 화물을 싣기 위하여 저하 상태로 항해하여 가는 도중에 상업 금지가 발령된 경우, 계약을 이행하기 위해 지출한 비용으로 상황에 따라 정산한 일정 금액을 선장에게 보상하여야 한다.

제574조 선박이 항해 도중에 어느 국가의 명령에 의하여 압류된 경우 및 공동 이익을 위한 구조 조치로 자의적 희생을 포함한 어떤 손상이든 이를 수리하기 위하여 부득이 어느 항구에 체류하게 된 경우, 선박이 압류되어 있거나 항구에 체류 중인 기간에는, 만일 선박이 월 단위로 용선을 하였다면 용선료가 발생하지 아니하고, 만일 항해 단위로 용선을 하였다면 운임이 전혀 증가되지 아니한다.

제575조 선박의 긴급한 필요에 의해, 선장이 부득이 매각하거나 입질한 화물, 혹은 사용한 화물에 대해서는 운임을 지급하여야 한다.

그러나 선장은 소유자에게 그 선박이 안전한 항구에 도착하여 양하할 곳에서 그 화물이 가졌을 가격을 보상하여야 한다.

만일 선박이 멸실된 경우, 선장은 매각하거나 사용한 물건의 소유자에게 그로 인하여 얻는 가격을 보상하여야 하며, 입질한 물건에 대하여는 차용한 금액을 보상하여야 하며, 이때에도 선장은 선하증권에 표시된 운임은 마찬가지로 청구할 수 있다.

이 두 경우에 있어 선박소유자의 선박위부권은 이로 인하여 영향을 받지 아니한다.

이러한 권리의 행사로 인하여 사용하고 매각되고 입질된 물건의 귀속자에게 손실이 발생하면, 그 손해는 그 손실을 본 물건들의 가격, 목적지에 안전하게 도착한 물건들의 가격 및 사용, 매각 혹은 입질을 가져오게 한 사건 이후에 발생한 난파 후 구조된 물건의 가격을 기초로 각각 이를 분담한다.

576. Il capitano ha diritto al nolo delle cose gettate in mare per salvezza comune, e che sono ammesse a contribuzione.

577. Non è dovuto alcun nolo per le cose perdute per naufragio od investimento, rapite dai pirati o prese dai nemici, ed il capitano deve restituire il nolo che gli fosse stato anticipato, se non vi è convenzione contraria.

578. Se la nave o le cose caricate sono riscattate o se queste sono salvate dal naufragio, il capitano ha diritto al nolo sino al luogo della preda o del naufragio.

Contribuendo al riscatto, egli ha diritto al nolo intiero, purché conduca le cose caricate al luogo della loro destinazione.

La contribuzione per il riscatto si fa sul prezzo corrente delle cose caricate nel luogo dello scaricamento dedotte le spese, e sulla metà della nave e del nolo.

I salarii dei marinai sono esenti dalla contribuzione.

579. Se la persona cui sono dirette le cose caricate ricusa di riceverle, il capitano può, coll'autorizzazione del giudice, farne vendere la quantità occorrente per il pagamento del nolo e fare il deposito delle rimanenti.

Se il prezzo ricavato non è sufficiente al pagamento, egli conserva il regresso contro il caricatore.

580. Il capitano non può ritenere le cose caricate per mancanza di pagamento del nolo.

Egli può nel tempo dello scaricamento domandare che siano depositate presso un terzo sino al pagamento del nolo.

581. In nessun caso il caricatore può domandare diminuzione del nolo.

II caricatore non può abbandonare per il nolo le cose caricate diminuite di prezzo, o deteriorate per vizio proprio, per caso fortuito o per forza

제576조 선장은 공동 이익을 위해 해상에 투기된 물건 및 해손을 분담할 물건에 대해 운임을 청구할 수 있다.

제577조 난파, 침몰, 해적의 탈취, 적의 나포 등으로 인하여 물건이 멸실된 때에는 운임을 지급할 의무가 없고, 선장에게 선급한 운임이 있으면 반대의 특약이 없으면 이를 반환하여야 한다.

제578조 선박이나 화물이 탈취 후 회수되거나, 혹은 난파 후 구조된 때에는, 선장은 탈취 혹은 난파된 지점까지의 운임을 청구할 수 있다.

만일 화물을 목적지까지 운반하였을 경우, 회수의 비용을 분담하는 것 이외에, 운임 전액을 청구할 수 있다.

회수비용의 분담은, 화물의 경우 양하지에서 비용을 공제한 시가를, 선박과 운임의 경우 그 반액을 기초로 한다.

제579조 화물을 수령할 사람이 수령을 거절하는 경우, 선장은 판사의 허가를 얻어 운임의 지급에 필요한 분량을 매각하고 나머지를 보관시킬 수 있다.

회수한 대금이 지급에 충분하지 아니한 경우 선장은, 화주에 대해 잔액의 구상을 청구할 권리를 보유한다.

제580조 선장은 운임의 미지급을 이유로 화물을 유치할 수 없다.

선장은 양하를 할 때에 운임이 지급될 때까지 화물을 제3자에게 보관할 것을 요구할 수 있다.

제581조 여하한 경우라 하더라도, 화주는 운임의 감액을 요구할 수 없다.

화주는 가격이 감소된 화물, 혹은 자체 하자로, 천재지변이나 불가항력으로 인해 훼손된 화물을 운임 대신 위부할 수 없다. 다만 포도주, 올리브

maggiore. Tuttavia, se vino, olio, od altri liquidi siano colati, le botti che contenevano rimaste vuote o quasi vuote possono essere abbandonate per il nolo ad esse corrispondente.

CAPO IV
Dei Passeggeri

582. Il contratto di noleggio per trasporti di passeggeri, in mancanza di convenzioni speciali, si regola secondo le seguenti disposizioni.

583. Quando il viaggio è rotto prima della partenza della nave:

1. se il passeggiere non si rechi a bordo a tempo opportuno, è dovuto al capitano l'intiero nolo;
2. se il viaggio è rotto per dichiarazione del passeggiere, per morte, malattia o altro caso fortuito o di forza maggiore riguardante la sua persona, è dovuta la metà del nolo, dedotte le spese di vitto per la presunta durata del viaggio, ove queste siano comprese nel nolo, salvo le corrispondenti disposizioni delle leggi marittime;
3. se è rotto per fatto del capitano, il passeggiere ha diritto al risarcimento dei danni;
4. se è rotto per caso fortuito o per forza maggiore riguardante la nave, il contratto è risoluto colla restituzione del nolo anticipato, ma non si fa luogo a indennità né per l'una né per l'altra parte.

584. Quando il viaggio è rotto dopo la partenza della nave:

1. se il passeggiere sbarca volontariamente in un porto di approdo paga il nolo intiero;
2. se il capitano ricusa di proseguire il viaggio, o è altrimenti in colpa dello sbarco del passeggiere in un porto d'approdo, è obbligato al risarcimento dei danni;

유, 기타 흘러내리는 유동물질은 용기가 거의 비어 있거나 완전히 비어있을 때에 그에 상응하는 운임 대신으로 이를 위부할 수 있다.

제4절 여 객

제582조 여객운송을 위한 운송계약[6]은 다른 특별한 약정이 없는 한 아래 규정에 의하여 규율한다.

제583조 선박이 출항하기 전에 여행이 취소된 경우:

1. 여객이 적기에 승선을 하지 아니한 때에는, 선장에게 운임 전액을 지급하여야 하며;
2. 항해가 여객의 선언, 사망, 질병, 기타 여객 개인에 관한 천재지변 혹은 불가항력적 사유에 의하여 취소된 때에는, 운임의 반액을 지급하여야 하고, 운임에 식사가 포함되어 있으면 추정 여행 기간의 식비를 공제하며, 해운법에 별도 규정이 있으면 그에 의한다;
3. 선장의 처분에 의하여 여행이 취소되면 여객은 그로 인한 손해배상청구권을 갖고;
4. 선박에 관한 불가항력 혹은 천제지변에 의해 여행이 취소된 경우, 운송계약은 실효되고 이미 받은 운임은 반환하여야 하며, 당사자는 상대방에 대해 손해배상을 청구하지 못한다.

제584조 항해를 개시한 후에 여행이 취소된 경우:

1. 여객이 어느 기항지에서 임의로 하선한 때에는, 운임 전액을 지급하여야 하고;
2. 선장이 항해를 계속하기를 거부하거나 기타 여객이 어느 기항지에서

---

6) 용선계약이라는 용어를 사용하고 있으나 운송계약이라는 표현이 더욱 적절하다.

3. se il viaggio è rotto per caso fortuito o per forza maggiore riguardante la nave o la persona del passeggiere, il nolo è dovuto in proporzione del cammino percorso.

Nessun nolo è dovuto dagli eredi del passeggiere morto in naufragio, ma il nolo anticipato non è restituito.

585. In caso di ritardo nella partenza della nave, il passeggiere ha diritto all'alloggio, ed anche al vitto a bordo durante il ritardo, se il vitto è compreso nel nolo, oltre il risarcimento dei danni quando il ritardo non sia derivato da caso fortuito o da forza maggiore.

Se il ritardo eccede dieci giorni, il passeggiere può inoltre sciogliere il contratto, e in questo caso il nolo deve restituirsi per intiero.

Se il ritardo è cagionato da tempo cattivo, lo scioglimento del contratto per parte del passeggiere non ha luogo, se non colla perdita di un terzo del nolo.

La circostanza del tempo cattivo è riconosciuta e dichiarata dall'ufficiale dell'amministrazione della marina.

586. La nave noleggiata esclusivamente per trasporto di passeggieri deve condurli direttamente, qualunque ne sia il numero, nel porto di destinazione, facendo gli scali annunciati, prima del contratto di noleggio, o che sono di uso comune.

Se la nave devia dal cammino o fa rilascio per volontà o per fatto del capitano, i passeggieri continuano a ricevere alloggio e vitto a spese della nave ed hanno diritto al risarcimento dei danni, oltre la facoltà di risolvere il contratto.

Se la nave, oltre i passeggieri, ha carico di merci o d'altri oggetti, il capitano ha facoltà di fare durante il viaggio gli approdi necessarii per lo

하선하는 것에 귀책사유가 있는 때에는, 그로 인하여 발생한 손해를 배상할 책임이 있고;

3. 선박 혹은 여객과 관련된 천재지변 혹은 불가항력적 사유로 여행이 취소된 때에는, 수행한 운송의 비율로 운임을 지급하여야 한다.

난파를 당하여 사망한 여객에 대하여 그 상속인은 여하한 경우에도 운임을 지급할 의무가 없고, 선급된 운임이 있으면 이를 반환할 의무도 없다.

第585条 선박의 출발이 지체되는 경우, 여객은 숙박의 권한이 있고 운임에 식사가 포함되어 있으면 그 사이 식사도 제공하여야 하며, 그 외에도 지연이 불가항력이나 천재지변에 의한 것이 아니면 손해배상의무도 있다.

지연이 10일을 초과하면 여객은 그 외에도 운송계약을 해지할 수 있고, 그러면 운임은 전액 반환하여야 한다.

지연이 나쁜 일기 때문에 생긴 것이면 여객이 운송계약을 해지하면 그 여객은 운임의 3분지 1을 상실한다.

나쁜 일기를 구성하는 상황은 해운관청 공무원에 의하여 인정되고 선언되어야 한다.

第586条 오로지 여객운송을 목적으로 운송계약을 한 경우, 그 숫자가 얼마나 되든지 상관없이, 목적지 항구로 직진하여야 하며, 운송계약 이전에 예고한 항구와 그곳에서 관행인 항구에 한해 기항하여야 한다.

선장의 결정과 처분에 의하여 항로를 이탈하거나 다른 기항을 하면, 여객은 계속하여 선박의 비용으로 숙식을 하고 손해의 보상을 청구할 권리가 있으며, 그 외에도 계약을 해지할 권리가 있다.

선박이 선상에 여객 이외에 화물 기타 물건을 싣고 있는 경우, 선장은 여행 도중에 양하를 위하여 필요한 기항을 할 권한이 있다.

scaricamento.

587. In caso di ritardo avvenuto durante il viaggio per arresto ordinato da Potenza, o per bisogni di riparare la nave:

1. il passeggiere, se non vuole aspettare che cessi l'arresto o che siano compiute le riparazioni, può sciogliere il contratto, pagando il nolo in proporzione del cammino percorso;
2. se preferisce di aspettare la ripresa della navigazione, non deve alcun aumento di nolo, ma deve alimentarsi a sue spese durante il tempo dell'arresto e delle riparazioni.

588. Gli alimenti del passeggiere durante il viaggio si presumono compresi nel nolo; se ne sono esclusi, il capitano, durante il viaggio, deve somministrarli a giusto prezzo al passeggiere che ne manchi.

Nei viaggi fuori d'Europa oltre lo stretto di Gibilterra o il canale di Suez, i passeggieri hanno diritto di restare a bordo e di essere alimentati per quarantott'ore successive all'arrivo della nave nel porto di destinazione, salvo che la nave fosse costretta a partire immediatamente.

589. Se la nave è noleggiata in tutto in parte per trasportare passeggieri, ancorché in numero non indicato, i diritti del noleggiatore e del locatore sono regolati secondo le disposizioni del capo III di questo titolo, che non sono incompatibili coll'oggetto del contratto.

Alle cose appartenenti al passeggiere recate nella nave si applicano le disposizioni riguardanti il contratto di noleggio, ma non è dovuto nolo particolare, se non e convenuto.

TITOLO V
DEL PRESTITO A CAMBIO MARITTIMO

590. Il contratto di prestito a cambio marittimo deve essere fatto per

제587조 국가의 지시에 의한 선박의 억류 혹은 선박을 수리할 목적으로 여행 도중에 지연이 발생하는 경우:

1. 억류가 해제되고 수리가 완료되는 것을 기다리기를 희망하지 아니하는 여객은 계약을 해지하고 수행한 운송의 비율에 따른 비율운임을 지급할 수 있고;
2. 만일 항해를 재개하는 것을 기다리는 것을 선호하는 여객은 그로 인해서는 어떠한 운임 증가도 없으며, 다만 억류 혹은 수리 기간 동안 자기의 비용으로 식사를 해결하여야 한다.

제588조 여행 중 여객의 식사는 운임에 포함된 것으로 추정한다.; 만일 제외된 경우에는 선장은 여행 중 식사를 준비하지 아니한 여객에게 정당한 가격에 이를 제공하여야 한다.

지브랄타 해협과 수에즈운하를 넘어가는 유럽 외 여행에는 여객이 선박이 목적 항구에 도착한 다음 48시간 동안은 선박에 체재하고 식사를 제공받을 권리가 있고, 다만 선박이 바로 출발을 하지 않을 수 없는 경우에는 그러하지 아니하다.

제589조 여객의 운송을 위해 선박 전부 혹은 일부가 용선이 되었지만 여객의 숫자에 대하여 언급이 없는 경우, 대선자와 용선자의 권리는 계약의 목적과 상충되지 않는 범위 내에서 본장 제3절의 규정에 의하여 규율한다.

여객에 속하는 물건으로 여객이 동반하는 것은 운송계약에 관한 규정이 적용되며, 다만 다른 약정이 없는 한 별도 운임을 청구할 수 없다.

제5장 모험대차

제590조 모험대차계약은 서면으로 하여야 하며, 그렇지 아니하면 상호

iscritto, altrimenti si risolve in mutuo semplice e non produce che gli interessi legali.

La scrittura deve enunciare:

1. il capitale prestato e la somma convenuta per interesse o profitto marittimo; 3" il nome della nave;
2. le cose sulle quali il prestito è assicurato;
3. il nome della nave;
4. il nome e il cognome del capitano o padrone;
5. la persona che dà e quella che riceve il prestito;
6. per qual viaggio o per qual tempo sia fatto il prestito;
7. il tempo e il luogo del rimborso.

591. Il prestito a cambio marittimo sulla nave o su porzione di essa fatto nel Regno dev'essere trascritto nei Registri dell'ufficio marittimo nel cui compartimento è stipulato, e deve essere annotato sull'atto di nazionalità della nave.

Se è fatto in paese estero, dev'essere trascritto nei registri del regio consolato del luogo ove è stipulato, ed annotato sull'atto di nazionalità.

Gli amministratori della marina e gli ufficiali consolari in paese estero devono trasmettere copia dell'atto di cambio marittimo all'ufficio marittimo presso il quale è inscritta la nave.

Non possono trascrivere l'atto stesso nei loro registri, se non viene loro presentato l'atto di nazionalità.

Il prestito a cambio marittimo fatto in paese estero ove non abbia sede un ufficiale consolare, né altri che ne faccia le veci, deve essere fatto annotare sull'atto di nazionalità, a cura del capitano, dall'autorità che concede l'autorizzazione o da altro pubblico ufficiale del luogo.

II capitano che non giustifica l'adempimento di questa formalità è personalmente obbligato al pagamento del cambio marittimo.

계약을 해지할 수 있고, 대금에는 법정이자만 발생한다.

문서에는 다음 사항을 표시하여야 한다:

1. 차용금액 및 약정한 이자 혹은 해사 이윤;
2. 차용금이 담보된 물건;
3. 선박의 명칭;
4. 선장의 성명;
5. 차주와 대주;
6. 모험대차의 대상인 항해 혹은 기간;
7. 반환의 일시와 장소.

제591조 국내에서 이루어지는 모험대차는 체약지 관할 해역사무실에 있는 모험대차등재부에 등재하여야 하며 이를 국적증서에도 부기하여야 한다.

해외에서 모험대차가 이루어지는 경우, 체약지 관할 영사관에 있는 모험대차등재부에 이를 등재하여야 하며 국적증서에도 이를 부기하여야 한다.

해운관청 공무원 혹은 해외영사관 공무원은 모험대차서의 사본을 선박이 등록된 해운관청에 송부하여야 한다.

모험대차서는 선박국적증서가 첨부되지 아니하면 이를 모험대차등재부에 등재할 수 없다.

영사관이나 그 대리인이 없는 해외에서 이루어진 모험대차는 선장의 책임하에 허가를 하는 관청 기타 지역 공무원에 의하여 국적증서에 부기하는 방식으로 한다.

이러한 절차를 거침에 있어 그 정합성을 입증하지 못하면 선장은 개인적으로 대차의 변제를 해야 한다.

모험대차서의 원본 혹은 공증사본을 허가서 공증사본과 함께 가장 인근 영사관 공무원에게 송부하고 영사관 공무원은 이를 모험대차등재부에 등재하고 이를 전시 해운관청에 송부하여야 한다.

L'originale o una copia autentica del contratto deve spedirsi, insieme a copia autentica dell'atto di autorizzazione, all'ufficiale consolare più vicino, il quale deve trascriverli nei registri e trasmetterli all'ufficio marittimo suddetto.

Il contratto non ha efficacia rispetto ai terzi, che dalla data dell'annotazionc sull'atto di nazionalità.

Nei casi preveduti negli articoli 489 e 509, si applicano inoltre le disposizioni degli articoli stessi.

592. L'atto di prestito a cambio marittimo, se è all'ordine, può essere trasferito per mezzo di girata.

La forma e gli effetti della girata sono regolati secondo le disposizioni del titolo X del libro primo.

La garanzia di pagamento si estende anche all'interesse marittimo, se non vi è convenzione contraria.

593. Il prestito a cambio marittimo può essere costituito:

1. sulla nave intiera e sopra una parte di essa;
2. sugli attrezzi, sul corredo e sull'armamento;
3. sul nolo;
4. sul carico, o sopra una porzione determinata di esso;
5. sulla nave, sul nolo e sul carico congiuntamente.

Non può essere fatto prestito a cambio marittimo ai marinai ed alla gente di mare sui loro salari o sulle loro partecipazioni; se nondimeno il prestito ha luogo, chi lo dà ha diritto soltanto al rimborso del capitale senza interessi.

594. Il prestito a cambio marittimo eccedente il valore delle cose sulle quali è costituito è valido sino alla concorrenza di questo valore secondo la stima fatta o convenuta, e il resto della somma prestata è restituito coll'interesse al corso di piazza.

Se però vi è stata frode da parte di chi ha ricevuto il danaro, il prestatore

모험대차계약은 국적증서에 부기한 날로부터 제3자에 대하여 효력이 있다. 제489조 및 제509조에서 정한 경우, 그 이외에도 동조의 규정이 적용된다.

제592조 모험대차증서가 지시식으로 된 경우 이를 배서에 의하여 양도할 수 있다.

배서의 형식과 효력은 제1편 제10장의 규정에 의하여 규율한다.

반대의 약정이 없는 한, 지급에 대한 담보는 해사이자에도 미친다.

제593조 모험대차는 다음 목적물에 대하여 성립될 수 있다:

1. 선박의 전부 혹은 일부;
2. 장비, 의장 및 무장;
3. 운임;
4. 화물 혹은 특정된 일부 화물;
5. 선박, 운임 및 화물을 일체로.

선원 기타 해원에 대하여 이들의 봉급 혹은 분배이익을 목적으로 모험대차를 하지 못한다; 그럼에도 불구하고 대차를 한 사람은 이자 없이 오로지 원금의 반환만 요구할 수 있다.

제594조 피담보 목적물의 가격을 초과하여 모험대차가 이루어진 경우, 그 가격의 범위 내에서 모험대차는 유효하고, 약정 혹은 평가한 가격을 초과하는 나머지 대차금액은 시장 이율에 의한 이자와 함께 반환하여야 한다.

그러나 차주의 사기가 여기에 개입된 경우, 대주는 모험대차계약의 해제

ha diritto di domandare l'annullamento del contratto e la restituzione della somma prestata coll'interesse suddetto.

Il profitto sperato sulle cose caricate non si reputa come eccesso di valore, se è dichiarato espressamente.

595. Il prestito a cambio marittimo non può essere contratto che dai proprietarii delle cose vincolate, o da persone da essi a ciò specialmente autorizzate, salve le facoltà accordate al capitano negli articoli 507 e 509.

596. Dal giorno in cui il capitale prestato e l'interesse marittimo sono divenuti esigibili, non sono dovuti che gli interessi legali sulla somma complessiva.

597. Se il viaggio è rotto prima del cominciamento dei rischi, chi ha ricevuto il danaro è obbligato a restituirlo coll'interesse legale dal giorno del prestito. Ma se la rottura del viaggio sia avvenuta per fatto suo, egli deve l'interesse al corso di piazza ove sia superiore all'interesse legale, e deve inoltre pagare l'indennità dovuta all'assicuratore, se il prestito era assicurato.

598. Chi dà il danaro a cambio marittimo non corre rischio in caso di cambiamento della via, del viaggio o della nave dichiarati nel contratto, salvo se il cambiamento sia avvenuto per caso fortuito o per forza maggiore. Similmente colui che dà il danaro non corre rischio in qualunque caso di reticenza o di falsa reticenza di chi lo riceve, la quale diminuisca dei rischi o ne cambi l'oggetto.

Il cambiamento del capitano o del padrone, anche per congedo datogli dal proprietario della nave, non fa cessare gli effetti del contratto, se non vi è convenzione contraria.

599. Se le cose sulle quali fu costituito il prestito a cambio marittimo sono intieramente perdute per caso fortuito o per forza maggiore, nel tempo e nel luogo dei rischi assunti da chi ha dato il danaro, chi lo ha ricevuto è liberato.

와 위 이자를 포함한 차용금의 반환을 청구할 수 있다.

선적한 화물에 예상되는 이익은, 이를 명시한 경우, 이를 가격 초과라고 보지 아니한다.

제595조 모험대차계약은 피담보 물건의 소유자 혹은 그로부터 그에 대한 특별한 위임을 받은 사람이 아니면 이를 체결할 수 없고, 다만 선장은 제 507조 및 509조의 규정에 의하여 권한이 부여된 때에는 이를 예외로 한다.

제596조 대차된 원금과 이자를 요구할 수 있게 된 날부터 그 총액에 대하여 오로지 법정이자만 청구할 수 있다.

제597조 위험이 개시되기 이전에 항해가 취소된 경우, 대금을 수령한 차주는 차용일부터 법정이자를 더하여 이를 반환하여야 한다. 그러나 차주의 행위로 인하여 항해의 취소가 야기된 경우, 차주는 시장 이자가 법정이자보다 더 높으면 시장 이자를 지급하여야 하며, 그 외에도 대차가 부보된 경우 보험자에 대해 부담할 손해도 보상하여야 한다.

제598조 자금을 지급한 대주는 항해, 항로 및 선박의 변경이 있으면 위험을 부담하지 아니하며, 다만 변경이 천재지변 혹은 불가항력적 사건으로 인한 경우에는 그러하지 않다.

마찬가지로 자금을 제공하는 대주는 자금을 수령하는 차주가 소극적 불고지 혹은 적극적인 불고지[7]를 하고 그 결과로 위험의 감소 혹은 목적물의 변경이 있는 경우에도 위험을 부담하지 아니한다.

선장의 변경은, 비록 선주의 해고에 의하여 이루어졌다 하더라도, 반대의 약정이 없는 한, 대차계약의 실효를 가져오지 아니한다.

제599조 대차의 담보로 제공된 물건이 대주가 위험을 부담한 시간과 장

---

7) reticenza와 falsa reticenza의 차이는 약간 불분명하나 불고지와 부실고지를 말하는 것이 아닌가 생각된다.

Se la perdita è parziale, il pagamento delle somme prestate è ridotto al valore delle cose vincolate al prestito che furono salvate, salvo il rimborso delle spese di ricuperamento e il pagamento dei crediti privilegiati ai quali fosse dovuta la preferenza.

Quando il prestito è fatto sul nolo, il pagamento in caso di sinistro è ridotto a ciò che é dovuto dai noleggiatori, fatta deduzione dei salarii spettanti alle persone dell'equipaggio per l'ultimo viaggio, e della contribuzione alle spese di salvataggio.

Se la cosa sulla quale è costituito il cambio marittimo è anche assicurata il valore di ciò che fu salvato è diviso tra colui che diede a cambio marittimo per il solo capitale e lo assicuratore per le somme assicurate in proporzione del loro interesse.

600. Colui che ha dato il danaro a cambio marittimo non soffre le perdite ed i danni che accadono per solo vizio inerente alla cosa vincolata, o che sono cagionati dal fatto del debitore.

601. Il tempo dei rischi, se non è determinato dal contratto, decorre:

1. quanto alla nave, agli accessorii di essa ed al nolo, dal momento in cui muove dal porto, sino a quello in cui dà fondo nel luogo di sua destinazione;
2. quanto al carico, dal momento in cui le cose si caricano sulla nave o nelle barche per trasportarle alla nave, sino a quello in cui sono deposte a terra nel luogo della loro destinazione.

602. Colui che prende a cambio marittimo sopra cose trasportate non è liberato per la perdita della nave e del carico, se non prova che vi si trovassero cose caricate per conto suo sino alla concorrenza della somma presa a cambio.

603. Coloro che danno a cambio marittimo contribuiscono alle avarie comuni a scarico di coloro che prendono; ogni convenzione contraria è

소에서 천재지변 혹은 불가항력적 사건으로 완전히 멸실된 경우 차주는 완전히 의무를 면한다.

부분적인 멸실이 이루어진 경우, 구조된 피담보 물건의 가격으로 제한되고 다만 구조비용과 우선분배권이 있는 우선특권을 가진 채권은 그러하지 아니하다.

운임을 담보로 대차를 한 경우, 사고가 생긴 때에는 차주의 채무는 용선자가 지고 있는 금액으로 제한되며, 여기에 먼저 최종 항해분으로 선원에 속하는 봉급과 구조에 대한 해손의 분담은 이를 공제한다.

모험대차의 담보로 제공된 물건이 동시에 부보된 경우, 구조된 물건의 가격을 모험대차 대주의 원금과 보험자의 보험금액에 기한 이해관계의 비율로 분배한다.

제600조 피담보 물건이 오로지 그 자체 하자로 인하여 혹은 채무자의 행위로 인하여 멸실과 훼손이 되면, 모험대차의 대주는 그 손해를 감수하지 아니한다.

제601조 위험의 시기에 관하여 당사자 사이에 약정이 없으면 다음과 같이 진행된다:

1. 선박, 부속물, 운임에 관한 것이면 항구에서 이동하는 순간부터 목적지에서 정박하는 순간까지;
2. 화물에 관한 것이면 화물이 선박에 선적되는 순간 혹은 선박에 선적하기 위하여 부선에 선적되는 순간부터 목적지에서 육지에 양륙되는 순간까지.

제602조 운송중인 물건에 대해 모험대차로 금전을 차용한 사람은 차용금액에 해당하는 화물이 자기 계산으로 선적되어 있었다는 것을 증명하여야만 선박과 적하가 멸실되었다는 이유로 그 채무를 면한다.

제603조 모험대차의 대주는 차주가 부담하는 공동해손을 분담하여야 하며; 이와 반대의 약정은 그 효력이 없다.

nulla.

Le avarie particolari non sono a carico di coloro che danno a cambio marittimo, se ciò non è convenuto; ma se per effetto di avaria particolare le cose vincolate al prestito non bastano a soddisfare il creditore egli sopporta il danno che ne deriva.

TITOLO VI
DELL'ASSICURAZIONE CONTRO I RISCHI DELLA NAVIGAZIONE

CAPO I
Del contratto di assicurazione e delle Obbligazioni dell'assicuratore e dell'assicurato

604. Alle assicurazioni contro i rischi della navigazione si applicano le regole stabilite nel Titolo XIV del libro primo, che non sono incompatibili colle assicurazioni marittime, o che non sono modificate nelle seguenti disposizioni.

Le associazioni di mutua assicurazione marittima sono inoltre soggette alle disposizioni del Titolo IX del libro stesso.

605. La polizza di assicurazione, oltre quanto è prescritto nell'articolo 420, deve indicare:

1. il nome, la specie, la nazionalità e la portata della nave;
2. il nome e il cognome del capitano o del padrone;
3. il luogo dove gli oggetti assicurati sono stati o devono essere caricati;
4. il porto o la rada da cui la nave è partita o deve partire;
5. i porti o le rade dove la nave deve caricare o scaricare e nei quali deve entrare.

개별해손은 반대의 약정이 없는 한 모험대차의 대주가 부담하지 아니하며; 다만 개별손해의 효과로 인하여 피담보 물건이 채무를 만족시키기에 부족한 때에는 그로 인한 손해를 부담한다.

제6장 항해위험에 대한 보험

제1절 보험계약 및 보험자와 피보험자의 의무

제604조 해상위험에 대한 보험은, 성질이 해상보험과 상치되거나 혹은 아래 규정에 의하여 변경되지 아니하는 한, 제1편 제14장의 규정에 의하여 규율된다.

상호해상보험회사에는 그 외에도 동편 제9장의 규정이 적용된다.

제605조 보험증서에는 제420조에 정한 것 이외에 다음 사항을 표시하여야 한다:

1. 선박의 명칭, 종류, 국적 및 용량;
2. 선장의 성명;
3. 목적물의 소재지 혹은 선적할 장소;
4. 선박이 출발했던, 출발할 항구 혹은 정박소;
5. 선박이 선적이나 양륙할 및 기항할 항구와 정박소.

Se le anzidette indicazioni non possono farsi, o perché l'assicurato non sia in grado di darle o per la speciale qualità del contratto, vi si deve supplire con altre atte a determinare l'oggetto dell'assicurazione.

606. L'assicurazione può avere per oggetto:

1. la nave, a vapore o a vela, vuota o carica, armata o non armata, sola o accompagnata;
2. le macchine, gli attrezzi, il corredo, l'armamento, la dotazione e le vettovaglie;
3. il nolo dei passeggieri e delle cose caricate;
4. le cose caricate;
5. le somme date a cambio marittimo;
6. le somme pagate o dovute per avarie comuni e le spese fatte o dovute per avarie particolari, quando non siano coperte da cambio marittimo;
7. e generalmente ogni altra cosa stimabile in danaro esposta ai rischi della navigazione.

L'assicurazione può essere fatta sulle dette cose, o sopra parte di esse, congiuntamente o separatamente.

607. L'assicurazione è nulla se ha per oggetto:

1. i salarii della gente di mare;
2. le somme prese a cambio marittimo.

Le cose sulle quali si è preso a cambio marittimo non possono essere assicurate, che per la parte del valore che supera le somme avute in prestito.

608. Se più assicurazioni sulla cosa stessa sono fatte senza frode da interessati diversi o da più rappresentati dello stesso interessato che hanno agito senza incarico speciale, tutte le assicurazioni sono valide sino all'ammontare del valore della cosa. Gli interessati hanno azione contro qualunque degli assicuratori a loro scelta, salvo il regresso dell'assicuratore che ha pagato verso gli altri, in proporzione del loro interesse.

이러한 사항을 기재할 수 없는 경우 혹은 피보험자가 이를 제공할 수 없거나 계약의 성격 때문에 할 수 없는 경우, 보험의 목적을 특정하기 위한 다른 행위로 이를 보충하여야 한다.

제606조 해상보험의 목적으로 다음과 같은 것이 있다:

1. 선박으로 범선이든 증기선이든, 공선이든 선적선이든, 무장선이든 비무장선이든, 단독이든 선단이든, 상관이 없다;
2. 기관, 장비, 의장, 무장, 비품 및 식량;
3. 여객운임 및 화물운임;
4. 화물;
5. 모험대차의 대여금;
6. 공동해손분담금으로 지급한 혹은 지급할 금액 혹은 개별해손으로 인해 지출한 혹은 지출할 비용으로 모험대차에 포함이 안 된 부분;
7. 기타 일반적으로 해상위험에 노출된 금전으로 평가할 수 있는 모든 물건.

해상보험은 어느 물건 전부 혹은 일부에 부보할 수 있고, 이를 통합하여 혹은 분리하여 부보할 수 있다.

제607조 다음 것을 목적물로 하는 보험은 그 효력이 없다:

1. 해원의 봉급;
2. 모험대차로 차용한 금액.

모험대차 피담보 물건에 대한 보험은 차용한 금액을 초과하는 부분에 한하여 부보가 가능하다.

제608조 사기가 없이, 다른 이해관계를 가진 여러 사람에 의하여, 혹은 동일한 이해관계인의 특별한 수권 없는 다수 대리인에 의하여, 중복보험이 가입된 경우, 모든 보험은 목적물의 가액 총액의 범위 내에서 유효하다. 이해관계인은 어느 보험자이든 임의로 선정하여 보험금을 청구할 수 있고, 다만 보험금을 지급한 보험자는 다른 보험자에게 그들의 이해관계의 비율에 따라 구상할 수 있다.

609. L'assicurazione può essere fatta in tempo di pace o in tempo di guerra, prima del viaggio o durante il viaggio della nave.

Può esser fatta a viaggio o a tempo determinato.

L'assicurazione a viaggio può farsi per la sola andata o per il solo ritorno, o per l'andata e il ritorno.

L'assicurazione a tempo s'intende fatta per qualunque navigazione e stazione della nave durante il tempo convenuto, salve le speciali convenzioni.

610. L'aumento di premio convenuto in tempo di pace per il tempo di guerra che potesse sopravvenire, e la cui quantità non fosse determinata dal contratto, è stabilito dal giudice, avuto riguardo ai rischi, alle circostanze ed alle convenzioni di ciascuna polizza di assicurazione.

611. Se il contratto di assicurazione non determina il tempo dei rischi, si osservano le regole seguenti.

Nelle assicurazioni a tempo, i rischi cominciano dalla data della polizza e finiscono al tempo convenuto.

Nelle assicurazioni a viaggio, i rischi cominciano e finiscono al tempo indicato nell'articolo 601. Se però l'assicurazione è fatta a viaggio cominciato, i rischi decorrono dalla data della polizza.

Se lo scaricamento delle cose assicurate è ritardato per colpa del destinatario, i rischi cessano per l'assicuratore un mese dopo l'arrivo della nave al luogo della loro destinazione.

612. Le cose caricate possono essere assicurate:

o per il prezzo di acquisto, coll'aggiunta delle spese di caricamento e dei nolo;

o per il prezzo corrente nel luogo di destinazione al loro arrivo senza avarie.

La valutazione data nel contratto alle cose assicurate senza altra

제609조 부보는 평화 시에도 전쟁 시에도 할 수 있고, 또 항해 전에도 항해 도중에도 할 수 있다.

부보는 특정한 항해를 단위로 할 수도 있고, 일정한 기간을 단위로 할 수도 있으며, 항해보험은 진행항해 혹은 귀환항해만 단독으로 할 수도 있고, 왕복항해를 같이 할 수도 있다.

기간보험은, 다른 약정이 없는 한, 약정기간 내에, 항해 중이든 정박중이든, 부보된 것으로 추정한다.

제610조 이후에 전쟁이 발발하면 평시에 약정한 보험료가 증액될 것을 정하면서 당사자가 증가될 금액에 관해 약정을 하지 않은 경우에는, 판사가 위험, 상황 및 각 보험증권상 약정을 참작하여 정한다.

제611조 보험계약에서 그 위험 기간을 특정하지 아니한 경우 다음 규칙을 적용한다.

기간보험에서는 보험증서의 날짜에 개시되며 약정한 시기에 종료한다.

항해보험에서는 제601조에 표시된 시기에 위험이 개시되고 종료된다. 그러나 부보가 이미 개시한 항해에 대하여 이루어진 경우, 위험은 보험증서 일자에 개시된다.

수하인의 귀책사유로 부보된 물건의 양륙이 지연된 때에는 선박이 목적지에 도착하고 1개월이 경과하면 보험자의 위험이 종료한다.

제612조 선적된 화물은 다음의 조건으로 부보할 수 있다:

구입 가격에 선적 비용 및 운임을 추가한 금액;

해손 없이 목적지에 도착하였을 때에 시가.

다른 조건 없이 보험계약에서 부여한 평가금액은 위 어느 경우보다 우선하며, 그 금액이 위에서 말한 금액의 최고금액을 초과하지 않는 한 제428조 규정은 여기에 적용되지 아니한다.

spiegazione può preferirsi ad entrambi questi casi e non si fa luogo all'applicazione dell'articolo 428, se non quando essa supera il maggiore dei prezzi suddetti.

Tale valutazione s'intende sempre data sulla dichiarazione dell'assicurato, se non fu preceduta da stima accettata dall'assicuratore, ed è perciò soggetta alla regola stabilita nel secondo capoverso dell'articolo 435.

613. Se il prezzo delle cose assicurate è dedotto nel contratto in moneta straniera, esse sono valutate in moneta dello Stato secondo il corso al tempo della sottoscrizione della polizza, se non vi è convenzione contraria.

614. Se il viaggio è rotto prima del cominciamento dei rischi, ancorché ciò avvenga per fatto dell'assicurato, l'assicurazione è senza effetto.

L'assicuratore riceve a titolo d'indennità la metà del premio convenuto, ma non oltre il mezzo per cento della somma assicurata.

615. Sono a rischio dell'assicuratore le perdite ed i danni che accadono alle cose assicurate per cagione di tempesta, naufragio, investimento, urto, cambiamenti forzati di via, di viaggio o di nave; per cagione di getto, esplosione, fuoco, pirateria, saccheggio ed in generale per tutti gli altri accidenti di mare.

L'assicuratore non è responsabile delle perdite e dei danni derivanti da solo vizio inerente alla cosa assicurata.

616. I rischi di guerra non sono a carico dell'assicuratore, se non vi è convenzione espressa. Se i rischi di guerra sono assunti senza precisa determinazione, l'assicuratore risponde delle perdite e dei danni che accadono alle cose assicurate per ostilità, rappresaglie, arresti, prede o molestie qualunque di un Governo amico o nemico, di diritto o di fatto, riconosciuto o non riconosciuto, ed in generale per tutti i fatti e gli accidenti di guerra.

617. I cambiamenti di via, di viaggio o di nave, provenienti dal fatto

평가금액은, 보험자가 이를 확인하여 평가한 것에 연유한 것이 아닌 한, 피보험자가 제공한 정보에 의하여 이루어진 것으로 추정하고, 그리하여 제435조 두 번째 상위 문단의 규정을 적용받는다.

제613조 운송계약에서 보험의 목적의 가격을 외국 화폐로 지정한 경우, 반대의 특약이 없는 한, 보험증권을 서명할 때의 시세에 의하여 이를 국내 화패로 환산한다.

제614조 위험이 개시되기 이전에 항해가 취소된 경우, 가사 그것이 피보험자의 행위로 인하여 일어난 것일지라도, 그 보험은 효력을 상실한다.

보험자는 보상으로 약정한 보험료의 반액을 받고, 이 금액은 보험금액의 0.5%를 초과하지 못한다.

제615조 폭풍, 난파, 침몰, 충돌 및 강제에 의한 항해, 항로 및 선박의 변경으로 인하여 보험의 목적에 발생한 멸실이나 훼손은 보험자의 위험으로 한다; 투기, 폭발, 화재, 해적, 약탈 기타 일반적으로 모든 해상 사고로 인해 발생한 것도 마찬가지이다.

보험자는 부보된 목적물이 갖는 내재한 하자로 인한 멸실과 훼손에 대하여는 책임이 없다.

제616조 보험자는, 명시적인 합의가 없는 한, 전쟁위험에 대하여는 책임이 없다. 구체적인 내용이 없이 전쟁위험이 인수된 경우, 보험자는 적대행위, 보복나포, 억류, 나포, 방해 행위로서, 적이든 아니든, 법적이든 사실이든, 알려지든 아니든, 국가에 의한 것과, 그 외 일반적으로 전쟁 사고와 행위로 인해 보험의 목적에 가해지는 멸실이나 훼손에 대해 손해배상책임이 있다.

제617조 피보험자의 처분으로 인하여 발생하는 선박, 항해 및 항로의 변

dell'assicurato non sono a carico dell'assicuratore: questi guadagna il premio, se ha cominciato a correre i rischi.

II cambiamento del capitano o del padrone, anche per congedo datogli dal proprietario della nave, non fa cessare gli effetti dell'assicurazione, salve però le disposizioni dell'articolo seguente.

618. L'assicuratore non è responsabile delle prevaricazioni e delle colpe del capitano e dell'equipaggio conosciute sotto nome di «baratteria» se non è convenuto il contrario.

Tale convenzione però cessa di aver effetto, quando si riferisca ad un capitano nominativamente indicato nel contratto, se l'assicurato lo congedi e gliene sostituisca un altro senza il consenso dell'assicuratore.

619. L'assicuratore non è tenuto per le spese di navigazione, di porto, di avernamento, di quarantena, né per le tasse e i diritti di qualunque specie riguardanti la nave od il carico.

620. Se il contratto ha per oggetto l'assicurazione del carico per l'andata e per il ritorno, e giunta la nave alla prima destinazione non si fa alcun carico di ritorno, o il carico di ritorno non è compiuto, l'assicuratore ha diritto soltanto ai due terzi del premio stabilito, se non è convenuto altrimenti.

621. Se l'assicurazione è fatta separatamente per cose che devono essere caricate sopra più navi indicate con enunciazione della somma assicurata sopra ciascuna, e il carico intiero è posto sopra una sola nave, o sopra un numero di navi minore di quello che fu indicato nel contratto, l'assicuratore non è tenuto oltre la somma assicurata sulla nave che ha ricevuto il carico, ancorché avvenga la perdita di tutte le navi indicate, nondimeno egli ha diritto all'indennità stabilita nell'articolo 614 per le somme rispetto alle quali l'assicurazione rimane senza effetto.

경은 보험자의 책임이 아니다: 그러나 위험이 개시되었다면 보험자는 보험료를 청구할 수 있다.

선장의 변경은, 비록 그것이 선주가 해고한 것에 기인한다 하더라도, 보험의 효력을 중지시키지 아니하며, 다만 아래에 별도로 규정이 있는 경우에는 그러하지 않다.

제618조 선장 혹은 선원이 횡령 및 잘못으로 인한, 이른바 '바레이터리'라고 알려진 것에 대하여, 반대의 특약이 없는 한, 보험자는 책임이 없다.

그러한 합의가 있었다 하더라도 보험계약에서 선장을 선정하여 지정하였다면 만일 피보험자가 보험자의 동의 없이 해고하여 선장을 다른 사람으로 대치한 경우, 보험은 그 효력이 중지된다.

제619조 보험자는 항해, 항구, 겨울나기[8] 및 검역 등 비용은 물론 선박 혹은 화물과 관련된 여하한 종류의 세금 및 공과금에 대하여도 책임이 없다.

제620조 보험계약이 화물의 왕복항해를 목적으로 하고 있고 선박이 진행항해 목적지에 도달하여 회항항해를 위해 아무런 화물이 없다든가 선적을 전혀 하지 아니하는 경우, 다른 약정이 없는 한, 보험자는 약정한 보험료의 3분지 2만 요구할 권리가 있다.

제621조 수개의 특정한 선박에 선적할 물건에 대해 분리하여 보험계약이 체결되고 각 선박에 대하여 보험금액이 지정된 경우, 하나의 선박 혹은 계약에서 정한 선박보다 적은 수의 선박에 선적이 이루어지면, 보험자는 실제 선적을 한 선박에 대한 보험금액 이상에 대하여는 책임이 없고, 이는 그 선박이 전부 멸실된 때에도 마찬가지이며, 다만 효력이 없어져 남게 된 보험에 관해 그 부보금액에 대해 제614조 규정에 의한 보상을 청구할 수 있다.

---

8) avernamento는 사전에 없는 단어이다. 다만 이태리 교수들의 추측에 의하면 inverno(겨울)라는 단어와 발음이 유사한 점에 비추어 "겨울나기"가 아닌가 생각된다고 한다. 그리고 그 의미가 전후 문맥으로 보아 가능성이 있다고 판단되어 이렇게 번역하는 것이나 그 확실한 의미는 알 수 없다.

622. Se il capitano ha facoltà di entrare in diversi porti per compiere o per cambiare il carico, l'assicuratore corre i rischi delle cose assicurate solamente finché esse sono a bordo della nave, se non vi è convenzione contraria.

623. L'assicuratore è liberato dai rischi e guadagna il premio, se l'assicurato spedisce la nave in un luogo più lontano di quello indicato nel contratto, quantunque per la stessa via.

L'assicurazione ha pieno effetto se il viaggio è abbreviato, qualora la nave approdi in luogo ove poteva far scalo.

624. L'obbligazione dell'assicuratore è limitata alla somma assicurata.

Se le cose assicurate soffrono durante il tempo dell'assicurazione più sinistri successivi, l'assicurato deve sempre imputare, anche in caso di abbandono, le somme che gli sono state pagate o gli sono dovute per i sinistri precedenti.

625. La clausola «franco d'avaria» libera l'assicuratore da ogni avaria comune o particolare, eccettuati i casi che danno luogo all'abbandono. In questi casi l'assicurato ha la scelta tra l'abbandono e l'esercizio dell'azione di avaria.

626. Al verificarsi di qualsiasi danno per cui sia tenuto l'assicuratore, l'assicurato deve notificare tutti gli avvisi che ha ricevuto. La notificazione deve essere fatta entro tre giorni dal ricevuto avviso, sotto pena del risarcimento dei danni.

La stessa obbligazione ha l'assicurato sul carico, quando la nave è stata dichiarata inabile a navigare, ancorché il carico non abbia sofferto altro danno per l'avvenuto sinistro.

제622조 화물을 인수하고 변경하기 위해 선장이 여러 항구에 기항할 수 있는 경우, 반대의 약정이 없는 한, 보험자는 부보된 물건이 선상에 있는 기간에 한해 위험을 부담한다.

제623조 피보험자가 보험계약에서 정한 장소보다 더욱 원거리에 선박을 투입하는 경우, 비록 동일한 항로에 있다 하더라도 보험자는 책임을 지지 아니하며, 그러면서도 보험자는 약정한 보험료를 청구할 수 있다.

항해가 원래보다 단축된 경우에도 선박이 원래 기항할 수 있는 곳에 기하고 있다면 보험은 완전한 효력을 가진다.

제624조 보험자의 책임은 보험금액을 한도로 한다.

보험의 목적이 보험기간 내에 다수 사고를 연속적으로 당한 경우, 전에 사고로 인하여 지급된 혹은 지급될 금액을, 비록 추정전손에 해당된다 하더라도, 항상 계산에 넣어야 한다.[9]

제625조 '분손면제' 조항이 있으면 보험자는 모든 공동해손과 분손에 대하여 책임을 면하며, 다만 추정전손의 경우에는 이를 예외로 한다. 이 경우에 피보험자는 선박을 위부하든 혹은 분손으로 청구하든 선택권이 있다.

제626조 보험자가 부담할 손해는 그것이 무엇이든 확인이 되면 피보험자는 수령한 모든 정보를 보험자에게 통지하여야 한다. 정보를 입수한 날로부터 3일 내에 보험자에게 통지하여야 하며, 그렇지 아니하면 그로 인한 손해를 배상하여야 한다.

선박이 항해 불능의 선언이 있으면, 그 사고로 인하여 적하가 아직 별다른 피해를 입지 않았다 하더라도, 적하보험자는 이를 마찬가지로 보험자에

9) imputare라는 단어의 뜻은 약간 불명하나 이러한 의미가 아닌가 생각된다. 그리고 동 조문을 새로이 만든 1942년 항운법이 제539조에서 동일한 규정을 하면서 이를 computare라고 변경한 것으로 보아 이러한 의미로 해석하는 것이 타당하다고 생각된다.

627. L'assicurato deve notificare all'assicuratore, entro tre giorni da quello in cui gli sono pervenuti, gli atti comprovanti che le cose assicurate furono esposte ai rischi e che andarono perdute.

L'assicuratore è ammesso alla prova dei fatti contrarii a quelli che risultano dai documenti presentati dall'assicurato.

L'ammissione alla prova di tali fatti non sospende la condanna dell'assicuratore a pagare intanto la somma assicurata, purché l'assicurato dia cauzione.

La cauzione è liberata col decorso di quattro anni, se non vi più domanda giudiziale.

628. In caso di perdita di merci caricate sulla nave per conto del capitano, questi deve giustificarne l'acquisto coi mezzi di prova permessi dalle leggi commerciali, e il caricamento con una polizza di carico sottoscritta da due dei principali dell'equipaggio.

La persona dell'equipaggio o il passeggiere che porta da paesi stranieri merci assicurate nel Regno deve consegnare la polizza di carico al regio console del luogo in cui si fa il caricamento, e in mancanza ad uno dei principali commercianti nazionali, o all'autorità del luogo stesso.

629. In qualunque caso di sinistro, il capitano e l'assicurato devono dare opera al ricuperamento ed alla conservazione delle cose assicurate, senza pregiudizio dei loro diritti verso gli assicuratori. Le spese devono essere rimborsate sino alla concorrenza del valore delle cose ricuperate.

Gli assicuratori e i loro agenti o incaricati possono provvedere d'accordo col capitano, cogli assicurati e coi loro incaricati, o separatamente, al ricuperamento delle cose assicurate od alla conservazione di esse, senza pregiudizio di alcun diritto.

630. L'assicurato, nel notificare all'assicuratore gli avvisi ricevuti, può

통지하여야 한다.

제627조 부보된 물건이 위험에 노출되어 멸실되어 간다는 입증 사실도 피보험자는 이를 수령한 날로부터 3일 내에 보험자에게 통지하여야 한다. 보험자는 피보험자가 제출한 서류의 결론에 반증을 대는 입증을 할 수 있다.

이러한 입증을 허용하는 것으로 인하여, 만일 피보험자가 적당한 보증장을 제공한다면, 보험자에게 보험금 전액을 우선 지급하는 의무를 지우는 것에 지장을 가져오지 아니한다.

이 보증장은, 그에 기해 사법절차로 청구를 하지 아니하는 한, 4년이 경과하면 효력이 소멸한다.

제628조 선장의 계산으로 선적한 화물이 멸실된 경우, 선장은 상법이 허용하는 방식으로 그 구입을 증명하여야 하고, 두 명의 사관이 서명한 선하증권에 의하여 선적을 증명하여야 한다.

국내에서 부보한 화물을 외국에서 가지고 오는 선원 혹은 여객은 선적지 영사관에 선하증권을 교부하고, 영사관이 없으면 현지의 주된 동포 사업가 혹은 현지 관청에 이를 교부하여야 한다.

제629조 사고가 나면 여하한 경우라 하더라도 선장과 피보험자는 보험의 목적물을 회수하고 보존하기 위하여 노력하여야 하며, 그로 인하여 보험자에 대한 권리는 여하한 영향도 받지 아니한다. 회수한 물건 가격의 범위 내에서 이에 대한 비용은 보상을 해야 한다.

보험자 및 그의 대리인이나 수임인도 피보험자와 그 수임인 및 이들 각자와 협력하여 보험의 목적을 회수하고 보존하기 위하여 노력하여야 하며 이로 인하여 그 권리에 영향을 받지 아니한다.

제630조 피보험자는, 수령한 정보를 보험자에게 통지함에 있어, 별도의

riservarsi di fare con atto separato l'intimazione per il pagamento di quanto gli potrà esser dovuto per effetto dell'assicurazione.

631. L'assicuratore deve pagare le somme dovute:

in caso di semplice avaria, nel termine di trenta giorni da quello in cui gli è notificata la relativa liquidazione;

in caso di abbandono, nel termine di due mesi dal fatto abbandono.

L'assicurato pero deve entro questi termini provare il sinistro che da luogo all'azione di avaria o all'abbandono.

Se è stata fatta opposizione, ciascuno degli opponenti, ed anche l'assicurato, può domandare che la somma sia depositata.

CAPO II
Dell'abbandono

632. L'abbandono delle cose assicurate può esser fatto nei casi:

1. di naufragio;
2. di preda;
3. di arresto per ordine di Potenza estera;
4. di arresto per ordine del Governo, dopo cominciato il viaggio;
5. d'inabilità alla navigazione, se la nave non può essere riparata, o se le spese necessarie per rialzarla, ripararla e metterla in istato di riprendere la navigazione ascendono ai tre quarti almeno del suo valore assicurato;
6. di perdita o deterioramento delle cose assicurate ascendente almeno ai tre quarti del loro valore.

In ogni altro caso l'assicurato non può domandare che il risarcimento delle avarie sofferte.

633. L'assicurato può fare l'abbandono anche senza provare la perdita della nave, se nei viaggi di lungo corso sia passato un anno, e negli altri viaggi

행위로 보험계약의 효력에 의거 지급할 금액의 변제를 요청할 권리를 유보할 수 있다.

第631条 보험자는 다음과 같이 보험금을 지급할 의무를 진다:

단순 해손의 경우 해당 정산서가 통지된 날로부터 30일 기간 내에;

추정전손의 경우 위부선언 후 2개월 내에.

그러나 피보험자는 이 기간 내에 해손 혹은 추정전손의 권원이 된 사고의 발생을 입증하여야 한다.

만일 반대가 제기되면, 피보험자를 포함하여 그 반대편 사람은 그 금액의 공탁을 요구할 수 있다.

제2절 보험 위부

第632条 다음과 같은 경우 위부를 할 수 있다:

1. 난파;
2. 나포;
3. 외국 정부 명령에 의한 억류;
4. 항해를 개시한 후 국가의 명령에 의한 압류;
5. 선박에 수리가 전혀 불가능하거나, 혹은 인양하고, 수리하고, 다시 항해를 재개하기 위한 비용이 부보가격의 3분지 2 이상에 해당하여, 선박이 항해 불능에 해당하는 경우;
6. 부보된 물건이 멸실되고 훼손되어 그 손실이 가격의 4분지 3에 이른 경우

그 외 다른 모든 경우에는 피보험자는 실제 발생한 손해의 보상만 청구할 수 있다.

第633条 선박이 출발한 날 혹은 마지막 소식을 들은 날로부터 원양항해의 경우 1년, 다른 항해의 경우 6개월이 경과하면 선박의 멸실을 입증하지

siano passati sei mesi dal giorno della partenza di essa o da quello al quale si riferiscono le ultime notizie.

Nel caso di assicurazione a tempo limitato, trascorsi i termini suddetti, la perdita della nave si presume accaduta entro il tempo dell'assicurazione.

Se vi sono più assicurazioni successive, la perdita della nave si presume accaduta nel giorno posteriore a quello cui si riferiscono le ultime notizie.

634. Se la nave è stata dichiarata inabile a navigare, si può fare l'abbandono delle cose assicurate in essa caricate, qualora nel termine di tre mesi dalla dichiarazione di innavigabilità non siasi potuto trovare un'altra nave per ricaricarle e portarle al luogo della loro destinazione.

635. Nel caso preveduto nell'articolo precedente e nell'articolo 514, se le cose sono caricate sopra un'altra nave, l'assicuratore è obbligato a pagare i danni da esse sofferti, le spese di scaricamento e ricaricamento, deposito e custodia nei magazzini, la eccedenza nel nolo e tutte le altre spese fatte per salvarle, sino alla concorrenza della somma assicurata, e se questa non è esaurita, l'assicuratore continua per il soprappiù a correrne i rischi.

636. In caso di arresto per ordine di una Potenza o in caso di preda, l'abbandono delle cose colpite da arresto o predate non può essere fatto, che dopo due mesi dalla notificazione del sinistro, se questo è avvenuto nel Mediterraneo, nel mar Nero o in altri mari d'Europa, nel canale di Suez o nel mar Rosso; e dopo sei mesi dalla notificazione, se il sinistro è avvenuto in altro luogo.

Per le cose caricate soggette a deperimento, i detti termini sono ridotti alla metà.

637. L'abbandono dev'essere fatto agli assicuratori nel termine:

di tre mesi dal giorno della ricevuta notizia del sinistro, se questo è avvenuto nel Mediterraneo, nel mar Nero o in altri mari d'Europa, nel canale di Suez o nel mar Rosso;

아니하고도 피보험자는 선박의 위부를 할 수 있다.

한정된 기간 부보를 하는 보험에 있어 이러한 기간이 그 보험기간을 도과하면 선박의 멸실은 보험기간 내에 발생한 것으로 추정한다.

수개의 보험이 순차로 존재하는 경우 선박의 멸실은 최후 소식을 들은 날 이후에 발생한 것으로 추정한다.

제634조 선박이 항해불능 선언이 있으면, 선상에 선적한 부보 물건은, 항해불능선언 후 3개월 내에 이를 선적하여 목적지까지 가지고 갈 다른 선박을 수배하지 않는 한, 이를 위부할 수 있다.

제635조 전조에서 본 경우 및 제514조에서 본 경우, 만일 화물이 다른 대체 선박에 선적된 때에는, 보험자는 피보험자가 그로 인하여 입은 손해, 양화와 재선적 비용, 보관과 창고 비용, 증가된 운임 및 기타 화물의 구조를 위해 지출한 모든 비용을 부담하여야 하며, 다만 이는 보험금액을 한도로 하며 그 잔액의 범위 내에서 보험자는 계속하여 위험을 인수한다.

제636조 정부의 명령에 의하여 억류되거나 나포된 경우 억류나 나포로 인하여 타격을 받은 물건의 위부는, 사고 소식을 들은 후, 사고가 지중해, 흑해, 다른 유럽 해안, 수에즈 운하 및 홍해에서 발생하면 3개월이 경과하지 아니하면; 사고가 여타 지역에서 발생하면 소식을 들은 후 6개월이 경과하지 아니하면, 이를 위부할 수 없다.

선적한 목적물이 부패의 대상인 때에는 이 기간은 반으로 단축된다.

제637조 위부는 다음 기간 내에 보험자에게 하여야 한다:

사고가 지중해, 흑해, 기타 다른 유럽 해안, 수에즈운하, 홍해에서 발생하면 사고 소식을 들은 날로부터 3개월;

사고가 다른 아프리카 해안, 아시아 서남부 해안, 미국 동부에서 발생하

di sei mesi, se il sinistro è avvenuto negli altri mari dell'Africa, occidentali e meridionali dell'Asia e orientali dell'America;

di un anno, se il sinistro è avvenuto in altro luogo.

In caso di arresto per ordine di una Potenza o in caso di preda, questi termini non decorrono che dalla scadenza di quelli stabiliti nell'articolo precedente.

Trascorsi tali termini, l'assicurato non è ammesso a fare l'abbandono, salva l'azione di avaria.

638. L'assicurato, notificando gli avvisi che ha ricevuti, può fare l'abbandono con intimazione all'assicuratore di pagare la somma assicurata nel termine stabilito dal contratto o dalla legge, ovvero può riservarsi di farlo nei termini legali.

Nel fare l'abbandono egli deve dichiarare le assicurazioni fatte od ordinate e i prestiti a cambio marittimo ricevuti. In mancanza, il termine al pagamento non decorre che dal giorno in cui questa dichiarazione viene notificata, ma il termine per promuovere l'azione di abbandono non è perciò prorogato.

In caso di dichiarazione fraudolenta, l'assicurato perde ogni diritto derivante dal contratto di assicurazione.

639. L'abbandono delle cose assicurate non può farsi in parte, né sotto condizione.

Esso comprende soltanto le cose che formano oggetto dell'assicurazione e del rischio.

640. Notificato ed accettato o dichiarato valido l'abbandono, le cose assicurate appartengono all'assicuratore dal giorno in cui fu fatto. L'assicurato deve consegnargli tutti i documenti che riguardano le cose stesse.

L'assicuratore non può, sotto pretesto di ritorno della nave, dispensarsi dal

면 6개월;

사고가 그 외 다른 지역에서 발생하면 1년.

정부의 명령에 의한 억류 혹은 나포의 경우, 이 기간은 전조에서 정한 기간이 경과한 다음에 진행한다.

이 기간이 경과하면 피보험자는 선박을 위부할 수 없고, 다만 개별 해손으로 배상을 청구할 수 있다.

제638조 사고에 관한 정보를 수령한 다음 이를 보험자에게 통지하는 피보험자는, 동시에 법 혹은 계약에서 정한 기간 내에 보험금액을 지급하라고 보험자에게 요구하며 보험의 목적을 위부할 수도 있고, 그렇지 않고 법정의 기간 내 추후에 위부할 것을 유보할 수도 있다.

위부를 하면서 피보험자는 가입하거나 신청한 보험과 모험대차로 차용한 금액을 고지하여야 한다. 이를 하지 아니하면 보험금 지급 시기는 이러한 통지가 있는 기간부터 진행되며, 위부로 인한 소송의 수행 기간은 이로 인하여 연장되지 아니한다.

사기적으로 이러한 신고를 한 경우 피보험자는 그 보험계약으로 인한 모든 권리를 상실한다.

제639조 보험의 목적의 위부는 부분적으로 할 수 없고, 거기에 조건을 붙일 수 없다.

이는 단지 보험의 목적을 형성하고 위험의 대상인 물건에 한정된다.

제640조 통지된 위부가 수용되거나 유효한 것으로 선언되면 부보된 물건은 위부가 행해진 날로부터 보험자에 귀속한다. 피보험자는 그 물건과 관련된 모든 서류를 인도하여야 한다.

보험자는 이후에 선박이 회수되었다는 이유로 보험금을 지급할 의무를 면하지 못한다.

pagare la somma assicurata.

641. In caso di preda, l'assicurato, se non ha potuto darne avviso all'assicuratore, può riscattare le cose predate senza aspettare l'ordine di questo.

L'assicurato deve però notificare all'assicuratore l'accordo fatto, tosto che gli sia possibile.

L'assicuratore ha la scelta di assumere l'accordo per conto proprio o di rinunciarvi; egli deve notificare la sua scelta all'assicurato entro ventiquattr'ore dalla notificazione dell'accordo.

Se dichiara di assumere l'accordo per conto proprio, egli deve contribuire senza dilazione al pagamento del riscatto a norma della convenzione ed in proporzione del suo interesse, e continua a correre i rischi del viaggio in conformità del contratto di assicurazione.

Se dichiara di rinunciare all'accordo, deve pagare la somma assicurata, ma nulla può pretendere delle cose riscattate.

Quando l'assicuratore non ha notificato la sua scelta nel termine suddetto, si reputa che abbia rinunciato al beneficio dell'accordo.

TITOLO VII
DELLE AVARIE E DELLA CONTRIBUZIONE

CAPO I
Delle avarie

642. Sono avarie tutte le spese straordinarie fatte per la nave e per il carico unitamente o separatamente, e tutti i danni che accadono alla nave ed al carico, dopo il caricamento e la partenza sino al ritorno ed allo scaricamento. Le avarie sono di due specie, avarie grosse o comuni, e avarie semplici o

제641조 나포의 경우, 피보험자는 보험자에게 통지를 할 수 없었다면, 보험자의 지시를 기다리지 아니하고 나포된 물건의 환수 거래를 할 수 있다.

그러나 피보험자는 가능한 한 신속히 성립한 합의를 보험자에게 통지하여야 한다.

보험자는 선택권이 있어서 합의를 자기 계산으로 하여 이를 승계하든지 혹은 합의를 부인하든지 선택할 수 있다; 보험자는 합의통지를 받은 날로부터 24시간 이내에 그의 선택을 통지하여야 한다.

합의를 자기의 계산으로 할 것을 승계한 보험자는 약정에 따라 각자의 이해관계의 비율로 합의금을 지체없이 지급하여야 하며 그리고 보험계약에 따라 계속하여 위험을 부담하여야 한다.

만일 합의를 거부하기로 선언하면 부보한 금액을 지급하여야 하고, 다만 회수된 물건에 대하여 여하한 권리도 주장할 수 없다.

위 기간 내에 보험자가 자기 결정을 통지하지 아니한 경우, 합의의 이익을 거부한 것으로 본다.

제7장 해손과 공동해손의 분담

제1절 해 손

제642조 선적과 출항 이후 회항하여 양하할 때까지, 선박과 화물을 위하여, 결합하여 혹은 개별적으로, 지출한 특별한 비용 및 선박 및 화물에 발생한 모든 손해는 해손이 된다.

해손은 복합 혹은 공동 해손과, 단독 혹은 개별 해손, 두 종류가 있다.

particolari.

Non sono avarie, ma semplici spese a carico della nave le spese ordinariamente necessarie per entrare nei seni, nei fiumi o nei canali, o per uscirne, e le spese per diritti e tasse di navigazione.

In mancanza di convenzioni speciali tra le parti, le avarie sono regolate secondo le disposizioni seguenti.

643. Sono avarie comuni le spese straordinarie fatte ed i danni sofferti volontariamente per il bene e per la salvezza comune della nave o del carico. Tali sono:

1. le cose date per composizione e a titolo di riscatto della nave e del carico;
2. le cose gettate in mare per salvezza comune;
3. le gomene, gli alberi, le vele o altri attrezzi tagliati per salvezza comune, e quelli rotti in conseguenza delle operazioni fatte per salvezza comune;
4. le ancore, le catene e gli altri oggetti abbandonati per salvezza comune;
5. i danni cagionati dal getto alle cose rimaste nella nave;
6. i danni cagionati alla nave nell'operazione del getto, volontariamente o per conseguenza necessaria di esso; i danni recati alla nave per facilitare il salvataggio del carico o per agevolare lo scolo o l'esaurimento delle acque; e i danni che ne derivarono al carico;
7. i danni cagionati alla nave ed al carico nelle operazioni dirette ad estinguere un incendio a bordo;
8. le spese di cura e di vitto per le persone ferite in difesa della nave e le spese funebri in caso di morte delle persone stesse;
9. i salarii e il vitto delle persone dell'equipaggio durante l'arresto e l'impedimento, quando la nave è arrestata in viaggio per ordine di una Potenza, o è costretta a trattenersi in un porto per sopravvenienza di guerra o altra simile causa che impedisca il viaggio al porto di

석호, 하천, 운하의 출입에 필요한 통상의 비용 및 항해에 따르는 세금과 공과금으로 인한 비용은 해손에 해당되지 아니한다.

당사자 사이에 다른 합의가 없으면 해손은 다음 규정에 의하여 규율한다.

제643조 선박 및 적하 공동의 이익과 구조를 위해 지출한 특별한 비용과 자의적으로 입은 손해가 공동해손이 된다.

이러한 것으로:

1. 선박과 적하를 구조하기 위해 타협을 하고 회수를 위한 대금 명목으로 제공한 물건;
2. 공동의 구조를 위하여 바다에 투기한 물건;
3. 공동의 구조를 위한 밧줄,[10] 돛대, 돛 기타 장비의 절단 및 공동 구조를 위한 작업의 결과 이러한 물건의 손상;
4. 공동의 구조를 위한 닻 및 닻줄 기타 물건의 유기;
5. 투기로 인하여 선박에 남은 물건에 가한 손상;
6. 투기작업을 하는 과정에 자의적으로 혹은 그 필연적인 결과로 선박에 가한 손상; 화물의 구조를 용이하게 하기 위해 혹은 해수의 배출과 증발을 용이하게 하기 위해 선박에 가해진 손상; 이로 인하여 화물에 가해진 손해;
7. 선상 화재를 진화하기 위한 작업으로 인해 선박 및 적하에 가한 손상;
8. 선박을 방어하다가 상해를 입은 사람의 치료 및 식사 비용과 이로 인하여 사망한 경우 그 장례 비용;
9. 항해 도중에 정부의 명령으로 선박이 억류된 때, 혹은 목적항으로 항해 도중에 전쟁의 발발 기타 항해를 방해하는 유사한 사유로 어느 항

10) 제646조의 규정에 비추어 gomene의 오타가 아닌가 생각된다.

destinazione, finché la nave ed il carico non sono svincolati dalle loro reciproche obbligazioni;

10. le spese di entrata od uscita e le tasse di navigazione pagate in un porto dove la nave ha dovuto far rilascio forzato per causa di tempesta, caccia di nemici o pirati o vena d'acqua cagionata da caso fortuito o da forza maggiore,
11. i salarii e il vitto delle persone dell'equipaggio in un porto di rilascio forzato durante il tempo delle riparazioni necessarie a proseguire la navigazione, quando le riparazioni costituiscano avaria comun e;
12. le spese di scaricamento e ricaricamento degli oggetti messi a terra per eseguire le suddette riparazioni della nave in un porto di rilascio forzato, le spese di custodia e i fitti dei magazzini ove gli oggetti stessi furono depositati;
13. le spese fatte per ottenere la liberazione o la restituzione della nave arrestata, se l'arresto non procedette da causa riguardante esclusivamente la nave o le persone del capitano, del proprietario o dell'armatore, ed salarii ed il vitto delle persone dell'equipaggio durante il tempo necessario per ottenere tale liberazione e restituzione, se questa si è ottenuta;
14. le spese di scaricamento per alleggerire la nave, quando ciò abbia dovuto farsi per tempesta o per altro motivo di comune salvezza della nave e del carico; e i danni che la nave od il carico ha sofferto nell'operazione di scaricamento e di ricaricamento;
15. i danni sofferti dalla navigazione o dal carico nell'investimento prodotto volontariamente, per salvare la nave da tempesta, da preda o da altro pericolo imminente;

구에 지체할 수밖에 없는 때에, 그 억류 혹은 체재 중에 선원의 봉급과 식비, 다만 이로 인해 선박과 적하가 계약에 의하여 상호 의무로 연결되어 있는 때는 제외;

10. 폭풍, 적이나 해적의 추적, 혹은 불가항력이나 천재지변으로 인한 침수 때문에 선박이 부득이하게 기항을 한 항구에서 지출한 출입 비용 및 항해 제세;

11. 수리가 공동해손에 해당되고 항해를 계속하기 위해 필요한 수리를 하는 동안 강제 기항한 항구에서 선원의 봉급과 식비;

12. 강제 기항한 항구에서 전시 선박 수리를 하기 위해 목적물을 양륙하고 재선적하기 위한 비용, 그 목적물이 보관된 창고료 및 보관비;

13. 억류된 선박의 회수나 석방을 위해 지출한 비용으로 그 억류가 오로지 선박 혹은 선장, 소유자나 의장자에 연유한 것이 아닌 경우와 이러한 회수와 석방을 위해 필요한 기간 동안 선원의 봉급과 식비로서 실제 석방이 이루어진 경우;

14. 선박을 가볍게 하기 위한 하역비용으로, 폭풍 기타 선박과 적하를 공동 위험으로부터 구조하기 위해 이러한 작업을 한 때; 양하와 재선적의 작업 중에 선박과 적하가 입은 손상;

15. 폭풍, 나포, 기타 당장의 위험으로부터 선박을 구조하기 위하여 자의적으로 조성한 선박 혹은 하물의 침몰[11]로 인해 적하나 항해가 입

11) 이곳 어느 교수 한 분은 investmento는 선박이 아닌 다른 고정물체와의 충돌을 의미

16. le spese fatte per rimettere a galla la nave investita nel caso espresso nel numero precedente, e le ricompense dovute per le opere e per i servigi prestati in tale occasione;
17. la perdita e i danni sofferti dalle cose messe sulle barche per alleggerire la nave nei casi indicati nel numero 14°, comprese le quote di contribuzione che si dovessero alle barche stesse, e reciprocamente i danni sofferti dagli oggetti rimasti a bordo della nave in quanto tali danni siano considerati avarie comuni;
18. i premi e gli interessi del cambio marittimo contratto per far fronte alle spese annotate tra le avarie comuni, e i premi di assicurazione delle dette spese, come pure la perdita che dovesse rimborsarsi al proprietario delle cose caricate vendute durante il viaggio in un porto di rilascio forzato per far fronte alle spese stesse;
19. le spese del regolamento delle avarie comuni.

Non sono considerati avarie comuni, ancorché incontrati volontariamente per il bene e la salvezza comune, i danni sofferti dalla nave o le spese fatte per essa, quando provengano da vizio o vetustà della nave, ovvero da colpa, o da negligenza del capitano o dell'equipaggio.

Gli attrezzi e gli altri oggetti di corredo e d'armamento della nave gettati in mare e le ancore, le catene od altri oggetti abbandonati, ancorché volontariamente per il bene e la salvezza comune, non sono calcolati nella ripartizione delle avarie, se non in quanto si trovino debitamente descritti nell'inventario di bordo, tenuto secondo le disposizioni dell'articolo 500.

Il getto delle provvigioni di bordo non può essere considerato in nessun caso come avaria comune.

은 손상;

16. 전항의 경우, 침몰한 선박을 다시 부양하기 위해 지출한 비용 및 그 경우에 있어 제공한 서비스 혹은 작업에 대한 보상비용;

17. 위 제14항에 기재된 경우, 선박을 가볍게 하기 위해 부선에 선적한 화물이 입은 멸실과 훼손이며, 여기에는 그 부선이 부담할 공동해손 분담금도 포함되며, 또 그에 상응하여 선박에 남은 목적물이 당한 손상도 그러한 손해가 공동해손에 해당되면 마찬가지이다;

18. 공동해손으로 열거된 비용을 마련하기 위하여 모험대차를 하여 발생한 보상과 이자, 이 비용의 부보를 위한 보험료, 동일한 비용을 마련하기 위하여 항해 중 강재 기항된 항구에서 매각하였던 화물의 소유자에게 보상을 하여야 함으로 인한 손해;

19. 공동해손 정산비용.

선박이 입은 손해 혹은 지출한 비용으로 비록 공동위험에서 구조와 공동이익을 위하여 자의적으로 행하여진 것일지라도, 그것이 선박의 하자 혹은 연령이나 선장과 선원의 잘못이나 과실로 인한 것인 때에는 공동해손으로 보지 아니한다.

선박의 장비, 의장 품목, 무장 품목이 해상에 투기되고 닻, 닻줄 기타 목적물이 유기되며, 그것이 공동의 이익과 구조를 위하여 자의적으로 이루어졌다 하더라도, 만일 제500조 규정에 따라 보유하는 선상 속구목록에 적법하게 등록되어 있지 아니하면, 해손의 보상에 계상되지 아니한다.

선상 비품의 투기는 여하한 경우라 하더라도 이를 공동해손으로 보지 아니한다.

한다고 설명하였다.

644. Sono considerati come avarie comuni:

1. il prezzo o l'indennità di riscatto delle persone dell'equipaggio mandate a terra per servizio della nave e fatte prigioniere o ritenute in ostaggio;
2. le spese d'una quarantena straordinaria non preveduta all'epoca del contratto di noleggio, se essa colpisce egualmente la nave ed il carico, compreso il salario e il vitto delle persone dell'equipaggio durante la quarantena.

645. Se vi è necessità di far getto, le cose meno necessarie, le più pesanti e di minor valore devono, per quanto è possibile, essere gettate le prime, ed in seguito quelle del primo ponte, e successivamente le altre.

646. Sono avarie particolari tutti i danni sofferti e tutte le spese fatte per la sola nave o per il solo carico.

Tali sono:

1. qualunque perdita o danno sofferto dalle cose caricate, per tempesta, incendio, preda, naufragio, investimento, rottura o altro qualsiasi caso fortuito o di forza maggiore;
2. la perdita degli alberi, delle gomene, delle ancore, delle vele e delle corde, e qualunque altro danno sofferto dalla nave per le cause espresse nel numero precedente;
3. qualunque danno sofferto per vizio proprio della nave o del carico;
4. le spese di qualunque approdo cagionato da vizio della nave, da vena d'acqua proveniente da vetustà, da mancanza di provvigioni a bordo, o da altra causa qualunque imputabile al proprietario, all'armatore o al capitano;
5. il salario e il vitto dei marinai durante la quarantena ordinaria, o durante le riparazioni provenienti da vizio o da vetustà della nave, o da altra causa imputabile al proprietario, all'armatore o al capitano, o durante l'arresto o la stazione in un porto che riguardi la sola nave o il solo

제644조 다음 사항도 이를 공동해손으로 본다:

1. 선상 근무를 위해 지상에 갔다가 붙잡혀 죄인이나 인질이 된 선원의 속환을 위한 대가 혹은 보상;
2. 용선계약시에 예상하지 못한 특별한 검역으로, 화물과 선박에 공동으로 영향을 미치는 검역으로 인한 비용으로, 검역중 선원의 봉급과 식비가 포함된다.

제645조 투기가 필요한 경우 필요성이 적은 물건, 무거운 물건, 가격이 적은 물건을 가능한 한 순차적으로 먼저 투기하여야 하며, 갑판에 있는 것을 먼저 투기하여야 하며 그 다음에 다른 것을 투기하여야 한다.

제646조 오로지 선박 혹은 오로지 화물에 지출한 비용 및 발생한 손상은 단독해손이 된다.

이는 다음과 같다:

1. 폭풍, 화재, 나포, 난파, 침몰, 마모, 기타 천재지변 혹은 불가항력으로 화물이 입은 멸실과 훼손;
2. 전호 기재 사유로 돛대, 밧줄, 닻, 돛, 망의 멸실 및 기타 선박이 입은 여타 손상;
3. 선박 혹은 화물 자체의 하자에 의하여 발생한 여하한 손상;
4. 선박 자체의 하자, 선박의 고령에 따른 침수, 선상 비품의 부재, 기타 선주나 의장자 혹은 선장의 책임 있는 모든 사유로 발생한 기항의 비용;
5. 통상의 검역 기간 및 선박 자체의 하자, 선박의 연령, 기타 선주나 의장자 혹은 선장의 귀책사유로 인한 수리 기간 등의 선원의 봉급과 식비, 또 오로지 선박 혹은 화물과 관련되어 어느 항구에서 압류 혹은 체재하는 동안의 선원의 봉급과 식비 및 이러한 것의 석방을 얻기 위

carico, e le spese per ottenere in questo caso la liberazione dell'una o dell'altro;

6. le spese fatte per conservare le cose caricate o riparare i fusti, le casse o gli involti in cui sono contenute, quando queste spese non procedano da danni considerati avarie comuni;
7. l'eccedenza del nolo nel caso indicato nell'articolo 570.

I danni accaduti alle cose caricate per accidenti provenienti dalla negligenza del capitano o delle altre persone dell'equipaggio sono avarie particolari a carico del proprietario delle cose stesse, salvo il regresso verso il capitano, o sulla nave e sul nolo.

I danni provenuti ai proprietarii della nave per una più lunga e arbitraria stazione nei porti sono risarciti dal capitano.

CAPO II
Della Contribuzione

647. Le avarie particolari sono sopportate e pagate dal proprietario della cosa che ha sofferto il danno o dato occasione alla spesa.

Le avarie comuni sono ripartite proporzionalmente tra il carico e la metà della nave e del nolo.

I valori delle cose sacrificate vanno compresi nella formazione della massa che deve contribuire.

648. I bagagli delle persone dell'equipaggio e dei passeggieri non contribuiscono all'avaria comune se sono salvati, e danno diritto a contribuzione se sono gettati o danneggiati.

649. Le cose caricate delle quali non vi è polizza di carico, né dichiarazioni del capitano, non sono pagate se sono gettate, e contribuiscono se sono salvate.

한 비용;

6. 선적한 화물의 보존을 위해, 혹은 화물을 담고 있는 통, 각, 포장의 수리를 위해 필요한 비용으로, 이러한 비용이 공동해손으로 분류되는 손해로 인한 비용이 아닌 경우;
7. 제570조에 규정된 경우, 증가된 운임.

선장이나 선원의 과실로 인한 사고로 선적한 화물에 발생한 손해는 그 물건 소유자가 부담하는 단독해손이며, 다만 선장 개인의 책임은 이를 별론으로 하며, 선박이나 운임도 이 손해를 부담한다.

선장이 어느 항구에 임의로 연장하여 체재함으로 인하여 소유자에게 발생하는 손해는 선장이 이를 보상하여야 한다.

제2절 해손의 분담

제647조 단독해손은 손해를 입은 혹은 비용을 유발한 물건의 소유자가 지급하고 감수하여야 한다.

공동해손은 선박 및 운임의 반과 화물이 이를 비율로 분담하여야 한다.

희생을 한 물건의 가격도 분담할 기금을 구성함에 있어 포함된다.

제648조 선원이나 여객의 휴대품은 구조된다 하더라도 공동해손을 분담하지 아니하며, 반대로 투기 기타 희생을 하면 분담을 청구할 권리가 있다.

제649조 선하증권이나 선장의 확인서가 없는 선적 화물은 투기가 된다 하더라도 분담을 청구할 수 없고, 그러나 구조가 되면 분담을 하여야 한다.

650. Le cose caricate sulla coperta della nave contribuiscono sempre alle avarie comuni se sono salvate.

Quando sono gettate o danneggiate per il getto, salvo il caso dei viaggi preveduti nell'ultimo capoverso dell'articolo 498, non danno azione per le perdite od i danni, che contro il capitano che le ha caricate sulla coperta senza il consenso scritto del caricatore. In caso contrario ha luogo una speciale contribuzione tra la nave, il nolo e le altre cose caricate sulla coperta col consenso dei caricatori, senza pregiudizio della contribuzione generale per le avarie comuni a tutto il carico.

651. Se il getto non salva la nave, non vi è luogo a contribuzione. Le cose salvate non sono soggette al pagamento delle cose gettate, ne al risarcimento delle cose gettate, né al risarcimento del danno sofferto dalle altre.

Se il getto salva la nave e questa continuando il suo viaggio si perde, le cose salvate contribuiscono al getto secondo il loro valore nello stato in cui si trovano, dedotte le spese di salvamento.

Le cose gettate non contribuiscono in alcun caso al pagamento dei danni accaduti dopo il getto alle cose salvate.

Il carico non contribuisce al pagamento della nave perduta o resa inabile a navigare.

652. Nel caso di perdita delle cose poste in barche per alleggerire la nave, la ripartizione della perdita e fatta sulla nave e sul carico per intiero.

Se la nave si perde col resto del carico, non vi è luogo a contribuzione per le cose poste sugli scafi, ancorché arrivino a buon porto.

제650조 갑판에 선적한 화물이라 하더라도 구조가 되면 항상 공동해손을 분담하여야 한다.

그러나 투기되거나 투기로 인하여 손해를 입으면, 제498조 마지막 문장에서 정한 항해를 제외하고는, 그 멸실이나 훼손에 대해 보상을 청구할 수 없고, 다만 서면에 의한 동의 없이 갑판에 선적한 선장에 대해 배상을 요구할 수 있다. 반대의 경우에는 선박, 운임 및 화주의 동의를 얻어 갑판에 선적한 화물 사이에 특별한 분담이 이루어지며, 이로 인하여 다른 모든 물건의 공동해손에 대한 분담청구권은 영향을 미치지 아니한다.

제651조 투기로 인하여 선박이 구조되지 아니한 경우, 이로 인한 해손의 분담은 없다. 구조된 물건은 투기된 물건에 대해 분담의무가 없고 투기된 물건을 보상할 의무도 없으며 그로 인하여 피해를 입은 다른 물건의 손해를 보상할 책임도 없다.

투기로 인하여 선박이 구조되고 이후 항해를 계속하다가 멸실이 되면 구조된 물건은 구조된 상태의 가격에 의해 먼저 구조비용을 공제하고 투기로 인한 해손을 분담하여야 한다.

투기된 물건은 구조된 물건에 대해 투기 이후 발생한 손해에 대해 여하한 경우라 하더라도 분담할 의무가 없다.

멸실 혹은 항해불능에 이른 선박에 대해 화물은 그 손해를 분담할 의무가 없다.

제652조 선박을 가볍게 하기 위해 부선에 놓아둔 물건이 멸실된 경우, 그 손해는 선박과 모든 화물이 분담한다.

만일 선박과 나머지 화물이 멸실되면 보조선[12]에 놓여 있던 화물은 비록

12) 원문에는 scafi로 표현되어 있다. 그리하여 적힌 그대로 해석하면 '선체'가 맞다. 그러면 전후 문맥상 맞지 않다. 왜냐하면 위에 나오는 barche를 대신하는 용어라고 생각되기 때문이다. 동일한 조문이 1865년 이탈리아 상법 제533조에도 나오는데 그래서 동법 제294조에 나오는 schifi의 오타가 아닌가 생각되어 이렇게 해석하였다. 그러면 앞의 문장과 의미가 통하기 때문이다. 그런데 1882년 법에서 다시 동일한 scafi라는 용어를 사용하는 것으로 보아 오타는 아닌 것 같기도 하다. 아마 당시에는 scafi라는

653. Se dopo la ripartizione le cose gettate sono ricuperate dai proprietarii, questi devono restituire al capitano ed agli interessati quanto hanno ricevuto per effetto della contribuzione, dedotti i danni cagionati dal getto e le spese di ricuperamento.

654. La nave contribuisce per il suo valore nel luogo dello scaricamento o per il prezzo di vendita, fatta deduzione delle avarie particolari, anche posteriori all'avaria comune.

Il nolo, che, per effetto della convenzione accennata nell'articolo 577, è guadagnato anche in caso di perdita delle cose caricate, non è soggetto a contribuzione.

655. Le cose salvate e quelle gettate o altrimenti sacrificate contribuiscono in proporzione del loro valore netto nel luogo dello scaricamento. Se vi è la convenzione indicata nell'articolo precedente, il nolo non si deduce dal valore.

656. La natura, la specie e la qualità delle cose che devono contribuire, e di quelle gettate o sacrificate, sono stabilite colla presentazione delle polizze di carico e delle fatture, e in mancanza con altri mezzi di prova.

Quando nella polizza di carico è simulata una qualità o è simulato un valore delle cose caricate inferiore al vero, esse contribuiscono secondo il loro valore reale se sono salvate, e si pagano in ragione della qualità e del valore indicato se sono gettate o danneggiate.

Se invece è simulata una qualità o un valore superiore al vero, le cose caricate contribuiscono in ragione della qualità o del valore indicato se sono salvate, e si pagano secondo il loro valore reale se sono gettate o danneggiate.

안전하게 항구에 도착했다 하더라도 손해를 분담하지 아니한다.

第653조 투기된 물건의 해손은 분담한 이후 소유자가 그 물건을 회복한 경우, 소유자는 선장과 이해관계인에게 분담의 결과 수령한 것을 반환하여야 하며, 다만 투기의 결과 입은 손해와 회수에 필요한 비용은 이를 공제한다.

第654조 선박은 양하지 가격에 혹은 매각한 대금에 기초하여 해손을 분담하며, 단독 해손은 비록 공동해손이 발생한 이후에 발생했다 하더라도, 이를 공제하여야 한다.

운임은 제577조에서 본 약정의 효력으로 선적한 물건의 멸실 시에 이미 확정적으로 획득이 된 때에는 공동해손을 분담할 필요가 없다.

第655조 구조된 물건과 투기 기타 희생된 물건은 양하지에서 실제 가격에 의하여 비율로 분담한다. 전조에서 말하는 합의가 있는 경우, 운임은 가격에 포함하지 아니한다.

第656조 공동해손을 분담할 물건과 투기 기타 희생된 물건의 성질, 종류 및 품질은 선하증권과 송장의 기재, 이들이 없으면 다른 입증 방법으로 이를 정한다.

선하증권에 품질에 관해 허위의 기재가 있거나, 선적한 화물의 실제 가격보다 적은 금액으로 허위 기재가 있는 경우, 그 화물은 구조가 되면 실제 가격에 의해 해손을 분담하고 투기 기타 희생이 있으면 표시된 품질이나 가격에 기준하여 보상을 받는다.

만일 역으로 실제보다 상위 품질 혹은 높은 가격으로 허위기재가 된 경우, 그 선적 화물은 구조가 되면 기재된 품질이나 가격을 기준으로 공동해손을 분담하고 투기 기타 희생이 되면 실제 가격에 의해 보상이 된다.

용어가 schifi라는 용어와 혼동되어 사용된 것이 아닌가 생각된다.

657. Il capitano deve fare processo verbale d'ogni determinazione presa o delle operazioni eseguite per la salvezza comune, appena ciò gli sia possibile.

Il processo verbale deve esprimere i motivi della determinazione ed indicare sommariamente le cose sacrificate o danneggiate; dev'essere sottoscritto dai principali dell'equipaggio od accennare i motivi del loro rifiuto, e dev'essere trascritto nel giornale nautico.

Una copia di questo processo verbale sottoscritta dal capitano dev'essere unita alla relazione indicata nell'articolo 516.

658. La descrizione, la stima e la ripartizione delle perdite e dei danni è fatta nel luogo dello scaricamento della nave a cura del capitano e per mezzo di periti nominati, nel Regno, dal presidente del tribunale di commercio e in mancanza del pretore, e in paese estero, dall'ufficiale consolare o da chi ne fa le veci e in mancanza dall'autorità locale.

La ripartizione proposta dai periti è sottoposta all'esame, nel Regno, del tribunale di commercio, e in paese estero, del regio console o da chi ne fa le veci, o dell'autorità locale competente.

659. Non può aver luogo azione di avaria contro il noleggiatore e contro il destinatario, se il capitano ha ricevuto il nolo e consegnate le cose caricate senza protesta, quand'anche il pagamento del nolo sia stato anticipato.

TITOLO VIII
DEI DANNI CAGIONATI DALL'URTO DELLE NAVI

660. Se l'urto di navi è avvenuto per caso fortuito o per forza maggiore, i danni e le perdite che ne derivano sono sopportati dalle cose che li hanno sofferti, senza diritto a ripetizione.

661. Se l'urto è avvenuto per colpa di una delle navi, i danni e le perdite

제657조 선장은 공동이익을 위한 구조를 위해 취해진 결정이나 시행된 작업은 모두 가능한 한 신속히 그 진술조서를 작성하여야 한다.

진술조서에는 결정 이유와 희생이나 손상된 물건의 요지가 기술되어야 하며; 이를 사관들이 서명하여야 하며 혹은 서명 거절 이유를 기재하여야 하고, 다시 이를 항해일지에 이기하여야 한다.

이 진술조서 사본은 선장이 서명하여 제516조 기재 보고서에 첨부하여야 한다.

제658조 멸실 기타 손해에 관한 기술, 평가 및 분배는 양하지에서 선장의 책임하에 감정인의 도움을 받아 시행하며, 감정인은 국내에서는 상사법원 법원장, 법원장이 없으면 간이판사가, 해외에서는 영사관 공무원이나 그 대리인 혹은 지역 해당 기관이 임명한다.

감정인이 제시하는 분배안은 국내에서는 상사법원, 해외에서는 영사나 그 대리인 혹은 해당 지방정부가 각각 검사한다.

제659조 선장이 이의 없이 선적한 화물을 인도하고 운임을 받은 경우, 용선자나 수하인에게 공동해손의 분담을 청구할 수 없고, 이는 운임의 지급이 선급으로 이루어진 경우에도 마찬가지이다.

제8장 선박의 충돌로 인한 손해

제660조 천재지변 혹은 불가항력으로 선박이 충돌되면 그 결과로 생기는 손해와 멸실은 이를 당하는 물건이 감수하여야 하며 제3자에 대하여 구상할 수 없다.

제661조 선박 충돌이 어느 한 선박의 잘못에 기인하는 경우, 그로 인한 멸

che ne derivano sono a carico della nave medesima. Le indennità dovute alle persone morte o ferite hanno privilegio, in caso d'insufficienza della somma distribuibile.

662. Se non risulti a quale tra le navi urtate sia imputabile la colpa, o se la colpa risulti comune, ognuna sopporta i danni e le perdite che ha sofferto, senza diritto a ripetizione; però ciascuna è obbligata solidariamente per il risarcimento dei danni e delle perdite cagionate alle cose caricate, e per le indennità dovute per le offese alle persone secondo le disposizioni dei due articoli precedenti.

663. La responsabilità delle navi stabilita negli articoli precedenti lascia intatta quella degli autori della colpa verso i danneggiati e verso i proprietarii delle navi.

664. Quando una nave ha urtato senza colpa un'altra, perché essa stessa fu urtata per colpa d'una terza, tutta la responsabilità è a carico di questa.

665. L'azione di risarcimento dei danni derivanti dall'urto delle navi non è ammessa, se non ne è fatta protesta o richiamo entro giorni tre davanti all'autorità del luogo dell'avvenimento o del primo approdo.

Per i danni cagionati alle persone o alle cose caricate, la mancanza di protesta non nuoce agli interessati che non si trovavano sulla nave o non erano in grado di manifestare la loro volontà.

실과 훼손은 그 잘못한 선박이 부담한다. 분배할 총액이 부족한 경우, 사망 혹은 상해를 입은 사람이 갖는 배상청구권이 우선하여 변제를 받는다.

제662조 어느 선박에게 귀책사유가 있는지 불분명한 경우, 혹은 귀책사유가 공동으로 있다고 판명된 경우, 각자 입었던 손해를 감수하여야 하고 이를 구상할 수 없다; 그러나 각자는 선적한 화물에 발생한 멸실이나 훼손에 대해 연대하여 배상할 책임이 있고 앞의 2개 조문에 의해 지는 인적 사상에 대한 손해도 이를 연대하여 배상할 책임이 있다.

제663조 위 조문들에서 규정한 선박의 책임은 귀책사유가 있는 사람이 피해를 입은 사람 혹은 선박의 소유자에 대해 지는 배상책임에는 영향이 없다.

제664조 어느 선박이 귀책사유 없이 귀책사유가 있는 제3의 선박과 충돌하고 그 결과로 귀책사유가 없이 다른 선박과 다시 충돌한 경우 제3의 선박이 모든 책임을 진다.

제665조 선박충돌로 인한 손해배상청구는 사고 지역 혹은 최초 기항지 관청에 3일 이내에 이의 혹은 청구를 하지 아니하면 이를 할 수 없다.

인명 혹은 선적한 물건에 발생한 손해는 이러한 이의가 없었다 하더라도 당시 선상에 없었거나 혹은 이러한 의사를 표시할 수 없었던 이해관계인의 권리에는 영향이 없다.

TITOLO IX
DEI CREDITI PRIVILEGIATI

CAPO I
Disposizioni generali

666. I privilegi stabiliti nel presente titolo sono preferiti ad ogni altro privilegio generale o speciale sui mobili stabilito nel codice civile.

667. In ogni caso di deterioramento o diminuzione della cosa sulla quale esiste il privilegio, questi si esercita su ciò che avanza o viene ricuperato o salvato.

668. Il creditore avente privilegio sopra una o più cose, qualora sul prezzo di esse sia vinto da un creditore il cui privilegio si estenda ad altri oggetti, si intende surrogato nel privilegio a questo spettante.

Eguale diritto hanno ancora gli altri creditori privilegiati che rimangono perdenti in seguito alla detta surrogazione.

669. I crediti privilegiati nello stesso grado concorrono tra loro in caso d'insufficienza della cosa in proporzione del loro ammontare, se sono creati nello stesso porto. Ma se, essendosi ripresa la navigazione, simili crediti sono creati posteriormente, i crediti posteriori sono preferiti agli anteriori.

Collo stesso grado del capitale sono collocate le spese fatte da ciascun creditore per il suo concorso alla procedura, e gli interessi, qualora siano dovuti, per l'ultima annata e per quella in corso alla data del pignoramento, del sequestro o della vendita volontaria.

670. Se il titolo del credito privilegiato è all'ordine, la girata di esso produce anche il trasferimento del privilegio.

제9장 우선특권채권

제1절 통 칙

제666조 이 장에 의하여 인정되는 우선특권은 민법상 동산에 대한 모든 일반 및 특별 우선특권보다 우선한다.

제667조 우선특권의 대상인 물건이 훼손 혹은 감가된 경우, 우선특권은 그에 대한 잔여물, 회수한 물건 및 구조된 물건에 존속하여 행사한다.

제668조 어느 채권자가 어느 하나 혹은 수개의 물건에 우선특권이 있고, 다른 채권자가 그 목적물인 물건의 대금으로 변제를 받아가고, 그 다른 채권자가 다른 목적물에도 우선특권을 가지고 있었던 경우, 그 채권자는 그 다른 채권자에 속하는 우선특권을 대위한다.

그러한 대위의 결과로 권리를 상실하는 다른 우선특권 채권자도 같은 권리를 갖는다.

제669조 동일한 순위에 속하는 다수 우선특권 채권은, 물건이 변제에 충분하지 아니한 경우, 동일한 항구에서 발생한 것이면 총액의 비율에 따라 이를 분배한다. 그러나 항해를 재개한 다음 추후에 유사한 채권이 발생하면, 후에 발생한 채권이 이전에 발생한 채권보다 우선권을 갖는다.

분배절차에서 채권자 각자에게 발생한 비용 및 압류, 가압류 및 임의 매각의 날까지 발생하는 1년간 이자는, 원금과 동일한 순위의 우선특권이 있다.

제670조 우선특권 채권의 명의가 지시식으로 된 경우, 그 채권이 배서를 통하여 이전되면 우선특권도 동시에 이전된다.

CAPO II
Dei crediti privilegiati sulle cose caricate

671. Sono privilegiati sopra le cose caricate sulla nave e collocati sul loro prezzo nell'ordine in cui sono indicati nel presente articolo i seguenti crediti:

1. le spese di giustizia fatte nell'interesse comune dei creditori per atti conservativi o di esecuzione sulle cose stesse;
2. le spese, le indennità ed i premi di salvataggio dovuti, per l'ultimo viaggio, secondo le disposizioni del codice per la marina mercantile;
3. i diritti doganali dovuti per le cose stesse nel luogo di scaricamento;
4. le spese di trasporto e quelle di scaricamento;
5. il fitto dei magazzini nei quali le cose scaricate sono state depositate;
6. le somme dovute per contribuzione di avarie comuni;
7. i premi di assicurazione;
8. le somme di capitale e di interessi dovute per le obbligazioni contratte dal capitano sul carico, nei casi provveduti nell'articolo 509 e coll'adempimento delle prescritte formalità;
9. ogni altro prestito a cambio marittimo o con pegno sul carico, quando colui che ha dato il danaro sia possessore della polizza di carico.

672. I privilegi indicati nell'articolo precedente non si conservano se l'azione non è esercitata entro quindici giorni dallo scaricamento o prima che le cose caricate siano passate in mano di terzi.

Al sequestro, al pignoramento e alla vendita giudiziale delle cose vincolate con privilegio, si applicano le regole generali stabilite nel codice di procedura civile.

제2절 선적한 화물을 목적으로 한 우선특권

제671조 다음의 채권은 선적한 화물에 대하여 우선특권이 있고 본조에서 표시하는 순서에 따라 그 대금에 대해 우선변제권이 있다.

1. 물건의 보존과 집행 처분에 의거 채권자 공동의 이익을 위해 지출한 사법비용;
2. 최종항해에서 발생한 해운법에 따른 해난구조로 인한 비용, 보상 및 특별보상;
3. 양하한 곳에서의 물건 자체에 대한 관세;
4. 운송비용 및 양하 비용;
5. 양하한 물건을 보관한 창고의 창고료;
6. 공동해손분담금;
7. 보험료;
8. 제509조에 해당되는 경우이고 그에 따른 형식을 갖추고 선장이 화물에 대해 계약한 의무에 기해 지는 원금과 이자
9. 화물에 대한 모험대차 대주 혹은 질권자로 선하증권을 소지하고 있는 때.

제672조 전조에 기한 우선특권은 화물을 양하한 날로부터 15일 이내에, 또 제3자의 점유하에 놓이기 전에, 이를 행사하지 아니하면 소멸한다.

우선특권이 설정된 물건의 압류, 가압류 및 사법절차에 의한 매각에 대하여는 일반적인 민사소송법이 적용된다.

CAPO III

Dei crediti privilegiati sul nolo

673. Sono privilegiati sul nolo e collocati sull'ammontare di esso nell'ordine in cui sono qui appresso indicati i seguenti crediti:

1. le spese di giustizia fatte nell'interesse comune dei creditori per atti conservativi e di esecuzione;
2. le spese, le indennità ed i premi di salvataggio dovuti, per l'ultimo viaggio, secondo le disposizioni del codice per la marina mercantile;
3. i salarii, gli emolumenti e le indennità dovute secondo le disposizioni del titolo III di questo libro al capitano ed alle altre persone dell'equipaggio per il viaggio nel quale è guadagnato il nolo, nonché le retribuzioni dovute alla cassa degli invalidi della marina mercantile, per lo stesso viaggio;
4. le somme dovute per contribuzione di avarie comuni;
5. i premi di assicurazione;
6. le somme di capitale e di interessi dovute per le obbligazioni contratte dal capitano sul nolo nei casi preveduti nell'articolo 509 e coll'adempimento delle prescritte formalità;
7. le indennità dovute ai noleggiatori per mancanza di consegna delle cose caricate, o per avarie da esse sofferte per colpa del capitano o dell'equipaggio nell'ultimo viaggio;
8. ogni altro debito, a cambio marittimo o con pegno sul nolo, trascritto e annotato sull'atto di nazionalità.

CAPO IV

Dei crediti privilegiati sulla nave

674. La nave o le porzioni di esse sono vincolate, anche presso il terzo

제3절 운임에 대한 우선특권 채권자

제673조 다음의 채권은 운임에 대하여 우선특권이 있고 다음에 열거된 순서에 따라 운임 총액에 대하여 우선변제권이 있다:

1. 보존과 집행 처분에 의거 채권자 공동의 이익을 위해 지출한 사법비용;
2. 최종항해에서 발생한 해운법에 따른 해난구조로 인한 비용, 보상 및 특별보상;
3. 본편 제3장의 규정에 따라 선장 및 선원에게 운임이 발생한 그 항해에 대해 지급할 봉급, 보수 및 배상금과 나아가 동일한 항해에 대해 해운상이기금에 지불할 기여금;
4. 공동해손분담금;
5. 보험료;
6. 제509조에 해당되는 경우로 그에 따른 형식을 갖추어 선장이 운임에 대해 계약한 의무에 기해 지는 원금과 이자;
7. 최종 항해에서 선장 혹은 선원의 과실로 인하여 화물의 미인도 및 해손의 발생으로 인하여 용선자에게 지는 보상의무;
8. 등록부에 등재되고 국적증서에 부기된 운임에 대한 모험대차의 대주 및 질권채권자.

제4절 선박에 대한 우선특권

제674조 선박과 선박의 일부는, 비록 제3자의 점유하에 있다 하더라도,

possessore, al pagamento dei debiti che la legge dichiara privilegiati, nei modi e nei limiti stabiliti in appresso.

675. Sono privilegiati sopra la nave e collocati sul prezzo di essa nell'ordine in cui sono indicati nel presente articolo i seguenti crediti:

1. le spese di giustizia fatte nell'interesse comune dei creditori per atti conservativi o di esecuzione sulla nave;
2. le spese, le indennità ed i premi di salvataggio dovuti, per l'ultimo viaggio, secondo le disposizioni del codice per la marina mercantile;
3. le tasse di navigazione stabilite dalla legge;
4. i salarii dei piloti, il salario del custode e le spese di custodia della nave dopo il suo ingresso nel porto;
5. il fitto dei magazzini di deposito degli attrezzi e degli arredi della nave;
6. le spese di manutenzione della nave e dei suoi attrezzi ed arredi dopo il suo ultimo viaggio e l'ingresso nel porto;
7. i salarii, gli emolumenti e le indennità dovute secondo le disposizioni del titolo III di questo libro al capitano ed alle altre persone dell'equipaggio per l'ultimo viaggio, nonché le retribuzioni dovute alla cassa degli invalidi della marina mercantile per lo stesso viaggio;
8. le somme dovute per contribuzione di avarie comuni;
9. le somme di capitale e d'interessi dovute per le obbligazioni contratte dal capitano per i bisogni della nave nei casi preveduti nell'articolo 509 e coll'adempimento delle prescritte formalità;
10. i premii di assicurazione della nave e dei suoi accessorii per l'ultimo viaggio, sia la nave assicurata a viaggio o a tempo, e per i piroscafi in navigazione periodica assicurati a tempo i premii corrispondenti agli ultimi sei mesi, e inoltre, nelle associazioni di mutua assicurazione, i ripartimenti o le contribuzioni per gli ultimi sei mesi;
11. le indennità dovute ai noleggiatori per mancanza di consegna delle

법률이 정하여 우선특권이 부여된 채권에 대해 다음에서 정한 방식과 범위 내에서 우선적인 변제권의 대상이 된다.

第675조 다음의 채권은 선박에 대하여 우선특권이 있고 그 매각 대금에 대해 다음에 열거한 순서로 우선변제권이 있다:

1. 선박의 보존과 집행 처분에 의거 채권자 공동의 이익을 위해 지출한 사법비용;
2. 최종항해에서 발생한 해운법에 따른 해난구조로 인한 비용, 보상 및 특별보상;
3. 법률이 정한 항해에 대한 제세;
4. 도선료 및 입항 후 보관인의 급료 및 보관비용;
5. 선박의 장비 및 의장의 보관에 대한 창고료;
6. 최후 항해를 한 다음 입항한 후 선박, 그 장비 및 의장의 유지비;
7. 본편 제3장의 규정에 따라 선장 및 선원에게 최후 항해에 대해 지급할 봉급, 보수 및 배상금과 나아가 동일한 항해에 대해 해운상이기금에 지불할 기여금;
8. 공동해손분담금;
9. 제509조에 해당되는 경우로 그에 따른 형식을 갖추고서 선장이 선박의 필요에 의해 계약한 의무에 기해 지는 원금과 이자;
10. 선박과 그 부속물이, 항해보험에 들었든 기간보험에 들었든, 최후항해에 대한 보험료, 정기항해를 하는 동력선으로 기간보험에 든 경우 최근 6개월에 해당하는 보험료 및 기타 상호보험에서 최근 6개월의 분담금과 수수료;
11. 최종 항해에서 선장 혹은 선원의 과실로 인하여 화물의 미인도 및

cose caricate o per le avarie da esse sofferte per colpa del capitano o dell'equipaggio nell'ultimo viaggio;

12. il prezzo della nave ancora dovuto al venditore;
13. i crediti indicati nel precedente numero 9° trascritti ed annotati tardivamente; ogni altro credito a cambio marittimo sulla nave ed i crediti per i quali la nave è stata data in pegno.

Nel concorso di più crediti menzionati nel numero 13° la preferenza è determinata dalla data della trascrizione del titolo e dell'annotazione sull'atto di nazionalità.

676. Il giratario, il cessionario, la persona surrogata o il creditore che ha in pegno il credito sulla nave già trascritto ed annotato può fare annotare sul registro dell'amministrazione marittima e sull'atto di nazionalità la girata, la cessione, la surrogazione o la costituzione di pegno avvenuta.

677. I privilegi indicati negli articoli precedenti non possono essere esercitati, se i crediti non sono provati e i privilegi non sono conservati nel modo seguente:

1. le spese di giustizia, colle note liquidate dal giudice competente nelle forme stabilite dalle leggi di procedura;
2. le spese, le indennità e i premii di salvataggio ed i salarii dei piloti, con sentenze, con attestati degli amministratori della marina mercantile e con quelle altre prove che l'autorità giudiziaria crederà di ammettere secondo le circostanze;
3. le tasse di navigazione, colle liquidazione delle autorità competenti;
4. il salario del custode, le spese di custodia indicate nel numero 4° dell'articolo 675 ed i crediti indicati nel numero 5° dell'articolo 671 e nei numeri 5° e 6° dell'articolo 675, mediante prospetti approvati dal presidente del tribunale di commercio;
5. i salarii e gli emolumenti del capitano e delle altre persone

해손의 발생으로 인하여 용선자에게 지는 보상의무;

12. 매도인에 대해 아직 지고 있는 매매대금;
13. 위 9호에서 말하는 채권으로 등재와 부기를 늦게 한 채권; 선박에 대한 여타 모험대차 채권 및 선박에 질권이 있는 여타 채권.

제13호 열거 채권이 다수 있는 경우, 소유권 등록부와 국적증서에 등록한 순서에 의하여 우선순위가 결정된다.

제676조 이미 선박에 등재하고 국적증서에 부기한 채권에 관해 피배서인, 양수인, 대위인 및 질권을 설정한 채권자는 그 선박등록부와 국적증서에 배서, 양도, 대위 혹은 입질을 등재하고 부기하게 할 수 있다.

제677조 위에서 본 우선특권은 다음과 같은 방식으로 입증하고 보존된 경우에 한하여 행사할 수 있다:

1. 사법비용은 절차법이 정한 형식으로 권한이 있는 판사가 정산을 한 결정서;
2. 해난구조의 비용, 보상금 및 특별보상금과 도선사의 보수는 결정문, 해운관청 공무원의 확정서, 기타 상황에 따라 사법기관이 신뢰할 수 있는 증거;

3. 항해 제세는 해당 관청의 정산서;
4. 제675조 제4호에서 말하는 보관인의 급료, 보관비용, 제671조 제5호에서 말하는 채권, 제675조 제5호 및 제6호에서 말하는 채권은 상사법원 법원장의 승인을 얻은 추정서;

5. 선장과 선원의 봉급 기타 보수는 해운관청 공무원이 초본을 만든 승

dell'equipaggio, coi ruoli di armamento e di disarmamento estratti dagli uffici di amministrazione della marina mercantile; le altre indennità, colla relazione del capitano e con altre prove degli avvenimenti che ne attribuiscono il diritto; le retribuzione dovute alla cassa degli invalidi della marina mercantile, coi «deconti» formati secondo le disposizioni delle leggi e dei regolamenti speciali;

6. i crediti per contribuzioni di avarie comuni, cogli atti riguardanti la ripartizione di esse;
7. i debiti indicati nel numero 8° dell'articolo 671, nel numero 6° dell'articolo 673, e nel numero 9° dell'articolo 675, mediante i processi verbali sottoscritti dai principali dell'equipaggio, i decreti di autorizzazione, i prospetti sottoscritti dal capitano ed avvalorati da perizie, da atti di vendita e da processi verbali da lui sottoscritti, o mediante altri atti comprovanti la necessità delle spese;
8. i premii di assicurazione, colle polizze di assicurazione, coi «buoni» o altri titoli sottoscritti dall'assicurato e cogli estratti dei libri dei pubblici mediatori di assicurazioni; i ripartimenti o le contribuzioni nelle associazioni di mutua assicurazione, cogli estratti dei registri di ammissione delle navi all'associazione;
9. le indennità dovute ai noleggiatori, colle sentenze che le liquidarono; se al tempo della distribuzione del prezzo è pronunciata la sentenza di condanna al risarcimento dei danni, ma questi non sono ancora liquidati, possono, secondo i casi, o collocarsi i creditori dell'indennità per una somma approssimativa, mediante cauzione di restituire l'eccedenza, o collocarsi i creditori ad essi posteriori, altresì mediante cauzione di restituire;
10. la vendita della nave coll'atto di vendita, trascritto ed annotato nel modo stabilito nell'articolo 483;

선 및 하선명부; 다른 손해배상금은 선장의 보고서 및 권리를 유발하는 사건의 입증 증거; 해운상이기금에 지불할 기여금은 특별 법령에 규정된 바에 따라 작성한 기부청구서;

6. 공동해손분담금은 손해분배에 관한 정산서.

7. 제673조 제8호 기재 채무, 제673조 제6호 채무, 제675조 제9호 채무는 사관이 서명한 진술조서, 허가명령서, 선장이 서명하고 감정인이 확인한 추정서, 매매계약서와 선장이 서명한 진술조서, 기타 비용이 필요성을 입증할 서류에 의한다;

8. 보험료는 보험증서, 가입확인서 기타 피보험자가 서명한 증서 혹은 보험중개인의 중개인일기 사본; 상호보험회사의 분담금과 수수료는 회사에 선박이 입고된 등록부 사본;

9. 용선자에게 지는 손해배상은 금액을 확정한 판결문, 분배 시에 청구권을 인정하는 판결은 확정되어 있지만 아직 금액을 확정하는 판결이 없으면 경우에 따라 과지급분에 대한 담보를 제공하고 추정한 금액으로 권리를 인정하고, 혹은 후순위로 한다든가 그렇지 않고 반환을 위한 담보를 제공시킨다.

10. 선박의 매매는 제483조에 규정된 바에 따라 부기되고 부서된 매매계약서;

11. i crediti indicati nel numero 9° dell'articolo 671, nel numero 8" dell'articolo 673, e nel numero 13° dell'art. 675, colle corrispondenti scritture trascritte ed annotate nel modo prescritto.

678. Oltreché nei modi generali di estinzione delle obbligazioni, i privilegi dei creditori sulla nave si estinguono:

1. colla vendita giudiziale fatta ad istanza di creditori, o per altra causa, nelle forme stabilite nel libro quarto e dopo pagato il prezzo sul quale i privilegi sono trasferiti;
2. col decorso del termine di tre mesi, nel caso di alienazione volontaria.

Questo termine decorre dalla data della trascrizione dell'atto di alienazione, se la nave si trova al tempo della trascrizione nel compartimento dove è inscritta, e dalla data del suo ritorno nel detto compartimento, se la trascrizione dell'alienazione è fatta quando la nave ne è già partita; purché entro un mese dalla data della trascrizione, la vendita sia notificata ai creditori privilegiati, i titoli dei quali si trovano trascritti ed annotati sull'atto di nazionalità.

L'estinzione non ha luogo rispetto al creditore privilegiato, che prima della decorrenza del termine ha citato in giudizio l'acquirente per ottenere la dichiarazione del suo privilegio.

679. L'acquirente di una nave, o di porzione di nave, per liberarla dai crediti privilegiati per i quali non è obbligato personalmente, deve far notificare ai creditori, prima che sia pignorata o sequestrata, un atto contenente:

1. la data e la qualità del suo titolo e le date della trascrizione di esso e dell'annotazione sull'atto di nazionalità;
2. il nome e il cognome del suo autore;
3. il nome, la qualità e la portata della nave;
4. il prezzo convenuto ed ogni altro peso posto a carico dell'acquirente, o

11. 제671조 제9호, 제673조 제8호 및 제675조 제13호 기재 채권은 소정의 방식으로 등재되고 부기된 해당 서면.

제678조 일반적인 채무의 소멸사유 이외에, 채권자의 우선특권은 다음 사유로 소멸한다:

1. 제4편에 정한 방식으로 채권자의 신청 기타 원인에 의한 사법절차에 의한 매각과, 그 후에는 이전되어 우선특권이 행사될 매각대금이 지급된 후;
2. 임의매각이 있은 후 3개월의 경과.

이 기간은 등록 시기에 등록지 해역에 선박이 있는 경우 등록일부터, 만일 이전등록이 선박이 출발을 하고 난 다음에 이루어진 때에는 귀항한 날로부터 기산한다; 권리가 등록되고 국적증서에 부기된 우선특권자에 대해서는 등록일로부터 1개월 내에 매매를 통지하는 것을 조건으로 한다.

우선특권이 있는 채권자가 이 기간이 도과하기 이전에 양수인을 상대로 그 우선특권의 확인을 위한 소를 제기한 경우에는 적용하지 아니한다.

제679조 선박 혹은 그 지분의 취득자는, 채무에 대하여 개인적으로 책임이 있지 않는 한, 우선특권이 있는 채권자로부터 책임을 면하려면, 선박의 압류나 가압류가 있기 이전에 채권자에게 다음 사항을 서면으로 통지하여야 한다:

1. 자기 권리의 일자와 종류 및 등록부에 등록하고 국적증서에 부기한 날짜;
2. 작성자의 성명;
3. 선박의 명칭, 종류 및 용량;
4. 약정한 가격 및 기타 취득자의 부담 혹은 지급하기로 청약한 가격;

il valore che egli offre di pagare;

5. l'elenco dei creditori, coll'indicazione dei loro nomi e cognome, delle somme loro dovute e dalla data dei loro titoli, della trascrizione di essi e dell'annotazione sull'atto di nazionalità;
6. l''offerta di depositare il prezzo convenuto o il valore dichiarato, affinché sia diviso tra i creditori;
7. l'elezione del domicilio nel comune ove siede il tribunale che sarebbe competente per l'incanto, se questo dovesse aver luogo.

Un estratto sommario di questo atto dev'essere inserito nel giornale degli annunzi giudiziarii del luogo, ove ha sede l'ufficio marittimo presso il quale la nave è inscritta, e ciò tiene luogo di notificazione per i crediti non soggetti a pubblicazione.

680. Ogni creditore privilegiato o fideiussore di crediti privilegiati può, entro quindici giorni dalla notificazione ed inserzione suddette, domandare la vendita all'incanto, offrendo di aumentare il prezzo di un decimo e dar cauzione per il pagamento del prezzo e per l'adempimento di ogni altro peso.

Tale domanda, sottoscritta dall'istante o da un suo procuratore speciale, deve essere notificata all'acquirente con citazione avanti al tribunale civile del luogo ove la nave è inscritta, perché sia pronunciato sull'ammissibilità della cauzione e sulla domanda di vendita

681. Se la vendita non è domandata nel termine e nel modo stabiliti nell'articolo precedente o se la domanda è respinta, il prezzo rimane definitivamente fissato, e col deposito di esso l'acquirente consegue la proprietà della nave o della porzione di nave libera dai privilegi. I privilegi sono trasferiti sul prezzo depositato, che viene distribuito come nei casi di vendita giudiziale.

Se la domanda giudiziale è accolta, il tribunale colla stessa sentenza

5. 채권자의 성명, 채권 금액 및 권원, 등록부 및 국적증서 일자 등을 포함한 채권자 목록;

6. 약정한 가격이나 선언한 가격을 채권자들이 나누어 가질 수 있도록 보관시키려는 제안;
7. 공매가 있을 경우 관할법원 관할구역 내에 선정주소

이 서면의 요약 사본은 선박이 등록된 해역사무실이 있는 장소의 사법공보에 포함시켜 공지하여야 하고 그러면 이는 공시의 대상이 아닌 채권자에 대한 통지로 본다.

제680조 모든 우선특권 채권자와 그 보증인은 통지와 위의 공고일로부터 15일 이내에 10분지 1 이상 증가된 가격과 그 대금의 지급과 여타 부담의 이행에 대한 보증장을 제공하고 청약을 하면서 공매를 요구할 수 있다.

신청인이나 그 특별대리인이 서명한 이러한 청구는 선박등록지 법원에 제기한 소장과 함께 취득자에게 통지하여야 하며, 그러면 매각요구와 그 보증이 수용할 수 있는지 여부를 판정한다.

제681조 구입 요청이 전항에서 정한 기간에 그 방식으로 이루어지지 아니하였거나 혹은 그러한 요구가 거절된 경우, 가격은 확정적으로 정해지고 이를 공탁한 취득자는 우선특권이 없는 선박 혹은 그 지분의 소유권을 취득한다. 그러면 우선특권은 공탁한 가격으로 이전되며 이 가격은 사법절차를 통하여 매매가 이루어진 것 같이 분배한다.

사법적인 요구가 받아들여지면 법원은 동일한 명령으로 매각을 허가하고 그러면 제5편 제1장 제2절에 정한 방식으로 이를 집행한다.

autorizza la vendita, che viene eseguita secondo le disposizioni del capo II, Titolo I, del libro quarto

682. La cancellazione delle trascrizioni od annotazioni dei privilegi non può farsi che in virtù del consenso degli interessati o di sentenza non più soggetta ad opposizione od appello.

Ognuno ha diritto di ottenere un documento comprovante l'esistenza di una o più trascrizioni sopra una nave, o porzione di nave o il certificato che non ne esista alcuna.

제682조 우선특권의 등재와 부기는 이해관계인의 동의가 있거나 혹은 이의나 항소를 할 수 없는 판결에 의해서만 이를 말소할 수 있다.

누구이든 어느 선박이나 그 지분에 하나 혹은 다수 등록이 있다는 것을 입증하는 증서, 혹은 아무런 등록사항이 없다는 것을 증명하는 증서를 발부받을 권리가 있다.

CODICE DELLA NAVIGAZIONE

Approvato con R.D. 30 marzo 1942, n. 327

1942년 이탈리아 항행법

CODICE DELLA NAVIGAZIONE

Approvato con R.D. 30 marzo 1942, n. 327
(con succ. mod. e integr. sino al 2002)

아래 본문은 법전 Codice della Navigazione marittima, interna ed aerea, Franco Timo & Giovanna Cavanenghi(CELT, 2011)를 기초로 하고 Codice della Navigazione, Leopoldo Tullio(Giuffere Editore, 2012)를 참조하여 편집하였다. 따라서 본문은 1942년에 제정된 원문이 아니라 2011년-2012년까지 개정된 조문을 기본으로 하였고 다만 폐지된 조문은 가능한 한 복원하여 삭제 표시와 함께 독자에게 제시하고자 하였다.

Disposizioni preliminari

Articolo 1【Fonti del diritto della navigazione】 In materia di navigazione marittima, interna ed aerea, si applicano il presente codice, le leggi, i regolamenti, e gli usi ad essa relativi.

Ove manchino disposizioni del diritto della navigazione e non ve ne siano di applicabili per analogia, si applica il diritto civile.

Articolo 2【Mare territoriale】 Sono soggetti alla sovranità dello Stato i golfi, i seni e le baie, le cui coste fanno parte del territorio della Repubblica, quando la distanza fra i punti estremi dell'apertura del golfo, del seno o della baia non supera le ventiquattro miglia marine. Se tale distanza è superiore a ventiquattro miglia marine, è soggetta alla sovranità dello Stato la porzione del golfo, del seno o della baia compresa entro la linea retta tirata tra i due punti più foranei distanti tra loro ventiquattro miglia marine.

È soggetta altresì alla sovranità dello Stato la zona di mare dell'estensione

1942년 이탈리아 항행법
(해상법 및 항공법)

서론 규정

제1조 【항행법의 법원】 해상, 내수 및 항공의 항행[1]에 관한 사안은 본법, 법률, 각령[2] 및 관련 관행에 의하여 규율한다.
항행에 적용될 법규가 없고 거기에 유추 적용할 규정도 없는 때에는 민법을 적용한다.

제2조 【영해】 그 연안이 영토의 일부가 되는 만, 포 및 하구의 입구 가장 외부 지점 사이의 거리가 24마일 이하인 경우 그 만, 포 및 하구는 국가의 주권에 귀속한다. 만일 그 거리가 24마일을 초과하면 그 만, 포구 및 하구에서 24마일이 되는 가장 외부 두 지점에 직선을 그어 거기에 포함된 부분

1) 이탈리아 항행법은 제1부에 항해와 내수 항행에 관한 규정을 두고, 이어서 제2부에 항공 항행에 관한 규정을 두어 하나의 법전에 양자에 대한 규정을 모두 담고 있고, 따라서 여기에 있는 서론 규정도 양자를 포괄하여 모두에 적용되는 것을 전제로 규정하고 있다. 다만 항공운송에 관한 규정, 즉 제2부는 이 책의 목적을 벗어나는 것이기에 이를 이 책에 포함시키지 아니하였다.

2) 여기에서 각령이란 내각령을 말한다.

di dodici miglia marine lungo le coste continentali ed insulari della Repubblica e lungo le linee rette congiungenti i punti estremi indicati nel comma precedente. Tale estensione si misura dalla linea costiera segnata dalla bassa marea.

Sono salve le diverse disposizioni che siano stabilite per determinati effetti da leggi o regolamenti ovvero da convenzioni internazionali.

Articolo 3【Spazio aereo soggetto alla sovranità dello Stato】 È soggetto alla sovranità dello Stato lo spazio aereo che sovrasta il territorio della Repubblica ed il relativo mare territoriale.

Articolo 4【Navi e aeromobili italiani in località non soggette alla sovranità di alcuno Stato】 Le navi italiane in alto mare e gli aeromobili italiani in luogo o spazio non soggetto alla sovranità di alcuno Stato sono considerati come territorio italiano.

Articolo 5【Legge regolatrice degli atti compiuti a bordo di navi e di aeromobili in navigazione】 Gli atti ed i fatti compiuti a bordo di una nave o di un aeromobile nel corso della navigazione in luogo o spazio soggetto alla sovranità di uno Stato estero sono regolati dalla legge nazionale della nave o dell'aeromobile in tutti i casi nei quali, secondo le disposizioni sull'applicazione delle leggi in generale dovrebbe applicarsi la legge del luogo dove l'atto è compiuto o il fatto è avvenuto.

La disposizione del comma precedente si applica agli atti ed ai fatti compiuti a bordo di una nave o di un aeromobile di nazionalità estera nel corso della navigazione in luogo o spazio soggetto alla sovranità dello Stato italiano, sotto condizione di reciprocità da parte dello Stato al quale la nave o l'aeromobile appartiene.

Articolo 6【legge regolatrice dei diritti reali e di garanzia su navi ed aeromobili】 La proprietà, gli altri diritti reali e i diritti di garanzia

이 국가의 주권에 귀속한다.

그 외에, 이탈리아 반도 및 도서 연안을 따라 연장된 12마일의 바다 지역 및 전항에서 말하는 가장 외각 지점을 연결하는 직선을 따라 연장된 12마일의 바다 지역이 국가 주권에 귀속한다. 이러한 연장은 저조선을 기준으로 연안에 표시된 기선을 기준으로 측정한다.

법률, 각령 및 국제조약의 명백한 효력에 기해 이와 다른 규정이 있는 때에는 이를 예외로 한다.

제3조 【국가 주권의 대상인 영공】 이탈리아 영토와 그 영해의 상공에 있는 영공에도 이탈리아 국가 주권이 미친다.

제4조 【어느 국가의 주권도 미치지 아니하는 지역에 있는 이탈리아 선박과 항공기】 공해에 있는 이탈리아 선박과 어느 국가의 주권도 미치지 아니하는 지역이나 항공에 있는 이탈리아 여객기는 이탈리아 영토라고 본다.

제5조 【항행중인 선박과 항공기에서 행한 행위를 규제하는 법】 법 적용 일반원칙에 의하여 법률행위를 행하거나 사실행위가 있었던 곳의 법이 적용될 경우, 외국 관할 영토나 영해에서 항행 도중에 있는 선박이나 항공기에서 취해진 법률행위 및 있었던 사실행위는 그 선박이나 항공기의 국적법에 의하여 규율한다.

전항의 규정은 이탈리아 주권이 미치는 영토와 영공에서 항행 도중에 있는 외국 선박이나 항공기상에서 취해진 법률행위나 행해진 사실행위에 대하여도 적용되며, 다만 그 선박이나 항공기 소속 국가에서도 동일한 법리가 적용되는 것을 조건으로 한다.

제6조 【선박 및 항공기에 대한 담보권 및 물권의 적용 법률】 선박이나 항공기에 대한 소유권, 여타 물권 및 담보권은, 그 발생, 이전 및 소멸 행위의

sulle navi e sugli aeromobili, nonché le forme di pubblicità degli atti di costituzione, trasmissione ed estinzione di tali diritti, sono regolati dalla legge nazionale della nave o dell'aeromobile.

Articolo 7【Legge regolatrice della responsabilità dell'armatore e dell'esercente】 La responsabilità della nave o dell'esercente dell'aeromobile per atti o fatti dell'equipaggio è regolata dalla legge nazionale della nave o dell'aeromobile.

La stessa legge regola i limiti legali del debito complessivo o della responsabilità dell'armatore o dell'esercente anche per le obbligazioni da loro personalmente assunte.

Articolo 8【Legge regolatrice dei poteri e dei doveri del comandante】 I poteri, i doveri e le attribuzioni del comandante della nave o dell'aeromobile sono regolati dalla legge nazionale della nave o dell'aeromobile.

Articolo 9【Legge regolatrice del contratto di lavoro】 I contratti di lavoro della gente del mare, del personale navigante della navigazione interna e del personale di volo sono regolati dalla legge nazionale della nave o dell'aeromobile, salva, se la nave o l'aeromobile è di nazionalità straniera, la diversa volontà delle parti.

Articolo 10【Legge regolatrice dei contratti di utilizzazione di navi e aeromobili】 I contratti di locazione, di noleggio, di trasporto sono regolati dalla legge nazionale della nave o dell'aeromobile, salva la diversa volontà delle parti.

Articolo 11【Legge regolatrice della contribuzione alle avarie comuni】 La contribuzione alle avarie comuni è regolata dalla legge nazionale della nave o dell'aeromobile.

Articolo 12【Legge regolatrice delle obbligazioni derivanti da urto di navi o aeromobili】 Le obbligazioni derivanti da urto di navi o di aeromobili in alto mare o in altro luogo o spazio non soggetto alla sovranità

공시방법을 포함하여, 그 선박이나 항공기의 국적법에 의하여 규율한다.

제7조 【의장자와 운항자의 책임을 규제하는 법】 선박이나 항공기의 운항자가 그 선원이나 승무원의 법률행위나 사실행위로 인하여 질 책임은 그 선박이나 항공기의 국적법에 의하여 규율한다.

의장자 및 운항자가 약정하여 생기는 개인적인 채무를 포함한 모든 채무와 책임의 총액에 대한 한도도 동일한 법에 의하여 규율한다.

제8조 【선장과 기장의 의무과 권한의 규제】 선박의 선장과 항공기의 기장이 갖는 권한, 의무 및 지위는 그 선박이나 여객기의 국적법에 의하여 규율한다.

제9조 【근로계약의 규제법】 내수항행선이나 항해선의 선원 혹은 항공기 승무원과의 근로계약은 그 선박이나 항공기 국적법에 의하여 규율하며, 다만 그 항공기나 선박이 외국 선박 혹은 항공기로 당사자 사이에 다른 합의가 있는 경우에는 그러하지 아니하다.

제10조 【선박 및 여객의 이용계약의 규제】 선박이나 여객기의 임대차, 용선 및 운송에 관한 계약은, 당사자 사이에 반대의 특약이 없는 한, 그 선박이나 항공기의 국적법에 의하여 규율한다.

제11조 【공동해손의 분담에 관한 규율법】 공동해손의 분담은 그 선박이나 항공기의 국적법에 의하여 규율한다.

제12조 【선박이나 항공기의 충돌로 인한 책임의 규제법】 어느 국가의 주권도 미치지 아니하는 공해 기타 지역이나 영공에서 선박이나 여객기의 충돌로 인하여 야기되는 책임은 만일 양 주체가 동일한 국적이면 그 국적법

di alcuno Stato sono regolate dalla legge nazionale delle navi o degli aeromobili, se è comune; altrimenti dalla legge italiana.

Articolo 13 【Legge regolatrice delle obbligazioni derivanti da assistenza, salvataggio e ricupero】 Le obbligazioni derivanti da assistenza, salvataggio e ricupero compiuti in alto mare sono regolate dalla legge nazionale della nave o dell'aeromobile che ha prestato il soccorso o compiuto il ricupero.

La stessa legge regola la ripartizione del compenso per assistenza, salvataggio e ricupero fra l'armatore o l'esercente e l'equipaggio.

Articolo 14 【Competenza giurisdizionale】 Oltre che nei casi previsti dall'articolo 4 del codice di procedura civile, le domande riguardanti urto di navi o di aeromobili ovvero assistenza, salvataggio o ricupero in alto mare o in altro luogo o spazio non soggetto alla sovranità di alcuno Stato possono proporsi avanti i giudici della Repubblica, se la nave o l'aeromobile che ha cagionato l'urto o che è stato assistito o salvato, ovvero le persone salvate o le cose salvate o ricuperate si trovano nella Repubblica.

에 의한다.; 그렇지 아니하면 이탈리아 법에 의하여 규율한다.

제13조 【원조, 구조 및 회수로 인한 의무의 규제법】 공해상에서 행하였던 원조, 구조 및 회수로 인하여 발생하는 의무는 그 구조를 제공하거나 회수를 시행한 선박이나 항공기의 국적법에 의하여 규율한다.

원조, 구조 및 회수로 인한 보상에서 의장자와 그 선원, 혹은 운항자와 그 승무원 사이의 분배도 마찬가지 법에 의하여 규율한다.

제14조 【재판관할권】 민사소송법 제4조 규정과 별도로, 어느 국가의 주권도 미치지 아니하는 공해 기타 영토나 항공에서의 선박이나 항공기의 충돌 혹은 원조, 구조 및 회수와 관련된 청구는, 만일 충돌을 일으킨 선박이나 항공기, 원조나 구조를 받은 선박이나 항공기, 또는 원조를 받은 사람이나 구조나 회수된 물건이 이탈리아 국내에 있는 때에는, 이를 이탈리아 법원에 제기할 수 있다.

Parte prima Della navigazione marittima e interna

Libro primo Dell'ordinamento amministrativo della navigazione

Titolo I Degli organi amministrativi della navigazione

Capo I Dell'amministrazione della navigazione marittima

Art. 15 【Ministro competente】 L'amministrazione della marina mercantile è retta dal Ministro dei Trasporti e della Navigazione.

Art. 16 【Circoscrizioni del litorale della Repubblica】 Il litorale della Repubblica è diviso in zone marittime; le zone sono suddivise in compartimenti e questi in circondari.

Alla zona è preposto un direttore marittimo, al compartimento un capo del compartimento, al circondario un capo del circondario. Nell'ambito del compartimento in cui ha sede l'ufficio della direzione marittima, il direttore marittimo è anche capo del compartimento. Nell'ambito del circondario in cui ha sede l'ufficio del compartimento, il capo del compartimento è anche capo del circondario.

Negli approdi di maggiore importanza in cui non hanno sede né l'ufficio del compartimento né l'ufficio del circondario sono istituiti uffici locali di porto o delegazioni di spiaggia dipendenti dall'ufficio circondariale.

Il capo del compartimento, il capo del circondario e i capi degli altri uffici marittimi dipendenti sono comandanti del porto o dell'approdo in cui hanno sede.

제1부 항해 및 내수항행

제1편 항행 행정 규정

제1장 항행 행정 기구

제1절 항해 행정

제15조【관할 장관】 해운행정은 교통항행장관[3]이 관할한다.

제16조【이탈리아해안의 경계】 이탈리아에 귀속하는 연안은 이를 “해안”으로 나누고 해안은 다시 이를 “해역”으로 나누며, 해역은 이를 다시 “해구”로 나눈다.

각 해안에는 “해안장”을 두며, 각 해역에는 “해역장”을 두며, 각 해구에는 “해구장”을 둔다.[4] 해역 내에 “해안사무소”가 있으면 해안장이 그 해역의 해역장을 겸한다. 해구 내에 “해역사무소”가 있으면 그 해구에서는 해역장이 해구장을 겸한다.

중요한 항구이지만 해역사무소나 해구사무소가 없으면 그 해구에 소속된 항구지부나 해변분소를 설치한다.

해역장, 해구장 및 그 소속 지소의 장은 주된 사무소가 있는 항구의 항만장이 된다.

---

3) 이 명칭은 시대에 따라 명칭이 달라진다.

4) 해안, 해역 및 해구 또는 해안장, 해역장 및 해구장은 번역자가 독자의 편의를 위하여 임의로 만들어 사용한 명칭이다. 해안사무소, 해역사무소 및 해구사무소도 마찬가지이다.

Art. 17 【Attribuzioni degli uffici locali】 Il direttore marittimo esercita le attribuzioni conferitegli dal presente codice, dalle altre leggi e dai regolamenti.

Il capo del compartimento, il capo del circondario, e i capi degli altri uffici marittimi dipendenti, oltre le attribuzioni conferite a ciascuno di essi dal presente codice, dalle altre leggi e dai regolamenti, esercitano nell'ambito delle rispettive circoscrizioni, tutte le attribuzioni amministrative relative alla navigazione e al traffico marittimo, che non siano specificamente conferite a determinate autorità.

Art. 18 【Personale dell'amministrazione marittima】 Le funzioni amministrative attinenti alla navigazione e al traffico marittimo sono esercitate dal corpo delle capitanerie di porto. Ove se ne riconosca l'opportunità, l'esercizio di tali funzioni può essere affidato, nei porti ed approdi di minore importanza, a persone estranee a detto corpo.

Art. 19 【Enti portuali】 Nei porti di maggiore importanza taluni servizi portuali inerenti alla navigazione possono essere affidati ad appositi enti costituiti con legge.

Art. 20 【Vigilanza sulla navigazione e sul traffico all'estero】 La vigilanza sulla navigazione e sul traffico marittimo nazionale all'estero è esercitata dalle autorità consolari.

Capo II Dell'amministrazione della navigazione interna

Art. 21 【Ministro competente】 L'amministrazione della navigazione su laghi, fiumi, canali e altre acque interne è retta dal Ministro dei Trasporti e della Navigazione.

제17조 【지역 사무소의 권한】 해안장은 이 법, 다른 법률 및 각령에 의해 부여된 권한을 행사한다.

해역장, 해구장 및 지부장은, 이 법과 다른 법률 및 각령에 의하여 각자에게 부여된 권한을 제외하고는, 달리 별도로 다른 기관에 부여된 것이 아니면, 각자의 경계 범위 내에서, 항해나 운송에 관련된 모든 행정 권한을 행사한다.

제18조 【해운행정책임자】 항해와 해사 교통에 관한 행정 기능은 항구의 해경[5] 기구가 담당한다.

중요하지 아니한 항구의 경우, 필요하다면, 이러한 기능을 해경 이외 외부인에게 위탁할 수도 있다.

제19조 【항만공사】 중요 항구에 있어서는 항해에 수반되는 일정한 항구 서비스를 법률에 의하여 설립된 적절한 단체에 위임할 수 있다.

제20조 【항해 및 외국과의 항해와 운송에 대한 감시】 외국에서 항해와 해사 교통에 대한 감시는 영사관이 이를 담당한다.

제2절 내수항행 행정

제21조 【관할 장관】 호수, 강, 운하 기타 내수에서 항행에 관한 행정은 교

---

5) 이탈리아에서 해경은 해군의 일부이다. 그리고 그 행정기능은 치안과 안전에 한정된다. 그리하여 동 규정은 약간의 오해의 소지가 있으나 본래 의미의 행정사무는 교통항행장관과 그 소속 해안장 및 해구장에 부여되어 있다.

Art. 22 【Ispettorati compartimentali】 Agli effetti dell'ordinamento amministrativo della navigazione interna il territorio della Repubblica è diviso in zone.

A ciascuna zona è preposto un ispettorato compartimentale della motorizzazione civile e dei trasporti in concessione.

Art. 23 【Uffici di porto】 Nei porti e nelle altre località di maggiore importanza per la navigazione interna sono istituiti ispettorati di porto e delegazioni di approdo da questi dipendenti.

L'ispettorato di porto esercita sulle vie navigabili comprese nella sua circoscrizione le attribuzioni conferitegli dal presente codice, dalle altre leggi e dai regolamenti.

Il capo dell'ispettorato ed il capo della delegazione di approdo sono comandanti del porto ove hanno sede.

Nei casi previsti dal regolamento possono essere istituite, fuori della circoscrizione degli ispettorati di porto, delegazioni di approdo direttamente dipendenti dall'ispettorato compartimentale. In tal caso il capo della delegazione esercita anche le attribuzioni del capo dell'ispettorato di porto, conferitegli dal Ministro dei Trasporti e della Navigazione.

Art. 24 【Navigazione promiscua】 Le navi addette alla navigazione interna, quando entrano in acque marittime, devono osservare le norme di polizia marittima e sono sottoposte alla vigilanza degli organi competenti per la navigazione marittima.

Parimenti le navi addette alla navigazione marittima, quando entrano in acque interne, devono osservare le norme di polizia in vigore per tali acque e sono sottoposte alla vigilanza degli organi competenti per la navigazione interna.

통항행장관[6]이 담당한다.

제22조 【지구 감독청】 내수항행에 대한 행정 규제를 위해 이탈리아 영토를 "내수구"로 나눈다.

각 내수구에는 민간교통과 인가운송을 담당하는[7] "내수구청"을 둔다.

제23조 【항구 사무소】 내수 항행을 위해 중요하다고 판단되는 항구 기타 지역에 "항구관리소" 혹은 이에 소속된 "포구분소"를 둔다.[8]

항구관리소는 관할 구역 내에서 항로에 관해 본법, 다른 법률 및 각령이 부여한 권한을 행사한다.

항구관리소장이나 포구분소장은 사무소 소재지의 항만장이 된다.

각령에서 예정한 특별한 경우에는, 항구관리소 관할구역 외부에 내수구청 직속으로 포구분소를 설치할 수 있다. 이 경우 그 포구분소장은 교통항행장관에 의하여 부여된 항구관리소장의 권한도 행사한다.

제24조 【혼합항행】 내수항행에 제공된 선박이 해수에 진입한 때에는 해상안전에 관한 규정을 준수하여야 하고 항해 담당 관청의 감시하에 놓인다.

마찬가지로, 항해에 제공된 선박이 내수에 진입한 때에도, 내수에 발효

---

6) 이 기관의 명칭도 시대에 따라 변한다.

7) 왜 명칭에 이런 말들이 붙어 있는지는 약간 불명하다. 이탈리아 교수에게 물어도 시원한 답을 듣지 못하였다.

8) 내수구, 항구관리소 및 포구분소도 역자가 독자의 이해의 편의를 위하여 붙인 것이다.

Art. 25【Attribuzioni dell'autorità comunale】 Nelle località ove non hanno sede uffici di porto l'esercizio di attribuzioni amministrative relative alla navigazione interna può essere conferito a norma del regolamento dal Ministro dei Trasporti e della Navigazione all'autorità comunale.

Art. 26【Navi e galleggianti addetti al servizio urbano】 Nei porti comunicanti con canali ed altre acque interne, il comandante del porto esercita la vigilanza sulle navi e sui galleggianti addetti al servizio urbano che entrano nelle acque marittime.

I conflitti di competenza fra l'autorità marittima e quella comunale relativi al servizio di tali navi e galleggianti sono risolti dal prefetto del luogo ed in via definitiva dal Ministro dei Trasporti e della Navigazione.

Art. 27【Vigilanza sulla navigazione e sul traffico all'estero】 La vigilanza sulla navigazione e sul traffico nazionale all'estero è esercitata dalle autorità consolari.

Titolo II Dei beni pubblici destinati alla navigazione

Capo I Del demanio marittimo

Art. 28【Beni del demanio marittimo】 Fanno parte del demanio marittimo:

a) il lido, la spiaggia, i porti, le rade;

중인 안전에 관한 규범을 준수하여야 하며, 내수항행을 담당하는 기관의 감시하에 놓인다.

第25조【지방정부의 권한】 항구관리소가 없는 지역에서는, 내수항행에 대한 행정권한은 교통항행장관이 규정한 바에 따라 이를 지방정부에 부여하여 행사하게 할 수 있다.

第26조【도시 교통에 제공된 선박 및 유동구조물】 운하 기타 내수와 연결된 항구의 경우, 항만장이 도시 교통에 제공되어 해수에 진입하는 선박이나 유동구조물을 감시한다.

해운관청과 지역관청 사이에 이러한 선박이나 유동구조물의 관할권에 대하여 분쟁이 생기면 지역 지방정부 감독관[9]에 의하여 해결하고 나아가 교통해운장관에 의하여 최종적으로 결정한다.

第27조【외국에서의 항해와 해운의 감시】 외국에서는 항해나 교통에 대한 감시는 영사관이 이를 담당한다.

제2장 항행에 제공된 공공재산

제1절 해양공유자산

第28조【해양공유자산인 재산】 다음 것이 해안공유자산의 일부를 구성한다.:

a) 해안, 해변, 항구, 묘박지;

---

9) 각 지방정부마다 혹은 여러 지방정부를 관할하는 중앙정부가 파견한 감독관이 상주한다.

b) le lagune, le foci dei fiumi che sboccano in mare, i bacini di acqua salsa o salmastra che almeno durante una parte dell'anno comunicano liberamente col mare;

c) i canali utilizzabili ad uso pubblico marittimo.

Art. 29 【Pertinenze del demanio marittimo】 Le costruzioni e le altre opere appartenenti allo Stato, che esistono entro i limiti del demanio marittimo e del mare territoriale, sono considerate come pertinenze del demanio stesso.

Art. 30 【Uso del demanio marittimo】 L'amministrazione dei trasporti e della navigazione regola l'uso del demanio marittimo e vi esercita la polizia.

Art. 31 【Limiti del demanio marittimo】 Nei luoghi, nei quali il mare comunica con canali o fiumi o altri corsi di acqua, i limiti del demanio marittimo sono fissati dal Ministro dei Trasporti e della Navigazione di concerto con quelli per le finanze e per i lavori pubblici, nonché con gli altri ministri interessati.

Art. 32 【Delimitazione di zone del demanio marittimo】 Il capo del compartimento, quando sia necessario o se comunque ritenga opportuno promuovere la delimitazione di determinate zone del demanio marittimo, invita, nei modi stabiliti dal regolamento, le pubbliche amministrazioni e i privati che possono avervi interesse a presentare le loro deduzioni e ad assistere alle relative operazioni.

Le contestazioni che sorgono nel corso della delimitazione sono risolte in via amministrativa dal direttore marittimo, di concerto con l'intendente di finanza, con provvedimento definitivo.

In caso di accordo di tutte le parti interessate il provvedimento del direttore marittimo dà atto nel relativo processo verbale dell'accordo intervenuto.

Negli altri casi il provvedimento deve essere comunicato, con i relativi

b) 석호, 하구 혹은 해수나 염기 해역으로 연중 일부 기간에 바다와 자유롭게 연결이 되는 저수지;

c) 공공 해운에 이용될 수 있고 사용되는 운하.

제29조【해양공유자산의 종물】 해양공유자산의 범위 및 영해의 범위 내에 존재하는 국가에 속하는 건조물 기타 설비는 이를 그 해양공유자산의 종물로 본다.

제30조【해양공유자산의 사용】 운송 및 해운의 행정을 담당하는 기관이 해양공유자산을 관리하고 그 보안을 담당한다.

제31조【해양공유자산의 범위】 운하, 강 기타 수로로 바다와 연결된 호수에서의 해양공유자산의 범위는 교통항행장관이 재무장관, 건설장관 기타 이해관계 부처의 장관과 협의를 거쳐 결정한다.

제32조【해양공유자산지역의 제한】 각 해역장은, 특정한 지역에서 해양공유자산을 제한하는 것이 필요하거나 적당하다고 생각되는 경우, 각령으로 정한 방식으로 이해관계를 가진 공공기관이나 개인을 상대로 그들의 의견을 개진하게 하고 관련 작업에 협조를 요청하여야 한다.

이러한 지역 제한 과정에 제기된 이의는 각 해안장이 지방 재무관[10]과 협의를 거쳐 명령의 형식으로 확정적으로 결정한다.

모든 이해관계인이 동의를 하는 경우 해안장의 결정은 합의조서에 의해 확정한다.

그 밖의 경우 그 결정은 관련 서류와 함께 해운 담당 장관에게 송부하여야 하고, 동 장관은 수령일로부터 60일 이내에 그 취소를 명할 수 있고, 그러면 이후 10일 이내에 해역장을 통하여 이를 이해관계인에게 통지한다.

---

10) 중앙정부 재정부에서 파견한 재정감독관이다.

documenti, al ministro per la marina mercantile, il quale entro sessanta giorni dalla ricezione può annullarlo con suo decreto, da notificarsi, entro i dieci giorni successivi, agli interessati per tramite del direttore marittimo.

In caso di annullamento, la risoluzione in via amministrativa della contestazione spetta al ministro per la marina mercantile, di concerto con quello per le finanze.

Nelle controversie innanzi alle autorità giurisdizionali, la tutela dei beni demaniali spetta esclusivamente al ministro per le finanze.

Art. 33【Ampliamento del demanio marittimo】 Quando per necessità dei pubblici usi del mare occorra comprendere nel demanio marittimo zone di proprietà privata di limitata estensione e di lieve valore ad esso adiacenti, ovvero i depositi e gli stabilimenti menzionati nell'art. 52, la dichiarazione di pubblico interesse per l'espropriazione è fatta con decreto del Ministro dei Trasporti e della Navigazione, di concerto con il ministro per le finanze. Il decreto costituisce titolo per l'immediata occupazione del bene da espropriare.

Art. 34【Destinazione di zone demaniali marittime ad altri usi pubblici】 Con provvedimento del Ministro dei Trasporti e della Navigazione, su richiesta dell'amministrazione statale, regionale o dell'ente locale compente, determinate parti del demanio marittimo possono essere destinate ad altri usi pubblici, cessati i quali riprendono la loro destinazione normale.

Art. 35【Esclusione di zone dal demanio marittimo】 Le zone demaniali che dal capo del compartimento non siano ritenute utilizzabili per pubblici usi del mare sono escluse dal demanio marittimo con decreto del Ministro dei Trasporti e della Navigazione, di concerto con quello per le finanze.

Art. 36【Concessione di beni demaniali】 L'amministrazione marittima, compatibilmente con le esigenze del pubblico uso, può concedere l'occupazione e l'uso, anche esclusivo, di beni demaniali e di zone di mare

취소의 경우, 이의에 대한 행정적 분쟁 처결은 해운 담당 장관이 재무장관과 협의를 거쳐 결정한다.

사법기구에 제기된 분쟁의 경우, 해상공유자산의 보호는 전적으로 재무장관의 임무에 속한다.

제33조【해양공유자산의 확장】 바다를 공공의 목적으로 이용할 필요가 있어 사유재산이지만 제한적인 영역이고 고가가 아닌 것으로 인접해 있는 지역이 해양공유자산으로 편입이 요청되는 경우, 혹은 제52조에서 말하는 공탁과 설비가 있는 경우, 교통항행장관이 재무장관과 협의를 거쳐 징발을 위한 공용처분을 할 수 있다.

명령이 있으면 징발된 물건에 대해 즉시 점유할 권리가 생긴다.

제34조【해양공유자산 지역의 다른 목적 지정】 국가, 지역 행정기관, 혹은 관할 지방 기구의 요청에 의거 교통항행장관의 명령이 있으면 특정한 해양공유자산의 일부가 다른 목적에 제공될 수 있고, 그렇다 하더라도 그 재산은 지정된 목적이 종료되면 원래 목적에 다시 제공된다.

제35조【해양공유자산 지역 제외】 어느 공유자산 지역이 해역장의 의견에 의하면 그 지역이 해양 공공이용에 유용하지 않다고 판단되면 교통항행장관은 재무장관과 협의를 거쳐 명령으로 이를 해양공유자산에서 제외할 수 있다.

제36조【해양공유자산인 재산의 양허】 행정관청은 그것이 공공의 이용에 필요하다고 인정되는 범위 내에서, 해양공유자산인 재산 혹은 영해의 일부 지역을 일정 기간동안 점유하고 사용하며 경우에 따라서는 독점적으로 점

territoriale per un determinato periodo di tempo.

Le concessioni di durata superiore a quindici anni sono di competenza del Ministro dei Trasporti e della Navigazione. Le concessioni di durata superiore a quattro, ma non a quindici anni, e quelle di durata non superiore al quadriennio che importino impianti di difficile sgombero sono di competenza del direttore marittimo. Le concessioni di durata non superiore al quadriennio, quando non importino impianti di difficile sgombero, sono di competenza del capo di compartimento marittimo.

Art. 37 【Concorso di più domande di concessione】 Nel caso di più domande di concessione, è preferito il richiedente che offra maggiori garanzie di proficua utilizzazione della concessione e si proponga di avvalersi di questa per un uso che, a giudizio dell'amministrazione, risponda ad un più rilevante interesse pubblico.

Al fine della tutela dell'ambiente costiero, per il rilascio di nuove concessioni demaniali marittime per attività turistico-ricreative è data preferenza alle richieste che importino attrezzature non fisse e completamente amovibili. A'altresì data preferenza alle precedenti concessioni, già rilasciate, in sede di rinnovo rispetto alle nuove istanze.

Qualora non ricorrano le ragioni di preferenza di cui ai precedenti commi, si procede a licitazione privata.

Art. 38 【Anticipata occupazione di zone demaniali】 Qualora ne riconosca l'urgenza, l'autorità marittima può, su richiesta dell'interessato, consentire, previa cauzione, l'immediata occupazione e l'uso di beni del demanio marittimo, nonché l'esecuzione dei lavori all'uopo necessari, a rischio del richiedente, purché questo si obblighi ad osservare le condizioni che saranno stabilite nell'atto di concessione.

Se la concessione è negata, il richiedente deve demolire le opere eseguite e rimettere i beni nel pristino stato.

유하고 사용하는 것을 허가할 수 있다.

양허가 15년 이상 지속되면 교통항행장관의 권한에 속한다. 양허가 4년 이상 15년 미만에 해당하거나 혹은 4년 미만의 기간이지만 그 철거가 용이하지 않는 설비를 전제로 하면 이는 해안장의 권한에 속한다. 양허가 4년 미만의 기간이고 철거가 용이한 설비를 전제로 하면 이는 해역장의 권한에 속한다.

제37조【다수 신청인의 양허 경쟁】 어느 양허를 위해 다수 신청이 있는 경우, 양허를 유용하게 활용할 것을 가장 확실히 보장하고, 또 해당 관청의 판단에 의하면 공공 목적에 가장 적합하게 활용할 것을 제안하는 사람에게 우선권이 부여된다.

관광 및 위락 활동을 위하여 새로이 양허를 인가함에 있어서는, 해안환경의 보호를 목적으로 설비가 고정되지 아니하고 완전 유동적인 것을 전제로 하는 신청인에게 우선권을 부여한다. 그 밖의 경우 새로운 신청과 관련 이미 양허가 되어 갱신의 과정에 있는 사람에게 우선권이 부여된다.

이상 규정에 의하여 우선권을 부여할 이유가 없는 때에는 경쟁 입찰로 결정한다.

제38조【해양공유자산지역의 사전 점유】 긴급을 요하는 경우, 이해관계인의 청구가 있으면, 해운관청은 일정한 담보를 제공하는 조건으로 일정한 해양공유자산인 재산의 즉각적인 점유를 허가할 수 있고, 필요한 경우 신청인의 위험으로 공작물의 설치를 허가할 수도 있으며, 이는 모두 신청인이 허가에 부착된 조건을 이행할 의무를 지는 것을 전제로 한다.

만일 양허가 최종적으로 거부되면, 신청인은 설치한 공작물을 철거하여야 하고 그 설비를 이전 상태로 복원하여야 한다.

Art. 39 【Misura del canone】 La misura del canone è determinata dall'atto di concessione.

Nelle concessioni a enti pubblici o privati, per fini di beneficenza o per altri fini di pubblico interesse, sono fissati canoni di mero riconoscimento del carattere demaniale dei beni.

Art. 40 【Riduzione del canone】 Qualora l'utilizzazione di beni del demanio marittimo da parte del concessionario venga ad essere ristretta per effetto di preesistenti diritti di terzi, al concessionario non è dovuto alcun indennizzo, ma si fa luogo a un'adeguata riduzione del canone, salva la facoltà prevista nel primo comma dell'articolo 44.

Art. 41 【Costituzione d'ipoteca】 Il concessionario può, previa autorizzazione dell'autorità concedente, costituire ipoteca sulle opere da lui costruite sui beni demaniali.

Articolo 42 【Revoca delle concessioni】 Le concessioni di durata non superiore al quadriennio e che non importino impianti di difficile sgombero sono revocabili in tutto o in parte a giudizio discrezionale dell'amministrazione marittima.

Le concessioni di durata superiore al quadriennio o che comunque importino impianti di difficile sgombero sono revocabili per specifici motivi inerenti al pubblico uso del mare o per altre ragioni di pubblico interesse, a giudizio discrezionale dell'amministrazione marittima.

La revoca non dà diritto a indennizzo. Nel caso di revoca parziale si fa luogo ad un'adeguata riduzione del canone, salva la facoltà prevista dal primo comma dell'articolo 44.

Nelle concessioni che hanno dato luogo a una costruzione di opere stabili l'amministrazione marittima, salvo che non sia diversamente stabilito, è tenuta a corrispondere un indennizzo pari al rimborso di tante quote parti del costo delle opere quanti sono gli anni mancanti al termine di scadenza

제39조【사용료의 산정】 사용료는 양허행위에 의하여 결정한다.

자선 기타 공공목적을 위한 개인 혹은 공공단체에 대한 양허의 경우, 사용료는 그 설비의 공유재산적 성격을 그대로 감안하는 방식으로 결정한다.

제40조【사용료의 감축】 제3자가 이전부터 갖는 권리 때문에 수익자의 해양공유자산인 재산을 이용하는 것이 제한되는 경우, 이로 인하여 수익자에게 달리 보상을 할 의무는 없지만 적당한 금액의 범위 내에서 사용료를 감축할 수는 있고, 다만 제44조 제1항에서 말하는 권한에 대하여는 이를 예외로 한다.

제41조【저당권 설정】 양허 수익자는 허가 관청의 사전 승인이 있으면 공유자산인 재산상에 자기가 설치한 구조물에 저당권을 설정할 수 있다.

제42조【양허의 취소】 4년을 초과하지 아니하는 기간이고 제거가 현저히 어려운 설비가 설치되지 않는 경우, 해운관청의 재량적인 판단에 의하여 그 전부나 일부를 취소할 수 있다.

4년을 초과하는 기간의 양허 혹은 제거가 현저하게 어려운 설비의 설치를 포함하는 양허는 특별히 공중의 해양 이용을 목적으로 하거나 기타 공익적인 이유에 기하여 해운관청의 재량적인 판단에 의해 이를 취소할 수 있다.

이러한 취소가 있다 하더라도 그로 인한 보상청구권은 발생하지 아니한다. 부분적인 취소가 있는 경우, 사용료에 상당한 감액을 가져오며, 다만 제44조 제1항에서 말하는 권한의 경우에는 그러하지 아니하다.

항구적인 설비의 건설을 야기한 양허의 경우, 달리 다른 내용의 약정이 있지 않는 한, 해운관청은 그 공사의 설치비용을 기준으로, 원래 약정된 기간 중에서 남은 기간의 비율로, 비용보전에 상당하는 보상을 할 의무가 있다.

어느 경우이든, 보상청구권은 취소 당시 설비가액을 초과하지 못하며,

fissato.

In ogni caso l'indennizzo non può essere superiore al valore delle opere al momento della revoca, detratto l'ammontare degli effettuati ammortamenti.

Art. 43 【Comande incompatibili】 Qualora una domanda di concessione di beni del demanio marittimo risulti incompatibile con una concessione precedentemente fatta per uso di meno rilevante interesse pubblico, la concessione precedente può essere revocata con decreto del Presidente della Repubblica, previo parere del Consiglio di Stato, fermo il disposto degli ultimi due commi dell'articolo precedente.

Art. 44 【Modifica o estinzione della concessione per fatto dell'amministrazione】 In caso di revoca parziale, il concessionario ha facoltà di rinunziare alla concessione dandone comunicazione all'autorità concedente nel termine di trenta giorni dalla notifica del provvedimento di revoca.

La stessa facoltà spetta al concessionario anche quando l'utilizzazione della concessione sia resa impossibile in parte, in conseguenza di opere costruite per fini di pubblico interesse dallo Stato o da altri enti pubblici.

Se l'utilizzazione è resa totalmente impossibile la concessione si estingue.

Art. 45 【Modifica o estinzione per cause naturali】 Quando, per cause naturali, i beni del demanio marittimo concessi subiscono modificazioni tali da restringere l'utilizzazione della concessione, il concessionario ha diritto ad una adeguata riduzione del canone.

Qualora le cause predette cagionino modificazioni tali nella consistenza dei beni da rendere impossibile l'ulteriore utilizzazione della concessione, questa si estingue.

Art. 45 bis 【Affidamento ad altri soggetti delle attività oggetto della concessione】 Il concessionario, in casi eccezionali e per periodi determinati, previa autorizzazione dell'autorità competente, può affidare

감가상각 총액도 공제하여야 한다.

제43조 【상충되는 청구】 어느 해양공유자산인 재산과 관련 그 양허신청이 공공이익이 더욱 약한 목적으로 전에 이미 이루어진 양허와 상충되는 경우 대통령은 행정자문위[11]의 사전 의견을 들은 다음 명령으로 이전 양허를 취소할 수 있고, 이때에도 전조 마지막 2항 규정의 적용에는 영향을 미치지 아니한다.

제44조 【행정기관이 행한 양허의 변경과 소멸】 부분적인 취소의 경우, 수익자는 양허 자체를 포기할 수 있고, 그렇게 하려면 취소 처분일로부터 30일 내에 양허기관에 이를 통지하여야 한다.

국가 기타 공공기관이 공익을 위해 건설한 공사로 인해, 양허가 부분적으로 그 효용을 상실하게 된 때에도, 수익자는 동일한 권리를 갖는다.

만일 양허의 효용이 완전히 소멸한 경우, 양허는 자동적으로 소멸한다.

제45조 【자연적인 원인에 의한 양허의 변경과 소멸】 자연적인 원인으로 인하여 양허된 해양공유자산인 재산이 양허의 이용에 변경을 가져올 정도로 제한이 가해지면 수익자는 사용료의 감액을 청구할 수 있다.

위 원인으로 인하여 물건의 동일성에 변경이 올 정도로 양허를 목적대로 이용하는 것이 불가능하게 된 때에는 그 양허는 자동적으로 실효된다.

제45의2 【양허목적활동의 타인에 위임】 특별히 예외적인 경우, 수익자는

11) 이탈리아 헌법 제100조 참조: 주로 행정법원 판사로 구성되어 있다.

ad altri soggetti la gestione delle attività secondarie nell'ambito della concessione. Previa autorizzazione dell'autorità competente, può essere altresì affidata ad altri soggetti la gestione di attività secondarie nell'ambito della concessione.

Art. 46 【Subingresso nella concessione】 Quando il concessionario intende sostituire altri nel godimento della concessione deve chiedere l'autorizzazione dell'autorità concedente.

In caso di vendita o di esecuzione forzata, l'acquirente o l'aggiudicatario di opere o impianti costruiti dal concessionario su beni demaniali non può subentrare nella concessione senza l'autorizzazione dell'autorità concedente.

In caso di morte del concessionario gli eredi subentrano nel godimento della concessione, ma devono chiederne la conferma entro sei mesi, sotto pena di decadenza. Se, per ragioni attinenti all'idoneità tecnica od economica degli eredi, l'amministrazione non ritiene opportuno confermare la concessione, si applicano le norme relative alla revoca.

Art. 47 【Decadenza dalla concessione】 L'amministrazione può dichiarare la decadenza del concessionario:

a) per mancata esecuzione delle opere prescritte nell'atto di concessione, o per mancato inizio della gestione, nei termini assegnati;
b) per non uso continuato durante il periodo fissato a questo effetto nell'atto di concessione, o per cattivo uso;
c) per mutamento sostanziale non autorizzato dello scopo per il quale è stata fatta la concessione;
d) per omesso pagamento del canone per il numero di rate fissato a questo effetto dall'atto di concessione;
e) per abusiva sostituzione di altri nel godimento della concessione;

양허기관의 사전 허락을 받고 일정한 기한을 정하여, 양허 목적 활동의 관리를 다른 사람에게 위임할 수 있다. 양허기관의 사전 허락이 있으면 양허의 범위 내에서 부수활동의 관리를 다른 사람에게 위임할 수도 있다.[12)]

제46조【양허 수계】 양허 수익자가 다른 사람으로 수익자를 대체하려고 하는 경우, 양허기관에 그 허락을 신청하여야 한다.

양도나 경매의 경우, 해양공유자산에 설치한 설비나 공작물의 양수인이나 경락인은, 양허기관의 허락이 없으면, 그 양허를 수계할 수 없다.

수익자가 사망한 경우, 그 상속인이 양허의 이용을 수계하나 다만 6개월 내에 그 확인을 신청하여야 하며 그렇지 아니하면 그 양허는 종료한다. 상속인의 기술적 혹은 경제적인 적합성과 관련된 이유로, 양허기관이 양허의 수계를 확인하여 주는 것이 적당하지 않다고 판단하는 경우, 양허 취소에 관한 규정이 적용된다.

제47조【양허 종료】 다음의 경우 양허기관은 양허의 종료를 선언할 수 있다:

a) 양허처분에서 지시한 작업을 실행하지 아니하거나 혹은 지정된 기간 내에 그 관리를 시작하지 아니한 때;
b) 양허처분에서 사용을 위해 정한 기간 내에 계속적인 불사용 혹은 불량 사용한 때;
c) 양허처분이 이루어진 목적을 허가 없이 실질적으로 변경하는 행위를 한 때;
d) 사용료를 양허처분에서 정한 입금 일자에 납입하지 아니하는 행위를 한 때;
e) 양허권을 남용하여 수익자를 타인으로 대치하는 행위를 한 때;

---

12) 1993년에 추가.

f) per inadempienza degli obblighi derivanti dalla concessione, o imposti da norme di leggi o di regolamenti.

Nel caso di cui alle lettere a) e b) l'amministrazione può accordare una proroga al concessionario.

Prima di dichiarare la decadenza, l'amministrazione fissa un termine entro il quale l'interessato può presentare le sue deduzioni.

Al concessionario decaduto non spetta alcun rimborso per opere eseguite né per spese sostenute.

Art. 48【Autorità competente a dichiarare la revoca e la decadenza】 La revoca e la decadenza della concessione sono dichiarate, con le formalità stabilite dal regolamento, dall'autorità che ha fatto la concessione.

Art. 49【Devoluzione delle opere non amovibili】 Salvo che sia diversamente stabilito nell'atto di concessione, quando venga a cessare la concessione, le opere non amovibili, costruite sulla zona demaniale, restano acquisite allo Stato, senza alcun compenso o rimborso, salva la facoltà dell'autorità concedente di ordinarne la demolizione con la restituzione del bene demaniale nel pristino stato.

In quest'ultimo caso, l'amministrazione, ove il concessionario non esegua l'ordine di demolizione, può provvedervi a termini dell'articolo 54.

Art. 50【Disciplina dell'uso di beni demaniali】 Salve le disposizioni relative a speciali gestioni di apparecchi meccanici di carico e scarico e di magazzini di proprietà dello Stato, nelle località dove sia riconosciuto opportuno, il capo di compartimento regola la destinazione e l'uso di aree e di pertinenze demaniali per il carico, lo scarico e la temporanea sosta di merci o materiali per un periodo di tempo eccedente quello necessario alle ordinarie operazioni portuali e ne determina i canoni relativi.

Le autorizzazioni sono rilasciate dal comandante del porto che ne fissa la durata.

f) 양허에 조건으로 부착되거나 법령에 의하여 부과된 의무를 이행하지 아니하는 행위를 한 때.

위 a)와 b)에 해당하는 경우, 행정관청은 수익자에게 기간 연장을 허가할 수 있다.

양허 종료를 선언하기 이전에 행정기관은 기간을 정하여 이해관계인이 자기 의견을 개진할 수 있게 하여야 한다.

양허가 종료되면 수익자는 실행한 작업이나 지출한 비용에 대하여 보상을 요구하지 못한다.

제48조【취소나 종료선언 관할기관】 양허의 취소나 종료는 각령으로 정한 형식을 밟아 양허를 할 권한이 있는 기관이 이를 선언한다.

제49조【고정 설비의 귀속】 양허처분에 의하여 별도로 정하여지지 아니하는 한, 양허가 종료된 때에는 해양공유자산에 설치된 고정설비는 국가에 귀속되고, 이에 대하여 수익자는 아무런 보상이나 구상을 청구할 수 없으며, 나아가 양허기관은 그 철거와 공유재산의 원상회복을 명할 수 있다.

이 마지막 경우에 만일 수익자가 철거명령을 이행하지 아니하면 그 행정기관은 직권으로 제54조 규정에 따라 조치할 수 있다.

제50조【공유자산인 재산의 사용에 관한 규정】 국유인 선적 및 양하 설비와 보세창고의 특별 관리에 관한 별도 규정은 이를 예외로 하고, 원칙적으로 화물 기타 물건의 선적, 양하 및 항구의 통상적인 운용에 필요한 기간을 초과하는 기간 일시 유치 등을 위한, 공유 공간이나 종물의 배치와 사용은 해역장이 이를 규율하고 관련된 사용료도 정한다.

그러면 항만장이 허락을 하고 기간을 정한다.

Art. 51【Estrazione e raccolta di arena e altri materiali】 Nell'ambito del demanio marittimo e del mare territoriale, l'estrazione e la raccolta di arena, alghe, ghiaia o altri materiali è sottoposta alla concessione del capo del compartimento.

Art. 52【Impianto ed esercizio di depositi e stabilimenti】 Le concessioni per l'impianto e l'esercizio di depositi e stabilimenti, i quali siano situati anche soltanto in parte entro i confini del demanio marittimo o del mare territoriale, ovvero siano comunque collegati al mare, a corsi d'acqua o canali marittimi, sono fatte a norma delle disposizioni del presente titolo.

Per l'impianto e l'esercizio di stabilimenti o di depositi costieri di sostanze infiammabili o esplosive è richiesta inoltre l'autorizzazione del Ministro dei Trasporti e della Navigazione.

L'impianto e l'esercizio dei depositi e stabilimenti predetti sono sottoposti alle disposizioni di polizia stabilite dall'autorità marittima. L'impianto e l'esercizio dei depositi e stabilimenti di cui al secondo comma sono sottoposti inoltre alle speciali disposizioni in materia.

Art. 53【Registro dei diritti gravanti sul demanio marittimo】 Presso ogni ufficio di compartimento è tenuto, nelle forme stabile dal regolamento, un registro dei diritti sulle zone di demanio marittimo comprese nell'ambito della circoscrizione.

Art. 54【Occupazioni e innovazioni abusive】 Qualora siano abusivamente occupate zone del demanio marittimo o vi siano eseguite innovazioni non autorizzate, il capo del compartimento ingiunge al contravventore di rimettere le cose in pristino entro il termine a tal fine stabilito e, in caso di mancata esecuzione dell'ordine, provvede di ufficio a spese dell'interessato.

Art. 55【Nuove opere in prossimità del demanio marittimo】

L'esecuzione di nuove opere entro una zona di trenta metri dal demanio marittimo o dal ciglio dei terreni elevati sul mare è sottoposta

제51조 【모래 기타 자원의 추출과 수집】 공유자산이나 영해의 범위 내에서 모래, 해초, 자갈 기타 물질을 추출하거나 수집하려면 해역장으로부터 양허를 받아야 한다.

제52조 【창고와 공장의 설치와 운용】 창고와 공장의 설치 및 운용에 관한 양허는, 비록 일부일지라도, 해양공유자산이나 영해상에 있거나 혹은 수로나 운하를 통해 바다와 연결되어 있다면, 이를 본장의 규정에 의하여 허가를 받아야 한다.

인화성 혹은 폭발성 물질의 공장이나 연안창고의 설치와 운용은 그 외에도 교통항행장관의 허락을 받아야 한다.

위 창고와 공장의 설치와 운용은 해운관청이 규정한 안전에 관한 규정에 따라야 한다. 위 제2항에 따른 창고와 공장의 설치와 운용은 그 외에도 그 물질에 적용될 특별 규정도 준수하여야 한다.

제53조 【공공자산에 설정된 권리의 등록】 각 해역사무소에는 각령에서 정한 방식으로 그 관할 구역 내에 있는 해양공유자산 지역상 권리를 등록할 권리등록부를 보유하여야 한다.

제54조 【남용적인 사용과 개비】 해양공유자산 지역을 남용하여 점유하거나 허락 없이 이를 개비하는 경우, 해역장은 그 위반자에게 이를 목적으로 정한 기간 내에 그 물건의 원상회복을 명하고, 위반자가 이 명령을 이행하지 아니하면 이해관계인의 비용으로 직권으로 필요한 조치를 취한다.

제55조 【해양공공자산 인근 신공사】 해양공공자산에서 혹은 해양에 돌출된 육지 끝에서 30미터 내 지역에서 새로운 공사를 시행하려면 해역장의 허락을 받아야 한다.

all'autorizzazione del capo del compartimento.

Per ragioni speciali, in determinate località la estensione della zona entro la quale l'esecuzione di nuove opere è sottoposta alla predetta autorizzazione può essere determinata in misura superiore ai trenta metri, con decreto del Presidente della Repubblica, previo parere del Consiglio di Stato.

L'autorizzazione si intende negata se entro novanta giorni l'amministrazione non ha accolta la domanda dell'interessato.

L'autorizzazione non è richiesta quando le costruzioni sui terreni prossimi al mare sono previste in piani regolatori o di ampliamento già approvati dall'autorità marittima.

Quando siano abusivamente eseguite nuove opere entro la zona indicata dai primi due commi del presente articolo, l'autorità marittima provvede ai sensi dell'articolo precedente.

Capo II Delle zone portuali della navigazione interna

Art. 56 【Competenza dell'amministrazione della navigazione interna】

Nelle zone dei porti e approdi muniti di opere stabili, adibiti al pubblico servizio della navigazione interna su laghi, fiumi e canali, l'amministrazione della navigazione interna esercita la polizia e regola l'uso delle opere, degli impianti e delle altre pertinenze ivi esistenti.

I limiti delle predette zone portuali sono fissati con decreto del Ministro dei Trasporti e della Navigazione, di concerto con i ministri per le finanze e per i lavori pubblici e, quando si tratti di opere costruite dalle amministrazioni comunali e provinciali, col ministro per l'interno.

특정한 지역에 특별한 이유가 있으면 대통령은 행정자문위[13]의 의견을 들은 다음 명령으로 위와 같이 해역장의 허락을 받아 공사를 시행할 지역을 30미터 이상으로 증가하는 방식으로 지역을 확장할 수 있다.

양허허가신청은 30일 이내에 해당관청이 이해관계인의 신청을 승인하지 아니하면 거부된 것으로 간주한다.

해양 인근 육지에 새로운 공사가, 이미 해운관청의 승인을 받은 도시계획이나 그 확장에서 당연히 예상되는 것이라면, 이러한 허가를 받을 필요가 없다.

위 최초 2항에서 말하는 지역에서 새로운 공사가 남용되어 실시된 경우, 해운관청은 전조에서 말하는 방식으로 조치한다.

제2절 내수항행의 항만지역

제56조【내수항행의 관할관청】 호수, 하천 및 운하에서, 내수항행을 위한 공공서비스에 이용되고 항구적 설비를 갖추고 있는 항구 및 포구 지역은, 내수항행관청이 그 보안을 책임지고 공작물과 설비 및 거기에 있는 부속물의 사용을 규제한다.

위 항구 지역은 교통항행장관이 재무장관과 건설장관의 의견을 들어 명령으로 그 범위를 확정하고, 만일 시군 혹은 구면[14] 지방정부가 그 구조물을 건설한 때에는 내무부장관의 의견도 들어야 한다.

---

13) 위 제43조 참조: 이탈리아 헌법 100조.

14) 이탈리아는 우리의 도에 해당하는 Regione(20개), 시군에 해당하는 Province, 구면에 해당하는 Commune 차례로 행정조직이 되어 있다.

Art. 57 【Norme applicabili】 Alle zone portuale della navigazione interna si applicano le disposizioni stabilite per il demanio marittimo dagli articoli 33 a 35; 50, 51, 54.

Per la dichiarazione di pubblico interesse prevista dall'articolo 33 e per l'esclusione di zone demaniali a norma dell'articolo 35 si ha riguardo alle necessità del pubblico servizio del porto o dell'approdo.

Art. 58 【Concessioni】 Sono parimenti applicabili alle zone portuali della navigazione interna le disposizioni stabilite per le concessioni di beni del demanio marittimo dagli articoli 36 a 49; 53, limitatamente alle concessioni attinenti al servizio della navigazione.

Per le concessioni e per l'utilizzazione in genere di beni compresi nelle zone portuali da parte di altre amministrazioni dello Stato per fini non attinenti al servizio della navigazione, è richiesto il consenso dell'amministrazione della navigazione interna.

Art. 59 【Impianto ed esercizio di depositi e stabilimenti】 Le concessioni per l'impianto e per l'esercizio di depositi e stabilimenti, situati anche soltanto in parte entro i confini delle zone portuali ovvero collegati alle vie navigabili di cui all'articolo 56, sono fatte dall'amministrazione della navigazione interna con le norme di cui all'articolo precedente.

L'impianto e l'esercizio dei depositi e stabilimenti predetti sono sottoposti alle disposizioni di polizia stabilite dall'autorità preposta all'esercizio della navigazione interna.

L'impianto e l'esercizio di stabilimenti o di depositi di sostanze infiammabili o esplosive sono sottoposti alle speciali disposizioni ad essi relativi, oltre che a quelle dei due commi precedenti. Per tale impianto ed esercizio è richiesta l'autorizzazione del Ministro dei Trasporti e della Navigazione.

제57조 【적용법규】 내수 항구에는 해양공유자산에 적용될 제33조 내지 제35조; 제50조, 제51조, 제54조의 규정이 적용된다.

제33조에 따른 공용선언과 제35조에 따른 공유자산 지역 제외는 항구나 포구의 공공 서비스의 요구를 참작하여야 한다.

제58조 【양허】 제36조 내지 제49조; 제53조 규정에 의한 해양공유자산 지역의 양허를 위한 규정은 항행 서비스와 관련된 양허에 한하여 제한적으로 내수항행의 항구지역에도 적용된다.

항행 서비스와 관련 없는 다른 목적으로 다른 정부 기관이 항구 지역에 포함된 재산에 대해 양허 기타 사용을 하려면 내수항행관청의 동의를 받아야 한다.

제59조 【창고 및 공장의 설치와 운용】 창고나 공장의 설치와 운용을 위한 양허는 비록 일부일지라도 항구 지역의 범위 내에 있거나 혹은 제56조에 의하여 수로로 연결된 때에는 전조 규정에 따라 내수항행 관청의 동의를 받아야 한다.

위에서 말한 창고나 공장의 설치와 운영에 대하여는 내수항행 수행을 담당하는 관청이 정한 보안 관련 규정이 적용된다.

인화성 혹은 폭발성 물질의 창고나 공장의 설치 및 운영에 대하여는 위 제2항의 규정과 더불어 이 물질과 관련된 특별 법규가 적용된다. 이러한 공장이나 창고를 설치하거나 운영하려면 교통장관[15]의 허가가 있어야 한다.

15) 교통항행장관과 동일한 사람이라 해석되고 편집상 미결로 남아 있다.

Art. 60 【Autorità competenti】 I poteri conferiti dalle disposizioni del capo precedente al direttore marittimo e al capo del compartimento per il demanio marittimo spettano, per la navigazione interna, rispettivamente al direttore dell'ispettorato compartimentale e al capo dell'ispettorato di porto.

Art. 61 【Esecuzione e manutenzione di opere portuali】 L'esecuzione e la manutenzione delle opere portuali e delle altre opere idrauliche sulle sponde dei laghi, fiumi e canali e sulle zone retrostanti, nonché la vigilanza sulle opere stesse sono di competenza del Ministero dei lavori pubblici.

Titolo III Dell'attivit' amministrativa, della polizia e dei servizi nei porti

Capo I Dell'attività amministrativa e della polizia nei porti

Articolo 62 【Movimento delle navi nel porto】 Il comandante del porto regola e vigila, secondo le disposizioni del regolamento, l'entrata e l'uscita, il movimento, gli ancoraggi e gli ormeggi delle navi, l'ammaramento, lo stazionamento e il movimento degli idrovolanti nelle acque del porto.

Articolo 63 【Manovre disposte d'ufficio】 Il comandante del porto può ordinare l'ormeggio, il disormeggio e ogni altra manovra delle navi nel porto.

L'autorità medesima può disporre, in caso di necessità, l'esecuzione di ufficio delle manovre ordinate, a spese delle navi stesse; e, in caso di estrema urgenza, il taglio degli ormeggi.

Articolo 64 【Deposito di cose su aree portuali】 Decorso il termine fissato per la sosta temporanea di merci e di materiali di cui all'articolo 50, ovvero in caso di deposito abusivo, il comandante del porto può ordinare la immediata rimozione delle merci e dei materiali.

제60조【관할 기관】 해양공유자산에 관하여 이 절의 규정에 의해 해안장이나 해역장에게 부여된 권한은 내수항행에 관한 한 내수구청 청장과 항구관리소 소장에게 각각 귀속한다.

제61조【항만설비의 설치와 유지】 항구 설비 및 호수, 하천 및 운하 연안 혹은 인근 여타 설비의 설치와 유지는 이 설비의 감시를 포함하여 이를 건설장관의 관할하에 둔다.

제3장 항구에서의 행정, 치안 및 서비스

제1절 항구에서의 행정 및 치안

제62조【항구에서의 선박이동】 항구 내에서 선박의 출항, 입항, 이동, 정박 및 계류는 물론 항구 내 수면에서 수상비행기의 착륙, 체류 및 이동은 항만장이 법령의 규정에 따라 이를 규제하고 감독한다.

제63조【직권으로 하는 이동】 항만장은 항만 내에서 선박의 계류, 탈류 기타 이동을 명할 수 있다. 필요한 경우 이 기관은 선박이 비용을 부담하는 조건으로 직권으로 명령한 이동을 집행할 수 있다; 특별히 긴급성이 인정되면 계선선을 절단할 수도 있다.

제64조【항구상 물건에 대한 조치】 제50조에 의한 화물 기타 물자의 일시 체류를 위해 지정된 기간이 도과하거나 혹은 이들의 보관이 남용되어 이루어진 경우, 항만장은 그 화물 기타 물질의 즉각적인 제거를 명할 수 있다.

긴급한 필요에 의해 요청되면 전항에서 말하는 경우 이외에도 제거를 명

Qualora gravi esigenze lo richiedano, la rimozione può essere ordinata anche fuori dei casi previsti dal comma precedente.

In caso di mancata esecuzione dell'ordine, l'autorità predetta può disporre la rimozione d'ufficio a spese dell'interessato.

Articolo 65 【Imbarco e sbarco】 Il comandante del porto regola e vigila, secondo le disposizioni del regolamento, il carico, lo scarico e il deposito delle merci, l'imbarco e lo sbarco dei passeggeri.

Le operazioni di carico, scarico e deposito di armi, munizioni e merci pericolose sono disciplinate da leggi e regolamenti speciali.

Articolo 66 【Navi e galleggianti addetti al servizio dei porti】 Il comandante del porto regola e vigila, secondo le disposizioni del regolamento, l'impiego delle navi, dei galleggianti e delle altre costruzioni galleggianti addette al servizio del porto.

Articolo 67 【Limitazione del numero delle navi addette al servizio dei porti】 Il capo del compartimento può limitare, in relazione alle esigenze del traffico, il numero delle navi e dei galleggianti addetti al servizio dei porti.[1)]

Articolo 68 【Vigilanza sull'esercizio di attività nei porti】 Coloro che esercitano un'attività nell'interno dei porti ed in genere nell'ambito del demanio marittimo sono soggetti, nell'esplicazione di tale attività, alla vigilanza del comandante del porto.

Il capo del compartimento può sottoporre all'iscrizione in appositi registri, eventualmente a numero chiuso, e ad altre speciali limitazioni coloro che esercitano le attività predette.

Articolo 69 【Soccorso a navi in pericolo e a naufraghi】 L'autorità marittima, che abbia notizia di una nave in pericolo ovvero di un naufragio o di altro sinistro, deve immediatamente provvedere al soccorso, e, quando

---

1) "sentite le [associazioni sindacali interessate" sono state soppresse con il d.lg.lgt. 23 novembre 1944, n. 369.

할 수 있다.

이 명령을 이행하지 아니하는 경우 위 기관은 이해관계인의 비용으로 직권으로 이를 제거할 수 있다.

제65조【승선과 하선】 항만장은 각령의 규정에 따라 화물의 선적, 양륙 및 보관과 여객의 승선과 하선을 규제하고 감독한다.

무기, 탄약 및 위험물의 선적, 양륙 및 보관에 관한 작업은 특별 법령에 의하여 규율한다.

제66조【항구 서비스에 제공된 선박과 유동구조물】 항만장은 각령에 규정된 바에 따라 항구 내 서비스에 제공된 선박, 유동구조물, 기타 유동 설치물의 배치를 규제하고 감독한다.

제67조【항구 서비스에 제공된 선박수 제한】 항만장은 교통상 필요를 고려하여 항구 서비스에 제공된 선박이나 유동구조물의 수를 제한할 수 있다.

제68조【항구활동수행의 감독】 항구 내에서는 물론 일반적으로 해양공유재산의 범위 내에서 어느 활동을 수행하는 사람은 그러한 활동의 수행과 관련하여 항만장의 감독을 받아야 한다.

해역장은[16] 등록부에 등록을 조건으로 하고 나아가 숫자를 제한할 수 있으며, 위 행위를 수행하는 사람에게 다른 특별한 제한도 가할 수 있다.

제69조【난파 기타 위험에 처한 선박의 구조】 위험에 처한 선박의 소식 혹은 난파 기타 사고의 소식을 들은 해운관청은 즉시 그 구조를 위한 조치를 취하여야 하고 만일 구조에 필요한 수단을 보유하지 못하였거나 마련할 수

16) "먼저 관련 노동단체의 의견을 듣고 난 다음"이라는 요건은 1994년 폐지되었다.

non abbia a disposizione né possa procurarsi i mezzi necessari, deve darne avviso alle altre autorità che possano utilmente intervenire.

Quando l'autorità marittima non può tempestivamente intervenire, i primi provvedimenti necessari sono presi dall'autorità comunale.

Articolo 70 【Impiego di navi per il soccorso】 Ai fini dell'articolo precedente, l'autorità marittima o, in mancanza, quella comunale possono ordinare che le navi che si trovano nel porto o nelle vicinanze siano messe a loro disposizione con i relativi equipaggi.

Le indennità e il compenso per l'opera prestata dalle navi sono determinati e ripartiti ai sensi degli articoli 491 e seguenti.

Articolo 71 【Divieto di getto di materiali】 Nei porti è vietato gettare materiali di qualsiasi specie.

Il capo del compartimento determina le altre zone alle quali è esteso tale divieto per esigenze del transito e della sosta delle navi, o per altre necessità del traffico e della pesca.

Articolo 72 【Rimozione di materiali sommersi】 Nel caso di sommersione di merci o di altri materiali nei porti, rade, canali, gli interessati devono provvedere all'immediata rimozione.

Qualora gli interessati non adempiano a tale obbligo e a giudizio dell'autorità marittima possa derivare dal fatto un pericolo o un intralcio alla navigazione, il capo del compartimento può provvedere d'ufficio alla rimozione e, ove sia il caso, alla vendita dei materiali predetti per conto dello Stato.

L'interessato è tenuto a corrispondere allo Stato le spese sostenute, o la differenza tra queste e il ricavato dalla vendita.

Articolo 73 【Rimozione di navi e di aeromobili sommersi】 Nel caso di sommersione di navi o di aeromobili nei porti, rade, canali, ovvero in località del mare territoriale nelle quali a giudizio dell'autorità marittima

없는 때에는 거기에 실제 관여할 수 있는 기관에 이를 통지하여야 한다.

해운관청이 구조에 신속히 참여할 수 없는 때에는, 관할 지방관청이 우선 필요한 조치를 취할 수 있다.

제70조 【구조를 위한 선박의 배치】 전조의 목적을 달성하기 위하여 해운관청 혹은 이를 대신한 지방관청은 그 항구나 인근에 있는 선박을 그 선원과 함께 징발할 것을 명할 수 있다.

선박이 제공한 작업에 대한 배상과 보상은 제419조 이하 규정에 따라 결정되고 분배한다.

제71조 【물건의 투기금지】 항내에서는 그 종류가 무엇이든 물건의 투기는 이를 금지한다.

해역장은 선박의 통과나 체류상의 요청 혹은 다른 교통이나 어업상 필요에 의해 이러한 금지가 적용될 지역을 확장할 수 있다.

제72조 【침몰된 물건의 제거】 항구, 묘박지, 혹은 운하에서 적하 기타 물건이 침몰된 경우, 이해관계인은 즉시 이를 제거하여야 한다.

이해관계인이 이러한 의무를 이행하지 아니하고, 해운관청의 판단에 의하면 그로 인하여 항해에 위험 혹은 장애가 야기될 수 있는 경우, 해역장은 직권으로 그 제거 조치를 취할 수 있고, 경우에 따라 국가 수입으로 삼기 위해 그 물자를 매각할 수도 있다.

이해관계인은 국가가 부담한 비용이나, 혹은 이 비용과 매각으로 회수한 금액과 차액을 국가에 지급할 의무가 있다.

제73조 【침몰한 선박 혹은 항공기의 제거】 항구, 묘박지 또는 운하 내에서 선박이나 항공기가 침몰하거나, 혹은 해운관청의 판단에 의하면 항해에 위험이나 지장을 가져올 수 있는 영해 내에서 선박이나 항공기가 침몰한 경

possa derivarne un pericolo o un intralcio per la navigazione, il capo del compartimento ordina al proprietario, nei modi stabiliti dal regolamento, di provvedere a proprie spese alla rimozione del relitto, fissando il termine per l'esecuzione.

Se il proprietario non esegue l'ordine nel termine fissato, l'autorità provvede d'ufficio alla rimozione e alla vendita dei relitti per conto dello Stato. Per le navi di stazza lorda superiore a trecento tonnellate, se il ricavato dalla vendita non è sufficiente a coprire le spese, il proprietario è tenuto a corrispondere allo Stato la differenza.

Se il ricavato della vendita dei relitti supera le spese sostenute dallo Stato, sulla differenza concorrono i creditori privilegiati o ipotecari sulla nave.

Nei casi d'urgenza l'autorità può senz'altro provvedere d'ufficio, per conto e a spese del proprietario. Tuttavia per le navi di stazza lorda non superiore alle trecento tonnellate, il proprietario è tenuto al pagamento delle spese di rimozione soltanto entro i limiti del valore dei relitti ricuperati.

Articolo 74【Guardiani di navi in disarmo】 Per le navi in disarmo, il comandante del porto stabilisce il numero minimo dei marittimi di guardia a bordo, precisandone, ove occorra, la qualifica.

Articolo 75【Danni alle opere e agli impianti portuali】 In caso di danni cagionati a opere portuali o a impianti attinenti ai servizi della navigazione, il capo del compartimento provvede che ne sia accertata l'entità a mezzo dell'ufficio del genio civile ed intima al responsabile di eseguire, entro un termine determinato, le riparazioni necessarie. In caso di urgenza o in caso di inesecuzione da parte del responsabile, l'autorità provvede d'ufficio alle riparazioni a spese del medesimo.

Quando i danni predetti sono cagionati da una nave il comandante del porto può richiedere il versamento di una cauzione a garanzia del pagamento delle spese per le riparazioni.

우, 해역장은 명령으로 정한 방식에 따라 이행 기간을 정하여 소유자에게 자기 비용으로 그 잔존물의 제거 조치를 취할 것을 명할 수 있다.

이 기간 내에 소유자가 명령을 이행하지 아니하면, 해운관청은 직권으로 제거조치를 취하고, 국가의 수입으로 삼기 위해 그 잔존물을 매각한다. 그 선박이 총톤수 300톤 이상이고 매각 대금으로 비용을 충당할 수 없게 되면, 그 소유자는 국가에 대해 그 차액을 지급하여야 한다.

만일 잔존물의 매각 대금이 국가가 부담한 비용을 초과하면, 저당권이나 우선특권에 의해 담보된 채권자가 그 잔액에 대해 경합하여 권리를 갖는다.

긴급을 요하는 경우 해운관청은 다른 조치 없이 소유자의 비용과 계산으로 바로 직권으로 이러한 조치를 취할 수 있다. 그러나 만일 그 선박이 총톤수 300톤 이하의 선박이면 소유자는 단지 회수한 잔존물의 가격 범위 내에서 제거비용을 지급할 의무가 있다.

第74조 【휴항 선박의 보안】 휴항 중인 선박의 경우, 항만장은 선상에 유지할 최소 보안 요원을 정하고 필요하다면 그 자격도 정한다.

第75조 【항구 시설 기타 설비의 손상】 항구 시설이나 혹은 항해 서비스에 부수되는 설비에 가한 손상이 있는 경우, 해역장은 건설감독관[17]을 통하여 그 신원을 파악하고, 책임자에 대하여 일정한 기한을 정하여 필요한 수리를 시행할 것을 통지하여야 한다. 긴급한 경우 또는 책임자의 불이행의 경우, 해운관청은 그 사람의 비용으로 직접 수리를 한다.

앞의 손상이 어느 선박에 의하여 야기된 경우, 항만장은 수리비용의 지급을 담보하기 위한 보증금의 제공을 요구할 수 있다.

---

17) 중앙정부에서 지방정부의 감독을 위하여 지방에 파견한다고 한다.

Articolo 76 【Interrimento dei fondali e intorbidamento delle acque】
Se l'esercizio di impianti industriali o di depositi stabiliti sui margini di banchine o di moli, ovvero di canali navigabili, determina interrimento delle acque adiacenti, gli esercenti sono tenuti a provvedere alla conservazione del buon regime dei fondali, in conformità delle disposizioni impartite dal capo del compartimento.

Del pari gli esercenti sono tenuti a provvedere, secondo le disposizioni impartite dalla predetta autorità, per ovviare all'intorbidamento delle acque prodotto dagli impianti o dai depositi.

In caso di mancato adempimento da parte degli esercenti, l'autorità predetta provvede di ufficio a spese dell'interessato.

Articolo 77 【Obblighi dei frontisti di canali o di altri corsi di acqua】
Lungo le sponde dei canali e degli altri corsi di acqua sboccanti in un porto, i proprietari frontisti devono costruire e mantenere in buono stato i muri di sponda e gli argini occorrenti, nonché prendere tutte le misure necessarie ad evitare l'interrimento dei fondali.

Il capo del compartimento, sentito l'ufficio del genio civile, e, se del caso, l'ufficio tecnico comunale, emana le disposizioni alle quali devono attenersi i proprietari frontisti nella costruzione e manutenzione delle opere predette.

In caso di mancato adempimento da parte dei proprietari frontisti, l'autorità predetta provvede di ufficio, a spese dell'interessato.

Articolo 78 【Lavori di escavazione lungo le sponde dei canali sboccanti nei porti】 L'apertura di cave di pietra e l'esecuzione di ogni altro lavoro di escavazione lungo le sponde di canali o di altri corsi d'acqua sboccanti in un porto sono sottoposte all'autorizzazione del capo del compartimento.

Articolo 79 【Pesca nei porti】 Nei porti e nelle altre località di sosta o di transito delle navi, l'esercizio della pesca è sottoposto all'autorizzazione del comandante del porto.

제76조 【바닥의 매몰과 수질 혼탁】 부두, 선창 혹은 운하 옆에 설치된 공장 설비나 창고의 활동으로 인하여 인근 수심에 매몰이 확인되면 그 수행자는 해역장이 발한 규정에 따라 그 바닥이 정상 상태로 유지되기 위해 필요한 조치를 취하여야 한다.

마찬가지로 위의 활동 수행자는 위 기관이 발한 규정에 따라 그 설비나 창고가 야기한 수질의 혼탁을 제거하기 위해 필요한 조치를 취하여야 한다.

수행자가 이를 이행하지 아니하는 때에는, 위 관청이 이해관계인의 비용으로 필요한 조치를 직권으로 취할 수 있다.

제77조 【운하 기타 수로 인접토지 소유자의 의무】 운하 기타 항구로 향한 수로에 접한 토지 소유자는 그 제방 기타 축방을 설치하고 이를 정상으로 유지할 의무를 지고, 나아가 그 바닥의 매몰이 이루어지지 아니하도록 필요한 모든 조치를 취할 의무가 있다.

해역장은 중앙정부 건설감독관의 의견을 듣고 경우에 따라 구면 시설과의 의견을 듣고서 그 설비의 건설과 유지에 있어 토지 소유자들이 지켜야 할 규정을 제정한다.

토지소유자들이 이 의무를 이행하지 아니하는 경우, 위 관청은 이해관계인의 비용으로 직접 조치를 취한다.

제78조 【항구로 흐르는 운하 제방 인근 채굴 작업】 항구로 흐르는 운하나 기타 수로의 제방에 인접한 곳에 채석장의 개설이나 기타 채굴 작업의 수행은 해역장의 허가를 받아야 한다.

제79조 【항구 내 어업】 항구 내는 물론 여타 선박의 체류나 통과 지역에서 어업 활동은 항만장의 허가를 받아야 한다.

Articolo 80【Uso di armi ed accensione di fuochi nei porti】 Nei porti e nelle località di sosta o di transito delle navi, sono sottoposti all'autorizzazione del comandante del porto l'uso di armi, la deflagrazione di sostanze esplosive, nonché l'accensione di luci o di fuochi che possa turbare il servizio di segnalamento.

Articolo 81【Altre attribuzioni di polizia】 Il comandante del porto provvede per tutto quanto concerne in generale la sicurezza e la polizia del porto o dell'approdo e delle relative adiacenze.

Articolo 82【Disordini nei porti e sulle navi】 Qualora si verifichino avvenimenti che possano turbare l'ordine pubblico nei porti o nelle altre zone del demanio marittimo ovvero sulle navi che si trovano in porto o in corso di navigazione nel mare territoriale, l'autorità di pubblica sicurezza che interviene ne informa immediatamente quella marittima.

Se l'autorità di pubblica sicurezza non può tempestivamente intervenire, l'autorità marittima del luogo provvede nei casi di urgenza a ristabilire l'ordine, richiedendo ove sia necessario l'intervento della forza pubblica o, in mancanza, delle forze armate, e dandone immediato avviso all'autorità di pubblica sicurezza, nonché, quando si tratti di nave straniera, all'autorità consolare dello Stato di cui la nave batte la bandiera.

Articolo 83【Divieto di transito e di sosta】 Il Ministro dei Trasporti e della Navigazione può limitare o vietare il transito e la sosta di navi mercantili nel mare territoriale, per motivi di ordine pubblico, di sicurezza della navigazione e, di concerto con il Ministro dell'ambiente, per motivi di protezione dell'ambiente marino, determinando le zone alle quali il divieto si estende.

Articolo 84【Ingiunzione per rimborso di spese】 Per il rimborso di spese anticipate, o comunque sostenute per conto di privati, l'autorità marittima emette ingiunzione, resa esecutoria con decreto del pretore competente.

제80조 【항구 내에서 무기 사용 및 불꽃 점화】 항구 내 혹은 선박 체류 및 통과 지역에서 무기를 사용하고 폭발물을 발화하는 것은 물론 신호 서비스에 지장을 가져올 수 있는 불빛이나 불꽃을 점화하는 것은 항만장의 허가를 받아야 한다.

제81조 【치안에 관한 여타 권한】 항구, 포구 및 그 인근 지역에서 그 안전과 치안에 관해 일반적으로 관련이 있는 사항에 대하여 항만장은 필요한 모든 조치를 취한다.

제82조 【항구 내 혹은 선박상에서 질서 문란】 항구 기타 해양공유자산 지역 내에서, 혹은 항구 내에 있거나 영해를 항해중인 선박 내에서, 공공질서를 침해할 가능성이 있는 사건이 발생한 때에는, 여기에 관여하는 공안기관은 이를 즉시 해운기관에 통지하여야 한다.

만일 공안기관이 신속하게 관여하지 못하는 때에는, 긴급한 경우 그 지역 해운관청이 질서회복에 필요한 조치를 취하며, 해운관청은 필요한 때에는 경비 병력을 요청하고 그것이 안 될 때에는 무장 병력을 요구하여야 하며, 이러한 경우 즉시 공안기관에 그 결과를 통지하고 외국선박인 경우 그 국적 영사관에도 통보하여야 한다.

제83조 【통과와 체류의 금지】 교통항행장관은 공공질서나 항해안전을 이유로, 혹은 환경장관과 협의를 거치면 해양환경보호를 이유로, 상선이 영해를 통과하거나 영해에 체류하는 것을, 그 적용 지역을 확정하여, 제한하거나 금지할 수 있다.

제84조 【비용보전을 위한 납부명령】 개인의 계산으로 지급되거나 부담한

Decorsi venti giorni dalla notificazione dell'ingiunzione al debitore, senza che questi abbia eseguito il pagamento, l'autorità marittima può procedere agli atti esecutivi.

Entro il termine predetto il debitore può fare opposizione al decreto per motivi inerenti all'esistenza del credito o al suo ammontare, previo versamento della somma indicata nell'atto di ingiunzione.

L'opposizione è proposta dinanzi al giudice competente per valore.

Articolo 85【Attività amministrativa nei porti interni】 Le disposizioni del presente capo si applicano anche all'attività amministrativa e alla polizia nei porti della navigazione interna. Le attribuzioni del capo del compartimento e del comandante di porto marittimo sono esercitate rispettivamente dal capo dell'ispettorato di porto e dal comandante di porto della navigazione interna.

Alla vigilanza del comandante del porto sono sottoposti, a norma dell'articolo 68, coloro i quali esercitano un'attività nell'ambito delle zone portuali della navigazione interna.

Le disposizioni degli articoli 72 e 73 si applicano anche in caso di sommersione di navi o materiali in località dei laghi, dei fiumi e di altre acque interne nelle quali, a giudizio dell'autorità preposta all'esercizio della navigazione interna, possa derivarne intralcio alla navigazione.

La determinazione del numero minimo dei guardiani delle navi in disarmo è fatta dal comandante del porto, a norma dell'articolo 74, quando occorra per esigenze di sicurezza.

L'autorità di pubblica sicurezza informa quella preposta all'esercizio della navigazione interna qualora si verifichino avvenimenti che possono turbare l'ordine pubblico nei porti o nell'ambito delle zone portuali ovvero sulle navi che si trovano in porto o in corso di navigazione su vie navigabili interne.

비용의 보전을 위해 해운관청은 관할 간이판사[18]의 명령을 받아 집행할 수 있는 납부명령을 발할 수 있다.

이 납부명령이 채무자에게 송달되고 난 다음 납부를 하지 아니한 채 20일이 경과하면 해운관청은 집행조치를 취할 수 있다.

위 기간 내에 채무자는 먼저 납부명령에 기재된 금액을 납부한 다음[19] 채무의 존부나 그 금액을 가지고 이의를 할 수 있다.

이 이의는 소가에 따라 해당 판사에게 제기하여야 한다.

제85조【내항에서 행정 활동】 이 절의 규정은 내항의 치안과 행정 활동에도 적용된다. 해역장과 항만장의 권한은 그 항구관리소장과 내항 항구장이 행사한다.

내항 지역 범위 내에서 어느 활동을 영위하는 사람은 제68조의 규정에 따라 항구장의 감독을 받아야 한다. 호수, 하천, 기타 내수 지역에서 선박 기타 물질이 침몰하고 내수항행을 책임진 행정관청의 판단에 의해 위 제72조 및 제73조 규정이 적용된다.

휴항중인 선박에 필요한 보안요원의 최소 인원은 안전상 필요하면 제74조 규정에 따라 항구장이 이를 정한다.

항구나 항구 지역 내에서 혹은 그 항구 내에 있거나 내수 항로를 항행중인 선박 상에서 공공질서를 침해할 염려가 있는 사건이 발생하면, 공안기관은 내수항행을 담당하는 기관에 즉시 이를 통보하여야 한다.

교통항행장관은 내수지역 내에서 공공질서를 유지하기 위한 필요성이 인정되면 선박의 통과와 체류의 금지를 규정할 수 있다.

---

18) 1999년부터 폐지되고 관할권이 일반법원 판사에게 이전되었다.

19) 헌법재판소는 1967년 선지급조건을 위헌이라고 판시하였다.

Il divieto di transito o di sosta può essere stabilito dal Ministro dei Trasporti e della navigazione, anche per le zone delle acque interne nelle quali sia necessario per esigenze di ordine pubblico.

Capo II Del Pilotaggio

Sezione I Del Pilotaggio Marittimo

Articolo 86 【Istituzione del servizio di pilotaggio】 Nei porti e negli altri luoghi di approdo o di transito delle navi, dove è riconosciuta la necessità del servizio di pilotaggio, è istituita, mediante decreto del presidente della Repubblica, una corporazione di piloti.

La corporazione ha personalità giuridica, ed è diretta e rappresentata dal capo pilota.

Articolo 87 【Pilotaggio obbligatorio】 Nei luoghi dove ne è riconosciuta l'opportunità, il pilotaggio può essere reso obbligatorio con decreto del presidente della Repubblica.

Nei luoghi dove il pilotaggio è facoltativo, il direttore marittimo può, per particolari esigenze, renderlo temporaneamente obbligatorio.

Il decreto o il provvedimento del direttore marittimo fissano i limiti della zona entro la quale il pilotaggio è obbligatorio.

Articolo 88 【Vigilanza sulla corporazione dei piloti】 La corporazione dei piloti è sottoposta alla vigilanza dell'autorità competente a norma del regolamento.

Il comandante del porto, in particolare, deve periodicamente accertare se la corporazione è provvista dei mezzi tecnici necessari all'espletamento del servizio, e, in caso di insufficienza, deve darne avviso al Ministro dei Trasporti e della Navigazione, prendendo, in caso di urgenza, gli opportuni

제2절 도선사

제1관 해양도선

제86조【도선 서비스의 설치】 항구 및 여타 선박이 통과 혹은 접안하는 곳에 도선 서비스가 필요하다고 인정되면 대통령령으로 도선공사를 설립한다.

도선공사는 법인격을 갖고 수석 도선사가 관리하고 대표한다.

제87조【강제도선】 적절하다고 판단되는 곳에서는 대통령령으로 도선이 의무화될 수 있다.

도선이 선택적인 곳이라 하더라도 특별한 사유가 있으면 해안장이 임시로 도선을 의무화할 수 있다.

대통령의 명령이든 해안장의 조치이든 강제도선은 그 적용될 지역 범위를 확정하여야 한다.

제88조【도선공사의 감독】 도선공사는 각령이 정한 바에 따라 관할 관청의 감독을 받는다.

특별히 항만장은 도선공사가 도선 서비스를 수행할 기술적인 수단을 보유하고 있는지 규칙적으로 확인하여야 하고, 만일 수단이 불충분하다는 것이 판명되면 이를 교통항행장관에게 보고하여야 하고, 긴급한 경우 직접 필요한 조치를 취하여야 한다.

provvedimenti.

Articolo 89 【Cauzione della corporazione dei piloti】 La corporazione dei piloti deve prestare cauzione nella misura e nei modi stabiliti dai regolamenti locali.

Articolo 90 【Licenze e registro dei piloti】 I piloti sono provvisti di una licenza rilasciata dal capo del compartimento e sono iscritti in uno speciale registro.

Articolo 91 【Tariffe di pilotaggio】 Le tariffe di pilotaggio sono approvate dal Ministro dei Trasporti e della Navigazione.[2)]

Articolo 92 【Attribuzioni e obblighi del pilota】 Il pilota suggerisce la rotta e assiste il comandante nella determinazione delle manovre necessarie per seguirla.

Nelle località dove il pilotaggio è obbligatorio, il pilota deve prestare la sua opera fino a quando la nave sia giunta fuori della zona di cui all'articolo 87, o sia ormeggiata nel luogo ad essa assegnato.

Nelle località dove il pilotaggio non è obbligatorio il pilota deve prestare la sua opera fino a quando ne sia richiesto dal comandante della nave.

Articolo 93 【Responsabilità del pilota】 Il pilota risponde dei danni subiti dalla nave durante il pilotaggio, quando venga provato che tali danni sono derivati da inesattezza delle informazioni e indicazioni da lui fornite per la determinazione della rotta.

Articolo 94 【Responsabilità della corporazione dei piloti】 Dei danni di cui sono responsabili i piloti, risponde solidalmente la corporazione nei limiti della cauzione.

Articolo 95 【Regolamenti di pilotaggio】 La disciplina del servizio di pilotaggio, l'ordinamento della corporazione, le norme per la gestione

---

2) "sentite le [associazioni sindacali interessate" sono state soppresse con il d.lg.lgt. 23 novembre 1944, n. 369.

제89조【도선공사의 보증금】 도선공사는 지역 규정에 의해 정한 금액과 방법으로 보증금을 제공하여야 한다.

제90조【도선사 자격과 등록】 도선사가 되려면 해역장이 발행한 도선사 자격을 보유하여야 하고, 도선사 등록을 위한 특별명부에 등록하여야 한다.

제91조【도선료】 도선료는[20] 교통항행장관의 승인을 받아 이를 정한다.

제92조【도선사의 권한과 의무】 도선사는 항로를 제시하고 그에 따라 선박이 필요한 이동을 하기 위해 선장의 결정을 지원한다.

강제도선지역에서 도선사는 선박이 제87조에 의한 지역 외부에 이르기까지 혹은 선박이 지정된 접안 구역에 접안할 때까지 그 과업을 수행하여야 한다.

임의도선지역에서 도선사는 선장의 요구가 있을 때까지 과업을 수행하여야 한다.

제93조【도선사의 책임】 도선사는 도선 중에 선박에 발생한 손해에 대해 그 손해가 항로 결정을 위해 도선사가 제공한 정보나 지시가 부정확함으로 인하여 야기된 것이 증명되면 이를 보상할 책임을 진다.

제94조【도선공사의 책임】 도선사가 책임질 손해에 대해, 도선공사는 보증금의 범위 내에서 도선사와 연대하여 이를 배상할 책임이 있다.

제95조【도선규정】 도선서비스의 규칙, 도선공사의 조직, 도선공사의 관리 규범 및 도선사의 모집 규범은 물론 도선사의 징계 규범도 모두 도선에

---

20) "관련 노동 단체의 의견을 듣고"라는 규정은 1944년 삭제되었다.

della corporazione stessa e per il reclutamento dei piloti, nonché il regime disciplinare sono stabiliti dal regolamento.

Le norme per l'esercizio del pilotaggio in ciascun porto sono stabilite[3)] dai regolamenti locali, approvati dal Ministro dei Trasporti e della Navigazione.

Articolo 96 【Marittimi abilitati al pilotaggio】 Nelle località di approdo o di transito ove non sia costituita una corporazione di piloti, il comandante del porto può autorizzare altri marittimi a esercitare il pilotaggio.

Il servizio dei marittimi abilitati al pilotaggio è regolato dalle norme di questo capo, in quanto applicabili. Le tariffe relative a tale servizio sono approvate dal direttore marittimo.

Sezione II Del pilotaggio nella navigazione interna

Articolo 97 【Personale abilitato al pilotaggio】 Nelle località di approdo o di transito della navigazione interna il pilotaggio è esercitato da piloti autorizzati dall'ispettorato di porto.

Articolo 98 【Pilotaggio obbligatorio】 Nei luoghi dove particolari esigenze lo richiedano, il direttore dell'ispettorato compartimentale della motorizzazione civile e dei trasporti in concessione può rendere temporaneamente obbligatorio il pilotaggio.

Articolo 99 【Norme applicabili】 Il servizio dei piloti autorizzati è regolato dagli articoli 91 a 93.

Articolo 100 【Regolamenti locali】 Le norme per l'esercizio del pilotaggio in ciascuna località sono stabilite[4)] da regolamenti locali, approvati dal del

---

3) "sentite le associazioni sindacali interessate" sono state soppresse con il d.lgs.lgt. 23 novembre 1944, n. 369.

4) "sentite le associazioni sindacali interessate" sono state soppresse con il d.lgs.lgt. 23 novembre 1944, n. 369.

관한 각령의 규정에 의한다.

각 항구에서 도선 실시 규범은[21] 교통항행장관의 인가를 받아 지역 도선 규정에 의해 정한다.

제96조【도선직 선원】 도선공사가 설립되지 아니한 선박 접안 혹은 통과 지역에서는 항만장이 다른 선원으로 하여금 도선을 수행할 수 있도록 허락할 수 있다.

도선직 선원의 도선 서비스에 대하여도 본장 도선 규정이 가능한 한 적용된다. 이러한 도선 서비스의 요금은 해안장의 허가를 받아야 한다.

제2관 내수항행에서의 도선

제97조【도선직 인원】 내수항행에 있어 접안 혹은 통과 지역에서 항구관리소장의 허락을 받은 도선사가 도선을 시행한다.

제98조【강제도선】 특별한 필요가 인정되는 곳에서는 민간교통과 인가운송을 담당하는 내수구청 구청장이 도선을 일시적으로 의무적인 것으로 할 수 있다.

제99조【적용 규범】 이러한 허가를 받은 도선은 제91조 내지 제93조의 규정에 의하여 규율한다.

제100조【지역 규정】 각 지역에서 실시할 도선은[22] 교통항행장관의 승인을 받은 해당 지역 규정에 의하여 규율한다.

---

21) "해당 노동조합의 의견을 들은 다음"이라는 규정은 1944년 삭제되었다.

22) "해당 노동조합의 의견을 들은 다음"이라는 규정은 1944년 삭제되었다.

Ministro dei Trasporti e della Navigazione.

Capo III Del rimorchio

Articolo 101 【Istituzione del servizio di rimorchio marittimo】 Il servizio di rimorchio nei porti e negli altri luoghi di approdo o di transito delle navi addette alla navigazione marittima non può essere esercitato senza concessione, fatta dal capo del compartimento, secondo le norme del regolamento.

L'autorità predetta determina nell'atto di concessione il numero e le caratteristiche dei mezzi tecnici da adibire al servizio.

Le tariffe relative al servizio sono stabilite dal capo del compartimento.[5)]

Articolo 102 【Regolamenti locali】 Le norme sulla disciplina del servizio di rimorchio in ciascun porto marittimo sono stabilite da regolamenti locali, approvati dal Ministro dei Trasporti e della Navigazione.

Articolo 103 【Obblighi derivanti dal contratto di rimorchio】 Quando all'armatore del rimorchiatore non è fatta consegna degli elementi da rimorchiare, gli obblighi e le responsabilità derivanti dal contratto di rimorchio si riferiscono esclusivamente alla trazione degli elementi medesimi.

Se le parti non dispongono diversamente, la direzione della rotta e della navigazione s'intende affidata al comandante del rimorchiatore.

Articolo 104 【Responsabilità durante il rimorchio】 L'armatore del rimorchiatore e gli armatori degli elementi rimorchiati sono responsabili rispettivamente dei danni sofferti dagli elementi rimorchiati e dei danni sofferti dal rimorchiatore, a meno che provino che tali danni non sono

---

5) "sentite le associazioni sindacali interessate" sono state soppresse con il d.lgs.lgt. 23 novembre 1944, n. 369.

제3절 예 인

제101조 【해상 예인서비스 기구】 항구 내에서 혹은 항해에 제공된 선박의 접안 혹은 통과 장소에서 예인서비스를 하려면 반드시 허가를 받아야 하고, 해역장이 규정에 따라 이러한 허가를 한다.

허가를 함에 있어 전시 관청은 예인서비스에 제공될 기술적인 수단의 숫자와 성격도 지정하여야 한다.

서비스의 사용료도 해역장이[23] 이를 정한다.

제102조 【지역 규정】 각 항구에서 예인 서비스의 운영은 교통항행장관의 승인을 받은 지역 규정에 의한다.

제103조 【예인계약상 의무】 예인할 물건이 예인선의 의장자에게 인도되지 아니하는 한, 예인계약에 기한 의무와 책임은 오로지 그 물건의 견인에 한정된다.

당사자가 달리 약정하지 아니하는 한, 항로와 항해의 지휘는 예인선 선장에게 위임되었다고 본다.

제104조 【예인중 책임】 예인선의 의장자 및 예인물의 의장자는 각각 예인물과 예인선이 입은 손해를 배상할 책임이 있고, 다만 그 손해가 자기의 귀책사유로 인한 것이 아니라는 것을 증명하는 때에는 그러하지 아니하다.

예인 중에 제3자에게 발생한 손해는 예인선의 의장자와 예인물의 의장자

---

23) "해당 노동조합의 의견을 들은 다음"이라는 규정은 1944년 삭제되었다.

derivati da cause loro imputabili.

Dei danni sofferti dai terzi durante il rimorchio sono solidalmente responsabili gli armatori degli elementi rimorchiati e l'armatore del rimorchio, che non provino che tali danni non sono derivati da cause loro imputabili.

Quando la direzione della navigazione del convoglio è affidata al comandante del rimorchiatore, gli armatori degli elementi rimorchiati, per quanto concerne i danni causati dalle manovre, devono provare esclusivamente, agli effetti dei commi precedenti, che i danni non sono derivati da mancata o cattiva esecuzione degli ordini impartiti dal comandante del rimorchiatore. Analoga prova deve fornire l'armatore del rimorchiatore, quando la direzione della navigazione è affidata al comandante di un elemento rimorchiato.

Articolo 105【Obblighi e responsabilità in caso di consegna al rimorchiatore】 Fermo il disposto dell'articolo precedente, quando è fatta consegna degli elementi rimorchiati all'armatore del rimorchiatore, gli obblighi e le responsabilità di quest'ultimo e dei suoi dipendenti e preposti sono regolati dalle disposizioni sul contratto di trasporto.

Articolo 106【Soccorso prestato alla nave rimorchiata】 Il rimorchiatore che, al fine di assistere o salvare la nave rimorchiata, presta un'opera eccedente quella normale di rimorchio, ha diritto alle indennità ed al compenso previsti nell'articolo 491.

Articolo 107【Servizi per l'ordine e la sicurezza del porto】 Oltre che nei casi previsti nell'articolo 70, i rimorchiatori devono esser messi a disposizione delle autorità portuali che lo richiedano per qualsiasi servizio necessario all'ordine e alla sicurezza del porto.

가 연대하여 배상할 책임이 있고, 다만 그 손해가 자기의 귀책사유로 인하여 생긴 것이 아니라는 것을 입증하는 의장자는 그 책임을 면한다.

전항들과 관련, 선단의 항해 지휘가 예인선 선장에게 맡겨진 경우, 그 손해가 이동으로 야기된 손해인 한, 예인물 의장자는 손해가 예인선 선장이 발한 명령을 집행하지 아니하거나 부당하게 집행한 것에 기인한 것이 아니라는 것을 입증하여야만 비로소 책임을 면한다. 선단 지휘가 예인물 선장에게 맡겨진 경우에도 예인선 의장자는 같은 입증을 하여야 한다.

제105조 【예인선에 인도된 경우 의무와 책임】 전조와 별도로, 만일 예인물이 예인선 의장자에게 인도된 때에는 그 의장자는 물론 그 피용자와 대리인의 의무와 책임은 운송계약의 규정에 의하여 규율한다.

제106조 【피예인선에 제공한 구조】 예인선이 통상의 업무를 초과하여 피예인선을 원조하고 구조할 목적으로 업무를 수행한 경우, 제419조 규정에 의한 배상과 보상을 청구할 수 있다.

제107조 【항만 질서와 안전을 위한 서비스】 제70조 규정과 별도로, 항만 당국이 항구의 질서 및 안전상 필요에 의거 요청하면 예인선은 그 항만 당국의 처분에 따라야 한다.

Capo IV Del lavoro portuale

Articolo 108 【Disciplina delle operazioni portuali】 La disciplina e la vigilanza delle operazioni di imbarco, sbarco, trasbordo, deposito e movimento in genere delle merci e di ogni altro materiale nel porto sono esercitate dal comandante del porto, secondo le norme stabilite dal regolamento.

Articolo 109 【Uffici del lavoro portuale】 Nei porti, nei quali l'importanza del traffico lo richieda, la disciplina delle operazioni portuali è affidata ad uffici del lavoro portuale.

Gli uffici del lavoro nei porti marittimi sono istituiti con decreto del Ministro dei Trasporti e della Navigazione, previo parere del capo del compartimento, e sono diretti da un ufficiale di porto, che svolge la propria attività con l'assistenza di un consiglio di lavoro portuale, costituito a norma del regolamento. La vigilanza sui predetti uffici è esercitata dal capo del compartimento.

Gli uffici del lavoro nei porti della navigazione interna sono parimenti istituiti con decreto del Ministro dei Trasporti e della Navigazione e sono diretti da un funzionario dell'ispettorato di porto, che svolge la propria attività, con l'assistenza di un consiglio del lavoro portuale, costituito a norma del regolamento. La vigilanza sui predetti uffici è esercitata dal capo dell'ispettorato di porto.

Articolo 110 【Compagnie e gruppi portuali】 Le maestranze addette alle operazioni portuali sono costituite in compagnie o in gruppi, soggetti alla vigilanza dell'autorità preposta alla disciplina del lavoro portuale.

Le compagnie hanno personalità giuridica.

Alla costituzione, fusione o soppressione delle compagnie e dei gruppi provvedono, per la navigazione marittima, il direttore marittimo e, per la

제4절 항만 노무(본절 1994년 삭제, 특별법에 의하여 규제)

제108조【항만 노무의 관리와 감독】 화물 기타 물건의 선적, 하역, 전적, 보관 기타 이동은 각령에서 정한 바에 따라 항만장이 규제하고 감독한다(본조 1994년 삭제).

제109조【항구노무사업단】 운송의 중요성에 비추어 필요한 항구의 경우, 항구 노무의 관리는 이를 항구노무사업단에 위임할 수 있다. 해항의 노무사업단은 교통항행장관이 먼저 관할 해역장의 의견을 들은 다음 명령으로 설치하고 설치된 사업소는 그 항구 소속 담당관이 통할한다. 이 담당관은 각령에 정한 바에 따라 구성된 항구노무자문위원회의 지원을 받아 그 임무를 수행한다. 이 사업소 사무는 해역장이 감독한다.

내항의 노무사업단은 마찬가지로 교통항행장관이 명령으로 설치하고 이 사업소는 그 항구관리소의 공무원이 통괄하며, 이 공무원은 해당 각령에 정한 바에 따라 구성된 항구노무자문위원회의 지원을 받아 그 임무를 수행한다. 이 사업소의 업무는 해당 항구관리소 소장이 감독한다(본조 1994년 삭제).

제110조【항구 노무회사 및 노무단】 항구 작업에 종사하는 노무자는 노무회사나 노무단을 구성하여야 하고 항구 노무의 관리를 책임진 관청이 이를 감독한다.

노무회사는 법인격이 부여된다.

항해는 해안장이, 내수항행은 내수구청장이 각령에 정한 바에 따라 노무회사나 노무단의 설치, 합병 및 해산을 명할 수 있다.

navigazione interna, il direttore dell'ispettorato compartimentale, secondo le norme del regolamento.

Il regolamento stabilisce altresì le norme per il funzionamento delle compagnie e dei gruppi e determina, per i casi di fusione o di soppressione, le modalità relative alla valutazione e devoluzione dei beni costituenti il patrimonio delle compagnie.

Salvo casi speciali stabiliti dal Ministro dei Trasporti e della Navigazione l'esecuzione delle operazioni portuali è riservata alle compagnie o ai gruppi.

Articolo 111 【Imprese per operazioni portuali】 L'esercizio da parte di imprese di operazioni portuali per conto di terzi è sottoposto a concessione del capo del compartimento, per la navigazione marittima, e del capo dell'ispettorato di porto, per la navigazione interna, secondo le modalità stabilite dal regolamento.

Le autorità predette possono determinare il numero massimo delle imprese in relazione alle esigenze del traffico.

La concessione può essere data alle stesse compagnie delle maestranze portuali.

In ogni caso l'impresa concessionaria deve avvalersi, per l'esecuzione delle operazioni portuali, esclusivamente delle maestranze costituite nelle compagnie o nei gruppi.

Articolo 112 【Tariffe delle operazioni portuali】[6] Le tariffe e le altre norme per le prestazioni delle compagnie e dei gruppi portuali, nonché per le prestazioni delle imprese indicate nell'articolo precedente sono determinate secondo le modalità stabilite dal regolamento.

---

6) Articolo abrogato dall'art. 27, l. 28 gennaio 1994, n. 84, nel testo modificato dall'art. 2, d.l. 21 ottobre 1996, n. 535, conv. in l. 23 dicembre 1996, n. 647.

이 노무회사 및 노무단은 각령에 의하여 그 운영이 규제되고 이 각령에 의해 합병과 해산의 경우 회사재산의 평가 방식과 반환 방법도 정한다.

교통항행장관에 의하여 정해진 특별한 경우를 제외하고는 항구에서의 작업은 노무회사와 노무단이 실행한다(본조 1994년 삭제).

제111조 【하역회사】 하역회사가 제3자의 계산으로 하역 업무를 수행하려면 각령으로 정한 방식에 따라 해항에서는 해역장, 내항에서는 내수구청장의 허가를 받아야 한다.

위 관청은 지역 교통상 요구를 감안하여 하역회사의 최대 숫자를 정할 수 있다.

이 허가권은 위 노무회사에게 부여할 수도 있다.

하역회사는 여하한 경우라 하더라도 오로지 노무회사나 노무단 소속 노무자를 활용하여 하역작업을 수행하여야 한다(본조 1994년 삭제).

제112조 【항구 노역료】 노무회사나 노무단의 노무 및 전조에서 말하는 하역회사의 작업에 대한 보수 기타 규제는 각령에서 정한 방식으로 이를 정한다(본조 1994년 삭제).

Titolo IV Del personale della navigazione

Capo I Del personale marittimo

Articolo 113 【Organizzazione e disciplina del personale marittimo】 All'organizzazione amministrativa e alla disciplina del personale marittimo provvede l'amministrazione della marina mercantile.

Articolo 114 【Distinzione del personale marittimo】 Il personale marittimo comprende:

a) la gente di mare;

b) il personale addetto ai servizi dei porti;

c) il personale tecnico delle costruzioni navali.

Articolo 115 【Categorie della gente di mare】 La gente di mare si divide in tre categorie:

1) personale di stato maggiore e di bassa forza addetto ai servizi di coperta, di macchina e in genere ai servizi tecnici di bordo;

2) personale addetto ai servizi complementari di bordo;

3) personale addetto al traffico locale e alla pesca costiera.

Articolo 116 【Personale addetto ai servizi portuali】 Il personale addetto ai servizi dei porti comprende:

1) i piloti;

2) i lavoratori portuali;[7)]

3) i palombari in servizio locale;

4) gli ormeggiatori;

5) i barcaioli.

Il Ministro dei Trasporti e della Navigazione in relazione alle

---

7) Numero abrogato dall'art. 27, l. 28 gennaio 1994, n. 84, nel testo modificato dall'art. 2, d.l. 21 ottobre 1996, n. 535, conv. in l. 23 dicembre 1996, n. 647.

제4장 항행인원

제1절 해항인원

제113조【항해인원의 조직과 운영】 해운관청이 항해인원의 행정 조직과 운영을 통괄한다.

제114조【항해인원의 구분】 항해인원이란 다음과 같은 사람을 말한다:

a) 해원;
b) 항구서비스 종사인원;
c) 선박건조 기술인력.

제115조【해원의 종류】 해원은 다음과 같은 종류로 나눈다:

1. 항해, 기관 기타 선상 기술 인원으로 사관과 부원;

2. 선박에서 부수적인 서비스를 제공하는 인력;
3. 지역 운수 인력 및 연안어업 종사자.

제116조【항구서비스 종사인원】 항구서비스 종사인원은 다음과 같다:

1) 도선사;
2) 항구노무자;[24)]
3) 지역 종사 잠수부;
4) 계류원;
5) 보트 부원.

교통항행장관은 운송 요구나 성격을 고려하여 항구서비스에 제공되는

---

24) 1994년 본호 삭제.

caratteristiche ed alle esigenze del traffico, può determinare altre categorie di personale addetto ai servizi dei porti, disciplinandone, ove accorra, l'impiego.

Articolo 117 【Personale tecnico delle costruzioni navali】 Il personale tecnico delle costruzioni navali comprende:

1) gli ingegneri navali;

2) i costruttori navali;

3) i maestri d'ascia e i calafati.

Articolo 118 【Matricole e registri del personale marittimo】 La gente di mare è iscritta in matricole. Il personale addetto ai servizi portuali e il personale tecnico delle costruzioni navali sono iscritti in registri.

Le matricole e i registri sono tenuti dagli uffici indicati dal regolamento

Articolo 119 【Requisiti per l'iscrizione nelle matricole e nei registri】 Possono conseguire l'iscrizione nelle matricole della gente di mare i cittadini italiani o comunitari di età non inferiore ai quindici anni che abbiano i requisiti per ciascuna categoria stabiliti dal regolamento.

Possono essere iscritti nelle matricole della gente di mare gli allievi degli Istituti tecnici nautici e degli Istituti professionali ad indirizzo marittimo.

Il Ministro dei Trasporti e della Navigazione può consentire che nelle matricole della gente di mare siano iscritti anche italiani non appartenenti alla Repubblica.

Il Ministro dei Trasporti e della Navigazione[8)]può disporre, quando le condizioni del lavoro marittimo lo richiedano, la sospensione dell'iscrizione nelle matricole della gente di mare.

Per l'iscrizione di minori degli anni diciotto è necessario il consenso di chi esercita la patria potestà o la tutela.

---

8) "sentite le [organizzazioni sindacali competent" sono state soppresse con il d.lg.lgt. 23 novembre 1944, n. 369.

다른 종류도 지정할 수 있고, 필요하다면 그 배치에 관한 규제도 할 수 있다.

제117조【선박건조 기술인력】 선박건조 기술인력이란 다음과 같은 사람을 말한다:

1) 조선기사;

2) 건조기공;

3) 목수 및 방수사.

제118조【항해인원의 등록부와 등재부】 해원은 해원등록부에 등록하여야 한다. 항구서비스 종사 인원과 선박 건조기술 인력은 육원등재부에 등재하여야 한다.

해운등록부와 육원등재부는 각령으로 정한 사무소에서 관리한다.

제119조【해원등록부와 육원등재부에의 등록요건】 해원등록부에 등록하려면 15세 이상의 이탈리아 혹은 유럽연합 시민으로 각령이 정한 각 종류의 등록요건을 갖추어야 한다.

해사기술원 및 해기원의 학생도 해원등록부에 등록할 수 있다.

교통항행장관은 이탈리아인이지만 이탈리아 국민이 아닌 사람에게도 해원등록부에 등록을 허가할 수 있다.

교통항행장관은 해운노동여건상 필요하다고 판단되면[25] 일시 해원등록부의 등록 정지를 명할 수 있다.

18세 미만 미성년자가 등록을 하려면 친권자나 후견인의 동의를 얻어야 한다.

항구서비스 종사인원 및 선박건조 기술인력의 육원등재부의 등재 요건은 별도 명령으로 정하고 제116조 제2호의 경우 교통항행장관이 이를 정한다.

연안어업 및 지역수송에 종사하려면 제3종류 해원등록부에 등록하면 되

---

25) "해당 노동조합의 의견을 들은 다음"이라는 규정은 1944년 삭제되었다.

I requisiti per l'iscrizione nei registri del personale addetto ai servizi portuali e del personale tecnico delle costruzioni sono stabiliti dal regolamento o, nel caso indicato dal secondo comma dell'art. 116, dal Ministro dei Trasporti e della Navigazione.

Per l'esercizio della pesca costiera e del traffico locale, possono conseguire l'iscrizione nella matricola della gente di mare della terza categoria anche coloro che abbiano superato il venticinquesimo anno di età e che abbiano i requisiti stabiliti dal regolamento per tale categoria.

A coloro che conseguono l'iscrizione nelle matricole della gente di mare, ai sensi del precedente comma è interdetto il passaggio ad altra categoria superiore.

Articolo 120 【Cancellazione dalle matricole e dai registri】 Alla cancellazione degli iscritti nelle matricole della gente di mare, oltre che nei casi previsti dagli articoli 1251, 1252, si procede per i seguenti motivi:

a) morte dell'iscritto;

b) dichiarazione dell'iscritto di voler abbandonare l'attività marittima;

c) perdita della cittadinanza italiana;

d) perdita permanente dell'idoneità fisica alla navigazione, accertata a termini delle leggi speciali;

e) condanna, con sentenza passata in giudicato, per alcuno dei reati che a norma del regolamento impediscono l'iscrizione nelle matricole;

f) cessazione dall'esercizio della navigazione.

La cancellazione nel caso di cui alla lettera f), si effettua, per gli iscritti che siano in possesso dei titoli professionali di cui all'art. 123, dopo dieci anni consecutivi di interruzione della navigazione; per gli altri iscritti, dopo cinque anni consecutivi.

La cancellazione degli iscritti nei registri del personale addetto ai servizi portuali e del personale tecnico delle costruzioni è disciplinata dal

고, 여기에 등록하려면 25세 이상이라도 되며(구법상 제한) 각령에서 정한 제3종류 해원등록부 등록 요건을 갖추어야 한다.

전항에서 말하는 해원으로 등록한 사람은 다른 상급 형태의 해원으로의 이전이 금지된다.

제120조【해원등록부와 육원등재부에서 말소】 제1251조 및 제1253조의 경우와는 별도로, 다음의 사유가 있으면 해원등록부에서의 등록을 말소한다:

a) 등록원의 사망;

b) 등록원이 해상활동을 포기하려는 의사 선언;

c) 이탈리아 국적 상실;

d) 항해에 종사하기 위한 신체적 적합성을 영구히 상실하고 특별법에서 정한 방식에 따라 확인이 된 경우;

e) 어느 종류 범죄이든 법원의 판결에 의해 처벌을 받고, 각령에 의하면 그로 인해 등록이 금지되는 경우;

f) 항행 활동의 중지.

위 f)호의 사유로 인한 말소의 경우 제123조 규정에 따라 자격을 취득하고 등록한 사람은 이후 10년 동안 지속적으로 항해를 중지한 때에 말소가 행해지며, 다른 등록을 한 사람은 5년간 지속적으로 중지한 때에 말소를 행한다.

항구서비스 종사인원 및 선박건조 기술인력의 육원등재부 등재말소는 각령에 의하여 규율한다.

regolamento.

Articolo 121【Reiscrizione nelle matricole e nei registri】 Gli iscritti nelle matricole della gente di mare, cancellati dalle matricole stesse a norma delle lettere c) ed e) dell'articolo precedente, possono chiedere la reiscrizione, quando cessino le cause che hanno determinato la cancellazione, anche se abbiano superato il limite di età stabilito nell'articolo 119. Gli iscritti cancellati a norma delle lettere b ed f possono chiedere la reiscrizione, anche se abbiano superato il limite di età, entro un periodo di tempo, dal giorno della cancellazione, pari al periodo di navigazione effettivamente compiuta. La reiscrizione dei marittimi nei registri del personale addetto ai servizi portuali e del personale tecnico delle costruzioni è disciplinata dal regolamento.

Articolo 122【Documenti di lavoro del personale marittimo】 La gente di mare è munita di un libretto di navigazione. Il personale addetto ai servizi portuali e il personale tecnico delle costruzioni navali sono muniti rispettivamente di un libretto di ricognizione e di un certificato di iscrizione. Le forme e gli effetti di tali documenti di lavoro sono stabiliti dal regolamento.

Articolo 123【Titoli professionali del personale marittimo】 Il Ministro dei Trasporti e della Navigazione con proprio decreto stabilisce i requisiti e i limiti delle abilitazioni della gente di mare e ne disciplina la necessaria attività di certificazione.

Il regolamento determina le altre qualifiche relative all'esercizio della professione marittima e prescrive altresì i requisiti per la specializzazione del personale di coperta nei servizi inerenti all'esercizio della pesca.

I limiti delle abilitazioni professionali per il personale addetto ai servizi portuali e per il personale tecnico delle costruzioni navali sono stabiliti dal regolamento.

제121조 【해원등록부와 육원등재부에의 재등록】 해원등록부에 등록되었다가 전조 c)호와 e)호의 사유로 등록이 말소된 사람은 말소의 원인이 정지되면, 비록 이미 제119조에서 정한 연령제한을 초과한다 하더라도(구법상의 제한), 재등록을 신청할 수 있다.

위 b)호와 f)호의 사유로 말소가 된 사람도, 비록 등록 연령을 초과했다 하더라도(구법상의 제한), 말소일로부터 계산하여 실제로 항해에 종사한 기간과 동일한 기간 이내에는 재등록을 신청할 수 있다.

항구서비스 종사인원 및 선박건조 기술인력의 육원등재부 재등재는 각령에 의하여 규율한다.

제122조 【항해인원의 근무증서】 해원은 항행수첩을 보유하여야 한다. 항구서비스 종사인원 및 선박건조 기술인력은 인증수첩과 등록증서를 보유하여야 한다.

이러한 근무증서의 형식과 효력은 각령으로 정한다.

제123조 【항해인원의 자격】 교통항행장관은 명령으로 해원의 자격 요건과 범위를 정하고 그 자격 부여에 필요한 행위를 규율한다.

해사 전문직과 관련된 다른 자격도 각령으로 정하고, 어업에 종사하는 선상 인원의 특화를 위한 필요 요건도 각령으로 정한다.

항구서비스 종사인원 및 선박건조 기술인력의 직능 범위도 각령으로 정한다.

Articolo 124 【Rilascio dei documenti di abilitazione】 Il rilascio delle patenti per i titoli professionali marittimi indicati alle lettere a e b del primo e del secondo comma dell'articolo precedente è di competenza del direttore marittimo.

Il rilascio dei documenti di abilitazione per gli altri titoli professionali è di competenza del capo del compartimento e dei capi degli altri uffici indicati dal regolamento.

Articolo 125 【Collocamento della gente di mare】[9] Al collocamento degli iscritti nelle matricole della gente di mare, destinati a far parte degli equipaggi delle navi, si provvede, nel territorio della Repubblica, esclusivamente ad opera di appositi uffici istituiti secondo norme stabilite con legge.

Articolo 126 【Divieto di mediazione】[10] È vietata la mediazione, anche gratuita, per il collocamento degli iscritti nelle matricole della gente di mare destinati a far parte degli equipaggi delle navi.

Qualsiasi compenso corrisposto per un'attività svolta in contrasto con la disposizione del comma precedente può essere ripetuto.

Articolo 127 【Assunzione all'estero】 All'assunzione di personale per la formazione o per il completamento degli equipaggi delle navi nazionali all'estero sovraintende l'autorità consolare.

Capo II Del personale della navigazione interna

Articolo 128 【Organizzazione e disciplina del personale】

All'organizzazione amministrativa e alla disciplina del personale della

---

9) Articolo abrogato dall'art. 13, comma 1, let. a) Del .D.P.R. 18 aprile 2006, n.231.

10) Articolo abrogato dall'art. 13, comma 1, let. a) Del .D.P.R. 18 aprile 2006, n.231.

제124조 【자격증의 발행】 전조(제1항 및 제2항 a)호 및 b)호:구법)[26]에서 말하는 자격증서의 발행은 해안장이 관할한다.

여타 자격에 관한 증서 발행은 각령에서 정한 바에 따라 해역장 및 여타 사무소가 관할한다.

제125조 【해원 취업】 이탈리아 내에서 선원으로 근무할 것을 목적으로 하는 등록해원의 취업은 법률에서 정한 바에 따라 설립된 해당 사무소를 통하여 이루어진다(2006년 삭제).

제126조 【개입 금지】 선원이 되는 것을 목표로 하면, 해원으로 등록부에 등록된 사람의 취업은, 비록 무상일지라도, 제3자의 개입이 금지된다.

전항 규정에 반하여 이루어진 행위의 대가로 지급된 보상은 그 반환을 청구할 수 있다(2006년 삭제).

제127조 【해외 채용】 국적선이 해외에서 선원을 구성하거나 보충하기 위해 인원을 채용하는 것은 영사관이 감독한다.

제2절 내항인원

제128조 【인원의 조직과 운영】 내수 항행 활동을 담당하는 행정기관이 내수 항행 인원의 행정 조직과 운영을 통괄한다.

---

26) 1942년 당시 입법에 의하면 제123조에서 자격의 종류를 열거하였다. 그러나 제123조에서 이를 부령에 위임하고 있어 전후 문장이 연결되지 아니하지만 아직까지 정리를 하지 못하고 있다고 생각된다.

navigazione interna provvedono le autorità preposte all'esercizio della navigazione interna.

Articolo 129【Distinzione del personale】 Il personale della navigazione interna comprende:

a) il personale navigante;

b) il personale addetto ai servizi dei porti.

Articolo 130【Categorie del personale navigante】 Il personale navigante si divide in tre categorie:

1) personale di comando e di bassa forza addetto ai servizi di coperta, di macchina e in genere ai servizi tecnici di bordo;

2) personale addetto ai servizi complementari di bordo;

3) personale addetto alla piccola navigazione.

Articolo 131【Personale addetto ai servizi dei porti】 Il personale addetto ai servizi dei porti comprende:

1) i lavoratori portuali;

2) i barcaioli.

Il Ministro dei Trasporti e l'aviazione civile, in relazione alle caratteristiche e alle esigenze del traffico, può determinare altre categorie di personale dei porti, disciplinandone, ove occorra, l'impiego.

Articolo 132【Matricole, registri e documenti di lavoro del personale】 Il personale navigante è iscritto in matricole, ed è munito di un libretto di navigazione.

Il personale addetto ai servizi dei porti è iscritto in registri ed è munito di un libretto di ricognizione.

Le matricole e i registri sono tenuti dagli uffici di porto.

Le forme e gli effetti dei documenti di lavoro indicati nel primo e secondo comma sono stabiliti dal regolamento.

제129조【인원의 구분】 내항인원은 다음 사람을 말한다:

a) 항행원;
b) 항구서비스 종사인원.

제130조【항행원의 종류】 내수 항행원은 다음 3 종류로 나눈다:

1) 갑판, 기관실, 기타 선상 기술 업무에 종사하는 사관과 부원;

2) 선상 보조업무 종사 인원;
3) 소형 항행에 종사하는 인원.

제131조【항구서비스 종사인원】 항구서비스 종사인원이란 다음 사람을 말한다:

1) 항구노무자;
2) 보트 부원.

교통항공장관[27]은 운송의 요구나 성격을 감안하여 다른 종류 항구서비스 인원을 창설할 수 있고 필요하다면 그 활용도 규제할 수 있다.

제132조【인원의 등록, 등재 및 노무증서】 내수 항행원은 등록부에 등록하여야 하고 항원수첩을 소지하여야 한다.

항구서비스 종사인원은 등재부에 등재하여야 하고 인증수첩을 보유하여야 한다.

내항인원의 등록부와 등재부는 항구사무소에 비치한다.

위 제1행 및 제2행에서 말하는 근무증서는 각령에 의하여 그 형식과 효력을 정한다.

---

27) 교통항행장관과 동일한 사람이라 해석되며 미정리 부분이라 사료된다.

Articolo 133 【Requisiti per l'iscrizione nelle matricole e nei registri】 Possono conseguire l'iscrizione nelle matricole del personale navigante i cittadini italiani di età non inferiore ai quattordici anni, che abbiano i requisiti stabiliti dal regolamento.

I minori di anni quattordici, ma non minori dei dieci, possono essere iscritti quando imbarchino alle dipendenze di parenti o affini fino al terzo grado.

Per l'iscrizione di minori degli anni diciotto è necessario il consenso di chi esercita la potestà o la tutela.

Il Ministro dei Trasporti e della Navigazione può consentire che nelle matricole siano iscritti anche italiani non appartenenti alla Repubblica.

I requisiti per l'iscrizione nei registri del personale addetto ai servizi portuali sono stabiliti dal regolamento, o, nel caso indicato dal secondo comma dell'articolo 131, dal Ministro dei Trasporti e della Navigazione.

Parimenti sono disciplinate dal regolamento la cancellazione dalle matricole e dai registri, nonché la reiscrizione nei medesimi.

Articolo 134 【Titoli professionali del personale】 Per i servizi di coperta i titoli professionali sono:

a) capitano;

b) capo timoniere;

c) capo barca;

d) conduttore di motoscafi;

e) barcaiolo abilitato.

Per i servizi di macchina i titoli professionali sono:

a) macchinista;

b) motorista.

Coloro che sono in possesso dei titoli di cui alle lettere a), b), d) del primo comma e a), b) del secondo comma possono essere autorizzati con apposita

제133조【등록부와 등재부에 등록요건】 18세 이상 이탈리아 국민으로 각령에 의한 요건을 갖추면 내수 항행원으로 등록할 수 있다.

10세 이상 18세 미만 사람은 3촌 이내 친인척과 동반하여 승선을 하는 때에는 등록을 할 수 있다.

18세 미만 사람이 등록을 하려면 친권자나 후견인의 허락을 받아야 한다.

교통항공장관은 이탈리아인이지만 이탈리아 국적을 갖지 않은 사람에게도 등록을 허가할 수 있다.

항구서비스 종사인원으로 등재부에 등재될 요건은 각령으로 정하며, 제131조 제2항에 표시된 경우, 교통항행장관도 이를 정한다.

마찬가지로 내항인원의 등록부나 등재부에서 말소 및 그 재등록은 각령으로 정하여 규율한다.

제134조【인원의 자격】

갑판 서비스를 위해 다음 자격이 부여된다:

a) 선장;

b) 수석조타수;

c) 수석 보트원;

d) 모터 보트 운전자;

e) 유자격 보트원.

기관 서비스를 위하여 다음 자격이 부여된다;

a) 기관사;

b) 구동원.

위 제1항 a)호, b)호, d)호 및 제2항 a)호 및 b)호 자격을 소유한 사람은 자격증서에 부기를 통하여 공공정기선, 예인선 및 제3자계산 여객운송에

annotazione sul documento di abilitazione a prestare servizio su navi addette a servizi pubblici di linea o di rimorchio o a servizi di trasporto di personale per conto di terzi.

I requisiti per il conseguimento dei titoli, i limiti dell'abilitazione professionale propria a ciascun titolo e le modalità del rilascio sono stabiliti dal regolamento.

Il Ministro dei Trasporti e della Navigazione in relazione alle caratteristiche e alle esigenze dei trasporti, può determinare altre qualifiche relative all'esercizio della navigazione interna, stabilendo le condizioni e le modalità per il conseguimento dei relativi titoli professionali.

I limiti per le abilitazioni professionali del personale addetto ai servizi portuali sono stabiliti da leggi o regolamenti speciali.

Articolo 135【Assunzione all'estero】 All'assunzione di personale navigante della navigazione interna per la formazione e per il completamento degli equipaggi delle navi nazionali all'estero sovraintende l'autorità consolare.

TITOLO V Del regime amministrativo delle navi

Capo I Dell'ammissione della nave alla navigazione

Sezione I Dell'individuazione della nave

Articolo 136【Navi e galleggianti】 Per nave si intende qualsiasi costruzione destinata al trasporto per acqua, anche a scopo di rimorchio, di pesca, di diporto, o ad altro scopo.

Le navi si distinguono in maggiori e minori. Sono maggiori le navi

종사할 수 있게 허가할 수 있다.

자격의 취득조건, 각 자격의 능력범위 및 그 발부방법에 관한 사항은 각령으로 정한다.

교통항행장관은 운송의 필요와 성격을 고려하여 내수항행의 수행과 관련 여타 자격을 정할 수 있고 그러면 그 자격의 취득 조건과 절차도 정하여야 한다.

항구서비스 종사인원의 자격이 갖는 능력 범위는 특별 법령에 의하여 정한다.

제135조【해외 채용】 이탈리아 선박의 선원을 구성하거나 보충하기 위하여 해외에서의 내수 항행원의 채용은 영사관이 이를 감독한다.

제5장 선박의 행정규제

제1절 선박의 항행 허용

제1관 선박의 특정

제136조【선박과 유동구조물】 수상에서 운송의 목적에 제공된 것이면 어느 구조물이든 선박에 포함되며, 예인, 어로, 여가, 기타 목적에 제공된 경우에도 마찬가지이다. 선박은 원양선과 내항선으로 구분한다. 해양을 항해하는 선박을 '원양선(대형선)'이라고 하고, 연안선, 항내 해운서비스선 및

alturiere; sono minori le navi costiere, quelle del servizio marittimo dei porti e le navi addette alla navigazione interna.

Le disposizioni che riguardano le navi si applicano, in quanto non sia diversamente disposto, anche ai galleggianti mobili adibiti a qualsiasi servizio attinente alla navigazione o al traffico in acque marittime o interne.

Articolo 137 【Ammissione delle navi alla navigazione】 Sono ammesse alla navigazione le navi iscritte nelle matricole o nei registri tenuti dagli uffici competenti, ed abilitate nelle forme previste dal presente codice.

Sono iscritte nelle matricole e nei registri predetti le navi che rispondono ai requisiti di individuazione e di nazionalità.

Agli effetti dell'iscrizione e a tutti gli altri effetti di legge le navi e i galleggianti sono individuati dalla stazza, dal nome o dal numero, e dal luogo ove ha sede l'ufficio di iscrizione.

Articolo 138 【Stazzatura nella Repubblica】 Salve le eccezioni stabilite da leggi e regolamenti speciali la stazzatura delle navi marittime è eseguita nella Repubblica dal Registro italiano navale quale delegato del Ministero per la marina mercantile a mezzo di ingegneri navali, o di altri periti stazzatori abilitati a norma del regolamento.

Per la navigazione interna il Registro italiano navale provvede alla stazzatura delle navi per le quali è obbligatoria la classificazione. Negli altri casi provvedono l'ispettorato compartimentale della motorizzazione civile e dei trasporti in concessione o gli altri organi stabiliti da leggi e da regolamenti speciali.

La stazzatura è eseguita secondo le norme stabilite da leggi e regolamenti speciali.

Eseguita la stazzatura, il certificato di stazza è depositato presso l'ufficio del porto d'iscrizione della nave.

내수항해에 제공된 선박을 '내항선(소형선)'이라고 한다.[28)]

유동구조물에 대하여도, 해양이나 내수에서 항해나 수송에 부수된 서비스에 제공되면, 그 서비스의 종류가 무엇이든, 반대의 규정이 없는 한 선박에 관한 규정이 적용된다.

第137조 【선박항행허용】 선박은 관할 관청이 보유하는 등록부나 등재부에 등록되고 본법에서 정한 방식으로 허가를 받아야 비로소 항행이 허용된다.

선박이 특정과 국적에 관한 소정의 요건을 갖추면 위 등록부나 등재부에 등록할 수 있다.

선박은, 등록의 효과 기타 여타 법적 효력과 관련하여 그 톤수, 명칭, 번호 및 등록지에 의하여 특정된다.

第138조 【이탈리아에서 톤수측정】 특별 법률이나 각령에 의하여 인정되는 예외를 제외하고는, 이탈리아 내에서 해양선박의 톤수측정은 해운장관의 대리인으로 이탈리아 선급이 조선기사 및 각령에 의하여 자격이 인정된 여타 선측검정인을 통하여 이를 시행한다.

내수항행선의 경우 선급의 유지가 의무인 선박의 경우 이탈리아선급이 톤수측정을 한다. 여타의 경우 민간교통과 인가운송을 담당하는 내수구청이나 특별 법률이나 각령에 의하여 설치된 기관이 이 조치를 한다.

톤수측정은 특별 법률 및 각령에 따라 실시한다.

톤수가 측정되면 톤수증서를 선박 등록항 사무소에 제출하여야 한다.

---

28) 이탈리아 항행법은 이를 대형선과 소형선으로 구분하고 있으나 이 용어는 지칭하는 선박과는 상관이 없어 독자에게 오히려 혼란을 가져올 수 있기 때문에 이해의 편의도 돕고 내용도 어느 정도 반영하여 역자가 임의로 "원양선"과 "내항선"이라는 용어를 만들어 번역하였다.

Articolo 139 【Stazzatura all'estero】 Il Ministro dei Trasporti e della Navigazione può autorizzare la stazzatura all'estero delle navi costruite o trasformate in cantieri esteri ovvero provenienti da bandiera estera, quando tali navi debbano compiere uno o più viaggi fra porti stranieri prima di approdare nella Repubblica.

La stazzatura all'estero può, previa autorizzazione del Ministro dei Trasporti e della Navigazione, essere eseguita secondo il metodo locale. In tal caso la stazzatura deve essere nuovamente eseguita in via definitiva in un porto della Repubblica, entro il termine stabilito dal regolamento.

Articolo 140 【Nome delle navi maggiori】 Le navi maggiori sono contraddistinte da un nome.

Il nome deve essere diverso e dissimile da ogni altro già registrato in qualsiasi matricola della Repubblica.

L'imposizione e il cambiamento del nome sono sottoposti all'approvazione del Ministro dei Trasporti e della Navigazione.

Le norme, alle quali deve attenersi il proprietario nell'imposizione e nel cambiamento del nome, sono stabilite dal regolamento.

Articolo 141 【Numero e nome delle navi minori e dei galleggianti】 Le navi minori e i galleggianti sono contraddistinti da un numero. Le navi minori marittime di stazza lorda superiore alle dieci tonnellate se a propulsione meccanica, o alle venticinque in ogni altro caso, e le navi della navigazione interna in servizio pubblico di linea possono essere contraddistinte, oltre che dal numero, anche da un nome.

Il nome delle navi predette deve essere diverso e dissimile da ogni altro già registrato nella stessa circoscrizione. Le norme, alle quali deve attenersi il proprietario nell'imposizione e nel cambiamento del nome, sono stabilite dal regolamento.

Articolo 142 【Indicazione dei segni di individuazione sullo scafo】 Il

제139조 【외국에서 톤수측정】 선박이 외국에 있는 조선소에서 건조되거나 개조된 경우 및 외국 국적으로부터 이탈리아 국적으로 넘어오는 경우, 그 선박이 국내 항구에 접안하기 이전에 외국 항구 사이에 하나 혹은 수회 항해를 수행하여야 하는 때에는, 교통항행장관은 외국에서 톤수측정을 허가할 수 있다.

교통항행장관의 사전 허가를 받으면, 외국에서 톤수측정은 그 지역 방식으로 실행할 수 있다. 그러면 각령으로 정한 기간 내에 이탈리아 항구 내에서 새로이 확정적인 톤수측정을 하여야 한다.

제140조 【원양선의 명칭】 원양선은 하나의 명칭에 의하여 현출되어야 한다.

이탈리아 내 다른 등록부에 이미 등록된 명칭이 있으면 선박명칭은 그 무엇이든 그것과 상이하고 유사하지 아니하여야 한다.

명칭의 부여와 변경은 교통항행장관의 허가를 받아야 한다.

명칭의 부여와 변경에 관해 선주가 준수할 규범은 각령으로 정한다.

제141조 【내항선과 유동구조물의 번호와 명칭】 내항선과 유동구조물은 하나의 숫자로 현출되어야 한다. 동력선이면 총톤수 10톤 이상, 여타 선박은 총톤수 25톤 이상의 항해 내항선 및 정기 공공 서비스에 제공된 내수 항행선은 그 번호와 함께 하나의 명칭으로 현출될 수 있다.

위 선박 명칭은 그 구역에 이미 등록된 다른 명칭과 상이하여야 하고 유사하지 아니하여야 한다. 명칭의 부여와 변경에 관해 선주가 준수할 규범은 각령으로 정한다.

제142조 【특정표시의 선체표시】 선박이나 유동구조물의 명칭이나 번호

nome o il numero della nave o del galleggiante e l'indicazione del luogo dell'ufficio d'iscrizione devono essere segnati sullo scafo nei modi stabiliti dal regolamento.

Sezione II Dei requisiti di nazionalità

Articolo 143 【Requisiti di nazionalità dei proprietari di navi italiane】
Rispondono ai requisiti di nazionalità per l'iscrizione nelle matricole o nei registri di cui all'articolo 146:

a) le navi che appartengono per una quota superiore a dodici carati a persone fisiche giuridiche o enti italiani o di altri Paesi dell'Unione europea;

b) le navi di nuova costruzione o provenienti da un registro straniero non comunitario, appartenenti a persone fisiche, giuridiche o enti stranieri non comunitari i quali assumano direttamente l'esercizio della nave attraverso una stabile organizzazione sul territorio nazionale con gestione demandata a persona fisica o giuridica di nazionalità italiana o di altri Paesi dell'Unione europea, domiciliata nel luogo di iscrizione della nave, che assuma ogni responsabilità per il suo esercizio nei confronti delle autorità amministrative e dei terzi, con dichiarazione da rendersi presso l'ufficio di iscrizione della nave, secondo le norme previste per la dichiarazione di armatore.

Articolo 144 【Stranieri e società equiparati】[11] Per motivi di interesse nazionale, Ministro dei Trasporti e della Navigazione può, con decreto emanato di concerto col Ministro per il Tesoro e con quello per l'industria, artigianato e commercio, equiparare ai cittadini e alle società di cui al precedente articolo, stranieri domiciliati o residenti nella Repubblica da oltre cinque anni e società costituite nella Repubblica, che non abbiano i requisiti

11) Articolo abrogato dall'art. 7, d.l. 30 dicembre 1997, n. 457, conv. in l. 27 febbraio 1998, n. 30.

와 등록사무소 소재지는 각령으로 정한 방식으로 선체에 표시하여야 한다.

제2관 국적요건

제143조【이탈리아 선박 소유자의 국적요건】 제146조에 따라 이탈리아 선박으로 등록이나 등재를 하려면 다음 요건을 갖추어야 한다:

a) 선박 지분 2분지 1(12 까라띠) 이상이 이탈리아 혹은 유럽연합 소속 자연인 혹은 법인이 소유하는 경우;
b) 신조선이거나 혹은 비유럽연합 외국의 등록부에서 넘어오는 선박으로, 비유럽연합 자연인, 법인 기타 단체 소유이지만 이들이 국내에 항구적인 조직을 갖추고 선박의 운항을 직접적으로 책임지며, 선박의 관리는 이탈리아나 유럽연합국적을 갖고 있고 선박등록지에 주소가 있는 법인이나 자연인에게 위임되어 있으며, 이 수임인들이 그 선박의 운항과 관련하여 행정관청이나 제3자와의 관계에서 모든 책임을 지며, 선주 신고 규정에 따라 그 선박 등록사무소에 출두할 것을 신고하는 경우.

제144조【준내국 사람 혹은 단체】 해운장관은 재경부 장관 및 공업, 수공업, 상업부 장관과 협의를 거쳐, 국익을 이유로 하여, 외국인이지만 국내에 5년 이상 주소나 거소를 가지고 있었던 사람에게, 혹은 전조의 요건을 충족하지는 못했지만 국내에서 설립된 단체에게, 전조에서 말하는 시민이나 단체와 동일시하는 명령을 발할 수 있고, 외국에서 설립된 단체이지만 국내에 행정적 사무소가 있거나 회사의 주된 재산이 있는 때에도 마찬가지이다(1997년 삭제).

di cui all'articolo precedente, nonchè società costituite all'estero, le quali abbiano nella Repubblica la sede dell'amministrazione ovvero l'oggetto principale dell'impresa.

Articolo 145 【Navi iscritte in registri stranieri】 Non possono ottenere l'iscrizione nelle matricole o nei registri nazionali le navi che risultino già iscritte in un registro straniero.

Agli effetti degli articoli 149 e 155 del codice della navigazione possono ottenere l'iscrizione in speciali registri nazionali, le navi che risultino già iscritte in un registro straniero ed in regime di sospensione a seguito di locazione a scafo nudo.

Per l'istituzione dei registri speciali di cui al comma 2, per l'attuazione e il completamento delle disposizioni in esso contenute, nel rispetto della riserva di cui all'art. 224 del codice della navigazione, si provvede con decreto del Ministro della marina mercantile.

Sezione III Dell'iscrizione della nave e della abilitazione alla navigazione

Articolo 146 【Iscrizione delle navi e dei galleggianti】 Le navi maggiori sono iscritte nelle matricole tenute dagli uffici di compartimento marittimo, sedi di direzione marittima. Le matricole tenute dai compartimenti che non siano sede di direzione marittima e dagli altri uffici sono accentrate presso le direzioni marittime sovraordinate ad eccezione dei compartimenti marittimi di Mazara del Vallo e Salerno, per i quali le matricole dei pescherecci sono tenute presso i medesimi compartimenti marittimi.

Le navi minori e i galleggianti sono iscritti nei registri tenuti dagli uffici di compartimento e di circondario o dagli altri uffici indicati dal regolamento.

Per le navi e i galleggianti addetti alla navigazione interna i registri sono tenuti dagli ispettori di porto e dagli altri uffici marittimi indicati da leggi e

第145조 【외국 등록부에 등록된 선박】 선박이 이미 외국 등록부에 등록되어 있으면 그 선박은 이탈리아에서 등록이나 등재를 할 수 없다.

본법 제149조 및 제155조의 효력과 관련, 외국 등록부에 이미 등록되어 있지만, 선체용선에 의거 그 중지 상태에 있으면, 국내 특별 등록부에 등록할 수 있다.

전항에 의한 특별 등록부의 설치를 위해, 또 거기에 포함된 규정의 본법 제224조의 유보와 관련 실행과 보충을 위해, 해운장관[29]은 필요한 조치를 명할 수 있다.

제3관 선박등록과 항해허가

第146조 【선박 및 유동구조물의 등록】 원양선은 해안사무소 소재지에 해역사무소가 있으면 그 해역사무소가 보유하는 등록부에 등록한다. 해안사무소 소재지가 아닌 지역에 있는 해역사무소 및 기타 사무소가 보유하는 등록부는 감독하는 해안사무소로 통합하여 이를 처리하며, 다만 예외적으로 마자라 델 발로 및 살레르노에 있는 어선등록부는 그 해역사무소가 보유한다.

내항선과 유동구조물은 해역사무소, 해구사무소 및 각령으로 정하는 여타 사무소가 보유하는 등재부에 등재하여야 한다.[30]

---

29) 교통항행장관과 동일한 사람으로 해석되며 미정리 부분이라 생각된다.

30) 원양선과 내항선의 정의에 관하여는 제136조 참조.

regolamenti.

Articolo 147 【Designazione di rappresentante】 Il proprietario di nave maggiore non domiciliato nel luogo in cui è l'ufficio di iscrizione della nave, deve designare un rappresentante ivi residente, presso il quale, nei confronti dell'autorità marittima, si intende domiciliato.

Nello stesso caso, l'autorità marittima e quella preposta all'esercizio della navigazione interna possono disporre la designazione di un rappresentante da parte del proprietario di nave minore o di galleggiante.

Articolo 148 【Iscrizione di navi e galleggianti destinati alla navigazione in acque straniere】[12] Le navi e I galleggiati armati all'estero e destinati permanentemente alla navigazione in acque straniere sono iscritti nelle matricole o nei registri tenuti dall'autorità consolare.

Articolo 149 【Abilitazione delle navi alla navigazione】 Le navi iscritte nelle matricole e le navi e i galleggianti iscritti nei registri sono abilitati alla navigazione rispettivamente dall'atto di nazionalità e dalla licenza.

A tale effetto l'atto di nazionalità può essere temporaneamente sostituito da un passavanti provvisorio, e la licenza da una licenza provvisoria.

Articolo 150 【Atto di nazionalità】 L'atto di nazionalità è rilasciato in nome del presidente della Repubblica dal direttore marittimo nella cui zona la nave maggiore è immatricolata, e, nel caso di cui all'articolo 148, dal console che ne ha ricevuto l'iscrizione.

L'atto di nazionalità enuncia il nome, il tipo e le caratteristiche principali, la stazza lorda e netta della nave, il nome del proprietario, l'ufficio di immatricolazione.

Articolo 151 【Rinnovazione dell'atto di nazionalità】 L'atto di

12) Articolo abrogato dall'art. 7, d.l. 30 dicembre 1997, n. 457, conv. in l. 27 febbraio 1998, n. 30.

내수항행에 제공된 선박과 유동구조물은 항구관리소 및 법령이 정한 여타 사무소가 보유하는 등재부에 등록하여야 한다.

제147조 【대리인의 지정】 원양선의 소유자는 선박의 등록사무소 소재지에 주소가 없으면 거기에 거주하는 대리인을 지명하여야 하고, 그러면 그 소유자는 해운관청과 관련하여 거기에 거주하는 것으로 본다.

내항선과 유동구조물 소유자가 같은 상황인 때에도, 해운관청 및 내수항행 관청은 마찬가지로 대리인의 지정을 명할 수 있다.

제148조 【외국 수면에서 항행에 제공된 선박이나 유동구조물의 등록】 외국에서 의장을 하고 항구적으로 외국 수면 항행에 제공되는 선박이나 유동구조물은 영사관청이 보유한 등록부나 등재부에 등록한다(1997년 삭제).

제149조 【선박의 항행허가】 등록부에 등록된 선박 및 등재부에 등재된 선박이나 유동구조물은 국적증서 및 항행허가증에 의하여 각각 항행이 허가된다.

동일한 목적으로, 국적증서는 임시통행증으로, 항행허가증은 임시항행증으로 일시 대치할 수 있다.

제150조 【국적증서】 선박국적증서는 원양선을 등록한 지역에 있는 해안장이 대통령의 명의로 발행하고, 제148조의 경우 등록을 접수한 영사가 발행한다.

국적증서에는 명칭, 형태, 총톤수, 순톤수, 선주 성명 및 등록사무소를 표시하여야 한다.

제151조 【국적증서의 갱신】 선박의 명칭, 톤수, 형태, 기타 기본 성격이 변경되면 국적증서를 갱신하여야 한다.

nazionalità deve essere rinnovato qualora vengano mutati il nome o la stazza, ovvero il tipo o le caratteristiche principali della nave.

Articolo 152 【Rilascio del passavanti provvisorio】 Il passavanti provvisorio è rilasciato in caso di urgenza alle navi di nuova costruzione o provenienti da registro straniero che siano immatricolate nella Repubblica. Il passavanti provvisorio per le navi provenienti da registro straniero può essere rilasciato anche prima della loro immatricolazione nella Repubblica in presenza di espressa dichiarazione dell'autorità marittima o consolare straniera che il venditore ha avanzato la richiesta di cancellazione della nave dai registri secondo le procedure ivi vigenti e che l'atto di nazionalità, o documento equipollente, è stato preso in consegna. Il passavanti è anche rilasciato alle navi il cui atto di nazionalità o altro documento equivalente sia andato smarrito o distrutto.

Il passavanti è rilasciato nella Repubblica dagli uffici marittimi presso i quali sono tenute le matricole, e all'estero dagli uffici consolari.

Le autorità predette fissano la durata della validità del passavanti, in rapporto al tempo necessario per il rilascio dell'atto di nazionalità. In ogni caso la durata non può essere superiore ad un anno.

Articolo 153 【Licenza delle navi minori e dei galleggianti】 La licenza è rilasciata dall'autorità che tiene il registro di iscrizione della nave minore o del galleggiante.

La licenza deve indicare il numero, il tipo, le caratteristiche principali, la stazza lorda e netta della nave minore o del galleggiante, il nome del proprietario e l'ufficio d'iscrizione, nonché, nel caso previsto nell'articolo 141, il nome.

Nei casi previsti nel primo comma dell'articolo precedente alle navi minori è rilasciata una licenza provvisoria secondo le norme stabilite dal regolamento.

第152條【임시통행증의 발행】 임시통행증은 신조선박이거나 외국등록에서 넘어오는 선박으로 이탈리아에 등록을 한 선박으로 긴급을 요하는 때에 발행한다. 외국 등록에서 넘어오는 선박은 매도인이 적법절차에 따라 등록취소신청서를 제출하였다는 것과 국적증서 기타 유사증서가 제출되었다는 것을 해운관청이나 영사관청이 확인하면 이탈리아에 등록하기 이전이라도 임시통행증을 발행할 수 있다. 국적증서 기타 유사증서가 분실되거나 파손되었을 경우에도 임시통행증을 발행할 수 있다.

임시통행증은 이탈리아 내에서는 등록을 해야 할 해운관청이, 외국에서는 영사관청이 이를 발행한다.

위 해운관청은 국적증서를 발행받아야 할 기간을 고려하여 그 임시통행증의 유효기간을 정하여야 한다. 여하한 경우이든 이 기간은 1년을 초과하지 못한다.

第153條【내항선과 유동구조물의 항행허가증】 내항선이나 유동구조물은 그 등재부를 보유한 관청이 항행허가증을 발행한다.

항행허가증에는 내항선이나 유동구조물의 번호, 형태, 기본 성격 및 총톤수와 순톤수, 선주 성명 및 등록사무소를 표시하여야 하고 제141조에서 말하는 경우 명칭도 표시하여야 한다.

내항선이 전조 제1행에서 말하는 때에 있는 경우 각령으로 정한 규범에 따라 임시항행증을 발행한다.

Articolo 154 【Rinnovazione della licenza】 In caso di mutamento del proprietario, nonché di cambiamento del numero, della stazza, del tipo o delle caratteristiche principali della nave o del galleggiante, la licenza deve essere rinnovata. Del pari la licenza deve essere rinnovata in caso di mutamento del nome previsto nell'articolo 141.

Articolo 155 【Uso della bandiera】 Le navi abilitate alla navigazione a norma dell'articolo 149 inalberano la bandiera italiana.

Sezione IV Della Dismissione della bandiera e della cancellazione dai registri

Articolo 156 【Dismissione della bandiera e sospensione temporanea dell'abilitazione alla navigazione】 Il proprietario che intende alienare la nave o che, mantenendone la proprietà, intende cancellarla dalle matricole o dai registri nazionali per l'iscrizione in un registro non comunitario deve farne dichiarazione all'ufficio di iscrizione della nave.

L'ufficio che riceve la dichiarazione procede alla pubblicazione della dichiarazione medesima mediante affissione nell'ufficio del porto ed inserzione nel foglio degli annunci legali, invitando gli interessati a far valere entro sessanta giorni i loro diritti.

La pubblicazione è ripetuta con le stesse modalità qualora il procedimento di cancellazione della nave non si concluda entro sei mesi dal termine di scadenza della precedente pubblicazione.

Se entro il termine di cui al comma 2 sono promosse presso l'ufficio di iscrizione formali opposizioni con l'indicazione e quantificazione dei crediti vantati o se risulta l'esistenza di diritti reali o di garanzia sulla nave, la cancellazione della nave dal registro di iscrizione può essere effettuata solo dopo che l'opposizione sia stata respinta con sentenza passata in giudicato, o i creditori siano stati soddisfatti o i diritti estinti, ovvero, in mancanza, il

제154조【항행허가증의 갱신】 선박이나 유동구조물의 주인이 변경된 경우는 물론 번호, 톤수, 형태, 기타 기본적 성격이 변경되면 항행허가증을 갱신하여야 한다. 마찬가지로 제141조에 규정된 명칭이 변경된 때에도 항행허가증을 갱신하여야 한다.

제155조【국기 사용】 제149조 규정에 따라 항행이 허가된 선박은 이탈리아 국기를 게양할 수 있다.

제4관 국기 폐기와 등록 말소

제156조【국적말소 및 항행허가 일시정지】 비유럽연합국에 등록하기 위하여, 선박을 양도하려고 하는 소유자, 혹은 자기 소유권은 유지한 채 내국등록부나 등재부에서 말소하려고 하는 소유자는, 이를 그 선박 등록사무소에 신청하여야 한다.

신청을 받은 사무소는 항구사무소에 공고를 하고 관보에 문구를 삽입하는 방식으로 이를 공시하여야 하며, 공시를 통해 이해관계인에게 60일 이내에 권리를 행사할 것을 요구하여야 한다.

전시 공시 만료일로부터 6개월 이내에 선박 말소 절차가 종료되지 아니하면 동일한 방법으로 그 공시를 반복하여야 한다.

제2항의 기간 내에, 주장하는 채권을 그 금액과 함께 특정하여 등록사무소에 이의를 한다든가, 혹은 그 선박 위에 다른 물권 혹은 담보권이 존재하는 것이 판명되면, 그 선박을 등록부에서 말소하려면 먼저 그 이의가 확정판결로 기각되고 또 채무가 변제되고 권리가 소멸하여야 하며, 그렇지 아니하면, 선원임금 및 관청부담금의 경우 해운관청 혹은 내항담당관청이, 채권자의 이익을 보장하기 위해 가장 먼저 요구하는 사람의 신청을 받아 사법기관이, 각각 명령한 조치를 이행하여야 한다.

긴급한 경우 소유자의 신청이 있으면, 등록부나 등재부에 나타난 채권, 물권 및 담보권이 부재, 변제 혹은 소멸되었고 또 등록되지 않았지만 추후

proprietario abbia eseguito le provvidenze disposte dall'autorità marittima o da quella preposta alla navigazione interna per i salari dell'equipaggio e per le somme dovute all'amministrazione, e dall'autorità giudiziaria, su domanda della parte più diligente per la salvaguardia degli interessi dei creditori.

In caso di urgenza, su richiesta del proprietario, la nave può essere cancellata prima della scadenza del termine di cui al comma 2, subordinatamente all'assenza o all'avvenuto soddisfacimento od estinzione dei crediti o diritti reali o di garanzia risultanti dalla matricola o dai registri, e al deposito di fideiussione bancaria a garanzia di eventuali diritti non trascritti, pari al valore della nave accertato dai competenti organi tecnici dell'Amministrazione dei trasporti e della navigazione. La fideiussione è vincolata al pagamento dei crediti privilegiati nell'ordine indicato dagli articoli 552 e 556, nonché degli altri diritti fatti valere nel termine previsto dal comma 4 del presente articolo. Con decreto del Ministro dei Trasporti e della Navigazione sono stabilite le modalità di presentazione della fideiussione.

La cancellazione della nave dal registro di iscrizione può essere effettuata solo se si verifichino le condizioni previste dall'articolo 15 della legge 26 luglio 1984, n. 413.

L'ufficio di iscrizione della nave procede alla cancellazione della nave dal registro di iscrizione, previo ritiro dei documenti di bordo e dismissione della bandiera.

Nei casi di locazione della nave a scafo nudo a straniero, qualora la nave venga iscritta nel registro di uno Stato che consente la temporanea iscrizione di nave straniera limitatamente al periodo di locazione, la sospensione dell'abilitazione alla navigazione di cui all'articolo 149 è consentita previa autorizzazione, data dal Ministro dei Trasporti e della Navigazione, a seguito dell'espletamento delle procedure di cui ai commi precedenti e secondo le disposizioni dell'articolo 145 e della lettera d) del primo comma

판명될 채권을 위해 교통항행관청 소속 해당 전문기관이 평가한 선가 상당의 은행보증서를 제출하면, 전시 제2행 기간이 도과하기 이전에도 그 선박이 말소될 수 있다. 이 보증금은 제552조 및 제556조에 기재된 순서대로 우선특권자의 채무변제에 우선 사용되고 이어서 본조 제4행 소정 기간 내에 신청을 한 다른 권리의 변제에 우선 사용한다. 교통항행장관은 명령으로 이 보증서의 제출 방식을 정한다.

어느 선박을 등록부에서 말소하려면 반드시 먼저 1984년 7월 26일 법률 제413호 제15조에서 정한 요건을 확인하여야 한다.

선박 등록사무소는 선박 등록을 말소하기 이전에 선상서류를 회수하고 국기를 폐기하여야 한다.

선박에 선체용선이 이루어지고 그 용선기간 동안 임시등록을 허가하는 국가 등록부에 등록을 하려고 하는 경우, 위 여러 항에 따른 절차, 제145조의 규정 및 1989년 6월 14일 제234호 법 제29조 제1행 d)호의 규정에 따른 절차 및 기타 해당 법규의 절차를 완료하고 난 다음 교통항행장관의 허락을 받아 제149조에 따라 항해허가를 정지한다.

다른 유럽연합 회원국에 등록하기 위하여, 선박을 양도하려고 하는 소유자 혹은 자기 소유권은 유지한 채 내국 등록부나 등재부에서 말소하려고 하는 소유자는 이를 그 선박 등록사무소에 신청하여야 하며, 그러면 사전에 등록부나 등재부에 나타난 채권, 물권 및 담보권의 부재, 변제 혹은 소멸이 확인되고 난 다음 먼저 선상서류를 수거하고 국기를 폐기한 다음 그 선박등록을 말소한다. 말소가 이루어지고 난 다음 즉시 국립사회보장기금에 이를 통보하여야 하고 항구사무실에 게시하고 관보에 삽입하는 방식으로 공시를 하여야 한다.

제9항에 의한 선박우선특권은 그 물건의 말소일로부터 1년이 경과하면 소멸한다.

dell'articolo 163 del presente codice, nonché dell'articolo 29 della legge 14 giugno 1989, n. 234, e delle relative norme applicative.

Il proprietario che intende alienare la nave o che, mantenendone la proprietà, intende cancellarla dalle matricole o dai registri nazionali per l'iscrizione in un registro di un altro Paese dell'Unione europea deve farne dichiarazione all'ufficio di iscrizione della nave che, subordinatamente all'assenza o all'avvenuto soddisfacimento o estinzione dei crediti o diritti reali o di garanzia risultanti dalle matricole o dai registri, procede alla cancellazione della nave previo ritiro dei documenti di bordo e dismissione della bandiera. Della avvenuta cancellazione deve essere data immediata comunicazione all'Istituto nazionale della previdenza sociale, nonché pubblicità mediante affissione negli uffici del porto ed inserzione nel foglio degli annunci legali.

I privilegi sulle navi di cui al comma 9 si estinguono nel termine di un anno a decorrere dalla data di cancellazione dell'unità.

Articolo 157【Dismissione della bandiera a seguito di aggiudicazione a soggetto che intenda trasferire la nave in altro registro】 Nel caso di aggiudicazione della nave a straniero non comunitario a seguito di provvedimento della pubblica autorità, italiana o straniera, l'aggiudicatario deve farne denuncia all'ufficio di iscrizione della nave, entro sessanta giorni dalla data di aggiudicazione.

L'ufficio che riceve la denuncia, o, in mancanza di denuncia, viene a conoscenza del fatto di cui al comma 1, dopo aver informato di tale circostanza i titolari di diritti reali o di garanzia trascritti, nonché l'Istituto nazionale della previdenza sociale, procede alla cancellazione, previo ritiro dei documenti di bordo e dismissione della bandiera.

Quando la nave perviene a soggetto straniero non comunitario a causa di morte o quando il proprietario della nave perde la cittadinanza italiana o di altro Paese dell'Unione europea, i soggetti interessati devono farne

제157조【다른 국가로 이전을 원하는 사람에게로의 경락에 따른 국기 폐기】 이탈리아이든 외국이든 공공기관에 의한 절차에 기해 비유럽연합 외국인에게 선박이 경락된 경우 경락일로부터 60일 이내에 경락인은 선박등록사무소에 이를 신고하여야 한다.

신고를 접수한 등록사무소 혹은 신고는 없었지만 전항 사실을 인지한 등록사무소는 그러한 상황을 등록된 물권 및 담보권의 권리자는 물론 국립사회보장기금에 통지한 다음 먼저 선상서류를 회수하고 국기를 폐기한 후 등록을 말소한다.

사망으로 인하여 선박이 비유럽연합 외국인의 소유가 된 때 또는 선주가 이탈리아 혹은 유럽연합 회원국 국적을 상실한 때에는 유증의 수용일이나 유산의 취득일 또는 국적의 상실일로부터 제1항의 기간 내에 이해관계인은 선박등록사무소에 신고하여야 한다.

신고를 접수한 등록사무소 혹은 신고는 없었지만 제3항 사실을 인지한 등록사무소는 제156조에 기재된 절차에 따라 국기 폐기절차를 밟아야 한

denuncia all'ufficio di iscrizione della nave entro il termine di cui al comma 1, decorrente, rispettivamente, dalla data di accettazione dell'eredità o dell'acquisto del legato o dalla data di perdita della cittadinanza.

L'ufficio, che riceve la denuncia o, in mancanza, viene a conoscenza dei fatti di cui al comma 3, procede alla dismissione della bandiera secondo le procedure indicate nell'articolo 156.

Quando non si verificano le condizioni prescritte per dar corso alla dismissione della bandiera, l'ufficio promuove la vendita giudiziale della nave.

Articolo 158【Proprietà di stranieri per quote dai dodici ai diciotto carati】 Quando la partecipazione alla proprietà della nave da parte di persone fisiche o giuridiche, o di società, che non si trovano nelle condizioni prescritte nell'articolo 143, raggiunga i dodici carati, ma non superi i diciotto, devono essere ceduti a persone, fisiche o giuridiche, o a società, che si trovino nelle condizioni prescritte, tanti carati quanti sono quelli che, per trasferimento di proprietà o per perdita dei requisiti da parte dei titolari, hanno determinato tale eccedenza.

La cessione deve aver luogo entro sei mesi dal giorno in cui l'eccedenza si è verificata. Trascorso il detto termine senza che la cessione abbia avuto luogo, l'ufficio d'iscrizione della nave promuove la vendita giudiziale dei carati che hanno prodotto l'eccedenza, fino a concorrenza del numero necessario a ristabilire i requisiti di nazionalità prescritti dalla legge, a cominciare dalle quote che per ultime hanno concorso all'eccedenza.

Articolo 159【Proprietà di stranieri per quote superiori ai diciotto carati】 Quando la partecipazione alla proprietà della nave da parte di persone fisiche, giuridiche o enti che non si trovano nelle condizioni previste dall'articolo 143, comma 1, lettera a), superi i diciotto carati, l'ufficio di iscrizione della nave procede alla dismissione della bandiera e alla cancellazione della nave secondo le procedure previste dall'articolo

다. 국기의 폐기를 야기할 소정의 요건이 갖추어졌는지 확인이 되지 아니하는 때에는 등록사무소는 사법절차를 통한 매각절차에 들어간다.

제158조【2분지1 내지 3분지2 지분 외국인 소유】 제143조 소정의 요건을 갖추지 못한 자연인, 법인 및 단체가 선박의 소유에 참여하여 그 지분이 2분지 1을 초과하게 되고 다만 아직 그 지분이 3분지 2를 초과하지 아니한 경우, 지분이 이전하거나 요건의 상실을 통하여 이르게 된 초과 지분을 요건을 갖춘 자연인, 법인 및 단체에게 양도하여야 한다.

양도는 초과가 발생한 날로부터 6개월 내에 이루어져야 한다.

양도 없이 위 기간을 도과하면 선박 등록사무소는 법률에 의하여 국적요건을 회복할 수 있는 범위의 지분을, 초과에 마지막으로 관여한 지분부터 시작하여, 초과를 야기한 지분을 사법절차를 통해 매각절차에 들어간다.

제159조【3분지 2 이상 지분 외국인소유】 제143조 제1항 a)호 소정의 요건을 갖추지 못한 자연인, 법인 및 단체가 선박의 소유에 참여하여 그 지분이 3분지 2를 초과하게 된 경우, 선박등록사무소는 제156조의 소정 절차에 따라 국기를 폐기하고 등록을 말소하는 절차를 밟는다; 만일 국기의 폐기를 야기할 제156조 소정의 요건을 갖추지 아니한 경우, 만일 외국인의 지분참여가 지분 전체에 이른 때에는, 선박 등록사무소는 사법절차를 통하여

156; se le condizioni prescritte dallo stesso articolo 156 per dare corso alla dismissione di bandiera non si verificano, l'ufficio di iscrizione della nave promuove la vendita giudiziale della nave quando la partecipazione di stranieri ha raggiunto la totalità dei carati o, diversamente, la vendita giudiziale dei carati che hanno prodotto l'eccedenza, a norma dell'articolo 158, terzo comma.

Articolo 160 【Demolizione volontaria della nave】 Il proprietario che intende procedere alla demolizione della nave deve farne dichiarazione all'ufficio di iscrizione, se la nave si trova nella Repubblica, o all'autorità consolare, se si trova all'estero, consegnando i documenti di bordo. L'autorità provvede alla pubblicazione della dichiarazione nelle forme previste nell'articolo 156.

Se, entro sessanta giorni da tale pubblicazione, sono promosse opposizioni dai creditori, ovvero se risulta l'esistenza di diritti reali, o di garanzia sulla nave, l'autorizzazione può essere data solamente dopo che l'opposizione sia stata respinta con sentenza passata in giudicato, o i creditori siano stati soddisfatti, o i diritti estinti, ovvero, in mancanza, il proprietario stesso abbia eseguito le provvidenze disposte dall'autorità marittima o da quella preposta alla navigazione interna per i salari dell'equipaggio e per le somme dovute all'amministrazione, e dall'autorità giudiziaria, su domanda della parte più diligente, per la salvaguardia degli interessi dei creditori.

Tuttavia la demolizione può essere senz'altro autorizzata quando sia necessaria per ragioni di urgenza, accertate in Italia dal Registro italiano navale o dall'Ispettorato compartimentale e all'estero dall'autorità consolare, ovvero quando sia stata depositata fideiussione bancaria e siano state adempiute le altre condizioni e modalità previste nel quarto e quinto comma dell'articolo 156.

Le disposizioni dei comma precedenti non si applicano alle navi minori

매각절차를 밟고 혹은 그렇지 아니하면 제158조에 따라 초과를 야기한 지분을 사법절차에 따라 매각한다.

제160조【자의로 인한 선박해체】 선박을 해체하고자 하는 자는 만일 선박이 국내에 있으면 등록사무소에, 해외에 있으면 영사관에, 선상서류를 인도하고 신고하여야 한다. 해당 관청은 제156조에서 정한 방식으로 신고를 공시하여야 한다.

이러한 공시일로부터 60일 이내에 채권자가 이의를 하거나 혹은 그 선박위에 다른 물권 혹은 담보권이 존재하는 것이 판명되면, 그 이의가 확정판결로 기각되고 또 채무가 변제되고 권리가 소멸하여야 하며, 그렇지 아니하면, 선원임금 및 관청부담금의 경우 해운관청 혹은 내항담당관청이, 여타 채권의 경우 채권자의 이익을 보장하기 위해 가장 우선적으로 요구를 하는 사람의 신청을 받아 사법기관이, 각각 명령한 조치를 소유자가 이행한 다음에 비로소 해체허가를 할 수 있다.

그러나 민간교통과 인가운송을 담당하는 내수구청이나 이탈리아선급 혹은 해외에서 영사관에 의해 긴급히 해체할 필요성이 인정되면 다른 절차 없이 허가를 할 수 있고 또 제156조 제4항 및 제5항에 정한 바와 같이 은행보증서가 제출되고 여타 조건과 방식이 충족되면 마찬가지로 다른 절차 없이 허가할 수 있다.

전항의 규정은 내항선 혹은 유동구조물로, 동력선은 총톤수 10톤 이하, 다른 선박은 25톤 이하의 경우 적용되지 아니한다.

e ai galleggianti di stazza lorda non superiore alle dieci tonnellate, se a propulsione meccanica, o alle venticinque in ogni altro caso.

Articolo 161【Riparazione o demolizione per ordine dell'autorità o d'ufficio】 Quando a giudizio del Registro italiano navale o dell'ispettorato compartimentale ovvero, per le navi e i galleggianti del servizio dei porti, della commissione prevista dal regolamento, la nave non sia più adatta all'uso cui è destinata, l'ufficio di iscrizione della nave fissa al proprietario un termine per l'esecuzione dei lavori occorrenti alla riparazione o per la destinazione della nave stessa ad altro uso previsto dalla legge.

Quando non sia possibile la riparazione della nave o la destinazione ad altro uso, ovvero quando, in caso di mancata esecuzione dei lavori nel termine stabilito, ciò sia ritenuto opportuno, l'autorità ordina la demolizione fissando un termine per eseguirla.

Qualora il proprietario non provveda tempestivamente, l'autorità predetta fa eseguire la demolizione d'ufficio a spese del proprietario stesso.

Articolo 162【Perdita presunta】 Trascorsi quattro mesi dal giorno dell'ultima notizia se si tratta di nave a propulsione meccanica, ovvero otto mesi negli altri casi, la nave si presume perita nel giorno successivo a quello cui risale l'ultima notizia.

Articolo 163【Cancellazione della nave dal registro di iscrizione】 La nave è cancellata dal registro di iscrizione quando:

a) è perita o si presume perita;

b) è stata demolita;

c) ha perduto i prescritti requisiti di nazionalità;

d) è stata iscritta in un registro straniero, salvo il caso che risulti in regime di sospensione a seguito di locazione a scafo nudo.

La nave maggiore è cancellata dalla matricola anche quando ne è stata effettuata l'iscrizione nei registri delle navi minori e dei galleggianti. La

제161조 【관청이나 사무소의 명령에 의한 수리나 해체】 민간교통과 인가운송을 담당하는 내수구청이나 이탈리아선급의 판단 또는 항내 선박 및 유동구조물에서는 각령으로 정한 위원회의 의견에 의하면 선박이 원래 부여된 용도로 사용이 불가능하게 된 때에는 선박등록사무소는 기한을 정하여 수리에 필요한 작업을 명하거나 혹은 법률이 정한 다른 용도에 제공할 것을 명한다.

수리를 하는 것이 불가능하거나 다른 용도에 제공하는 것이 불가능한 때, 또는 지정한 기간 내에 명령한 작업을 이행하지 아니하고 그것이 적절하다고 판단되면, 그 관청은 실행기한을 정하여 해체를 명할 수 있다.

소유자가 적기에 조치를 취하지 아니하면 위 관청은 소유자의 비용으로 해체를 직권으로 실행한다.

제162조 【의제 멸실】 마지막 소식을 들은 날로부터 동력선은 4개월, 여타 선박은 8개월이 경과하면 마지막 소식을 들은 날 다음 날 멸실되었다고 추정한다.

제163조 【선박의 등록말소】 다음의 경우 선박은 등록부에서 말소한다:

a) 멸실 혹은 의제 멸실;
b) 해체;
c) 필요한 국적요건 상실;
d) 외국 선적등록, 다만 선체용선으로 인한 정지는 예외.

원양선이 내항선과 유동구조물의 등재부에 등록되면 그 등록부에서 말소한다. 내항선이 원양선 등록부에 등록되면 그 등재부에서 말소한다. 연

nave minore è cancellata dal registro, quando è stata iscritta nella matricola delle navi maggiori. Le navi marittime e quelle della navigazione interna sono inoltre cancellate dai relativi registri quando siano state iscritte, rispettivamente, nei registri delle navi della navigazione interna e in quelli delle navi marittime.

All'atto della cancellazione l'autorità ritira i documenti di bordo, quando non vi abbia già provveduto a norma degli articoli precedenti.

Capo II Della navigabilità della nave

Articolo 164 【Condizioni di navigabilità】 La nave che imprende la navigazione deve essere in stato di navigabilità, convenientemente armata ed equipaggiata, atta all'impiego al quale è destinata.

Con leggi e regolamenti sono stabiliti i requisiti ai quali devono rispondere le navi, secondo la loro categoria e secondo la specie di navigazione cui sono adibite, per quanto riguarda:

a) struttura degli scafi e sistemazione interna;

b) galleggiabilità, stabilità e linea di massimo carico;

c) organi di propulsione e di governo;

d) condizioni di abitabilità e di igiene degli alloggi degli equipaggi.

Le stesse disposizioni prescrivono inoltre le dotazioni di apparecchi, attrezzi, arredi, strumenti ed installazioni di bordo, nonché quelle dei mezzi di segnalazione, di salvataggio, di prevenzione e di estinzione degli incendi.

Con leggi e regolamenti sono stabiliti del pari i requisiti ai quali devono rispondere e le prescrizioni alle quali devono attenersi le navi adibite al trasporto di passeggeri, nonché quelle addette al trasporto di speciali categorie di merci; sono altresì disciplinati i servizi di bordo.

L'esistenza dei requisiti e delle dotazioni è fatta constare con i documenti

해선과 내수항행선이 내수항행선 등록부 및 연해선 등록부에 등재되면 연해선 등재부와 내수항행선 등재부에서 각기 말소된다.

위 조항에 따라 선상서류가 아직 수거되지 아니하였다면 해당관청은 말소가 되자마자 선상서류를 수거하여야 한다.

제2절 선박의 감항성

제164조【감항 상태】 항행을 하는 선박은 수행하고자 하는 임무에 비추어 적당하게 의장하고 인원을 갖추어 감항능력이 있는 상태에 있어야 한다.

수행하는 항해의 종류나 선박의 형태에 따라 아래 사항에 관하여 선박이 갖추어야 할 요건을 법률과 각령으로 정한다.

a) 선체 구조와 내부 시스템;
b) 부양성, 안정성 및 최대선적 흘수선;
c) 기관과 조종 구조;
d) 선원숙소의 거주 및 위생 여건.

그 외에도 이 규정에서 시설, 장비, 용구, 공구 및 선상 설비 등의 구비 및 신호, 구조 및 화재 예방 및 진화 수단의 구비에 대하여도 규정한다.

마찬가지로 법률과 각령에 의하여 여객선이 갖추어야 할 조건과 지켜야 할 규범을 정하고 또 특별한 종류의 화물을 운송하는 역할을 하는 선박에 대하여도 조건과 규범을 정한다. 선상 서비스에 관하여도 규정을 둔다.

요건을 갖추고 장비를 구비한 것은 위 규범에서 정한 서류에 의하여 확인되어야 한다.

previsti dalle norme predette.

Articolo 165 【Visite ed ispezioni】 Sull'osservanza delle prescrizioni indicate nell'articolo precedente vigilano nella Repubblica le autorità marittime e quelle preposte all'esercizio della navigazione interna, e all'estero le autorità consolari. Dette autorità provvedono che siano eseguite, a spese dell'armatore, le ispezioni e le visite ordinarie prescritte, nonché ispezioni e visite straordinarie quando lo ritengano opportuno o quando si siano verificate avarie, le quali possano menomare la navigabilità della nave o il funzionamento dei suoi organi.

Le autorità marittime e quelle consolari devono inoltre disporre ispezioni e visite straordinarie quando ne vengano richieste dalle associazioni sindacali interessate.[13] Possono altresì disporre ispezioni e visite straordinarie quando ne siano richieste da almeno un terzo dell'equipaggio. In entrambi i casi, ove le richieste risultino ingiustificate, le spese relative sono a carico dei richiedenti.

Articolo 166 【Attribuzioni del Registro e dello ispettorato compartimentale per l'accertamento della navigabilità】 Alle visite ed ispezioni per l'accertamento e il controllo delle condizioni di navigabilità, di cui alle lettere a, b, c dell'articolo 164, nonché all'assegnazione della linea di massimo carico, provvede il Registro italiano navale, nei casi e con le modalità stabilite da leggi e da regolamenti.

L'ispettorato compartimentale provvede alle visite ed ispezioni delle navi della navigazione interna per le quali non sia obbligatoria la classificazione.

Articolo 167 【Classificazione delle navi】 Alla classificazione delle navi provvede il Registro italiano navale, secondo le modalità stabilite da leggi e da regolamenti.

---

13) Le associazioni sindacali fasciste sono state soppresse con d.lg.lgt. 23 novembre 1944, n. 369.

제165조【방문과 검사】 전조에서 말하는 규정의 준수 여부에 관해 국내에서는 해운관청과 내수항행 기관이, 해외에서는 영사관이 감독을 한다. 이 관청은 통상방문과 검사가 의장자의 비용으로 이루어지도록 조치하고, 적당한 경우, 특히 손해가 발생하고 그것이 선박의 감항능력이나 그 기관의 기능을 저해할 가능성이 있는 경우, 특별 방문과 검사가 이루어지도록 하여야 한다.

해운관청 및 영사관청은 그 외에도 해당 이해관계 단체가 요청하면 특별 방문과 검사를 하도록 명한다. 그 외에 선원 3분지 1 이상이 요구하면 특별 방문과 검사를 명할 수 있다. 이 두 경우에 있어 그 요구가 정당화될 수 없었다는 것이 판명되면 그 소요 비용을 청구인이 부담하여야 한다.

제166조【선급과 내수구청의 감항성 확인권한】 제164조 a)호, b)호, c)호에 따른 감항 상태를 확인하고 통제하기 위한 방문과 검사 및 최대 선적 흘수의 표시는 법률과 각령이 정한 경우와 방식에 의해 이탈리아선급이 실시한다.

내수항행에 제공되고 선급의 유지가 의무적이 아닌 선박은 내수구청의 감독관이 방문과 검사를 실시한다.

제167【선급】 법률과 각령이 정한 바에 따라 이탈리아선급이 선급 업무를 책임진다.

이러한 법률과 각령은 그 이외에도 선급의 유지가 의무적인 선박의 종류를 정한다.

Tali leggi e regolamenti determinano altresì le categorie di navi per le quali la classificazione è obbligatoria.

Articolo 168 【Efficacia probatoria dei certificati tecnici】 I certificati ed ogni altra attestazione tecnica rilasciata dal Registro o dall'ispettorato compartimentale fanno fede fino a prova contraria.

Capo III Dei documenti di bordo

Articolo 169 【Carte, libri e altri documenti】 Le carte di bordo, sono, per le navi maggiori, l'atto di nazionalità e il ruolo di equipaggio, per le navi minori e i galleggianti, la licenza.

Oltre i documenti predetti, le navi maggiori devono avere a bordo:

a) il certificato di stazza; il certificato di classe o quello di navigabilità, i certificati di bordo libero e di galleggiabilità; i certificati di visita;
b) i documenti doganali e sanitari;
c) il giornale nautico;
d) gli altri libri e documenti prescritti da leggi e regolamenti.

Oltre la licenza, le navi minori o i galleggianti devono avere a bordo gli altri documenti prescritti dal presente codice, da leggi e da regolamenti.

Per i pescherecci d'altura il libro di bordo nautico, parte I, l'inventario di bordo, parte II, generale di contabilità, parte III, di navigazione, giornale di macchina sono unificati in un unico libro. I pescherecci che effettuano la pesca mediterranea e costiera possono dotarsi del giornale di pesca.

Articolo 170 【Contenuto del ruolo di equipaggio】 Il ruolo di equipaggio deve contenere:

1) il nome della nave;
2) il nome dell'armatore;
3) l'indicazione del rappresentante dell'armatore nominato a sensi

第168条【기술증서로서 증명력】 선급 혹은 해수구청이 발행한 증서 기타 기술적인 사항에 관한 확인서는 반대의 입증이 없는 한 증명력이 있다.

제3절 선상서류

第169条【증서, 서적 및 여타 서류】 선상증서는 원양선은 국적증서 및 선원명부이고 내항선은 항행허가증이다.
위에서 말한 서류 이외에 원양선은 선상에 다음을 보유하여야 한다.

a) 톤수증서; 선급증서나 감항능력증서, 건현증서 및 복원성 증서; 방문증서;
b) 세관 및 위생증서;
c) 항해일지;
d) 법률과 각령을 정한 여타 서적과 서류.

내항선과 유동구조물은 항행허가증 이외에 본법, 다른 법률 및 각령으로 정한 여타 서류를 선상에 비치하여야 하며,

원양어선은 제1부 항해일보, 제2부 속구목록, 제3부 항해회계일지, 기관일지를 하나로 묶어 서류철로 한다. 지중해 및 연안에서 활동하는 어선은 어획일지도 구비하여야 한다.

第170条【선원명부의 내용】 선원명부에는 다음 사항을 기재하여야 한다:

1) 선박 명칭;
2) 의장자 성명;
3) 제267조에 따라 임명한 선주대리인;

dell'articolo 267;

4) l'indicazione della data di armamento e di quella di disarmamento;

5) l'elenco delle persone dell'equipaggio con l'indicazione del contratto individuale di arruolamento, nonché del titolo professionale, della qualifica, delle mansioni da esplicare a bordo e della retribuzione fissata nel contratto stesso;

6) la descrizione delle armi e delle munizioni in dotazione della nave.

Articolo 171 【Annotazioni e iscrizioni sul ruolo di equipaggio】 Sul ruolo di equipaggio si annotano:

1) i contratti di assicurazione della nave;

2) le visite del Registro navale italiano per l'accertamento della navigabilità;

3) il pagamento delle tasse e dei diritti marittimi;

4) i dati relativi all'arrivo e alla partenza della nave;

5) i testamenti ricevuti dal comandante durante il viaggio;

6) le altre indicazioni prescritte da leggi e regolamenti. Sul ruolo inoltre si iscrivono gli atti redatti dal comandante nell'esercizio delle funzioni di ufficiale dello stato civile.

Articolo 172 【Annotazioni sulla licenza】 Per le navi marittime minori e per i galleggianti le indicazioni di cui ai nn. 2, 3, 4, 5 dell'articolo 170 sono, a tutti gli effetti previsti dal presente codice, dalle leggi e dai regolamenti speciali, inserite nella licenza.

Nella licenza delle navi marittime minori, di stazza lorda superiore alle dieci tonnellate, se a propulsione meccanica, o alle venticinque, in ogni altro caso, sono inserite altresì le annotazioni di cui all'articolo 171. Le annotazioni di cui ai nn. 1 e 2 del predetto articolo sono inserite anche nella licenza dei galleggianti di stazza lorda superiore alle venticinque tonnellate.

Per le navi e i galleggianti addetti alla navigazione interna le indicazioni e

4) 의장과 폐장 일자 기재;

5) 선원명단과 함께 승선계약, 직위와 자격, 수행 임무 및 체약 보수;

6) 보유하는 무기와 탄약.

제171조 【선원명부에의 부기와 등록】 선원명부에는 다음 사항을 부기하여야 한다:

1) 선박보험계약;

2) 감항능력을 확인하기 위한 선급 검사;

3) 세금과 요금의 납부;

4) 출항 및 도착 일자;

5) 항해중 선장이 받은 유언;

6) 기타 법령이 정한 사항.

그 외의 명부에는 선장이 민사공무수행자로서 취한 처분도 등록하여야 한다.

제172조 【항행허가증에 부기】 항해하는 내항선 및 유동구조물의 경우, 제170조 2)호, 3)호, 4)호 및 5)호 사항은 본법, 법률 및 명령이 정한 효력을 가지고 항해허가증에 삽입하여야 한다.

총톤수 동력선은 10톤, 여타 선은 25톤 이상 항해하는 내항선은 항해허가증에 제171조 사항을 삽입하여야 한다. 동조 1)호 및 2)호 사항은 25톤 이상 유동구조물의 항해허가증에도 삽입하여야 한다.

내수항행에 제공되는 내항선의 항행허가증에 기재하고 부기할 사항은 각령으로 정한다.

le annotazioni da iscrivere nella licenza sono stabilite dal regolamento (1).

Articolo 172 Bis 【Esenzione dalla annotazione di imbarco e sbarco】[14)]

Per i marittimi, arruolati con il patto di cui al secondo comma dell'articolo 327, su navi e galleggianti dello stesso tipo, appartenenti al medesimo armatore e adibiti al servizio nell'ambito dei porti e delle rade, o a servizi pubblici di linea o privati di carattere locale, l'autorità marittima può autorizzare che, in caso di trasbordo, non si faccia luogo alla annotazione di imbarco e sbarco sul ruolo di equipaggio o sulla licenza, qualora, per la particolare organizzazione del lavoro a bordo, vi sia necessità di far ruotare il personale tra le navi e i galleggianti medesimi.

L'armatore deve comunque comunicare giornalmente all'autorità marittima, con apposita nota, la composizione effettiva dell'equipaggio di ciascuna nave o galleggiante e le successive variazioni.

L'autorizzazione di cui al comma 1 può essere concessa anche: a) per i marittimi arruolati, a norma di contratto nazionale o con contratto cosiddetto alla parte e con il patto di cui al secondo comma dell'articolo 327, su navi o galleggianti appartenenti al medesimo armatore e adibiti alla pesca costiera locale o ravvicinata o agli impianti di acquacoltura; b) per i proprietari armatori imbarcati su navi e galleggianti adibiti alla pesca costiera locale o ravvicinata o agli impianti di acquacoltura.

Nei casi previsti dal comma 3 la comunicazione di cui al comma 2 deve essere effettuata settimanalmente con apposita nota riepilogativa, previa comunicazione giornaliera scritta, anche tramite telefax, all'autorità marittima, dell'effettiva composizione dell'equipaggio di ciascuna nave o galleggiante.

L'armatore può essere autorizzato dall'istituto assicuratore a tenere un'unica

---

14) Articolo aggiunto dalla l. 23 agosto 1988, n. 380 e poi così sostituito dall'art. 4, l. 21 maggio 1998, n. 164.

第172조의 2【승선과 하선 부기 면제】 1. 第327조 第2항의 약정으로 승선한 해원으로 동일한 형태의 선박이나 유동구조물에서 동일한 의장자에게 소속되어 항구나 묘박지 서비스에 종사하거나 혹은 지역적인 성격의 공공정기선 사선 서비스에 종사하는 사람에 대해, 만일 선상근무의 조직상 특성 때문에 인원이 여러 선박이나 유동구조물 사이에 순환 근무를 할 수밖에 없는 때에는 해운관청은 어느 해원이 환승을 한다 하더라도 선원명부나 항행허가증에 그 승선과 하선을 부기하지 아니하게 허가할 수 있다.

2. 그러면 의장자는 매일 각 선박이나 유동구조물의 실제 구성 선원과 그 변동을 적당한 주석을 붙여 해운관청에게 신고하여야 한다.

3. 제1항에 따른 허가는 다음과 같은 경우에도 부여할 수 있다:

a) 해원으로 전국적 계약 방식에 의해 혹은 부분적 전국적 계약으로 제327조 제2항의 약정에 의해 동일한 의장자에게 소속되고 지역 혹은 인근 연안어업이나 어장시설에 종사하는 선박이나 유동구조물에 승선한 사람;

b) 소유자인 의장자로서 지역 혹은 인근 연안어업이나 어장 시설에 종사하는 선박이나 유동구조물에 승선한 사람.

4. 제3항의 경우 제2항에 의한 신고는 서면 혹은 팩스를 통한 일일 보고를 전제로 각 선박이나 유동구조물의 실제 구성 해원을 요약된 주석과 함께 주 단위로 보고한다.

5. 의장자는 보험기관으로부터 모든 선박과 관련 단일 출연 지위를 가지거나 혹은 본장의 절차를 밟아 일단의 관계 선박에 관해 다수 출연지위를 보유하거나 허락을 받을 수 있다.

posizione contributiva per tutte le navi ovvero più posizioni contributive per gruppi di navi interessate alla procedura di cui al presente articolo.

Articolo 173 【Giornale nautico】 Il giornale nautico è diviso nei libri seguenti:

a) inventario di bordo;

b) giornale generale e di contabilità;

c) giornale di navigazione;

d) giornale di carico o giornale di pesca, secondo la destinazione della nave.

Articolo 174 【Contenuto del giornale nautico】 Nell'inventario di bordo sono descritti gli attrezzi e gli altri oggetti di corredo e di armamento della nave.

Sul giornale generale e di contabilità sono annotate le entrate e le spese riguardanti la nave e l'equipaggio, gli adempimenti prescritti dalle leggi e dai regolamenti per la sicurezza della navigazione, i prestiti contratti, i reati commessi a bordo e le misure disciplinari adottate, i testamenti ricevuti nonché gli atti e processi verbali compilati dal comandante nell'esercizio delle funzioni di ufficiale di stato civile, le deliberazioni prese per la salvezza della nave ed in genere gli avvenimenti straordinari verificatisi durante il viaggio, le altre indicazioni previste dal regolamento.

Sul giornale di navigazione sono annotati la rotta seguita e il cammino percorso, le osservazioni meteorologiche, le rilevazioni e le manovre relative, ed in genere tutti i fatti inerenti alla navigazione.

Sul giornale di carico sono annotati gli imbarchi e gli sbarchi delle merci, con la indicazione della natura, qualità e quantità delle merci stesse, del numero e delle marche dei colli, della rispettiva collocazione nelle stive, della data e del luogo di carico e del luogo di destinazione, del nome del caricatore e di quello del destinatario, della data e del luogo di riconsegna.

Sul giornale di pesca sono annotati la profondità delle acque dove si effettua

제173조【항해일지】 항해일지는 다음과 같은 부로 나눈다:

a) 선상 속구목록부;
b) 일반 및 회계 일보;
c) 운항일보;
d) 목적에 따라 화물일지 혹은 어획일지.

제174조【항해일지의 내용】 속구목록부에는 공구 기타 선박의 의장과 비품의 목적물을 기재하여야 한다.

일반 및 회계 일보에는 선박과 선원에 관한 수입과 지출, 항해안전을 위한 법령의 준수, 계약에 의한 금전차용, 선상 범죄 및 징계조치, 민사공무원으로 선장이 받은 유언 및 처결한 처분 및 구술조서를 기재한다.

운항일보에는 진행 항로와 항해 거리, 관찰 일기, 측정과 이에 따른 이동 및 기타 항해 중 발생한 특이 사건을 기재하고 그 외 각령으로 정한 사항을 기재하여야 한다.

화물일지에는 화물의 선적과 양륙을 기재하고, 함께 화물의 성질, 품질 및 수량, 그 포장의 개수와 표지, 선창에 적치, 선적 일자와 장소, 목적지, 화주와 수하인의 성명, 인도 일자와 장소를 기재하여야 한다.

어획일지에는 포획장소 수심, 어획 총량, 어종과 그 상대 수량 및 기타 어획에 관한 일반 사항을 기재하여야 한다.

la pesca, la quantità complessiva del pesce pescato, le specie di questo e la prevalenza tra le medesime, e in genere ogni altra indicazione relativa alla pesca.

Articolo 175 【Giornale di macchina e giornale radiotelegrafico】 Le navi maggiori a propulsione meccanica devono essere provviste del giornale di macchina.

Le navi munite di impianto radiotelegrafico devono essere provviste del giornale radiotelegrafico.

Articolo 176 【Libri di bordo delle navi minori】 Le navi minori e i galleggianti marittimi di stazza lorda superiore alle dieci tonnellate, se a propulsione meccanica, o alle venticinque, in ogni altro caso, devono essere provvisti dell'inventario di bordo ad eccezione delle unità da pesca.

Le navi e i galleggianti della navigazione interna indicati a tal fine dal regolamento, devono essere provvisti dell'inventario; le navi, quando siano adibite a servizio pubblico, devono inoltre essere provviste del giornale di bordo, formato con le modalità stabilite dal regolamento.

Articolo 177 【Norme per la tenuta dei libri di bordo】 Le norme per la vidimazione e la tenuta di libri di bordo e per le relative annotazioni sono stabilite dal regolamento.

Articolo 178 【Efficacia probatoria delle annotazioni sui documenti della nave】 Ferme per le rimanenti annotazioni sui documenti della nave le disposizioni degli articoli 2700, 2702 del codice civile, le annotazioni sul giornale nautico relative all'esercizio della nave fanno prova anche a favore dell'armatore, quando sono regolarmente effettuate; fanno prova in ogni caso contro l'armatore, ma chi vuol trarne vantaggio non può scinderne il contenuto.

제175조 【기관일보와 통신일보】 동력의 원양선은 기관일지를 비치하여야 한다.

무선통신장비를 갖춘 선박은 통신일지를 비치하여야 한다.

제176조 【내항선 선상 서류】 항해하는 내항선과 유동구조물은, 동력선이면 10톤 이상, 여타 선박은 25톤 이상이면, 어선이 아닌 한 속구목록부를 비치하여야 한다.

내수항행의 선박과 유동구조물도 각령으로 특정된 선박은 속구목록부를 비치하여 하며; 그 외 공공 서비스에 종사하는 선박도 각령으로 정한 방식으로 작성된 선상일지를 비치하여야 한다.

제177조 【선상 서류의 인증】 선상서류의 보유와 인증 및 관련 사항의 부기에 관한 규범은 각령으로 정한다.

제178조 【선상서류의 증명력】 선박서류의 기재에 관한 민법 제2700조 및 2702조 규정과는 별도로, 선박의 운항과 관련하여 항해일지에의 기재는 정상적으로 실행되었다면 비록 의장자를 위해서도 증명력이 부여된다; 이들은 어느 경우라도 의장자에게 불리한 증거가 될 수도 있지만 다만 그 이익을 원용하려고 하는 사람은 내용 중 일부만 분리하여 사용할 수 없다.

Titolo VI Della polizia della navigazione

Capo I Della partenza e dell'arrivo delle navi

Articolo 179 【Nota di informazioni all'autorità marittima】 All'arrivo della nave in porto e prima della partenza, il comandante della nave o il raccomandatario marittimo o altro funzionario o persona autorizzata dal comandante devono far pervenire, anche in informato elettronico, al comandante del porto o all'autorità consolare i formulari in appresso indicate, di cui alla Convenzione FAL dell'IMO adotta il 9 aprile 1965, come recepita dalla direttiva 2002/6/CE del Parlamento europeo e del Consiglio, del 18 febbraio 2002:
Formulario FAL dell'IMO n. 1 Dichiarazione generale;
Formulario FAL dell'IMO n. 3 Dichiarazione delle provviste di bordo;
Formulario FAL dell'IMO n. 4 Dichiarazione degli effetti personali dell'equipaggio;
Formulario FAL dell'IMO n. 5 Ruolo dell'equipaggio;
Formulario FAL dell'IMO n. 6 Elenco dei passeggeri per le navi certificate per trasportare un massimo di 12 passeggeri.

All'arrivo in porto, il comandante della nave comunica inoltre al comandante del porto, con separata dichiarazione, il nome dell'armatore e indica la sistemazione a bordo di eventuali merci pericolose, nonché gli altri elementi richiesti in base a disposizioni legislative o regolamentari o eventualmente determinate con decreto del Ministro delle infrastrutture e dei trasporti. Prima della partenza il comandante della nave comunica al comandante del porto una dichiarazione integrativa relativa all'adempimento di ogni obbligo di sicurezza, di polizia, sanitario, fiscale, contrattuale e statistico. In ogni caso sono annotate, a margine del formulario FAL dell'IMO

제6장 항행 보안

제1절 선박의 출발과 도착

제179조【해운관청에 정보제공】 항구에 도착하거나 출발하기 이전에 선장, 혹은, 선주대리인이나 수행인 기타 선장의 위임을 받은 사람은, 유럽연합 의회 및 집행위원회 지령 2002/6/CE에 의거 또 2002년 2월 18일 내각에 의거 수용된 1965년 4월 9일 IMO의 FAL 협약에 따라 아래 표시된 양식을 항만장이나 영사관에, 경우에 따라서는 전송형식으로라도, 제출하여야 한다:

IMO의 FAL 양식 제1호 일반 신고서;

IMO의 FAL 양식 제3호 선상비품 신고서;

IMO의 FAL 양식 제4호 선원 개인소지품 신고서;

IMO의 FAL 양식 제5호 선원 명부;

IMO의 FAL 양식 제6호 최대 여객 최대 12인 운송이 허가된 선박의 여객 명부.

그 외에도 항구에 도착하면 선장은 항만장에게 별도 신고서를 제출하여 의장자의 성명을 통지하고 위험물에 대한 선상 대처를 고지하여야 하며, 법률, 각령 및 건설교통장관[31] 부령으로 정한 바에 근거하여 요구되는 다른 요소도 고지하여야 한다. 출발 전에는 선장은 항만장에게 안전, 보안, 위생, 세무, 계약 및 통계상 모든 의무를 이행한 것에 관한 통합신고를 하여야 한다. 어느 경우이든 IMO의 FAL 양식 제6 양식 말미에 여객의 신원에 관한 사항과 함께 이탈리아 영토에 입국하기 위해 유효한 신분증서의 요지를 부기하여야 한다.

어느 외국항구로 향하는 선박의 선장은 그 지역 영사관이 닫힌 시간에 선박의 체재가 예상되면 미리 편리한 시간에 영사관에 보내는 무선통신으

31) 교통항행장관과 동일한 사람이라고 해석된다.

n. 6 insieme ai dati anagrafici dei passeggeri imbarcati, che non siano cittadini di Stati membri, gli estremi dei documenti di identità validi per l'ingresso nel territorio dello Stato.

Il comandante di una nave diretta in un porto estero, qualora preveda che la sosta della nave avvenga in ore di chiusura del locale ufficio consolare, dovrà provvedere a fare pervenire in tempo utile per via radio al consolato la comunicazione di cui al primo e secondo comma, limitatamente agli elementi disponibili; negli stessi casi la dichiarazione integrativa di partenza sarà resa in base a particolari disposizioni impartite dal console. In caso di inesistenza di locali uffici consolari o di impossibilità di procedere alle comunicazioni di cui sopra, del fatto dovrà darsi pronta e motivata notizia nella comunicazione da farsi al comandante del porto o all'autorità consolare nel successivo porto di approdo.

Il Ministro della marina mercantile può, con proprio decreto, stabilire norme speciali per le navi addette ai servizi locali, alla pesca, alla navigazione da diporto o di uso privato, nonché per altre categorie di navi adibite a servizi particolari.

Articolo 180 【Verifiche ed ispezioni】 Il comandante del porto o l'autorità consolare può ad ogni tempo verificare il contenuto della comunicazione presentata o fatta pervenire per via radio dal comandante della nave e chiedere di prendere visione delle carte, dei libri e degli altri documenti di bordo.

Le predette autorità possono inoltre disporre ispezioni alla nave; i relativi risultati dovranno essere annotati sui libri di bordo unitamente alle eventuali prescrizioni impartite.

Articolo 181 【Rilascio delle spedizioni】 La nave non può partire se non ha ricevuto le spedizioni da parte del comandante del porto o dell'autorità consolare.

로 위 제1항 및 제2항에 의한 신고를, 비록 제한적으로 활용이 가능한 자료를 가지고라도, 하여야 한다; 동일한 경우 출발시 통합신고는 영사가 발행한 특별 규정에 기하여 한다. 지역에 영사관이 없다든가 혹은 위와 같은 방식으로 신고하는 것이 불가능한 경우, 그 다음 접안항구 항만장이나 영사관에게 신고를 하여야 하며, 신속히 이유를 붙여 그 사실을 고지하여야 한다.

해운장관[32]은 지역 서비스, 어업, 여가, 기타 사적인 용도에 제공되는 선박을 위해 부령으로 특별 규정을 둘 수 있고, 어느 특수한 서비스에 제공된 특정한 종류 선박을 위하여도 특별규정을 둘 수 있다.

제180조【확인과 검사】 항만장이나 영사관은 어느 때이든 선장이 제출하거나 무선으로 전달한 신고 내용을 확인할 수 있고 증서, 장부, 기타 선상서류의 검사를 요구할 수 있다.

위 관청은 그 외에도 선박에서 직접 검사를 할 수 있다; 관련 결과는 최종조치 결론과 함께 선상서류에 부기하여야 한다.

제181조【출항허가의 발행】 항만장 혹은 영사관으로부터 출항허가를 받

32) 교통항행장관과 동일인이라 해석되며 미정리 조문이라고 생각된다.

Il rilascio delle spedizioni si effettua mediante apposizione del visto - con indicazione dell'ora e della data - sulla dichiarazione integrativa di partenza che viene consegnata in copia, o trasmessa con mezzi elettronici, al comandante della nave, il quale è tenuto a conservarla tra i documenti di bordo fino al successivo approdo.

Le spedizioni non possono essere rilasciate qualora risulti che l'armatore o il comandante della nave non ha adempiuto agli obblighi imposti dalle norme di polizia, da quelle per la sicurezza della navigazione, nonché agli obblighi relativi alle visite ed alle prescrizioni impartite dalle competenti autorità. Del pari le spedizioni non possono essere rilasciate qualora risulti che l'armatore o il comandante della nave non ha compiuto gli adempimenti sanitari, fiscali e doganali ovvero non ha provveduto al pagamento dei diritti portuali o consolari, al versamento delle cauzioni eventualmente richieste a norma delle vigenti disposizioni di legge o regolamentari, nonché in tutti gli altri casi previsti da disposizioni di legge.

Articolo 182 【Denunzia di avvenimenti straordinari】 Se nel corso del viaggio si sono verificati eventi straordinari relativi alla nave, alle persone che erano a bordo, o al carico, il comandante della nave all'arrivo in porto deve farne denunzia al comandante del porto o all'autorità consolare allegando un estratto del giornale nautico con le relative annotazioni.

Se la nave non è provvista di giornale o se sul giornale non è stata fatta annotazione, l'autorità marittima o consolare riceve la dichiarazione giurata del comandante e ne redige processo verbale.

Le autorità predette procedono, ove sia il caso, ad investigazioni sommarie sui fatti denunziati e sulle loro cause, trasmettendo senza indugio gli atti relativi all'autorità giudiziaria competente, a norma degli articoli 315, 584, a eseguire la verifica della relazione di eventi straordinari.

Articolo 183 【Informazioni eventuali circa il viaggio】 Il comandante

지 아니하면 선박은 출발할 수 없다.

출항허가의 발행은 통합 출항신고서에 일시를 기재하고 검인을 받는 방식으로 이루어지고, 그러면 선장에게 그 사본이 교부되거나 무선으로 전송되며, 그 출항허가서는 선상 서류로 다음 기항시까지 보관하여야 한다.

의장자나 선장이 보안규정이나 안전규정에 의하여 부과된 의무 및 검사 기타 해운관청의 지시에 의한 의무를 이행하지 아니한 것이 판명되면 항해허가를 발행할 수 없다. 의장자나 선장이 위생, 세무, 관세상 의무를 이행하지 아니한 경우, 항구나 영사 부과금을 납부하지 아니하거나 법률과 각령의 규정에 의해 요구되는 보증금을 납입하지 아니한 경우 및 기타 법률의 규정에 의한 언급이 있는 경우에도 항해허가를 발행할 수 없다.

제182조【특이사건의 신고】 항해 도중에 선박, 선상에 있던 인원 및 화물과 관련 특이한 사건이 발생한 것이 밝혀지면, 선장은 항구에 도착하면 항만장이나 영사관에 이를 신고하여야 하며, 항해일지의 해당 요지의 사본을 설명서와 함께 제출하여야 한다.

항해일지가 비치되어 있지 않거나 항해일지에 부기가 되지 아니한 경우, 해운관청이나 영사관은 선장으로부터 선서하에 신고서를 접수하고 그 진술조서를 작성한다.

위 관청은 필요한 경우 신고된 사실과 그 원인에 대한 간이조사에 들어가고, 지체없이 제315조 및 제584조에 따라 특이사건 보고 확인을 실행하기 위해 관할 사법기관에 일건 서류를 송부한다.

제183조【항해에 관한 사건정보】 해운관청이나 영사관이 요구하면 선장

della nave è tenuto a fornire all'autorità marittima o consolare le informazioni che gli siano richieste circa il viaggio.

È inoltre tenuto, su richiesta, a far presentare alle predette autorità, per gli accertamenti che queste credano opportuni, componenti dell'equipaggio e passeggeri.

Articolo 184 【Dell'arrivo e della partenza delle navi della navigazione interna】 Il comandante della nave, all'arrivo in località ove sia una autorità portuale o consolare, deve denunciare all'autorità stessa la provenienza e la destinazione della nave, la qualità e la quantità del carico, il numero delle persone dell'equipaggio e la durata della sosta.

L'autorità portuale o consolare può in ogni tempo verificare il contenuto della denuncia fatta dal comandante della nave e chiedere di prendere visione delle carte, dei libri e degli altri documenti di bordo.

Le suddette autorità sono tenute a formulare pronta annotazione delle eventuali osservazioni effettuate durante le predette ispezioni. Quando dopo la partenza dall'ultima località in cui abbia sede una autorità portuale o consolare si siano verificati eventi straordinari relativi alla nave, alle persone imbarcate o al carico, il comandante deve farne denuncia alla autorità portuale o consolare; l'autorità predetta provvede a norma dell'articolo 132, secondo comma.

Il comandante della nave è tenuto a fornire all'autorità preposta alla navigazione interna o all'autorità consolare le informazioni che gli siano richieste circa il viaggio, e a far presentare componenti dell'equipaggio e passeggeri per accertamenti di cui all'articolo 183.

Le disposizioni dei comma precedenti non si applicano alle navi della navigazione interna in servizio pubblico di linea o di rimorchio o adibite ai servizi autorizzati per il trasporto di persone in conto terzi.

Articolo 185 【Navi straniere】 Se accordi internazionali non dispongono

은 이들에게 항해에 관한 정보를 제공하여야 한다.

마찬가지로 해운관청이나 영사관의 요구가 있으면 그 확인을 위해 이 관청이 필요하다고 생각하는 선원이나 여객을 이 관청에 출두하도록 하여야 한다.

제184조【내수항행선의 도착과 출발】 선박이 항구 혹은 영사 관청이 있는 지역에 도착하면 선장은 그 관청에 선박의 과거 및 장래 여정을 신고하여야 하고 화물의 종류와 수량, 선원의 수 및 체류 기간을 신고하여야 한다.

항구 및 영사 관청은 언제든지 선장이 행한 신고의 내용을 확인할 수 있고, 선상 증서, 장부 기타 서류의 검사를 요구할 수 있다.

위에서 말한 관청은 검사 과정에 관찰 사항을 신속히 서면으로 작성할 의무가 있다. 항구 혹은 영사 관청이 있는 지역으로부터 마지막으로 출발한 다음 선박, 승선인원 혹은 화물에 특이사건이 발견되면 선장은 이를 해운 혹은 영사 관청에 신고하여야 한다; 위 관청은 제183조 제2항에 따라 조치한다.

선장은 내항 담당 관청이나 영사관에 항해에 관해 이들이 요구하는 정보를 제공할 의무가 있고 제183조에 따라 확인을 하기 위하여 여객이나 선원을 출두하게 할 의무가 있다.

전항들의 규정은 내수 항행선으로 공공정기 서비스나 예인에 종사하는 선박과 제3자 계산으로 여객운송을 위해 허가를 받은 서비스에 제공된 선박에 대하여는 적용되지 아니한다.

제185조【외국선박】 국제조약에서 달리 규정하고 있지 아니하는 한, 본

diversamente, le disposizioni del presente capo si applicano anche alle navi straniere, che approdano nei porti italiani.

Capo II Della polizia di bordo

Articolo 186【Autorità del comandante】 Tutte le persone che si trovano a bordo sono soggette all'autorità del comandante della nave.

Articolo 187【Disciplina di bordo】 I componenti dell'equipaggio devono prestare obbedienza ai superiori e uniformarsi alle loro istruzioni per il servizio e la disciplina di bordo.

Contro i provvedimenti del comandante della nave che concernono l'esercizio della loro attività, i componenti dell'equipaggio possono presentare reclamo al comandante del porto o all'autorità consolare; il comandante della nave non può impedire che chi intende proporre reclamo si presenti alle predette autorità, salvo che urgenti esigenze del servizio richiedano la presenza del componente dell'equipaggio a bordo.

Per il reclamo dei componenti dell'equipaggio di navi addette ai servizi pubblici di linea o di rimorchio in navigazione interna, si applicano le disposizioni stabilite da leggi e regolamenti speciali.

Articolo 188【Autorizzazione per scendere a terra】 I componenti dell'equipaggio non possono scendere a terra senza autorizzazione del comandante o di chi ne fa le veci.

Articolo 189【Deficienza delle razioni di viveri】 Il comandante del porto e l'autorità consolare, quando ne vengano richiesti dalle associazioni sindacali interessate o da almeno un quinto dell'equipaggio, devono provvedere ad accertare la qualità e la quantità delle razioni di viveri corrisposte all'equipaggio.

Se sono riscontrate deficienze, le autorità predette ordinano al comandante

절의 규정은 이탈리아 항구에 기항하는 외국 선박에 대하여도 적용된다.

제2절 선상 보안

제186조 【선장의 권한】 선상에 있는 모든 사람은 선장의 권한에 복종하여야 한다.

제187조 【선상 질서】 선원은 상사에 복종하고 그 복무와 선상 질서에 관한 상사의 지시를 따라야 한다.

선원은 그의 행위에 대한 선장의 처분에 대해 항만장이나 영사관에 이의를 제기할 수 있다; 선장은 이의를 제기하고자 하는 선원이 위 기관에 출두하는 것을 막을 수 없고, 다만 근무를 위한 긴급한 필요에 의해 그 선원이 선상에 있어야 하는 경우에는 그러하지 아니하다.

공공정기선 서비스나 내수 예인에 제공된 선상 선원의 이의에 대하여는 특별 법률과 각령의 규정이 적용된다.

제188조 【상륙 허가】 선원은 선장이나 그 대리인의 허가 없이 육지에 상륙할 수 없다.

제189조 【식료품공급부족】 관련 노동조합이나 선원 5분지 1 이상의 요구가 있으면 항만장 및 영사관은 선원에 제공되는 공급 식량의 품질과 수량을 확인하여야 한다.

만일 그 부족함이 발견되면 위 기관은 선장에 대해 즉시 필요한 조치를 취할 것을 명하여야 한다; 만일 이 명령을 이행하지 아니하면, 위 기관은 직권으로 선박을 저당하고 혹은 항해안전에 불가결하지 아니한 기구나 용

di prendere immediatamente le misure opportune; e in caso di mancata esecuzione provvedono d'ufficio, procurando la somma necessaria con prestito garantito da ipoteca sulla nave, ovvero con la vendita o il pegno di attrezzi o arredi non indispensabili per la sicura navigazione o di cose caricate, dato preventivo avviso rispettivamente all'armatore e, quando sia possibile, agli aventi diritto alle cose predette.

Analoghi provvedimenti devono prendere il comandante del porto o l'autorità consolare in caso di reclamo di passeggeri per deficienze delle razioni di viveri ad essi corrisposte.

Quando sono vendute pertinenze di proprietà aliena o merci l'armatore è tenuto a indennizzare gli aventi diritto a norma dell'articolo 308.

Articolo 190 【Obblighi dell'equipaggio in caso di pericolo】 I componenti dell'equipaggio devono cooperare alla salvezza della nave, delle persone imbarcate e del carico fino a quando il comandante abbia dato l'ordine di abbandonare la nave.

Articolo 191 【Obbligo dei componenti dell'equipaggio di cooperare al ricupero】 In caso di naufragio della nave, coloro che ne componevano l'equipaggio, ove ne siano richiesti immediatamente dopo il sinistro dal comandante ovvero dall'autorità preposta alla navigazione marittima o interna, sono tenuti a prestare la loro opera per il recupero dei relitti.

Articolo 192 【Imbarco di passeggeri infermi】 L'imbarco di passeggeri manifestamente affetti da malattie gravi o comunque pericolose per la sicurezza della navigazione o per l'incolumità delle persone a bordo è sottoposto ad autorizzazione data nei modi stabiliti da regolamenti speciali.

A norma dei regolamenti stessi può essere vietato per ragioni sanitarie, dalla competente autorità, l'imbarco di altre persone oltre quelle indicate nel comma precedente.

Articolo 193 【Carico di armi e munizioni da guerra o di gas tossici】

구 또는 선적한 화물을 매각하거나 입질하여 필요한 금액을 차용하는 조치를 하고, 이렇게 하였다면 사전에 의장자와 가능하면 위 물건의 권리자에게 각각 이를 통지하여야 한다.

선원이 자기에게 제공되는 식량 배분이 부족하다는 이유로 이의를 한 경우에도 항만장이나 영사관은 유사한 조치를 취하여야 한다.

타인 소유 부속물 혹은 화물이 매각되면 의장자는 제308조에 따라 권리자에게 보상을 하여야 한다.

제190조 【위험에서 선원의 의무】 선원은 선장이 선박포기명령을 내릴 때까지 선박구조에 협력하여야 한다.

제191조 【선원의 회수협력 의무】 선박이 난파를 당한 경우, 사고 직후, 선장 혹은 해양이나 내수 관청의 요청이 있으면, 선원은 그 잔존물의 회수를 위해 활동에 참여하여야 한다.

제192조 【장애 여객의 승선】 중대한 질병으로 명백히 영향을 받는 여객의 승선, 혹은 선박의 안전이나 선상 인원의 평화에 위해가 되는 여객의 승선은, 특별 각령에 서 정한 방식으로 허가를 받아야 한다.

동 각령에 따라 그 외 사람도 위생상 이유로 관할 관청이 승선을 금지할 수 있다.

제193조 【전쟁 무기와 탄약 및 유독가스 화물】 무기와 탄약 및 유독가스

Il carico di armi e munizioni da guerra o di gas tossici nonché di merci pericolose in genere è disciplinato da leggi e regolamenti speciali, e non può essere effettuato senza l'autorizzazione data dal comandante del porto o dall'autorità consolare secondo le norme del regolamento.

L'imbarco di armi e munizioni per uso della nave è sottoposto all'autorizzazione del comandante del porto o dell'autorità consolare.

Articolo 194 【Imbarco di merci vietate e pericolose】 Quando sono imbarcate cose di cui il trasporto è vietato da norme di polizia, il comandante della nave deve, secondo i casi, disporre che esse siano sbarcate ovvero rese inoffensive o distrutte, se non sia possibile custodirle convenientemente fino all'arrivo nel primo porto di approdo.

Gli stessi provvedimenti il comandante deve prendere quando siano imbarcate cose di cui il trasporto, pur non essendo vietato da norme di polizia, sia o divenga in corso di navigazione pericoloso o nocivo per la nave, per le persone o per il carico, se non sia possibile custodire le cose stesse fino all'arrivo nel porto di destinazione.

Tali merci, quando siano custodite fino al porto di primo approdo, devono essere dal comandante della nave consegnate al comandante del porto o all'autorità consolare.

Articolo 195 【Custodia di oggetti appartenenti a persone morte o scomparse in viaggio】 In caso di morte o scomparizione avvenuta durante il viaggio, gli oggetti appartenenti alle persone morte o scomparse sono custoditi dal comandante della nave fino al porto di primo approdo ed ivi consegnati al comandante del porto o all'autorità consolare.

Le predette autorità provvedono a che sia dato avviso del fatto nei modi stabiliti dal regolamento. Decorso l'anno da tale avviso, o anche prima se la deperibilità delle cose lo richieda, le medesime autorità provvedono alla vendita delle cose e al deposito del ricavato per conto di chi spetta.

화물은 물론 일반적으로 위험한 화물의 선박은 특별 법률과 각령에 의하여 규제하며, 각령의 규정에 의해 항만장이나 영사관의 허가를 받지 아니하면 이를 취급할 수 없다.

선박에서 사용하기 위해 무기나 탄약을 선적하려면 항만장이나 영사관의 허가를 받아야 한다.

제194조【금지되고 위험한 화물의 선적】 보안 규정에 의해 운송이 금지된 물건이 선적된 때에는, 최초 기항 항구에 도착하기까지 안전하게 보관하는 것이 불가능하면 선장은 그 물건을 양륙하게 하거나 혹은 무해나 파괴 조치하여야 한다.

보안 규정에 의하여 금지된 것은 아니지만 항해 도중에 선박, 사람, 혹은 화물에 위험 혹은 유해하거나 유해하게 될 물건이 선적되고, 그 물건을 목적지 항구에 도착하기까지 안전하게 보관하는 것이 불가능한 경우에도 선장은 마찬가지 조치를 취하여야 한다.

이러한 화물이 최초 기항 항구에 도착하기까지 보관된 때에는, 선장은 이를 항만장이나 영사관에 인도하여야 한다.

제195조【사망 혹은 실종된 사람 소유 물건의 보관】 항해 도중에 사람이 사망하거나 실종되면 선장은 사망하거나 실종된 사람에 속하는 물건을 최초 기항 항구에 이르기까지 보관하고, 거기에서 항만장이나 영사관에 인도하여야 한다.

위 관청은 각령으로 정한 방식으로 그 사실을 통지하여야 한다. 통지 후 1년이 경과하거나 혹은 그 물건의 부패성에 비추어 필요하면 그 이전이라도 그 물건을 매각하고 대금을 귀속자 명의로 보관한다.

이해관계인이 권리를 행사하지 아니한 채 통지일로부터 5년이 경과하면 그 금액은 국립해양자선기금이나 내수항행인 구조기금에 돌아간다.

Decorsi cinque anni dall'avviso, senza che gli interessati abbiano fatto valere i propri diritti, la somma è devoluta alla Cassa nazionale per la previdenza marinara o alle casse di soccorso del personale della navigazione interna. Le modalità per la vendita e per il deposito sono stabilite dal regolamento.

Articolo 196 【Componenti dell'equipaggio soggetti a obblighi di leva】

I componenti dell'equipaggio soggetti a obblighi di leva o richiamati alle armi non possono essere sbarcati in paese estero senza autorizzazione della competente autorità, a meno che non vengano assunti su altra nave nazionale diretta nella Repubblica.

Articolo 197 【Rimpatrio di cittadini italiani】 Nelle località estere ove non risieda una autorità consolare il comandante della nave deve dare ricovero a bordo e rimpatriare i marittimi italiani che si trovassero abbandonati.

Deve inoltre accogliere a bordo ogni altro cittadino o suddito italiano che per qualsiasi motivo l'autorità consolare ritenga opportuno di fare rimpatriare.

Il regolamento stabilisce i limiti e le modalità relative al ricovero ed al rimpatrio, anche per quanto concerne il rimborso delle spese di mantenimento e di trasporto.

Articolo 198 【Divieto di asilo】 Il comandante della nave non può in paese estero concedere asilo a bordo a persone, anche se cittadini o sudditi italiani, ricercate dalla competente autorità per aver commesso un reato comune.

Articolo 199 【Perdita di carte e documenti di bordo】 In caso di perdita di carte o altri documenti di bordo, il comandante della nave deve nel primo porto di approdo farne denuncia al comandante del porto, o all'autorità consolare.

Le autorità predette rilasciano al comandante, nelle forme stabilite dal regolamento, carte provvisorie per proseguire la navigazione.

매각과 보관방법은 이를 각령으로 정한다.

제196조 【병역의무 대상인 선원】 병력의무의 대상이거나 소집명령을 받은 선원은 관할 관청의 허락을 받지 아니하고는 외국에서 하선할 수 없고, 다만 이탈리아로 향하는 다른 국적선이 이를 인수하는 때에는 그러하지 아니하다.

제197조 【이탈리아 국민의 귀환 조치】 영사관이 소재하지 아니하는 외국에 버려져 있는 이탈리아 선원이 있는 경우, 선장은 선상에 거처를 제공하고 귀환 조치를 할 의무가 있다.

그 이외에도, 위와 같은 이탈리아인은 물론 다른 이탈리아인도, 그 이유가 무엇이든, 영사관청이 귀환조치를 하는 것이 적당하다고 생각하면 선상에 받아들여야 한다.

거처의 제공과 귀환 조치의 범위와 방법은 각령으로 정하며, 체재와 운송에 따른 비용의 보전에 관한 범위와 방법도 마찬가지로 각령으로 정한다.

제198조 【은신처의 금지】 선장은 외국에서 비록 그 사람이 이탈리아 국민이거나 위에서 말한 이탈리아 사람일지라도 통상의 범죄를 저지르고 관할 기관이 추적중인 사람에게 선상에 은신처를 제공하지 말아야 한다.

제199조 【선상증서 및 서류 분실】 선상증서 기타 서류를 분실한 경우, 선장은 첫번째 기항 항구에서 항만장이나 영사관에 이를 신고하여야 한다.

위에서 말한 관청은 항해를 계속할 수 있도록 각령으로 정한 형식으로 임시증서를 발행한다.

Capo III Della polizia sulle navi in corso di navigazione marittima

Articolo 200 【Polizia esercitata dalle navi da guerra】 In alto mare, nel mare territoriale, e nei porti esteri dove non sia un'autorità consolare, la polizia sulle navi mercantili nazionali è esercitata dalle navi da guerra italiane.

A tal fine, i comandanti delle navi da guerra possono richiedere alle navi mercantili informazioni di qualsiasi genere, nonché procedere a visita delle medesime e ad ispezione delle carte e dei documenti di bordo; in caso di gravi irregolarità possono condurre le navi predette per gli opportuni provvedimenti in un porto dello Stato, o nel porto estero più vicino in cui risieda un'autorità consolare.

Nei porti ove risiede un'autorità consolare le navi da guerra italiane esercitano la polizia, a norma dei comma precedenti, su richiesta dell'autorità medesima.

Articolo 201 【Inchiesta di bandiera】 Le navi mercantili nazionali devono obbedire all'intimazione di fermata delle navi da guerra di potenze amiche, giustificando, se richieste, la propria nazionalità.

Articolo 202 【Nave sospetta di tratta di schiavi】 La nave da guerra italiana, che incontri in alto mare o anche in mare territoriale estero una nave nazionale sospetta di attendere alla tratta di schiavi, può catturarla e condurla in un porto dello Stato o nel porto estero più vicino, in cui risieda un'autorità consolare.

Titolo VII Degli atti di stato civile in corso di navigazione marittima

Articolo 203 【Funzioni di ufficiale dello stato civile】 Durante la

제3절 항해 중 선상 보안

제200조【군함이 행사하는 보안권】 공해, 영해 및 영사가 없는 외국항에서 국적 상선의 보안권은 이탈리아 군용 선박이 행사한다.

군용 선박의 선장은 상선에 대해 그 종류가 무엇이든 이러한 목적으로 정보를 요구할 수 있고, 나아가 방문하여 선상 증서와 서류를 검사할 수 있다; 심대한 이상을 발견하면 적절한 조치를 취하여 내국 항구나 영사가 있는 가장 인근 항구로 호송할 수도 있다.

영사관이 있는 항구에서는 이탈리아 군용 선박은 그 영사관의 요청이 있는 때에 한해 위 항들에 의한 보안권을 행사한다.

제201조【국적 조사】 국적상선은 우방국 군용 선박의 정선 지시에 복종하고 요청이 있으면 자기의 국적도 증명하여야 한다.

제202조【노예 취급 의심 선박】 이탈리아 군용 선박은 공해상 혹은 어느 국가 영해상에서 노예의 취급에 관여하고 있다고 의심되는 국적선을 발견하면 그 선박을 나포하여 어느 이탈리아 항구나 혹은 영사관이 있는 가장 인근 항구로 호송할 수 있다.

제7장 항해 도중 민사공무처분

제203조【민사공무원의 기능】 항해선 선장은 항해 도중에 민사 신분 법규

navigazione, il comandante della nave marittima esercita le funzioni di ufficiale dello stato civile, secondo le disposizioni sull'ordinamento dello stato civile.

Le stesse funzioni il comandante esercita anche quando la nave trovasi ancorata in un porto, se sia impossibile promuovere l'intervento della competente autorità nella Repubblica, o di quella consolare all'estero.

Articolo 204 【Matrimonio in imminente pericolo di vita】 Il comandante della nave marittima può procedere alla celebrazione del matrimonio nel caso e con le forme di cui all'articolo 101 del codice civile.

Articolo 205 【Atti di stato civile compilati a bordo】 Gli atti di stato civile compilati a bordo delle navi devono essere iscritti sul ruolo di equipaggio.

Delle circostanze che hanno dato luogo alla compilazione degli atti, nonché dell'avvenuta iscrizione dei medesimi sul ruolo di equipaggio, deve essere fatta menzione nel giornale generale e di contabilità.

Articolo 206 【Scomparizione in mare】 Quando di una persona scomparsa da bordo non sia possibile ricuperare il cadavere, il comandante della nave fa constare con processo verbale le circostanze della scomparizione e le ricerche effettuate.

Il processo verbale deve essere iscritto sul ruolo di equipaggio.

Dei fatti che hanno dato luogo alla compilazione del processo verbale, nonché dell'eseguita iscrizione di questo sul ruolo di equipaggio, deve essere fatta menzione nel giornale generale.

Articolo 207 【Consegna degli atti all'autorità marittima o consolare】 Copia degli atti di stato civile e dei processi verbali di scomparizione compilati a bordo deve essere dal comandante della nave consegnata in duplice esemplare nel primo porto di approdo al comandante del porto o all'autorità consolare unitamente ad un estratto, del pari in duplice esemplare, delle relative annotazioni nel giornale generale.

Articolo 208 【Attribuzioni delle autorità marittime e consolari】

에 따라 민사공무원으로 기능을 담당한다.

선박이 항구에 정박하여 있는 동안에도, 국내에서는 소관 공무원이, 해외에서는 영사관이 관여를 하는 것이 불가능한 때에는, 선장이 동일한 권리를 행사한다.

제204조【생명의 급박한 위험 중 결혼】 항해선 선장은 민법 제101조의 경우와 방식으로 결혼을 주제할 수 있다.

제205조【선상 작성 민사공무문서】 선상에서 작성한 민사공무행위는 선원명부에 등록하여야 한다.

이처럼 선원명부에 행한 등록은 물론 문서 작성에 이른 상황은 일반 및 회계일보에도 기재하여야 한다.

제206조【해상 실종】 선박에서 실종된 사람에 관해 그 시체를 회수하는 것이 불가능한 때에는 선장은 진술조서를 통하여 실종 상황과 실시한 수색을 기록하여야 한다.

진술조서는 선원명부에도 등록하여야 한다.

진술조서의 작성에 이른 사실과 이를 선원명부에 등록한 것은 일반일보에도 기재하여야 한다.

제207조【해운관청이나 영사관에 문서 전달】 선장은 선상에서 작성한 민사공무문서와 실종진술조서의 사본을 2부로 하여 일반일보에 관련 부분 사본 2부와 함께 최초 기항 항구에서 항만장이나 영사관에 제출하여야 한다.

제208조【해운관청 및 영사관의 권한】 선원명부와 일반일보를 구비하지

Quando si tratti di nave non provvista del ruolo di equipaggio e del giornale generale, dei fatti che danno luogo alla compilazione degli atti di stato civile e dei processi verbali di scomparizione, il comandante deve fare dichiarazione nel primo porto di approdo al comandante del porto o all'autorità consolare.

Le autorità predette raccolgono con processo verbale la dichiarazione del comandante e quella dei testimoni, inserendo nel verbale medesimo le enunciazioni prescritte per la compilazione degli atti di stato civile ovvero indicando le circostanze della scomparizione a norma dell'articolo 206.

Analogamente procedono le autorità marittime e consolari quando all'approdo di una nave rilevino l'omessa compilazione degli atti predetti, facendo constare in tal caso nel processo verbale i motivi della omissione.

Articolo 209【Processi verbali di scomparizione in caso di naufragio】 In caso di naufragio, alla compilazione dei processi verbali di scomparizione provvedono le autorità marittime o consolari.

I processi verbali anzidetti sono compilati, se il sinistro è avvenuto in acque territoriali, dal capo del circondario nella circoscrizione del quale è accaduto il sinistro medesimo, o diversamente dal comandante del porto nel quale approda la maggior parte dei naufraghi. Se nessun naufrago approda, ovvero si tratta di perdita presunta, gli atti sono compilati dal comandante del porto di iscrizione della nave.

Nei processi verbali, le autorità predette fanno constare le dichiarazioni dei naufraghi, e, in caso di perdita presunta, l'accertamento degli estremi previsti nell'articolo 162; dichiarano inoltre se a loro giudizio le persone scomparse debbano, in base alle circostanze, ritenersi perite.

Articolo 210【Trasmissione degli atti alle autorità competenti】 Le autorità marittime o consolari trasmettono alle autorità, competenti a norma delle disposizioni sull'ordinamento dello stato civile, un esemplare delle copie degli atti di stato civile e dei relativi estratti del giornale generale,

아니한 경우, 선장은 최초 기항 항구에서 항만장 혹은 영사관에 민사공무문서 및 실종진술조서의 작성에 이르게 된 사실을 신고하여야 한다.

위 기관은 진술조서를 통해 선장과 증인의 진술을 접수하여야 하며, 진술조서에는 민사공무문서의 작성을 통한 표시 의도를 기재하여야 하며, 또 제206조에 따라 실종상황도 기술하여야 한다.

기항한 선박이 위 문서를 작성하지 아니한 것으로 판명되면 해운관청 및 영사관은 마찬가지로 조치를 하여야 하며, 이러한 경우에는 진술조서에 작성하지 아니한 사유도 언급하여야 한다.

제209조【난파시 실종진술조서】 선박이 난파를 당한 때에도 해운관청과 영사관은 실종진술조서를 작성하여야 한다.

이러한 조서는, 만일 사고가 영해에서 발생한 때에는 사고발생 지역 해구장이 작성하고, 혹은, 이와 달리, 난파물이 가장 많이 도달한 곳 항만장이 작성한다. 만일 난파물이 전혀 도달하지 아니하거나 선박이 의제 멸실에 이른 경우 등록항 항만장이 이를 작성한다.

위 기관은 이 진술조서에서 난파신고를 기술하여야 하고 또 의제 멸실의 경우 제162조에서 말하는 요건을 기술하여야 하며; 그 이외에도 그들의 의견에 의하면 실종된 사람이 여러 상황에 비추어 사망하였을 것이라 추정되는 것도 언급하여야 한다.

제210조【관할기관에 문서송부】 해운관청 및 영사관은 선장이 제출한 민사공무문서 사본과 일반일보 관련 사본 각각 1부를 민사공무법규에 의한 관할 기관에 이를 송부하여야 한다; 실종진술조서 및 일반일보 관련 사본 각각 1부를 검사에게도 송부하여야 한다.

consegnati dai comandanti delle navi; al procuratore della Repubblica un esemplare delle copie dei processi verbali di scomparizione e dei relativi estratti del giornale generale.

Analogamente trasmettono alle predette autorità copia dei processi verbali compilati a norma degli articoli precedenti.

Articolo 211【Conseguenze della scomparizione in mare】 Nei casi di scomparizione da bordo per la caduta in mare, nei quali ricorrano gli estremi di morte senza rinvenimento del cadavere previsti nell'articolo 145 dell'ordinamento dello stato civile, e nei casi di scomparizione per naufragio, nei quali a giudizio dell'autorità marittima o consolare le persone scomparse debbano ritenersi perite, il procuratore della Repubblica, ottenuta l'autorizzazione del tribunale, provvede a far trascrivere il processo verbale nel registro delle morti.

Negli altri casi di scomparizione da bordo o per naufragio, il procuratore della Repubblica, ottenuta l'autorizzazione del tribunale, trasmette il processo verbale alla competente autorità per l'annotazione nel registro delle nascite. In tali casi le conseguenze della scomparizione sono regolate dalle disposizioni del libro I, titolo IV, capo II, codice civile, e, decorsi due anni dall'avvenimento, viene dichiarata la morte presunta a norma dell'articolo 60, n. 3, dello stesso codice, su istanza del pubblico ministero o di alcuna delle persone a ciò legittimate.

Articolo 212【Autorizzazione del tribunale】 Le autorizzazioni di cui all'articolo precedente sono date dal tribunale con decreto, assunte, ove sia ritenuto necessario, le informazioni del caso.

마찬가지로 위 조항들에 의하여 작성한 진술조서 사본도 위 기관에 송부하여야 한다.

제211조 【해상실종의 처리】 선박에서 바다로 추락하여 실종되고, 민사공무규범 제145조에서 말하는 사체회수 없는 사망요건을 충족하는 경우, 또는 선박이 난파되어 실종되고 해운관청이나 영사관의 의견에 의하면 실종된 사람이 사망하였을 것이라고 볼 수밖에 없는 경우, 검사는 법원의 허가를 얻어 진술조서를 사망명부에 등록하게 하여야 한다.

선박이 난파되거나 선박에서 실종된 여타의 경우, 검사는 법원의 허가를 얻어 해당 기관에 구술조서 사본을 출생부에 부기를 하기 위해 송부한다. 이러한 경우 실종은 민법 제1부 제4장 제2절의 규정에 의하여 처리하고 또 사건 발생 후 2년이 경과하면 검사나 이해관계인의 신청을 받아 동법 제60조 제3호에 따라 의제사망선고를 한다.

제212조 【법원 허가】 전조 규정에 의한 허가는 필요한 경우 사건보고를 참고하여 법원이 명령으로 부여한다.

Titolo VIII Disposizioni speciali

Capo I Della navigazione da diporto

Articolo 213 【Comando di navi da diporto a vela di stazza lorda non superiore alle cinquanta tonnellate】[15] Le navi da diporto a vela di stazza lorda non superiore alle cinquanta tonnellate possono essere comandate da chi ne sia proprietario, abbia compiuto i diciotto anni di età ed ottenuta l'abilitazione al comando, secondo le norme stabilite dal regolamento.

L'abilitazione al comando delle navi predette può essere altresì rilasciata dalle associazioni nautiche, autorizzate dal ministro per la marina mercantile, ai propri soci, tanto per le navi di proprietà di questi quanto per quelle appartenenti alle associazioni.

Le persone abilitate al comando di una nave possono anche prestare la loro opera per la manovra della nave stessa.

L'abilitazione di cui ai comma precedenti non è richiesta per comandare navi da diporto a vela di stazza lorda non superiore alle tre tonnellate; o per comandare navi di stazza lorda superiore alle tre tonnellate ma non superiore alle venticinque, partecipanti a regate.

A comandare o a prestare la loro opera per la manovra di navi a vela di stazza lorda non superiore alle venticinque tonnellate partecipanti a regate possono essere ammessi, dalle associazioni nautiche di cui al primo comma, i minori dei diciotto anni, ma non dei quattordici, con il consenso di chi esercita la patria potestà o la tutela.

Articolo 214 【Comando e condotta di navi da diporto a motore di

---

15) Articolo abrogato dall'art 66, comma 1, let, a), del D.L.vo 18 luglio 2005, n.171.

제8장 특별 규정

제1절 여가선

제213조【총톤수 50톤 이하 범선인 여가선의 조종】 총톤수 50톤 이하 범선인 여가선을 조종하려면 그 선박의 소유자이며 연령 18세 이상의 자로서 각령의 규정에 따라 조종사 자격을 취득하여야 한다.

그 이외에도 해운장관의 허락을 받은 항해연맹은 그 회원에 대하여 회원 소유인 선박이나 혹은 연맹 소유 선박의 조종을 위해 위에서 본 조종사 자격을 발행할 수 있다.

선박을 조종할 자격을 취득한 사람은 그 선박의 이동을 위한 작업에도 관여할 수 있다.

총톤수 3톤 이하 범선인 여가선은 위 항들에서 본 자격이 없다 하더라도 조종할 수 있다; 총톤수 3톤 이상 25톤 이하 범선인 여가선은 위의 자격 없어도 경정에 참가하여서는 이를 조종할 수 있다.

총톤수 25톤 이하 범선인 여가선은 경정에 참가하는 동안은, 18세 미만이라 하더라도 14세 미만이 아니면, 친권자나 후견인의 동의가 있으면, 항해연맹의 인정을 받아 조종을 하고 이동 작업에 참여할 수 있다(2005년 본조 삭제).

제214조【총톤수 25톤 이하 동력 여가선의 조종과 운전】 총톤수 25톤 이하 동력선인 여가선을 조종하고 운전하려면 18세 이상의 연령으로 특별 법률과 각령으로 정한 해당 자격을 취득하여야 한다. 선박의 동력이 내연기관이면 폭발했을 때에 배기량이 500 입방 센티미터 이하, 혹은 선박의 동력

stazza lorda non superiore alle venticinque tonnellate】[16] Le navi da diporto a motore di stazza lorda non superiore alle venticinque tonnellate possono essere comandate e condotte da coloro che abbiano compiuto i diciotto anni di età ed ottenute le rispettive abilitazioni stabilite da leggi o regolamenti speciali. Tali abilitazioni non sono necessarie per comandare e condurre navi munite di motore di cilindrata non superiore ai cinquecento centimetri cubi, se a scoppio, o di potenza non superiore a undici cavalli vapore, ove si tratti di motore di altro tipo.

Articolo 215 【Condotta di battelli a remi】[17] Per la condotta di battelli da diporto a remi non è richiesta alcuna abilitazione.

Articolo 216 【Personale di camera e di famiglia】[18] Sulle navi da diporto di stazza lorda non superiore alle cinquanta tonnellate se a vela, alle venticinque se a motore possono essere imbarcate, in qualità di personale di camera e di famiglia, persone non appartenenti alla gente di mare o al personale navigante della navigazione interna purché già al servizio del proprietario della nave.

Articolo 217 【Costruzione di navi da diporto ad opera di soci di associazioni nautiche riconosciute】[19] I soci delle associazioni nautiche riconosciute possono progettare e costruire navi da diporto di stazza lorda non superiore alle venticinque tonnellate.

Articolo 218 【Pesca con navi da diporto】[20] Alle navi da diporto è consentito l'esercizio della pesca, purché non a scopo di lucro, con le modalità stabilite dal regolamento.

---

16) Articolo abrogato dall'art 66, comma 1, let, a), del D.L.vo 18 luglio 2005, n.171.
17) Articolo abrogato dall'art 66, comma 1, let, a), del D.L.vo 18 luglio 2005, n.171.
18) Articolo abrogato dall'art 66, comma 1, let, a), del D.L.vo 18 luglio 2005, n.171.
19) Articolo abrogato dall'art 3 della L.26 aprile 1986, n.193.
20) Articolo abrogato dall'art 66, comma 1, let, a), del D.L.vo 18 luglio 2005, n.171.

이 다른 형태이면 11마력 이하인 때에는 그 선박은 이러한 자격이 없다 하더라도 조종하고 운전할 수 있다(2005년 삭제).

제215조【소형 노도선의 운전】 노를 사용하는 소형선은 별다른 자격이 없이도 운전할 수 있다(2005년 삭제).

제216조【선실 인원과 가족】 총톤수 50톤 이하 범선인 여가선 및 총톤수 25톤 이하 동력선인 여가선은 선원이나 내수항행인원이 아니면서도 이미 선박이 선박소유자를 위하여 운항 중에 있다면 선실요원과 가족의 자격으로 승선할 수 있다(2005년 삭제).

제217조【공인된 항해협회 회원의 활동을 위한 여가선의 건조】 공인된 항해협회 회원은 총톤수 25톤 이하 여가선을 제작하고 운영할 수 있다(1986년 법률에 의하여 폐지).

제218조【여가선의 어업】 각령에서 정한 방식으로 여가선에서 고기를 잡은 것은 영리 목적이 아닌 한 허용된다(2005년 삭제).

Capo II Della pesca marittima

Articolo 219 【Pesca marittima】 È considerata pesca marittima, oltre quella che si esercita nel mare, la pesca nell'ambito del demanio marittimo.

Articolo 220 【Categorie della pesca】 La pesca si distingue, secondo i criteri stabiliti dal regolamento, in pesca costiera, pesca mediterranea, pesca oltre gli stretti.

Articolo 221 【Riserva della pesca ai cittadini】 La pesca nel mare territoriale è riservata ai cittadini italiani e alle navi da pesca nazionali, salvo speciali convenzioni internazionali.

Tuttavia con decreto del presidente della Repubblica possono essere autorizzati cittadini e navi di Stati, con i quali non esistano tali convenzioni, ad esercitare la pesca nelle acque predette.

Articolo 222 【Concessioni di tonnare e di altri impianti fissi da pesca】 Le disposizioni riguardanti le concessioni di beni del demanio marittimo si applicano anche allo stabilimento di tonnare e di altri impianti da pesca fissi, o di opere per l'allevamento dei pesci, dei crostacei e dei molluschi, allo sfruttamento dei banchi di corallo o di spugne, e in genere ad ogni occupazione del demanio marittimo e del mare territoriale occorrente per fini di pesca.

Articolo 223 【Autorità competente per la vigilanza sulla pesca】 All'applicazione delle disposizioni di questo codice e delle altre leggi e dei regolamenti sulla pesca marittima provvede l'amministrazione della marina mercantile, salve le particolari attribuzioni conferite ad altre amministrazioni.

Le autorità marittime locali vigilano sull'esercizio della pesca, anche in rapporto alle esigenze della navigazione.

제2절 해상 어업

제219조 【해상어업】 해상에서 수행하는 어업 이외에 해양공유자산[33]의 범위 내에서 하는 어업도 해상어업이라고 본다.
제220조 【어업의 종류】 어업은 각령으로 정하는 기준에 의하여 연안 어업, 지중해 어업 및 지브롤터해협 외부 어업으로 구분한다.

제221조 【어업의 국민 귀속】 영해에서의 어업은 별도의 국제조약이 있지 않는 한 오로지 이탈리아 국민과 이탈리아 선박에게 귀속한다.

그러나 이러한 협약이 없는 국가 국민이나 선박에게도 대통령령으로 위에서 말한 수상에서 어업을 하는 것을 허가할 수 있다.

제222조 【다량어망 기타 어획 고정설비】 해양공유자산의 양허에 관한 규정은 다량어망의 장치, 기타 고정 어획 설비의 설치, 물고기, 갑각류 및 연체류의 양륙 설비의 설치, 산호초 혹은 해면류의 채취, 기타 어획을 목적으로 영해나 해양공유자산을 점령하는 것에 대하여도 적용된다.

제223조 【어획 감시 관할기관】 해양어업에 적용될 본법, 여타 법률 및 각령의 적용은, 다른 기관에 특별히 권한이 부여되어 있지 않는 한, 해운관청이 이를 통괄한다.

지방해운관청은 어획 활동은 비록 항해의 필요에 의한 것일지라도 이를 감시한다.

---

33) 해양공유자산의 정의에 관하여는 제28조 참조.

Capo III Del cabotaggio e del servizio marittimo

Articolo 224 【Riserva della prestazione dei servizi di cabotaggio e del servizio marittimo】 Il servizio di cabotaggio fra i porti della Repubblica è riservato, nei termini di cui al regolamento (CEE) n. 3577/92 del Consiglio, del 7 dicembre 1992, agli armatori comunitari che impiegano navi registrate in uno Stato membro dell'Unione europea e che battono bandiera del medesimo Stato membro, sempre che tali navi soddisfino tutti i requisiti necessari per l'ammissione al cabotaggio in detto Stato membro.

Le disposizioni di cui al comma 1 si applicano alle navi che effettuano servizio marittimo dei porti, delle rade e delle spiagge.

Capo IV Dell'esercizio della navigazione interna

Articolo 225 【Concessione di servizi】 I servizi pubblici di linea per trasporto di persone o di cose sono esercitati per concessione.
È parimenti necessaria la concessione per l'esercizio dei servizi pubblici di rimorchio e di quelli di traino con mezzi meccanici.

I diritti e gli obblighi del concessionario, i mezzi tecnici di cui questi deve essere fornito, le tariffe e le altre condizioni del servizio, e l'eventuale prestazione di una cauzione sono stabiliti nella relativa convenzione.

Le norme relative alle concessioni previste nel presente articolo sono stabilite dal regolamento.

Articolo 226 【Autorizzazione di servizi】 I servizi di trasporto, di rimorchio e di traino, non compresi fra i servizi di cui all'articolo precedente, sono sottoposti all'autorizzazione dell'autorità preposta all'esercizio della navigazione interna.

Le forme e i limiti dell'autorizzazione sono determinati dal regolamento.

제3절 연안항해 및 해양 서비스

제224조 【연안항해 및 해양 서비스의 제공 귀속】 이탈리아 내 항구 사이의 연안해 서비스는 1992년 12월 7일 유럽연합 집행위원회령 3577/92호의 규정이 정한 의미에서 유럽연합 소속 국가에 등록된 선박을 이용하고 그 소속 국기를 게양하는 유럽연합 의장자에게 귀속하며, 다만 이 선박은 그 국가에서 연안항해에 종사하기 위한 요건을 모두 갖추어야 한다.

제1항의 규정은 항구, 묘박지 및 해수욕장 등의 해양 서비스를 수행하는 선박에도 적용된다.

제4절 내수항행의 수행

제225조 【서비스 양허】 공공 정기여객 및 화물운송 서비스는 양허를 받아야 수행할 수 있다.

마찬가지로 공공 예인 서비스와 기계적인 수단에 의한 견인 서비스를 수행하려면 양허를 받아야 한다.

수익자의 권리와 의무, 이들이 구비하여야 할 장비, 여기에 적용할 요금, 기타 서비스를 제공하기 위해 갖추어야 할 조건, 추후 제공할 담보금은 관련 합의로 정한다.

본조에서 말하는 양허에 관한 규범은 각령으로 정한다.

제226조 【서비스의 허가】 전조에 의한 서비스에 해당되지 아니하는 운송, 예인 및 견인 서비스는 내수항행을 담당하는 관청의 허가를 받아야 제공할 수 있다.

이 허가의 방식과 범위는 각령으로 정한다.

Articolo 227 【Autorizzazione mediante annotazione sulla licenza】 Nei casi ed entro i limiti stabiliti dal regolamento, le navi e i galleggianti sono autorizzati al trasporto e al rimorchio mediante annotazione apposta dall'ufficio d'iscrizione sulla licenza.

Articolo 228 【Annotazione nei registri di iscrizione】 L'atto di concessione e quelli di autorizzazione di cui agli articoli precedenti devono essere annotati nei registri d'iscrizione della nave o del galleggiante.

Articolo 229 【Tariffe】 Il Ministro dei Trasporti e della Navigazione stabilisce le modalità dei servizi di cui all'articolo 226, e fissa i massimi e i minimi delle tariffe.

In caso di contravvenzione l'autorizzazione può essere revocata.

Articolo 230 【Caratteristiche delle navi】 Le caratteristiche tecniche delle navi ammesse alla navigazione interna sono stabilite dal Ministro dei Trasporti e della Navigazione.

Articolo 231 【Regolamenti comunali】 La navigazione nei corsi e negli specchi d'acqua, che attraversano centri abitati o sono nelle vicinanze dei medesimi, è sottoposta anche alla osservanza delle norme stabilite da regolamenti comunali, approvati dal Ministro dei Trasporti e della Navigazione, di concerto con quello per gli interni.

Libro secondo Della proprietà e dell'armamento della nave

Titolo I Della costruzione della nave

Articolo 232 【Cantieri e stabilimenti di costruzione】 La costruzione delle navi e dei galleggianti deve essere eseguita in cantieri e in stabilimenti i cui direttori siano muniti della prescritta abilitazione.

第227조【항해허가증에 부기를 통한 허가】 각령으로 정한 경우와 그 범위 내에서, 선박과 유동구조물은 항행허가증에 등록관청이 부기를 통하여 운송과 예인을 허가한다.

第228조【등재부에 부기】 위 조항들에 의한 양허 및 허가 행위는 선박이나 유동구조물의 등재부에 부기하여야 한다.

第229조【요금】 교통항행장관은 제226조에 따른 서비스의 방식을 정하고 요금의 최고 및 최저 금액을 정한다.

이를 위반한 때에는 허가를 취소할 수 있다.

第230조【선박의 특성】 내수항행이 허용되는 선박의 기술적인 요건은 교통항행장관이 정한다.

第231조【지방 규정】 도심이나 그 인근을 통과하는 수로 및 수면의 항행은 교통항행장관이 내무장관과 협의하여 승인을 받은 지방 규정에 의한 규범을 준수하여야 한다.

제2편 선박에 관한 권리와 의장

제1장 선박의 건조

第232조【건조할 조선소와 건조장】 선박 기타 수상 유동구조물[34]의 건조

---

34) 정의에 관하여는 본법 제136조 참조.

La costruzione delle navi e dei galleggianti della navigazione interna può essere eseguita in cantieri e in stabilimenti di imprese autorizzate dall'ispettorato compartimentale, mediante inclusione in apposito elenco tenuto a norma del regolamento.

Articolo 233 【Dichiarazione di costruzione】 Chi imprende la costruzione di una nave o di un galleggiante deve farne preventiva dichiarazione all'ufficio competente del luogo dove è intrapresa la costruzione dello scafo, indicando il cantiere e lo stabilimento, nei quali saranno costruiti lo scafo e le macchine motrici, e il nome dei direttori delle costruzioni.

L'ufficio prende nota della dichiarazione nel registro delle navi in costruzione.

Parimenti devono essere notificati all'ufficio ed annotati nel registro i sopravvenuti mutamenti nella persona dei direttori delle costruzioni.

Articolo 234 【Uffici competenti a tenere il registro delle navi in costruzione】 Il registro delle navi e dei galleggianti marittimi in costruzione è tenuto dagli uffici di compartimento, da quelli di circondario e dagli altri uffici delegati dal capo del compartimento.

Il registro delle navi e dei galleggianti in costruzione destinati alla navigazione interna è tenuto dagli ispettorati di porto e dagli altri uffici delegati dal ministro [per le comunicazioni] (1).

(1) Ora Ministro delle infrastrutture e dei trasporti.

Articolo 235 【Controllo tecnico sulle costruzioni】 Il controllo tecnico sulle costruzioni marittime è esercitato dal Registro italiano navale nei limiti e con le modalità stabilite da leggi e regolamenti.

Il controllo tecnico sulle costruzioni delle navi della navigazione interna è esercitato dall'ispettorato compartimentale, salve le attribuzioni conferite da leggi e regolamenti speciali al Registro italiano e ferme in ogni caso le

는 소정의 자격을 갖춘 건조역이 있는 조선소나 건조장에서 이루어져야 한다.

내수항행 선박 기타 구조물은 그 외에도 해역청 감독관으로부터 허가를 받은 기업 소속 조선소나 건조장에서도 건조할 수 있고, 이러한 허가를 받은 기업은 관련 규정의 의하여 해당 등록부에 등록하여야 한다.

제233조【건조의 신고】 선박 기타 유동구조물을 건조하는 사람은 선체 건조지를 관할하는 해운관청에 사전에 신고를 하여야 하며, 선체 및 기관이 건조되는 조선소나 건조장과 건조를 책임진 건조역의 성명을 신고하여야 한다.

해당 관청은 신고된 사항을 건조선박등록부에 기재하여야 한다.

등록 이후에 건조역이 변경되면 이를 또한 신고하여 건조선박등록부에 기재하여야 한다.

제234【건조선박등록부의 관리청】 건조 중인 선박 기타 수상 유동구조물의 등록부는 해역사무소 공무원과 해역청장의 위임을 받는 해구사무소 공무원 기타 공무원이 이를 관리한다. 내수항행에 제공되는 선박 기타 유동구조물에 관한 건조선박등록부는 항구관리소 기타 교통부의 지정을 받은 사람이 이를 관리한다.

제235조【건조에 대한 기술적인 감독】 항해선 건조에 관한 기술적인 사항에 관한 감독은 법령이 정한 기준과 방법에 따라 이탈리아선급이 이를 시행한다.

내수항행선의 건조에 대한 기술적인 감독은 내수구청 감독관이 이를 시행하며, 다만 법령에 의하여 특별히 이탈리아선급의 권한으로 지정된 경우에는 이를 예외로 하며, 여하튼 본법에 있는 아래 규정에 따라 선박을 건조

disposizioni dell'articolo seguente.

Articolo 236 【Sospensione della costruzione per ordine dell'autorità】 L'ufficio competente a ricevere la dichiarazione di costruzione può in ogni tempo ordinare la sospensione della costruzione, per la quale non sia stata fatta dichiarazione o che risulti diretta da persona non munita della prescritta abilitazione ovvero, nel caso di cui all'articolo 232, secondo comma, sia effettuata da impresa non autorizzata.

Con provvedimento del ministro per la marina mercantile può altresì venire ordinata la sospensione della costruzione che, a giudizio del Registro italiano navale o dell'ispettorato compartimentale, non risulti condotta secondo le regole della buona tecnica o per la quale non siano osservate le prescrizioni dei regolamenti.

Articolo 237 【Forma del contratto di costruzione】 Il contratto di costruzione della nave, le successive modifiche e la revoca devono essere fatti per iscritto a pena di nullità.

La disposizione del comma precedente non si applica alle navi ed ai galleggianti di stazza lorda non superiore alle dieci tonnellate, se a propulsione meccanica, o alle venticinque, in ogni altro caso.

Articolo 238 【Pubblicità del contratto di costruzione】 Il contratto di costruzione della nave deve essere reso pubblico mediante trascrizione nel registro delle navi in costruzione. In mancanza, la nave si considera fino a prova contraria costruita per conto dello stesso costruttore.

Eseguita la trascrizione del contratto, le modifiche e la revoca del medesimo non hanno effetto verso i terzi, che a qualsiasi titolo abbiano acquistato e conservato diritti sulla nave in costruzione, se non sono trascritte nel registro predetto.

하여야 한다.

제236조【당국의 지시에 따른 선박건조의 중지】 건조신고를 받을 권한을 가진 해운관청은 건조신고를 하지 아니하고 시행하는 선박건조, 소정의 자격을 갖추지 못한 건조역의 책임하에 이루어지는 선박건조 및 위 제232조 제2항에서 정한 허가를 받지 아니한 기업에 의하여 이루어지는 선박건조는 그 중지를 명할 수 있다.

그 외에 이탈리아선급 혹은 내수구청 감독관의 판단에 의하여 건전한 건조 기법에 따라 건조되지 아니하고 있거나 해당 규정을 준수하지 아니하고 건조되고 있다고 보여지는 때에는, 해운장관[35]의 조치에 의하여 건조의 중지를 명할 수 있다.

제237조【건조계약의 형식】 선박건조계약, 그 변경계약 및 그 취소계약은 반드시 서면으로 하여야 하고 그렇지 아니한 경우 이를 무효로 한다.

그러나 이 규정은 총톤수 10톤 이하 동력 선박이나 구조물, 혹은 총톤수 25톤 이하 비동력 선박이나 구조물에 대하여는 적용하지 아니한다.

제238조【건조계약의 공시】 선박건조계약은 건조선박등록부에 등록을 통하여 공시하여야 한다. 이러한 등록을 해태한 때에는, 반대의 입증이 없는 한, 건조자 자신이 자기의 계산으로 선박을 건조하는 것으로 추정한다.

건조계약을 등록하고 난 다음에는, 그 변경이나 취소는 이를 등록하지 아니하면, 그 건조중인 선박에 대해 권리를 취득한 제3자에 대해 그 권리의 종류가 무엇이든 효력을 갖지 못한다.

35) 지금은 교통항행장관을 지칭한다고 해석된다.

Articolo 239【Forma del titolo, documenti da consegnare ed esecuzione della trascrizione】 Per quanto riguarda la forma del titolo da trascrivere, si applica il disposto dell'articolo 252, primo comma. Tuttavia se si tratta delle navi o dei galleggianti indicati nel secondo comma dell'articolo 237, la trascrizione può compiersi in forza di una dichiarazione del costruttore con sottoscrizione autenticata.

Per quanto riguarda i documenti da consegnare all'ufficio e la esecuzione della trascrizione nel registro delle navi in costruzione si applicano gli articoli 253, 256.

Articolo 240【Responsabilità del costruttore】 L'azione di responsabilità contro il costruttore per le difformità ed i vizi occulti si prescrive col decorso di due anni dalla consegna dell'opera.

Il committente che sia convenuto per il pagamento può sempre far valere la garanzia, purché abbia entro il predetto termine denunziata la difformità o il vizio.

Articolo 241【Norme applicabili al contratto di costruzione】 Per quanto non è disposto dal presente titolo, al contratto di costruzione si applicano le norme che regolano il contratto di appalto.

Articolo 242【Forma e pubblicità degli atti relativi alla proprietà di navi in costruzione】 Gli atti costitutivi, traslativi o estintivi di proprietà o di altri diritti reali su navi in costruzione o loro carati devono essere fatti nelle forme richieste dall'articolo 249.

Per gli effetti previsti dal codice civile, gli atti medesimi devono essere resi pubblici mediante trascrizione nel registro ove la nave in costruzione è iscritta. Nella stessa forma devono essere resi pubblici gli atti e le domande per i quali il codice civile richiede la trascrizione.

La trascrizione si effettua nelle forme e con le modalità previste negli articoli da 252 a 254 e 256.

제239조 【등록 근원, 제출서류 및 등록 실행】 등록의 근원에 관하여는 제252조 제1항의 규정에 따른다. 다만 위 제237조 단서에서 규정하는 선박이나 구조물의 경우, 건조자가 공증서명을 하여 작성한 확인서에 기하여도 등록할 수 있다.

등록을 위해 소관 관청에 제출할 서류와 건조선박등록부에의 실제 등록은 제253조 및 제256조의 규정에 따라 시행한다.

제240조 【건조자의 책임】 건조에 존재하는 오류와 숨은 하자로 인한 건조자의 책임은 구조물의 인도일로부터 2년이 경과하면 시효로 인하여 소멸한다.

대금을 지급하는 건조의뢰인은 언제든지 합의에 의한 보증에 기하여 그 보상을 청구할 수 있다. 그러나 건조의뢰인은 위 기간 내에 오류나 하자에 대한 통지를 하여야 한다.

제241조 【건조계약에 적용될 법규】 선박건조계약은, 이 장에 달리 별도로 규정되어 있지 아니하면, 민법상 도급에 관한 규정이[36] 적용된다.

제242조 【건조중인 선박에 존재하는 권리에 관한 법률행위의 방식과 등록】 건조중인 선박의 소유권 및 기타 물권과 그 지분에 대한 권리의 성립, 이전 및 소멸과 관련된 법률행위는 본법 제249조에서 정한 방식에 따라 이루어져야 한다.

민법에서 정한 법률효과가 발생하려면, 건조 중인 선박을 등록한 그 건조선박등록부에 등록하여 이를 공시하여야 한다. 민법에서 등록을 요구하는 법률행위 및 청구도 같은 방식으로 공시하여야 한다.

이 등록은 본법 제252조 내지 제254조 및 제256조에서 정한 형식과 방법

---

36) 이탈리아 민법 제1655조 내지 제1677조.

Articolo 243 【Varo della nave】 Il costruttore non può varare la nave senza il consenso del committente o della maggioranza dei committenti.

Il giorno e l'ora del varo, fissati in seguito a tale consenso, devono essere preventivamente comunicati all'ufficio ove la nave in costruzione è iscritta.

In caso di ritardo ingiustificato nella prestazione del consenso, l'ufficio predetto può, su richiesta dell'interessato, autorizzare il varo.

Articolo 244 【Iscrizione della nave dopo il varo】 L'autorità alla quale, compiuto il varo, è richiesta l'iscrizione della nave o del galleggiante nei registri, previsti negli articoli 146, 148 provvede a riprodurre nei registri medesimi e ad annotare sull'atto di nazionalità, se trattasi di nave maggiore, le trascrizioni fatte nel registro delle navi in costruzione a norma degli articoli 242, 567, secondo comma.

Titolo II Della proprietà della nave

Capo I Della proprietà

Articolo 245 【Norme applicabili alle navi】 In quanto non sia diversamente stabilito, le navi sono soggette alle norme sui beni mobili.

Articolo 246 【Pertinenze della nave】 Sono pertinenze della nave le imbarcazioni, gli attrezzi e gli strumenti, gli arredi ed in genere tutte le cose destinate in modo durevole a servizio o ad ornamento della nave.

La destinazione può essere effettuata anche da chi non sia proprietario della nave o non abbia su questa un diritto reale.

Articolo 247 【Regime delle pertinenze di proprietà aliena】 Ai terzi di buona fede, che hanno acquistato diritti sulla nave, la proprietà aliena della

으로 한다.

제243조 【선박의 진수】 건조자는 건조의뢰인 혹은 건조의뢰인의 과반수의 동의가 있어야 비로소 선박의 진수를 할 수 있다. 이러한 동의를 거쳐 확정된 진수의 일자와 장소는 건조 중인 선박이 등록된 해운관청에 사전에 통지하여야 한다. 의뢰인의 동의가 부당하게 지연되면, 관계인의 신청에 의거, 위 해운관청이 대신 진수를 허가할 수 있다.

제244조 【진수 후 등록】 진수가 종료되고 난 다음, 본법 제146조 및 제148조의 규정에 따라 선박 기타 유동구조물에 대한 등록신청이 있으면, 신청을 받은 해운관청은 본법 제242조 및 제567조 제2항에 의거 건조선박등록부에 등록된 것을 선박등록부에 이기하고 또 원양선의 경우 국적증서에도 그 내용을 기재하여야 한다.

제2장 선박에 대한 권리

제1절 권 리

제245조 【선박에 적용될 법규】 달리 반대의 규정이 없는 한, 선박은 동산에 관한 규범에 의하여 규율한다.

제246조 【선박의 종물】 선적선, 장비, 용구, 비품 기타 물건으로 선박의 의장이나 활동에 항구적으로 제공되는 물건은 그 종류가 무엇이든 이를 종물로 본다.

비록 선박의 소유자 기타 물권자가 아니라 하더라도 어떤 물건을 이처럼 선박에 종물로 제공할 수 있다.

제247조 【제3자 소유인 종물에 대한 규제】 종물에 대하여 권리를 가진 타인은, 취득 이전에 확정된 일자를 가진 문서에 의하거나 혹은 선박의 속구

pertinenza può essere opposta solo quando risulta da scrittura avente data certa anteriore ovvero dall'inventario di bordo.

La cessazione della qualità di pertinenza di una cosa, la cui proprietà aliena non risultava da scrittura avente data certa anteriore o dall'inventario di bordo, non è opponibile ai terzi i quali abbiano anteriormente acquistato diritti sulla nave.

Articolo 248 【Diritti dei terzi sulle pertinenze】 La destinazione di una cosa al servizio o all'ornamento della nave non pregiudica i diritti preesistenti sulla cosa medesima a favore di terzi. Tuttavia tali diritti non possono essere opposti ai terzi di buona fede se non risultano da scrittura avente data certa anteriore, o dall'inventario di bordo.

Articolo 249 【Forma degli atti relativi alla proprietà delle navi】 Gli atti costitutivi, traslativi o estintivi di proprietà o di altri diritti reali su navi o loro carati devono essere fatti per iscritto a pena di nullità. Tali atti, all'estero, devono essere ricevuti dall'autorità consolare.

Le disposizioni del comma precedente non si applicano alle navi ed ai galleggianti di stazza lorda non superiore alle dieci tonnellate, se a propulsione meccanica, o alle venticinque, in ogni altro caso.

Articolo 250 【Pubblicità degli atti relativi alla proprietà delle navi】 Per gli effetti previsti dal codice civile, gli atti costitutivi, traslativi o estintivi di proprietà o di altri diritti reali su navi sono resi pubblici, quando concernono navi maggiori o loro carati, mediante trascrizione nella matricola ed annotazioni sull'atto di nazionalità, quando concernono navi minori o galleggianti, o loro carati, mediante trascrizione nei rispettivi registri di iscrizione.

Nelle stesse forme devono essere resi pubblici gli altri atti e le domande per i quali il codice civile richiede la trascrizione.

목록에 의하여 그 권리가 증명되지 아니하는 한, 선의로 선박을 취득한 제3자에 대하여 그 권리를 주장할 수 없다.

확정된 일자를 가진 문서 혹은 선박의 속구목록에 의하여 그 권리가 증명되지 아니하는 한, 어느 물건이 속구로서 성격을 상실한다 하더라도, 그 상실 이전에 선박에 대하여 권리를 취득한 제3자에게 대항할 수 없다.

제248조【종물에 대한 제3자의 권리】 어느 물건이 선박의 의장 혹은 활동에 제공되었다 하더라도 이로 인하여 그 물건에 대하여 제3자가 이미 갖고 있던 권리에 영향을 미치는 것은 아니다. 그러나 그러한 권리를 가지고 선의의 제3자에게 대항하려면 그 취득 이전 특정일자를 가진 문서에 의하거나 혹은 속구목록에 의하여 그것이 나타나지 아니하면 아니 된다.

제249조【선박의 권리와 관련된 법률행위】 선박 혹은 그 지분의 소유권 기타 물권의 창설, 이전 및 소멸에 관한 법률행위는 반드시 서면으로 하여야 하고 그렇지 아니하면 이를 무효로 한다. 외국에서 이러한 행위를 한 경우 관할 영사관이 이를 접수하여야 한다.

이 규정은 총톤수 10톤 이하 동력 선박이나 구조물 및 총톤수 25톤 이하 비동력 선박이나 구조물에 대하여는 적용하지 아니한다.

제250조【선박에 대한 권리와 관련된 법률행위의 공시】 선박에 대한 소유권 기타 물권의 창설, 이전 및 소멸에 관한 법률행위는, 민법에 예정된 법률효과가 발생하려면, 원양선 혹은 그 지분의 경우 선박등록부에 등록하고 선박국적증서에 부기하여야 하며, 또 내항선, 유동구조물 및 그 지분의 경우, 각각의 등재부에 등록하여야 한다.[37)]

민법에 의하여 등록이 요구되는 다른 법률행위 혹은 청구도 마찬가지 방식으로 공시하여야 한다.

37) 원양선과 내항선의 구별에 관하여는 제136조 참조.

Articolo 251【Ufficio competente ad eseguire la pubblicità】 La pubblicità deve essere richiesta all'ufficio d'iscrizione della nave o del galleggiante.

Tuttavia, se trattasi di nave maggiore, la pubblicità può essere richiesta all'ufficio marittimo o consolare del porto nel quale la nave si trova. A spese del richiedente, l'ufficio trasmette immediatamente all'ufficio di iscrizione della nave, per la trascrizione nella matricola, i documenti presentati.

Articolo 252【Forma dei titoli per la pubblicità】 La trascrizione e l'annotazione non possono compiersi se non in forza di uno dei titoli richiesti dall'articolo 2657 c.c.

Tuttavia, quando si tratta delle navi o dei galleggianti indicati nel secondo comma dell'articolo 249, è sufficiente una dichiarazione dell'alienante, con sottoscrizione autenticata.

Articolo 253【documenti per la pubblicità di atti tra vivi】 Chi domanda la pubblicità di atti tra vivi deve consegnare all'ufficio competente i documenti richiesti dagli articoli 2658, 2659 del codice civile; ma nel caso previsto nel secondo comma dell'articolo 249 del presente codice, in luogo dei documenti richiesti nell'articolo 2658 del codice civile, è sufficiente la dichiarazione di vendita di cui all'articolo precedente.

La nota di trascrizione deve contenere: 1) il nome, la paternità, la nazionalità, il domicilio o la residenza delle parti; 2) l'indicazione del titolo del quale si chiede la pubblicità e la data del medesimo; 3) il nome del pubblico ufficiale che ha ricevuto l'atto o che ha autenticato le firme, ovvero la indicazione dell'autorità giudiziaria che ha pronunciato la sentenza; 4) gli elementi di individuazione della nave o del galleggiante; 5) l'indicazione di cui all'ultimo comma dell'articolo 2659 del codice civile.

Articolo 254【Documenti per la pubblicità di acquisti a causa di morte】 Chi domanda la pubblicità di un acquisto a causa di morte deve consegnare all'ufficio competente i documenti rispettivamente richiesti dagli

제251조【공시 관청】 공시는 선박이나 구조물을 동록한 관청에 신청하여야 한다.

그러나 원양선인 경우, 선박이 체재하는 항구를 관할하는 해운관청 혹은 영사관에 공시를 신청할 수 있다. 그러면 그 관청은 선박등록부에 등록을 하기 위해 제출된 서류를 해당 등록관청에 즉시 송부하여야 한다.

제252조【공시 근원】 등록 혹은 부기는 민법 제2657조에서 말하는 근원이 있어야 그 효력으로 실행이 가능하다.

그러나 위 제249조 제2항에 표시된 소형 선박 혹은 유동구조물의 경우 처분자가 공증서명을 한 확인서가 있으면 그것으로 충분하다.

제253조【생존인 사이의 법률행위를 공시하기 위한 서류】 생존인 사이에 이루어진 법률행위를 공시하려고 하는 사람은 민법 제2658조 및 제2659조에 의하여 요구되는 서류를 해당 관청에 제출하여야 한다; 다만 본법 제249조 제2항 소정의 경우, 민법 제2658조가 요구하는 서류 대신에 전조에 따른 처분자의 확인서로 충분하다.

신청서에는 다음 사항을 기재하여야 한다. 1) 당사자의 성명, 국적 주소 혹은 거소, 2) 공시를 청구하는 근원 및 그 날짜, 3) 신청을 접수하거나 서명을 공증한 공무원의 성명, 혹은 판결을 선고한 사법기관의 표시, 4) 선박 혹은 유동구조물의 특정 사항, 5) 민법 제2659조 최종 항에 따른 기재

제254조【상속 공시에 필요한 서류】 사망을 원인으로 하여 권리를 취득한 다음 공시를 요구하는 사람은 민법 제2660조, 제2661조 및 제2662조 각각의 경우에 필요한 서류를 해당 관청에 제출하여야 한다.

articoli 2660, 2661, 2662 del codice civile, per i casi in ciascuno di detti articoli indicati.

La nota di trascrizione deve contenere le indicazioni di cui all'articolo precedente, completate con quelle richieste dall'articolo 2660 del codice civile.

Articolo 255【Esibizione dell'atto di nazionalità】 Se la richiesta di pubblicità si riferisce ad una nave maggiore, il richiedente, oltre a consegnare i documenti di cui agli articoli 253, 254, deve esibire all'ufficio, al quale richiede la pubblicità, l'atto di nazionalità, per la prescritta annotazione.

Tuttavia, quando la pubblicità è richiesta all'ufficio d'iscrizione, se, trovandosi la nave fuori del porto di iscrizione, non è possibile esibire all'ufficio stesso l'atto di nazionalità, l'ufficio esegue la trascrizione sulla matricola e ne dà comunicazione telegrafica, a spese del richiedente, all'ufficio marittimo o consolare del porto nel quale la nave si trova o verso il quale è diretta, perché sia ivi eseguita l'annotazione sull'atto di nazionalità.

Articolo 256【Esecuzione della pubblicità】 L'ufficio di iscrizione prende nota della domanda di pubblicità in un repertorio e trascrive il contenuto della nota nel registro di iscrizione della nave o del galleggiante, facendovi menzione del giorno e dell'ora in cui è stata ad esso presentata la domanda o questa, nel caso previsto dal secondo comma dell'articolo 251, gli è pervenuta.

Se si tratta di nave maggiore, gli estremi della nota di trascrizione sono annotati sull'atto di nazionalità a cura dell'autorità predetta ovvero, nei casi ivi previsti, a cura dell'autorità indicata nel secondo comma dell'articolo 251 o nel secondo comma dell'articolo 255.

Uno degli esemplari della nota, corredato dai documenti presentati, deve essere conservato negli archivi dell'ufficio nei modi stabiliti dal regolamento. Dell'adempimento delle formalità suddette l'ufficio fa menzione sull'altro esemplare della nota, che restituisce al richiedente.

신청서에는 전조에 열거된 사항 이외에 민법 제2660조에서 요구하는 사항을 추가하여 기재하여야 한다.

제255조【국적증서의 제시】 공시신청이 원양선에 관한 것인 경우, 신청인은 위 제253조 및 제254조에 따라 제출하는 서류 이외에 소정의 부기를 위해 선박국적증서를 해당 관청에 제출하여야 한다.

그러나 선박의 등록지 해운관청에 공시신청을 하였지만, 그 선박이 등록항 이외에 체재하기 때문에 국적증서를 제출하는 것이 불가능한 때에는, 선박등록부에 등록을 마친 해당 관청은 신청인의 비용으로 전신의 방법으로 그 선박이 체재하거나 진행하는 항구의 해운관청 혹은 영사관에 이를 통지하여야 하고, 이러한 통지를 받으면 해운관청이나 영사관이 거기에서 선박국적증서에 부기를 한다.

제256조【공시의 실행】 공시의 신청이 있으면 등록 관청은 공시신청등록부에 이를 기재하고 이어서 선박 혹은 유동구조물에 관한 등록부에 등록사항을 기재하며, 또 신청한 날짜와 시간을 부기하고 제251조 제2항의 경우 신청서가 거기에 도달한 날짜와 시간을 부기하여야 한다.

원양선의 경우, 등록한 관청은 동록의 요지를 선박국적증서에 부기하여야 하며, 위 제251조 제2항 혹은 제255조 제2항의 경우 거기에 표시된 관청이 부기를 한다. 등록 사항을 1부 사본하여 등록을 위해 제출된 서류와 함께 규정에서 정한 바에 따라 해당 관청 보관소에 보존하여야 한다. 해당 관청은 신청인에게 반환할 다른 사본에 이러한 절차를 마친 것을 기술하여야 한다.

Articolo 257 【Ordine di precedenza e prevalenza delle trascrizioni】 Nel concorso di più atti resi pubblici a norma degli articoli precedenti, la precedenza, agli effetti stabiliti dal codice civile, è determinata dalla data di trascrizione nella matricola o nel registro di iscrizione.

In caso di discordanza tra le trascrizioni nella matricola e le annotazioni sull'atto di nazionalità, prevalgono le risultanze della matricola.

Capo II Della comproprietà

Articolo 258 【Quote di comproprietà】 Le quote di partecipazione nella proprietà della nave sono espresse in carati. I carati sono ventiquattro e sono divisibili in frazioni.

Articolo 259 【Deliberazioni della maggioranza】 Le deliberazioni prese dalla maggioranza, previa convocazione di tutti i caratisti, vincolano la minoranza per tutto quanto concerne l'interesse comune dei comproprietari della nave, salvo il disposto degli articoli seguenti.

La maggioranza è formata dal voto dei comproprietari che hanno complessivamente più di dodici carati della nave.

Quando la maggioranza è detenuta da un solo caratista, le determinazioni di questo vincolano la minoranza per quanto concerne l'ordinaria amministrazione, anche se prese senza convocazione degli altri caratisti, purché siano a questi ultimi comunicate entro otto giorni con lettera raccomandata.

Articolo 260 【Deliberazioni per innovazioni o per riparazioni straordinarie】 Per le innovazioni o riparazioni che importino spese eccedenti la metà del valore della nave, accertato dal Registro italiano navale o dall'ispettorato compartimentale ovvero in altro modo convenuto da tutti i comproprietari, la deliberazione deve essere presa con la maggioranza di

第257條【등록에 관한 우선순위】 위 규정에 따라 공시가 이루어진 다수의 법률행위가 서로 경합하는 때에는 민법에서 정한 효력에 있어 선박등록부나 선박등재부에 등록한 날짜에 따라 우선순위가 결정된다.

선박등록부 등록과 선박국적증서 부기 사이에 불일치가 있는 경우, 선박등록부 기재가 우선하여 효력을 갖는다.

제2절 선박공유

第258條【공유 지분】 선박소유권에 대한 공유지분은 이를 단위(까라또)로 표시한다. 단위는 24개로 하고 다시 이를 분할할 수 있다.

第259條【다수결에 의한 결의】 모든 공유자에게 사전에 통지하여 소집된 다음 공유자가 다수결에 의하여 정한 결정은, 그것이 공유자 공동으로 이해관계를 갖는 것이라면, 아래에서 별도로 정한 것을 제외하고는, 찬성을 하지 아니한 소수공유자에 대하여도 구속력을 갖는다.

다수결에 의한 결정이란 통합하여 12단위를 초과하는 단위를 가진 공유자의 찬성 투표로 이루어진 결정을 말한다.

만일 어느 한 공유자가 과반수 단위를 보유한 경우, 이 공유자의 결정은, 비록 다른 공유자에게 소집통지를 하지 아니하였다 하더라도, 그것이 통상의 관리에 속하는 사항이면, 다른 반대하는 소수공유자에게 구속력이 있다. 그러나 결정이 있고 난 다음 8일 내에 등기우편으로 결정을 통지하여야 한다.

第260條【특별한 개조나 수리를 위한 결의】 선박 가격의 절반 이상에 해당하는 비용이 소요되는 선박의 개조와 수리는, 그 비용의 초과가 이탈리아선급이나 해수구청 감독관이 확인하거나 기타 공유자가 합의한 방식으로 확인이 되면, 적어도 16단위 이상의 찬성에 의한 다수결의 결의로 결정하여야 한다.

almeno sedici carati.

I comproprietari dissenzienti possono chiedere lo scioglimento della comunione, ma questo non ha luogo se gli altri comproprietari dichiarano di acquistare, a giusto prezzo, le quote dei dissenzienti.

Articolo 261 【Difetto di maggioranza】 Quando una deliberazione non può essere presa per mancata formazione della maggioranza richiesta dagli articoli precedenti, il tribunale nella circoscrizione del quale è l'ufficio d'iscrizione, su domanda di uno o più caratisti, assunte le necessarie informazioni e sentiti gli altri comproprietari, provvede con decreto secondo l'interesse comune.

Articolo 262 【Ipoteca della nave】 La deliberazione di ipotecare la nave deve essere presa con la maggioranza di sedici carati. Se la maggioranza non raggiunge i sedici carati, l'ipoteca non può essere costituita senza l'autorizzazione data dal tribunale con decreto, sentiti i dissenzienti.

Articolo 263 【Ipoteca dei carati】 Il comproprietario della nave non può ipotecare i suoi carati senza il consenso della maggioranza.

Articolo 264 【Vendita della nave】 La deliberazione di vendita della nave deve essere presa all'unanimità. Tuttavia, su domanda di tanti comproprietari che rappresentino almeno la metà dei carati, il tribunale, sentiti i dissenzienti, può autorizzare con decreto la vendita della nave all'incanto. Ove ricorrano gravi e urgenti motivi, l'autorizzazione del tribunale può essere data su domanda di tanti comproprietari che rappresentino almeno un quarto dei carati, sentiti in contraddittorio i comproprietari dissenzienti.

이러한 결의에 동의하지 아니한 공유자는 공유선박의 해산을 청구할 수 있고, 다만 다른 공유자가 상당한 가격으로 부동의한 공유자의 지분을 매수하려는 의사를 표시한 때에는 그러하지 아니하다.

제261조【다수의 부재】 위 규정에서 요구하는 다수를 구성하지 못하여 어떤 결정을 할 수 없는 경우, 공유자의 신청이 있을 때에는, 선박등록지가 있는 구역을 관할하면 법원은, 관련된 필요 자료를 검토하고 반대하는 공유자의 의견을 들은 다음, 공동의 이익을 위하여 필요하다고 생각되는 때에는, 적당한 처분을 명할 수 있다.

제262조【선박 저당】 저당권의 목적으로 선박을 제공하고자 하는 결정은 16단위 이상 찬성을 얻은 다수결에 의한 결의로 결정하여야 한다. 만일 16단위 이상의 다수의 찬성을 얻지 못한 경우에도, 해당 법원이 반대하는 공유자의 의견을 들은 다음 그 허가를 하면 선박을 저당할 수 있다.

제263조【지분 저당】 선박공유자는, 다수결에 의거한 동의가 없는 한, 그 지분에 대하여 저당권을 설정할 수 없다.

제264조【선박 매도】 선박의 매도는 공유자 만장일치의 찬성에 의한 결의로 결정하여야 한다. 그러나 적어도 과반 이상의 지분을 가진 공유자가 청구를 하면, 해당 법원은 반대하는 공유자의 의견을 들은 다음, 경매를 통한 선박의 매각을 명할 수 있다. 그리고 긴급하고 중대한 사유가 있는 때에는, 적어도 4분지 1 이상 지분을 가진 공유자의 청구가 있으면, 법원은 변론을 거쳐 경매를 통한 선박매각을 명할 수 있다.

Titolo III Dell'impresa di navigazione

Capo I Dell'armatore

Articolo 265【Dichiarazione di armature】 Chi assume l'esercizio di una nave deve preventivamente fare dichiarazione di armatore all'ufficio di iscrizione della nave o del galleggiante.

Quando l'esercizio non è assunto dal proprietario, se l'armatore non vi provvede, la dichiarazione può essere fatta dal proprietario.

Quando l'esercizio è assunto dai comproprietari mediante costituzione di società di armamento, le formalità di cui agli articoli 279, 282, secondo comma, tengono luogo della dichiarazione di armatore.

Articolo 266【Dichiarazione di armatore per le navi addette alla navigazione interna】 Per l'esercizio delle navi addette alla navigazione interna, l'annotazione dell'atto di concessione o di autorizzazione per il servizio di trasporto o di rimorchio, nei registri d'iscrizione della nave, tiene luogo della dichiarazione di armatore.

Articolo 267【Designazione di rappresentante】 Nel fare la dichiarazione ovvero nel compiere le formalità di cui agli articoli 265, terzo comma, 266, l'armatore, se non è domiciliato nel luogo dove è l'ufficio di iscrizione della nave o del galleggiante, deve designare un rappresentante ivi residente, presso il quale, nei confronti dell'autorità preposta alla navigazione marittima o interna, si intende domiciliato.

Articolo 268【Forma della dichiarazione】 La dichiarazione di armatore è fatta per atto scritto con sottoscrizione autenticata, ovvero verbalmente; in quest'ultimo caso la dichiarazione è raccolta dall'autorità competente con processo verbale, nelle forme stabilite dal regolamento.

Articolo 269【Documenti da consegnare】 Quando l'esercizio non è

제3장 해운기업

제1절 의장자

제265조 【의장자 신고】 선박의 운항을 개시하고자 하는 자는 그 선박 혹은 유동구조물의 등록지 해무관청에 사전에 의장자로 신고를 하여야 한다.

소유자가 아닌 사람이 운항을 하고, 운항하는 의장자가 이러한 신고를 해태하는 때에는, 소유자가 직접 이러한 신고를 할 수 있다.

선박공유자가 공유조합을 구성하여 선박을 운항하는 때에는 제279조 및 제282조 제2항의 규정에 따라 이러한 절차를 밟아야 한다.

제266조 【내수항행선의 의장자 신고】 내수항행에 제공된 선박을 운항하는 경우, 내수항행선 등록부에 운송 혹은 예인사업의 허가 혹은 인가에 부기를 하는 방식으로 의장자 신고를 대신한다.

제267조 【대리인의 지정】 의장자 신고를 하거나 위 제265조 제3항 및 제266조에 의한 절차를 밟는 경우, 만일 그 선박 혹은 유동구조물의 등록지에 의장자가 거주하지 아니하는 때에는, 의장자는 거기에 거주하는 대리인을 임명하여야 하고, 그러면 그 의장자는 내수 혹은 항해 담당 관청과의 관계에서 그곳에 거주하는 것으로 본다.

제268조 【신고 방식】 의장자 신고는 공증서명을 갖춘 서면으로 하여야 한다. 그러나 구두로도 이를 할 수 있다; 이처럼 구두신고를 하는 경우, 해당 규정에 따라 담당관이 정식으로 진술조서를 작성하여야 한다.

제269조 【제출 서류】 소유자 아닌 사람이 선박을 운항하는 경우, 의장자

assunto dal proprietario, all'atto della dichiarazione si deve consegnare copia autentica del titolo che attribuisce l'uso della nave.

Nel caso previsto dal secondo comma dell'articolo 377, se il contratto non è stato fatto per iscritto, la dichiarazione deve essere fatta per atto scritto con sottoscrizione autenticata del proprietario e dell'armatore, ovvero resa verbalmente con l'intervento di entrambi.

Articolo 270 【Contenuto della dichiarazione di armature】 La dichiarazione di armatore deve contenere:

a) il nome, la paternità, la nazionalità, il domicilio o la residenza dell'armatore;

b) gli elementi di individuazione della nave.

Quando l'esercizio è assunto da persona diversa dal proprietario, la dichiarazione deve altresì contenere:

a) il nome, la paternità, la nazionalità, il domicilio o la residenza del proprietario;

b) l'indicazione del titolo che attribuisce l'uso della nave.

Articolo 271 【Pubblicità della dichiarazione】 La dichiarazione di armatore deve essere trascritta nel registro di iscrizione della nave o del galleggiante, e, per le navi maggiori, annotata sull'atto di nazionalità.

Per l'annotazione sull'atto di nazionalità, se la nave trovasi fuori del porto di iscrizione, si applica il disposto del secondo comma dell'articolo 255.

Nel caso di discordanza tra le trascrizioni nella matricola e le annotazioni sull'atto di nazionalità, prevalgono le risultanze della matricola.

Articolo 272 【Presunzione di armature】 In mancanza della dichiarazione di armatore debitamente resa pubblica, armatore si presume il proprietario fino a prova contraria.

Articolo 273 【Nomina di comandante della nave】 L'armatore nomina il comandante della nave e può in ogni momento dispensarlo dal comando.

신고를 할 때에 선박을 사용할 수 있는 권리를 증명하는 문서의 공증사본을 제출하여야 한다.

제377조 제2항의 경우, 만일 계약이 문서에 의하여 이루어진 것이 아닌 때에는, 소유자와 의장자 모두의 공증서명을 갖춘 문서에 의하여 신고를 하여야 하고, 구두로 신고를 하는 경우 이 두 사람이 모두 출석하여 한다.

제270조 【신고 사항】 의장자 신고를 하는 때에는 다음 사항을 신고하여야 한다.

a) 의장자의 성명, 국적 및 주소나 거소;

b) 선박의 특정 사항.

소유자가 아닌 사람이 선박을 운항하는 경우 그 외에도 다음 사항을 신고하여야 한다.

a) 소유자의 성명, 국적 및 주소나 거소;

b) 선박을 사용할 권리를 부여하는 권원의 표시.

제271조 【신고 공시】 의장자 신고는 선박 혹은 유동구조물의 등록부에 이를 기재하여야 하고, 원양선은 이를 국적증서에도 부기하여야 한다.

국적증서에의 부기는 만일 선박이 등록항 이외 지역에 있는 때에는 위 제255조 제2항의 규정에 따라 그 절차를 밟는다.

만일 선박등록부의 기재와 국적증서의 기재 사이에 불일치가 있으면 선박등록부의 기재가 우선한다.

제272조 【의장자 추정】 적법절차를 밟아 공시가 된 의장자 신고가 없는 경우, 반대 사실을 입증할 때까지, 소유자를 의장자로 추정한다.

제273조 【선장의 임명】 의장자는 선장을 임명하며, 또 언제든지 선장을 그 직책에서 해임할 수 있다.

Articolo 274【Responsabilità dell'armatore】 L'armatore è responsabile dei fatti dell'equipaggio e delle obbligazioni contratte dal comandante della nave, per quanto riguarda la nave e la spedizione.

Tuttavia l'armatore non risponde dell'adempimento da parte del comandante degli obblighi di assistenza e salvataggio previsti dagli articoli 489, 490, né degli altri obblighi che la legge impone al comandante quale capo della spedizione.

Articolo 275【Limitazione del debito dell'armatore】 Per le obbligazioni contratte in occasione e per i bisogni di un viaggio, e per le obbligazioni sorte da fatti o atti compiuti durante lo stesso viaggio, ad eccezione di quelle derivanti da proprio dolo o colpa grave, l'armatore può limitare il debito complessivo ad una somma pari al valore della nave e all'ammontare del nolo e di ogni altro provento del viaggio.

Sulla somma alla quale è limitato il debito dell'armatore concorrono i creditori soggetti alla limitazione secondo l'ordine delle rispettive cause di prelazione e ad esclusione di ogni altro creditore.

Articolo 276【Valutazione della nave】 Agli effetti della determinazione della somma limite si assume il valore della nave al momento in cui è richiesta la limitazione e non oltre la fine del viaggio, sempre che tale valore non sia né inferiore al quinto né superiore ai due quinti del valore della nave all'inizio del viaggio.

Se il valore della nave al momento in cui è richiesta la limitazione è inferiore al minimo previsto dal comma precedente si assume la quinta parte del valore della nave all'inizio del viaggio. Se il valore della nave è superiore al massimo, si assumono i due quinti del valore all'inizio del viaggio.

제274조 【의장자의 책임】 선박 혹은 그 운항과 관련된 것이면, 의장자는 선원이 취한 행위에 대하여 책임이 있고, 또 선장이 체결한 계약에 대하여 의무를 부담한다.

그러나 선장이 본법 제489조 및 제490조에 의한 원조나 구조의 의무를 수행하거나 혹은 다른 법률에 의해 항해 수장에게 부과한 의무를 수행함으로 인하여 발생한 책임의 경우, 의장자는 이에 대해 책임을 지지 아니한다.

제275조 【의장자의 채무의 한도】 어느 항해 과정에서 항해의 필요에 의해 체결한 계약상 채무 및 그 항해를 하는 동안 행하여진 행위 혹은 취한 법률행위에 의하여 발생하는 채무의 경우, 그 채무가 의장자 자신의 고의 혹은 중대한 과실로 인하여 발생한 것이 아닌 한, 의장자는 그 채무의 총액을 그 선박의 가격과 그 항해에 따른 운임의 총액 및 여타 수입에 상당하는 금액으로 제한할 수 있다.

선주가 책임을 제한할 수 있는 이 금액에 대하여 제한의 대상이 되는 채권자는, 여타 채권자를 제외하고, 각각의 우선순위에 따라 그 한도액을 분배하여 각각 권리를 가진다.[38)]

제276조 【선박의 평가】 위와 같은 책임한도를 정하기 위한 선박의 가격은, 아직 항해를 종료하지 아니한 시점인 것을 전제로, 책임제한을 신청할 때의 선박의 가격을 기준으로 평가한다. 다만 이러한 가격은 항해개시 시점의 선박의 가격의 5분지 1 미만일 수 없고 또 그 5분지 2를 초과할 수도 없다.

만일 책임제한을 신청할 시점의 가격이 위에서 본 최소 금액보다 적은 경우, 항해개시 시점의 선박의 가격의 5분지 1을 그 기준으로 한다. 만일 평가한 선박의 가격이 위에서 본 최고 금액보다 많은 경우, 항해개시 시점의 선박의 가격의 5분지 2를 기준으로 한다.

---

38) 아래 「해사채권에 대한 의장자의 보험에 관한 법」(2012년 6월 28일 법률 제111호; 2012년 8월 10일 발효)이 제정됨으로 인하여 이 규정은 적용범위가 300톤 이하 선박으로 제한되고 그 이상 규모 선박은 모두 동법이 정한 책임제한을 적용받게 되었다.

Articolo 277 【Valutazione del nolo e degli altri proventi】 Agli effetti della determinazione della somma limite, per il nolo e per gli altri proventi del viaggio viene computato l'ammontare lordo.

Attuazione della direttiva 2009/20/CE recante norme sull'assicurazione degli armatori per i crediti marittimi: D.Lgs. 28 giugno 2012, n. 111 (1)

Art. 1 【Finalità】 Il presente decreto introduce norme relative alla assicurazione obbligatoria della responsabilità armatoriale per i crediti marittimi di cui all'articolo 4.

Art. 2 【Definizioni】 Ai fini del presente decreto si intendono per:

a) Convenzione del 1996: il testo consolidato della Convenzione del 1976 relativa alla limitazione della responsabilità per i crediti marittimi, adottata dall'Organizzazione marittima internazionale (IMO), come modificata dal Protocollo del 1996;

b) armatore: la persona che figura quale proprietario della nave nel registro in cui la nave è iscritta o qualsiasi altro soggetto, persona fisica o giuridica, quale il conduttore a scafo nudo, che sia responsabile dell'esercizio di una nave adibita alla navigazione marittima;

제277조 【운임 기타 수입의 평가】 위와 같이 책임한도를 정함에 있어 그 항해에 따른 운임과 수입은 수입총액을 기준으로 계산한다.

해사채권에 대한 의장자의 보험에 관한 법[39]

제1조 【목적】 이 법은 제4조에 의한 해사채권에 대해 선박의장자의 책임을 담보하는 강제보험에 관한 규정을 신설하는 것을 목적으로 한다.[40]

제2조 【정의】 이 법에서 아래 용어는 다음과 같은 의미를 가진다.

a) 1996년 조약: 국제해사기구(IMO)에 의하여 채택된 1996년 개정 의정서에 이하여 개정된 1976년 해사채권책임제한조약(LLMC)

b) 의장자: 선박등록부에 선박소유자로 등록된 사람, 혹은, 선체용선자를 포함하여, 자연인이든 법인이든, 항해에 제공된 선박의 운항을 책임진 모든 주체.

---

39) 실제로는 선주책임제한 및 강제보험가입 특별법으로 2012년 6월 28일 제정 법률 제111호; 2012년 8월 10일 발효.

40) 이탈리아 의회는 LLMC 96의 가입을 위하여 2009년 12월 23일 법 제201호를 통과시켜 그 가입을 입법적으로 허락하였지만 이탈리아는 이 법에 의한 가입은 실제 하지 아니하였다. 이 법의 목적을 보면 선주책임에 대한 강제보험을 그 목적으로 하고 있지만 실제로 내용에는 강제보험에 더하여 선주책임제한을 정하고 있고 특히 제12조 제1항에서는 항행법에서 선주책임제한을 정하고 있는 제2조의 적용범위를 300톤 이하 선박으로 제한하여 이를 더욱 분명히 하고 실제 적용할 책임제한액은 LLMC 96과 동일하게 정하여 실제로는 동 조약에 가입한 것과 동일한 효과를 기대하고 있다.

c) assicurazione: il contratto di assicurazione, con o senza franchigie avente per oggetto la copertura della responsabilità dell'armatore in relazione ai crediti di cui all'articolo 4.

Art. 3 【Campo di applicazione】 1. Il presente decreto si applica alle navi di bandiera italiana e alle navi di bandiera estera, di stazza lorda pari o superiore alle 300 tonnellate che entrano nei porti o transitano nelle acque territoriali italiane.

2. Il presente decreto non si applica alle navi militari e navi da guerra ed alle altre navi di proprietà dello Stato o delle quali lo Stato ha l'esercizio, impiegate, nel momento in cui il credito è sorto, per servizi governativi non commerciali.

Art. 4 【Crediti ai quali si riferisce l'assicurazione della responsabilità】 I crediti ai quali si riferisce l'assicurazione della responsabilità armatoriale sono i seguenti:

a) crediti relativi a morte, lesioni personali, perdita o danni a beni, ivi inclusi danni ad opere portuali, bacini e canali navigabili ed agli ausili alla navigazione, che si verifichino a bordo o in connessione diretta con l'esercizio della nave o con le operazioni di salvataggio ed i conseguenti danni che ne derivino;

b) crediti relativi a danni derivanti da ritardi nel trasporto marittimo di carico, passeggeri o del loro bagaglio;

c) crediti relativi ad altri danni derivanti dalla violazione di diritti diversi dai diritti contrattuali, che si verifichino in connessione diretta con l'esercizio della nave o con le operazioni di salvataggio;

d) crediti relativi al recupero, rimozione, demolizione o volti a

c) 보험; 제4조에 열거한 채권과 관련된 의장자의 책임을 담보하기 위한, 소액면책이 있든 없든, 부보계약.

제3조 【적용범위】 1. 이 법은 이탈리아 국적이든 외국 국적이든, 이탈리아 항구를 들어오거나 이탈리아 영해를 통과하는 총톤수 300톤 이상의 모든 선박에 적용된다.

2. 이 법은 전함 기타 군용 선박과 여타 국가소유 혹은 국가운영 선박으로 채권이 발생한 때에 비상업적 공무에 종사하는 선박에 대하여는 적용되지 아니한다.

제4조 【부보책임 관련 채권】 선주의 책임으로 부보의 대상인 채권은 다음과 같다:

a) 사람의 사망과 상해 및 물건의 멸실과 훼손에 관한 채권으로, 항구설비, 항해할 수 있는 저수조와 운하 및 기타 항해 보조설비에 대한 훼손을 포함하며, 그것이 선상에 있었거나 혹은 선박의 활동과 직접 관련이 있는 것을 말하며, 구조활동과 직접 관련이 있거나 그 결과로 발생하는 손해를 포함한다;

b) 화물, 여객 및 수화물의 해상운송에서 지연으로 인하여 발생하는 손해 채권;

c) 선박의 운항이나 구조 작업과 직접적으로 연관이 있는 것으로 계약상 권리가 아닌 여타 권리의 침해로 인한 손해에 관한 채권.

d) 침몰, 난파, 좌초 혹은 유기된 선박 및 그 선상에 있거나 있었던

rendere inoffensiva una nave che sia affondata, naufragata, incagliata o abbandonata, compresa ogni cosa che sia o sia stata a bordo di tale nave;

e) crediti relativi alla rimozione, distruzione o volti a rendere inoffensivo il carico di una nave;

f) crediti fatti valere da una persona diversa da quella responsabile, relativamente a provvedimenti presi al fine di prevenire o ridurre le conseguenze dannose degli eventi di cui alle lettere da a) ad e) e gli ulteriori danni causati da tali provvedimenti.

Art. 5 【Crediti non compresi nell'assicurazione della responsabilità】 I crediti non compresi nell'assicurazione della responsabilità sono I seguenti:

a) crediti relativi alle operazioni di salvataggio, ivi compresi i crediti per compenso speciali di cui all'articolo 14 della Convenzione sul salvataggio del 1989, se applicabili, o ai contributi per avaria comune;

b) crediti relativi a danni per inquinamento da idrocarburi di cui alla Convenzione internazionale sulla responsabilità civile per i danni derivanti da inquinamento da idrocarburi, del 29 novembre 1969, come modificata dal Protocollo del 1992;

c) crediti soggetti a qualsiasi Convenzione internazionale o legislazione nazionale che regoli o proibisca la limitazione della responsabilità per danni nucleari;

d) crediti nei confronti del proprietario di una nave a propulsione nucleare per danni nucleari;

e) crediti da parte dei preposti dell'armatore o del soccorritore i cui compiti siano connessi alla nave o alle operazioni di

물건의 회수, 제거, 파괴, 혹은 무해조치와 관련된 채권;

e) 선박의 화물의 제거, 파괴 혹은 무해조치와 관련된 채권;

f) 위 a)호 내지 e)호의 사고로 인한 손해 결과를 방지하거나 경감하기 위하여 취한 조치와 관련하여, 혹은 그 조치로 인해 발생한 손해에 기해, 원래 책임질 사람과 다른 사람이 제기하는 채권.

제5조 【책임보험에 포함되지 아니할 채권】 다음의 채권은 책임보험에 포함되지 아니한다.

a) 1989년 해난구조조약 제14조에 기한 특별보상채권을 포함한 해난구조와 관련된 채권 및 공동해손분담채권;

b) 1992년 개정의정서에 의하여 개정된 1969년 해상유류오염손해보상 민사책임조약에 의한 유류오염손해에 관한 채권;

c) 원자력 손해에 대한 책임을 규율하거나 혹은 그 책임 제한을 금지하는 국제조약 혹은 국내법의 적용을 받는 채권;

d) 원자력을 동력으로 하는 선박의 소유자에 대한 원자력 손해에 대한 채권;

e) 선박이나 구조작업과 관련이 있는 업무에 종사하는 피용자가 선주나 구조자를 상대로 하는 채권. 여기에는 상속인, 승계인, 기타

salvataggio, ivi inclusi i crediti dei loro eredi, successori legittimi, o altre persone aventi diritto a presentare tali rivendicazioni.

Art. 6 【Assicurazione della responsabilità per i crediti marittimi】 1. Le navi, sia di bandiera italiana che estera, rientranti nel campo di applicazione del presente decreto, devono essere provviste di copertura assicurativa della responsabilità in reazione ai crediti marittimi di cui all'articolo 4.

2. L'esistenza della copertura assicurativa è comprovata da uno o più certificati rilasciati dal soggetto erogatore della garanzia e presenti a bordo della nave.

3. L'importo globale dell'assicurazione per la nave oggetto della copertura, per evento, è pari alla somma dei limiti di cui agli articoli 7 e 8.

Art. 7 【Limiti generali】 1. I limiti della responsabilità armatoriale in relazione a crediti diversi da quelli elencati nell'articolo 8, derivanti dallo stesso evento, sono calcolati come segue:

a) per la responsabilità relativa a morte o lesioni personali:

1) nave di tonnellaggio non superiore alle 2.000 tonnellate: 2.000.000 diritti speciali di prelievo;

2) nave di tonnellaggio superiore alle 2.000 tonnellate: 2.000.000 diritti speciali di prelievo a cui sono sommate 800 diritti speciali di prelievo per ogni tonnellata dalle 2.001 alle 30.000 tonnellate; 600 diritti speciali di prelievo per ogni tonnellata dalle 30.001 alle 70.000 tonnellate, 400 diritti speciali di prelievo per ogni tonnellata superiore alle 70.000 tonnellate;

b) per la responsabilità in relazione ad ogni altro credito:

1) nave di tonnellaggio non superiore alle 2.000 tonnellate:

이러한 보상을 대신 청구할 권리가 있는 모든 사람의 채권이 포함된다.

제6조 【해사채권의 책임보험】 1. 선박은, 국적선이든 외국선이든, 이 법의 적용 대상이 되면 제4조에서 말하는 해사채권에 의한 책임을 담보하는 책임보험에 가입되어 있어야 한다.

2. 보험에 가입한 사실은, 이러한 담보를 제공하는 사람이 발행하고 선상에 보유하는, 하나 혹은 다수 증서에 의하여 증명되어야 한다.

3. 이러한 부보의 목적이 되는 선박에 대한 부보 총액은 사고를 기준으로 제7조 및 8조에서 정한 한도 금액과 동일한 것으로 한다.

제7조 【책임한도 일반】 1. 동일한 사건으로 인하여 발생하는 채권 중, 제8조에 열거한 채권이 아닌 여타 채권으로 인한 선주의 책임은 다음과 같이 계산한 금액을 한도로 한다:

a) 사람의 사망 혹은 신체의 상해와 관련된 책임은:

1) 2000톤 이하 선박: 2,000,000 특별인출권;

2) 2000톤 초과 선박: 2,000,000 특별인출권에 2001톤부터 30,000톤까지는 톤당 800 특별인출권; 30,001톤부터 70,000톤까지는 톤당 600 특별인출권; 70,000톤 이상은 톤당 400 특별인출권을 더한 금액;

b) 여타 채권과 관련된 책임은:

1) 2000톤 이하 선박: 1,000,000 특별인출권;

1.000.000 diritti speciali di prelievo;

2) una nave di tonnellaggio superiore alle 2.000 tonnellate: 1.000.000 diritti speciali di prelievo a cui sono sommate 400 diritti speciali di prelievo per ogni tonnellata dalle 2.001 alle 30.000 tonnellate; 300 diritti speciali di prelievo per ogni tonnellata dalle 30.001 alle 70.000 tonnellate, e 200 diritti speciali di prelievo per ogni tonnellata superiore alle 70.000 tonnellate.

2. Qualora l'ammontare calcolato in conformità al comma 1, lettera a), sia insufficiente a saldare interamente i crediti ivi previsti, l'ammontare calcolato in conformità al comma 1, lettera b), sarà disponibile per il pagamento della rimanenza non saldata delle rivendicazioni di cui al comma 1, lettera a), e tale rimanenza non saldata concorrerà ai crediti di cui al comma 1, lettera b).

3. Ai fini del presente decreto, il tonnellaggio della nave consiste nella stazza lorda calcolata conformemente alle norme relative alla stazzatura contenute nell'allegato 1 della convenzione internazionale di Londra del 23 giugno 1969 sulla stazzatura delle navi.

Art. 8 【Limite della responsabilità per i crediti dei passeggeri】

1. Per la responsabilità relativa a crediti derivanti da un singolo evento e sorti in relazione alla morte o a lesioni personali di passeggeri di una nave, il limite della responsabilità del proprietario della nave è pari ad un ammontare di 175.000 diritti speciali di prelievo moltiplicato per il numero di passeggeri che la nave è autorizzata a trasportare in base al certificate della nave.

2) 2000톤 초과 선박: 1,000,000 특별인출권에 2001톤부터 30,000톤까지는 톤당 400 특별인출권; 30,001톤부터 70,000톤까지는 톤당 300 특별인출권; 70,000톤 이상은 톤당 200 특별인출권을 더한 금액.

2. 위 제1항 a)호에 의하여 산정한 총액이 거기에 포함된 채권을 전부 변제하기에 충분하지 아니한 때에는 위 제1항 a)호에 의거 청구를 하였지만 지급이 되지 못한 잔액의 범위 내에서 위 제1항 b)호 기금에 의하여 지급을 받고, 이 경우 지급이 되지 아니하여 청구하는 잔액은 원래 제1항 b)호 채권과 같이 경합하여 분배한다.

3. 이 법에서 말하는 선박 톤이란 1969년 6월 23일자 런던 국제선측협약 제1부속서에 있는 선측규정에 의하여 계산한 총톤수를 말한다.

제8조 【여객채권에 대한 책임한도】 1. 하나의 사고로 유발된 선박의 여객의 사망이나 상해와 관련된 채권에 대하여는 선주의 책임은 선박증서에 기해 운송이 허락된 여객의 수에 175,000 특별인출권을 곱한 금액과 동일한 금액을 한도로 한다.

2. Ai fini del presente articolo per crediti relativi alla morte o a lesioni personali arrecate ai passeggeri di una nave si intende ogni credito presentato da qualsiasi persona, o da parte di qualsiasi persona, trasportata da tale nave in base ad un contratto di trasporto di passeggero ovvero chi, con il consenso del vettore, accompagna un veicolo o animali vivi che sono coperti da un contratto per il trasporto di merci.

Art. 9 【Diritto speciale di prelievo】 1. Il diritto speciale di prelievo di cui agli articoli 7 e 8è l'unità di conto del Fondo monetario internazionale come attestata dal Ministero dell'economia e delle finanze alla data di entrata in vigore del presente decreto legislativo.

Art. 10 【Certificati di assicurazione】 1. I certificati di assicurazione devono contenere le informazioni seguenti:

a) denominazione della nave, numero IMO e porto di immatricolazione;
b) nome e luogo della sede principale dell'armatore;
c) tipo e durata dell'assicurazione;
d) denominazione e sede principale del soggetto che fornisce l'assicurazione e luogo nel quale è stato sottoscritto il contratto di assicurazione.

2. I certificati di assicurazione devono essere redatti o in lingua inglese, o in francese o in spagnolo e, qualora redatti in lingua diversa, devono contenere una traduzione certificata in una delle predette lingue.

3. La trasmissione dei certificati alle autorità marittime competenti per l'espletamento dei controlli dello Stato di approdo, da parte delle navi che entrano nei porti o transitano

2. 이 법에서 선박의 여객에 발생한 사망 혹은 상해와 관련된 채권이란 운송계약에 기해 그러한 선박에서 운송 중이던 사람, 혹은 화물운송계약에 따라 운송중인 자동차 혹은 산 동물을, 운송인의 동의를 얻고서, 동행중인 사람이나 이러한 사람 측에서 청구하는 채권을 말한다.

제9조 【특별인출권】 이 법 제7조 및 제8조에서 말하는 특별인출권은 국제통화기금의 계산단위(SDR)로 이 법 시행일에 경제재정장관이 확인한 바에 의한다.

제10조 【보험증서】 1. 보험증서에는 다음 사항을 기재하여야 한다:

a) 선박의 명칭, IMO 번호 및 등록항;

b) 의장자의 명칭과 주된 사무소 소재지;
c) 보험의 종류와 기간;
d) 보험자의 명칭과 주된 사무소 및 보험계약의 체결지.

2. 보험증서는 영어, 프랑스어 혹은 스페인어로 작성하여야 하며 이 3개국 언어가 아닌 경우 이 중 한 언어로 확인 번역한 사본을 첨부하여야 한다.

3. 이탈리아 항구에 들어오거나 영해를 통과하는 선박은 국내기항의 통제업무를 담당하는 해운관청에 이 보험증서를 카드 형식이나 혹은 전산 방식으로 2011년 3월 24일 법 제53호가 정한 형식으

nelle acque territoriali italiane, dovrà avvenire in formato cartaceo o elettronico con le modalità previste dal decreto legislativo 24 marzo 2011, n. 53.

Art. 11 【Sanzioni】 1. In caso di violazione degli obblighi derivanti dal presente decreto si assumono le misure di fermo e di espulsione, secondo la disciplina prevista dalle procedure di controllo del decreto legislativo 24 marzo 2011, n. 53, e la sanzione amministrativa pecuniaria di cui al comma 1 dell'articolo 29 del citato decreto.

Art. 12 【Disposizioni di coordinamento】 1. Al primo comma dell'articolo 275 del codice della navigazione, dopo le parole: «l'armatore» sono inserite le seguenti: «di una nave di stazza lorda inferiore alle 300 tonnellate».

2. Ai fini dell'applicazione del presente decreto, sono fatte salve le specifiche disposizioni in materia assicurativa previste dalle seguenti disposizioni:

a) Convenzione internazionale sulla responsabilità civile per i Danni derivanti da inquinamento da idrocarburi, CLC '92, firmata a Londra il 27 novembre 1992, di cui alla legge 27 maggio 1999, n. 177;

b) Convenzione sulla responsabilità civile per i danni dovuti a inquinamento da combustibile delle navi, Bunker '01, firmata a Londra il 23 marzo 2001, di cui alla legge 1° febbraio 2010, n. 19;

로 보고하여야 한다.

제11조 【처벌】 이 법이 정한 의무를 이행하지 아니하는 선박에 대하여는 2011년 3월 24일 법 제53호에서 정한 통제방식으로 정한 처벌절차에 따라 정박명령 혹은 퇴거명령을 하고, 동법 제29조 제1항에 따라 금전적인 행정벌을 가한다.

제12조 【관련 규정】 1. 항행법 제275조 제1행에서 의장자라는 말 다음에 "총톤수 300톤 미만의 선박"이라는 말을 추가한다.[41)]

2. 이 법을 적용함에 있어 다음 법의 적용은 아무런 지장을 받지 아니한다.

a) 1992년 11월 27일 런던에서 서명되고, 1999년 5월 27일 법 제177호에 의거한 유류오염손해배상 민사책임에 관한 92년 협약(CLC 92);

b) 2001년 3월 23일 런던에서 서명되고 2010년 2월 1일 법 제19호에 의하여 시행된 연료유오염손해배상 민사책임협약(Bunker 01);

---

41) 원래 항행법 제275조에 의하여 선주는 선가주의에 의해 최종 항해 후 선가로 책임이 제한되고 이는 모든 선박에 적용되었는데 동 조문의 적용 범위가 본조로 인하여 이제 소형선박으로 제한되었다. 이 법은 선주책임에 대한 강제보험과 보험한도를 정하는 것이 목적이지만 이를 통하여 간접적으로 사실상 1996년 조약에 기한 선주책임제한 제도를 수용한 것이라고 해석된다.

c) regolamento (CE) n. 392/2009 del Parlamento europeo e del Consiglio, del 23 aprile 2009, relativo alla responsabilità dei vettori che trasportano passeggeri via mare in caso di incidente.

3. Non sono applicabili alla assicurazione della responsabilità di cui al presente decreto, le disposizioni previste dai seguenti articoli 514, 527 e 538 del codice della navigazione.

Art. 13 【Disposizioni finanziarie】 1. Dall'attuazione del presente decreto non devono derivare nuovi o maggiori oneri per la finanza pubblica.

2. Le amministrazioni interessate provvedono all'adempimento dei compiti derivanti dal presente decreto con le risorse umane, strumentali e finanziarie disponibili a legislazione vigente.

Capo II Della società di armamento tra comproprietari

Articolo 278 【Costituzione della società】 I comproprietari possono costituirsi in società di armamento mediante scrittura privata con sottoscrizione autenticata di tutti i caratisti, ovvero mediante deliberazione della maggioranza con sottoscrizione autenticata dei consenzienti.

Ove non sia diversamente stabilito nella scrittura di costituzione ovvero con deliberazione presa ad unanimità, ciascun caratista partecipa alla società in ragione della sua quota di interesse nella nave.

Articolo 279 【Pubblicità dell'atto di costituzione】 L'atto di costituzione deve essere reso pubblico mediante trascrizione nel registro di iscrizione della nave o del galleggiante, nonché, per le navi maggiori, mediante annotazione sull'atto di nazionalità. Analogamente devono essere pubblicate

c) 2009년 4월 23일 유럽연합 의회 및 집행위원회의 (CE) 2009/392호 규칙.

3. 항행법 제514조, 제527조 및 제538조 규정은 이 법이 정한 책임보험에 적용되지 아니한다.

제13조 【재정에 관한 규정】 1. 이 법의 시행으로 인하여 새로운 혹은 추가의 공공재정적인 부담은 지지 아니한다.

2. 관계 기관은 현행법에 의하여 그가 보유한 인적, 행정적 및 재정적인 자원을 가지고 이 법에 기한 책무가 이행될 수 있도록 필요한 모든 조치를 취하여야 한다.

제2절 공유조합

제278조 【조합의 구성】 선박공유자는 모든 지분 소유자가 공증서명을 한 사서증서에 의하여 의장자조합을 구성할 수 있다. 나아가 다수결에 의한 결의를 통하여 의장자조합을 구성할 수도 있으며, 그러면 결의에 찬성한 모든 공유자가 그 결의에 공증서명을 하여야 한다.

설립 문서에서 달리 정하거나 만장일치의 결의로 달리 정하지 않는 한, 공유자는 각자의 지분의 비율에 따라 조합에 참여하는 것으로 본다.

제279조 【설립의 공시】 설립은 선박 혹은 유동구조물의 등록부에 등록하여 공시하여야 하고, 원양선인 경우 국적증서에도 이를 부기하여야 한다. 그 이후 발생한 구성의 변경이나 공유조합의 해산도 마찬가지 방식으로 공시하여야 한다.

le successive variazioni e lo scioglimento della società.

La pubblicità deve essere richiesta all'ufficio di iscrizione della nave o del galleggiante. Per l'annotazione sull'atto di nazionalità, se la nave trovasi fuori del porto d'iscrizione, si applica il disposto del secondo comma dell'articolo 255.

Nel caso di discordanza tra le trascrizioni nella matricola e le annotazioni sull'atto di nazionalità prevalgono le risultanze della matricola.

Articolo 280 【Documenti per la pubblicità dell'atto di costituzione】

Chi domanda la pubblicità deve consegnare all'ufficio competente copia in forma autentica della scrittura o della deliberazione di costituzione, insieme con una nota in duplice esemplare.

La nota deve contenere:

a) il nome, la paternità, la nazionalità, il domicilio o la residenza dei comproprietari;

b) gli elementi di individuazione della nave;

c) la data e le clausole principali dell'atto costitutivo;

d) il nome e la paternità del gerente e l'indicazione dei suoi poteri.

Nel caso di deliberazione presa a maggioranza, la nota deve altresì indicare i nomi e le quote dei caratisti dissenzienti.

Articolo 281 【Esecuzione della pubblicità dell'atto di costituzione】

L'ufficio, al quale è richiesta la pubblicità della costituzione della società di armamento, provvede alla esecuzione delle formalità indicate nell'articolo 256.

Articolo 282 【Pubblicità a cura del gerente】 Quando la nomina del gerente non sia stata resa pubblica a norma degli articoli precedenti, il gerente medesimo deve consegnare all'ufficio di iscrizione della nave o del galleggiante copia in forma autentica dell'atto di nomina, perché gli estremi di questo, con l'indicazione dei poteri conferitigli, siano trascritti nel registro

공시는 선박 혹은 유동구조물을 등록한 해운관청에 신청하여야 한다. 등록을 할 때에 선박이 등록항 이외 지역에 있다면, 위 제255조 제2항에 정한 절차를 거쳐 국적증서에 부기하여야 한다.

만일 선박등록부의 기재와 국적증서의 기재 사이에 불일치가 있으면 선박등록부의 기재가 우선한다.

제280조【설립을 공시하기 위한 서류】 공시신청을 하는 사람은 설립을 위한 결의나 문서에 관해 공증의 형식을 갖춘 사본을 만들어 제출하여야 하며 동시에 신청서 2부를 제출하여야 한다. 신청서에 포함될 사항은 아래와 같다:

a) 공유자의 성명, 국적 및 주소나 거소;

b) 선박의 특정;

c) 설치행위가 있던 날짜 및 그 요지;

d) 선박관리인의 성명과 그 권한.

다수결에 의한 결의를 통하여 설치를 하는 경우 그 외에도 반대하는 공유자의 성명과 그 지분을 신청서에 표시하여야 한다.

제281조【설치의 공시】 공유조합의 설치에 관한 공시신청을 받은 해당 관청은 위 제256조에서 말하는 방식으로 공시를 위한 조치를 취하여야 한다.

제282조【선박관리인에 기한 공시】 선박관리인의 임명이 위에 본 바와 같이 공시되지 아니한 경우, 그 관리인 스스로가 임명문서를 공증형식으로 복사하여 그 선박 혹은 유동구조물의 등록 관청에 제출하여야 하며, 그러면 그 요지와 그에게 부여된 권한을 표시하여 이를 등록부에 기재하여야 하며, 만일 원양선인 경우 국적증서에도 이를 부기하여야 한다.

di iscrizione e, se trattasi di nave maggiore, annotati sull'atto di nazionalità. In pari tempo il gerente deve richiedere la pubblicità dell'atto di costituzione, se questa non è stata richiesta a norma dell'articolo 279.

Articolo 283【Responsabilità dei comproprietari】 Delle obbligazioni assunte per la gestione comune i comproprietari sono responsabili verso i terzi in proporzione delle rispettive quote sociali; ma la responsabilità dei comproprietari che non hanno consentito alla costituzione della società non può superare l'ammontare delle rispettive quote di partecipazione nella nave.

Il debito complessivo della società di armamento può essere limitato a norma degli articoli 275 e seguenti.

Articolo 284【Effetti della mancanza di pubblicità】 In mancanza della pubblicità prescritta per la costituzione i comproprietari consenzienti rispondono solidalmente.

Le successive variazioni e lo scioglimento della società, fino a che non siano pubblicate non possono essere opposte ai terzi, a meno che si provi che questi ne erano a conoscenza.

In mancanza della pubblicità prescritta nell'articolo 282, il gerente è personalmente responsabile verso i terzi delle obbligazioni assunte per la gestione sociale.

Articolo 285【Ripartizione degli utili e delle perdite】 Quando non sia diversamente stabilito nella scrittura di costituzione o nella deliberazione prevista nel secondo comma dell'articolo 278, gli utili e le perdite della società di armamento si ripartiscono fra tutti i comproprietari in proporzione delle rispettive quote sociali.

Tuttavia i comproprietari che non hanno consentito alla costituzione della società possono liberarsi dalla partecipazione alle perdite, abbandonando la loro quota di proprietà della nave.

아직 설립에 관해 본법 제279조에 의한 공시신청이 이루어지지 아니하였던 때에는 선박관리인은 이러한 선박관리인 공시신청과 동시에 설립에 대한 공시신청도 하여야 한다.

제283조【공유자의 책임】 공동 관리를 위하여 부담한 채무에 대하여 선박공유자는 조합에 대한 각자의 지분의 비율로 그 책임을 진다; 그러나 조합의 설립에 동의하지 아니한 공유자의 책임은 선박의 구성에 참여하는 지분의 총액을 초과하지 못한다. 공유조합이 부담하는 채무의 총액은 위 제275조의 규정에 따라 그 책임의 총액을 제한할 수 있다.

제284조【공시부재의 효과】 조합의 설립에 관해 적법한 공시를 하지 아니한 경우, 설립에 동의한 공유자는 연대하여 책임을 진다.

이후 발생한 조합의 변경 혹은 해산은, 이러한 공시를 하지 아니하면, 이를 가지고 제3자에 대항할 수 없으며, 다만 제3자가 그것을 인식하고 있었다는 사실을 입증하는 때에는 그러하지 아니하다.

선박관리인이 위 제282조 소정의 공시를 하지 아니한 때에는, 비록 조합의 사무를 위해 관리인이 부담한 채무라 하더라도, 관리인은 그 채무에 대해 개인적으로 책임을 진다.

제285조【이익과 손실의 분담】 조합을 구성하는 문서나 위 제278조 제2항에 의한 결의에서 달리 정하지 아니하는 한, 모든 공유자는 공유조합의 이익과 손실을 각자 갖는 조합 지분의 비율로 이를 나누어 갖는다.

그러나 조합의 설립에 동의하지 아니한 공유자는 그 선박에 대한 자기의 지분을 포기하고 손실을 분담할 의무를 면할 수 있다.

Articolo 286 【Recesso di comproprietari componenti dell'equipaggio】
I comproprietari che siano componenti dell'equipaggio della nave comune, possono, in caso di congedo, recedere dalla società ed ottenere il rimborso delle loro quote.

Capo III Del Raccomandatario

Articolo 287 【Norme applicabili al contratto di raccomandazione】
Salvo i casi previsti nell'articolo 290, al contratto di raccomandazione si applicano le norme del codice civile sul mandato con rappresentanza.
Articolo 288 【Rappresentanza processuale del raccomandatario】
Entro i limiti nei quali gli è conferita la rappresentanza dell'armatore o del vettore, il raccomandatario può promuovere azioni ed essere convenuto in giudizio in loro nome.
Articolo 289 【Pubblicità della procura】 La procura conferita al raccomandatario, con sottoscrizione autenticata del preponente, le successive modifiche e la revoca devono essere depositate presso l'ufficio del porto, ove il raccomandatario risiede, per la pubblicazione nel registro a tale fine tenuto secondo le norme del regolamento.

Il comandante del porto deve dare comunicazione dell'avvenuta pubblicazione al Camera di commercio, industria, artigianato ed agricoltura.

Qualora non sia adempiuta la pubblicità predetta, la rappresentanza del raccomandatario si reputa generale, e non sono opponibili ai terzi le limitazioni, le modifiche, o la revoca, a meno che il mandante provi che i terzi ne erano a conoscenza al momento in cui fu concluso l'affare.
Articolo 290 【Altre specie di raccomandazione】 Quando il raccomandatario è preposto all'esercizio di una sede dell'impresa di navigazione o di quella di trasporto, si applicano le norme relative agli

第286条【선원인 공유자의 탈퇴】 동시에 공유선박의 선원인 공유자는 선원의 직책으로부터 해임이 되면 조합을 탈퇴하고 그 지분에 대한 보상을 청구할 수 있다.

제3절 선주대리인

第287条【선주대리에 적용할 법규】 第290条에 규정된 사항을 제외하고는 선주대리에 대하여는 민법상 대리권을 수반한 위임에 관한 규정[42]이 적용된다.

第288条【선주대리인의 소송대리권】 의장자 혹은 운송인이 수여한 대리권의 범위 내에서 선주대리인은 법정에서 이들의 명의로 청구를 하고 이들을 대신하여 소추를 당할 수 있다.

第289条【위임장의 공시】 위임인의 공증서명을 갖추어 선주대리인에 교부한 위임장 혹은 그 변경이나 취소는 선주대리인 거소지 항구의 해운관청에 제출하여야 하며, 해당 규정에 따라 선주대리인명부에 등록하여 공시하여야 한다.

그 항구의 항만장은 공시의 결과를 상업, 산업, 기술, 농업 등 담당 협회에 통지하여야 한다.

이러한 공시를 하지 아니한 경우, 대리권은 일반적인 대리로 제한된다고 간주하고, 그 제한, 변경 및 취소는 이로써 제3자에게 대항하지 못하며, 다만 그 제3자가 계약이 체결된 때에 이를 알고 있었다고 입증하는 때에는 그러하지 아니하다.

第290条【다른 종류의 선주대리인】 선주대리인이 운송 혹은 항행 기업의

42) 이탈리아 민법 1704조 참조.

institori.

Quando il raccomandatario assume stabilmente l'incarico di promuovere la conclusione di contratti in una zona determinata per conto dell'armatore o del vettore, si applicano le norme sul contratto di agenzia.

Quando il raccomandatario assume l'obbligo di trattare e di concludere in nome proprio affari per conto dell'armatore o del vettore, si applicano le norme sul mandato senza rappresentanza.

Articolo 291【Pubblicità del contratto di raccomandazione institoria】 Quando il raccomandatario è preposto all'esercizio di una sede dell'impresa di navigazione, la pubblicità richiesta nell'articolo 289 tiene luogo di quella prevista dal codice civile per l'institore.

Capo IV Del comandante della nave

Articolo 292【Comando della nave】 Il comando della nave può essere affidato soltanto a persone munite della prescritta abilitazione.

Art. 292-bis【Requisiti per l'esercizio delle funzioni di comandante e di primo ufficiale di coperta】 A bordo delle navi battenti bandiera italiana, il comandante e il primo ufficiale di coperta, se svolge le funzioni del comandante, devono essere cittadini di uno Stato membro dell'Unione europea o di un altro Stato facente parte dell'accordo sullo Spazio economico europeo, reso esecutivo dalla legge 28 luglio 1993, n. 300. L'accesso a tali funzioni è subordinato al possesso di una qualificazione professionale e ad una conoscenza della lingua e della legislazione italiana che consenta la tenuta dei documenti di bordo e l'esercizio delle funzioni pubbliche delle quali il comandante è investito.

Con decreto del Ministro delle infrastrutture e dei trasporti sono

대리상[43]으로 업무를 위해 임명받은 경우, 포괄적 대리인에 관한 규정에 의하여 이를 규율한다.

선주대리인이 일정한 지역 내에서 의장자 혹은 운송인의 계산으로 항구적으로 계약의 체결을 추진하는 임무를 가진 경우, 대리점에 관한 규정[44]에 의하여 규율한다.

선주대리인이 의장자나 운송인의 계산이지만 자기 자신의 명의로 업무를 추진하고 계약을 체결하는 임무를 부여받은 경우, 대리권 없는 수임인에 관한 규정[45]에 의하여 규율한다.

제291조 【대리점계약의 공시】 선주대리인이 운송 기업의 지점장으로 책무를 받고 임명된 때에는 이를 위 제289조에 따라 공시를 할 경우 민법상 포괄대리인의 공시에 준하여 이를 공시하여야 한다.

제4절 선　장

제292조 【선박의 지휘】 오로지 소정의 자격을 갖춘 사람에 한하여 선박의 지휘를 맡을 수 있다.

제292조의2 【선장 혹은 일등항해사 업무의 수행요건】 이탈리아국기를 단 선박에서 선장이나 선장의 임무를 수행하는 일등항해사는 유럽연합 회원국 혹은 1993년 7월 28일 법률 제300호에 의하여 실시된 유럽경제지역 회원국 시민이어야 한다. 그 외에도 이러한 기능을 수행하려면 전문직업상 자격을 구비하여야 하고, 이탈리아어를 이해하여야 하며, 또 선장이 갖는 공법적인 기능을 수행하는 것을 돕기 위해 선상에 구비를 요구하고 있는 법령에 대한 지식을 가져야 한다.

---

43) 이탈리아 민법 2203조 참조.

44) 이탈리아 민법 1742조 참조.

45) 이탈리아 민법 1705조 참조.

determinati i programmi di qualificazione professionale, nonchè l'organismo competente allo svolgimento delle procedure di verifica dei requisiti di cui al primo comma.

Articolo 293【Sostituzione del comandante in corso di navigazione】 In caso di morte, assenza o impedimento del comandante, il comando della nave spetta agli ufficiali di coperta, nell'ordine gerarchico, e successivamente al nostromo, fino al momento in cui giungano disposizioni dell'armatore o, in mancanza di queste, fino al porto di primo approdo, ove l'autorità preposta alla navigazione marittima o interna ovvero l'autorità consolare nomina il comandante per il tempo necessario.

Per le navi addette a servizi pubblici di linea in navigazione interna si applicano le norme stabilite da leggi e regolamenti speciali.

Articolo 294【Assunzione di comandante straniero all'estero】 Nei porti esteri, previa autorizzazione dell'autorità consolare, il comando della nave può essere affidato, fino al porto ove sia possibile la sostituzione con un cittadino italiano, a uno straniero in possesso di abilitazione corrispondente a quella del comandante da sostituire.

Articolo 295【Direzione nautica, rappresentanza e poteri legali】 Al comandante della nave, in modo esclusivo, spetta la direzione della manovra e della navigazione.

Il comandante rappresenta l'armatore. Nei confronti di tutti gli interessati nella nave e nel carico egli esercita i poteri che gli sono attribuiti dalla legge.

Articolo 296【Atti di stato civile e testamenti】 Il comandante della nave marittima esercita le funzioni di ufficiale di stato civile previste dal presente codice e riceve i testamenti indicati nell'articolo 611 del codice civile.

Articolo 297【Doveri del comandante prima della partenza】 Prima della partenza il comandante, oltre a promuovere la visita nei modi previsti dal presente codice, deve di persona accertarsi che la nave sia idonea

국토시설교통부[46] 부령으로 전문직업적 자격에 관한 세칙을 정하고 또 위에서 본 자격요건의 확인을 위한 절차를 수행할 기구를 지정한다.

제293조【항해 도중 선장 대체】 선장이 사망, 소재 불명, 장애 등 사유가 있는 때에는 항해사가 직급에 따라 순차로 선박을 지휘한다; 이어서 갑판장이 지휘를 한다. 그리고 의장자의 별도 조치가 있을 때까지 이러한 순서로 지휘하며, 최초의 항구에 기항한 때에 의장자에 의한 별다른 조치가 없다면 내수항행 혹은 항해 담당 관청이나 영사관이 필요한 기간동안 선장을 새로이 임명하며, 이러한 임명이 있을 때까지 이러한 순서로 선원이 선박을 지휘한다.

공공업무를 수행하는 정기 내수항해에 제공된 선박은 특별법과 특별규정에 의하여 규율한다.

제294조【해외에서 외국인선장의 채용】 선박이 해외의 어느 항구에 있는 경우, 사전에 영사관으로부터 허락을 받아, 선박이 이탈리아 시민 선장으로 대체할 수 있는 항구에 도달할 때까지 임시로 근무할 외국인 선장을 임명할 수 있고, 이 외국인 선장은 교체될 선장의 자격에 준하는 상당한 자격을 갖추고 있어야 한다.

제295조【항해지시, 대리권 및 권한】 선박의 항해와 이동에 대한 지시를 할 권한은 선장에 전속한다.

선장은 의장자를 대리한다. 선박과 적하에 이해관계를 가진 모든 사람과의 관계에서 선장은 그에게 법률이 부여한 권한을 행사한다.

제296조【신분과 유언에 관한 행위】 항해선의 선장은 본법에 규정된 바에 따라 민사 신분에 관한 공무원으로서 그 기능을 수행하며 또 민법 제611조에 기재된 바에 따라 유언을 청취한다.

제297조【선장의 발항 전 의무】 발항을 하기 이전에 선장은, 본법에서 정

46) 교통항행장관과 동일인이라고 해석된다.

al viaggio da intraprendere, bene armata ed equipaggiata. Deve altresì accertarsi che la nave sia convenientemente caricata e stivata.

Articolo 298【Comando della nave in navigazione】 Il comandante, anche quando sia obbligato ad avvalersi del pilota, deve dirigere personalmente la manovra della nave all'entrata e all'uscita dei porti, dei canali, dei fiumi e in ogni circostanza in cui la navigazione presenti particolari difficoltà.

Articolo 299【Documenti di bordo e tenuta dei libri】 Il comandante deve curare che durante il viaggio siano a bordo i prescritti documenti relativi alla nave, all'equipaggio, ai passeggeri ed al carico. Deve curare altresì che i libri di bordo siano regolarmente tenuti.

Articolo 300【Mancanza di provviste o di arredi durante la navigazione】 Se in corso di navigazione vengono a mancare le provviste di bordo o altra cosa indispensabile alla regolare e sicura navigazione, il comandante deve curarne il rifornimento con ogni possibile mezzo.

A tale fine, ove sia necessario, deve farne richiesta alle navi che incontri, o altrimenti approdare nel più vicino luogo, anche se all'uopo occorra deviare la rotta. In caso di estrema necessità, il comandante può impiegare per le esigenze della nave le merci esistenti a bordo.

Articolo 301【Riduzione delle razioni di viveri】 Se alla deficienza delle provviste alimentari di bordo non è possibile sopperire a norma dell'articolo precedente, il comandante deve ridurre in misura adeguata le razioni di viveri dovute all'equipaggio e ai passeggeri, in rapporto alle normali previsioni di un possibile rifornimento.

Articolo 302【Provvedimenti per la salvezza della spedizione】 Se nel corso del viaggio si verificano eventi che mettono in pericolo la spedizione,

한 방식으로 점검을 하는 것 이외에, 선박이 항해에 적합한지 및 적절히 장비를 갖추고 선원을 확보하고 있는지를 본인이 직접적으로 확인하여야 한다. 그 외에도, 선장은 선박에 적절하게 선적이 되고 적부가 되어 있는지 확인하여야 한다.

제298조【항해중인 선박의 지휘】 선박이 강, 운하 및 항구를 출입하는 때 및 기타 특별한 위험을 안고 항해를 해야 하는 상황에 있는 때에는, 선장은 그 개인이 직접적으로 선박의 이동을 지휘하여야 하며, 이는 선박이 의무적으로 도선사를 고용하여 운항하는 때에도 마찬가지이다.

제299조【선상 서류와 도서 비치】 항해를 하는 동안 선장은 선상에 화물, 여객, 선원 및 선박과 관련된 소정의 서류를 비치하도록 하여야 하며, 그 외에도 법령에 의하여 요구되는 각종 서적도 비치하여야 한다.

제300조【항해 중 비품과 장비의 부재】 항해 도중에 비품이 없게 되거나 혹은 정상적이고 안전한 항해를 위해 불가결한 다른 물건이 없게 된 때에는, 선장은 모든 가능한 수단을 동원하여 그 공급을 위해 필요한 조치를 취하여야 한다.

이러한 목적으로, 선장은 조우한 다른 선박을 상대로 그 공급을 요청하고, 필요하면 이로가 된다 하더라도 가장 인근 지역에 기항을 하여야 한다. 그리고 긴박한 필요가 있는 경우, 선장은 선박의 필요에 따라 선상 화물을 담보로 제공할 수도 있다.

제301조【식사 분량의 감축】 선상 식료품이 부족하여 전조에 따라 공급을 하는 것이 불가능하게 된 때에, 선장은 선원이나 여객에 제공하여야 할 식사 분량을, 가능한 재공급을 예측하고 고려하여, 적당한 비율로 감축할 수 있다.

제302조【항해를 구하기 위한 조치】 항해 도중에 항해를 위태롭게 하는 사고가 생긴 때에는 선장은 자기가 즉시 바로 처리 가능한 모든 수단 및 어

il comandante deve cercare di assicurarne la salvezza con tutti i mezzi che sono a sua immediata disposizione o che egli può procurarsi riparando in un porto ovvero richiedendo l'assistenza di altre navi.

Se a tal fine è necessario procurarsi denaro, il comandante deve provvedere ai sensi dell'articolo 307.

Se è necessario sacrificare o danneggiare parti della nave o del carico, egli deve, per quanto è possibile, procedere cominciando dalle cose di minor valore e da quelle per cui più utile si appalesa il sacrificio e meno indispensabile la conservazione.

Articolo 303 【Abbandono della nave in pericolo】 Il comandante non può ordinare l'abbandono della nave in pericolo se non dopo esperimento senza risultato dei mezzi suggeriti dall'arte nautica per salvarla, sentito il parere degli ufficiali di coperta o, in mancanza, di due almeno fra i più provetti componenti dell'equipaggio.

Il comandante deve abbandonare la nave per ultimo, provvedendo in quanto possibile a salvare le carte e i libri di bordo, e gli oggetti di valore affidati alla sua custodia.

Articolo 304 【Relazione di eventi straordinari】 Se nel corso del viaggio si sono verificati eventi straordinari relativi alla nave, al carico o alle persone che erano a bordo, il comandante deve farne, entro ventiquattro ore dall'arrivo, relazione scritta alla competente autorità del luogo.

Articolo 305 【Scaricazione prima della verifica della relazione】 Anteriormente alla verifica, a norma dell'articolo 584, della relazione di cui all'articolo precedente, il comandante non può iniziare la scaricazione della nave, tranne che in caso di urgenza.

Articolo 306 【Limiti della rappresentanza del comandante】 Il comandante può in ogni caso provvedere agli approvvigionamenti giornalieri, alle forniture di lieve entità e alle piccole riparazioni necessarie

느 항구에서 수리를 한다든가, 다른 선박에 구조를 요청한다든가, 기타 취할 수 있는 모든 방법을 동원하여, 구조를 실현하기 위한 모든 노력을 경주하여야 한다.

이를 위하여 자금이 필요하다면 선장은 제307조에서 말하는 조치도 하여야 한다.

선박의 일부나 적하를 희생하거나 손상시키는 것이 필요하다고 판단되면 선장은 가능한 한 가치가 적은 것부터 먼저 시작하고 그 보존이 더욱 적게 불가결하고 희생이 더욱 유용하다고 평가되는 것부터 먼저 시작하는 방식으로 진행하여야 한다.

제303조 【위험에 처한 선박의 포기】 선박의 구조에 필요한 모든 항해수단을 동원하여 구조를 하려고 시도하였지만 성공하지 못한 때에, 항해 사관들의 의견을 듣고 혹은 사관이 없으면 많은 경험을 가진 선원 중 적어도 두 명으로부터 의견을 들은 후에, 선장이 비로소 선박의 포기를 명할 수 있다.

선장은 마지막으로 선박을 포기하여야 하며, 가능한 한, 증서나 서적 및 자기가 보관을 책임진 고가물을 우선하여 구조하여야 한다.

제304조 【특이사건 보고】 항해 도중에 선박, 적하 혹은 여객에 통상적이 아닌 특이한 사건이 발생한 때에는 선장은 항구에 도착 후 24시간 이내에 그 장소에 있는 해당 관청에 이를 서면으로 보고하여야 한다.

제305조 【보고 확인 후 하역】 전조에 따른 보고를 제584조에 의해 확인한 이후에 비로소 선장은 선박으로부터 하역을 개시할 수 있고, 다만 긴급을 요하는 경우에는 그러하지 아니하다.

제306조 【선장의 대리권의 범위】 선장은 매일 사용되는 식료품과 경미한 물건의 공급 및 선박의 유지를 위한 통상적인 소규모 수리에 필요한 조치를 취할 권한이 있다.

per la manutenzione ordinaria della nave.

Fuori dei luoghi nei quali sono presenti l'armatore o un suo rappresentante munito dei necessari poteri, il comandante può compiere gli atti occorrenti per i bisogni della nave e della spedizione; può parimenti assumere o congedare componenti dell'equipaggio.

La presenza dell'armatore, ovvero quella di un suo rappresentante munito dei necessari poteri, è opponibile ai terzi solo quando questi ne erano a conoscenza; tuttavia la presenza dell'armatore nel luogo del suo domicilio e la presenza del rappresentante nel luogo relativamente al quale gli sono stati conferiti i poteri debitamente pubblicati si presumono note all'interessato fino a prova contraria.

Articolo 307【Necessità di denaro in corso di viaggio】 Se nel corso del viaggio sorge necessità di denaro per rifornimento di provviste, per riparazioni o per altra urgente esigenza della nave ovvero per la continuazione del viaggio, che non rientri negli estremi previsti nel primo comma dell'articolo precedente, il comandante deve darne immediato avviso all'armatore.

Quando ciò non sia possibile, ovvero se l'armatore debitamente avvertito non abbia fornito i mezzi né dato le opportune istruzioni, il comandante, dopo aver accertato la necessità di provvedere, può farsi autorizzare, dalla competente autorità del luogo, a prendere a prestito la somma necessaria o a contrarre obbligazione verso coloro che somministrano provviste, materiali, attrezzi o mano d'opera, ovvero a dare in pegno o a vendere provviste, attrezzi o arredi della nave non indispensabili alla sicura navigazione.

Negli stessi casi il comandante, accertata la necessità di provvedere, e dato possibilmente tempestivo avviso ai caricatori ed ai destinatari interessati, può farsi autorizzare dalla suddetta autorità a dare in pegno o a vendere le cose caricate; ma gli aventi diritti al carico si possono opporre alla vendita

의장자가 있거나 그로부터 필요한 권한을 위임받은 대리인이 있는 곳이 아닌 장소에서는, 선장은 선박이나 항해의 필요에 의하여 야기되는 모든 행위를 할 권한이 있다; 마찬가지로 선장은 선원을 채용하고 해고할 권한이 있다.

의장자가 있거나 그로부터 필요한 권한을 위임받은 대리인이 있는 장소가 아니라는 사실은 제3자가 그것을 인식하고 있는 때에 비로소 그 제3자에게 대항할 수 있다; 그러나 의장자가 그곳에 주소를 가지고 있는 경우, 또는 그 장소에 관한 대리권의 수여가 적법하게 공시된 경우, 반대의 입증이 없는 한, 이해관계인이 그 장소에 의장자나 그 대리인이 존재하는 것을 인식하고 있었다고 추정한다.

제307조【항해중 금전의 필요】 항해 도중에, 비품을 공급하기 위해 필요한 때, 선박에 관해 수리를 하거나 기타 긴급한 상황이 생긴 때, 혹은 항해를 계속하기 위하여 필요한 때에는, 전조 제1항에서 말하는 상황에 해당되지 아니하면, 선장은 지체 없이 이를 의장자에게 보고하여야 한다.

이러한 보고를 할 수 없는 경우 혹은 보고를 하였지만 의장자가 그에 대한 해결 방법을 제시하지 아니하고 달리 적절한 지시도 없는 때에는, 선장은 별도의 특별한 조치의 필요성을 확인하고 그곳에 있는 해당 관청의 허가를 받은 다음, 타인으로부터 필요한 자금을 차용하거나 혹은 물자, 자재, 설비 혹은 작업을 제공하는 사람과 계약을 체결할 수 있고, 또 항해의 안전을 위하여 필수불가결한 것이 아닌 물자, 비품 혹은 설비를 담보로 제공하거나 판매할 수 있다.

이러한 때에 별도의 특별 조치가 필요함이 확인되면 화주는 물론 이해관계를 가진 수하인에게 가능한 한 신속히 통지를 한 후에 위에서 말한 해당기관으로부터 허가를 얻은 다음 화물을 담보로 제공하거나 매각할 수 있다; 그러나 이해관계인은 자기 화물의 담보나 매각에 반대하고 자기의 비용으로 하역을 할 수 있고, 그러면 그 화주는 위에서 본 여러 가지 화주의 권한을 행사하여 이미 실행한 운송에 비례한 비례운임을 지급하든지 그렇

o al pegno delle loro cose, scaricandole a proprie spese e pagando il nolo relativo, in proporzione del tratto utilmente percorso se si valgono tutti della facoltà predetta, o diversamente per intero.

Quando la necessità di procedere al pegno o alla vendita del carico sia determinata dalle esigenze previste dal primo comma dell'articolo precedente, il comandante è tenuto a dare gli avvisi e a richiedere l'autorizzazione soltanto ove debba ricorrere al pegno o alla vendita del carico.

Articolo 308【Indennizzo degli aventi diritto al carico o dei proprietari delle pertinenze】 Quando le merci esistenti a bordo sono impiegate o vendute dal comandante per le esigenze della nave, l'armatore è tenuto a rimborsare agli aventi diritto il valore che le merci medesime avrebbero avuto al momento dell'arrivo nel luogo di destinazione. Tuttavia, se anteriormente all'arrivo nel luogo di prevista destinazione delle merci impiegate o vendute la nave è perduta per causa non imputabile all'armatore, questi è tenuto a corrispondere agli aventi diritto soltanto il valore che le merci avevano al momento dell'impiego ovvero il prezzo ricavato dalla vendita.

Quando per le stesse esigenze sono vendute pertinenze di proprietà aliena, l'armatore è tenuto a corrispondere ai proprietari il prezzo ricavato dalla vendita o, sempre che la nave non sia andata perduta per causa non imputabile all'armatore, il maggior valore che le pertinenze avevano al momento della vendita.

Quando le pertinenze predette o le merci sono date in pegno dal comandante, l'armatore è tenuto a rimborsare agli aventi diritto la somma necessaria per procedere allo svincolo e al trasporto a destinazione; se tuttavia non è possibile procedere allo svincolo per causa non imputabile agli aventi diritto, l'armatore è tenuto a corrispondere il valore delle pertinenze al momento della costituzione del pegno o il valore che le merci avrebbero avuto al momento dell'arrivo nel luogo di destinazione. Nel caso

지 못하면 운임 전액을 지급하여야 한다.

전조 제1항에서 말하는 필요에 의하여 화물이 매각되거나 담보로 제공된 경우, 선장은 매각을 하고 담보를 제공할 그곳에서 통지를 하고 허가를 요구하여야 한다.

제308조【화주 및 종물소유자의 보상】 선박의 필요에 의해 선장이 선상화물을 매각하거나 담보로 제공한 경우, 의장자는 화주에게 보상을 하여야 하며, 목적지에 도달했었을 때의 가격을 기준으로 보상을 하여야 한다. 그러나 매각이나 담보된 화물이 위에서 본 목적지에 도달하기 이전에 선박이나 의장자의 책임없는 사유로 멸실된 경우, 의장자는 화주에게 담보시 가격 혹은 매각시 수령한 가격을 보상하면 된다.

마찬가지의 필요에 의하여 타인의 소유물이 매각된 경우, 의장자는 그 소유자에게 매각 대금 상당을 보상하여야 하며. 다만 의장자의 책임없는 사유로 선박이 멸실된 것이 아닌 때에는 매각 당시에 그 물건의 최고가를 보상하여야 한다.

위에서 본 것처럼 타인의 종물 혹은 화물이 선장에 의해 담보로 제공된 경우, 의장자는 그 물건을 회수하여 목적지까지 운송하는 데 필요한 비용 상당액을 보상하여야 한다; 그러나 만일 권리자의 귀책사유 없이 그 담보물을 회수하는 것이 불가능하게 된 경우, 종물을 담보로 제공할 때의 가격 혹은 목적지에 도달하였을 때에 가졌을 화물의 가격을 의장자가 지급하여야 한다. 그러나 위에서 본 것 같은 사유로 선박이 멸실된 경우, 의장자는 화물 혹은 종물이 담보한 금액 상당을 지급하면 된다.

di perdita della nave, prevista nei comma precedenti, l'armatore è tenuto a corrispondere soltanto una somma pari a quella in garanzia della quale le pertinenze o le merci sono state date in pegno.

Articolo 309 【Poteri processuali del comandante】 Fuori dei luoghi nei quali sono presenti l'armatore o un suo rappresentante munito dei necessari poteri, il comandante può, in caso di urgenza, notificare atti ed istituire o proseguire giudizi in nome e nell'interesse dell'armatore, per quanto riguarda la nave e la spedizione.

Possono parimenti i terzi, fuori dei luoghi dove sono presenti l'armatore o un suo rappresentante munito dei necessari poteri, fare eseguire notificazioni al comandante, o contro di questo promuovere o proseguire giudizi, per quanto concerne i fatti dell'equipaggio relativi alla nave e alla spedizione, ovvero le obbligazioni contratte dal comandante durante la spedizione. La presenza dell'armatore o di un suo rappresentante può essere opposta ai terzi solo nei casi previsti nel terzo comma dell'articolo 306.

L'armatore può riassumere le domande proposte dal comandante o contro di lui, e può inoltre impugnare le sentenze emesse in contraddittorio del comandante.

Articolo 310 【Facoltà di procurarsi denaro in caso di rifiuto dei comproprietari】 Se alcuno dei comproprietari che hanno consentito alla costituzione della società di armamento rifiuta di contribuire alle spese necessarie per la spedizione, il comandante, ventiquattro ore dopo la intimazione al comproprietario, può, previa autorizzazione della competente autorità del luogo, prendere a prestito per conto del comproprietario medesimo la somma da questo dovuta, con garanzia sulla di lui quota di partecipazione nella proprietà della nave.

Articolo 311 【Vendita della nave in caso di innavigabilità】 Il comandante non può vendere la nave senza mandato speciale del

제309조【선장의 절차상 권한】 의장자나 혹은 필요한 대리권을 가진 의장자의 대리인이 그곳에 있지 아니한 장소에서는, 선박이나 항해에 관한 것으로 긴급한 때에는, 선장은 의장자를 위하여 그의 명의로 제소통지를 하고 소송을 개시하고 진행하는 권한이 있다.

마찬가지로 의장자나 혹은 필요한 대리권을 가진 의장자의 대리인이 있지 아니한 장소에서는, 선박이나 항해에 관련하여 선원이 취한 행위에 대한 것이거나, 혹은 항해를 하는 동안 선장이 체결한 계약에 의한 권리에 기한 것이면, 제3자도 선장을 상대로 직접 제소통지를 하고 그를 상대로 제소하고 소송을 수행할 수 있다. 선장이나 그 대리인의 존재는 위 제306조 제3항에서 말하는 경우에 한하여 제3자에 대하여 대항할 수 있다.

의장자는 선장이 개시한 제소나 선장을 상대로 한 소추를 수계할 수 있고, 그 이외에도 선장과 사이에 변론을 거쳐 내린 판결에 대하여 항소할 수 있다.

제310조【공유자의 거절시 자금조성권】 공유조합의 구성에 동의한 어느 공유자가 항해에 필요한 비용의 분담을 거절하는 경우, 그 공유자에게 통지를 한 후 24시간 후에, 그 장소의 해당 관청으로부터 사전 허가를 얻은 다음, 선장은 그 공유자의 명의로 그가 지고 있는 채무에 해당하는 금액을 차용하고 그 선박에 대한 그 공유자의 지분을 담보로 제공할 수 있다.

제311조【항해불능시 선박매각】 소유자로부터 특별한 수임이 없으면 선장은 선박을 매각할 수 없다. 다만 급박한 사정이 있으면 해당 관청의 허가

proprietario. Tuttavia, ove durante il viaggio si verifichi un caso di estrema urgenza, la competente autorità del luogo, accertata l'assoluta innavigabilità della nave, può autorizzare il comandante a venderla, prescrivendo le modalità della vendita.

Articolo 312 【Gestione di interessi degli aventi diritto al carico】 Il comandante deve, quando ciò si renda necessario e compatibilmente con le esigenze della spedizione, provvedere alla tutela degli interessi degli aventi diritto al carico.

Se per evitare o diminuire un danno occorrono speciali misure, il comandante deve possibilmente informare gli interessati nel carico, o gli eventuali rappresentanti sul luogo, che siano a lui noti, ed attenersi alle loro istruzioni; in mancanza, deve agire a suo criterio nel modo migliore.

Articolo 313 【Responsabilità del comandante in caso di pilotaggio】 In caso di pilotaggio, il comandante è responsabile dei danni causati alla nave da errata manovra, se non provi che l'errore è derivato da inesatte indicazioni o informazioni fornite dal pilota.

Articolo 314 【Processo verbale】 Le cause e la portata dei provvedimenti presi dal comandante ai sensi degli articoli 300 a 302, nonché la necessità di provvedere a norma del secondo, terzo e quarto comma dell'articolo 307, devono essere fatte constare, appena possibile, con processo verbale sottoscritto dagli ufficiali di coperta o, in mancanza, dai principali membri dell'equipaggio. In caso di rifiuto di alcuno di costoro a sottoscrivere, il processo verbale deve indicare le ragioni del rifiuto medesimo.

Copia del processo verbale sottoscritto dal comandante, deve essere allegata alla relazione di eventi straordinari all'atto della prestazione di questa alla competente autorità.

Articolo 315 【Autorità competente】 L'autorità competente a concedere le autorizzazioni previste in questo capo e a ricevere la relazione di cui

를 얻어 선박을 매각할 수 있고, 이때에 해당 관청은 먼저 선박이 절대적으로 항해가 불가능한 것을 확인하고 매각의 방법을 지정하여 주어야한다.

제312조 【화주의 이익의 보호】 선장은 항해의 안전과 상충되지 아니하는 범위 내에서 화주의 이익을 보호하기 위해 필요한 조치를 취하여야 한다.

손해를 회피하거나 감축하기 위하여 특별한 조치가 필요하다면, 선장은 화주나 혹은 현장에 있고 자기에게 알려진 그의 대리인에게 가능한 한 신속히 이를 통지하여야 하고 그 지시에 따라 필요한 조치를 취하여야 하며, 그렇게 할 수 없는 경우 자신의 기준을 가지고 화주에게 가장 이익이 되는 방식으로 필요한 조치를 취하여야 한다.

제313조 【도선사가 있는 때 선장의 책임】 도선사가 있다 하더라도, 선박 조종의 잘못으로 인하여 선박에 사고가 나서 손해를 입은 경우, 선장은 그 손해를 보상할 책임이 있고, 다만 그 잘못이 도선사가 부정확한 지시나 정보를 제공하여 발생한 것을 선장이 입증하는 때에는 그러하지 아니하다.

제314조 【구술절차】 위 제300조 및 제302조의 의미로 선장이 취한 조치의 원인과 범위는 물론 위 제307조 제2항, 제3항 및 제4항에 따른 조치의 필요성은 가능한 한 사관이나 그 부재시 선임 해원의 서명을 동반한 진술조서에 의하여 이를 확인하도록 하여야 한다. 만일 이러한 사람들이 서명을 거부하는 때에는 진술조서에 그 이유를 기재하여야 한다.

이 진술조서의 사본은 선장의 서명을 거쳐 해당 관청에 사고신고를 할 때에 첨부하여 제출하여야 한다.

제315조 【해당기관】 이 절에서 말하는 허가를 할 권한을 가지고 제304조에 의하여 사고신고를 접수할 관청은 국내에서는 법원이며 법원이 없는 시

all'articolo 304 è, nella Repubblica, il presidente del tribunale e, fuori del comune ove ha sede il tribunale, il pretore; all'estero, il console o chi ne fa le veci.

Capo V Dell'equipaggio

Articolo 316 【Formazione dell'equipaggio】 L'equipaggio della nave marittima è costituito dal comandante, dagli ufficiali e da tutte le altre persone arruolate per il servizio della nave. L'equipaggio della nave della navigazione interna è costituito dal comandante, dagli ufficiali e da tutti gli altri iscritti nei registri del personale navigante imbarcati per il servizio della nave.

Fa inoltre parte dell'equipaggio il pilota durante il periodo in cui presta servizio a bordo.

Articolo 317 【Composizione e forza minima dell'equipaggio】 Il comandante del porto provvede all'applicazione delle disposizioni di legge [e delle norme corporative] (1) riguardanti la determinazione del numero minimo degli ufficiali di coperta e di macchina, e dei relativi gradi, nonché la composizione e la forza minima dell'intero equipaggio.

Il Ministro dei Trasporti e della Navigazione in caso di accertata indisponibilità di marittimi in possesso di titoli professionali richiesti dalle norme in vigore, su parere favorevole del comandante del porto, può consentire, ai fini della composizione dell'equipaggio delle navi da carico e da pesca, l'imbarco, per un periodo di tempo non superiore a tre mesi, di marittimi muniti del titolo immediatamente inferiore a quello prescritto.

Le norme relative alla composizione e alla forza minima degli equipaggi delle navi della navigazione interna sono stabilite dal Ministro dei Trasporti e della Navigazione.

군에서는 간이법원[47]으로 하며; 해외에서는 영사관 혹은 그 지소를 말한다.

제5절 선 원

제316조【선원의 구성】 항해선 선원은 선장, 사관 및 선박 업무를 담당하기 위하여 고용된 여타 모든 사람으로 구성된다. 내수 항행선의 선원은 선장, 사관 및 선박업무를 담당하기 위하여 승선한 승선선원명부 등재자로 구성된다.

그 외에 승선하여 업무를 수행하고 있는 도선사도 그 업무를 수행하는 동안은 선원으로 본다.

제317조【선원의 조직과 최소 인원】 항만장은 항해사관 및 기관사관의 최소 인원과 그들의 등급은 물론 내수 항행선에서 최소 인원 및 그 구성에 관한 법률 및 협약[48]이 이행되도록 조치하여야 한다.

현재 시행중인 규정이 요구하는 자격을 가진 선원을 구하는 것이 불가능한 것이 확인되고 항만장도 긍정적인 의견을 제시하면 교통항행장관은 화물선이나 어선의 선원을 구성함에 있어 3개월 이하 기간동안은 소정의 자격보다 바로 아래 자격을 가진 선원의 승선을 허락할 수 있다.

내수항행선상 선원의 구성과 인원은 교통항행장관이 정한 규정에 의해 규율한다.

---

47) 지금은 일반법원으로 통일되었다. 위 해사행정 부분 참조.

48) 현재 협약제도는 폐지되었다.

Articolo 318【Nazionalità dei componenti dell'equipaggio】 1. L'equipaggio delle navi nazionali armate nei porti della Repubblica deve essere interamente composto da cittadini italiani o di altri Paesi appartenenti all'Unione europea (1).

2. Alle disposizioni di cui al comma 1 può derogarsi attraverso accordi collettivi nazionali stipulati dalle organizzazioni sindacali dei datori di lavoro e dei lavoratori comparativamente più rappresentative a livello nazionale. Per i marittimi di nazionalità diversa da quella italiana o comunitaria, imbarcati in conformità a quanto previsto dal presente comma, non sono richiesti visto di ingresso nel territorio dello Stato, permesso di soggiorno e autorizzazione al lavoro anche quando la nave navighi nelle acque territoriali o sosti in un porto nazionale (2).

2 bis. I certificati dei primi ufficiali di coperta non italiani, imbarcati in virtù degli accordi collettivi nazionali di cui al comma 2, sono soggetti a riconoscimento da parte dell'amministrazione competente, ai sensi dell'articolo 3 del regolamento di cui al decreto del Presidente della Repubblica 9 maggio 2001, n. 324.

3. Per le navi adibite alla pesca marittima, l'autorità marittima periferica delegata dal Ministro dei Trasporti e della Navigazione, autorizza, previa richiesta dell'armatore, che il personale di bordo sia composto anche da cittadini extracomunitari, tranne per la qualifica di comandante.

Articolo 319【Assunzione di personale straniero all'estero】 Nei porti esteri della navigazione marittima o interna ove non siano disponibili rispettivamente marittimi o personale navigante di nazionalità italiana, possono essere assunti anche stranieri in misura non superiore ad un quarto dell'intero equipaggio e per il solo tempo necessario al viaggio da compiere. In caso di speciali esigenze, l'autorità consolare può autorizzare l'assunzione di stranieri in misura superiore a quella indicata nel comma precedente.

제318조 【선원의 국적】 1. 이탈리아 항구에서 의장을 갖춘 국유선박은 선원 전부가 이탈리아 국민이거나 혹은 유럽연합 소속 국가 국민[49]이어야 한다.

2. 위 제1항의 규정은 전국 단위로 대표성이 가장 높은 노동조합과의 단체협약에 의거 그 적용에 완화를 가져올 수 있다. 본항의 규정에 따라 승선한 비이탈리아 및 비유럽연합 국적 선원의 경우 그 선박이 내수를 항행하거나 혹은 국내 항구에 체류하는 때에도 체류허가나 노동허가가 요구되지 아니한다.

2-1. 위 제2항의 규정에 의하여 전국 단위 단체협약에 의해 승선한 비이탈리아인 1등사관의 자격은 2001년 5월 9일 대통령령 제3호의 적용에 있어 해당 행정 당국으로부터 그 자격이 인정되는 것으로 본다.[50]

3. 해양 어업에 종사하는 선박의 경우, 건설교통부장관[51]의 위임을 받은 근해 해운관청은 의장자의 신청을 받아 비유럽연합 국민으로 선원이 구성되는 것을 허락할 수 있고, 다만 선장의 경우 그러하지 않다.[52]

제319조 【외국에서 외국인의 채용】 항해이든 혹은 내수항행이든 선박이 외국 항구에 있는 경우 또는 국내 항구에 있지만 이탈리아 국적을 가진 선원 기타 항해 인원을 구할 수 없는 경우, 총 선원의 4분지 1을 초과하지 아

---

49) 1994년에 도입되었다.
50) 2002년에 추가되었다.
51) 교통항행장관과 동일인이라고 생각된다.
52) 2004년에 도입되었다.

Articolo 320【Servizio di macchina】 I minori degli anni diciotto non possono essere adibiti al servizio di macchina.

Articolo 321【Gerarchia di bordo delle navi marittime】 La gerarchia dei componenti dell'equipaggio marittimo è la seguente:

1) comandante;
2) direttore di macchina, comandante in seconda, capo commissario, e medico di bordo direttore del servizio sanitario;
3) primo ufficiale di coperta, primo ufficiale di macchina, cappellano, primo medico aggiunto, primo commissario;
4) secondo ufficiale di coperta, secondo ufficiale di macchina, secondo medico aggiunto, secondo commissario, primo radiotelegrafista;
5) gli altri ufficiali;
6) nostromo, maestro di macchina;
7) gli altri sottufficiali;
8) i comuni.

Il pilota durante il periodo in cui presta servizio a bordo è equiparato al primo ufficiale.

Articolo 322【Gerarchia di bordo sulle navi della navigazione interna】 La gerarchia dei componenti dell'equipaggio delle navi addette alla navigazione interna è la seguente:

1) comandante;
2) macchinista, motorista;
3) capo timoniere;

니하는 범위 내에서, 비록 외국인이지만 이를 채용할 수 있고, 다만 이때에 채용은 오로지 그 항해를 종료하기 위한 기간으로 한정한다.

특별히 긴급한 사정이 있는 때에는, 해외에서 지역 영사관이나 항만관리단에 의해 위 항에 규정한 비율을 초과하는 비율로 외국선원을 채용하는 것을 허락할 수 있다.

제320조【기관 업무】 18세 이하 사람은 기관업무에 종사할 수 없다.

제321조【항해선상 선원의 직급】 항해선상 선원의 직급은 아래와 같다:

1) 선장;
2) 기관장, 부선장, 수석공안관, 위생책임의;
3) 일등항해사, 일등기관사, 선목, 차석의, 차석공안관;
4) 이등항해사, 이등기관사, 차석보조의, 이등공안관, 수석통신관;
5) 여타 사관;
6) 갑판장, 수석기관원;
7) 다른 하사관;
8) 일반 선원.

업무를 수행중인 도선사는 일등항해사에 준한다.

제322조【내수항행선상 선원직급】 내수항행에 제공되는 선박의 선원의 직급은 아래와 같다:

1) 선장;
2) 기관사, 동력수;
3) 수석조타수;

4) i sottufficiali;

5) i comuni.

Il pilota durante il periodo in cui presta servizio a bordo è equiparato al capo timoniere.

Titolo IV Del contratto di arruolamento

Capo I Della formazione del contratto

Articolo 323【Visita medica】 L'arruolamento degli iscritti nelle matricole della gente di mare, destinati a far parte dell'equipaggio, deve, nei casi e con le modalità prescritte da leggi e regolamenti, essere preceduto da visita medica diretta ad accertare l'idoneità della persona da arruolare in rapporto al servizio cui deve essere adibita.

Articolo 324【Capacità dei minori di anni diciotto】 Il minore di anni diciotto, iscritto nelle matricole della gente di mare può, con il consenso di chi esercita la potestà o la tutela, prestare il proprio lavoro, stipulare i relativi contratti ed esercitare i diritti e le azioni che ne derivano.

La revoca del consenso all'iscrizione nelle matricole, da parte dell'esercente la potestà o la tutela, fa cessare la capacità del minore alla stipulazione di contratti di arruolamento, ma non lo priva della capacità di esercitare i diritti e le azioni che derivano da contratti precedentemente stipulati, né della capacità di prestare, fino al compimento del viaggio in corso, il proprio lavoro in esecuzione del contratto.

Articolo 325【Vari tipi di contratto di arruolamento】 Il contratto di arruolamento può essere stipulato:

a) per un dato viaggio o per più viaggi;

4) 하사관;

5) 일반 선원.

업무를 수행중인 도선사는 수석조타수에 준한다.

제4장 승선계약

제1절 계약의 성립

제323조【신체검사】 선원으로 사용할 목적으로 해원명부에 등재할 인원을 채용하려면 먼저 법령이 정한 예와 조건에 따라 그 사람이 감당하고자 하는 직책에 적합한지 여부를 확인하기 위한 신체검사를 하여야 한다.

제324조【18세 미만의 미성년자의 능력】 해원명부에 등록한 등록원은 비록 18세 미만일지라도 친권자나 후견인의 허락을 받으면 노무를 제공할 수 있고 그에 수반되는 계약을 하고 그에 기한 권리를 행사하고 소송을 수행할 수 있다.

친권자나 후견인이 해원명부 등록에 대한 동의를 철회하면 미성년자는 승선계약을 체결할 능력을 상실하며, 다만 그로 인하여 그 이전에 이미 체결한 계약에 기한 권리를 행사하고 소송을 수행할 능력을 상실하는 것은 아니며, 현재 진행 중인 항해를 종료할 때까지 승선계약에 따라 근무하는 능력을 상실하는 것도 아니다.

제325조【승선계약의 여러 가지 형태】 승선계약은 다음의 형태로 약정할 수 있다:

a) 특정한 단수항해 혹은 복수항해 기간;

b) a tempo determinato;

c) a tempo indeterminato.

La retribuzione spettante all'arruolato può essere stabilita:

a) in una somma fissa per l'intera durata del viaggio;

b) in una somma fissa a mese o ad altro periodo di tempo;

c) in forma di partecipazione al nolo o agli altri proventi o prodotti del viaggio, con la fissazione di un minimo garantito;

d) parte in forma di somma fissa periodica e parte in forma di partecipazione al nolo o agli altri proventi o prodotti.

Agli effetti del contratto di arruolamento, per viaggio si intende il complesso delle traversate fra porto di caricazione e porto di ultima destinazione, oltre all'eventuale traversata in zavorra per raggiungere il porto di caricazione.

La misura e le componenti della retribuzione sono determinate e regolate dalle norme dei contratti collettivi di lavoro.

Articolo 326【Durata del contratto a tempo determinato e di quello per più viaggi】 Il contratto a tempo determinato e quello per più viaggi non possono essere stipulati per una durata superiore ad un anno; se sono stipulati per una durata superiore, si considerano a tempo indeterminato.

Se, in forza di più contratti a viaggio, o di più contratti a tempo determinato, ovvero di più contratti dell'uno e dell'altro tipo, l'arruolato presta ininterrottamente servizio alle dipendenze dello stesso armatore per un tempo superiore ad un anno, il rapporto di arruolamento è regolato dalle norme concernenti il contratto a tempo indeterminato.

Agli effetti del comma precedente, la prestazione del servizio è considerata ininterrotta quando fra la cessazione di un contratto e la stipulazione del contratto successivo intercorre un periodo non superiore ai sessanta giorni.

Articolo 327【Arruolamento per nave determinata o per più navi dello

b) 일정한 기간;

c) 불확정 기간.

선원에게 지급될 보수는 다음의 방법으로 정할 수 있다:

a) 항해 전 기간에 대하여 고정된 일정한 금액;

b) 월간 기타 기간을 기준으로 하는 봉급;

c) 최저 보장액을 전제로 하여 그 항해에서 발생하는 운임을 기준으로 하거나 혹은 수입이나 이익을 기준으로 그 분배에 참여하는 형식;

d) 일부는 정기적인 일정 금액, 일부는 운임, 수입 혹은 이익의 분배에 참여하는 방식.

승선계약의 효력에서 말하는 항해란 선적을 하는 항구와 최종 목적지 항구 사이에 모든 항해를 말하며 최초 선적항에 도달하기 위한 공선항해를 포함한다.

보수의 계산과 구성은 단체협약에서 정한 바에 따라 결정되고 시행한다.

제326조【일정기간계약 혹은 복수항해계약에서 계약기간】 일정기간 승선계약 혹은 복수항해를 위한 승선계약은 1년을 초과하는 기간을 목적으로 약정할 수 없다; 만일 이처럼 1년을 초과하는 승선계약이면 이를 불확정기간 승선계약으로 간주한다.

항해를 단위로 혹은 일정 기간을 단위로 한 수개의 승선계약 또는 이 중 어느 한 형식과 다른 형식이 결합된 수개의 승선계약에 의해 어느 선원이 동일한 의장자에게 종속되어 1년 이상 지속적으로 근무하는 것이라면 이 승선관계는 불확정기간 승선계약에 관한 규정에 의하여 규율한다. 전항의 규정의 효력과 관련하여 어느 계약의 종료와 후속 계약의 체결 사이에 60일 이하 기간이 경과한 경우 그 선원의 근무가 지속되는 것으로 본다.

제327조【특정한 선박에의 승선과 동일한 의장자 소유 복수 선박에의 승

stesso armatore】 Il contratto di arruolamento ha per oggetto la prestazione di servizio su nave determinata.

Tuttavia l'arruolato può, con patto espresso contenuto nel contratto di arruolamento, obbligarsi a prestare servizio su una nave non determinata fra quelle appartenenti all'armatore o su più di esse successivamente.

Articolo 328 【Forma del contratto】 Salvo quanto è disposto nei successivi articoli, il contratto di arruolamento deve, a pena di nullità, essere fatto per atto pubblico ricevuto, nella Repubblica, dall'autorità marittima, e, all'estero, dall'autorità consolare.

Il contratto deve, parimenti a pena di nullità, essere dalle autorità predette annotato sul ruolo di equipaggio o sulla licenza.

Prima della sottoscrizione, il contratto deve essere letto e spiegato al marittimo; l'adempimento di tale formalità si deve far constare nel contratto stesso.

Articolo 329 【Stipulazione del contratto in località estera dove non sia autorità consolare】 Se l'arruolamento ha luogo all'estero, in località che non è sede di autorità consolare, il contratto deve, a pena di nullità, essere stipulato per iscritto, alla presenza di due testimoni, i quali vi appongono la propria sottoscrizione. Il contratto è conservato fra i documenti di bordo.

Articolo 330 【Deroga alle disposizioni precedenti】 Il contratto di arruolamento per le navi minori di stazza lorda non superiore alle cinque tonnellate può essere fatto verbalmente.

Le norme per l'annotazione sulla licenza dei contratti predetti sono stabilite dal regolamento.

Articolo 331 【Arruolamento del comandante in luogo ove non si trova l'armatore】 L'armatore può procedere all'arruolamento del comandante anche mediante dichiarazione, resa al comandante del porto o all'autorità consolare del luogo dove egli si trova, e contenente gli estremi indicati

선】 승선계약은 특정한 선박에 승선하여 근무하는 것을 목적으로 한다.

그러나 승선계약에 명시적인 규정이 있으면 특정한 의장자에 속하는 여러 선박 중 아직 미정인 어느 한 선박에 혹은 복수 선박에 순차로 근무하는 것을 목적으로 할 수 있다

제328조 【계약 형식】 이하 조문에서 별도로 정하는 경우를 제외하고는, 승선계약은 공증증서[53]에 의하여 이루어져야 하고, 국내에서는 해운관청, 해외에서는 영사관이 이를 접수하여야 하며, 그렇지 아니한 경우 그 효력이 없다.

승선계약은 위 관청에 의해 선원명부에 등재하거나 혹은 항해허가서에 부기하여야 하고, 그렇지 아니하면 마찬가지로 효력이 없다.

서명을 하기 이전에 해원에게 계약을 읽어주고 설명하여 주어야 한다; 이러한 절차를 이행하였는지 여부는 그 계약 자체에서 반드시 확인되어야 한다.

제329조 【영사관 부재 지역에서 계약체결】 승선이 해외에서 이루어지고 그곳에 영사관이 없는 경우, 승선계약은 반드시 서면으로 작성되고 두 명의 증인이 있어 서명을 하여야 하며, 그렇지 않는 경우 이를 무효로 한다. 이러한 계약서는 선상에 비치문서로 보관하여야 한다.

제330조 【위 규정의 감경】 총톤수 5톤 이하 선박을 위한 승선계약은 구두로 할 수 있다.

위에서 말하는 항해허가서에 승선계약부기는 별도의 규정에 의하여 규율한다.

제331조 【의장자가 없는 곳에서 선장의 승선】 의장자는 자기가 있는 곳의 항만장이나 영사에게 신고를 통하여 선장의 채용절차를 밟을 수 있고, 신

---

53) 민법 제2699조 참조.

nell'articolo seguente.

La detta autorità trasmette telegraficamente, a spese dell'armatore, gli estremi della dichiarazione all'autorità marittima o consolare del porto dove si trova la nave sulla quale il comandante deve prendere imbarco.

Con la dichiarazione di accettazione da parte del comandante, resa all'autorità del porto d'imbarco, si perfeziona il contratto di arruolamento.

Articolo 332 【Contenuto del contratto】 Il contratto di arruolamento deve enunciare:

1) il nome o il numero della nave sulla quale l'arruolato deve prestare servizio o la clausola prevista nel secondo comma dell'articolo 327;
2) il nome, la paternità dell'arruolato, l'anno di nascita, il domicilio, l'ufficio di iscrizione e il numero di matricola;
3) la qualifica e le mansioni dell'arruolato;
4) il viaggio o i viaggi da compiere e il giorno in cui l'arruolato deve assumere servizio, se l'arruolamento è a viaggio; la decorrenza e la durata del contratto, se l'arruolamento è a tempo determinato; la decorrenza del contratto, se l'arruolamento è a tempo indeterminato;
5) la forma e la misura della retribuzione;
6) il luogo e la data della conclusione del contratto;
7) l'indicazione del contratto collettivo, qualora esista.

Se dal contratto ovvero dall'annotazione sul ruolo di equipaggio o sulla licenza l'arruolamento non risulta stipulato a viaggio o a tempo determinato, esso è regolato dalle norme concernenti il contratto a tempo indeterminato.

고에는 다음의 조문에 표시된 사항을 기재하여야 한다.

위 관청은 그 선장이 승선할 선박의 소재지 항구 해운관청 혹은 영사관에 신고사항을 의장자의 비용으로 전송하여야 한다.

선장이 승선할 항만 관청에 취임승낙을 신고하면 이로 인하여 승선계약이 완성된다.

제332조【계약 내용】 승선계약에는 다음 사항을 기재하여야 한다:

1) 근무할 선박의 수와 명칭 또는 제327조 제2항에 기한 조항;

2) 선원의 성명, 생년월일, 주소, 등록청 및 등록번호;

3) 선원의 자격과 직책;
4) 항해단위 고용이면 수행할 항해, 선원의 근무 개시일; 일정 기간 고용인 경우, 계약의 개시 시기 및 근무 기간; 불확정기간 고용인 경우, 계약의 개시 시기;

5) 보수의 지급과 계산 방식;
6) 계약 체결 일시와 장소;
7) 단체협약이 있을 시 그 표시.

승선계약에 있어서나, 혹은 선원명부의 등재나 항해허가서의 부기에서, 항해를 단위로 한 고용인지 특정한 기간을 단위로 한 고용인지 별다른 약정이 없는 경우, 그 승선계약은 불확정기간 승선계약에 적용될 규정에 의하여 규율한다.

Capo II Degli effetti del contratto

Articolo 333 【Albo a bordo per l'affissione delle disposizioni concernenti il contratto di arruolamento】 Su ogni nave nazionale deve essere tenuto, in luogo accessibile all'equipaggio, un albo, nel quale sono affisse le norme di legge e di regolamento relative all'arruolamento, i contratti collettivi di arruolamento, i regolamenti di servizio e ogni altra disposizione di cui venga prescritta l'affissione dall'autorità.

Articolo 334 【Servizio a bordo】 I componenti dell'equipaggio non sono tenuti a prestare un servizio diverso da quello per il quale sono stati arruolati.

Tuttavia il comandante, nell'interesse della navigazione, ha facoltà di adibire temporaneamente i componenti dell'equipaggio a un servizio diverso da quello per il quale sono stati arruolati, purché non sia inadeguato al loro titolo professionale e al loro grado. In caso di necessità per la sicurezza della spedizione, gli arruolati possono essere adibiti a qualsiasi servizio.

I componenti dell'equipaggio, che esercitano mansioni diverse da quelle per le quali sono stati arruolati, hanno diritto alla maggiore retribuzione dovuta per tali mansioni.

Articolo 335 【Caricazione abusiva di merci】 Il comandante e gli altri componenti dell'equipaggio non possono caricare sulla nave merci per proprio conto, senza il consenso scritto dell'armatore o di un suo rappresentante.

L'arruolato, che contravviene al divieto del comma precedente, è tenuto a pagare il nolo in misura doppia di quella corrente nel luogo e alla data della caricazione per il medesimo viaggio e per merce della stessa specie di quella indebitamente imbarcata, senza pregiudizio del risarcimento del danno.

Articolo 336 【Trattamento dell'arruolato malato o ferito】 L'arruolato

제2절 계약의 효력

제333조【승선계약에 관한 규정의 부착에 의한 선상 게시】 이탈리아 선박이면 어느 선박이든 모든 선원이 용이하게 접근할 수 있는 선상 어느 곳에 승선 관련 법규, 승선 관련 단체협약, 근무 규정 및 여타 행정 당국에 의하여 부착이 요구되는 규정이 부착된 게시판을 보유하여야 한다.

제334조【선상 근무】 선원은 원래 담당하기로 약정한 업무와 다른 업무를 담당할 의무가 없다.

그러나 선장은 항해를 원활하게 할 목적으로 어느 선원을 임시로 약정한 업무와 다른 업무에 배치할 수 있고, 다만 그의 자격이나 직위에 비추어 부당한 것이 아니어야 한다. 그리고 항해의 안전을 위하여 필요불가결한 경우라면, 아무 선원이든 가리지 않고 어떤 직책에든 배치할 수 있다.

약정한 직책과 다른 직책에 근무하는 선원은 그 직책에 따르는 최고 임금을 요구할 수 있다.

제335조【부당한 화물의 선적】 선장과 선원은 의장자나 그 대리인의 사전 승인이 없으면 자기 계산으로 선상에 화물을 선적할 수 없다.

이 금지규정에 위반하여 화물을 선적한 선원은 부당하게 선적한 그 화물과 동종 화물이 그 일시와 장소에 동일한 항해를 위해 선적되었을 경우에 적용될 운임의 배액에 상당하는 운임을 지급하여야 하고, 거기에 추가하여 손해가 있으면 그 손해도 배상하여야 한다.

제336조【질병 혹은 사망시 선원의 대우】 선상에서 질병에 걸리거나 상해

che, a bordo, si ammala o riporta lesioni continua a percepire la retribuzione ed ha diritto all'assistenza sanitaria a spese della nave.

Se l'arruolato si è intenzionalmente procurato la malattia o la lesione, ovvero ha contratto la malattia o riportato la lesione per sua grave colpa mentre si trovava a terra senza autorizzazione, l'armatore è egualmente tenuto a provvedere all'assistenza sanitaria, ma ha diritto di ripeterne le spese dall'arruolato.

Nel caso previsto nel comma precedente, il componente dell'equipaggio non ha diritto alla retribuzione per tutto il tempo durante il quale è inabile al servizio.

Se l'arruolato deve essere sbarcato a causa delle sue condizioni di salute o se, per altra ragione, è sbarcato prima che si sia verificata la guarigione, si applica il disposto degli articoli 356, 365.

Articolo 337【Partecipazione dell'arruolato alle indennità dovute all'armatore】 Se la retribuzione è determinata in forma di partecipazione al nolo o agli altri proventi o prodotti del viaggio, in caso di perdita del nolo o di detti proventi o prodotti, per la quale sia corrisposta all'armatore una somma a titolo di indennità di assicurazione o di risarcimento di danni, l'arruolato ha diritto ad una parte di detta somma, nella proporzione stabilita dal contratto.

Articolo 338【Aumento di retribuzione in caso di prolungamento del viaggio】 Se la retribuzione è determinata a viaggio, essa è proporzionalmente aumentata qualora il viaggio venga protratto oltre la durata massima prevedibile al momento della stipulazione del contratto; ma se l'ulteriore durata è dovuta a causa non imputabile all'armatore, l'aumento proporzionale è ridotto a un terzo.

La retribuzione non è soggetta a diminuzione se la nave compie un viaggio più breve di quello previsto nel contratto.

를 당한 선원은 계속하여 임금을 받고 선박의 비용으로 의료 양호를 받을 권리가 있다.

만일 선원이 고의로 질병이나 상해를 야기하거나 혹은 허락 없이 육상에 있는 동안 중대한 과실로 질병에 걸리거나 상해를 당한 때라도, 의장자는 마찬가지로 의료 양호를 제공할 의무가 있고, 다만 그 선원으로부터 그 비용을 구상할 수 있다.

전항의 경우에 그 선원은 근무를 하지 못한 전 기간동안 해당되는 임금을 청구하지 못한다.

만일 완치가 판명되기 이전에 선원이, 건강상의 이유이든 다른 이유이든, 하선을 하여야 한다면 제356조 및 제365조 규정에 의하여 처리한다.

제337조【의장자의 보상에 대한 선원의 참여】 만일 보수가 운임, 수입 기타 과실을 분배하는 방식인 경우, 운임, 수입 기타 과실이 멸실되고, 대신 그로 인하여 보험보상이나 피해보상에 의해 의장자가 일정 금액을 청구할 수 있게 된 때에는, 선원은 약정한 비율에 따라 그 금액에 대해 일정한 분배를 요구할 수 있다.

제338조【항해 연장시 보수인상】 항해를 단위로 운임이 결정되는 경우, 항해가 계약할 때에 예상되는 최장기를 초과하여 연장이 되어 이루어지면, 보수는 그 연장된 기간에 비례하여 증가된다; 그러나 초과되어 연장하여 이루어지는 근무가 의장자의 책임 없는 사유로 인하여 발생하는 때에는, 이처럼 비례로 증가하는 보수가 3분지 1로 감소한다.

계약에 의해 예정된 항해보다 선박의 항해가 더욱 단축되었다 하더라도 선원에게 지급할 보수는 이로 인하여 축소되지 아니한다.

Articolo 339【Indennità per riduzione delle razioni dei viveri】 Se la riduzione delle razioni dei viveri, prevista nell'articolo 301, è dovuta a causa non imputabile all'armatore, questi deve corrispondere ai componenti dell'equipaggio l'equivalente in danaro. Se la riduzione è determinata da causa a lui imputabile, l'armatore è tenuto anche al risarcimento dei danni.

Capo III Della cessazione e della risoluzione del contratto

Articolo 340【Cessazione del contratto a viaggio per compimento del viaggio】 Il contratto di arruolamento stipulato per uno o più viaggi cessa di diritto con il compimento del viaggio o dell'ultimo dei viaggi previsti nel contratto.

Articolo 341【Cessazione del contratto a tempo determinato per scadenza del termine】 Il contratto di arruolamento a tempo determinato cessa di diritto con la scadenza del termine stabilito nel contratto stesso. Tuttavia, se il termine scade in corso di viaggio, il contratto si intende prorogato fino al porto di ultima destinazione.

Se il porto di ultima destinazione è fuori della Repubblica, e la nave deve intraprendere un altro viaggio direttamente per un porto della Repubblica, l'arruolato è tenuto a continuare a prestare la sua opera sulla nave, ma, decorso il periodo determinato dagli usi, ha diritto ad un aumento di retribuzione nella misura stabilita dalle norme predette o in mancanza dagli usi, fino a che sia sbarcato nel porto di arruolamento.

Se la nave intraprende un altro viaggio per un porto fuori della Repubblica o non direttamente per un porto della Repubblica e l'arruolato consente a restare a bordo, l'arruolamento continua alle condizioni stabilite nel contratto, ma l'arruolato ha diritto ad un aumento della retribuzione nella misura fissata secondo il disposto del comma precedente.

제339조【음식의 축소에 대한 보상】 제301조에서 말하는 음식의 축소가 의장자의 귀책사유 없이 이루어지는 때에는, 의장자는 그 선원에게 그에 상당하는 금전을 지급하여야 한다. 만일 음식의 축소가 의장자의 귀책사유로 인하여 이루어지는 때에는 의장자는 그 선원에 대해 그로 인한 손해를 모두 보상하여야 한다.

제3절 계약의 실효와 해지

제340조【항해 완료로 인한 항해 단위 승선계약의 실효】 어느 단수 혹은 복수 항해를 목적으로 한 승선계약은 그 특정한 항해 혹은 계약상 마지막 항해를 종료하면 자동적으로 실효한다.

제341조【일정기간 승선계약의 기간만료로 인한 실효】 일정기간 승선을 목적으로 하는 승선계약은 그 계약에서 정한 기간이 만료되면 자동적으로 실효된다.

그러나 항해 도중에 이 기간이 만료되면 마지막 목적지 항구에 이르기까지 기간이 연장되는 것으로 본다.

마지막 목적지 항구가 이탈리아 이외 해외에 있고 선박이 바로 이탈리아 항구로 항해를 해야 하는 경우, 선원은 그 선박에서 업무를 계속하여야 하며, 다만 관행에 의하여 기간을 도과하면 그 기간에 대해 위에서 본 규정에서 정한 방식으로 계산한 바에 따라 그 보수가 증액되며, 달리 이러한 관행이 없으면 승선항구에 하선할 때까지 기간에 대하여 보수의 증액을 청구할 수 있다.

선박이 이탈리아 항구가 아닌 항구로 항해를 목적으로 하거나 이탈리아 항구로 바로 항해하는 것을 목적으로 하지 아니하는 경우, 선원이 그 선박에 계속하여 근무하는 것에 동의하면 계약에서 정한 조건으로 계속 근무하는 것으로 보며, 다만 그 선원은 전항에 규정된 바에 따라 계산하여 정한 보수의 증액을 요구할 수 있다.

Articolo 342 【Cessazione del contratto a tempo indeterminato per volontà di una delle parti】 Il contratto di arruolamento a tempo indeterminato cessa per volontà dell'armatore o dell'arruolato, purché ne sia dato preavviso nei termini stabiliti dagli usi.

Articolo 343 【Casi di risoluzione di diritto del contratto】 Il contratto di arruolamento si risolve di diritto:

1) in caso di perdita totale ovvero di innavigabilità assoluta della nave ovvero di innavigabilità per un periodo di tempo superiore ai sessanta giorni, determinate da naufragio o da altro sinistro della navigazione, nonché in caso di preda;
2) in caso di perdita della nazionalità della nave;
3) in caso di vendita giudiziale della nave;
4) in caso di morte dell'arruolato;
5) quando l'arruolato, per malattia o per lesioni, deve essere sbarcato o non può riassumere il suo posto a bordo alla partenza della nave da un porto di approdo;
6) quando l'arruolato è fatto prigioniero a bordo o mentre partecipa ad una spedizione in mare o in terra, per il servizio della nave;
7) in caso di cancellazione dalle matricole, di sospensione o interdizione dai titoli professionali o dalla professione marittima dell'arruolato;
8) in caso di revoca da parte dell'esercente la potestà o la tutela, del consenso alla iscrizione nelle matricole del minore di anni diciotto;
9) quando l'arruolato deve essere sbarcato per ordine dell'autorità;
10) quando l'arruolato fuori dei casi previsti nei numeri precedenti, non assume il proprio posto a bordo, nel termine stabilito, prima della partenza della nave dal porto di arruolamento o da un porto di approdo.

Articolo 344 【Presunzione di perdita della nave】 Quando, per mancanza di notizie, si presume che la nave sia perita, il contratto di arruolamento si

第342조 【당사자 일방의 의사에 의한 불확정기간계약의 실효】 불확정기간 근무를 목적으로 하는 승선계약은 의장자나 선원의 일방적인 의사표시에 의하여 실효되며, 다만 관행에 따라 정한 기간 내에 그에 대한 사전 통지를 하여야 한다.

第343조 【계약의 자동해지】 승선계약은 다음의 경우 자동으로 해지된다:

1) 난파 기타 항해사고로 인하여, 선박이 완전 멸실된 경우, 감항능력을 완전히 상실한 경우, 혹은 60일을 초과하는 기간동안 감항능력을 상실한 경우, 또는 선박이 약탈된 경우;

2) 선박이 국적을 상실한 경우;
3) 사법절차에 의하여 선박이 매각된 경우;
4) 선원이 사망한 경우;
5) 질병이나 상해로 인하여 선박으로부터 하선을 하였거나, 항구로부터 출항하는데 그 직책을 수행할 수 없을 때;

6) 육상 혹은 해상에서 선박을 위해 파견 업무를 수행하던 중, 혹은 선상에서, 선원이 납치된 경우;
7) 해원명부에서 삭제된 경우 혹은 선원자격이나 해원자격이 정지되거나 상실된 경우;
8) 18세 미만 미성년 선원이 법정대리인이나 후견인에 의해 선원등록에 대한 승낙이 취소된 경우;
9) 관계 관청의 명령에 의하여 선원이 하선을 하여야 하는 경우;
10) 선원이 전호 여러 경우와 별도로 승선항구나 기항항구에서 출항 이전에 약정한 기간 이내에 맡은 직무를 개시하지 아니하는 경우.

第344조 【선박의 멸실 추정】 소식 부재로 인하여 선박이 멸실되었다고 추정되는 경우, 승선계약은 피상속인 기타 이해관계인과의 관계에서 해지되

considera risolto nei confronti degli eredi presunti dell'arruolato e degli altri aventi diritto.

Articolo 345 【Facoltà di risoluzione del contratto da parte dell'armatore】 L'armatore ha facoltà, in qualsiasi tempo e luogo, di risolvere il contratto di arruolamento, salvi i diritti spettanti all'arruolato.

Articolo 346 【Sbarco dell'arruolato per cattivo trattamento】 L'autorità marittima o quella consolare su domanda dell'arruolato, può ordinare lo sbarco immediato se il comandante ha commesso contro di lui abusi di potere o ha tollerato che tali abusi fossero commessi da altre persone, ovvero non gli ha fornito, senza giustificato motivo, i viveri nella misura dovuta o l'assistenza sanitaria alla quale egli ha diritto.

In questo caso, il contratto si considera risolto per colpa dell'armatore.

Articolo 347 【Cambiamento dell'armatore】 Salvo il caso previsto nell'articolo 343, n. 2, in caso di cambiamento dell'armatore della nave, il nuovo armatore succede al precedente in tutti i diritti ed obblighi derivanti dai contratti di arruolamento dei componenti dell'equipaggio, ma questi possono chiedere la risoluzione del contratto all'arrivo della nave in un porto nazionale.

Articolo 348 【Decorrenza della cessazione o della risoluzione del contratto】 Nei casi previsti negli articoli 340 a 343, n. 8; 345, 347, il contratto di arruolamento cessa o si risolve dopo che siano compiute le operazioni di ormeggio e di scarico della nave nel porto nel quale l'arruolato deve essere sbarcato.

Nel caso previsto nell'articolo 343, n. 3, il contratto di arruolamento si risolve dalla data dell'ordinanza con la quale, a norma dell'articolo 655, è disposta la vendita all'incanto; ovvero in casi di esecuzione all'estero dalla data del provvedimento con il quale è disposta la vendita della nave.

Nel caso previsto nell'articolo 344, il contratto si considera risolto nel

었다고 간주한다.

제345조 【의장자의 승선계약해지권】 의장자는 시간과 장소를 가리지 아니하고 승선계약을 해지할 권리가 있고, 다만 이로 인하여 선원의 권리에는 영향을 미치지 아니한다.

제346조 【부당한 대우로 인한 하선】 선장이 선원에 대하여 권한을 이용 위법행위를 저지른 경우, 선장이 다른 사람이 이러한 불법행위를 저지르는 것을 허용한 경우 및 정당한 이유 없이 선장이 정당한 수량만큼의 식사를 제공하지 아니하거나 해원의 권리인 의료 양호가 제공되지 아니한 경우, 선원의 요청이 있으면 해운관청이나 영사관은 그 선원의 즉각적인 하선을 명할 수 있다.

이러한 경우 승선계약은 의장자의 귀책사유로 해지된 것으로 본다.

제347조 【의장자의 변경】 제343조 제2호의 경우를 제외하고는, 선박 의장자에 변경이 생기면 새로운 의장자는 선원과 승선계약으로 생기는 모든 권리와 의무를 이전 의장자로부터 승계하며, 그리고 나서 그 선박이 이후 국내 항구에 도착하면 선원은 승선계약의 해지를 요구할 수 있다.

제348조 【계약해지 혹은 계약실효의 발효】 제340조 내지 제343조 제8호, 제345조 및 347조의 경우 선원이 하선할 항구에서 선박이 계류와 양륙 작업을 완료한 후에 실효되거나 해지된다

제343조 제3호의 경우 제655조 규정에 따라 매각이 이루어지는 명령 일자에 승선계약이 해지된다; 해외에서 절차가 이루어지는 경우 선박의 매각이 이루어지는 조치 일자에 해지된다.

제344조의 경우 선박이 멸실되었다고 추정되는 날에 승선계약이 해지되는 것으로 본다.

giorno in cui la nave si presume perita.

Articolo 349 【Retribuzioni spettanti all'arruolato in caso di risoluzione del contratto】 In ogni caso di risoluzione del contratto:

1) se la retribuzione è stabilita a tempo, questa è dovuta all'arruolato fino al giorno della risoluzione;
2) se la retribuzione è stabilita a viaggio o in forma di partecipazione al profitto o al nolo, è dovuta all'arruolato la parte della somma convenuta o la parte della quota o del minimo garantito spettanti, commisurata alla durata del servizio prestato, in rapporto alla durata massima del viaggio, prevedibile al momento della stipulazione del contratto.

Se la retribuzione è stabilita in forma di partecipazione al profitto o al nolo, in caso di risoluzione del contratto per una delle cause previste nell'articolo 343, numeri 2, 3, 4, 5 e 6, nonché negli articoli 345, 346, è dovuta l'intera quota spettante all'arruolato in base al contratto.

Articolo 350 【Mantenimento a bordo dopo la cessazione o la risoluzione del contratto】 I componenti dell'equipaggio hanno diritto ad essere mantenuti a bordo anche dopo la cessazione o la risoluzione del contratto di arruolamento, finché siano interamente soddisfatti delle somme loro dovute in dipendenza del contratto stesso.

In questo caso deve inoltre essere corrisposta agli arruolati, per tutto il tempo durante il quale restano a bordo, la retribuzione stabilita dal contratto.

Il comandante può ottenere dall'autorità marittima o consolare l'autorizzazione allo sbarco dell'arruolato, pagando a questo la somma non contestata ed eseguendo, per la parte rimanente, un deposito cauzionale presso l'autorità stessa, nella misura e con le modalità da questa determinate.

제349조 【계약해지시 선원의 보수】 승선계약이 해지된 경우 보수는 아래와 같다.

1) 기간을 기준으로 운임을 약정한 때에는 해지하는 날까지 보수를 지급하여야 한다.
2) 항해를 단위로 혹은 운임이나 수익의 분배 방식으로 보수를 약정한 때에는 계약 체결시 예상을 기준으로 정한 최장 항해기간에 대한 실제 근무한 기간의 비례를 적용한 약정 운임의 일부 혹은 수익이나 운임의 일부나 최저보장금액을 지급하여야 한다.

만일 운임이나 수익의 배분 방식으로 보수를 정한 경우, 제343조 제2호, 제3호, 제4호, 제5호 및 제6호는 물론 제345조 및 제346조에서 말하는 사유로 승선계약이 해지된 때에는 계약에 기해 선원에 지급될 보수 전액을 지급하여야 한다.

제350조 【계약해지나 실효 후 선상체류】 승선계약이 실효되거나 해지된 다음에도 선원은 승선계약에 기한 채무가 완전히 변제될 때까지 선상에 체류할 권리가 있다.

이 경우 그 외에 그 선원이 선상에 체류하는 전 기간 동안 계약에서 정한 보수를 선원에게 지급하여야 한다.

선장은 선원에게 이견이 없는 채무액을 지급하고 이어서 나머지 금액에 대해 해운관청이나 영사관이 정하는 방법과 계산으로 정한 금액을 보증하기 위한 공탁을 한 다음 그 관청으로부터 그 선원의 하선 허락을 받을 수 있다.

Capo IV Dei diritti derivanti dalla cessazione e dalla risoluzione del contatto

Articolo 351 【Indennità in caso di cessazione del contratto a tempo indeterminato per volontà dell'armatore】 In caso di cessazione del contratto di arruolamento a tempo indeterminato per volontà dell'armatore, è dovuta all'arruolato una indennità pari al numero di giornate di retribuzione determinato [dalle norme corporative][21)] o in mancanza, dagli usi, per ogni anno o frazione di anno di servizio prestato.

Ai fini dell'applicazione del comma precedente devono essere computati i periodi di infermità per i quali l'arruolato abbia avuto diritto al trattamento previsto nell'articolo 356 (2).

Articolo 352 【Indennità in caso di risoluzione del contratto a tempo indeterminato】 In caso di risoluzione del contratto di arruolamento a tempo indeterminato, è dovuta all'arruolato un'indennità nella misura stabilita dall'articolo precedente salvo che la risoluzione avvenga per fatto imputabile all'arruolato stesso.

Articolo 353 【Indennità in caso di risoluzione del contratto per la perdita o la innavigabilità assoluta della nave】 Nel caso di risoluzione del contratto previsto nel n. 1 dell'articolo 343, gli arruolati che, in base al contratto, erano retribuiti a tempo o a viaggio, hanno diritto per il periodo durante il quale restano disoccupati per causa loro non imputabile, ad una indennità giornaliera in misura pari alla retribuzione entro i limiti di tempo stabiliti da leggi speciali o da norme corporative.

In caso di perdita di indumenti o di attrezzi di proprietà degli arruolati

---

21) Le norme corporative sono state abrogate, quali fonti di diritto, per effetto della soppressione dell'ordinamento corporativo, disposta con r.d.l. 9 agosto 1943, n. 721 e della soppressione delle organizzazioni sindacali fasciste, disposta con d.lg. lgt. 23 novembre 1944, n. 369.

제4절 승선계약의 실효나 해지로 인하여 발생하는 권리

제351조 【불확정기간 승선계약의 의장자에 의한 계약실효시 보상】 불확정기간 승선계약이 의장자의 일방적인 의사에 의하여 실효된 경우, 선원은 실제로 근무를 하였던 매년 혹은 그 일부마다, 단체협약이나 단체협약이 없으면[54] 관행에 의하여 정하여지는 일정한 숫자의 날짜에 해당하는 보수에 상당한 보상을 청구할 수 있다.

위 규정을 적용함에 있어 선원이 몸이 불편하여 제356조의 규정에 따라 선원이 양호를 청구할 수 있는 기간은 이를 산입한다.

제352조 【불확정기간 승선계약이 해지된 경우 보상】 불확정기간 승선계약이 해지된 경우, 선원은 전조 규정에 의하여 계산한 보상을 청구할 수 있고, 다만 그 해지가 선원이 책임질 사유로 인하여 발생한 때에는 그러하지 아니하다.

제353조 【선박의 멸실 혹은 절대적 감항능력상실로 인한 계약해지시 보상】 제343조 제1호에서 말하는 계약해지의 경우, 승선계약에 의거 근무시간을 기준으로 혹은 항해단위로 보수를 받은 때에, 그 선원은 그가 책임질 수 없는 사유로 업무에 종사하지 못한 기간동안, 특별법에 의하여 정하는 기간의 범위 내에서, 약정한 보수와 동일한 금액으로 일당으로 보상받는다.

난파나 기타 해상사고 혹은 약탈의 결과로 선원 소유 의복 혹은 공구가 멸실된 경우, 선원은 그 의복이나 공구의 가격에 해당되는 금액의 보상을 청구할 수 있다.

---

54) 단체협약 제도는 1944년에 폐지되었다.

in seguito al naufragio, al sinistro o alla preda, spetta agli arruolati stessi un'indennità corrispondente al valore degli indumenti o degli attrezzi perduti.

Articolo 354 【Indennità nel caso di perdita presunta】 Se il contratto di arruolamento è considerato risolto ai sensi dell'articolo 344, è dovuta:

1) nel caso di retribuzione a tempo, un'indennità pari alla metà della retribuzione per la presumibile durata residua del viaggio dal giorno successivo a quello cui risalgono le ultime notizie, e in ogni caso a non meno di due mensilità;
2) nel caso di retribuzione a viaggio, un'indennità pari alla differenza fra la parte di retribuzione maturata alla data di risoluzione del contratto e la metà dell'intera retribuzione, se la nave si presume perita nell'andata, e l'intera retribuzione, se la nave si presume perita nel ritorno.

L'indennità è attribuita alle persone che hanno diritto alle prestazioni in caso di morte dell'assicurato, in base alle disposizioni sulle assicurazioni contro gli infortuni sul lavoro (1). In mancanza di aventi diritto ai sensi del comma precedente, la indennità è devoluta alla cassa nazionale per la previdenza marinara.

Articolo 355 【Indennità in caso di morte dell'arruolato】 In caso di risoluzione del contratto per morte dell'arruolato, se l'arruolato è morto per la salvezza della nave, è dovuta in ogni caso, indipendentemente dall'indennità prevista nell'articolo 352, una indennità pari all'intera retribuzione per la presumibile durata residua del viaggio, alla data della morte.

Si applicano, per l'attribuzione dell'indennità, il secondo e il terzo comma dell'articolo precedente.

Articolo 356 【Trattamento spettante dopo la risoluzione del contratto all'arruolato ammalato o ferito】 Fuori dei casi nei quali le leggi speciali

제354조 【의제 멸실의 경우 보상】 승선계약이 제344조에서 말하는 것 같이 해지되었다고 보는 경우, 다음과 같은 금액을 보상한다.

1) 기간으로 정한 보수의 경우, 마지막 소식을 들은 날로부터 잔여 예상 항해기간동안 보수의 절반에 해당하는 금액을 보상하며, 여하한 경우라도 최소 2개월 이상 보수를 기준으로 보상한다.

2) 항해를 단위로 약정한 보수인 경우, 만일 진행항해를 하다가 멸실된 것으로 추정하는 경우 계약 해지 시까지 발생한 보수와 보수 전액의 반액에 해당하는 금액의 차이에 상당하는 금액을 보상하고, 만일 회귀항해를 하던 중에 멸실된 것으로 보는 경우 보수 전액에 상당하는 금액을 보상한다.

이러한 보상은 재해보험에 관한 규정에 의하여 피보험자가 사망시에 급부를 청구할 권리를 가진 사람에게 귀속한다.

전항의 규정에 의한 권리자가 없는 경우 그 보상금은 국립선원구호기금에 귀속한다.

제355조 【선원의 사망시 보상】 선원이 사망하여 승선계약이 해지된 경우, 만일 그 선원이 선박을 구조하다가 사망에 이르렀다면 위 제352조에서 말하는 보상과는 별도로 여하한 경우라 하더라도 사망일로부터 잔여 예상 항해기간의 보수 전액에 해당하는 보상을 요구할 수 있다.

보상의 부여에 관하여는 전조 제2항 및 제3항의 규정이 적용된다.

제356조 【질병 혹은 상해 선원의 계약해지 후 보호】 특별법에 의하여 선원질병에 대한 부보가 의무로 된 경우를 제외하고는, 선원이 질병이나 상

rendono obbligatoria l'assicurazione dell'equipaggio contro le malattie, quando il contratto è risolto, perché l'arruolato, a causa di malattia o di lesioni, ha dovuto essere sbarcato o non ha potuto riprendere il proprio posto a bordo dopo lo sbarco in un porto di approdo, l'armatore, sempre che non ricorra uno dei casi previsti nel secondo comma dell'articolo 336, è tenuto a provvedere a proprie spese alla cura dell'arruolato, e a corrispondergli una indennità giornaliera in misura pari alla retribuzione, per tutto il tempo della cura, ma non oltre quattro mesi dalla data della risoluzione del contratto.

Se la malattia o le lesioni dipendono da causa di servizio, il limite di tempo stabilito nel comma precedente è elevato a sei mesi.

Le disposizioni dei due comma precedenti si applicano anche alle malattie, che si manifestano nei ventotto giorni successivi alla cessazione o alla risoluzione del contratto, quando dipendono da causa di servizio.

Articolo 357【Indennità in caso di cattura dell'arruolato】 In caso di risoluzione del contratto per effetto di cattura dell'arruolato, indipendentemente dall'indennità prevista nell'articolo 352, è dovuta in ogni caso una indennità pari all'intera retribuzione per la presumibile durata residua del viaggio, successivamente alla data della cattura.

Articolo 358【Indennità in caso di risoluzione del contratto per volontà dell'armatore】 Se l'armatore esercita la facoltà di risoluzione del contratto a tempo indeterminato, senza preavviso, ai sensi dell'articolo 345, è dovuta all'arruolato, oltre alla indennità prevista nell'articolo 352, un'altra indennità pari a tante giornate di retribuzione, quanti avrebbero dovuto essere i giorni di preavviso, a norma dell'articolo 342.

Nel caso previsto dal comma precedente, se il preavviso è dato in misura inferiore a quella determinata ai sensi dell'articolo 342, è dovuta un'indennità pari a tante giornate di retribuzione quanti sono i giorni di preavviso mancanti.

해로 완전히 하선을 하거나 어느 기착항에서 하선을 한 다음 원래 직책을 재개할 수 없게 되어 그 선원과 승선계약이 해지된 때에는, 위 제336조 제2항에서 말하는 어느 경우에 해당되지 않는다면, 의장자는 자기의 비용으로 선원의 치료에 필요한 조치를 취하여야 하고, 그 치료 기간 전부에 대하여 보수에 상당하는 금액을 일당으로 보상할 의무가 있고, 이 기간은 계약 해지일로부터 4개월을 초과하지 못한다.

질병이나 상해가 근무에 기인하는 것이라면 전항의 제한기간은 6개월로 연장된다.

질병이 업무에 기인한 것이면, 승선계약이 실효나 해지된 다음 28일 이내에 발견된 때에도, 위 두 항의 규정이 그 질병에 적용된다.

제357조【선원의 납치】 선원이 납치되어 그 결과 승선계약이 해지된 경우, 위 제352조 소정의 보상과는 별도로, 여하한 경우라 하더라도 납치 이후 잔여 예상 항해기간 보수 전액에 해당하는 보상을 청구할 수 있다.

제358조【의장자의 일방적인 계약해지로 인한 보상】 불확정기간 승선계약을 제345조 소정의 권한을 행사하여 사전예고 없이 의장자가 해지한 경우, 제352조 소정의 보상 이외에 제342조의 규정에 따라 미리 예고를 하였어야 할 사전 기간에 해당하는 날에 해당하는 보상을 요구할 수 있다.

전항에서 말하는 경우에 만일 예고가 제342조 소정의 기간보다 축소된 기간에 주어진 때에는 선원은 그 부족한 예고 기간에 해당하는 날짜의 보수에 상당하는 보상을 청구할 수 있다.

의장자가 제345조의 권한에 의하여 항해단위 승선계약을 항해 완료 이전에 해지하거나 확정기간 승선계약을 그 만료 이전에 해지한 경우 선원은 다음과 같은 권리가 있다.

Se l'armatore esercita la facoltà di risoluzione del contratto a viaggio, prima del compimento del viaggio, o del contratto a tempo determinato, prima della scadenza ai sensi dell'articolo 345, l'arruolato ha diritto:

1) se la risoluzione del contratto avviene nel porto di arruolamento, prima della partenza, ad una indennità pari a quarantacinque giorni di retribuzione, ovvero pari alla intera retribuzione, se la presumibile durata del viaggio o il tempo per il quale il contratto è stato stipulato è inferiore a quarantacinque giorni;
2) se la risoluzione del contratto avviene dopo la partenza, ad una indennità pari alla retribuzione che gli sarebbe spettata per la presumibile durata del viaggio o per la durata del contratto.

Articolo 359 【Casi di esclusione del diritto a indennità】 Le indennità stabilite dall'articolo precedente non sono dovute, se la risoluzione del contratto avviene:

1) per colpa dell'arruolato;
2) per effetto di interdizione del commercio con il luogo di destinazione della nave, arresto della nave, o altra causa non imputabile all'armatore che renda impossibile l'inizio o la prosecuzione del viaggio;
3) a causa di disarmo per mancanza di traffico, per un periodo non inferiore a quindici giorni, o di disarmo per riclassifica della nave o per grandi riparazioni di durata non inferiore a trenta giorni.

Qualora per l'interdizione del commercio con il luogo di destinazione o per l'arresto della nave sia attribuita una indennità all'armatore, gli arruolati hanno diritto alle indennità previste nell'articolo precedente, ma l'ammontare delle indennità corrisposte all'intero equipaggio non può superare il terzo dell'indennità conseguita dall'armatore.

Articolo 360 【Indennità in caso di perdita della nazionalità della nave o di sbarco dell'arruolato per cattivo trattamento】 Nei casi previsti

1) 승선항에서 출발 이전에 해지가 되면 45일 보수에 해당하는 보상을 하고, 만일 단위 항해의 예상 기간 혹은 약정으로 확정된 기간이 45일 미만인 경우 보수 전액에 상당하는 보상을 요구할 수 있다.

2) 출항을 한 다음 계약이 해지되면 지정된 항해의 예상 기간 혹은 계약으로 약정한 기간에 발생할 보수에 상당하는 보상을 요구할 수 있다.

제359조 【보상청구권의 배제사유】 전조에 규정한 보상청구권은 계약해지가 다음 사유로 발생한 경우에는 발생하지 아니한다.

1) 선원의 잘못에 기인한 경우;
2) 선박의 목적지와 상업의 금지, 선박의 억류, 기타 의장자의 책임 없는 사유로 인하여 항해의 개시나 지속이 불가능하게 된 경우;

3) 화물 부족으로 15일 이상 선박이 계류하고 있는 경우, 혹은 선급 변경 혹은 대규모 수리를 위하여 30일 이상 계류하고 있는 경우.

그러나 목적지와 영업의 금지 혹은 선박의 억류로 인해 의장자가 그에 대한 보상청구권을 취득하게 된 경우, 선원은 전조 소정의 보상청구권을 가지며, 다만 선원 전부에 지급될 보상금은 의장자가 취득한 보상금의 3분지 1을 초과하지 못한다.

제360조 【선박의 국적상실 혹은 부당한 대우로 인한 선원 하선의 경우 보상】 제343조 제2호 및 제346조의 경우, 제352조 소정의 보상과는 별도로,

negli articoli 343, n. 2, e 346, oltre all'indennità stabilita nell'articolo 352, l'arruolato ha diritto anche alla indennità stabilita nell'articolo 358, salvo, quando si tratta dell'applicazione dell'articolo 346, il risarcimento dei danni derivati all'arruolato dal fatto del comandante o dalla risoluzione del contratto.

Articolo 361【Determinazione delle indennità previste dagli articoli precedenti】 Quando a norma delle disposizioni di questo capo, una indennità è commisurata alla retribuzione stabilita nel contratto, si intendono comprese nella retribuzione la paga base, la panatica e le indennità accessorie di carattere fisso e continuativo, a tale fine indicate dalle norme dei contratti collettivi di lavoro.

Se la retribuzione è convenuta a viaggio o a partecipazione al profitto o al nolo, l'indennità è determinata sulla base della somma fissata nel contratto, o della quota che sarebbe spettata all'arruolato in relazione alla durata del viaggio prevedibile alla data della stipulazione del contratto stesso.

A partire dal 1° febbraio 1977 non possono computarsi ai fini del calcolo delle indennità di cui agli articoli 351 e 352 gli ulteriori aumenti dell'indennità di contingenza e/o di emolumenti aventi analoga natura scattati posteriormente al 31 gennaio 1977.

Articolo 362【Decorrenza delle indennità previste negli articoli precedenti】 Quando le disposizioni di questo capo attribuiscono all'arruolato il diritto ad una indennità giornaliera per un determinato periodo successivo alla cessazione o alla risoluzione del contratto, detto periodo, nel caso che l'arruolato abbia diritto al rimpatrio, decorre dal giorno successivo a quello in cui il rimpatrio stesso è stato effettuato.

Quando la risoluzione del contratto è determinata da una delle cause indicate nell'articolo 343, n. 1, e dal fatto sono derivate malattie o lesioni per le quali il trattamento spettante all'arruolato è regolato dall'articolo

제358조 소정의 보상을 청구할 권리가 있고, 다만 제346조를 적용하여 보상을 하는 때에 선장의 행위나 계약의 해지로 인하여 선원이 입은 손해의 배상은 그러하지 아니하다.

제361조 【위 조문들에 의한 보상의 결정】 본절의 규정에 의한 보상이 약정한 보수에 연동되어 있는 경우, 그 보수는 단체협약의 규정에 언급된 바에 따라 기본급, 식비 및 고정되고 지속적인 성격의 부수적 보상을 포함한다고 본다.

항해를 단위로 정하는 방식이나 혹은 운임이나 수익에 참여하는 방식으로 보수가 책정된 경우, 계약에서 확정한 금액에 기초하거나, 혹은 계약 체결시에 예상한 항해 기간에 선원에게 귀속하였을 지분을 기초하여 보상금을 결정한다.

1977년 2월 1일부터는 제351조 및 제352조에 따라 보상금을 산정함에 있어 1977년 1월 31일 이후 발생하는 우연적 보상 기타 유사 성격의 보수가 후발적으로 증액된 때에는 이를 산입하지 아니한다.

제362조 【위 규정에 의한 보상청구권의 진행】 본절의 규정에 의하여 계약이 실효되고 해지된 연후에 일정 기간동안 일당으로 계산한 보상을 청구할 수 있는 경우, 만일 그 선원이 송환을 요구할 권리를 가진 때에는, 그 기간은 귀환이 완료된 날의 다음 날로부터 진행한다.

제343조 제1호에 기재된 사유로 계약이 해제되고, 그로 인하여 질병이나 상해가 있었고, 제356조 규정에 따라 선원이 양호를 요구할 수 있는 경우, 제353조에 의한 보상은 그 양호가 종료된 날로부터 진행한다.

356, l'indennità di cui all'articolo 353 decorre dal giorno in cui cessa il trattamento predetto.

Capo V Del rimpatrio dell'arruolato

Articolo 363 【Obbligo del rimpatrio dell'arruolato】 Quando il contratto cessa o si risolve in luogo diverso dal porto di arruolamento, l'armatore è tenuto a provvedere al rimpatrio dell'arruolato.

Se la risoluzione del contratto è avvenuta per colpa dell'arruolato, ovvero per malattia o lesioni, nei casi previsti nel secondo comma dell'articolo 336, l'armatore ha diritto ad essere rimborsato dall'arruolato delle spese sostenute per il suo rimpatrio.

Qualora l'armatore non provveda, il rimpatrio è eseguito a cura dell'autorità marittima o consolare. L'autorità marittima emette ingiunzione a carico dell'armatore per il rimborso delle spese sostenute dallo Stato.

Articolo 364 【Contenuto dell'obbligo del rimpatrio】 L'obbligo di provvedere al rimpatrio dell'arruolato comprende le spese necessarie per il viaggio, l'alloggio e il mantenimento, fino all'arrivo a destinazione, nonché, durante l'eventuale ricovero della nave in stazione sanitaria, fino all'ammissione a libera pratica.

Fuori dei casi previsti nel secondo comma dell'articolo precedente, l'armatore è tenuto a corrispondere all'arruolato, durante il rimpatrio, una indennità giornaliera pari alla retribuzione determinata ai sensi dell'articolo 361.

In caso di naufragio, l'armatore è altresì tenuto a fornire ai componenti dell'equipaggio gli indumenti necessari.

Articolo 365 【Rimpatrio dell'arruolato ammalato o ferito】 Se l'arruolato è sbarcato per malattia o lesioni, nei casi in cui non è

제5절 선원의 송환

제363조 【선원 송환의무】 승선계약이 승선항구 이외 지역에서 실효되거나 해지되면 의장자는 선원의 송환에 필요한 조치를 취할 의무가 있다.

만일 선원의 귀책사유로 인하여 혹은 제336조 소정의 질병 혹은 상해로 인하여 승선계약이 해지되면, 의장자는 송환에 소요된 비용을 선원으로부터 구상할 수 있다.

만일 의장자가 송환 조치를 하지 아니하면 해운관청 혹은 영사관이 책임지고 송환 조치를 한다. 그러면 해운관청은 의장자를 상대로 국가가 부담한 비용에 대해 보상을 명할 수 있다.

제364조 【송환의무의 내용】 선원에 대한 송환조치의무에는 목적지에 도달할 때까지 여행, 숙식 및 체재에 필요한 비용이 포함되며, 안전 장소에서 선박의 거처기간을 포함하며, 자유로운 활동이 보장되는 때까지의 기간을 말한다.

전조 제2항 소정의 경우가 아닌 한, 의장자는 이러한 송환기간에 대해 제361조에 정한 바에 따라 일당 보상에 상당하는 보수를 지급하여야 한다.

난파를 당한 경우, 그 외에도, 의장자는 선원에게 필요한 의복을 공급하여야 한다.

제365조 【질병이나 부상을 당한 선원의 송환】 선원이 질병 혹은 상해로 인하여 하선을 한 경우, 특별법에 달리 규정이 없다면, 선장은 치료와 송환

diversamente disposto da leggi speciali, il comandante deve depositare presso l'autorità marittima o consolare l'indennità spettante all'arruolato ai sensi del secondo comma dell'articolo precedente, nonché la somma necessaria per la cura e il rimpatrio.

All'estero, dove non sia autorità consolare, il comandante deve provvedere al ricovero dell'arruolato in luogo di cura, depositando presso l'ente o la persona incaricata della cura le somme indicate nel comma precedente.

Se il rimpatrio deve avvenire prima che l'arruolato sia completamente guarito, vi si provvede seguendo le prescrizioni del medico che ha avuto in cura l'arruolato medesimo; quando il viaggio deve compiersi per mare, esso è effettuato, qualora le prescrizioni mediche lo esigano, su nave provvista del servizio sanitario.

Articolo 366 【Luogo di rimpatrio】 Il rimpatrio dell'arruolato si compie con il suo ritorno al porto di arruolamento.

Tuttavia, se l'arruolato ne fa richiesta e non vi è aumento di spesa, il rimpatrio deve essere effettuato provvedendo al ritorno in altra località da lui indicata.

Articolo 367 【Rimpatrio a mezzo di imbarco su altra nave】 L'obbligo di provvedere al rimpatrio dell'arruolato può essere soddisfatto, procurando alla persona sbarcata una conveniente occupazione retribuita su altra nave, che si rechi nel luogo di rimpatrio o in località vicina. In quest'ultimo caso sono a carico dell'armatore le spese per la prosecuzione del viaggio fino al luogo di rimpatrio.

Se la retribuzione percepita dall'arruolato a bordo della nave, sulla quale è imbarcato, è inferiore alla indennità spettantegli ai sensi del secondo comma dell'articolo 364, l'armatore è tenuto a corrispondergli la differenza.

Articolo 368 【Rimpatrio di stranieri arruolati su navi italiane】 Le disposizioni di questo capo si applicano agli stranieri arruolati su navi

은 물론 전조 제2행의 규정에 의해 선원에게 귀속하는 보상금을 해운관청 혹은 영사관에 예치하여야 한다.

영사관이 없는 해외에서는 선장은 치료하는 장소에 선원의 거처를 마련하여야 하며, 이를 위하여 치료를 책임진 기관이나 사람에게 전항에서 말하는 금액을 예치하여야 한다.

선원이 치료를 마치기 이전에 송환을 해야 하는 경우, 선원을 치료한 의사의 지시를 따라야 한다; 해상 여행이 포함되어 있는 경우, 의사의 지시가 그것을 요구하면 선박에 양호설비가 갖추어져 있어야 한다.

제366조【송환 장소】 선원의 송환은 그 선원을 승선항구로 귀환시키는 방식으로 한다.

다만 선원의 요청이 있고 거기에 비용이 추가되지 아니하면, 선원이 요청하는 그 이외 지역으로 귀환하는 조치를 하여야 한다.

제367조【다른 선박에 승선하는 방식의 송환】 선원송환조치의무는 다른 선박 선상에 적당한 보상이 따르는 직책을 마련하여 하선한 선원으로 하여금 송환지나 인근지로 가게 할 수도 있다. 이 마지막 경우 송환지까지 여행의 완료 비용은 이를 의장자가 부담하여야 한다.

승선한 선박으로부터 선원이 받은 보수가 제364조 제2항 소정의 선원보수보다 적은 경우, 의장자가 그 차이를 선원에 보상하여야 한다.

제368조【이탈리아 선박에 승선한 외국인의 송환】 국적선에 승선한 외국 선원에 대하여도 본절의 규정이 적용되나, 다만 그 선원의 국적 국가가 자

nazionali, purché gli Stati di cui essi hanno la cittadinanza assicurino eguale trattamento ai cittadini italiani arruolati su navi che battono la loro bandiera.

Capo VI Disposizioni varie

Articolo 369 【Cedibilità, sequestrabilità e pignorabilità dei crediti dell'arruolato verso l'armatore】 Le retribuzioni degli arruolati possono essere cedute, sequestrate o pignorate fino ad un quinto del loro ammontare ed esclusivamente per alimenti dovuti per legge o per debiti certi, liquidi ed esigibili verso l'armatore, dipendenti dal servizio della nave (1).[22)]

La quota della retribuzione corrispondente al vitto e le somme dovute dall'armatore per il rimpatrio dell'arruolato, o per spese di cura, nonché quelle dovute dall'istituto assicuratore a norma delle leggi speciali, non possono essere cedute, sequestrate né pignorate, neppure entro il limite stabilito dal comma precedente.

L'arruolato può chiedere all'armatore, all'atto dell'imbarco, che una parte della retribuzione sia versata a persona della sua famiglia.

Se l'armatore o il comandante si oppone alla richiesta prevista dal comma precedente, la vertenza è risolta, con provvedimento non soggetto ad alcuna impugnazione, dall'autorità marittima o consolare del luogo dove si trova la nave.

Articolo 370 【Impignorabilità e insequestrabilità di indumenti e strumenti】 Oltre le cose che, a norma del codice di procedura civile e delle leggi speciali, non sono soggette a sequestro né a pignoramento, non possono essere sequestrati né pignorati per alcun titolo:

1) gli indumenti della gente di mare navigante necessari per i servizi di

---

22) La Corte costituzionale, con sentenza 15 marzo 1996, n. 72, ha dichiarato l'illegittimità costituzionale del presente comma.

국선 선박에 승선한 이탈리아인 선원에 동일한 대우를 해 주는 경우에 한 한다.

제6절 여타 규정

제369조【선원의 의장자에 대한 채권의 양도성, 압류성 및 입질성】 선원의 보수는 총액의 5분지 1까지 양도, 압류 혹은 입질할 수 있고, 오로지 법률에 의하여 의무로 된 식료품을 위하거나 또는 명백하고 금액이 확정적이며 선주에 대하여 요구할 수 있고 선박에 대한 서비스를 기초로 한 채무를 위하여서만 양도, 압류 혹은 입질할 수 있다.[55)]

보수에 포함된 식비에 상응하는 부분, 선원의 송환이나 치료의 비용 때문에 선주가 지급하여야 할 금액은 물론, 특별법에 의하여 보험기관이 지급할 금액은 전항에 규정한 범위 이내 금액일지라도 이를 양도, 압류 혹은 입질할 수 없다.

선원은 승선을 하면서 승선서를 통해 보수의 일부를 어느 가족에게 지급하여 줄 것을 요구할 수 있다.

만일 의장자나 선장이 전항 소정의 요구에 반대를 하는 경우, 선박 소재지 해운관청이나 영사관이 이견을 조정하며 이에 대하여는 다른 이의를 하지 못한다.

제370조【식료품과 공구의 압류 혹은 입질 불가능성】 민사소송법 혹은 특별법에 의하여 압류나 입질의 대상이 될 수 없는 물건과 별도로, 다음 물건은 그 권원이 무엇이든 압류나 입질의 대상이 될 수 없다.

1) 선상 근무를 위해 필요한 해원의 식료품

---

55) 본항 규정은 위헌이라 무효라고 헌법재판소가 1996년 판시하였다고 한다.

bordo;

2) gli strumenti e gli altri oggetti appartenenti alla gente di mare navigante destinati all'esercizio della professione.

Articolo 371 【Esercizio dei diritti spettanti agli eredi e agli altri aventi diritto in caso di perdita presunta della nave】 I diritti spettanti agli eredi presunti dell'arruolato e agli altri aventi diritto nel caso in cui la nave, per mancanza di notizie, sia considerata perita, possono essere fatti valere soltanto dopo la cancellazione della nave dal registro d'iscrizione.

Articolo 372 【Effetti della chiamata o del richiamo alle armi】 Gli effetti della chiamata o del richiamo alle armi dell'arruolato sul contratto e il trattamento spettante in questi casi all'arruolato sono determinati da leggi speciali, [dalle norme corporative], o, in mancanza, dagli usi.

Articolo 373 【Prescrizione】 I diritti derivanti dal contratto di arruolamento si prescrivono col decorso di due anni dal giorno dello sbarco nel porto di arruolamento successivamente alla cessazione o alla risoluzione del contratto. In caso di più contratti a tempo determinato o a viaggio, che a sensi dell'articolo 326 siano regolati dalle norme sul contratto a tempo indeterminato, il termine decorre dal giorno dello sbarco nel porto di arruolamento successivamente alla cessazione o alla risoluzione dell'ultimo contratto.

La prescrizione dei diritti spettanti agli eredi dell'arruolato ed agli altri aventi diritto in caso di perdita della nave decorre dalla data di cancellazione di questa dal registro d'iscrizione.

Articolo 374 【Derogabilità delle norme】 Le disposizioni degli articoli 323, 324; 328 a 334; 336, primo e secondo comma; 346, 347; 363 a 371 non possono essere derogate né dalle norme corporative, né dal contratto individuale di arruolamento.

Le disposizioni degli articoli 326; 336, terzo comma; 337 a 345; 348 a

2) 해원의 소유로서 그 직책의 수행을 위하여 필요한 공구 기타 물건

제371조【선박의 의제멸실시 상속인 기타 권리자에 속한 권리의 행사】 소식의 부재로 인하여 선박이 멸실된 것으로 간주되는 경우, 선원의 의제상속인 기타 권리귀속자의 권리는 선박의 등록이 취소되고 난 다음에 비로소 행사가 가능하다.

제372조【징집 및 소집 명령의 효과】 선원이 군사상 징집이나 소집이 되면 그로 인한 계약의 효력이나 그에 대한 조치는 특별법이나 단체협약에[56] 의하고 그것이 없으면 관행에 의한다.

제373조【시효】 승선계약에 기한 권리는 계약의 실효나 해지가 있은 후 승선지에서 하선한 날로부터 2년이 경과하면 시효로 인하여 소멸한다. 확정기간 승선계약 혹은 항해단위 승선계약이 다수 있어 제326조에 따라 불확정기간 계약에 준하여 규율이 되는 때에는 이 기간은 마지막 계약의 실효나 해지가 있는 다음 승선항에서 하선한 날로부터 계산한다.

선박이 멸실되어 상속인 기타 권리귀속자가 갖는 권리는 선박등록이 취소된 날로부터 시효기간이 진행된다.

제374조【규정의 감경성】 제323조, 제324조; 제328조 내지 제334조; 제336조 제1항 및 제2항; 제346조, 347조; 제363조 내지 제371조 규정은, 선

56) 1944년에 제도가 폐지되었다.

362 possono essere derogate [dalle norme corporative]; non possono essere derogate dal contratto individuale se non a favore dell'arruolato.

Tuttavia, neppure con le norme corporative, si può aumentare il termine previsto dal primo e dal secondo comma dell'articolo 326, né si può diminuire il termine previsto dal terzo comma dello stesso articolo.

Articolo 375 【Contratto di lavoro del personale navigante della navigazione interna】 Al contratto di lavoro del personale navigante addetto alla navigazione interna non si applicano le disposizioni degli articoli 323, 328, 330, 331, 333, 343 n. 5, 369 terzo comma.

La prestazione del servizio, agli effetti del terzo comma dell'articolo 326, è considerata ininterrotta quando fra la cessazione di un contratto e la stipulazione del contratto successivo intercorre un periodo non superiore ai trenta giorni. Il contratto deve, a pena di nullità, esser fatto per iscritto, fatta eccezione per le navi di stazza lorda non superiore alle venticinque tonnellate. Il contratto è conservato fra i documenti di bordo.

La risoluzione del contratto in caso di cambiamento dell'armatore, a norma dell'articolo 347, può esser chiesta all'arrivo nel porto di assunzione, o comunque al termine di trenta giorni.

La retribuzione, gli altri diritti e le indennità previste negli articoli 336 a 339; 349 a 368 sono regolate [dalle norme corporative] o, in mancanza, dagli usi.

Le norme dei comma precedenti si applicano anche al contratto di lavoro del personale dei servizi pubblici di linea o di rimorchio, in quanto non sia diversamente stabilito da leggi e regolamenti speciali.

원에게 유리한 것이 아닌 한, 단체협약이나[57] 개별적 승선계약에 의하여 감경하지 못한다.

제326조; 제336조 제3항; 제337조 내지 제345조; 제348조 내지 제362조 규정은 단체협약에 의하여 감경할 수 있다; 그러나 개별적인 계약에 의한 경우, 선원에게 유리한 경우가 아닌 한, 감경할 수 없다.

그러나, 비록 단체협약에 의한다 하더라도, 제326조 제1항 및 제2항 소정 기간은 이를 확장할 수 없고 동조 제3항 소정 기간은 이를 단축할 수 없다.

제375조 【내수항행선상 해원과 노동계약】 내수항행선에 배치되어 근무할 것을 목적으로 하는 해원의 근로계약에 대하여는 제323조, 제328조, 제330조, 제331조, 제333조, 제343조 제5호 및 제369조 제3항 규정이 적용되지 아니한다.

제326조 제3항 소정의 근무에 있어 어느 계약이 실효되고 난 다음 30일 이하 기간에 다음 계약이 개시된다면 그 계약은 중단 없이 계속되는 것으로 본다.

승선계약이 반드시 문서로 되어야 하고 그렇지 않은 경우 무효가 되며, 다만 총톤수 25톤 이하 선박에 대하여는 이를 예외로 한다. 계약서는 선상 서류로 보존되어야 한다.

제347조에 따라 의장자가 변경되어 승선계약을 해지하는 경우, 승선지 항구에 도착하였거나 그렇지 않다 하더라도 30일이 경과하면 계약을 해지할 수 있다.

제336조 내지 제339조; 제349조 내지 제368조 규정에 의한 보수, 권리 및 보상은 단체협약에 의하고 단체협약이 없으면[58] 관행에 의한다.

위 규정은 정기 공공선 혹은 예인선에 근무하는 것을 목적으로 하는 근로계약에도 적용되며, 다만 법규에 다른 규정이 있는 때에는 그러하지 아니하다.

---

57) 단체협약제도는 1943년에 폐지되었다.

58) 단체협약제도는 1943년에 폐지되었다.

Libro terzo Delle obbligazioni relative all'esercizio della navigazione

Titolo I Dei contratti di utilizzazione della nave

Capo I Della locazione

Articolo 376【Locazione di nave】 Si ha locazione di nave quando una delle parti si obbliga a far godere all'altra per un dato tempo la nave verso un determinato corrispettivo.

Articolo 377【Forma del contratto】 Il contratto di locazione deve essere provato per iscritto. Tuttavia la prova scritta non è richiesta per la locazione di navi minori e di galleggianti di stazza lorda non superiore alle dieci tonnellate, se a propulsione meccanica, o alle venticinque, in ogni altro caso.

Articolo 378【Sublocazione e cessione del contratto】 Il conduttore non può sublocare la nave né cedere i diritti derivanti dal contratto, se tali facoltà non gli sono state consentite dal locatore.

La forma del contratto di sublocazione e di quello di cessione è regolata dal disposto dell'articolo precedente.

Articolo 379【Obblighi del locatore】 Il locatore è tenuto a consegnare la nave, con le relative pertinenze, in stato di navigabilità e munita dei documenti necessari per la navigazione, nonché a provvedere a tutte le riparazioni dovute a forza maggiore o a logorio per l'uso normale della nave secondo l'impiego convenuto.

Articolo 380【Responsabilità del locatore】 Il locatore è responsabile dei danni derivati da difetto di navigabilità, a meno che provi che si tratta di vizio occulto non accertabile con la normale diligenza.

제3편 선박의 운항과 관련된 채무

제1장 선박의 이용에 관한 계약

제1절 선박임대차

제376조【선박의 임대차계약】 선박임대차계약에 의하여 어느 한 당사자는 특정한 기간 다른 당사자로 하여금 선박을 이용하게 하고 그 대가로 다른 당사자로부터 일정한 보수를 받는다.

제377조【계약형식】 선박임대차계약은 문서에 의하여 증명되어야 한다. 그러나 이 규정은, 내항선이든[59] 유동구조물이든, 총톤수 10톤 이하 동력선, 총톤수 25톤 이하 비동력선에 대하여는 적용하지 아니한다.

제378조【전대 및 양도】 임차인은 선박을 제3자에게 다시 임대하거나 그 권리를 제3자에게 양도할 수 없고, 다만 그러한 권리를 임대인이 특별히 임차인에게 부여한 때에는 그러하지 아니하다.

전대계약이나 양도계약은 그 형식에 있어 전조 규정과 마찬가지 형식을 갖추어야 한다.

제379조【임대인의 의무】 임대인은 항해에 필요한 서류를 구비하고 감항능력을 갖춘 상태로 관련 속구와 함께 선박을 임차인에게 인도하여야 하며, 불가항력이 원인이 되어 생긴 것이거나 혹은 약정한 목적으로 통상의 방법으로 선박을 사용하던 도중에 생긴 마모로 인하여 생긴 것이면 이를 모두 수리하여 주어야 한다.

제380조【임대인의 책임】 임대인은 감항능력의 부재로 인해 발생한 손해

---

59) 내항선의 정의에 관하여는 제136조 참조.

Articolo 381 【Obblighi del conduttore】 Il conduttore è tenuto ad usare della nave secondo le caratteristiche tecniche, risultanti dal certificato di navigabilità, e in conformità dell'impiego convenuto.

Articolo 382 【Scadenza del contratto】 Salvo espresso consenso del locatore, il contratto non s'intende rinnovato, ancorché, spirato il termine stabilito, il conduttore conservi la detenzione della nave.

Nel caso di ritardo nella riconsegna per fatto del conduttore, per un periodo non eccedente la decima parte della durata del contratto, non si fa luogo a liquidazione di danni, ma al locatore, per il periodo di tempo eccedente la durata del contratto, è dovuto un corrispettivo in misura doppia di quella stabilita nel contratto stesso.

Articolo 383 【Prescrizione】 I diritti derivanti dal contratto di locazione si prescrivono con il decorso di un anno dalla scadenza del contratto o, nel caso previsto dall'articolo precedente, dalla data di riconsegna della nave. Nel caso di perdita presunta della nave, il termine decorre dalla data di cancellazione di questa dal registro d'iscrizione.

Capo II Del noleggio

Articolo 384 【Noleggio】 Il noleggio è il contratto per il quale l'armatore, in corrispettivo del nolo pattuito, si obbliga a compiere con una nave determinata uno o più viaggi prestabiliti, ovvero, entro il periodo di tempo convenuto, i viaggi ordinati dal noleggiatore alle condizioni stabilite dal contratto o dagli usi.

를 배상할 책임이 있고, 다만 그것이 통상의 주의로 발견할 수 없는 숨은 하자로 인해 생긴 것임을 증명한 때에는 그러하지 아니하다.

제381조【임차인의 의무】 임차인은 감항능력증서에 표시된 구조적인 성격에 의거 약정한 목적에 충실하게 선박을 사용하여야 한다.

제382조【계약의 종료】 약정한 기간이 도과한 이후에도 임차인이 여전히 선박을 보유하고 있다 하더라도, 임대인의 명시적인 동의가 없는 한, 임대차계약은 자동적으로 갱신된 것으로 보지 아니한다.

임차인의 행위로 인하여 계약기간의 10분지 1 이하 기간동안 반환이 지연된 경우, 발생한 손해를 정산하여 배상하는 것이 아니라 약정한 임대기간을 초과하는 기간동안 계약에서 정한 운임의 두 배에 해당하는 보수를 지급하여야 한다.

제383조【시효】 선박임대차계약으로 인하여 발생하는 권리는 계약이 종료된 시점부터 2년이 경과하면 시효로 인하여 소멸하고, 전조에서 말하는 사안의 경우, 선박이 반환된 시점부터 2년이 경과하면 소멸한다. 선박이 의제 멸실된 경우, 그 등록이 취소된 날로부터 이 시효기간이 진행된다.

제2절 용선계약

제384조【용선】 용선계약에 의해, 의장자는, 약정한 용선료를 받기로 하고, 특정한 선박을 가지고, 미리 약정한 하나 혹은 다수의 특정한 항해나, 혹은 약정한 일정기간 내에 계약 혹은 관행에 의해 정한 범위 내에서 용선자가 지시한 항해를 수행할 의무를 부담한다.[60]

---

60) 1865년 상법 및 1882년 상법은 운송계약으로 오로지 여기에서 말하는 용선계약밖에 없었다. 1942년 항행법은 다음에 볼 운송계약에 관한 규정을 도입하였다. 그러나 현재 지배적인 견해는 국제적으로 널리 이용되고 있는 voyage chaterparty 나 time

Articolo 385【Forma del contratto】 Il contratto di noleggio deve essere provato per iscritto. La scrittura deve enunciare:

1) gli elementi di individuazione, la nazionalità, la portata della nave;

2) il nome del noleggiante e del noleggiatore;

3) il nome del comandante;

4) l'ammontare del nolo;

5) la durata del contratto o l'indicazione dei viaggi da compiere.

Non è richiesta la prova scritta quando il noleggio concerne navi minori di stazza lorda non superiore alle venticinque tonnellate, se a vela, o alle dieci, se a propulsione meccanica.

Articolo 386【Obblighi del noleggiante】 Il noleggiante è obbligato, prima della partenza, a mettere la nave in stato di navigabilità per il compimento del viaggio, ad armarla ed equipaggiarla convenientemente, e a provvederla dei prescritti documenti. Il noleggiante è responsabile dei danni derivanti da difetto di navigabilità, a meno che provi che si tratta di vizio occulto non accertabile con la normale diligenza.

Articolo 387【Obblighi del noleggiatore】 Nel noleggio a tempo sono a carico del noleggiatore la provvista di combustibile, acqua e lubrificanti necessari per il funzionamento dell'apparato motore e degli impianti ausiliari di bordo, nonché le spese inerenti all'impiego commerciale della nave, comprese quelle di ancoraggio, di canale e simili.

Articolo 388【Esecuzione dei viaggi nel noleggio a tempo】 Il noleggiante a tempo non è obbligato a intraprendere un viaggio che esponga la nave o le persone ad un pericolo non prevedibile al momento della conclusione del contratto.

Del pari egli non è obbligato a intraprendere un viaggio la cui durata prevedibile oltrepassi considerevolmente, in rapporto alla durata del contratto, la scadenza del contratto stesso.

제385조【계약형식】 용선계약은 서면에 의하여 증명되어야 한다. 용선계약서에는 다음 사항이 포함되어야 한다.

1) 선박의 용량, 국적 및 특정
2) 용선자와 대선자의 성명
3) 선장의 성명
4) 용선료 총액
5) 용선할 기간 혹은 수행할 항해

총톤수 10톤 이하 동력선 및 총톤수 25톤 이하 범선의 경우 내항선[61]의 용선은 서면에 의한 증명을 요하지 아니한다.

제386조【대선자의 의무】 대선자는 출발을 하기 이전에 선박이 약정한 항해를 수행할 수 있는 감항능력을 갖춘 상태에 있고, 적절한 장비와 선원을 갖추고 있으며, 나아가 소정의 서류를 구비하여야 할 의무를 진다.

대선자는 감항능력의 부재로 인하여 발생한 손해를 배상할 책임이 있고, 다만 상당한 주의로 확인이 불가능한 숨은 하자로 인한 것임을 증명하는 때에는 그러하지 아니하다.

제387조【용선자의 의무】 정기용선에 있어서는 기관 기타 선상 보조설비의 작동에 필요한 연료, 용수, 윤활유의 공급은 이를 용선자가 책임져야 하고, 나아가 정박료, 운하료 기타 유사한 비용과 같이 선박의 상업적인 활동과 직접적으로 관련이 있는 비용도 이를 용선자가 부담하여야 한다.

제388조【정기용선에서 항해의 수행】 정기용선에서 대선자는 계약 체결시에 예상할 수 없는 위험에 선박이나 사람이 노출될 수 있는 항해를 수행할 의무는 없다.

---

chaterparty는 여기에서 말하는 용선계약이 아니라고 본다. 그리고 여기에서 말하는 용선계약은 선주가 화물에 대하여 전혀 간섭을 하지 않는 형태로 오늘날에는 볼 수 없다고 한다.

61) 내항선의 정의에 관하여는 위 제136조 참조.

Articolo 389【Eccesso di durata del viaggio】 Se per fatto del noleggiatore a tempo la durata dell'ultimo viaggio eccede la scadenza del contratto, non si fa luogo a liquidazione di danni, ma al noleggiante, per il periodo di tempo eccedente la durata del contratto, è dovuto un corrispettivo in misura doppia di quella stabilita nel contratto stesso.

Articolo 390【Pagamento del nolo a tempo】 Il nolo a tempo, in mancanza di patto o uso diverso, è dovuto in rate mensili anticipate.

Tuttavia, salvo patto contrario, il nolo anticipato non si intende acquisito ad ogni evento.

Articolo 391【Impedimento temporaneo】 Il nolo a tempo non è dovuto per il periodo durante il quale non si è potuto utilizzare la nave per causa non imputabile al noleggiatore.

Tuttavia, in caso di rilascio per fortuna di mare o per accidente subito dal carico, ovvero per provvedimento di autorità nazionale o straniera, durante il tempo dell'impedimento, ad eccezione di quello in cui la nave è sottoposta a riparazione, è dovuto il nolo al netto delle spese risparmiate dal noleggiante per l'inutilizzazione della nave.

Articolo 392【Perdita della nave】 Nel caso di perdita della nave, il nolo a tempo è dovuto fino a tutto il giorno in cui è avvenuta la perdita.

Articolo 393【Responsabilità per le operazioni commerciali】 Il comandante deve seguire, nei limiti stabiliti dal contratto di noleggio, le istruzioni del noleggiatore sull'impiego commerciale della nave e rilasciare le polizze di carico alle condizioni da lui indicate.

Il noleggiante non è responsabile verso il noleggiatore per le obbligazioni assunte dal comandante in dipendenza delle predette operazioni, e per le colpe commerciali del comandante e degli altri componenti dell'equipaggio

마찬가지로 계약 기간에 비추어 계약이 종료되고 난 다음 상당 기간 지속될 것이 예상되는 항해는 대선자가 이를 수행할 의무가 없다.

제389조【항해기간의 초과】 정기용선에서 용선자의 행위로 인하여 최후 항해가 계약기간을 초과하여 진행된 경우, 손해를 정산하여 보상하는 것이 아니라 계약에서 정한 운임의 두 배에 해당하는 보수를 지급하여야 한다.

제390조【정기용선에서 용선료의 지급】 정기용선에서 용선료는, 다른 합의나 관행이 없으면, 매월 선급 방식으로 지급하여야 한다.

그러나 반대의 약정이 없으면, 선급된 용선료는 운송의 실제 수행과 상관없이 무조건 대선자가 이를 취득하는 것으로는 보지 아니한다.

제391조【일시 정지】 정기용선에서 용선자의 책임 없는 사유로 선박을 일시 사용할 수 없었다면 그 기간동안에는 용선료가 발생하지 아니한다.

그러나 이처럼 이용이 정지된 기간동안에, 해상 위험이나 화물에 발생한 사고 때문에, 혹은 자국이나 외국 정부의 지시 등으로 인하여, 선박이 어느 항구에 기항하였다면, 그 사이에 선박 수리가 이루어진 경우를 제외하고는, 용선료를 지급하여야 하며, 다만 선박을 사용하지 아니함으로 인하여 절약된 비용은 이를 공제하여야 한다.

제392조【선박의 멸실】 선박이 멸실된 경우, 멸실이 발생한 그날까지 용선료를 지급하여야 한다.

제393조【상업적인 운항에 관한 책임】 선박의 상업적인 이용에 관하여 선장은 용선계약에서 정한 범위 내에서 용선자의 지시에 따라야 하고, 선장은 용선계약에서 정한 조건으로 선하증권을 발행하여야 한다.

이러한 활동에 기하여 선장이 부담한 채무나 또는 이러한 활동에 기해 선장이나 선원이 저지른 상업적 과실에 대해 대선자는 용선자에 대하여 책임을 지지 아니한다.

in dipendenza delle operazioni medesime.

Articolo 394【Subnoleggio e cessione del contratto】 In caso di subnoleggio o di cessione totale o parziale dei diritti derivanti dal contratto, il noleggiatore rimane responsabile verso il noleggiante delle obbligazioni assunte con il contratto di noleggio.

Articolo 395【Prescrizione】 I diritti derivanti dal contratto di noleggio si prescrivono col decorso di un anno. Il termine decorre, se il noleggio è a tempo dalla scadenza del contratto o dalla fine dell'ultimo viaggio se il viaggio è prorogato a norma dell'articolo 389; se il noleggio è a viaggio dalla fine del viaggio.

Nei casi in cui il viaggio non sia iniziato o compiuto, il termine decorre dal giorno in cui si è verificato l'avvenimento che ha reso impossibile l'esecuzione del contratto o la continuazione del viaggio. In caso di perdita presunta della nave il termine decorre dalla data della cancellazione di questa dai registri d'iscrizione.

Capo III Del trasporto

Sezione I Del trasporto di persone

Articolo 396【Forma del contratto】 Il contratto di trasporto di persone deve essere provato per iscritto, tranne che si tratti di trasporto su navi minori di stazza lorda non superiore alle dieci tonnellate, se a propulsione meccanica, o alle venticinque in ogni altro caso.

Tuttavia il biglietto di passaggio rilasciato dal vettore fa prova della conclusione del contratto per il viaggio indicato nel biglietto stesso.

제394조 【재용선 및 양도】 선박을 제3자에게 다시 재용선하여 준다든가 혹은 용선계약상 권리를 일부 혹은 전부 제3자에게 양도한다 하더라도, 용선자는 대선자에 대하여 용선계약에 의해 부담한 채무에 관해 계속 책임이 있다.

제395조 【시효】 용선계약으로 인한 권리는 2년이 경과하면 시효로 인하여 소멸한다. 정기용선의 경우 이 기간은 계약이 종료된 때부터 기산하고, 다만 위 제389조에 따라 항해가 연장된 경우 최종항해가 종료된 시점부터 기산한다; 항해용선의 경우 항해가 종료된 시점부터 이 기간을 기산한다.

항해가 전혀 개시되지 아니하거나 항해를 계속할 수 없는 경우, 항해를 하는 것이 불가능하게 되거나 항해를 계속하는 것이 불가능하게 된 사건이 발생한 날로부터 이 시효기간을 계산한다. 선박에 추정 멸실이 발생한 경우, 선박등록부에서 등록이 삭제된 날로부터 이 시효기간을 계산한다.

제3절 운 송

제1관 여객운송

제396조 【계약형식】 여객운송계약은 서면에 의하여 증명하여야 하며, 다만 총톤수 10톤 이하 동력선, 총톤수 25톤 이하 비동력선에 의한 내항선[62] 운송은 그러하지 아니하다.

그러나 운송인이 선표를 발행하면 거기에 표시된 항해를 위한 운송계약이 체결된 것으로 본다.

62) 내항선의 정의는 제136조 참조.

Articolo 397【Indicazioni del biglietto di passaggio】 Il biglietto di passaggio deve indicare il luogo e la durata di emissione, il luogo di partenza e quello di destinazione, la classe e il prezzo del passaggio, il nome e il domicilio del vettore.

Articolo 398【Cessione del diritto al trasporto】 Il diritto al trasporto non può essere ceduto senza espresso consenso del vettore, se il biglietto indica il nome del passeggero o se, mancando questa indicazione, il passeggero ha iniziato il viaggio.

Articolo 399【Imbarco senza biglietto】 Chi si imbarca senza biglietto deve darne immediato avviso al comandante o al commissario di bordo. In difetto, è tenuto a pagare il doppio del prezzo di passaggio sino al porto verso cui è diretto o in cui è sbarcato, salvo in ogni caso il risarcimento dei danni.

Articolo 400【Impedimento del passeggero】 Se, prima della partenza, si verifica la morte del passeggero, ovvero un suo impedimento a viaggiare per causa a lui non imputabile, il contratto è risolto, ed è dovuto il quarto del prezzo di passaggio, computato al netto del vitto, se questo fu compreso nel prezzo.

Se l'evento riguarda uno dei congiunti o degli addetti alla famiglia, che dovevano viaggiare insieme, può ciascuno dei passeggeri chiedere la risoluzione del contratto alle stesse condizioni.

Nei casi previsti dai comma precedenti al vettore deve essere data notizia dell'impedimento prima della partenza; in mancanza è dovuto l'intero prezzo di passaggio netto.

Articolo 401【Mancata partenza del passeggero】 Il passeggero, se non si presenta a bordo nel tempo stabilito, deve il prezzo di passaggio computato al netto del vitto.

Tuttavia il prezzo non è dovuto se, con il consenso del vettore, il diritto al trasporto è ceduto ad altri in seguito a domanda del passeggero, ma in tal

제397조 【선표의 내용】 선표에는 발행 장소와 시간, 출발지와 도착지, 등급과 운임 및 운송인의 주소와 성명을 기재하여야 한다.

제398조 【권리의 양도】 선표에 여객이 특정되어 있거나 그렇지 않다 하더라도 여객이 여행을 개시하면, 운송인이 명시적인 동의가 없는 한, 여객은 운송에 관한 권리를 제3자에게 양도할 수 없다.

제399조 【선표 없는 승선】 선표 없이 승선한 사람은 선장 혹은 공안관에게 즉시 신고하여야 한다. 그렇지 아니하면 목적지 혹은 하선지까지 운임의 두 배를 지급하여야 하고 그 외에도 손해가 있으면 이를 배상하여야 한다.

제400조 【여객의 장애】 출발 이전에 여객이 사망하거나 혹은 책임 없는 사유로 여행에 장애가 생긴 때에는 운송계약은 해지되고, 여객은 운임의 4분지 1을 지급하여야 하며, 운임에 식대가 포함되어 있는 때에는 이를 먼저 운임에서 공제하고 이를 계산한다.

같이 여행을 하는 단체 혹은 가족 동반자 중 하나에 이러한 일이 발생하면 마찬가지 조건으로 모두가 계약을 해지할 수 있다.

위와 같은 장애 사유가 생긴 때에는 출발 전에 운송인에게 이를 통지하여야 한다; 그렇지 아니하면 순 운임 전액을 지급하여야 한다.

제401조 【여객의 불출발】 여객이 약속한 시간에 승선을 위해 나타나지 아니하면 식대를 공제한 운임 전액을 지급하여야 한다.

그러나 운송인의 동의하에 여객의 요구에 따라 운송을 요구할 권리를 제3자에게 양도한 때에는 운임을 지급할 필요가 없고, 다만 이러한 경우라도 10 퍼센트를 넘지 않는 범위 내에서 운송인이 정한 과태료를 지급하여야

caso spetta al vettore una provvigione sul prezzo, in misura non superiore al dieci per cento.

Articolo 402 【Impedimento della nave】 Se la partenza della nave è impedita per causa non imputabile al vettore, il contratto è risolto ed il vettore deve restituire il prezzo versatogli.

Articolo 403 【Soppressione della partenza o mutamento d'itinerario】 Se il vettore sopprime la partenza della nave, e il viaggio non può essere effettuato con altra nave dello stesso vettore, la quale parta successivamente, il contratto è risolto.

Quando vi siano partenze successive di altre navi dello stesso vettore, il passeggero ha facoltà di compiere il viaggio su una di dette navi, ove ciò sia possibile, ovvero di risolvere il contratto. Parimenti il passeggero può chiedere la risoluzione del contratto, se il vettore muta l'itinerario in modo da arrecare pregiudizio ai di lui interessi.

Nei casi indicati dai due comma precedenti il passeggero ha diritto al risarcimento dei danni. Tuttavia se la soppressione o il mutamento ha luogo per un giustificato motivo, il risarcimento non può eccedere il doppio del prezzo netto di passaggio.

Articolo 404 【Ritardo della partenza】 Se la partenza è ritardata, il passeggero ha diritto, durante il periodo del ritardo, all'alloggio e al vitto, quando questo sia stato compreso nel prezzo di passaggio.

Se trattasi di viaggi di durata inferiore alle ventiquattro ore, dopo dodici ore di ritardo il passeggero può chiedere la risoluzione del contratto. Se trattasi di viaggi superiori alle ventiquattro ore, il passeggero può chiedere la risoluzione del contratto dopo ventiquattro ore di ritardo nei viaggi tra porti del Mediterraneo o dopo quarantotto ore nei viaggi che abbiano inizio o termine fuori d'Europa o dei paesi bagnati dal Mediterraneo. Se non si avvale di tale facoltà, il passeggero, dallo scadere dei termini suindicati, non

한다.

제402조 【선박의 장애】 운송인의 책임 없는 사유로 선박의 출발에 장애가 생긴 때에는, 운송계약은 해지되고 운송인은 이미 수령한 운임을 반환하여야 한다.

제403조 【출발의 취소와 변경】 운송인이 출발을 취소하고 이후 그 운송인 소유로 다음에 출발하는 다른 선박으로도 운송할 수 없는 때에는 운송계약은 해지된다.

이후 동일한 운송인이 소유한 다른 선박들이 출발하는 때에는 여객은 선택권이 있어서 승선이 가능하다면 그 운송인이 소유하는 다른 어느 선박에든 승선할 수 있고 그렇지 않고 운송계약을 해지할 수 있다. 만일 운송인이 여객의 이익에 피해를 야기하는 방식으로 여정을 변경한 때에도 마찬가지로 계약을 해지할 수 있다.

위 제2항의 경우 여객은 손해가 있으면 그 손해의 배상을 청구할 수 있다. 그러나 그 취소나 변경에 정당한 사유가 있는 때에는 그 배상액은 순운임의 2배를 초과하지 못한다.

제404조 【출발 지체】 출발이 지체되는 경우, 운임에 숙식이 포함되어 있으면, 여객은 이 지체된 기간동안 숙식을 요구할 수 있다.

24시간 이하 운송을 목적으로 하는 경우, 12시간 이상 출발이 지연되면 여객은 운송계약을 해지할 수 있다. 24시간 초과 운송을 목적으로 하는 경우, 지중해상 항구 사이 운송인 때에는 24시간 이상 출발이 지연되면 여객은 운송계약을 해지할 수 있고, 유럽 이외 혹은 지중해 이외 항구에서 출발이나 도착되는 운송인 때에는 48시간 이상 출발이 지연되면 여객은 운송계약을 해지할 수 있다. 이러한 권한을 행사하지 아니한다 하더라도 위에서 본 기간이 도과하면 여객은 운송인의 비용으로 숙식을 요구할 수 없다.

만일 운송인이 책임 있는 사유로 출발이 지연되면 그 외에도 여객은 그

ha diritto a ricevere l'alloggio e il vitto a spese del vettore.

Se il ritardo nella partenza è dovuto a causa imputabile al vettore il passeggero ha inoltre diritto al risarcimento dei danni.

Articolo 405【Interruzione del viaggio della nave】 Se il viaggio della nave è interrotto per causa di forza maggiore il prezzo di passaggio è dovuto in proporzione del tratto utilmente percorso.

Tuttavia il vettore ha diritto all'intero prezzo, se, in tempo ragionevole, procura a sue spese al passeggero la prosecuzione del viaggio su nave di analoghe caratteristiche, fornendogli nell'intervallo l'alloggio e il vitto, se questo fu compreso nel prezzo di passaggio.

Articolo 406【Interruzione del viaggio del passeggero】 Se il passeggero è costretto a interrompere il viaggio per causa a lui non imputabile, il prezzo di passaggio è dovuto in proporzione del tratto utilmente percorso.

Se il viaggio è interrotto per fatto del passeggero, questi deve altresì, per la residua durata del viaggio, il prezzo di passaggio netto.

Articolo 407【Operazioni di imbarco e di sbarco】 Negli approdi ove difetta il servizio di imbarco o di sbarco, le relative operazioni sono eseguite dal vettore a spese del passeggero, se il loro ammontare non è compreso nel prezzo di passaggio.

Articolo 408【Responsabilità del vettore per inesecuzione del trasporto o per ritardo】 Il vettore è responsabile dei danni derivati al passeggero da ritardo o da mancata esecuzione del trasporto, se non prova che l'evento è derivato da causa a lui non imputabile.

Articolo 409【Responsabilità del vettore per danni alle persone】 Il vettore è responsabile per i sinistri che colpiscono la persona del passeggero, dipendenti da fatti verificatisi dall'inizio dell'imbarco sino al compimento dello sbarco, se non prova che l'evento è derivato da causa a lui non imputabile.

로 인한 손해의 배상을 청구할 수 있다.

제405조【운송의 중단】 불가항력적 사유로 운송이 중단된 때에는 이미 이루어진 운송의 비율에 따라 운임을 지급하여야 한다.

그러나 운송인이 합리적인 기간 내에 자기 비용으로 유사한 설비를 가진 다른 선박을 마련한 때에는 운임 전액을 요구할 수 있고, 숙식이 운임에 포함되어 있으면 운송인은 이 교체 기간동안 숙식을 제공하여야 한다.

제406조【여행의 중단】 여객이 자기의 책임 없는 사유로 부득이 여행을 중단한 경우, 여객은 이미 이루어진 운송의 비율에 따라 운임을 지급하여야 한다.

여객의 행위로 운송이 중단된 경우, 여객은 남은 여정에 대하여도 그 순운임을 지급하여야 한다.

제407조【승하선 작업】 승선이나 하선의 설비가 없는 곳에 선박이 접안한 경우, 운송인이 그 승하선 작업을 책임지고 수행하여야 하며, 그 비용이 운임 총액에 포함되어 있지 아니한 때에는 이를 여객이 부담하여야 한다.

제408조【운송 불이행 혹은 지체에 대한 운송인의 책임】 운송인은 운송의 불이행 혹은 지연으로 인하여 여객에게 발생한 손해에 대해, 자기의 책임 없는 사유로 그 사고가 야기되었다는 것을 입증하지 아니하는 한, 이를 배상할 책임이 있다.

제409조【신체에 발생한 손해에 대한 운송인의 책임】 승선의 개시 시로부터 하선의 종료 시까지 발생한 사안에 기한 것으로 여객의 신체에 충격으로 인한 사고에 대해 운송인은 그 손해를 배상할 책임이 있고, 다만 운송인이 그 사고가 자기가 책임질 수 없는 사유로 인하여 야기된 것임을 입증하는 때에는 그러하지 아니하다.

Articolo 410 【Trasporto del bagaglio non registrato】 Nel prezzo di passaggio è compreso il corrispettivo del trasporto del bagaglio del passeggero, nei limiti di peso e di volume prestabiliti dal vettore od osservati per uso.

Il bagaglio deve contenere esclusivamente oggetti personali del passeggero. Se si includono nel bagaglio oggetti di altra natura, il passeggero deve il doppio del prezzo di tariffa per il trasporto delle cose stesse, oltre al risarcimento dei danni.

Articolo 411 【Trasporto del bagaglio registrato】 Per il bagaglio eccedente i limiti previsti dall'articolo precedente il vettore, su richiesta del passeggero, è tenuto a compilare, in duplice esemplare, un bollettino con l'indicazione del luogo e della data di emissione, del luogo di partenza e di quello di destinazione, del proprio nome e domicilio, del numero e del peso dei colli, dell'eventuale valore dichiarato e del prezzo di trasporto.

Un esemplare del bollettino firmato dal vettore è consegnato al passeggero.

Articolo 412 【Responsabilità del vettore pel bagaglio】 Il vettore è responsabile, entro il limite massimo di euro 6.19 per chilogrammo o della maggiore cifra risultante dalla dichiarazione di valore, della perdita e delle avarie del bagaglio, che gli è stato consegnato chiuso, se non prova che la perdita o le avarie sono derivate da causa a lui non imputabile.

La perdita o le avarie devono essere fatte constatare, a pena di decadenza, al momento della riconsegna, se trattasi di perdita o di avarie apparenti, ovvero entro tre giorni, se trattasi di perdita o di avarie non apparenti.

Per i bagagli e gli oggetti non consegnati al vettore, questi non è responsabile della perdita o delle avarie, se non quando il passeggero provi che le stesse sono state determinate da causa imputabile al vettore.

제410조【비등록 수하물의 운송】 운송인이 사전에 정하거나 관행에 의해 허용되는 범위 이내의 수하물의 운송은 그 운송의 보수가 운임에 포함되어 있는 것으로 본다.

수하물에는 개인적인 용품만 포함되어야 한다. 이와 다른 성질의 물품이 포함된 경우, 여객은 동일한 물품의 운송에 적용될 운임의 두 배에 해당하는 금액을 지급하여야 하며, 그 이외에도 손해가 있으면 이를 배상하여야 한다.

제411조【등록 수하물】 전조에서 본 한도를 초과하는 수하물의 경우, 운송인은 여객의 신청을 받아 물표 2부를 작성하여야 하며, 물표에는 발행 일시 및 장소, 출발 및 도착 장소, 자신의 주소와 성명, 포장의 개수와 무게, 가격과 운임을 기재하여야 한다.

물표 한 부는 운송인이 서명하여 여객에 교부하여야 한다.

제412조【수하물에 대한 운송인의 책임】 여객이 잠금하여 운송인에게 인도한 수하물에 대하여는 운송인은 그 멸실이나 훼손으로 인한 손해에 대해 이를 배상할 책임이 있고, 다만 그 배상은 수하물 킬로그램당 6.19 유로[63] 혹은 신고한 수하물의 가격을 최고 한도로 하며, 또 운송인이 자기가 책임질 수 없는 사유로 멸실이나 훼손이 발생한 것을 입증하는 경우에는 그 책임을 면한다.

멸실 혹은 훼손은, 그것이 명백한 경우 수하물을 반환할 때에, 명백하지 아니한 경우 적어도 3일 이내에, 이를 확인하여야 하고 그렇지 아니하면 여객은 그 권리를 잃는다.

운송인에게 인도된 것이 아닌 수하물 기타 물건은 그 멸실과 훼손에 대

---

63) 원래는 12,000리라였다.

Articolo 413 【Responsabilità del vettore nel trasporto gratuito】 Le disposizioni degli articoli precedenti che regolano la responsabilità del vettore e i limiti del risarcimento da questo dovuto si applicano anche al contratto di trasporto gratuito.

Articolo 414 【Responsabilità del vettore nel trasporto amichevole】 Chi assume il trasporto di persone o di bagagli a titolo amichevole è responsabile solo quando il danneggiato provi che il danno dipende da dolo o colpa grave del vettore o dei suoi dipendenti e preposti.

Articolo 415 【Derogabilità delle norme】 Non sono derogabili a favore del vettore gli articoli 409; 412 a 414.

Articolo 416 【Pegno legale sui bagagli】 Il vettore ha diritto di pegno legale sul bagaglio per i crediti verso il passeggero nascenti dal contratto di trasporto. Quando il passeggero adempie ai propri obblighi, il vettore è tenuto a riconsegnare il bagaglio nel luogo stabilito dal contratto.

Articolo 417 【Bagaglio non ritirato】 Il vettore può depositare in luogo idoneo il bagaglio non ritirato, dandone avviso al passeggero.

Articolo 418 【Prescrizione】 I diritti derivanti dal contratto di trasporto di persone e di bagagli non registrati si prescrivono col decorso di sei mesi dall'arrivo a destinazione del passeggero o, in caso di mancato arrivo, dal giorno in cui il passeggero avrebbe dovuto arrivare.

I diritti derivanti dal contratto di trasporto di bagagli registrati si prescrivono col decorso di un anno dalla riconsegna dei bagagli o, in caso di perdita, dal giorno in cui questi avrebbero dovuto essere riconsegnati.

Nei trasporti che hanno inizio o termine fuori di Europa o dei paesi bagnati dal Mediterraneo, la prescrizione dei diritti indicati nei comma precedenti si compie col decorso di un anno.

해 운송인의 귀책사유로 그것이 야기되었다는 것을 여객이 입증하는 때에만 운송인이 손해배상책임을 진다.

제413조【무료운송인의 책임】 운송인이 무료로 운송하기로 약정한 때에도 위에서 본 규정에 따라 운송인이 책임을 지고 그 책임의 한도가 정하여진다.

제414조【호의 운송】 호의로 여객과 수하물의 운송을 약속한 운송인은 운송인 자신 혹은 그 피용자나 수임인이 고의 혹은 중대한 과실로 인하여 손해가 발생한 것을 피해자가 입증하여야만 손해배상책임이 있다.

제415조【감경 규정】 위 제409조; 제412조 내지 제414조 규정은 운송인에게 유리하게 당사자가 그 내용을 변경할 수 없다.

제416조【수하물에 대한 법정 질권】 운송계약으로 인하여 발생하는 채권에 관해 운송인은 수하물에 대해 법정 질권을 가진다. 여객이 그 채무를 이행하면 운송인은 약정한 장소에서 그 수하물을 반환하여야 한다.

제417조【미수거 수하물】 회수되지 아니한 수하물은 운송인이 적당한 장소에 보관할 수 있고, 그러면 이후에 이를 그 여객에게 통지하여야 한다.

제418조【시효】 여객 및 미등록 수하물에 관한 운송계약에 기한 권리는 여객이 목적지에 도착한 날 혹은 도착하지 아니한 경우 도착하였어야 할 날로부터 6개월이 경과하면 시효로 인하여 소멸한다.

등록 수하물의 운송계약에 기한 권리는 그 수하물을 인도한 날 또는 멸실된 경우 인도되었어야 할 날로부터 1년이 경과하면 시효로 인하여 소멸한다.

유럽이나 지중해 연안 이외에서 개시 혹은 종료되는 운송의 경우, 위에서 본 권리는 1년이 경과하면 시효로 인하여 소멸한다.

Responsabilità dei vettori che trasportano passeggeri via mare in caso di incidente. ; Reg.(CE) n. 392/2009 Del. 23 Aprile 2009

Articolo 1 【Oggetto】 1. Il presente regolamento istituisce la disciplina comunitaria in materia di responsabilità e di copertura assicurativa per il trasporto di passeggeri via mare, quale definito nelle pertinenti disposizioni:

a) della Convenzione di Atene del 1974 relativa al trasporto via mare dei passeggeri e del loro bagaglio, quale modificata dal protocollo del 2002 («la Convenzione di Atene») figurante nell'allegato I; e

b) della riserva e degli orientamenti IMO per l'attuazione della Convenzione di Atene adottati dal Comitato giuridico dell'IMO il 19 ottobre 2006 («gli orientamenti IMO») figuranti nell'allegato II. IT 28.5.2009 Gazzetta ufficiale dell'Unione europea L 131/25

2. Inoltre, il presente regolamento estende l'ambito di applicazione di tali disposizioni al trasporto di passeggeri via mare effettuato all'interno di un singolo Stato membro a bordo di navi appartenenti alle classi A e B ai sensi dell'articolo 4 della direttiva 98/18/CE e stabilisce taluni requisiti supplementari.

3. Entro il 30 giugno 2013, la Commissione può se del caso presentare una proposta legislativa che, tra l'altro, estenda l'ambito del presente regolamento alle navi appartenenti alle classi C e D ai sensi dell'articolo 4 della direttiva 98/18/CE

유럽연합 해상 여객운송인의 사고에 대한 책임에 관한 규칙[64]

제1조 【목적】 1. 이 규칙은 아래 열거한 규정에서 정의하고 있는 해상여객운송인에 대한 책임과 부보에 관해 유럽연합의 규범을 창설함을 목적으로 한다:[65]

a) 이 규칙 별첨1로 첨부된, 여객과 수하물의 해상운송에 관한, 2002년 개정 협약에 의하여 개정된 1974년 아테네 협약(이하에서는 이를 아테네 협약이라 한다).

b) 이 규칙 별첨2로 첨부된 2006년 10월 19일 IMO 법률위원회에서 채택한 아테네 협약의 적용을 위한 결의(IMO결의라고 한다)와 그에 기한 유보.

2. 그 외에도 이 규칙은 해상여객운송이 어느 한 유럽연합 국가 내부에서 이루어졌다 하더라도 유럽연합 지령 98/18/CE, 제4조에서 말하는 A급 및 B급에 속하는 선박에도 위 규정이 확대되어 적용되고 그에 필요한 보충 요건을 정한다.

3. 2013년 6월 30일까지 집행위원회는 경우에 따라 이 규칙의 적

---

64) 2009년 4월 23일 유럽연합 규칙(CE) 제329/2009호: 이는 유럽연합 규칙이기 때문에 다른 절차 없이 바로 이탈리아 국내법으로 효력을 갖고 그 범위 내에서는 이탈리아 항행법은 변경이 된다고 본다.

65) 이 규칙은 선주의 책임을 2002년 아테네 협약에 맞추려고 하는 것 이외에 동 협약에 따라 그 책임을 담보하는 강제보험의 도입을 시도하고 있다.

Articolo 2 【Ambito di applicazione】 Il presente regolamento si applica a qualsiasi trasporto internazionale ai sensi dell'articolo 1, punto 9, della Convenzione di Atene e al trasporto via mare effettuato all'interno di un singolo Stato membro a bordo di navi appartenenti alle classi A e B ai sensi dell'articolo 4 della direttiva 98/18/CE, se:

a) la nave batte bandiera di uno Stato membro o è registrata in uno Stato membro;

b) il contratto di trasporto è stato concluso in uno Stato membro; o

c) il luogo di partenza o di destinazione, in base al contratto di trasporto, è situato in uno Stato membro.

Gli Stati membri possono applicare il presente regolamento a ogni trasporto via mare effettuato all'interno di un singolo Stato membro.

Articolo 3 【Responsabilità e assicurazione】 1. Il regime di responsabilità nei confronti dei passeggeri, del loro bagaglio e dei loro veicoli e le norme in materia di assicurazione e altre garanzie finanziarie sono disciplinate dal presente regolamento, dagli articoli 1 e 1 bis, dall'articolo 2, paragrafo 2, dagli articoli da 3 a 16 e dagli articoli 18, 20 e 21 della Convenzione di Atene figurante nell'allegato I e dalle disposizioni degli orientamenti IMO figuranti nell'allegato II.

2. Gli orientamenti IMO figuranti nell'allegato II sono vincolanti.

용 범위를 더욱 확대하여 유럽연합 지령 98/18/CE, 제4조에서 말하는 C급 및 D급에 속하는 선박에도 적용하는 안을 다른 안과 함께 제출할 수 있다.

제2조 【적용 범위】 이 규칙은 아테네 협약 제1조 제9호에서 말하는 국제운송이면 무엇이든 적용되며, 또 어느 한 유럽연합 내부에서 해상운송이 이루어졌다 하더라도 유럽연합 지령 98/18/CE, 제4조에서 말하는 A급 및 B급에 속하는 선박으로서 만일 다음에 해당되면 적용된다:

a) 선박이 유럽연합 회원국 국기를 게양하고 있거나 거기에 등록한 경우;

b) 운송계약이 유럽연합 회원국에서 체결된 경우;

c) 운송계약상 탑승지나 목적지가 유럽연합 회원국 내인 경우.

유럽연합 회원국은 모든 국내 해상운송에 대해서도 이 규칙을 적용할 수 있다.

제3조 【책임과 보험】 1. 여객, 수하물 및 차량에 대한 책임과 그에 대한 보험 기타 재정 보증은 본 규칙, 별첨1에 있는 아테네 협약 제1조, 제1조의2, 제2조 제2항, 제3조 내지 제16조, 제18조, 제20조 및 제21조와 별첨2에 나와 있는 IMO 결의 규정에 의하여 규율한다.

2. 별첨2에 나와 있는 IMO 결의는 구속력을 갖는다.

Articolo 4 【Risarcimento per ausili alla mobilità o altre apparecchiature specifiche】 In caso di perdita o di danni ad ausili alla mobilità o ad altre apparecchiature specifiche utilizzate da un passeggero a mobilità ridotta, la responsabilità del vettore è disciplinata dall'articolo 3, paragrafo 3, della Convenzione di Atene. Il risarcimento corrisponde al valore di sostituzione dell'apparecchiatura in questione o, se del caso, ai costi di riparazione.

Articolo 5 【Limitazione globale della responsabilità】 1. Il presente regolamento non modifica i diritti o gli obblighi del vettore o del vettore di fatto ai sensi della legislazione nazionale di attuazione della convenzione internazionale del 1976 sulla limitazione della responsabilità per crediti marittimi, come modificata dal protocollo del 1996, inclusa ogni sua futura modifica

Nell'assenza di una normativa nazionale applicabile in tal senso, la responsabilità del vettore o del vettore di fatto è disciplinata solo dall'articolo 3 del presente regolamento.

2. Riguardo alle richieste di risarcimento per morte o lesioni personali di un passeggero causate da uno dei rischi di cui al punto 2.2 degli orientamenti IMO, il vettore e il vettore di fatto possono limitare la propria responsabilità conformemente alle disposizioni di cui al paragrafo 1 del presente articolo.

Articolo 6 【Anticipo di pagamento】 1. Quando la morte o le lesioni personali di un passeggero sono causate da un incidente marittimo, il vettore che ha realmente effettuato per intero o in parte il trasporto durante il quale il sinistro marittimo è avvenuto procede a un anticipo di pagamento sufficiente a coprire le necessità economiche immediate, proporzionalmente

제4조 【이동보조기구 혹은 기타 특별용구】 이동에 제한이 있는 승객이 사용하는 이동 보조기구 혹은 기타 특별용구가 멸실 혹은 훼손된 경우, 아테네 협약 제3조 제3항에 의하여 그 책임을 규율한다. 보상은 문제된 그 용구를 대체하는 가격 혹은 경우에 따라 수리하는 비용에 상응하는 금액으로 한다.

제5조 【포괄적 책임한도】 1. 해사채권의 책임제한에 관해, 1996년 개정 협약에 의하여 개정된 1976년 국제협약을 시행하기 위한 국내법에서 말하는 운송인 혹은 실제운송인의 권리와 의무는 이 규칙에 의하여 변경되지 아니한다.

이러한 의미에서 적용될 자국 국내법이 없는 경우, 운송인과 실제운송인의 책임은 이 규칙 제3조에 의하여 규율한다.

2. 위 IMO 결의 제2.2호에 의한 위험 중 하나에 의하여 야기된 여객의 사망이나 상해에 대한 보상청구에 대하여는 운송인 혹은 실제운송인은 본조 제1항에 따른 규정에 의하여 자기의 책임을 제한할 수 있다.

제6조 【보상의 선급】 1. 해상 사고로 인하여 여객의 사망과 상해가 일어난 경우 그 해상 재해가 발생하였을 때에 운송의 전부나 일부를 실제로 수행한 운송인은, 보상을 청구할 권리를 가진 사람이 확인되고 15일이 경과하기 이전에는, 발생한 상해와 균형을 맞추어, 당장의 경제적인 욕구를 충족하기에 충분한 금액을 선급하여야 한다. 사망의 경우 지급할 금액이 21,000유로 이상이어야 한다.

al danno subito, entro quindici giorni dall'identificazione della persona che ha titolo al risarcimento. In caso di morte, il pagamento non può essere inferiore a 21 000 EUR.

La presente disposizione si applica anche allorché il vettore è stabilito all'interno della Comunità.

2. Un anticipo di pagamento non costituisce riconoscimento di responsabilità e può essere detratto da qualsiasi ulteriore importo dovuto sulla base del presente regolamento. Esso non è rimborsabile, salvo nei casi di cui all'articolo 3, paragrafo 1, e all'articolo 6 della Convenzione di Atene e all'appendice A degli orientamenti IMO, oppure quando il beneficiario non è la persona che ha titolo al risarcimento.

Articolo 7 【Informazione ai passeggeri】 Fatti salvi gli obblighi degli operatori turistici di cui alla direttiva 90/314/CEE del Consiglio, del 13 giugno 1990, concernente i viaggi, le vacanze ed i circuiti tutto compreso, il vettore o il vettore di fatto provvedono affinché i passeggeri dispongano di informazioni appropriate e comprensibili sui loro diritti a norma del presente regolamento.

Quando il contratto di trasporto è siglato in uno Stato membro, tali informazioni sono fornite in tutti i punti vendita, incluse la vendita via telefono e via Internet. Quando il luogo di partenza è situato in uno Stato membro, tali informazioni sono fornite prima della partenza. In tutti gli altri casi esse sono fornite al più tardi al momento della partenza. Nella misura in cui le informazioni richieste ai sensi del presente articolo siano state fornite dal vettore o dal vettore di fatto, l'altro non è tenuto a fornirle. Le informazioni sono fornite nel formato più

이 규정은 유럽연합 내에 설립된 운송인에게도 적용된다.

2. 보상의 선급은 이를 책임을 자인하는 행위로 보지 아니하며, 이 규칙에 기한 여하한 보상에서도 총액으로부터 이를 공제한다. 아테네 협약 제3조 제1항 및 제6조에 의한 경우가 아닌 한, 선급된 금액은 반환을 청구할 수 없고, 또한 그 이익이 보상을 청구할 권리자가 아닌 사람에게 돌아간 경우에도 마찬가지이다.

제7조【여객에 대한 정보제공】 유럽연합 이사회 1990년 6월 13일 90/314/CEE호 지령에 의해 여행, 휴가 기타 모든 이동에 관한 관광 운영사의 의무와는 별도로, 운송인 혹은 실제운송인은 이 규칙에 따른 권리에 관해 여객이 충분하고 포괄적인 정보를 숙지할 수 있도록 조치하여야 한다.

유럽연합 회원국 내에서 운송계약을 체결하는 경우, 그 판매가 어느 장소에서 이루어지든 이러한 정보를 제공하여야 하고, 이는 전화나 인터넷을 통하여 판매되는 경우에도 마찬가지이다. 출발지가 회원국 내에 소재하는 경우, 이러한 정보는 출발 전에 제공되어야 한다. 여타 경우에는 늦어도 출발하는 순간까지는 제공하여야 한다. 본조에 의해 요구되는 정보가 운송인이나 실제운송인 중 하나에 의하여 제공된 경우, 다른 사람은 이를 제공할 의무가 없다. 정보는 적절한 방식으로 구성하여 제공하여야 한다.

opportuno.

Per assolvere l'obbligo di informazione ai sensi del presente articolo, il vettore o il vettore di fatto forniscono ai passeggeri almeno le informazioni contenute in una sintesi delle disposizioni del presente regolamento preparata dalla Commissione e resa pubblica.

Articolo 8 【Relazione】 Entro tre anni dalla data di applicazione del presente regolamento, la Commissione prepara una relazione sull'applicazione del presente regolamento che tenga conto anche degli sviluppi economici e dei progressi realizzati nelle sedi internazionali.

La relazione può essere corredata da una proposta di modifica del presente regolamento o da una proposta da presentare presso le sedi internazionali competenti da parte della Comunità.

Articolo 9 【Modifiche】 1. Le misure intese a modificare elementi non essenziali del presente regolamento e concernenti l'introduzione di modifiche ai limiti di cui all'articolo 3, paragrafo 1, all'articolo 4 bis, paragrafo 1, all'articolo 7, paragrafo 1, e all'articolo 8 della Convenzione di Atene per tener conto delle decisioni adottate ai sensi dell'articolo 23 di tale Convenzione, nonché dei corrispondenti aggiornamenti dell'allegato I del presente regolamento, sono adottate secondo la procedura di regolamentazione con controllo di cui all'articolo 10, paragrafo 2 del presente regolamento.

Prendendo in considerazione le conseguenze sulle tariffe e sulla capacità del mercato di ottenere una copertura assicurativa a prezzi accessibili al livello richiesto nell'ambito del quadro regolatorio incentrato sul rafforzamento

본조에 의한 정보제공의무를 이행하려면, 운송인 혹은 실제운송인은, 적어도 집행위원회가 작성하여 공시한 이 규칙의 요지를 포함하고 있는 정보를 제공하여야 한다.

제8조 【보고】 이 규칙이 발효되고 3년이 경과하기 이전에, 집행위원회는 이 규칙의 적용에 관한 보고서를 작성하여야 하고, 이 보고서는 그 사이 국제 사회에서 이루어진 경제적인 발전과 발달을 참작하여야 한다.

보고서에는 이 규칙을 변경하고자 하는 제안이나 혹은 유럽연합이 해당 국제기구에 제출할 안을 추가할 수 있다.

제9조 【개정】 1. 이 규칙 중 본질적 부분이 아닌 사항의 개정을 목적으로 하는 것으로, 아테네 협약 제23조에 따라 채택된 결정을 반영하여 동 협약 제3조 제1항, 제4조의2 제1항, 제7조 제1항 및 제8조에 의한 책임한도가 변경되고 그에 따라 이 규정 별첨1이 갱신되어 이를 반영하기 위한 개정안은 이 규칙 제10조 제2항의 통제하에서 규칙 개정절차를 거쳐 채택될 수 있다.

여객의 권리를 강화할 목적으로 규제 분야에서 요구되는 수준으로 용이하게 감당할 수 있는 비용으로 보험에 가입할 수 있는 시장능력과 요금 수준을 평가한 결과를 고려하고, 또 운송이 계절적인 성격을 갖는다는 것을 염두에 두고, 집행위원회는 2016년 12월 31일 이전까지 그 영향을 적절하게 평가하여 유럽연합 지령 98/18/CE 제4조에서 말하는 B급에 속하는 선박에 대해 별첨1에 의한 한도에 관한 제안을 채택할 수 있다. 그러한 제안으로 이 규칙에서 중요하지 않은 사항의 변경을 목적으로 하는 것은 이 규칙 제10조 제2항

dei diritti dei passeggeri e con riferimento al carattere stagionale di parte del traffico, entro il 31 dicembre 2016 la Commissione adotta, sulla base di un'adeguata valutazione di impatto, una misura relativa ai limiti di cui all'allegato I per le navi appartenenti alla classe B ai sensi dell'articolo 4 della direttiva 98/18/CE. Tale misura, intesa a modificare elementi non essenziali del presente regolamento, è adottata secondo la procedura di regolamentazione con controllo di cui all'articolo 10, paragrafo 2 del presente regolamento.

2. Le misure intese a modificare elementi non essenziali del presente regolamento e concernenti l'introduzione di modifiche alle disposizioni degli orientamenti IMO figuranti nell'allegato II sono adottate secondo la procedura di regolamentazione con controllo di cui all'articolo 10, paragrafo 2.

Articolo 10 【Procedura di comitato】 1. La Commissione è assistita dal comitato per la sicurezza marittima e la prevenzione dell'inquinamento provocato dalle navi (COSS) istituito dal regolamento (CE) n. 2099/2002 del Parlamento europeo e del Consiglio (1).

2. Nei casi in cui è fatto riferimento al presente paragrafo, si applicano l'articolo 5 bis, paragrafi da 1 a 4, e l'articolo 7 della decisione 1999/468/CE, tenendo conto delle disposizioni dell'articolo 8 della stessa.

Articolo 11 【Disposizione transitoria】 1. In relazione al trasporto marittimo all'interno di un singolo Stato membro a bordo di navi appartenenti alla classe A ai sensi dell'articolo 4 della direttiva 98/18/CE, gli Stati membri possono decidere di differire l'applicazione del presente regolamento fino a quattro anni dalla sua data di applicazione.

의 통제 속에서 규칙 개정절차에 의해 채택할 수 있다.

2. 이 규칙 중 본질적인 사항을 변경하는 것이 아니면서 별첨2에 있는 IMO 결의의 변경 사항을 반영하는 안은 이 규칙 제10조 제2항의 범위 내에서 규칙 개정절차에 의하여 이를 채택할 수 있다.

제10조 【위원회 절차】 1. 집행위원회는 유럽연합 의회 및 이사회 규정 (CE) 2099/2002호에 의하여 설립된 선박이 일으킨 해양오염의 방지와 항해안전을 위한 위원회(COSS)의 지원을 받는다.

2. 본항에 관한 언급이 되어진 경우, 1999/468/CE호 결정 제5조의2 제1항 내지 재4항 및 제7항의 규정이, 동 결정 제8조 규정을 참조하여, 적용된다.

제11조 【전환기 규정】 1. 어느 한 회원국 국내에서 하는 해상 운송으로 98/18/CE호 지령 제4조에서 말하는 A급에 속하는 선박의 운송은 개별 회원국이 이 규칙의 적용을 그 시행일로부터 4년간 연기할 수 있다.

2. In relazione al trasporto marittimo all'interno di un singolo Stato membro a bordo di navi appartenenti alla classe B ai sensi dell'articolo 4 della direttiva 98/18/CE, gli Stati membri possono decidere di differire l'applicazione del presente regolamento fino al 31 dicembre 2018.

Articolo 12 【Entrata in vigore】 Il presente regolamento entra in vigore il giorno successivo alla pubblicazione nella Gazzetta ufficiale dell'Unione europea. Esso è applicabile a decorrere dalla data di entrata in vigore della Convenzione di Atene per la Comunità, e in ogni caso non più tardi del 31 dicembre 2012.

Sezione II Del trasporto di cose in generale

Articolo 419 【Trasporti di cose】 Il trasporto di cose può avere per oggetto un carico totale o parziale ovvero cose singole, e può effettuarsi su nave determinata ovvero su nave indeterminata.

Articolo 420 【Forma del contratto】 Il contratto di trasporto di cose deve essere provato per iscritto, tranne che il trasporto debba effettuarsi su navi minori, di stazza lorda non superiore alle dieci tonnellate, se a propulsione meccanica, o alle venticinque, in ogni altro caso.

Articolo 421 【Obblighi del vettore all'inizio del viaggio】 Il vettore, prima dell'inizio del viaggio, oltre ad usare la normale diligenza perché la nave sia apprestata in stato di navigabilità e convenientemente armata ed equipaggiata, deve curare che le stive, le camere refrigeranti, quelle frigorifere e le altre parti della nave destinate alla caricazione siano in buono stato per il ricevimento, la conservazione e il trasporto delle merci.

2. 어느 한 회원국 국내에서 하는 해상 운송으로 98/18/CE호 지령 제4조에서 말하는 B급에 속하는 선박에서 운송은 개별 회원국이 이 규칙의 적용을 2018년 12월 1일까지 연기할 수 있다.

제12조 【시행】 이 규칙은 유럽연합 공보에 공시된 익일부터 효력을 갖는다. 이 규칙은 아테네 협약이 유럽연합에 효력을 갖게 되는 날부터 적용되며, 여하한 경우라도 2012년 12월 30일 이전에 효력을 발한다.[66]

제2관 물건운송 통칙

제419조 【물건운송계약】 물건운송계약은, 화물 전부 혹은 화물 일부를 목적으로 할 수도 있고, 특정한 물건을 목적으로 할 수도 있으며, 특정한 선박에 의한 운송을 목적으로 할 수도 있고, 불특정 선박에 의한 운송을 목적으로 할 수도 있다.

제420 【계약형식】 물건운송계약은 서면에 의하여 증명되어야 하고, 다만 총톤수 10톤 이하 동력선, 총톤수 25톤 이하 비동력선에 의한 내항선[67] 운송은 그러하지 아니하다.

제421조 【항해 개시시 운송인의 의무】 항해를 개시하기 이전에 운송인은 선박이 감항능력을 가지고 적절하게 의장과 선원을 갖춘 상태로 출항을 준비하고 있는지 상당한 주의로 이를 확인할 의무가 있고, 나아가 선창, 냉동

66) 이제 동 조약의 발효와 상관없이 유럽연합 내에서는 동 조약이 발효된 것 같은 효력을 갖게 되었다.

67) 위 제136조 내항선의 정의 참조.

Articolo 422【Responsabilità del vettore】 Il vettore è responsabile della perdita o delle avarie delle cose consegnategli per il trasporto, dal momento in cui le riceve al momento in cui le riconsegna, nonché dei danni per il ritardo, a meno che provi che la causa della perdita, delle avarie o del ritardo non è stata, né in tutto né in parte, determinata da colpa sua o da colpa commerciale dei suoi dipendenti e preposti.

Deve invece l'avente diritto alla riconsegna provare che la causa della perdita, delle avarie o del ritardo è stata determinata da colpa del vettore o da colpa commerciale dei di lui dipendenti e preposti, quando il danno è stato prodotto da vizio occulto, o da innavigabilità della nave non derivante da inadempimento agli obblighi di cui all'articolo precedente, da colpa nautica dei dipendenti o preposti del vettore, da fortuna o pericoli di mare, incendio non determinato da colpa del vettore, pirateria, fatti di guerra, sommosse e rivolgimenti civili, provvedimenti di autorità di diritto o di fatto, anche a scopo sanitario, sequestri giudiziari, scioperi o serrate, impedimenti al lavoro generali o parziali, atti o tentativi di assistenza o salvataggio ovvero deviazione del viaggio fatta a tale scopo, cattivo stivaggio, vizio proprio della merce, calo di volume o di peso, insufficienza degli imballaggi, insufficienza o imperfezione delle marche, atti od omissioni in genere del caricatore o dei suoi dipendenti o preposti.

Articolo 423【Limiti del risarcimento】 Il risarcimento dovuto dal vettore non può, per ciascuna unità di carico, essere superiore a euro 103.29 o alla maggior cifra corrispondente al valore dichiarato dal caricatore anteriormente all'imbarco.

Il valore dichiarato dal caricatore anteriormente all'imbarco si presume come valore effettivo delle cose trasportate fino a prova contraria; ma il

고, 냉장고 기타 화물을 선적할 장소도 화물을 수령하고, 보관하고, 운송하기에 적합한 상태에 있는지 확인할 의무가 있다.

제422조【운송인의 책임】 운송인은 수령시부터 반환시까지 운송을 위해 자기에게 인도된 물건의 멸실과 훼손은 물론 연착으로 인한 손해를 배상할 책임이 있고, 다만 그 멸실, 훼손 혹은 연착이 자기의 과실이나 자기의 피용자 혹은 수임인의 상업적인 과실에, 전적이든 혹은 부분적이든, 기인하지 아니한다는 것을 증명하는 때에는 그러하지 아니하다.

그러나 그 멸실, 훼손 혹은 연착이 숨은 하자, 전조의 규정에 따른 의무의 불이행에 기인하지 아니한 감항능력부재, 운송인의 피용자 혹은 수임인의 항해상의 과실, 해상에서 사고나 위험, 운송인의 과실에 기인하지 아니한 화재, 해적, 전쟁행위, 폭동과 내란, 검역을 포함한 법적 혹은 사실상 정부에 의한 조치, 사법적인 압류, 노동쟁의와 직장폐쇄, 전적인 혹은 부분적인 노동행위로 인한 장애, 구조나 원조 행위 혹은 그 시도와 이를 목적으로 하는 이로, 적재 불량, 운송물 자체의 하자, 무게나 수량의 감소, 포장의 불충분, 기호의 불충분이나 불완전, 운송인 혹은 운송인의 피용자나 수임인의 행위 혹은 불행위 등에 의하여 손해가 발생한 때에는, 반대로 상대방이 화물의 멸실, 훼손 혹은 연착이 운송인의 과실 혹은 운송인의 피용자나 수임인의 상업적인 과실에 기인하는 것을 입증하는 경우에 한하여 운송인이 손해배상책임을 진다.

제423조【책임의 한도】 운송인이 지는 보상의무는 화물 단위를 기준으로 103.29 유로[68] 및 선적 전에 화주가 신고한 가격 상당액을 초과하지 못한다.

화주가 선적 전에 신고한 가격은, 반대의 입증이 없는 한, 실제 가격이라

68) 원래는 200,000리라였다.

vettore, ove provi che la dichiarazione è inesatta, non è responsabile per la perdita o per le avarie delle cose trasportate ovvero per il ritardo, a meno che venga provato che l'inesattezza non fu scientemente commessa.

Articolo 424 【Derogabilità delle norme sulla responsabilità】 Le norme degli articoli 422, 423 sono sempre derogabili a favore del caricatore. Sono derogabili anche a favore del vettore per quanto concerne il periodo di tempo anteriore alla caricazione e quello posteriore alla scaricazione; e, anche per il periodo che intercorre tra caricazione e scaricazione, relativamente ai trasporti di merci caricate sopra coperta e di animali vivi, relativamente ai trasporti nazionali di merci di qualsiasi genere, nonché per quanto concerne i danni da ritardo. Nei confronti dei terzi l'efficacia delle clausole derogatrici è subordinata alla loro inserzione nella polizza ricevuto per l'imbarco o nella polizza di carico.

Le norme anzidette sono infine derogabili, anche fuori delle ipotesi e dei limiti previsti nel precedente comma, qualora non venga emessa polizza di carico, né altro documento negoziabile.

Articolo 425 【Imballaggi e marche di contrassegno】 Sulle merci consegnate al vettore, o sui loro imballaggi, devono a cura del caricatore, essere apposte marche di contrassegno, in maniera che normalmente rimangano visibili fino al termine del viaggio.

Il caricatore è responsabile verso il vettore per i danni a lui derivanti da imperfetta apposizione delle marche.

Articolo 426 【Consegna delle bollette doganali】 All'atto dell'imbarco delle merci, e in ogni caso prima della partenza della nave, il caricatore è tenuto a consegnare al vettore le bollette doganali.

Il caricatore è responsabile verso il vettore per i danni a lui derivati dall'omessa consegna.

고 추정한다; 만일 운송인이 신고가 정확하지 아니하다는 것을 증명하면, 멸실, 훼손 혹은 연착에 대해 운송인은 전혀 책임을 지지 아니하고, 다만 그 부정확한 신고가 알고서 의도적으로 한 것이 아니라는 것을 증명하는 때에는 그러하지 아니하다.

제424조 【책임 규정의 감경성】 위 제422조 및 제423조의 규정은 화주에게 이익이 되는 방향으로 언제든지 감경할 수 있다. 운송인에게 이익이 되는 방향으로 감경하는 것은 그것이 선적 이전 혹은 양륙 이후의 것이면 감경할 수 있다; 그리고 비록 선적과 하역 사이 기간동안이라 할지라도 갑판적 화물, 산 동물, 종류를 가리지 아니한 국내운송 및 연착으로 인한 손해에 관한 것은 이를 감경할 수 있다.

감경 조항은 제3자와의 관계에 있어서는 수령선하증권이든 선적선하증권이든 운송증권에 삽입되어야만 그 효과가 있다.

마지막으로, 선하증권 기타 양도성 증권이 발행되지 아니한 경우, 전항에서 정한 범위와 경우가 아니라 하더라도, 위 규정들은 당사자의 합의로 이를 감경할 수 있다.

제425조 【포장과 기호】 화주는 운송인에게 인도할 화물 혹은 그 포장에 운송이 종료될 때까지 통상 남아 있을 정도로 강하게 접착된 기호를 부착하여야 한다.

화주는 이 기호의 불충분한 부착으로 인하여 운송인에게 발생한 손해를 배상하여야 한다.

제426조 【세관신고서의 교부】 선적신고 시에, 그리고 늦어도 출항 이전에, 화주는 운송인에게 세관신고서를 교부하여야 한다.

화주는 이러한 교부를 하지 아니함으로 인하여 운송인에게 발생한 손해를 배상할 책임이 있다.

운송인은 이 서류의 완성 여부, 기재된 내용의 정확 여부를 확인할 의무

Il vettore non è tenuto a verificare la completezza dei documenti e l'esattezza delle indicazioni in questi contenute.

Articolo 427 【Impedimento prima della partenza】 Se la partenza della nave è impedita per causa di forza maggiore, il contratto è risolto. Se per la stessa causa la partenza della nave è soverchiamente ritardata, il contratto può essere risolto.

Se la risoluzione avviene dopo l'imbarco, il caricatore è tenuto a sopportare le spese di scaricazione.

Articolo 428 【Impedimento temporaneo】 Se la partenza della nave o la prosecuzione del viaggio è temporaneamente impedita per causa non imputabile al vettore, il contratto resta in vigore.

Il caricatore può, mentre dura l'impedimento, far scaricare le merci a proprie spese, con l'obbligo di ricaricarle ovvero di risarcire i danni. Se l'impedimento si verifica in corso di viaggio, il caricatore è tenuto a prestare idonea cauzione per l'adempimento degli obblighi predetti.

Articolo 429 【Interruzione del viaggio】 Se, dopo la partenza, il comandante è costretto a fare riparazioni per causa di forza maggiore, il contratto rimane in vigore ed il caricatore non ha diritto a riduzione di nolo.

Se la nave non può essere riparata od è necessario un tempo soverchio, ovvero se il viaggio è interrotto o soverchiamente ritardato per altra causa di forza maggiore, il nolo è dovuto in proporzione del tratto utilmente percorso, purché il comandante abbia fatto il possibile per provvedere, per conto del caricatore, all'inoltro delle merci al luogo di destinazione con altra nave.

Articolo 430 【Impedimento all'arrivo】 Se l'approdo è impedito o soverchiamente ritardato per causa di forza maggiore, il comandante, se non ha ricevuto ordini o se gli ordini ricevuti sono ineseguibili, deve provvedere nel modo migliore per l'interesse della nave e del carico, approdando in altro porto vicino o ritornando al porto di partenza.

가 없다.

제427조【출발전 장애】 출발 전에 불가항력적 사유로 출발에 장애가 생기면 운송계약은 자동 해지된다. 만일 마찬가지 사유로 출발이 현저히 지연되는 때에도 운송계약을 해지할 수 있다.

선적 후에 운송계약이 해지되면 화주가 하역비용을 부담하여야 한다.

제428조【일시적인 장애】 선박의 출발이나 항해의 지속에 일시적 장애가 발생한 경우, 운송계약은 존속한다.

이처럼 장애가 생긴 동안 화주는 자기 비용으로 적하를 하역할 수 있고 그러면 그 화물을 다시 선적하여야 하고 손해가 있으면 이를 보상하여야 한다. 만일 장애가 항해 도중에 발생한 때에는 화주는 이러한 의무의 이행을 담보하기에 충분한 담보를 제공하여야 한다.

제429조【항해 중단】 항해를 개시한 이후에 불가항력적 사유로 수리를 위하여 선장이 항해를 중단하여야 하는 경우, 운송계약은 유효하게 존속하고 화주는 운임의 감액을 청구할 수 없다.

수리가 불가능하거나 상당한 기간 소요되는 경우, 혹은 다른 불가항력적 사유로 항해가 중단되거나 상당기간 지연되는 경우, 화주는 이미 유용하게 이루어진 운송의 비율로 비율 운임을 지급하여야 하고, 운송인은 화주의 비용으로 다른 선박을 이용하여 목적지까지 운송하기 위해 필요한 조치를 취하여야 한다.

제430조【도착 장애】 불가항력적 사유로 선박의 접안에 장애가 발생하거나 현저히 지연되는 경우, 선장이 적절한 지시를 받지 못하거나 혹은 받은 지시대로 실행할 수 없는 때에는, 선장은 선박과 적하에 가장 유리한 방식으로 인근 다른 항구에 접안하거나 출발항으로 회항하는 등 필요한 조치를 취하여야 한다.

Articolo 431 【Merci non dichiarate o falsamente indicate】 Il comandante può fare scaricare nel luogo d'imbarco le cose non dichiarate o falsamente indicate dal caricatore, ovvero può esigere il nolo al tasso massimo corrente nel luogo di caricazione per cose di simile natura, oltre il risarcimento del danno.

Articolo 432 【Recesso del caricatore prima della partenza】 Prima della partenza della nave il caricatore può recedere dal contratto, pagando la metà del nolo convenuto, nonché le spese sostenute per la caricazione e la scaricazione, se tali spese non sono comprese nel nolo, e le controstallie decorse.

Tuttavia il caricatore può liberarsi in tutto o in parte da tale obbligo, provando che il vettore non ha subito alcun danno o ha subito un danno minore.

Articolo 433 【Recesso del caricatore durante il viaggio】 Il caricatore può, durante il viaggio, ritirare le cose caricate, pagando il nolo intero e rimborsando al vettore le spese straordinarie occorse per la scaricazione.

Il comandante non è tenuto alla scaricazione, quando questa importi ritardo eccessivo o modificazione dell'itinerario ovvero scalo in un porto intermedio non contemplato dal contratto o dagli usi.

Se le merci sono ritirate per causa imputabile al vettore, questi è responsabile delle spese e dei danni.

Articolo 434 【Caricazione incompleta】 Se il caricatore consegna una quantità di merci minore di quella convenuta, deve pagare il nolo intero, detratte le spese che il vettore abbia risparmiato per la mancata caricazione, se queste sono comprese nel nolo.

Il comandante può imbarcare altre merci, purché, se il contratto ha per oggetto un carico totale, vi sia il consenso del caricatore. In ogni caso il caricatore profitta del nolo relativo alle cose che completano il carico, fino a

제431조【미신고 및 허위표시 화물】 선장은 전혀 신고를 하지 아니한 화물이나 허위로 표시된 화물을 선적지에서 양륙 조치할 수 있고, 그렇지 않고 운송을 하면 선적지에서 유사한 물품에 적용될 최고 운임을 청구할 수 있으며, 그 이외에도 손해가 있으면 그 배상을 청구할 수 있다.

제432조【출발 전 화주의 취소】 선박이 출발을 하기 전에, 화주는 약정한 운임 절반을 지급하고 운송계약을 취소할 수 있고, 여기에 더하여 선적과 하역에 소용된 비용도 그것이 운임에 포함되어 있지 아니하면 이를 지급하여야 하고, 체선료가 발생하면 이것도 지급하여야 한다.

그러나 운송인이 전혀 손해를 입지 아니하였다거나 적은 손해를 입은 사실을 입증하면 화주는 그만큼 책임이 감면된다.

제433조【항해중 화주의 취소】 항해 도중이라 하더라도 운임 전부를 지급하고 하역으로 생기는 별도 비용을 운송인에게 전부 보상하면 화주는 선적한 화물을 회수할 수 있다.

만일 이로 인하여 과도한 지연, 노정의 변경, 혹은 계약 혹은 관행에 비추어 예상되지 않는 항구에의 기항을 의미하면 선장은 이러한 하역을 할 의무가 없다.

만일 운송인이 책임 있는 사유로 하역을 하여 화물을 회수한 경우, 운송인이 그 비용을 부담하여야 하고 그 외에 손해가 있으면 그 손해도 배상하여야 한다.

제434조【부족한 선적】 화주가 약정한 분량보다 적은 화물을 인도하였다면 운임 전액을 지급하여야 하고, 다만 운임 속에 선적비용이 포함되어 있으면 선적을 하지 아니함으로 인하여 발생한 절약된 비용은 이를 공제하여야 한다.

선박에 화물을 만재할 것을 목적으로 운송계약을 체결하였다 하더라도, 선장은 화주의 동의를 얻은 다음 다른 화물을 선적할 수 있다. 이 경우 여하튼 보충한 화물에 대한 운임은 화주가 지급할 운임의 범위 내에서 이를

concorrenza del nolo da lui dovuto.

Le stesse norme si applicano nel caso in cui il contratto di trasporto sia stato stipulato per un viaggio di andata e ritorno e il caricatore non imbarchi merci per il viaggio di ritorno.

Articolo 435【Perdita e avarie delle cose】 La perdita e le avarie subite durante il trasporto dalle cose trasportate devono essere fatte constare dal destinatario, con riserva scritta o in contraddittorio del comandante della nave o del raccomandatario del vettore, non oltre il momento della riconsegna, se trattasi di perdita o di avarie apparenti, ovvero entro tre giorni dalla riconsegna, se trattasi di perdita o di avarie non apparenti.

In mancanza della riserva scritta o della constatazione in contraddittorio, le merci si presumono riconsegnate dal vettore in conformità delle indicazioni contenute nel documento del trasporto.

Articolo 436【Mancato arrivo delle cose】 Se le merci non sono giunte a destinazione, il nolo deve essere corrisposto, quando il mancato arrivo sia dovuto a fatto del caricatore o alla natura delle merci, se questa non era nota al vettore o al comandante, salva la detrazione del nolo percepito dal vettore per le cose da lui caricate in sostituzione di quelle perdute.

Articolo 437【Deposito o vendita delle cose】 Il comandante, nel caso di mancato pagamento del nolo, può farsi autorizzare dall'autorità giudiziaria del luogo di scaricazione a depositare o, se sia necessario, a vendere tanta parte delle cose caricate quanta ne occorre per coprire il nolo e i compensi di controstallia, a meno che il destinatario provveda al deposito di una somma pari all'ammontare del credito del vettore.

Articolo 438【Prescrizione】 I diritti derivanti dal contratto di trasporto di cose si prescrivono col decorso di sei mesi dalla riconsegna delle cose, e, in caso di perdita totale, dal giorno in cui le cose avrebbero dovuto arrivare a destinazione o, nei trasporti di cose determinate, dal giorno indicato

화주의 이익으로 한다.

왕복 항해를 위하여 운송계약이 체결되었음에도 불구하고 화주가 귀환 항해에 필요한 선적을 하지 아니하는 경우에도, 동일한 원칙이 적용된다.

제435조 【물건의 멸실과 훼손】 운송 도중에 화물이 멸실 혹은 훼손되면, 그것이 외관상 명백한 경우, 수하인에게 인도하기 이전에 수하인의 서면 유보에 의하든 혹은 선장이나 선주대리인과 함께 하든 수하인에 의하여 그것이 확인되어야 하고, 그 멸실이나 훼손이 외관상 명백하지 아니한 경우에도, 인도 후 늦어도 3일 이내에 이러한 확인이 되어야 한다.

서면에 의한 유보나 쌍방 합의에 의한 확인이 없으면 운송증권에 기재된 바에 따라 운송인이 화물을 인도하였다고 추정한다.

제436조 【물건의 부도달】 화물이 목적지에 도달하지 아니했다 하더라도 그것이 화주의 행위에 기인한 것이라면 운임을 전액 지급하여야 하고, 화물의 성질에 기인한 것이라 하더라도 운송인이나 선장이 그것을 알고 있지 않았다면 운임 전액을 지급하여야 하며, 다만 멸실된 화물을 대신하여 선적한 다른 화물로 인해 운송인이 수령한 운임은 이를 공제하여야 한다.

제437조 【물건의 보관과 판매】 운임을 지급하지 아니한 때에는 양하지 법원의 허가를 얻어 선장은 이를 보관하여 둘 수 있고, 필요하다면 운임과 체선료를 지급하기에 충분한 양만큼 화물을 매각할 수도 있으며, 다만 수하인이 운송인의 채권 총액에 해당하는 금액을 예치한 때에는 그러하지 아니하다.

제438조 【시효】 물건운송계약으로 인한 권리는 물건을 반환한 날부터 6개월이 경과하면 시효로 인하여 소멸하며, 물건이 완전히 멸실된 때에는 물건이 도달했었을 날로부터, 특정물 운송의 경우 제456조에서 말하는 날로부터 6개월이 경과하면 시효로 인하여 소멸한다.

nell'articolo 456.

Nei trasporti che hanno inizio o termine fuori di Europa o dei paesi bagnati dal Mediterraneo, la prescrizione si compie col decorso di un anno.

LEGGE 12 giugno 1984, n.243. : Ratifica ed esecuzione del protocollo di modifica della convenzione internazionale del 25 agosto 1924 per l'unificazione di alcune regole in materia di polizza di carico, aperto alla firma a Bruxelles il 23 febbraio 1968

Art. 1 Il presidente della Repubblica è autorizzato a ratificare il protocollo di modifica della convenzione internazionale del 25 agosto 1924 per l'unificazione di alcune regole in materia di polizza di carico, aperto alla firma a Bruxelles il 23 febbraio 1968.

Art. 2. Piano ed interna esecuzione è data al protocollo di cui all'articolo precedente a decorrere dalla sua entrata in vigore in conformità all'articolo 13(2) del protocollo stesso

Sezione III Del trasporto di carico totale o parziale

Articolo 439 【Norme applicabili】 Si applicano le regole generali sul trasporto di cose, ogni qualvolta viene assunto l'obbligo di riconsegnare a destinazione un carico totale o parziale su nave determinata.

유럽 혹은 지중에 연접국이 아닌 곳에 있는 항구에서 항해가 개시 혹은 종료되는 경우 1년이 경과하여야 시효가 완정된다.

헤이그-비스비 규칙의 가입과 시행에 관한 법[69]
(1984년 6월 12일 법 제243호)

제1조 이탈리아 대통령은 선하증권에 관한 규정의 통일을 위한 1924년 8월 25일 국제조약의 개정을 위한 1968년 2월 23일 브러셀에서 채택된 개정의정서에의 가입을 허락한다.

제2조 위 조약 제13조 제2항의 규정에 따라 발효가 되는 때부터 위 조문에 따른 개정의정서는 완전하고 충분히 그 효력을 갖는다.

제3관 전부화물 혹은 일부화물 운송

제439조 【적용 법규】 특정한 선박에 화물 전부 혹은 화물 일부를 목적지에서 수하인에게 인도하기로 하는 의무를 부담하는 계약이면 운송계약 일

---

69) 이 법의 시행으로 인하여 헤이그 비스비 규칙이 적용되는 범위 내에서는 이탈리아 헌법에 따라 국내법보다 우선하여 효력을 갖고 따라서 이탈이아 항운법 및 기타 국내법보다 그 제정 시기와 관련이 없이 우선하여 효력을 갖는다.

Articolo 440 【Spazi non utilizzabili per la caricazione】 Non sono destinati al trasporto gli spazi interni della nave normalmente non utilizzabili per la caricazione, salvo espresso consenso del vettore nel caso in cui non ostino ragioni di sicurezza della navigazione.

Articolo 441 【Luogo di ancoraggio o di ormeggio】 Se il contratto non determina il punto di ancoraggio o di ormeggio, il caricatore può chiedere che la nave sia condotta nel luogo da lui designato, salve le disposizioni del comandante del porto, purché si possa accedervi, sostarvi e uscirne senza pericolo.

Se il caricatore non designa in tempo utile tale luogo, la nave è condotta a quello abituale. Nel caso in cui ciò non sia possibile, il comandante sceglie un altro luogo, tenendo conto dell'interesse del caricatore.

Articolo 442 【Consegna e riconsegna delle merci】 In mancanza di diverso patto, regolamento portuale od uso locale, il vettore riceve e riconsegna le merci sotto paranco.

Articolo 443 【Inesatta dichiarazione di portata della nave】 Il vettore che abbia dichiarato la portata della nave in misura maggiore o minore di quella effettiva, è tenuto al risarcimento dei danni, sempre che la differenza ecceda il ventesimo.

Articolo 444 【Decorrenza e durata delle stallie】 I giorni di stallia per la caricazione e per la scaricazione, salvo diverso patto, regolamento portuale od uso locale, decorrono dal momento in cui, essendo la nave pronta per l'imbarco o per lo sbarco, ne sia giunto avviso a chi deve consegnare o ricevere le merci.

Il termine di stallia, in mancanza di patto, regolamento od uso, deve essere fissato dal comandante del porto, tenendo conto dei mezzi disponibili nel luogo di caricazione o di scaricazione, della struttura della nave, nonché

반에 관한 규정(민법)이 적용된다.[70]

제440조 【선적에 제공되지 아니하는 공간】 선박 내부 공간으로 통상 화물의 선적에 제공되지 아니하는 부분은, 선박의 안전에 지장을 초래하지 아니하고 운송인의 별도 동의를 얻은 때가 아니면, 운송을 위하여 제공되지 아니한다.

제441조 【정박과 계류의 장소】 운송계약에서 선박이 정박하거나 계류할 지점이 특정되어 있지 않는 경우, 항만장의 별도의 처분이 없는 한, 화주는 자기가 지정한 장소로 선박을 인도할 것을 요구할 수 있고, 다만 이때에도 선박이 위험에 노출되지 않고 진입, 체류 및 퇴거가 가능하여야 한다.

만일 화주가 상당한 기간 내에 이러한 장소를 지정하지 아니하는 때에는, 선박을 통상적인 장소로 인도하여야 한다. 만일 이러한 것이 불가능할 때에는, 선장은 화주의 이익을 고려하여 다른 적당한 장소를 선정하여 인도하여야 한다.

제442조 【수령과 인도】 다른 약정, 항만 규정, 혹은 지역 관행이 없으면, 운송인은 선측에서 인양기를 통해 화물을 수령하고 인도하여야 한다.

제443조 【부정확한 용량의 고지】 선박의 용량을 실제보다 축소 혹은 확대 고지한 운송인은 그로 인한 손해를 배상할 책임이 있고, 다만 그 차이가 20분지 1 이하인 때에는 그러하지 아니하다.

제444조 【선적 및 양륙기간과 그 진행】 선적 및 양륙기간이 적용될 날짜는, 달리 당사자 사이의 합의가 있거나 혹은 항구 규정이나 지역 관행이 있지 않는 한, 선박이 선적 혹은 양륙 준비가 완료되고 이를 인도나 수령할 사람에게 통지한 때부터 계산한다.

---

70) 현재 이탈리아 학자들의 지배적인 견해는 시중의 용선계약은 그것이 voyage chaterparty이든 time chaterparty이든 이를 여기 제3관에서 말하는 전부화물 혹은 일부화물 운송이라고 본다. 그러면 당연히 제424조의 적용대상이 되고 이어서 제423조 책임제한의 대상이 된다고 해석할 수밖에 없다.

della natura del carico; e deve essere comunicato tempestivamente a chi deve consegnare o ricevere le merci.

Articolo 445 【Computo delle stallie】 Il termine di stallia si computa a giorni lavorativi. Non si considerano tali i giorni festivi secondo la legge e le consuetudini locali.

Il decorso del termine è sospeso durante i giorni in cui le operazioni sono impedite per causa non imputabile al caricatore o al destinatario.

Articolo 446 【Decorrenza e durata delle controstallie】 Spirato il termine di stallia senza che, per causa imputabile al caricatore o al destinatario, sia stata ultimata la caricazione o la scaricazione, è dovuto un compenso di controstallia.

Il termine di controstallia, salvo diverso patto, regolamento od uso locale, è di tanti giorni correnti quanti sono stati i giorni lavorativi di stallia.

Articolo 447 【Soppressione delle controstallie di caricazione】 Spirato il termine di stallia di caricazione senza che, per causa imputabile al caricatore, sia stata imbarcata una quantità di merce sufficiente per garantire quanto è da lui dovuto al vettore, il comandante non è tenuto ad attendere il decorso del termine di controstallia se non gli venga fornita idonea cauzione.

Articolo 448 【Computo delle controstallie】 Il compenso di controstallia è computato in ragione di ore e giorni consecutivi e deve essere versato giorno per giorno.

Il tasso di controstallia, in mancanza di diverso patto, è determinato in proporzione della portata della nave, secondo gli usi.

Tuttavia, per il periodo durante il quale le operazioni di imbarco o di sbarco sono state impedite da causa non imputabile al caricatore o al destinatario, invece del compenso di controstallia è dovuto un compenso

달리 당사자 사이의 합의 혹은 항구 규정이나 지역 관행이 있지 않는 한, 선적기간은 선적이나 양륙하는 장소에서 동원할 수단, 선박의 구조는 물론 화물의 성질도 참고하여 항만장이 이를 정한다; 그러면 수령이나 인도할 사람에게 신속히 이를 통지하여야 한다.

제445조【선적기간의 계산】 선적기간은 근무일을 기준으로 계산한다. 그 지역 관습이나 법에 의하여 공휴일은 이를 근무일이라고 보지 아니한다.

화주나 수하인이 책임질 수 없는 사유로 작업이 중단되는 날은 선적기간이 진행되지 아니한다.

제446조【체선기간의 길이와 계산】 화주나 수하인이 책임질 사유로 선적이나 양륙이 종료되지 못하고 선적기간이 경과하면 체선에 대한 보상을 청구할 수 있다.

달리 당사자 사이의 합의가 있거나 혹은 항구 규정이나 지역 관행이 있지 않는 한, 체선기간은 근무일로 표시된 선적기간 혹은 양륙기간과 동일한 숫자의 연속된 날짜라고 본다.

제447조【선적시 체선기간의 무시】 선적기간이 경과할 때에 이르기까지 화주가 자기의 책임 있는 사유로 운송인에게 약속한 분량을 채우기에 충분한 분량의 화물을 선적하지 못한 경우, 화주가 상당한 담보를 제공하지 아니하는 한, 선장은 체선기간이 종료될 때가지 기다릴 의무가 없다.

제448조【체선기간의 계산】 체선료는 시간과 날짜를 연속하여 계산하고 매일 지급하여야 한다.

체선료의 요율은 다른 약정이 없으면 관행에 따라 선박의 최대 용량에 비례하여 발생한다.

그러나 화주나 수하인의 책임 없는 사유로 선적 혹은 양륙 작업이 중단된 때에는 체선료가 아니라 운임에 비례하여 정한 보상만 청구할 수 있다.

determinato in proporzione del nolo.

Articolo 449 【Controstallie straordinarie】 Spirato il termine di controstallia per la caricazione, il comandante, previo avviso dato almeno ventiquattro ore prima, ha facoltà di partire senza attendere la caricazione o il suo completamento, restando sempre dovuti il nolo e il compenso di controstallia. Se il comandante non si avvale di questa facoltà, è dovuto per l'ulteriore sosta, fissata d'accordo col caricatore, un compenso di controstallia maggiorato della metà, ove non esista diverso patto, regolamento, o uso.

Spirato il termine di controstallia per la scaricazione senza che questa sia stata compiuta, è dovuto un compenso di controstallia straordinaria per la durata e nella misura sopra indicate, salva la facoltà del comandante di scaricare le merci a norma dell'articolo 450.

Articolo 450 【Deposito del carico】 Se il destinatario è irreperibile o rifiuta di ricevere il carico, ovvero se si presentano più destinatari o v'è opposizione alla riconsegna, il vettore deve chiedere immediatamente istruzioni al caricatore. Questi può disporre del carico a termini dell'articolo 1685 del codice civile, salva la facoltà del vettore di provvedere al deposito o alla vendita delle merci nei casi previsti dall'articolo 1690 dello stesso codice.

Se il destinatario, dopo aver acquistato i diritti nascenti dal contratto, ritarda a ritirare il carico o se sorge controversia intorno all'esecuzione della consegna, il vettore può procedere al deposito delle merci presso un terzo a norma dell'articolo 1514 del codice civile o, trattandosi di merci soggette a rapido deterioramento, alla vendita per conto del destinatario a norma dell'articolo dello stesso codice, dandone avviso all'interessato.

제449조【특별체선료】 선적을 위한 체선기간이 경과한 다음에는, 48시간 사전 통지를 조건으로, 선적 혹은 선적의 완료를 기다리지 아니하고 출항할 권리가 있고, 그래도 화주는 운임과 체선료를 지급하여야 한다. 만일 선장이 이러한 권리를 행사하지 아니하고 화주의 동의를 얻어 이후에 선박이 지체하면, 달리 당사자 사이의 합의 혹은 항구 규정이나 지역 관행이 있지 않는 한, 체선료에 반을 더한 금액을 보상하여야 한다.

양륙을 위한 체선기간이 경과하고도 양륙을 완료하지 못한 경우, 위에서 본 기간동안 그 비율로 특별체선료를 지급하여야 하며, 다만 다음 제450조의 규정에 따라 선장이 양하를 할 권한을 행사한 때에는 그러하지 아니하다.

제450조【화물의 보관】 수하인을 찾을 수 없는 때, 수하인이 인수를 거절하는 때, 다수의 수하인이 나타나는 때 혹은 인도에 반대하는 사람이 있는 때에는, 운송인은 바로 화주의 지시를 구하여야 한다. 화주는 민법 제1685조의 규정에 따라 화물을 처분할 수 있고, 다만 운송인은 민법 1690조의 규정에 따라 그 물건을 보관하거나 매각할 수 있다.

수하인이 계약에 따른 권리를 취득하고도 화물을 회수하는 것을 지체하거나, 수령의 실행 여부를 둘러싸고 분쟁이 생기면, 운송인은 민법 제1514조의 규정에 따라 제3자에게 화물의 보관을 의뢰할 수 있고, 만일 화물이 급속히 변질될 성질의 물건이면 민법 제1515조의 규정에 따라 수하인의 계산으로 이를 매각할 수 있으며, 그러면 관계인에게 이를 통지하여야 한다.

Sezione IV Del trasporto di cose determinate

Articolo 451【Sostituibilità della nave】 Se il trasporto ha per oggetto cose determinate, il vettore, in mancanza di espresso divieto, ha facoltà di sostituire la nave designata con altra nave della medesima classe, idonea a compiere il trasporto senza ritardo.

Articolo 452【Caricazione delle merci】 Il caricatore deve presentare le merci per l'imbarco nei termini d'uso, non appena la nave sia pronta a ricevere il carico, e la caricazione deve essere effettuata dal vettore nei termini d'uso.

Decorso il termine per la consegna delle merci, il comandante ha facoltà di partire senza attendere il carico, e il caricatore è tenuto al pagamento dell'intero prezzo di trasporto.

Articolo 453【Recesso del caricatore prima della partenza】 Dopo la caricazione delle merci il caricatore può avvalersi della facoltà prevista dall'articolo 432, solo quando dichiari di recedere dal contratto entro il termine d'uso per la partenza della nave e la scaricazione non cagioni ritardo alla partenza medesima.

Articolo 454【Scaricazione delle merci】 Quando la nave sia in condizioni di scaricare, se il destinatario è irreperibile o rifiuta di ricevere le merci, il vettore ha facoltà di consegnare le merci ad un'impresa di sbarco regolarmente autorizzata, la quale diviene responsabile verso il destinatario quale depositaria delle cose. Il vettore, che si avvale di questa facoltà, è tenuto a darne avviso al destinatario, se conosciuto, o all'indicato in polizza.

Quando il destinatario è presente e la scaricazione a mezzo di impresa di sbarco avviene solo nell'interesse della nave per esigenze della scaricazione, le spese relative sono a carico del vettore.

Quando si presentano più destinatari o v'è opposizione alla riconsegna si

제4관 특정한 물건의 운송

제451조【선박의 대체성】 특정물의 운송을 목적으로 하는 운송계약의 경우, 이를 금지하는 명시적인 합의가 없는 한, 동일한 등급에 속하고 지체를 야기하지 않고 그 운송을 하기에 적합한 다른 선박으로 이를 대체하여 운송할 수 있다.

제452조【화물의 선적】 선박이 화물을 수령할 준비를 완료하자마자 화주는 관행에 따른 기간 내에 선적을 위해 화물을 제공하여야 하고, 그러면 운송인은 관행에 의해 정해진 기간 내에 선적을 하여야 한다.

화물을 제공할 기간이 경과하면 선장은 더 이상 화물을 기다리지 않고 출발을 할 수 있고, 그러면 화주는 운임 전액을 지급하여야 한다.

제453조【화주의 출발전 취소】 선적이 되고 난 다음에는 오로지 출발을 위한 관행상 기간 이내에 계약을 취소하는 의사표시가 있고 화물의 양륙이 항해의 지체를 야기하지 아니하는 때에 한해 위 제432조에서 말하는 권한을 이용하여 권리 행사를 할 수 있다.

제454조【화물의 양하】 선박이 양하를 위한 준비가 완료되었음에도 불구하고 수하인을 찾을 수 없거나 또는 수하인이 수령을 거절하는 때에는, 운송인은 소정의 허가를 받은 하역업자에게 운송물을 인계할 수 있고, 그러면 그 하역업자는 보관업자로 수하인에게 책임을 진다. 이러한 권리를 행사한 운송인은 자기가 알고 있거나 선하증권에 표시된 수하인에게 이를 통지하여야 한다.

수하인이 나타났다 하더라도, 양륙이 요구되는 선박을 위해 하역회사가 양륙을 하는 경우, 그 비용을 운송인이 부담하여야 한다.

만일 다수의 수하인이 나타나거나 화물의 인도에 반대가 있는 경우, 위 450조의 규정이 적용된다.

applica il disposto dell'articolo 450.

Articolo 455【Mancata riscossione del nolo o degli assegni】 Il vettore che esegue la riconsegna al destinatario senza riscuotere i propri crediti o gli assegni di cui è gravata la cosa o senza esigere il deposito della somma controversa, è responsabile verso il caricatore dell'importo degli assegni dovuti al medesimo e non può rivolgersi a quest'ultimo per il pagamento dei propri crediti.

Articolo 456【Mancato arrivo】 Salvo diverso patto od uso, nel caso di mancato arrivo delle merci, il destinatario può far valere i diritti nascenti dal contratto soltanto dal giorno in cui la perdita è stata riconosciuta dal vettore, o altrimenti dopo sette giorni dal termine in cui le merci avrebbero dovuto giungere a destinazione.

Sezione V Della polizza ricevuta per l'imbarco e della polizza di carico

Articolo 457【Dichiarazione d'imbarco】 Il caricatore presenta al vettore una dichiarazione d'imbarco, nella quale sono indicati la natura, la qualità e quantità delle cose da trasportare, nonché il numero dei colli e le marche che li contrassegnano.

Il caricatore è responsabile verso il vettore dei danni che possono a questo derivare da omissioni o inesattezze nelle indicazioni contenute nella dichiarazione di imbarco.

Articolo 458【Documenti rilasciati dal vettore all'assunzione del trasporto, alla consegna e all'imbarco delle merci】 Assunto il trasporto, il vettore, o in suo luogo il raccomandatario, è tenuto a rilasciare al caricatore un ordinativo d'imbarco per le merci da trasportare, ovvero all'atto della consegna, quando sia stato convenuto, una polizza ricevuto per l'imbarco.

제455조 【운임과 요금의 부징수】 운송인이 자기의 채권이나 그 화물이 담보하고 있는 요금 기타 부담금을 회수하지 아니하고서 화물을 수하인에게 인도하거나, 혹은 그 논란이 된 금액의 공탁을 요구하지 아니하고서 그냥 수하인에게 화물을 인도하여 준 경우, 화주가 지고 있는 부담금 총액에 대하여 운송인은 그 화주에게 책임이 있고, 또 운송인은 자기의 채권의 변제를 위해 그 화주를 상대로 추심할 수 없다.
제456조 【도착 부재】 화물이 도착을 하지 아니한 경우, 다른 약정이나 관행이 없으면, 수하인은 멸실이 운송인에 의하여 확인된 날 혹은 화물이 목적지에 도착하였을 날로부터 7일 이후에 비로소 운송계약으로부터 발생하는 권리를 행사할 수 있다.

제5관 수령선하증권과 선적선하증권

제457조 【화물명세서】 화주는 운송인에게 운송할 화물의 종류, 품질 및 수량은 물론 포장의 숫자와 부착 기호를 기재한 화물명세서를 제출하여야 한다.

화물명세서의 기재에 탈락된 것이 있거나 부정확한 내용이 있으면 화주는 그로 인한 운송인의 손해를 배상할 책임이 있다.

제458조 【운송을 인수한 운송인이 화물의 수령 혹은 선적 후 발행할 서류】 운송을 인수한 운송인 혹은 그를 대신한 선주대리인은 화주에게 운송할 화물에 관해 선적지시서를 발행하여야 하며, 화주와 합의가 있으면 운송물의 수령과 동시에 수령 선하증권을 발행하여 주어야 한다.

선적이 되고 난 다음 적어도 24시간 이내에 선장은 본선인수증을 발행하여 화주에게 교부하여야 하며, 그렇지 않으면 그에게 바로 운송인 명의의

Dopo l'imbarco, ed entro ventiquattr'ore dallo stesso, il comandante della nave è tenuto a rilasciare al caricatore una ricevuta di bordo per le merci imbarcate, a meno che gli rilasci direttamente, in nome del vettore, la polizza di carico.

Qualora non vi abbia provveduto il comandante della nave, il vettore o in suo luogo il raccomandatario, su presentazione della ricevuta di bordo, è tenuto a rilasciare la polizza di carico, ovvero ad apporre la menzione dell'avvenuto imbarco, con le indicazioni di cui alle lettere g) ed h) dell'articolo 460, sulla polizza ricevuto per l'imbarco precedentemente rilasciata.

Articolo 459【Prova della consegna al vettore e della caricazione delle merci】 La polizza ricevuto per l'imbarco fa prova dell'avvenuta consegna delle merci al vettore; la ricevuta di bordo e la polizza di carico fanno prova dell'avvenuta caricazione.

Articolo 460【Indicazioni della polizza ricevuta per l'imbarco e della polizza di carico】 La polizza ricevuto per l'imbarco deve essere datata e sottoscritta da chi la rilascia, e deve enunciare:

a) il nome e il domicilio del vettore;

b) il nome e il domicilio del caricatore;

c) il luogo di destinazione, e, quando la polizza è nominativa, il nome e il domicilio del destinatario;

d) la natura, la qualità e la quantità delle cose da trasportare, nonché il numero dei colli e le marche che li contrassegnano;

e) lo stato apparente delle merci o degli imballaggi;

f) il luogo e la data di consegna.

La polizza di carico, parimenti datata e sottoscritta da chi la rilascia, oltre le indicazioni richieste per la polizza ricevuto per l'imbarco, deve enunciare:

선적 선하증권을 발행하여 주어야 한다.

선장이 이러한 조치를 취하지 아니하였을 때에는, 운송인이나 그를 대리한 선주대리인은 본선인수증과 교환으로 선적 선하증권을 발행하여 주어야 하며, 이전에 수령선하증권이 발행되었다면 선적선하증권을 발행하여 주는 대신 그 수령선하증권상에 제460조 제d)호 및 제h)호의 사항을 포함하여 선적사실을 표시할 수도 있다.

제459조 【운송인에게 인도와 화물선적에 대한 증명】 수령선하증권은 운송인에게 화물을 인도한 것을 증명하며; 본선인수증과 선적선하증권은 선적한 것을 증명한다.

제460조 【수령선하증권과 선적선하증권에 기재할 사항】 수령선하증권은 날짜를 적고 발행하는 사람이 서명하여야 하며 다음 사항을 기재하여야 한다:

a) 운송인의 성명과 주소;

b) 화주의 성명과 주소;

c) 목적지 및 기명증권인 경우 수하인의 성명과 주소;

d) 운송할 화물의 종류, 품질 및 수량, 포장 개수, 부착 기호;

e) 화물이나 포장의 외관상 상태;

f) 수령 장소와 일시.

선적선하증권도 마찬가지로 날짜를 기재하고 발행자가 서명하여야 하며, 위 수령 선하증권에 기재할 사항 이외에 다음 사항을 기재하여야 한다:

g) il nome o il numero, l'ufficio di iscrizione e la nazionalità della nave;

h) il luogo e la data di caricazione.

Articolo 461 【Data di consegna e data di caricazione】 Se nella polizza di carico non è indicata la data di consegna, per tale si presume fino a prova contraria la data di caricazione delle merci.

Se nella polizza ricevuto per l'imbarco non è indicata la data di consegna, o nella polizza di carico non è indicata quella di caricazione, per data di consegna o per data di caricazione, rispettivamente, si presume quella di emissione della polizza.

Articolo 462 【Natura, qualità e quantità delle merci】 Il vettore, ovvero il raccomandatario o il comandante della nave, che rilascia la polizza ricevuto per l'imbarco o la polizza di carico, ha facoltà di inserire in polizza le proprie riserve, quando non può eseguire in tutto o in parte una normale verifica delle indicazioni fornite dal caricatore sulla natura, qualità e quantità delle merci, nonché sul numero dei colli e sulle marche di contrassegno.

In mancanza di riserve, la natura, la qualità e la quantità delle merci, nonché il numero e le marche dei colli consegnati al vettore o imbarcati, si presumono fino a prova contraria conformi alle indicazioni della polizza.

Articolo 463 【Originali della polizza di carico e della polizza ricevuto per l'imbarco】 La polizza ricevuto per l'imbarco e la polizza di carico sono emesse in due originali.

L'originale ritenuto dal vettore è sottoscritto dal caricatore o da un suo rappresentante, non è trasferibile, e reca esplicita indicazione della non trasferibilità.

L'originale rilasciato al caricatore è sottoscritto dal vettore, ovvero dal raccomandatario o dal comandante della nave che emette la polizza, ed attribuisce al possessore, legittimato a norma dell'articolo 467, il diritto alla consegna delle merci che vi sono specificate, il possesso delle medesime e il

g) 선박의 명칭, 등록 번호, 등록사무소 및 국적;
h) 선적 장소와 시간.

제461조【수령 날짜와 선적 날짜】 선적선하증권의 경우, 수령한 날짜가 표시되어 있지 아니한 때에는, 반대의 입증이 없는 한, 화물의 선적 날을 수령한 날로 추정한다.

수령선하증권에 수령한 날짜가 없고 선적선하증권에 선적한 날짜가 없는 경우, 선하증권의 발행 날짜를 각각 수령일과 선적일로 추정한다.

제462조【화물의 종류, 품질 및 수량】 수령선하증권 혹은 선적선하증권을 발행하는 운송인, 선주대리인, 혹은 선장은, 화물의 종류, 품질, 수량이나 포장의 개수, 부착된 기호에 관해, 화주가 제공한 화물명세서 기재의 정확 여부를 정상적으로 확인하는 것이 전체적이나 부분적으로 불가능한 경우, 선하증권 내에 자신의 유보를 삽입할 권리가 있다.

이러한 유보가 없는 경우, 운송인에게 인도나 선적된 화물의 종류, 품질 및 수량은 물론 그 개수와 기호가, 반대의 입증이 없는 한, 선하증권의 기재와 일치한다고 추정한다.

제463조【선적선하증권과 수령선하증권의 원본】 수령 선하증권과 선적 선하증권은 원본 2부를 발행한다.

원본 1부는 운송인이 보유하는 것으로 화주나 그의 대리인이 서명하여야 하며, 이 원본은 이를 양도할 수 없고, 증권에 양도할 수 없다는 명시적 기재가 있어야 한다.

화주에게 발행된 원본은 그 증권을 발행하는 운송인, 그 대리인 혹은 선장이 서명하여야 하고, 그 소지인은 제467조의 법리에 의하여 거기에 특정된 화물의 인도를 요구할 수 있고, 그 화물을 점유할 수 있으며, 나아가 그 증권의 이전을 통하여 화물을 처분할 수 있다.

diritto di disporne mediante disposizione del titolo.

Articolo 464 【Forma e trasferimento dell'originale di polizza rilasciato al caricatore】 L'originale della polizza di carico o della polizza ricevuto per l'imbarco rilasciato al caricatore può essere al portatore, all'ordine o nominativo.

Il trasferimento di questo originale si opera nei modi e con gli effetti previsti dal codice civile per i titoli di credito al portatore, all'ordine o nominativi.

Tuttavia per l'emissione e il trasferimento della polizza nominativa non è richiesta l'annotazione nel registro dell'emittente, previsto negli articoli 2022 e seguenti del codice civile.

Articolo 465 【Duplicati della polizza】 Dell'originale della polizza ricevuto per l'imbarco o della polizza di carico rilasciato al caricatore possono essere, su richiesta di chi ha il diritto di disporre del titolo, emessi duplicati.

I duplicati non attribuiscono i diritti indicati nel terzo comma dell'articolo 463.

I duplicati non sono trasferibili, devono recare esplicita menzione della non trasferibilità, ed essere contraddistinti ciascuno dal numero d'ordine di rilascio.

Articolo 466 【Ordini di consegna】 Il vettore, o in suo luogo il raccomandatario, quando ciò sia stato convenuto nel contratto di trasporto, sono tenuti ad emettere, dietro richiesta di chi ha il diritto di disporre delle merci mediante disposizione del titolo, ordini di consegna sul comandante della nave o sul raccomandatario, relativi a singole partite delle merci rappresentate dalla polizza ricevuto per l'imbarco o dalla polizza di carico.

In tal caso il vettore o il suo raccomandatario sono tenuti, all'atto dell'emissione degli ordini di consegna, a prenderne nota sull'originale

제464조【화주에게 발행된 증권 원본의 형식과 이전】 화주에게 발행된 선적선하증권 혹은 수령선하증권 원본은 무기명식, 지시식 혹은 기명식일 수 있다.

이러한 원본의 이전은 무기명채권, 지시채권 혹은 기명채권에 관한 민법이 정한 방식과 효력으로 그 기능을 한다.

그러나 기명증권의 발행과 이전은 민법 제2022조 이하 규정에서 말하는 것 같은[71] 발행인의 발행등록부에 부기를 요구하지 아니한다.

제465조【증권의 사본】 화주에 발행된 수령선하증권이나 선적선하증권에 대해 그 처분권을 가진 권리자의 청구가 있는 때에는 그 사본을 발행할 수 있다.

사본은 제463조 제3항에 표시된 권리를 부여하지 아니한다.

사본은 이전할 수 없고, 이러한 이전불가능성이 증권에 명시되어 있어야 하며, 발행순서를 나타내는 번호에 의하여 각각 쉽게 눈에 띄어야 한다.

제466조【하도지시서】 운송계약에 별도의 합의가 있는 경우, 운송인 혹은 그를 대신한 선주대리인은, 그 증권을 이전하여 화물을 처분할 권리가 있는 사람의 요구가 있으면, 수령선하증권이나 선적선하증권에 표창된 화물의 일부에 관해, 선장이나 선주대리인에 대한 하도지시서를 발행할 수 있다.

---

71) 이탈리아 민법은 등록을 하지 아니하면 대신 반드시 새로운 증서의 발행을 요구하고 있다: 이탈리아 민법 제2022조 참조.

trasferibile della polizza, con l'indicazione della natura, qualità e quantità delle merci specificate in ciascun ordine, e con l'apposizione della propria firma e di quella del richiedente; quando l'intero carico rappresentato dalla polizza sia frazionato fra i vari ordini di consegna sono tenuti altresì a ritirare l'originale trasferibile della polizza.

Gli ordini di consegna emessi a norma dei comma precedenti attribuiscono i diritti indicati nel terzo comma dell'articolo 463; possono essere al portatore, all'ordine o nominativi. Agli ordini di consegna predetti si applicano, in quanto compatibili, le norme sull'emissione e la circolazione della polizza di carico.

Articolo 467【Legittimazione del possessore dei titoli rappresentativi delle merci】 Il possessore dell'originale trasferibile della polizza di carico o della polizza ricevuto per l'imbarco ovvero di un ordine di consegna è legittimato all'esercizio del diritto menzionato nel titolo, in base alla presentazione del titolo stesso o a una serie continua di girate ovvero per effetto dell'intestazione a suo favore, a seconda che il titolo sia al portatore, all'ordine o nominativo.

Capo IV Dei contratti di utilizzazione nella navigazione interna

Articolo 468【Norme applicabili】 Ai contratti di utilizzazione delle navi addette alla navigazione interna si applicano le norme di questo titolo, in quanto gli usi speciali non dispongano diversamente.

Titolo II Della contribuzione alle avarie comuni

Articolo 469【Avarie comuni】 Le spese e i danni direttamente prodotti

이 경우 운송인이나 그의 선주대리인은 하도지시서를 발행함과 동시에 양도성을 갖는 증권원본에 하도지시서에 특정된 화물의 성질, 품질 및 수량과 함께 그 발행 사실을 기재하여야 하며 자신도 서명하고 청구인도 서명하여야 한다; 증권에 표창된 화물 전부가 여러 하도지시서에 의해 분할된 때에는 유통이 가능한 원본을 회수하여야 한다.

위 규정에 의하여 발행된 하도지시서는 제463조 제3항에서 말하는 권리를 부여한다; 그리고 이 하도지시서는 무기명식, 지시식 혹은 기명식으로 발행할 수 있다. 선적선하증권의 발행과 유통에 관한 규정은, 가능한 한, 하도지시서에도 적용된다.

제467조 【화물을 표창하는 증권의 점유에 기한 정당화】 수령선하증권, 선적선하증권, 하도지시서의 유통 원본을 보유하는 사람은 그것이 무기명식, 지시식 혹은 기명식인지에 따라 증권의 제시, 일련의 연속된 배서 혹은 자기 명의로 명의변경 등을 통하여 증권에 표시된 권리를 정당하게 행사할 수 있다.

제4절 내수항행선의 이용계약

제468조 【적용 법규】 내수항행에 제공된 선박의 이용에 관한 계약의 경우에도, 별도의 특별한 관행이 달리 있는 때를 제외하고는, 본장의 규정이 적용된다.

제2장 공동해손의 분담

제469조 【공동해손】 선장이나 그를 대신하는 사람이 항해를 구하기 위하

dai provvedimenti presi, a norma dell'articolo 302, dal comandante, o da altri in sua vece, per la salvezza della spedizione, sono avarie comuni e vengono ripartiti fra tutti gli interessati alla spedizione stessa, sempre che il danno volontariamente prodotto non sia quello stesso che si sarebbe necessariamente verificato secondo il corso naturale degli eventi.

Articolo 470 【Formazione della massa creditoria】 Ciascuno dei danneggiati partecipa alla formazione della massa creditoria, e concorre alla ripartizione, per l'ammontare dei danni effettivamente incidenti sui suoi beni, come diretta conseguenza del provvedimento preso dal comandante, fatta eccezione per i danni che siano caduti su attrezzi e altri oggetti di corredo e di armamento della nave non descritti nell'inventario ovvero su provviste di bordo, su cose caricate clandestinamente o scientemente dichiarate dal caricatore in maniera inesatta, su cose caricate sopra coperta in viaggi marittimi che superano le ottanta miglia di raggio dal porto di caricamento.

Articolo 471 【Spese eccezionali】 Per quanto concerne le spese eccezionali, il danno da ammettere nella massa creditoria è valutato sulla base della spesa sopportata, ovvero di quella che sarebbe stata sufficiente per la salvezza della spedizione e che con altra maggiore è stata sostituita.

A tali spese devono essere aggiunti gli interessi del prestito contratto per conseguire la somma necessaria, il maggior valore dovuto al proprietario delle cose allo stesso fine vendute, nonché i premi di assicurazione relativi all'operazione.

Dalle spese devono invece essere dedotti gli eventuali miglioramenti apportati per differenza tra il nuovo e il vecchio nelle riparazioni effettuate.

Articolo 472 【Perdita del nolo】 Per quanto concerne i noli perduti, il danno da ammettere nella massa creditoria è valutato sulla base dell'ammontare lordo, fatta deduzione dei noli guadagnati per le merci

여 제302조에 기해 취한 합리적인 처분으로 인해 직접적으로 발생한 비용과 손해는 공동해손이 되고, 그러면 그 항해에 이해관계를 가진 모든 사람이 이를 분담하여야 하며, 다만 분담을 하려면 그 임의처분에 기한 손해는 사안의 자연적인 진행에 필연적으로 뒤따르는 성질의 것이 아니었어야 한다.

제470조 【청구기금의 구성】 선장이 취한 조치의 직접적인 결과로 손해를 입은 사람이면 누구든 청구기금의 구성에 참가할 수 있고, 자기의 물건에 실제 발생한 손해 총액을 가지고 분배에 참여할 수 있으며, 다만 속구목록에 기재되지 아니한 설비 혹은 의장품과 선상에 있던 식료품, 몰래 선적한 물품, 화주에 의해 고의로 부정확하게 신고된 물품, 선적항으로부터 반경 80마일을 초과하는 해상운송에서 갑판에 선적한 물건 등에 발생한 손해는 그러하지 아니하다.

제471조 【특별한 비용】 특별한 비용으로 청구기금에 참가가 인정되는 손해는 실제로 지출한 비용 혹은 실제로 구조에 지출된 비용보다 소액이지만 그것으로 충분했을 금액이 기준이 되어 평가한다.

필요한 자금을 마련하기 위해 차용한 금액의 이자, 동일한 목적으로 양도한 물건의 최고 가격, 작업과 관련된 보험료 등도 이러한 비용에 추가하여야 한다.

반대로 수리 이후 새것이 된 결과로 발생한 이익은 이를 이러한 비용으로부터 공제하여야 한다.

제472조 【운임 상실】 상실한 운임과 관련하여 청구기금에 포함될 손해는 운임 총액을 기준으로 평가하고, 다만 대체 화물을 선적하여 벌어들인 운임과 멸실로 인해 절약된 비용은 이를 공제하여야 한다.

caricate in sostituzione e delle spese che la perdita ha consentito di risparmiare.

Articolo 473【Danni alla nave e al carico】 Per quanto concerne le perdite e i danni materiali apportati alla nave, al carico, e a qualsiasi altro bene partecipante alla spedizione, il danno da ammettere nella massa creditoria è valutato sulla base del valore che la cosa perduta o danneggiata avrebbe avuto al termine della spedizione, o, se si tratta di viaggio circolare, al termine del viaggio contributivo, cioè nel porto in cui viene scaricata l'ultima partita di carico presente a bordo all'atto del provvedimento volontario.

Da questo valore deve essere fatta peraltro deduzione: a) delle spese risparmiate in conseguenza del danno o della perdita; b) dei danni subiti anteriormente al provvedimento volontario; c) del valore residuo che sussiste o avrebbe potuto sussistere indipendentemente dai danni subiti dalle cose stesse successivamente al provvedimento volontario e per cause a questo estranee.

Il valore residuo, che deve essere dedotto dal danno ammesso nella massa creditoria ai sensi della lettera c) del precedente comma, è determinato sulla base degli stessi criteri di valutazione del danno, ovvero sulla base di quanto anche prima è stato realizzato o sarebbe stato possibile realizzare mediante alienazione.

Articolo 474【Spese del regolamento della contribuzione】 Nella massa creditoria sono ammesse anche le spese relative alle operazioni di liquidazione e di regolamento.

Articolo 475【Formazione della massa debitoria】 Ciascuno degli interessati nella spedizione partecipa alla formazione della massa debitoria e contribuisce alla sopportazione dei danni e delle spese in ragione del valore dei beni per lui in rischio, fatta eccezione dei corredi dell'equipaggio e dei bagagli non registrati.

제473조 【선박과 적하에 발생한 손해】 선박, 화물 기타 항행에 참여한 여타 물건의 물리적인 멸실 혹은 파손에 관하여, 청구기금에 포함될 손해는 항해의 종료 시점에 그 멸실 혹은 파손된 물건이 가지고 있었을 가격을 기준으로 평가하고, 순회 항해의 경우 해손을 분담할 그 항해를 기준으로 하며, 다시 말하면 해손처분이 있을 당시 선상에 존재했던 화물이 마지막으로 양륙된 그 항구에서의 가격을 기준으로 평가한다.

그리고 이러한 가격으로부터 a) 멸실이나 파손의 결과 절약된 비용, b) 자의적인 처분이 있기 이전에 이미 발생한 손해, c) 잔존한 물건의 가액 등은 모두 공제하여야 하며, 이 공제될 잔존물의 가격은, 만일 임의처분이 있고 난 다음 다른 임의처분 혹은 다른 별도의 사유로 발생한 손해가 있었을 경우, 그러한 손해를 무시하고 그 이전에 가졌던 잔존물의 가격을 공제하여야 한다.

위 c)에서 말하는 청구기금에서 제외될 잔존물의 가격은, 손해의 평가시와 같은 기준을 적용하여 평가하거나 혹은 그 이전에 실제로 실현되었거나 양도를 통하여 실현될 수 있었던 것에 기하여 평가한다.

제474조 【해손정산비용】 손해의 정산과 그 분배에 소요된 비용도 이를 청구기금에 포함한다.

제475조 【분담기금의 구성】 항해에 이해관계를 가진 모든 사람이 분담기금의 구성에 참여하고 위험에 처한 물건의 가격에 비례하여 손해와 비용에 대한 보상을 분담하고, 다만 선원의 비품과 비등록 수하물은 분담에서 예외로 한다.

Articolo 476 【Contribuzione della nave e del carico】 Per quanto concerne la nave, il carico e qualsiasi altra cosa che si trovi a bordo, la partecipazione alla massa debitoria è determinata sulla base del valore effettivo o presumibile al termine del viaggio, o, se si tratta di viaggio circolare, al termine del viaggio contributivo.

Da tale valore deve essere fatta peraltro deduzione dei danni subiti indipendentemente dal provvedimento volontario, anteriormente o successivamente allo stesso, e delle spese che sono o sarebbero state risparmiate in caso di perdita delle cose medesime.

Articolo 477 【Contribuzione del nolo】 Per quanto concerne i noli relativi al viaggio, la partecipazione alla massa debitoria è determinata sulla base del loro effettivo ammontare, fatta deduzione delle spese che la loro perdita ha o avrebbe consentito di risparmiare.

Articolo 478 【Indicazioni del caricatore circa le merci】 Agli effetti della formazione così della massa creditoria come di quella debitoria, in caso di dichiarazione di valore fatta dal caricatore all'inizio del viaggio, si presume sino a prova contraria che il valore effettivo delle merci al termine della spedizione o al termine del viaggio contributivo corrisponda a quello dichiarato.

Ove il valore dichiarato risulti non corrispondente a quello effettivo, per la partecipazione alla massa creditoria è computato il valore più basso tra i due e per la partecipazione alla massa debitoria è invece computato quello tra i due più alto, a meno che venga provato che l'inesattezza della dichiarazione non fu scientemente commessa.

In caso di mancanza di dichiarazione del valore da parte del caricatore, sono assunte, fino a prova contraria, per base della determinazione del valore, le indicazioni inserite dal caricatore nella dichiarazione d'imbarco per quanto concerne la natura, la qualità e la quantità delle cose caricate.

제476조【선박과 적하의 손해분담】 선박, 적하 기타 선상 물건은 분담기금에 참여함에 있어 항해의 종료 시점에 실제 혹은 추정 가격을 기준으로 손해를 분담하며, 만일 항해가 순환 항해에 해당하면 분담할 그 항해의 종료 시점을 기준으로 평가한다.

자의적인 처분 이전이나 이후에 그 처분과 상관없이 발생한 손해 및 그 물건이 멸실되었을 경우 절약되거나 절약되었을 비용은 이를 이러한 가격을 계산함에 있어 공제하여야 한다.

제477조【운임의 손해분담】 항해와 관련된 운임이, 분담기금에 참여하여 분담할 금액은, 그 운임의 실재 총액을 기준으로 하고, 다만 멸실로 인하여 절약되었거나 절약되었을 비용은 이를 공제한다.

제478조【화물에 관한 화주의 진술】 이처럼 청구기금과 분담기금을 구성함에 있어, 항해를 개시할 때에 그 가격에 대한 화주의 신고가 있었던 경우, 분담할 그 항해나 항로의 종료 시점에 실제 가격이, 반대의 입증이 없는 한, 이 신고한 가격과 동일하다고 추정한다.

만일 신고한 가격이 실제 가격과 일치하지 아니한 것이 판명된 경우, 청구기금을 구성하는 데에는 두 개 중에 적은 금액을 기준으로 하고, 분담기금을 구성하는 데에는 더 큰 금액을 기준으로 하며, 다만 부정확한 신고가 고의로 이루어진 것이 아니라는 것을 증명하는 때에는 그러하지 아니하다.

화주에 의한 가격 신고가 없었던 경우, 반대의 입증이 없는 한, 가격을 결정하는데 있어, 화물의 성질, 품질 및 수량에 관한 한, 선적명세서에 나타난 화주의 기재를 가지고 이를 평가한다.

이러한 기재가 부정확한 것이 판명되면 부정확한 기재가 고의로 이루어진 것이 아니라는 것을 입증하지 아니하는 한 제470조의 규정에 의하여 처리한다.

Ove tali indicazioni risultino inesatte, si applica il disposto dell'articolo 470, a meno che venga provato che l'inesattezza non fu scientemente commessa.

Articolo 479【Ricupero di cose sacrificate posteriore al regolamento】 Se dopo la chiusura del regolamento contributorio, ma prima del pagamento delle quote di contribuzione, le cose sacrificate vengono in tutto o in parte ricuperate dai proprietari, il regolamento è riaperto per tener conto del valore delle cose ricuperate, a norma dell'articolo 473, lettera c, fatta deduzione delle spese sostenute per il ricupero.

Se il ricupero avviene dopo il pagamento delle quote di contribuzione, il valore delle cose ricuperate è ripartito fra tutti i contribuenti in ragione della quota contributiva di ciascuno. Tale valore è determinato alla stregua dei criteri di stima del riparto o sulla base di quanto sia stato comunque possibile realizzare mediante alienazione, fatta deduzione delle spese inerenti al ricupero e di quelle di trasporto a destino o al luogo di vendita effettiva.

Articolo 480【Contribuzione per avarie comuni delle cose caricate sopra coperta】 I danni di avaria comunque prodotti alle cose caricate sopra coperta con o senza consenso del caricatore, nei viaggi marittimi che superano le ottanta miglia di raggio dal porto di caricamento, sono ripartiti esclusivamente tra gli interessati nella spedizione per la nave e per le merci caricate sopra coperta.

Alla sopportazione, gli interessati per la nave contribuiscono in ragione di tutti i beni, ivi compresi i noli, per loro in rischio nel corso della spedizione; gli altri interessati in ragione del valore dei beni per ciascuno di essi in rischio sopra coperta e dell'ammontare dei noli relativi, quando questi siano per essi medesimi in rischio.

La valutazione dei danni ammessi nella massa creditoria, e la

제479조 【희생시킨 물건의 정산 후 회수】 분담할 금액을 확정하였지만 아직 분담금을 지급하지 않고 있던 때에, 해손으로 희생한 물건의 전부 혹은 일부가 소유자에 의하여 회수된 경우, 제473조 제c)호의 규정에 따라 회수된 물건의 가격을 고려하여 다시 정산하여야 하며, 다만 회수에 소요된 비용이 있으면 그 금액을 회수된 물건의 가격에서 먼저 공제하여야 한다.

분담금을 지급한 다음에 회수가 되면 회수된 물건의 가격은 모든 분담자에게 분담의 비율에 따라 이를 분배하여야 한다. 그 가격은 분담에 적용했던 평가기준에 의해 정한 가격 혹은 판매를 통하여 실현할 수 있을 가격을 기준으로 평가하고, 회수에 수반되는 비용과 목적지나 실제 양도지까지 운송에 필요한 비용도 이를 우선하여 여기에서 공제한다.

제480조 【갑판적 하물에 발생한 해손분담】 항구로부터 반경 80마일 이상 나아가는 항해에서 갑판적 화물에 발생한 해손은, 화주의 동의를 받고 선적한 갑판적이든 동의를 받지 않고 선적한 갑판적이든, 그 항해에 이해관계를 가진 선박과 갑판적 화물이 전적으로 분담하여야 한다.

이러한 분담을 함에 있어 선박에 이해관계를 가진 사람은 그 항해로 위험에 처한 운임을 포함한 모든 물건이 그 비율로 분담하며; 다른 이해관계인도 갑판에서 위험에 처한 물건의 가격을 기준으로 평가하며 그에 따른 운임도 마찬가지로 위험에 처하여 있었다면 그 총액을 기준으로 계산한다.

청구기금을 구성하기 위한 손해평가와 분담기금을 구성하기 위한 가격결정은 기금 구성의 참여에 적용될 일반적인 기준과 동일한 기준에 의하여 계산한다.

determinazione dei valori che costituiscono la massa debitoria, sono compiute secondo gli stessi criteri che regolano la partecipazione alle masse della contribuzione generale.

Articolo 481 【Prescrizione】 L'azione per contribuzione alle avarie comuni si prescrive col decorso di un anno dal termine del viaggio della nave o, se trattasi di viaggio circolare, dal termine del viaggio contributivo.

Titolo III Della responsabilità per urto di navi

Articolo 482 【Urto fortuito o per causa dubbia】 Se l'urto è avvenuto per caso fortuito o forza maggiore, ovvero se non è possibile accertarne la causa, i danni restano a carico di coloro che li hanno sofferti.

Articolo 483 【Urto per colpa unilaterale】 Se l'urto è avvenuto per colpa di una delle navi, il risarcimento dei danni è a carico della nave in colpa.

Articolo 484 【Urto per colpa comune】 Se la colpa è comune a più navi, ciascuna di esse risponde in proporzione della gravità della propria colpa e dell'entità delle relative conseguenze. Tuttavia, nel caso che, per particolari circostanze, non si possa determinare la proporzione, il risarcimento è dovuto in parti uguali.

Al risarcimento dei danni derivati da morte o lesioni di persone le navi in colpa sono tenute solidalmente.

Articolo 485 【Obbligo di soccorso in caso di urto】 Avvenuto un urto fra navi, il comandante di ciascuna è tenuto a prestare soccorso alle altre, al loro equipaggio ed ai loro passeggeri, sempre che lo possa fare senza grave pericolo per la sua nave e per le persone che sono a bordo.

Il comandante è parimenti tenuto, nei limiti del possibile, a dare alle altre

제481조【시효】 공동해손분담청구권은 항해를 종료한 날로부터, 항해가 수회 항해인 경우, 분담할 그 항해를 종료한 날로부터 1년이 경과하면 시효로 소멸한다.

제3장 선박충돌에 대한 책임

제482조【우연한 사고나 원인불명의 충돌】 선박 충돌이 우연한 사고나 불가항력적 사유로 발생하거나 혹은 충돌의 원인을 확인할 수 없는 경우, 피해자는 손해를 스스로 감수하여야 한다.

제483조【일방과실로 인한 충돌】 선박의 충돌이 당사자 일방의 과실로 인하여 발생한 경우, 과실이 있는 선박이 그로 인한 손해를 배상할 책임이 있다.

제484조【쌍방과실로 인한 충돌】 다수 당사자가 마찬가지로 과실이 있어 선박이 충돌한 경우, 각자 과실의 정도와 결과의 경중에 따라 비율로 손해를 배상할 책임이 있고, 다만 그 특수한 상황 때문에 이러한 비율을 정할 수 없는 때에는 균분하여 손해를 배상하여야 한다.

인명의 사상으로 인한 손해는 과실이 있는 선박이 연대하여 배상할 책임이 있다.

제485조【충돌시 구조의무】 선박의 충돌이 발생하면 각 선박의 선장은 다른 선박, 선원 및 여객을 구조할 의무가 있고, 다만 자기 선박이나 선상 사람에게 중대한 위험이 야기되지 아니하는 범위 내에서 구조의무를 진다.

마찬가지로 선장은 가능한 한 다른 선박에게 자기의 신원을 확인하기 위해 필요한 정보를 제공할 의무가 있다.

navi le notizie necessarie per l'identificazione della propria.

Articolo 486【Rapporti contrattuali】 Salvo il disposto del secondo comma dell'articolo 484, le norme sulla responsabilità per danni da urto non si applicano ai rapporti di responsabilità che intercorrono tra persone vincolate da contratto di lavoro o di trasporto ovvero da altro contratto.

Articolo 487【Prescrizione】 Il diritto al risarcimento dei danni cagionati da urto di navi si prescrive col decorso di due anni dal giorno in cui il danno si è prodotto.

Il diritto di rivalsa spettante alla nave che, ai sensi dell'articolo 484, abbia versato l'intero risarcimento si prescrive col decorso di un anno dal giorno del pagamento.

Articolo 488【Danni non derivanti da collisione materiale】 Le disposizioni che precedono si applicano ai danni prodotti per spostamento di acqua od altra causa analoga, da una nave ad un'altra e alle persone o alle cose che sono a bordo di questa, anche se non vi è stata collisione materiale.

Titolo IV Dell'assistenza e salvataggio. Del recupero e del ritrovamento di relitti

Capo I Dell'assistenza e del salvataggio

Articolo 489【Obbligo di assistenza】 L'assistenza a nave o ad aeromobile in mare o in acque interne, i quali siano in pericolo di perdersi, è obbligatoria, in quanto possibile senza grave rischio della nave soccorritrice, del suo equipaggio e dei suoi passeggeri, oltre che nel caso previsto nell'articolo 485, quando a bordo della nave o dell'aeromobile siano in pericolo persone.

제486조【계약관계】 위 제484조 제2항의 규정을 제외하고는, 선박충돌로 인한 손해의 보상에 관한 규정은 근로계약, 운송계약 기타 계약에 의한 법률관계가 있는 사람 사이의 배상책임에 대하여는 적용하지 아니한다.

제487조【시효】 선박충돌로 인한 손해배상청구권은 손해가 발생한 날로부터 2년이 경과하면 시효로 인하여 소멸한다.

제484조의 규정에 따라 손해 전액을 보상한 선박이 다른 선박에 대해 구상을 청구하는 경우 보상한 날로부터 1년이 경과하면 비로소 시효로 소멸한다.

제488조【물리적인 충돌에 의하지 아니한 손해】 비록 물리적인 충돌이 없었다 하더라도 물의 요동 기타 유사한 원인으로 다른 선박이나 혹은 그 선상 물건이나 인명에 가한 손해에 대하여도 위 규정이 적용된다.

제4장 해난구조, 난파물 구조 및 유실물 발견

제1절 지원과 구조

제489조【지원 의무】 해상 혹은 내수에서 선박이나 항공기가 멸실의 위험에 처하여 있고 그 선박이나 항공기 내에 사람이 있는 경우, 자기 선박, 그 선원, 혹은 여객에 중대한 위험이 없는 한, 위 제485조의 경우 이외에도, 위험에 처한 선박이나 항공기를 가능한 한 지원할 의무가 있다.

선장이 항해 도중이나 출항을 하려 할 때에 어느 선박이나 항공기가 위험에 처하였다는 소식을 들은 경우, 합리적으로 생각하였을 때에 어떤 유

Il comandante di nave, in corso di viaggio o pronta a partire, che abbia notizia del pericolo corso da una nave o da un aeromobile, è tenuto nelle circostanze e nei limiti predetti ad accorrere per prestare assistenza, quando possa ragionevolmente prevedere un utile risultato, a meno che sia a conoscenza che l'assistenza è portata da altri in condizioni più idonee o simili a quelle in cui egli stesso potrebbe portarla.

Articolo 490 【Obbligo di salvataggio】 Quando la nave o l'aeromobile in pericolo sono del tutto incapaci, rispettivamente, di manovrare e di riprendere il volo, il comandante della nave soccorritrice è tenuto, nelle circostanze e nei limiti indicati dall'articolo precedente, a tentarne il salvataggio, ovvero, se ciò non sia possibile, a tentare il salvataggio delle persone che si trovano a bordo.

È del pari obbligatorio, negli stessi limiti, il tentativo di salvare persone che siano in mare o in acque interne in pericolo di perdersi.

Articolo 491 【Indennità e compenso per assistenza o salvataggio di nave o di aeromobile】 L'assistenza e il salvataggio di nave o di aeromobile, che non siano effettuati contro il rifiuto espresso e ragionevole del comandante, danno diritto, entro i limiti del valore dei beni assistiti o salvati, al risarcimento dei danni subiti e al rimborso delle spese incontrate, nonché, ove abbiano conseguito un risultato anche parzialmente utile, a un compenso.

Il compenso è stabilito in ragione del successo ottenuto, dei rischi corsi dalla nave soccorritrice, degli sforzi compiuti e del tempo impiegato, delle spese generali dell'impresa se la nave è armata ed equipaggiata allo scopo di prestare soccorso; nonché del pericolo in cui versavano i beni assistiti o salvati e del valore dei medesimi.

Articolo 492 【Indennità e compenso per salvataggio di cose】 Il salvataggio di cose, che non sia effettuato contro il rifiuto espresso e

용한 결과를 가져다 줄 수 있다고 판단된다면, 선장은 위에서 본 상황과 범위 내에서 지원을 제공하기 위해 달려가야 하며, 다만 자기가 지원을 하였을 때보다 더욱 좋은 혹은 유사한 조건으로 다른 사람이 지원을 하고 있다는 것을 알고 있는 때에는 그러하지 아니하다.

제490조 【구조 의무】 위험에 처한 선박이나 항공기가 각자 전혀 이동하지도 못하고 항해를 재개할 수도 없는 경우, 전조의 상황과 범위 내에서, 구조하는 선장은 이를 구조하려고 노력할 의무가 있고, 만일 이것이 불가능하다면 그 선상에 있는 사람이라도 구조하려고 노력하여야 한다.

마찬가지로, 해상이든 내수이든 실종될 위험에 처한 사람이 있는 경우, 동일한 범위 내에서, 그 구조를 위해 노력할 의무가 있다.

제491조 【선박이나 항공기의 원조나 구조에 대한 손해보상과 특별보수】 선장으로부터의 명시적이고 합리적인 반대가 없이 선박이나 항공기를 지원하거나 구조한 사람은, 원조나 구조를 받은 물건의 가격의 범위 내에서, 그 손해를 보상받고 비용을 보전받으며, 나아가 비록 부분적일지라도 성공을 거둔 때에는 특별보수를 청구할 수 있다.

특별보수는 달성한 성공, 구조선이 감수한 위험, 경주한 노력과 소요된 시간, 구조하는 것을 목적으로 의장과 장비를 갖춘 기업은 그 기업의 일반비용까지 고려하여 이를 정한다; 그리고 원조나 구조를 받은 물건이 처한 위험과 그 가격도 고려하여야 한다.

제492조 【물건의 구조에 대한 보상과 보전】 위험에 처한 선박이나 항공기의 경우 그 선장으로부터, 여타 물건의 경우 그 물건의 소유자로부터, 명시

ragionevole del comandante della nave o dell'aeromobile in pericolo o del proprietario delle cose, dà diritto, nei limiti stabiliti nell'articolo precedente, al risarcimento dei danni, al rimborso delle spese, nonché, ove abbia conseguito un risultato anche parzialmente utile, a un compenso determinato a norma del predetto articolo.

Articolo 493 【Indennità e compenso per salvataggio di persone】 Il salvataggio di persone che abbia conseguito un risultato utile dà diritto a un compenso quando l'ammontare relativo è coperto da assicurazione ovvero quando è stato effettuato in occasione di operazioni di soccorso a navi o aeromobili o cose.

Il compenso è dovuto nei limiti del residuo ammontare coperto dall'assicurazione o, rispettivamente, nei limiti di una parte equitativamente stabilita del compenso relativo alle altre operazioni. Il compenso è determinato in ragione dei rischi corsi, degli sforzi compiuti e del tempo impiegato, nonché del pericolo in cui versavano le persone salvate.

Articolo 493 【Indennità e compenso per salvataggio di persone】[23)] Il salvataggio di persone dà diritto al risarcimento dei danni subiti e al rimborso delle spese incontrate, solo nei casi e nei limiti in cui l'ammontare relativo sia coperto da assicurazione, ovvero dalla responsabilità del vettore per mancato adempimento dell'obbligo di assicurazione a norma dell'articolo 941. Negli stessi casi, ovvero altrimenti quando è stato effettuato in occasione di operazioni di soccorso a navi o aeromobili o di salvataggio di cose, il salvataggio di persone che abbia conseguito un risultato utile dà inoltre diritto a un compenso, rispettivamente nei limiti del residuo ammontare coperto dall'assicurazione o dalla responsabilità del vettore, fatta deduzione delle somme dovute per risarcimento dei danni

23) Questo articolo è stato cosi sostituito dall'art. 16 comma 1, del D.L..vo15 marzo 2006, n.151.

적이고 합리적인 거절의 의사표시가 있지 아니하는 한, 물건의 구조를 한 사람은, 전조에서 정한 범위 이내에서 손해의 보상과 비용의 보전을 청구할 수 있고, 나아가 비록 부분적이라 하더라도 성공을 거두었다면 위 규정에 따라 특별보수를 청구할 수 있다.

제493조【인명구조에 대한 특별보수】 인명의 구조를 위해 노력하고 그 결과 성공을 거둔 사람도, 관련되는 금액이 부보되어 있는 경우 혹은 선박, 항공기 기타 물건의 구조를 하는 과정에 인명구조를 한 경우, 특별보수를 청구할 수 있다.

이 특별보수는 부보된 잔액 총액을 한도로 하고, 또 인명구조 외 작업을 통해 얻은 특별보수를 합리적으로 분할하여 인명구조에 배분된 금액을 한도로 한다. 그리고 특별보수는 감수한 위험, 경주한 노력, 소요된 시간은 물론 구조된 사람이 처했던 위험을 고려하여 금액을 정한다.

제493조【인명구조에 대한 특별보수】 인명구조자는 해당 금액이 부보나, 혹은 제941조에 의한 부보책임을 이행하지 아니한 운송인의 책임에 의하여 보장되면 그 금액의 범위 내에서 손해배상 혹은 비용전보를 청구할 수 있다. 이 경우에 있어, 그 외에 선박이나 항공기의 구조 기타 물건의 구조작업 중에 인명구조가 이루어진 경우 인명구조가 유용한 결과를 가져오면 보험 혹은 운송인의 책임에 의해 보장되는 금액의 잔액의 범위 내에서 보상을 청구할 수 있고 이 경우 먼저 손해의 배상과 비용의 보전에 필요한 금액을 공제하고 또 인명구조 외 작업을 통해 얻은 특별보수를 합리적으로 분할하여 인명구조에 배분된 금액을 한도로 한다. 그리고 특별보수는 감수한 위험, 경주한 노력, 소요된 시간은 물론 구조된 사람이 처했던 위험을 고려하여 금액을 정한다(2006년 개정 이전 조문).

e rimborso delle spese, e nei limiti di una parte equitativamente stabilita del compenso relativo alle altre operazioni. Il compenso è determinato in ragione dei rischi corsi, degli sforzi compiuti e del tempo impiegato, nonché del pericolo in cui versavano le persone salvate.

Articolo 494【Efficacia della determinazione convenzionale del compenso】 La determinazione del compenso, fatta per accordo o mediante arbitrato, non è efficace nei confronti dei componenti dell'equipaggio che non l'abbiano accettata, a meno che sia stata approvata [dall'associazione sindacale che li rappresenta].[24)]

Articolo 495【Concorso di operazioni e concorso di soccorritori】 Quando da una stessa nave vengano contemporaneamente effettuati assistenza a nave o aeromobile e salvataggio di cose o di persone, ovvero salvataggio di cose e salvataggio di persone, l'ammontare dei danni e delle spese incontrate viene equitativamente ripartito tra le diverse operazioni compiute.

Quando ad una stessa operazione di assistenza o di salvataggio abbiano partecipato più navi, ovvero navi ed aeromobili, al concorso dei soccorritori si applicano le disposizioni dell'articolo 970.

Articolo 496【Ripartizione del compenso】 Il compenso di assistenza o di salvataggio spetta, quando la nave non sia armata ed equipaggiata allo scopo di prestare soccorso, per un terzo all'armatore e per due terzi ai componenti dell'equipaggio, tra i quali la somma è ripartita in ragione della retribuzione di ciascuno di essi, tenuto conto altresì dell'opera da ciascuno prestata.

La quota del compenso da ripartire tra i componenti dell'equipaggio non può essere convenzionalmente fissata in misura inferiore alla metà dell'intero ammontare del compenso stesso.

Articolo 497【Incidenza della spesa per le indennità e il compenso】

---

24) Le associazioni sindacali fasciste sono state soppresse con il d.lg.lgt. 23 novembre 1944, n. 369.

제494조【합의에 의한 특별보수의 효력】 합의나 중재를 통한 특별보수의 결정은 선원이 동의하지 않는 한 그에게는 효력이 없고, 다만 그 선원이 속한 노동조합이[72] 동의한 때에는 그러하지 않다.

제495조【구조자와 구조작업의 경합】 하나의 선박에 의해 선박이나 항공기에 원조가 이루어지고 동시에 물건이나 사람에 대한 구조가 이루어진 경우 및 물건의 구조와 인명의 구조가 동시에 이루어진 경우, 수반된 손해와 비용은 시행된 여러 작업에 합리적으로 분배하여 결정한다.

하나의 원조 혹은 구조 작업에 여러 선박이나, 혹은 선박과 항공기가, 구조자로서 경합하여 참여한 경우 제970조의 규정에 의하여 규율한다.

제496조【특별보수의 분배】 원조나 구조에 대한 특별보수는, 구조 자체를 목적으로 의장을 하고 충원을 한 선박이 아닌 한, 그 3분지 1은 의장자에게 귀속하고 나머지 3분지 2는 선원에 귀속하며, 선원 사이에서는 각자의 보수를 고려하고 나아가 각자가 제공한 수고를 참작하여 이를 분배한다.

이 특별보수에 관해 선원 사이에 합의에 의한 분배 지분이 있다 하더라도 이처럼 법정된 지분 총액의 절반 미만의 금액일 수 없다.

제497조【보상과 전보의 처리】 선박이나 항공기의 원조나 구조로 인해 구

72) 노동조합제도는 1994년에 폐지.

La spesa per le indennità e per il compenso dovuti alla nave soccorritrice in caso di assistenza o salvataggio di nave o di aeromobile viene ripartita a carico degli interessati alla spedizione soccorsa a norma delle disposizioni sulla contribuzione alle avarie comuni, anche quando l'assistenza non sia stata richiesta dal comandante della nave o dell'aeromobile in pericolo o sia stata prestata contro il suo rifiuto.

Articolo 498 【Navi dello stesso proprietario od armatore】 Le disposizioni che precedono si applicano, per quanto è possibile, anche se la nave soccorritrice e la nave assistita o salvata appartengono allo stesso proprietario o sono armate dallo stesso armatore.

Articolo 499 【Azione dell'equipaggio】 Qualora l'armatore non sia legittimato o trascuri di agire per il conseguimento del compenso di assistenza o di salvataggio, i componenti dell'equipaggio hanno azione per la parte ad essi spettante del compenso stesso.

Articolo 500 【Prescrizione】 Il diritto alle indennità e al compenso di assistenza o di salvataggio si prescrive col decorso di due anni dal giorno in cui le operazioni sono terminate.

LEGGE 12 aprile 1995, n.129. : Ratifica ed esecuzione della convenzione 1989 sul salvaggio, atto finale della conferenza internazionale sul salvaggio, con allegati, fatta a Londra il 28 aprile 1989

Art. 1 Il presidente della Repubblica è autorizzato a ratificare la convenzione 1989 sul salvaggio, atto finale della conferenza internazionale sul salvaggio, con allegati, fatta a Londra il 28 aprile 1989.

조한 선박에 대한 보상과 전보로 인해 발생한 비용은 공동해손의 규정에 따라 구조된 그 항해에 이해관계를 가진 사람이 이를 분담하여야 하며, 이는 위험에 처한 선박이나 항공기의 선장이 구조를 요청한 것이 아니었거나 또는 그가 거절하였음에도 불구하고 구조가 이루어진 때에도 마찬가지이다.

제498조【동일한 소유자나 의장자에 속한 선박】 위에서 본 규정은 구조나 원조를 한 선박이나 구조나 원조를 받은 선박이 동일한 소유자에 속하거나 혹은 같은 의장자에 의하여 의장이 되었던 경우에도 가능한 범위 내에서 적용된다.

제499조【선원의 청구】 원조나 구조에 대한 특별보수를 획득하기 위해 필요한 조치를 취하는 데에 있어 의장자의 권리가 없거나 혹은 의장자가 행사를 해태하는 때에는 선원은 자기에게 속하는 부분의 실현을 위하여 단독으로 그 청구를 할 수 있다.

제500조【시효】 원조와 구조에 대한 보상과 보수는 그 작업이 종료된 날로부터 2년이 경과하면 시효로 인하여 소멸한다.

해난구조에 관한 1989년 국제협약의 가입과 시행에 관한 법[73)]

제1조 이탈리아 대통령은 1989년 4월 28일 런던에서 열린 해난구조에 관한 국제회의에서 그 부속서와 함께 채택된 최종 결의에 기한

73) 이 협약이 이탈리아 헌법에 따라 국내법 특히 항행법의 규정보다 우선하여 적용된다.

Art. 2 Piano ed interna esecuzione è data alla convenzione di cui all'art. 1 a decorrere dalla data della entrata in vigore in conformità a quanto disposto dalla convenzione medesima.
Art. 3 La presente legge entra in vigore il girono successivo a quello della sua pubblicazione nella Gazzetta Ufficiale

(Pubblicata sulla Gazzetta Ufficiale n. 98 del 28 aprile settembre 1995: Ratificata per Italia in data 14 luglio 1995: La convenzione entra in vigore dal 14 luglio 1996)

Capo II Del ricupero

Articolo 501【Assunzione del ricupero】 Salvo in ogni tempo il diritto dei proprietari di provvedervi direttamente, nel concorso di più persone che, avvalendosi di mezzi nautici, intendano assumere il ricupero di una nave o di un aeromobile naufragati o di altri relitti della navigazione, è preferito chi, avendo identificato il relitto, ne abbia fatto per primo denuncia all'autorità preposta alla navigazione marittima o interna, purché entro l'anno dall'identificazione egli abbia iniziato le operazioni di ricupero senza successivamente sospenderle per un periodo superiore a un anno.
Articolo 502【Obblighi del ricuperatore】 Intrapreso il ricupero, le operazioni relative non possono essere sospese o abbandonate senza giustificato motivo, quando ne possa derivare un danno per il proprietario del relitto.

Entro dieci giorni dall'approdo della nave che ha compiuto il ricupero, le cose ricuperate devono essere consegnate al proprietario, o, se questi

1989년 해난구조협약의 가입을 허락한다.

제2조 동 조약 제29조의 규정에 따라 발효되는 날부터 위 제1조에 따라 동 조약은 완전하고 전체적으로 효력을 갖는다.

제3조 이 법은 관보에 게재된 날의 다음날부터 효력을 갖는다.[74)]

제2절 난파물의 회수

제501조 【난파물회수의 실행】 소유자가 직접 회수 작업을 시행하는 권리를 제외하고는, 항해 도구를 활용하여 난파된 선박이나 항공기 혹은 항해의 잔존물을 회수하려고 하는 사람 다수가 경쟁을 하는 경우, 그 잔존물을 발견하고 항해 및 내수항행을 책임진 관청에 먼저 신고를 하는 사람이 우선하며, 다만 발견을 한 다음 1년 내에 회수 작업을 개시하여야 하며, 이후에도 1년 이상 그 작업을 중지하지 아니하여야 한다.

제502조 【회수자의 의무】 회수 작업을 개시한 사람은, 그 작업을 중지하면 잔존물의 소유자에게 손해가 생길 때에는, 그 작업을 중지할 수 없다.

회수를 마친 선박은 돌아와 접안한 날로부터 10일 이내에 소유자에게

74) 이 법은 1995년 9월 14일 관보에 게재되어 효력을 발하였다. 그러나 조약은 1996년 7월 14일 발효되어 이때부터 법률로 효력을 갖게 되었다.

sia ignoto al ricuperatore, alla più vicina autorità preposta alla navigazione marittima o interna.

Articolo 503 【Indennità e compenso】 Il ricupero, quando siano stati adempiuti gli obblighi relativi alla consegna delle cose ricuperate, dà diritto, entro i limiti del valore delle cose medesime, al risarcimento dei danni e al rimborso delle spese nonché a un compenso stabilito in ragione del valore delle cose ricuperate, degli sforzi compiuti e dei rischi corsi, del valore dei mezzi e dei materiali impiegati e, se la nave è armata ed equipaggiata allo scopo di operare ricuperi, delle spese generali dell'impresa.

Per la determinazione e la ripartizione del compenso si applicano le norme degli articoli 492, 494, 496.

Articolo 504 【Ricupero senza mezzi nautici】 Nel concorso di più persone che intendano assumere il ricupero di relitti, per il quale non siano necessari mezzi nautici, si applica il disposto dell'articolo 501.

Il ricuperatore ha gli obblighi e i diritti stabiliti dagli articoli 502, 503; la consegna delle cose ricuperate deve essere fatta entro dieci giorni dal compimento delle operazioni.

In mancanza di accordo tra gli interessati, il compenso è ripartito, tra le persone che hanno cooperato al ricupero, dall'autorità indicata nell'articolo 502, in relazione alle fatiche compiute e ai rischi corsi da ciascuno.

Articolo 505 【Ricupero operato dal comandante della nave naufragata】 Fermo per il rimanente il disposto degli articoli 501, 504 primo comma, in ogni caso è preferito il comandante della nave, che, subito dopo il naufragio, dichiari di costituirsi capo ricuperatore.

Il compenso del comandante e degli altri componenti dell'equipaggio, che hanno cooperato al ricupero, è fissato, in mancanza di accordo con l'armatore, dall'autorità indicata nell'articolo 502 o dall'autorità consolare, in relazione al valore delle cose ricuperate, alle fatiche compiute e ai rischi

회수한 물건을 인도하여야 하고, 만일 소유자가 알려지지 아니한 때에는 가장 인근에 있는 항해 혹은 내수항행 담당 관청에 인도하여야 한다.

제503조 【보상과 전보】 회수한 물건을 인도할 의무를 이행한 회수자는, 회수된 물건의 가격을 한도로 하여, 회수로 인하여 입은 손해의 보상과 지출한 비용의 보전을 청구할 수 있고, 나아가 회수자는 특별보수도 청구할 수 있으며, 이 특별보수는 회수된 물건의 가격, 경주한 노력, 감수한 위험, 수반된 자재와 기구의 가격 등을 고려하여 정하며, 회수를 위해 의장을 하고 충원을 한 선박은 그 회사의 일반 경비도 고려하여 정한다.

이때에도 제492조, 제494조 및 제496조의 규정에 따라 그 금액과 분배를 결정한다.

제504조 【해사장비를 사용하지 아니한 회수】 잔존물의 회수를 위해 여러 사람이 경쟁하고 그 회수를 위해 해사장비가 필요하지 않은 경우 제501조의 규정에 의한다.

회수자는 제502조 및 제503조에 규정한 권리와 의무가 있다; 회수된 물건의 인도는 작업이 종료된 날로부터 10일 이내에 이루어져야 한다.

이해관계인 사이에 다른 합의가 없으면, 제502조에서 말하는 관청이 회수에 협력한 사람들에게 노력한 수고와 감수한 위험을 고려하여 특별보수를 분배한다.

제505조 【난파된 선박의 선장에 의한 회수】 제501조와 제504조 제1항의 규정과 상관없이, 난파를 당하고 난 다음 그 선박의 선장이 회수를 주도하고자 나서는 때에는 항상 그에게 우선권이 있다.

회수에 참여한 선장과 선원에 대한 특별보수는, 의장자와 사이에 다른 합의가 없으면, 제502조에서 말하는 관청 혹은 영사관이 회수된 물건의 가격, 회수에 투입된 수고와 감수한 위험을 고려하여 결정한다.

corsi.

Articolo 506 【Intervento dell'autorità marittima】 Il capo del compartimento nelle cui acque il ricupero viene effettuato, quando abbia conoscenza di un delitto commesso dal ricuperatore sulle cose ricuperate o sui materiali impiegati, oltre a prendere i provvedimenti del caso, ove lo ritenga opportuno assume il ricupero.

Articolo 507 【Ricupero operato dall'autorità marittima】 Fermo il disposto degli articoli 72, 73 e dell'articolo precedente, il ricupero di navi sommerse o di altri relitti nelle acque della Repubblica può, se ne è prevedibile un utile risultato, essere assunto dall'autorità marittima, quando i proprietari delle cose non intendano provvedervi direttamente o non intendano proseguire il ricupero iniziato.

Si considera a tale effetto che i proprietari non intendono assumere o proseguire il ricupero quando non ne abbiano fatto dichiarazione entro sessanta giorni dall'avviso a tal fine pubblicato dall'autorità marittima nei modi stabiliti dal regolamento o non abbiano iniziato le operazioni nel termine assegnato, ovvero quando non abbiano ripreso le operazioni sospese entro sessanta giorni dall'invito dell'autorità. Tuttavia il ricupero può in ogni tempo essere assunto dai proprietari, previo rimborso delle spese sostenute dall'amministrazione.

Quando si tratti di nave straniera, l'autorità marittima, prima di iniziare il ricupero, ne dà altresì notizia al console dello Stato di cui la nave batteva la bandiera, affinché il console stesso possa, ove lo ritenga opportuno, provvedere direttamente al ricupero.

Articolo 508 【Custodia e vendita delle cose ricuperate】 L'autorità che assume il ricupero o che, a norma dell'articolo 502, riceve in consegna le cose ricuperate, provvede alla custodia delle cose medesime.

Durante le operazioni di ricupero l'autorità predetta può procedere,

제506조 【해운관청의 관여】 회수지를 관할하는 해역사무소 소장은, 투입된 자제나 회수된 물건에 대해 범죄를 저지른 것을 발견하면 그에 필요한 조치를 취하고, 나아가 적절하다고 판단되면 직접 회수를 담당할 수도 있다.

제507조 【해운관청이 시행한 회수】 위 제72조 및 제73조와 전조의 규정과 상관없이, 이탈리아 관할 수면에 있는 침몰선박 기타 잔존물에 대해, 만일 그 소유자가 직접 조치를 취하지 아니하거나 이미 시작된 작업을 진행하지 아니할 경우, 그 성공의 가능성이 있다고 판단되면, 해운관청이 직접 난파물을 회수할 수도 있다.

이와 관련하여, 해운관청이 이를 목적으로 규정으로 정한 방식으로 공고를 통한 통지에도 불구하고 60일이 경과하도록 신고를 하지 아니하거나, 혹은 지정된 기간 내에 회수 작업을 개시하지 아니하는 경우 및 해당관청의 요구를 받고도 60일이 경과하도록 중지된 작업을 재개하지 아니하는 경우, 소유자는 회수를 하려고 하지 아니하고 또 회수를 진행하려고 하지 않는다고 본다. 그러나 소유자는 언제든지 행정관청이 부담한 비용을 사전에 모두 보상하고 직접 회수를 할 수 있다.

외국 선박의 경우, 회수를 개시하기 이전에, 해운관청은 그 선적국 국가영사관에 이를 통지하여야 하며, 그러면 그 영사관은 적절하다고 생각하면 자기가 바로 회수할 수도 있다.

제508조 【회수된 물건의 보관과 매각】 회수를 수행했거나 혹은 제502조에 따라 회수된 물건을 인수한 해운관청은 그 물건의 보관에 필요한 조치를 하여야 한다.

회수 작업을 하는 도중에 그 물건의 보존이 불가능 혹은 불이익한 경우,

secondo le norme stabilite dal regolamento, alla vendita delle cose, quando non ne sia possibile o utile la conservazione, ovvero quando ciò sia necessario per coprire le spese del ricupero eseguito d'ufficio.

Compiute le operazioni, quando il proprietario non curi di ritirare le cose ricuperate entro il termine prefissogli dall'autorità o non si presenti entro sei mesi dall'avviso pubblicato dall'autorità medesima nel caso in cui il proprietario sia ignoto, l'autorità procede alla vendita e deposita presso un pubblico istituto di credito la somma relativa, al netto delle spese incontrate per il ricupero d'ufficio ovvero delle indennità e del compenso spettanti al ricuperatore, nonché delle spese di custodia.

Se entro due anni dal deposito gli interessati non hanno fatto valere i propri diritti, ovvero se le domande proposte sono state respinte con sentenza passata in giudicato, la somma residua è devoluta alla cassa nazionale per la previdenza marinara[25)]o alle casse di soccorso per il personale della navigazione interna.

Articolo 509 【Prescrizione】 Il diritto alle indennità e al compenso di ricupero si prescrive col decorso di due anni dal giorno in cui le operazioni sono terminate.

Capo III Del ritrovamento dei relitti di mare

Articolo 510 【Diritti ed obblighi del ritrovatore】 Chi trova fortuitamente relitti in mare, o dal mare rigettati in località del demanio marittimo, entro tre giorni dal ritrovamento, o dall'approdo della nave se il ritrovamento è avvenuto in corso di navigazione deve farne denuncia all'autorità marittima più vicina e, quando sia possibile, consegnare le cose ritrovate al

25) Soppressa dalla l. 26 luglio 1984, n. 413 che ne ha devoluto le competenze all' i.N.P.S.

또는 해운관청이 시행한 회수에 필요한 비용을 마련하기 위하여 필요한 경우, 그 관청은 소정의 규정에 따라 회수한 물건을 매각할 수 있다.

해운관청이 사전에 지정한 기간 이내에, 소유자가 회수된 물건을 회수해 가려 하지 않는 경우 및 소유자를 알 수 없어 해운관청이 공지를 하였음에도 불구하고 6개월 이내에 소유자가 나타나지 않는 경우, 회수를 한 해운관청은 회수한 물건을 매각하고 그 관련 금액을 공공 금융기관에 예치할 수 있고, 여기에서 회수를 위해 그 해운관청이 지출한 비용과 회수자가 청구할 수 있는 손해보상과 비용보전을 먼저 공제하고 또 보관에 소요된 비용도 이를 마찬가지로 먼저 공제하여야 한다.

예치 후 2년의 기간 내에 이해관계인이 자기의 권리를 행사하지 아니하는 경우, 혹은 그가 제기한 청구가 법원의 판결에 의하여 기각된 경우, 잔여 금액은 이를 국립해운자선기금[75]이나 내항선원구조기금에 귀속시킨다.

제509조 【시효】 난파물회수에 대한 보상청구권이나 보수청구권은 회수작업이 종료한 날로부터 2년이 경과하면 시효로 소멸한다.

제3절 해상유실물의 발견

제510조 【발견자의 권리와 의무】 우연히 해상에서 유실물을 발견하거나 해상에서 밀려와 해안[76]에 유기된 유실물을 발견한 사람은, 발견 후 3일 이내에 또는 항해 도중에 발견한 때에는 접안 후 3일 이내에, 인근 해운 관청에 신고하여야 하고, 가능하면 그 발견한 물건을 소유자에게 인도하여 주

75) 1984년에 그 권한이 i.N.P.S.로 이전되었다고 한다.

76) 정확히는 제28조에서 말하는 해안공유자산이다.

proprietario, o, se questi gli sia ignoto e il valore dei relitti superi gli euro 0.258, all'autorità predetta.

Il ritrovatore, che adempie agli obblighi della denuncia e della consegna, ha diritto al rimborso delle spese e a un premio pari alla terza parte del valore delle cose ritrovate, se il ritrovamento è avvenuto in mare, ovvero alla decima parte fino agli euro 5.16 di valore e alla ventesima per il sovrappiù, se il ritrovamento è avvenuto in località del demanio marittimo.

Articolo 511 【Custodia e vendita delle cose ritrovate】 Per la custodia delle cose ritrovate, per la vendita delle medesime e per la devoluzione delle somme ricavate si applica il disposto dell'articolo 508.

Tuttavia gli oggetti di interesse artistico, storico, archeologico o etnografico, nonché le armi, le munizioni e gli apparecchi militari, quando il proprietario non curi di ritirarli, ovvero non si presenti nei termini indicati nel terzo comma del predetto articolo, sono devoluti allo Stato, salvo in ogni caso il diritto del ritrovatore all'indennità ed al compenso stabiliti nell'articolo precedente.

Articolo 512 【Cetacei arenati】 I cetacei arenati sul litorale della Repubblica appartengono allo Stato.

Il ritrovatore, che ne abbia fatto denuncia all'autorità marittima entro tre giorni dal ritrovamento, ha diritto a un premio pari alla ventesima parte del valore del cetaceo.

Articolo 513 【Prescrizione】 Il diritto al rimborso delle spese e al premio si prescrive col decorso di due anni dal giorno del ritrovamento.

Titolo V Delle assicurazioni

Articolo 514 【Rischio putativo】 Se il rischio non è mai esistito o ha

어야 하며, 만일 소유자를 알 수 없고 유실물 가격이 0.258 유로를 초과하는 때에는 이를 그 해운관청에 인도하여야 한다.

신고와 인도를 한 발견자는 그 비용의 보전을 요구할 수 있고, 나아가 그에 대한 특별보수도 청구할 수 있으며, 특별보수는 해상에서 발견한 때에는 발견한 물건의 가격의 3분지 1이 되며, 해안에서 발견한 때에는 그 가격이 5.16 유로까지는 10분지 1이 되며, 그 초과 금액에 대하여는 20분지 1이 된다.

제511조 【발견한 물건의 보관과 매각】 발견한 물건의 보관, 그 매각 및 회수한 금액의 반환은 위 제 508조의 규정에 따라 이를 하여야 한다.

그러나 예술적, 역사적, 고고학적, 인류학적 가치를 가진 물건은, 비록 그것이 무기, 탄약 기타 군수품이라 할지라도, 만일 소유자가 이를 회수할 의사가 없거나 혹은 전조 제3항에서 말하는 기간 내에 소유자가 나타나지 아니하는 경우, 이는 국가에 귀속되고, 다만 전조의 규정에 의한 발견자의 비용보전이나 특별보수는 그로 인하여 영향을 받지 아니한다.

제512조 【유기된 고래】 이탈리아 해안에 유기된 고래는 국가에 귀속된다.

발견 3일 내에 해운관청에 신고한 발견자는 그 고래 가격의 20분지 1에 해당하는 금액의 특별보수를 청구할 수 있다.

제513조 【시효】 위 비용보전청구권과 특별보수청구권은 발견한 날로부터 2년이 경과하면 소멸한다.

제5장 보 험

제514조 【가상위험】 위험이 처음부터 전혀 존재하지 아니한 경우, 보험

cessato di esistere ovvero se il sinistro è avvenuto prima della conclusione del contratto, l'assicurazione è nulla quando la notizia dell'inesistenza o della cessazione del rischio ovvero dell'avvenimento del sinistro è pervenuta, prima della conclusione del contratto, nel luogo della stipulazione o in quello dal quale l'assicurato diede l'ordine di assicurazione.

Si presume, fino a prova contraria, che la notizia sia tempestivamente pervenuta nei luoghi suddetti.

L'assicuratore, che non sia a conoscenza dell'inesistenza o della cessazione del rischio ovvero dell'avvenimento del sinistro, ha diritto al rimborso delle spese; ha diritto invece all'intero premio convenuto se dimostra una tale conoscenza da parte dell'assicurato.

Articolo 515【Assicurazione della nave】 L'assicurazione della nave copre la nave e le sue pertinenze. Possono altresì esservi comprese le spese di armamento e equipaggiamento della nave.

Nel silenzio delle parti, la dichiarazione del valore della nave, contenuta nella polizza, equivale a stima.

Articolo 516【Assicurazione delle merci】 L'assicurazione delle merci copre il valore di queste, in stato sano, al luogo di destinazione ed al tempo della scaricazione. Se tale valore non può essere accertato, il valore assicurabile è dato dal prezzo delle merci nel luogo ed al tempo della caricazione, aumentato del dieci per cento a titolo di profitto sperato, nonché delle spese fino a bordo, del nolo dovuto o anticipato ad ogni evento, del premio e delle spese di assicurazione.

Articolo 517【Circolazione dell'assicurazione delle merci】 In caso di cambiamento della persona dell'assicurato, l'assicurazione delle merci continua a favore del nuovo assicurato, senza che alcun avviso del mutamento debba essere dato all'assicuratore; e tanto quest'ultimo quanto il nuovo assicurato non possono, a cagione del mutamento, disdire il contratto.

계약이 체결되기 이전에 존재했던 위험이 소멸되었거나 혹은 사고가 이미 발생하였던 경우, 위험의 부존재, 위험의 소멸, 혹은 사고의 발생 등에 관한 소식이, 계약을 체결하기 이전에, 계약을 체결한 장소 혹은 피보험자가 부보를 지시한 장소에 도달한 때에는 그 보험을 무효로 한다.

반대의 입증이 없는 한 사고 소식은 위 장소에 신속히 도달한 것으로 추정한다.

보험자가 이러한 위험의 부존재, 위험의 소멸 혹은 사고의 발생 등을 인식하지 못하였던 경우, 피보험자에게 그 비용의 보상을 청구할 권리가 있다; 나아가 만일 피보험자가 이러한 인식을 하였다는 것이 입증되면 보험자는 약정한 보험료도 전액 청구할 수 있다.

제515조【선박보험】 선박보험은 선박과 속구를 부보의 목적으로 한다. 그 외에도 선박의 의장이나 선원의 충원에 소요된 비용을 목적으로 할 수도 있다.

당사자 사이에 다른 합의가 없으면 보험증권에 기재된 선가를 그 평가금액으로 본다.

제516조【적하보험】 적하보험은 목적지에서 양륙을 할 때에 정상적인 상태에 있는 화물의 가격을 부보의 목적으로 한다. 이러한 가격을 확정하는 것이 불가능한 때에는 선적한 장소와 시간에 화물의 가격을 기초로 여기에 예상 수익으로 10%를 추가하고 나아가 선적시까지의 비용, 지급해야 하거나 이미 선급했던 운임 및 보험료 기타 부보 비용을 추가하여 보험가액을 정한다.

제517조【적하보험의 유통】 피보험자가 변경된 때에도 보험계약은 새로운 보험자를 위해 유효하게 존속하는 것으로 보며, 보험자에게 이를 통지할 의무도 없다; 보험자나 피보험자는 이러한 변경을 이유로 보험계약을 부인할 수 없다.

Articolo 518 【Assicurazione dei profitti sperati sulle merci】 L'assicurazione dei profitti sperati sulle merci copre il maggior valore commerciale, che, al momento della conclusione dell'assicurazione, può prevedersi avranno le merci al loro arrivo, in stato sano, al luogo di destinazione, dedotte le spese di trasporto e quelle di assicurazione.

All'assicurazione dei prodotti sperati sulle merci si applicano, in quanto compatibili, le norme che regolano l'assicurazione delle merci.

Articolo 519 【Assicurazione del nolo da guadagnare】 L'assicurazione del nolo lordo da guadagnare copre il nolo per l'intero ammontare pattuito nel contratto di utilizzazione della nave.

L'assicurazione del nolo netto copre, in difetto di convenzione, il sessanta per cento del nolo lordo.

In mancanza di diverso patto, si presume assicurato il nolo lordo.

All'assicurazione del nolo da guadagnare si applicano, in quanto compatibili, le norme che regolano l'assicurazione della nave.

Articolo 520 【Assicurazione del nolo anticipato o dovuto ad ogni evento】 All'assicurazione del nolo dovuto o anticipato ad ogni evento si applicano, in quanto compatibili, le norme che regolano l'assicurazione delle merci, se trattasi di corrispettivo di un trasporto; quelle dettate per l'assicurazione della nave, se trattasi di corrispettivo di un noleggio o di una locazione.

Articolo 521 【Rischi della navigazione】 Sono a carico dell'assicuratore i danni e le perdite che colpiscono le cose assicurate per cagione di tempesta, naufragio, investimento, urto, getto, esplosione, incendio, pirateria, saccheggio ed in genere per tutti gli accidenti della navigazione.

Articolo 522 【Aggravamento del rischio】 Salvo patto contrario, l'assicuratore non risponde se, per fatto dell'assicurato, il rischio viene trasformato o aggravato in modo tale che, se il nuovo stato di cose fosse

제518조【적하의 기대수익에 대한 보험】 적하의 기대수익보험은 적하가 안전하게 목적지에 도착하였을 때에 획득이 예상되는 최고 거래가격에 운송비용과 부보비용을 공제한 금액을 전제로 한다.

모순이 되지 아니하는 범위 내에서 적하보험에 관한 규정은 화물의 기대수익보험에도 적용된다.

제519조【운임수입보험】 벌어들일 총운임 보험은 선박이용에 관한 계약에서 운임으로 합의한 금액 총액을 그 목적으로 한다.

순운임 보험은 다른 합의가 없는 한 운임 총액의 60%를 목적으로 한다.

달리 합의가 없으면 운임 총액이 보험의 목적인 것으로 추정한다.

벌어들일 운임수입보험에 대하여는 모순이 되지 아니한 범위 내에서 선박보험에 관한 규정이 적용된다.

제520조【확정 선급 혹은 지급 운임보험】 여하한 경우라 하더라도 지급하거나 혹은 선급해야 하는 운임보험의 경우 운송에 대한 보수에 관한 것이라면 상호 모순되지 아니하는 범위 내에서 적하보험에 관한 규정이 적용된다; 그리고 선박의 용선이나 임대에 대한 보수에 관한 것이라면 선박보험에 적용될 규정이 적용된다.

제521조【항해 위험】 폭풍, 난파, 좌초, 충돌, 투기, 폭발, 화재, 해적, 약탈 기타 일반적으로 항해상 발생하는 모든 사고로 인하여 보험의 목적물에 발생하는 멸실이나 훼손은 이를 보험자가 보상하여야 한다.

제522조【위험의 가중】 반대의 합의가 없는 한, 피보험자의 행위를 통하여 위험이 변경되거나 가중되고 그 정도에 있어 만일 새로운 사실이 존재하였고 보험계약을 체결할 때에 보험자가 이를 알았다면 보험자가 보험계

esistito e fosse stato conosciuto dall'assicuratore al momento della conclusione del contratto, l'assicuratore non avrebbe dato il suo consenso o non l'avrebbe dato alle medesime condizioni.

Tuttavia l'assicuratore risponde se il mutamento o l'aggravamento del rischio è stato determinato da atti compiuti per dovere di solidarietà umana o nella tutela di interessi comuni all'assicuratore, ovvero dipende da un evento per il quale l'assicuratore medesimo risponde, ovvero non ha influito sull'avvenimento del sinistro o sulla misura dell'indennità in conseguenza di questo dovuta dall'assicuratore.

Articolo 523【Cambiamento di via, di viaggio o di nave】 L'assicuratore della nave risponde se il sinistro dipende da cambiamento forzato di via o di viaggio. È considerato cambiamento forzato di via anche la deviazione che la nave fa per assistenza o salvataggio di nave o di aeromobile ovvero di persone in pericolo.

Nel caso di cambiamento di via o di viaggio, proveniente da fatto dell'assicurato, l'assicurazione risponde solo se il sinistro si verifica durante il percorso coperto dall'assicurazione, a meno che provi che il cambiamento ha influito sull'avvenimento del sinistro medesimo.

Nell'assicurazione delle merci l'assicuratore non risponde, se le merci sono caricate su nave diversa da quella indicata nella polizza. Se la polizza non contiene l'indicazione della nave, l'assicurato deve, appena ne viene a conoscenza, comunicare all'assicuratore il nome della nave sulla quale le merci sono caricate, a meno che non si tratti di spedizione su navi di linea. Ove l'assicurato non adempia a tale obbligo l'assicuratore è liberato.

Articolo 524【Colpa e dolo dell'equipaggio】 L'assicuratore della nave risponde se il sinistro dipende in tutto od in parte da colpa del comandante o degli altri componenti dell'equipaggio, purché vi sia rimasto estraneo l'assicurato. Tuttavia, se l'assicurato è anche comandante della nave,

약에 합의를 하지 아니하거나 동일한 조건으로 합의를 하지 아니하였을 것이면 보험자는 이에 대하여 책임이 없다.

그러나 위험의 변경이나 증가가 인간적인 연대적 의무나 보험자와 공동의 이익을 수호하기 위하여 취한 행위에 의하여 발생한 경우와, 변경이나 증가가 보험자에게 책임이 있는 사고에 연유한 경우는 물론, 변경이나 증가가 보험자가 책임질 사고의 발생이나 손해의 범위에 있어 아무런 영향이 없었던 경우에는 보험자가 이에 대하여 보상할 책임이 있다.

제523조 【선박, 항로, 혹은 항해의 변경】 부득이한 사유로 항로나 항해를 변경하여 사고가 발생한 때에는 선박보험자가 이를 보상할 책임이 있다. 선박이나 항공기 혹은 위험에 처한 인명을 구조하거나 원조하기 위한 이로이면 이를 부득이한 변경으로 본다.

피보험자의 행위로 인하여 항로나 항해가 변경된 경우, 보험자는 이러한 변경이 사고 발생에 영향을 미친 것을 입증하지 않는 한, 사고가 보험계약상 항로 중에 발생한 때에 한해 책임을 진다.

적하보험에서 화물이 보험증권에 표시된 선박과 다른 선박에 적재된 경우 보험자는 책임을 지지 아니한다. 보험증권에 선박의 표시가 없는 때에는 선적한 선박의 이름을 알면 지체없이 이를 보험자에 통지하여야 하며, 다만 정기선에 선적을 하는 때에는 그러하지 아니하다. 피보험자가 이러한 통지의무를 이행하지 아니하는 때에는 보험자는 책임을 면한다.

제524조 【선원의 고의와 과실】 사고가 선장 기타 선원의 과실에, 부분적이나 전적으로, 기인한다 하더라도 피보험자가 거기에 관여하지 아니하였다면, 보험자는 책임을 면하지 못한다. 그러나 만일 피보험자가 동시에 선장인 경우, 보험자는 선장의 항해상과실에 기인한 때에 한하여 제한적으로

l'assicuratore risponde limitatamente alle colpe nautiche del medesimo.

Nell'assicurazione delle merci, l'assicuratore risponde, altresì del dolo del comandante e degli altri componenti dell'equipaggio.

Articolo 525 【Vizio occulto della nave】 L'assicuratore della nave risponde dei danni e delle perdite dovute a vizio occulto della nave, a meno che provi che il vizio poteva essere scoperto dall'assicurato con la normale diligenza.

Articolo 526 【Contribuzione in avaria comune】 L'assicuratore risponde, nei limiti del contratto, delle somme dovute dall'assicurato per contribuzione in avaria comune.

Articolo 527 【Ricorso di terzi danneggiati da urto】 L'assicuratore risponde, nei limiti del contratto, delle somme dovute dall'armatore per ricorso di terzi danneggiati da urto della nave con altra nave o con aeromobile ovvero contro opere di porti e di vie navigabili o contro corpi galleggianti o fissi.

Negli stessi limiti sono a carico dell'assicuratore le spese sostenute dall'assicurato per resistere, con il consenso dell'assicuratore medesimo, alle pretese del terzo.

Quando la nave è totalmente perduta o il suo valore, al momento in cui è richiesta la limitazione del debito dell'armatore, è inferiore al minimo previsto nell'articolo 276, l'assicuratore della nave risponde sino a concorrenza di tale minimo, anche se l'ammontare complessivo del minimo stesso e dell'indennità, spettante all'assicurato per danni materiali sofferti dalla nave, supera il valore assicurabile di quest'ultima.

Articolo 528 【Rischio nell'assicurazione dei profitti sperati sulle merci】 L'assicuratore dei profitti sperati sulle merci risponde del felice arrivo delle merci a destinazione.

Articolo 529 【Rischio nell'assicurazione del nolo da guadagnare】

책임을 진다.

적하보험에 있어서는 선장 기타 선원의 고의에 의한 사고의 경우에도 보험자는 책임을 진다.

제525조【선박의 숨은 하자】 선박보험에서 보험자는 선박의 숨은 하자로 인하여 발생한 멸실이나 훼손에 대하여도 보상할 책임이 있고, 다만 피보험자가 통상의 주의를 다하였다면 그 하자를 발견할 수 있었음을 입증하는 때에는 그 책임을 면한다.

제526조【공동해손분담】 보험자는 약정한 한도 내에서 피보험자가 부담할 공동해손분담금에 대하여도 책임이 있다.

제527조【충돌로 인한 피해자의 구상】 선박이 다른 선박이나 항공기와 충돌, 혹은 항구나 항로의 설비나 기타 고정 혹은 유동 구조물과 충돌하여 피해를 입은 제3자가 제기하는 구상청구로 인하여 의장자가 부담할 금액에 대하여도 계약상 한도 내에서 보험자는 이를 보상할 책임이 있다.

동일한 한도 내에서 제3자의 청구를 저지하기 위하여 보험자의 동의를 얻고서 피보험자가 지출한 비용도 보험자가 이를 부담하여야 한다.

선박이 완전히 멸실된 경우, 혹은 선주책임제한청구시에 선박 가치가 제276조 소정의 책임한도보다 적은 경우, 보험자는 그 책임한도를 한도로 하여 책임을 지고, 이는 이 책임한도에다 선박이 입은 물질적 피해를 이유로 피보험자에 속한 보상금액을 합한 총액이 그 선박의 보험가액을 초과하는 경우에도 마찬가지이다.

제528조【화물의 희망이익보험에서 위험】 화물의 희망이익보험에서 보험자는 그 화물이 무사히 도착하면 그 책임이 발생한다.

제529조【운임수입보험에서 위험】 운임수입보험에서 보험자는 항해 도중

L'assicuratore del nolo da guadagnare risponde della perdita totale o parziale del diritto del noleggiante al nolo, conseguente al verificarsi di un sinistro della navigazione.

Articolo 530 【Durata dell'assicurazione della nave a tempo】 L'assicurazione della nave, stipulata a tempo, ha effetto dalle ore ventiquattro del giorno della conclusione del contratto alle ore ventiquattro del giorno stabilito dal contratto medesimo. Per il calcolo del tempo deve aversi riguardo al luogo dove l'assicurazione è stata conclusa.

L'assicurazione, scaduta in corso di viaggio, è prorogata di diritto sino alle ore ventiquattro del giorno in cui la nave è ancorata od ormeggiata nel luogo di ultima destinazione, ma l'assicurato deve pagare per la durata del prolungamento un supplemento di premio proporzionale al premio fissato nel contratto.

Articolo 531 【Durata dell'assicurazione della nave a viaggio】 L'assicurazione della nave, stipulata a viaggio, ha effetto dal momento in cui la nave inizia l'imbarco delle merci o, in mancanza di carico, dal momento in cui muove dal porto di partenza, al momento in cui la nave è ancorata od ormeggiata a destinazione o, se sbarca merci, al compimento della scaricazione, ma non oltre il ventesimo giorno dall'arrivo.

Se entro tale ultimo termine la nave imbarca merci per un nuovo viaggio, per il quale la nave stessa è stata assicurata, la precedente assicurazione cessa col cominciare della nuova caricazione.

L'assicurazione, stipulata a viaggio cominciato, prende inizio dall'ora indicata nel contratto o, nel silenzio di questo, dalle ore ventiquattro del giorno della sua conclusione.

Articolo 532 【Durata dell'assicurazione delle merci】 L'assicurazione delle merci ha effetto dal momento in cui le merci lasciano terra per essere caricate sulla nave, che ne deve eseguire il trasporto, a quello dello sbarco

에 사고가 발생하여 대선자가 용선료에 대한 권리를 전적으로 혹은 부분적으로 상실하면 그 책임이 발생한다.

제530조【기간단위 선박보험에서 부보기간】 선박보험이 기간으로 부보된 경우 계약 체결일 24시에 개시하여 약정 종료일 24시에 종료한다. 이러한 기간을 계산함에는 보험계약지를 기준으로 하여야 한다.

항해 도중에 기간이 만료되면 선박이 최종 목적지에 정박 혹은 접안할 때까지 보험기간이 자동적으로 연장되며, 다만 피보험자는 이 연장기간에 대하여 약정 보험료에 비례한 추가 보험료를 지급하여야 한다.

제531조【항해단위 선박보험에서 부보기간】 항해를 단위로 정하여진 선박보험에서 부보기간은, 선박이 선적을 개시한 때 혹은 선적을 아니 하는 경우, 출발항에서 출발을 할 때부터 목적지에서 선박이 정박이나 계류를 할 때까지의 기간으로 하며, 만일 화물을 양륙하는 경우, 양륙의 종료시까지 보험기간이 지속되며, 다만 이 연장기간은 도착일로부터 20일을 초과하지 못한다.

만일 위 마지막 기간에 새로운 항해를 위한 선적이 개시되고 이를 위하여 선박이 부보된 경우에는 이전 보험의 효력은 새로운 선적이 개시됨과 동시에 중지된다.

이미 항해중인 선박에 가입한 항해단위보험은 계약에서 특정한 시기에 부보기간이 개시되며 그것이 없는 경우 그 계약 체결일 24시에 개시된다.

제532조【적화보험에서 부보기간】 적하보험은 운송할 선박에 선적을 하기 위해 화물이 육지를 떠나는 순간부터 목적지에서 그 화물이 양륙되는 순간까지 그 효력이 있다.

delle merci stesse nel luogo di destinazione.

Qualora lo sbarco venga protratto oltre trenta giorni dall'arrivo nel luogo di destinazione, indipendentemente da quarantena o da forza maggiore, l'assicurazione ha termine con lo spirare del trentesimo giorno.

In ogni caso, la giacenza delle merci su galleggianti nei luoghi di caricazione e di destinazione è compresa nell'assicurazione solo in quanto necessaria per le operazioni di imbarco e di sbarco e comunque per la durata massima di quindici giorni.

L'assicurazione, stipulata a viaggio incominciato, prende inizio dall'ora indicata nel contratto o, nel silenzio di questo, dalle ore ventiquattro del giorno della sua conclusione.

Articolo 533 【Avviso del sinistro】 Fermo per il rimanente il disposto dell'articolo 1913 del codice civile, nell'assicurazione delle merci l'assicurato ha l'obbligo di avviso anche quando la nave è stata dichiarata inabile alla navigazione, sebbene le merci non abbiano sofferto danno per l'avvenuto sinistro.

Articolo 534 【Obbligo di evitare o diminuire il danno】 Il comandante della nave, l'assicurato e i suoi dipendenti e preposti devono fare quanto è loro possibile per evitare o diminuire il danno.

In deroga all'articolo 1914, secondo comma, del codice civile le parti possono pattuire che le spese per evitare o diminuire il danno siano a carico dell'assicuratore solo per quella parte che, unita all'ammontare del danno da risarcire, non supera la somma assicurata, anche se non si è raggiunto lo scopo, salvo che l'assicurato provi che le spese medesime sono state fatte inconsideratamente.

Articolo 535 【Differenza tra il nuovo e il vecchio】 Nel calcolo dell'indennità per danni materiali sofferti dalla nave si computa il beneficio derivante all'assicurato per differenza tra il nuovo e il vecchio.

검역 기타 불가항력적 사유와 관계없이 목적지에 도착 후 30일 이상 하역이 지연되면 이 30일이 경과할 때 부보가 종료된다.

여하튼 선적지나 양륙지에서 선적이나 양륙을 위해 반드시 필요하여 부선에 화물이 지체하는 기간은 15일이 넘지 않는 범위 내에서 이를 부보기간에 포함된다고 본다.

항해 단위 보험으로 아직 항해가 개시되지 아니한 때에 체결된 보험은 계약에서 특정한 시기에 개시되며 그러한 약정이 없는 때에는 계약 체결일 24시에 보험기간이 개시된다.

제533조 【사고통지】 민법 제1913조 규정과 상관없이, 만일 선박이 항해불능으로 판명되면, 적하보험의 피보험자는, 비록 화물은 사고 발생으로 인하여 피해를 입지 아니하였다 하더라도, 이를 보험자에게 통지할 의무가 있다.

제534조 【손해 방지, 감경의무】 선장, 피보험자 및 그의 대리인 및 피용자는 손해의 방지 혹은 감경을 위하여 가능한 한 모든 조치를 취하여야 한다.

민법 제1914조 제2항의 규정에도 불구하고, 당사자는 합의에 의하여, 손해를 방지하거나 감경하기 위한 비용을, 보험자가 보상할 손해와 합한다 하더라도 총금액이 보험금액을 초과하지 아니하는 범위 내에서만 보험자가 그 손해를 부담하는 것으로 약정할 수 있고, 이는 그 목적을 달성하지 못한 경우에도 마찬가지이며, 다만 그 비용이 현저하게 무모하게 지출된 것을 보험자가 증명하는 때에는 이를 예외로 한다.

제535조 【신구차이】 선박이 입은 물적 손해에 대한 보상을 계산함에 있어 옛것과 새로운 것 차이에서 발생하는 피보험자의 이익은 이를 계산에 넣어 손해를 산정한다.

Articolo 536【Danni di avaria comune】 L'assicuratore deve risarcire, per il loro intero ammontare nei limiti del contratto, i danni e le spese prodotte da un atto di avaria comune, salva, nel caso che tali danni o spese siano ammessi a contribuzione, la facoltà di surrogarsi all'assicurato nei diritti a quest'ultimo spettanti verso gli altri partecipanti alla spedizione.

Articolo 537【Indennità per contributi di avaria comune】 Nel calcolo dell'indennità dovuta dall'assicuratore per contributi di avaria comune a carico dell'assicurato, si assume come valore assicurabile il valore contributivo della cosa, in ordine alla quale l'assicurazione è stata stipulata. A tale valore deve farsi riferimento anche quando il valore assicurabile della cosa è stato oggetto di stima.

L'ammontare del danno da risarcire è dato dalla quota di contribuzione posta a carico dell'assicurato dal regolamento d'avaria, purché dell'inizio del procedimento di liquidazione sia stato dato avviso all'assicuratore, prima dell'adunanza di discussione di cui all'articolo 614 o della stipula del chirografo d'avaria, in modo che l'assicuratore medesimo possa intervenire nel procedimento stesso.

Articolo 538【Indennità per ricorso di terzi danneggiati da urto】 Nel calcolo dell'indennità dovuta dall'assicuratore per ricorso di terzi, danneggiati da urto, contro l'armatore, si assume come valore assicurabile il valore della nave determinato a sensi dell'articolo 515, o, se si tratta di assicurazione del nolo da guadagnare, il nolo del viaggio per il suo ammontare lordo.

Articolo 539【Sinistri successivi】 Se le cose assicurate subiscono, durante il tempo dell'assicurazione, più sinistri successivi, si devono computare nell'indennità, anche in caso di abbandono, le somme che sono state pagate all'assicurato, o che gli sono dovute per sinistri precedenti, avvenuti nel corso dello stesso viaggio.

제536조 【공동해손】 보험자는 공동해손행위로 인하여 피보험자에게 발생한 손해나 비용을 약정한 보험금액의 한도 내에서 전액 보상하여야 하며, 다만 그 손해나 비용에 대하여 항해에 참여한 다른 사람에 대하여 피보험자가 갖는 분담청구권을 보험자가 대위한다.

제537조 【공동해손분담금】 피보험자가 부담할 공동해손분담금에 대해 보험자가 보상할 손해를 계산함에 있어, 그 물건의 분담에 있어 평가액을 보험계약에서 정한 바에 따른 보험가액으로 본다. 보험가액이 미평가보험인 경우에도 마찬가지로 이러한 평가액은 적용이 된다.

보상할 손해의 총액은 공동해손정산에서 피보험자가 부담할 것으로 예정된 분담 부분에 의하여 정하며, 다만 제614조에 의한 정산회의를 하거나 해손보상보증장을[77] 확정하기 이전 정산절차 초기에 보험자에게 이를 통지하여 보험자가 그 절차에 참가할 수 있게 하여야 한다.

제538조 【충돌로 인해 손해를 입은 제3자의 구상권】 충돌로 인하여 피해를 입은 제3자가 의장자를 상대로 한 구상을 원인으로 하여 보험자가 보상할 손해를 계산함에 있어서는 제515조에 의거 결정된 선박의 가격을 보험가액으로 보고 만일 수익운임보험인 경우에는 그 항해에서 생기는 운임 총액을 보험가액으로 본다.

제539조 【연속 손해】 보험의 목적에 보험기간 내에 수개 사고가 연속적으로 발생한 경우, 보상할 손해에는 동일한 항해 도중에서 발생한 이전 사고로 피보험자에 지급하였거나 지급하여야 할 금액을 포함하여 계산하며,

---

77) 아래 제619조 참조.

Articolo 540 【Abbandono della nave】 L'assicurato può abbandonare all'assicuratore la nave ed esigere l'indennità per perdita totale nei seguenti casi:

a) quando la nave è perduta, o è divenuta assolutamente inabile alla navigazione e non riparabile, ovvero quando mancano sul posto i mezzi di riparazione necessari, né la nave può, anche mediante alleggerimento o rimorchio, recarsi in un porto ove siano tali mezzi, né procurarseli facendone richiesta altrove;

b) quando la nave si presume perita;

c) quando l'ammontare totale delle spese per la riparazione dei danni materiali subiti dalla nave raggiunge i tre quarti del suo valore assicurabile.

Articolo 541 【Abbandono delle merci】 L'assicurato può abbandonare all'assicuratore le merci ed esigere l'indennità per perdita totale, nei seguenti casi:

a) quando le merci sono totalmente perdute;

b) quando la nave si presume perita;

c) quando nei casi previsti nella lettera a) dell'articolo precedente, dalla data della perdita o della innavigabilità della nave sono trascorsi tre mesi per le merci deperibili o sei mesi per quelle non deperibili, senza che le stesse siano state ricuperate ed imbarcate per la prosecuzione del viaggio;

d) quando, indipendentemente da qualsiasi spesa, i danni per deterioramento o perdita in quantità superano i tre quarti del valore assicurabile.

Articolo 542 【Abbandono del nolo】 L'assicurato può abbandonare all'assicuratore il nolo da guadagnare al momento del sinistro ed esigere

이는 위부를 한 경우에도 마찬가지이다.

제540조【선박 위부】 다음의 경우에 피보험자는 보험자에게 선박을 위부하고 전손으로 인한 보상을 청구할 수 있다:

a) 선박이 멸실되었거나 완전히 항해능력을 잃고 수리가 불가능하게 되었던 때 혹은 현지에서 수리할 방법이 없고 부선이나 예선에 의하여도 이를 수리할 항구로 이동하는 것이 불가능하고 달리 타인에게 이를 요청하여 실현할 방법도 없는 때

b) 선박이 멸실되었다고 추정되는 때

c) 선박이 입은 물리적인 훼손을 수리하는 비용이 보험가액의 4분지 3 이상에 달하는 때

제541조【적하 위부】 다음과 같은 경우 피보험자는 보험의 목적을 보험자에게 위부하고 전손으로 인한 보상을 청구할 수 있다:

a) 화물이 완전히 멸실된 때

b) 선박이 멸실된 것으로 추정되는 때

c) 전조 a)호 소정의 경우 선박이 멸실 혹은 항해능력을 상실한 날로부터 부패할 성질의 화물의 경우 3개월, 부패하지 아니할 성질의 화물의 경우 6개월이 각각 경과하고 이 기간동안에 항해를 계속하기 위하여 그 화물을 구조하여 선적하지 아니한 때

d) 다른 비용과는 별도로 훼손된 손해나 멸실된 분량이 보험가액의 4분지 3을 초과하는 때

제542조【운임의 위부】 다음의 경우 피보험자는 사고 시점에 수입운임을 보험자에게 위부하고 전손으로 보상을 청구할 수 있다:

l'indennità per perdita totale nei seguenti casi:

a) quando il diritto al nolo è totalmente perduto per l'assicurato;

b) quando la nave si presume perita.

Articolo 543 【Forma e termini della dichiarazione di abbandono】 L'abbandono deve essere dichiarato per iscritto all'assicuratore nel termine di due mesi ovvero, se il sinistro è avvenuto fuori d'Europa o dei paesi bagnati dal Mediterraneo, di quattro mesi dalla data del sinistro o da quella in cui l'assicurato provi di averne avuto notizia. In caso di presunzione di perdita il termine è di due mesi e decorre dal giorno in cui la nave è stata cancellata dal registro d'iscrizione. Se l'abbandono ha per oggetto la nave, la dichiarazione deve essere fatta nella forma prescritta nell'articolo 249 e resa pubblica ai sensi degli articoli 250 e seguenti. Tuttavia se nel sinistro è andato perduto l'atto di nazionalità, la pubblicazione è compiuta con la trascrizione nella matricola.

La dichiarazione di abbandono quando ha per oggetto la nave deve essere notificata all'assicuratore, in ogni altro caso deve essere portata a conoscenza dell'assicuratore medesimo con lettera raccomandata.

Trascorsi i termini di cui al primo comma, l'assicurato può esercitare soltanto l'azione di avaria.

Articolo 544 【Comunicazioni da farsi dall'assicurato nel dichiarare l'abbandono】 Nel dichiarare l'abbandono, l'assicurato deve comunicare all'assicuratore se sulle cose abbandonate sono state fatte od ordinate altre assicurazioni, ovvero gravano diritti reali o di garanzia.

In mancanza, l'assicuratore è tenuto ad effettuare il pagamento dell'indennità solo dal momento nel quale tali indicazioni gli vengono fornite dall'assicurato.

In caso di comunicazioni false o scientemente inesatte, l'assicurato perde ogni diritto derivante dal contratto d'assicurazione.

a) 피보험자가 운임청구권을 완전히 상실한 때
b) 선박이 멸실되었다고 추정되는 때

제543조【위부선언의 방식과 기간】 위부는 사고가 발생한 날 혹은 사고 소식을 알았다고 피보험자가 입증하는 날로부터 2개월 이내에 서면으로 보험자에게 선언하여야 하고, 사고가 유럽이나 지중해 인접국가가 아닌 곳에서 발생했다면 4개월 이내에 서면으로 선언하여야 한다. 선박이 멸실되었다고 추정되는 때에는 선언기간은 2개월이며 이 기간은 그 선박이 선박등록부에서 말소된 날로부터 기산한다. 위부의 목적이 선박인 경우 위부선언은 제249조 소정의 방식으로 하여야 하며 제250조 이하 규정에 의하여 공시하여야 한다. 그러나 사고로 인하여 선박국적증서를 상실한 경우, 선박등록부에 기재하여 공시를 한다.

선박을 위부하는 때에는 위부선언을 보험자에게 통지하여야 하고, 여타 경우에는 등록우편으로 보험자에게 고지하면 된다.

위 제1항 소정의 기간을 도과하면 피보험자는 오로지 실제로 발생한 손해의 보상을 청구할 수 있다.

제544조【위부선언시 피보험자의 통지의무】 위부선언을 하면서 피보험자는 위부 목적물에 다른 보험이 부보 혹은 신청되어 있는지 및 다른 물권 기타 담보권이 설정되어 있는지 여부를 보험자에게 통지하여야 한다.

이러한 통지를 하지 아니하면 피보험자가 보험자에게 이러한 통지를 할 때까지 보험금의 지급을 하지 아니할 수 있다.

허위의 고지 혹은 고의로 부정확한 고지를 한 피보험자는 그 보험계약으로 발생하는 모든 권리를 상실한다.

Articolo 545 【Oggetto dell'abbandono】 L'abbandono delle cose assicurate deve essere fatto senza condizioni.

Esso deve comprendere tutte le cose in rischio per l'assicuratore al momento del sinistro, che dà luogo all'abbandono, ed i diritti che, relativamente alle cose stesse, spettano all'assicurato verso terzi.

Se l'assicurazione non copre l'intero valore assicurabile della cosa, l'abbandono è limitato ad una parte della cosa stessa, proporzionale alla somma assicurata.

Articolo 546 【Effetti dell'abbandono】 Se la validità dell'abbandono non è stata contestata entro trenta giorni da quello nel quale la dichiarazione di abbandono è stata portata a conoscenza dell'assicuratore, ovvero se la validità dell'abbandono è stata giudizialmente riconosciuta, l'assicurato ha diritto a percepire l'indennità per perdita totale.

La proprietà delle cose abbandonate ed i diritti indicati nell'articolo precedente si trasferiscono all'assicuratore dal giorno in cui gli è stata portata a conoscenza la dichiarazione d'abbandono, a meno che, nel termine di dieci giorni da quello nel quale la validità dell'abbandono è divenuta incontestabile a norma del comma precedente, l'assicuratore dichiari all'assicurato di non volerne profittare.

La dichiarazione dell'assicuratore deve essere fatta, pubblicata e portata a conoscenza dell'assicurato nelle forme richieste dall'articolo 543 per la dichiarazione di abbandono.

Articolo 547 【Prescrizione】 I diritti derivanti dal contratto di assicurazione si prescrivono con il decorso di un anno.

Fermo per il rimanente il disposto dell'articolo 2952 del codice civile, per la prescrizione del diritto al risarcimento dell'assicurato verso l'assicuratore, il termine decorre dalla data del sinistro ovvero da quella in cui l'assicurato provi di averne avuto notizia, e, in caso di presunzione di perdita della nave,

제545조 【위부의 목적물】 부보된 목적물의 위부는 조건 없이 하여야 한다.
위부를 야기한 사고의 시기에 보험자가 인수한 위험의 목적물 전부를 위부하여야 하며, 그 목적물과 관련하여 피보험자가 제3자에 대하여 갖는 권리도 이를 모두 함께 위부하여야 한다.
만일 보험가액 전부가 부보대상이 된 것이 아닌 때에는 부보된 금액의 비율에 따라 목적물의 일부로 제한하여 위부하여야 한다.

제546조 【위부의 효과】 보험자에 대한 위부선언을 알게 된 날로부터 30일 이내에 보험자가 이의를 제기하지 아니한 경우, 또는 위부의 효력이 법원에 의하여 확인된 경우, 피보험자는 전손으로 인한 보험금을 청구할 수 있다.
위부된 목적물에 대한 권리와 전조에서 말하는 제3자에 대한 권리는 위부선언을 알게 된 날에 보험자에게 이전하며, 다만 전항의 규정에 따라 위부가 확정된 날로부터 10일의 기간 내에 보험자가 피보험자에게 그 이익을 향유할 의사가 없음을 선언한 경우에는 그러하지 아니하다.
보험자의 이러한 선언은 제543조의 규정에 의한 위부선언의 방식에 따라 피보험자에게 통지하고 공시하여야 한다.

제547조 【시효】 보험계약에 기해 발생하는 권리는 1년의 기간이 경과하면 시효로 인하여 소멸한다.
피보험자의 보험자에 대한 보상청구권의 소멸시효에 관한 민법 제2952조 규정에 영향을 미치지 아니하면서, 시효기간은 사고가 발생한 날 혹은 피보험자가 그 소식을 들었다는 것을 입증하는 날로부터 기산하고, 선박이 추정 멸실된 경우 그 선박이 등록부에서 등록이 말소된 날로부터 기산한

dal giorno in cui questa è stata cancellata dal registro d'iscrizione.

L'esercizio dell'azione per ottenere l'indennità, mediante abbandono delle cose assicurate, interrompe la prescrizione dell'azione per il conseguimento dell'indennità d'avaria, dipendente dallo stesso contratto e relativa allo stesso sinistro.

Titolo VI Dei privilegi e della ipoteca

Capo I Dei privilegi

Sezione I Disposizioni generali

Articolo 548【Preferenza dei privilegi】 I privilegi stabiliti nel presente capo sono preferiti a ogni altro privilegio generale o speciale.

Articolo 549【Privilegi sugli avanzi delle cose】 In caso di deterioramento o diminuzione della cosa sulla quale esiste il privilegio, questo si esercita su ciò che avanza ovvero viene salvato o ricuperato.

Articolo 550【Surrogazione del creditore perdente】 Il creditore che ha privilegio sopra una o più cose, qualora si trovi perdente per essersi in tutto o in parte soddisfatto sul loro prezzo un creditore il cui privilegio, di grado superiore, si estenda ad altre cose dello stesso debitore, può surrogarsi nel privilegio spettante al creditore soddisfatto, con preferenza sui creditori aventi privilegio di grado inferiore.

Lo stesso diritto spetta ai creditori perdenti in seguito alla detta surrogazione.

Articolo 551【Trasferimento del privilegio】 Il trasferimento del credito

다.

목적물의 위부를 이유로 한 보상을 목적으로 한 소송의 개시는 동일한 계약과 동일한 사고를 원인으로 하는 실제 손해의 보상을 실현하기 위한 청구의 시효를 중단하는 효력이 있다.

제6장 우선특권 및 저당권

제1절 우선특권

제1관 통 칙

제548조【우선특권의 순위】 이 절의 규정에 의한 우선특권은 다른 어떤 우선특권보다, 그것이 일반이든 특별이든, 우선하여 효력을 갖는다.

제549조【잔존물에 대한 우선특권】 우선특권의 목적물이 훼손되거나 감소된다 하더라도 그 잔존물에 대하여나 혹은 그 구조물이나 회수물에 대하여도 우선특권을 행사할 수 있다.

제550조【상실한 채권자의 대위권】 우선특권자가 자기보다 선순위 우선특권을 가진 채권자가 목적물의 매각 대금으로 채권의 전부 혹은 일부를 변제받음으로 인하여 그 권리를 잃게 된 경우, 만일 그 변제를 받은 선순위 우선특권자가 동일한 채무자 소유의 다른 물건에 대해 우선특권이 있으면, 우선특권자는 그 변제를 받은 다른 채권자의 우선특권을 대위하며, 그러면 대위한 우선특권자는 그 물건에 대해 더 후순위 우선특권을 가진 다른 사람보다 우선하여 권리를 갖는다.

이러한 대위권을 행사함으로 인하여 권리를 상실한 채권자도 마찬가지의 권리를 가진다.

제551조【우선특권의 이전】 우선특권에 의하여 담보된 피담보채권이 이

privilegiato produce anche il trasferimento del privilegio.

Sezione II Dei privilegi sulla nave e sul nolo

Articolo 552【Privilegi sulla nave e sul nolo】 Sono privilegiati sulla nave, sul nolo del viaggio durante il quale è sorto il credito, sulle pertinenze della nave e sugli accessori del nolo guadagnati dopo l'inizio del viaggio:

1) le spese giudiziali dovute allo Stato o fatte nell'interesse comune dei creditori per atti conservativi sulla nave o per il processo di esecuzione; i diritti di ancoraggio, di faro, di porto e gli altri diritti e le tasse della medesima specie; le spese di pilotaggio; le spese di custodia e di conservazione della nave dopo l'entrata nell'ultimo porto;
2) i crediti derivanti dal contratto di arruolamento o di lavoro del comandante e degli altri componenti dell'equipaggio;
3) i crediti per le somme anticipate dall'amministrazione della marina mercantile o della navigazione interna ovvero dall'autorità consolare per il mantenimento ed il rimpatrio di componenti dell'equipaggio; i crediti per contributi obbligatori dovuti ad istituti di previdenza e di assistenza sociale per la gente di mare e per il personale della navigazione interna;
4) le indennità e i compensi di assistenza e di salvataggio e le somme dovute per contribuzione della nave alle avarie comuni;
5) le indennità per urto o per altri sinistri della navigazione, e quelle per danni alle opere dei porti, bacini e vie navigabili; le indennità per morte o per lesioni ai passeggeri ed agli equipaggi e quelle per perdite o avarie del carico o del bagaglio;
6) i crediti derivanti da contratti stipulati o da operazioni eseguite in virtù dei suoi poteri legali dal comandante, anche quando sia armatore della

전되면 우선특권도 이전된다.

제2관 선박과 운임에 대한 우선특권

제552조【선박과 운임에 대한 우선특권】 다음 채권을 가진 사람은 선박, 채권이 발생한 그 항해의 운임, 선박의 종물, 항해를 개시한 후에 취득한 운임의 부속물 등에 대해 우선특권을 갖는다.

1) 사법절차에 있어서 국가에 납부할 비용, 선박의 보존이나 집행절차를 수행할 목적으로 채권자 공동의 이익을 위해 지출한 비용; 정박, 등대, 항구 관련 제세 기타 유사한 성격의 제세 혹은 공과금; 도선비용; 최종 항구에 입항한 이후 발생한 선박의 보관이나 보존에 필요한 비용.
2) 선장 및 선원과 승선 기타 노무에 관한 계약으로 인한 채권.

3) 선원의 체류와 귀환을 위하여 해운관청, 내수관청 혹은 영사기관이 지출한 금전에 기한 채권; 항해 선원 혹은 내수항행선 선원을 위한 자선 및 지원에 대한 분담금.

4) 원조나 구조에 대한 보상과 보수 청구권 및 공동해손으로 인한 분담금채권.
5) 선박충돌 기타 항해 사고로 인한 채권, 항구, 독, 항로의 시설의 손상으로 인한 채권; 선원이나 여객의 사상으로 인한 피해 보상 채권, 화물과 수하물의 멸실이나 훼손에 대한 피해보상 채권.

6) 선박을 보존하거나 항해를 계속할 필요성에 기하여 선장이, 자신이 의장자든 아니든, 그 법적인 권한에 기하여 체결한 계약이나 조치한

nave, per le esigenze della conservazione della nave ovvero per la continuazione del viaggio.

Articolo 553【Surrogazione dell'indennità alla nave e al nolo】
Se la nave è perita o deteriorata o il nolo è in tutto o in parte perduto, sono vincolate al pagamento dei crediti privilegiati indicati nell'articolo precedente:

a) le indennità per danni materiali sofferti dalla nave e non riparati o per perdita di nolo;
b) le somme dovute per contribuzione alle avarie comuni sofferte dalla nave, in quanto queste costituiscano danni materiali non riparati ovvero perdite di nolo;
c) le indennità e i compensi per assistenza prestata fino al termine del viaggio, dedotte le somme attribuite alle persone al servizio della nave.

Non sono invece vincolati al pagamento dei crediti privilegiati le indennità di assicurazione, né i premi, le sovvenzioni o altri sussidi dello Stato.

Articolo 554【Estensione del privilegio sul nolo a favore dell'equipaggio】
Il privilegio stabilito a favore dell'equipaggio si estende a tutti i noli dovuti per i viaggi eseguiti nel corso di uno stesso contratto di arruolamento o di lavoro.

Articolo 555【Concorso di privilegi relativi a più viaggi】 I crediti privilegiati dell'ultimo viaggio sono preferiti a quelli dei viaggi precedenti. Tuttavia i crediti derivanti da un unico contratto di arruolamento o di lavoro comprendente più viaggi concorrono tutti nello stesso grado con i crediti dell'ultimo viaggio.

Articolo 556【Graduazione dei privilegi】 I crediti relativi ad un medesimo viaggio sono privilegiati nell'ordine in cui sono collocati

활동에 의한 채권.

제553조【선박 및 적하에 대한 배상채권의 대위】 선박이 멸실 또는 손상되거나 운임이 전부 혹은 부분적으로 상실되는 경우, 위에서 보았던 우선특권으로 담보되는 채권을 가진 사람은, 여러 가지 아래 채권에 대하여도 그 우선특권의 효력을 주장할 수 있다.

a) 선박이 피해를 입었지만 그 수리를 하지 않은 상태에서 그 물질적 손상으로 인한 배상채권 혹은 운임의 상실로 인한 배상채권.

b) 선박이 입은 공동해손에 대한 분담청구권, 다만 물질적인 손상을 수반하고 손상을 수리하지 않은 경우 혹은 운임의 상실로 인한 경우이어야 한다.

c) 항해의 종료시까지의 원조와 지원에 대한 보상 및 보수 채권, 다만 선박에 종사한 사람에 귀속된 금액은 이를 공제하여야 한다.

그러나 보험계약에 기한 보험금청구권에 대하여는 우선특권으로 담보되는 피담보채권의 효력이 미치지 아니하며, 장려금, 지원금 기타 정부가 지급하는 보조금에 대하여도 마찬가지로 그 효력이 미치지 아니한다.

제554조【선원을 위한 운임에 대한 우선특권의 확장】 선원이 가지고 있는 우선특권은 동일한 승선 기타 노무계약에 기해 작업한 모든 항해에서 발생한 운임 전부에 대하여 그 효력이 미친다.

제555조【여러 항해와 관련된 우선특권의 경합】 최종항해에서 우선특권을 가진 채권자는 이전 항해에서 우선특권을 가진 채권자보다 그 효력이 우선한다.

그러나 수회의 항해를 수행하였지만 하나의 승선 기타 노무계약에 의해 그 수회 항해를 수행한 경우, 그 계약으로 인한 모든 채권은 최종항해에서 발생한 채권과 동일한 순위를 가진 채권으로 우선권을 갖는다.

제556조【우선특권의 순위】 동일한 항해 도중에 발생한 채권은 위 제552조에 열거된 순서에 따라 우선특권을 갖는다.

nell'articolo 552.

I crediti compresi in ciascuno dei numeri dell'articolo 552 concorrono fra loro, in caso di insufficienza del prezzo, in proporzione del loro ammontare.

Tuttavia, nel caso indicato dal comma precedente, le indennità per danni alle persone, previste nel numero 5 di detto articolo, hanno preferenza sulle indennità per danni alle cose, nello stesso numero previste.

I crediti indicati nei numeri 4 e 6, in ciascuna delle rispettive categorie, sono graduati con preferenza nell'ordine inverso delle date in cui sono sorti.

I crediti dipendenti dal medesimo avvenimento si reputano sorti contemporaneamente.

Articolo 557【Esercizio del privilegio sulla nave e sul nolo】 I crediti privilegiati seguono la nave presso il terzo proprietario.

Il privilegio sul nolo può essere esercitato finché il nolo è dovuto ovvero la somma si trova presso il comandante o il raccomandatario.

Articolo 558【Estinzione dei privilegi】 I privilegi si estinguono, oltre che per la estinzione del credito, con lo spirare del termine di un anno, ad eccezione di quelli riguardanti i crediti indicati nell'articolo 552, n. 6, i quali si estinguono alla scadenza del termine di centottanta giorni.

Il termine decorre per i privilegi dei crediti per assistenza o salvataggio dal giorno in cui le operazioni sono terminate; per i privilegi delle indennità dovute in seguito ad urto o ad altri sinistri nonché di quelle per lesioni personali, dal giorno in cui il danno è stato prodotto; per il privilegio relativo alla perdita o alle avarie del carico o dei bagagli, dal giorno della riconsegna o da quello in cui la riconsegna avrebbe dovuto aver luogo; per il privilegio dei crediti derivanti da contratti stipulati o da operazioni eseguite dal comandante per la conservazione della nave o per la continuazione del viaggio, dal giorno in cui il credito è sorto; per il privilegio derivante dal contratto di arruolamento o di lavoro dal giorno dello sbarco del componente

제552조 각호에 속하는 채권은 그 대금으로 모두 변제를 할 수 없는 경우 그들 사이에서 각자 금액의 비율로 분배한다.

그러나, 전항에서 말한 사안에서, 위 조문 제5호에서 말하는 채권의 경우 인명 손해에 대한 보상채권은 동일한 호에 속하지만 물적 손해에 대한 보상채권보다 우선하여 변제를 받는다.

제4호 및 제6호에 속한 채권은 각 범주에 속하는 채권 사이에서 각 채권이 발생한 날짜의 역순으로 우선순위를 갖는다.

동일한 사고로 인하여 발생한 채권은 동시에 발생하였다고 간주한다.

제557조【선박과 운임에 대한 우선특권의 행사】 우선특권을 가진 채권자는 그 물건을 취득한 제3자에 대하여 추급하여 그 권리를 행사할 수 있다.

운임에 대한 우선특권은 그 운임이 아직 지급되지 아니하고 있거나 선장이나 선주대리인이 이를 받아서 보관하고 있는 동안 이를 행사할 수 있다.

제558조【우선특권의 소멸】 우선특권은, 채권이 소멸한 경우 이외에도, 1년이 경과하면 소멸하며, 다만 예외적으로 제552조 제6호에 해당하는 채권은 180일이 경과하면 소멸한다.

이 기간의 기산은; 원조나 구조를 원인으로 한 채권은 그 작업이 종료한 날; 선박 충돌이나 사고를 원인으로 한 채권은, 인명의 사상을 원인으로 한 채권을 포함하여, 손해가 발생한 날; 화물이나 수하물의 멸실과 훼손을 원인으로 한 채권은 인도를 하였거나 하였었을 날; 선박의 보존이나 항해의 계속을 위해 선장이 취한 조치나 체결한 계약에 기한 채권은 그 채권의 발생일; 승선 기타 노무 계약에 기한 채권은 계약이 종료되고 선원이 승선한 항구로 귀환하여 하선한 날로부터 각각 계산한다. 그리고 여타 모든 채권은 그 채권을 행사할 수 있는 날로부터 기산한다.

제552조 제2호 채권은 그 선급이나 분할금을 청구할 수 있다 하더라도 이를 두고서 권리를 행사할 수 있는 것으로 간주하지 아니한다.

위 기간은 이탈리아 해역에서 담보된 선박에 대해 압류나 가압류를 할

dell'equipaggio nel porto di assunzione, successivamente all'estinzione del contratto. In tutti gli altri casi, il termine decorre dal giorno della esigibilità del credito.

La facoltà di chiedere anticipi o acconti non ha per effetto di far considerare come esigibili i crediti di cui al n. 2 dell'articolo 552.

I termini suddetti sono sospesi finché la nave gravata di privilegi non abbia potuto essere sequestrata o pignorata nelle acque territoriali della Repubblica; ma tale sospensione non può oltrepassare i tre anni dal giorno in cui il credito è sorto.

Articolo 559【Altre cause d'estinzione dei privilegi】 I privilegi sulla nave si estinguono altresì:

a) con il decreto di cui all'articolo 664 nel caso di vendita giudiziale della nave;

b) col decorso del termine di sessanta giorni nel caso di alienazione volontaria.

Questo termine decorre dalla data della trascrizione dell'atto di alienazione, se la nave si trova al tempo della trascrizione nella circoscrizione dell'ufficio in cui è iscritta, e dalla data del suo ritorno nella detta circoscrizione, se la trascrizione dell'alienazione è fatta quando la nave è già partita.

Articolo 560【Nave esercitata da armatore non proprietario】 Le disposizioni di questo capo non si applicano nel caso che la nave sia esercitata da un armatore non proprietario, che ne abbia acquistata la disponibilità in seguito ad un atto illecito, quando il creditore sia di ciò a conoscenza.

수 없는 동안은 그 진행이 중지되고, 다만 이러한 중지는 그 채권이 발생한 날로부터 3년을 초과하지 못한다.

제559조【우선특권의 다른 소멸사유】 선박에 대한 우선특권은 그 외에도 다음 사유로 인하여 소멸한다.

a) 사법절차에 의한 경매시 제664조에 의한 선고;

b) 선박이 임의로 양도된 경우 이후 60일의 경과.

이 기간은, 만일 선박이 당시 등록을 한 사무소 소재지 해역 관할구역 내에 있었다면, 그 이전등록이 있는 날로부터 계산하고, 선박이 이미 출항한 후에 이전 등록이 이루어졌다면 그 해역 관할구역 내로 돌아온 날을 기준으로 계산한다.

제560조【소유자가 아닌 의장자에 의한 운항 선박】 불법한 행위로 권리를 취득하여 소유자가 아닌 의장자가 운영하는 선박은 그 채권자가 그 사실을 아는 한 본절의 규정은 적용되지 아니한다.

Sezione III Dei privilegi sulle cose caricate

Articolo 561【Privilegi sulle cose caricate】 Sono privilegiati sulle cose caricate:

1) le spese giudiziali dovute allo Stato o fatte nell'interesse comune dei creditori per atti conservativi sulle cose o per il processo di esecuzione;
2) i diritti doganali dovuti sulle cose nel luogo di scaricazione;
3) le indennità e i compensi di assistenza e di salvataggio e le somme dovute per contribuzione alle avarie comuni;
4) i crediti derivanti da contratto di trasporto, comprese le spese di scaricazione, e il fitto dei magazzini nei quali le cose scaricate sono depositate;
5) le somme di capitale e di interessi dovute per le obbligazioni contratte dal comandante sul carico nei casi previsti nell'articolo 307.

I crediti indicati nei numeri precedenti sono preferiti a quelli garantiti da pegno sulle cose caricate.

Articolo 562【Surrogazione delle indennità alle cose caricate】 Se le cose caricate sono perite o deteriorate, le somme dovute per indennità della perdita o delle avarie, comprese quelle dovute dagli assicuratori, sono vincolate al pagamento dei crediti privilegiati indicati nell'articolo precedente, a meno che le somme medesime vengano impiegate per riparare la perdita o le avarie.

Articolo 563【Graduazione e concorso dei privilegi】 I crediti privilegiati sulle cose caricate prendono grado nell'ordine nel quale sono collocati nell'articolo 561.

I crediti indicati nei numeri 3 e 5 sono graduati, in ciascuna delle rispettive categorie, nell'ordine inverso delle date nelle quali sono sorti.

I crediti indicati negli altri numeri sono graduati, in ciascuna delle

제3관 화물에 대한 우선특권

第561조 【선적한 화물에 대한 우선특권】 다음 채권은 선적한 화물에 대하여 우선특권이 있다:

1) 사법비용으로 국가에 지고 있거나 그 물건의 보존행위로 혹은 집행절차로 채권자 공동이익을 지출한 비용;
2) 양륙지에서 화물에 부과된 관세;
3) 원조나 구조에 대한 보상과 보수 및 공동해손으로 분담할 금액;

4) 운송계약으로 인한 채권, 하역비용 및 화물의 보관시 그 보관료;

5) 제307조의 규정에 의해 의무를 이행하면서 선장이 약정한 채무에 기한 원금과 이자.

위에 열거된 채권은 화물에 질권을 가진 채권에 우선하여 변제를 받는다.

第562조 【화물로 인한 배상채권에 대한 대위】 화물이 멸실되거나 손상된 경우 그 멸실이나 손상으로 인한 배상채권이 있으면, 그로 인하여 보험자가 지급할 배상채권을 포함하여, 전조 각호의 우선특권을 가진 채권자는 자기 채권의 변제를 위해 그 배상채권에 대하여도 권리를 행사할 수 있고, 다만 그 금액이 멸실이나 훼손된 것을 수리하는 데 사용된 때에는 그러하지 아니하다.

第563조 【우선특권의 우선순위와 경합】 화물에 우선특권을 가진 채권자는 제561조에 나열된 순서대로 우선변제권을 갖는다.

제3호와 제5호에 속하는 채권은 각 호에 속하는 채권자 사이에서 채권의 발생일자의 역순으로 우선변제권을 갖는다.

다른 호에 속하는 채권은 각호에 속하는 채권자 사이에서 오로지 서로 다른 항구에서 발생한 때에 한하여 그 발생일자의 역순으로 우선권을 갖는

rispettive categorie, nell'ordine inverso delle date solo quando sono sorti in porti diversi.

Articolo 564 【Estinzione dei privilegi】 I privilegi sulle cose caricate si estinguono se il creditore non intima opposizione al comandante ovvero non esercita l'azione entro quindici giorni dalla scaricazione e prima che le cose scaricate siano passate legittimamente a terzi.

Capo II Della ipoteca

Articolo 565 【Concessione d'ipoteca su nave】 Sulla nave può solo concedersi ipoteca volontaria.

La concessione d'ipoteca deve farsi, sotto pena di nullità, per atto pubblico o per scrittura privata, contenente la specifica indicazione degli elementi di individuazione della nave.

Articolo 566 【Ipoteca su nave in costruzione】 L'ipoteca può essere concessa anche su nave in costruzione. Essa può essere validamente trascritta dal momento in cui è presa nota della costruzione nel registro delle navi in costruzione.

Articolo 567 【Pubblicità dell'ipoteca】 Per gli effetti previsti dal codice civile, l'ipoteca su nave o su carati di nave deve essere resa pubblica mediante trascrizione nella matricola e annotazione sull'atto di nazionalità se trattasi di nave maggiore, e mediante trascrizione nel registro di iscrizione se trattasi di nave minore o di galleggiante.

L'ipoteca su nave in costruzione è resa pubblica mediante trascrizione nel registro delle navi in costruzione.

Nelle stesse forme devono essere resi pubblici gli altri atti per i quali il codice civile richiede l'iscrizione.

다.

제564조【우선특권의 소멸】 화물에 대한 우선특권은, 하역일로부터 15일이 경과한 때 및 그 이전이라 하더라도 화물이 제3자에게 적법하게 이전된 때에, 그 이전에 선장에게 이의를 제기하거나 혹은 소송을 제기하지 아니하면, 그 권리가 소멸한다.

제2절 저당권

제565조【선박에 대한 저당】 선박에 대하여 오로지 당사자의 의사에 기한 저당권만 설정할 수 있다.

저당권은 공증증서나 사서증서에 의해 설정할 수 있고, 거기에는 선박을 특정하기 위한 구체적 사항이 기재되어야 한다.

제566조【건조중인 선박에 대한 저당】 건조중인 선박에 대해 저당권을 설정할 수 있다. 건조중인 선박이 건조선박등록부에 등록이 된 때부터 저당권을 적법하게 등록할 수 있다.

제567조【저당권의 공시】 민법에서 말하는 저당권으로서의 효력이 발생하려면, 원양선[78]의 경우 선박등록부에 저당권을 등록하고 국적증서에 부기하여야 하며, 내항선이나 유동구조물은 그 등재부에 등록하여야 한다.

건조중인 선박에 대한 저당권은 건조선박등록부에 등록을 통하여 공시를 한다.

민법이 공시를 요하는 다른 행위에 대하여도 마찬가지 방법으로 공시하여야 한다.

78) 원양선과 내항선의 정의에 관하여는 제136조 참조.

Articolo 568【Ufficio competente】 La pubblicità deve essere richiesta all'ufficio di iscrizione della nave o del galleggiante, o a quello presso il quale è tenuto il registro delle navi in costruzione. Tuttavia per le navi maggiori la pubblicità può essere richiesta alle autorità indicate nell'articolo 251.

Articolo 569【Documenti per la pubblicità dell'ipoteca】 Chi domanda la pubblicità dell'ipoteca deve presentare all'ufficio competente i documenti previsti dall'articolo 2839 del codice civile.

La nota deve enunciare:

a) il nome, la paternità, la nazionalità, il domicilio o la residenza e la professione del creditore e del debitore. Per le obbligazioni all'ordine o al portatore si applica inoltre il disposto degli articoli 2831, 2839, n. 1, del codice civile;

b) il domicilio eletto dal creditore nel luogo nel quale è l'ufficio di iscrizione della nave o del galleggiante;

c) l'indicazione del titolo, la sua data e il nome del pubblico ufficiale che lo ha ricevuto o autenticato;

d) l'importo della somma per la quale è fatta la trascrizione;

e) gli interessi e le annualità che il credito produce;

f) il tempo dell'esigibilità;

g) gli elementi di individuazione della nave.

Se la richiesta di pubblicità si riferisce ad una nave maggiore, il richiedente deve inoltre esibire l'atto di nazionalità, perché su questo sia eseguita la prescritta annotazione. Nel caso che tale esibizione non sia possibile, perché la nave si trova fuori del porto di iscrizione, si applica il disposto del secondo comma dell'articolo 255.

Articolo 570【Esecuzione della pubblicità】 La pubblicità si esegue dall'ufficio nei modi stabiliti nell'articolo 256.

第568조【관할 기관】 저당권의 공시는 그 선박이나 유동구조물의 등록 관청 또는 건조선박등록부를 보관하는 관청에 신청하여야 한다.

다만 원양선의 경우 제251조에서 말하는 관청에 공시를 신청할 수도 있다.

第569조【저당권 공시에 필요한 서류】 선박저당권의 공시를 신청하는 사람은 해당 기관에 민법 제2839조 소정의 서류를 제출하여야 한다.

그리고 신청서에는 다음 사항을 기재하여야 한다:

a) 채권자와 채무자의 성명, 국적, 주소나 거소, 직업. 그 이외에 채권이 지시채권이나 무기명채권인 경우에는 민법 제2831조 및 제2839조 제1호의 규정이 적용된다;

b) 선박이나 유동구조물의 등록 관청 소재지에 있는 채권자의 선정주소지;

c) 권원과 그 날짜의 표시 및 접수하거나 인증한 공무원의 성명;

d) 등록된 채권의 총액;

e) 채권에서 생기는 이자나 연보;

f) 만기;

g) 선박의 특정.

원양선의 공시를 신청하는 경우, 그 외에도 선박의 국적증서를 제출하여야 하며, 그러면 거기에 소정의 부기를 한다. 선박이 등록항 이외 지역에 있어 국적증서를 제출할 수 없는 때에는 제255조 제2호 규정이 적용된다.

第570조【공시 절차】 공시는 제256조에 규정한 방식에 따라 소관 관청이 이를 진행한다.

Articolo 571【Ordine di precedenza e prevalenza delle trascrizioni】 Nel concorso, di più atti resi pubblici a norma degli articoli precedenti nonché in caso di discordanza tra le trascrizioni nella matricola e le annotazioni sull'atto di nazionalità, si applica il disposto dell'articolo 257.

Articolo 572【Surrogazione dell'indennità alla nave】 Se la nave è perita o deteriorata, sono vincolate al pagamento dei crediti ipotecari, a meno che non vengano impiegate per riparare le avarie sofferte dalla nave:

a) le indennità spettanti al proprietario per danni sofferti dalla nave;
b) le somme dovute al proprietario per contribuzione alle avarie comuni sofferte dalla nave;
c) le indennità spettanti al proprietario per assistenza o salvataggio, quando l'assistenza o il salvataggio abbiano avuto luogo dopo la trascrizione dell'ipoteca e le somme non siano riscosse dal proprietario prima del pignoramento della nave;
d) le indennità di assicurazione.

Articolo 573【Estensione dell'ipoteca al nolo】 L'ipoteca non si estende al nolo se ciò non è stato espressamente convenuto.

Articolo 574【Grado dell'ipoteca】 L'ipoteca prende grado dal momento della trascrizione nel registro di iscrizione della nave o del galleggiante.

Articolo 575【Graduazione dell'ipoteca nel concorso con i privilegi】 L'ipoteca prende grado dopo i privilegi indicati nell'articolo 552 ed è preferita ad ogni altro privilegio generale o speciale.

Articolo 576【Collocazione degli interessi】 Fermo per il rimanente il disposto dell'articolo 2855 del codice civile, la collocazione degli interessi del credito ipotecario, di cui al secondo comma del predetto articolo, è limitata all'annata anteriore ed a quella in corso al giorno del pignoramento della nave. Tuttavia le parti possono convenire che la collocazione si estende

제571조【우선순위와 등록효력】 위 규정에 따라 다수 행위가 공시된 경우 또는 선박등록부의 등록과 국적증서의 부기가 서로 다른 경우 위 제257조의 규정에 의한다.

제572조【선박의 보상에 대한 대위】 선박이 멸실 혹은 손상된 경우, 피담보 채권을 가진 채권자는 아래 채권에 대하여도 권리를 행사할 수 있고, 다만 선박이 입은 손상을 수리하는 데 이미 사용된 때에는 그러하지 아니하다:

a) 선박의 손상으로 인하여 소유자에게 발생한 배상청구권;

b) 선박이 희생하여 발생한 소유자의 공동해손분담청구권;

c) 원조나 구조로 인하여 선박 소유자가 갖는 보상청구권. 다만 저당권 등록을 한 다음 원조나 구조가 이루어졌고 선박을 압류하기 이전에 선주가 이를 수령하지 아니한 때에 한하여 대위를 한다;

d) 보험금청구권.

제573조【저당권의 효력의 운임에 대한 확장】 명시적으로 합의를 하지 아니하는 한, 저당권은 운임에 대하여는 그 효력이 미치지 아니한다.

제574조【저당권의 우선순위】 저당권은 선박 혹은 유동구조물의 등록부에 등록을 한 시기에 따라 그 순위가 정하여진다.

제575조【우선특권과 경합시 저당권의 우선순위】 저당권은 제552조에서 말하는 우선특권보다 후순위로 그 효력을 갖고, 여타 일반 혹은 특별 우선특권보다 선순위로 그 효력을 갖는다.

제576조【이자의 부가】 민법 제2855조의 규정과 상관없이, 저당권으로 담보될 채권에 추가될 이자는 동 조문 제2행의 구정에 따라, 선박을 압류한 때를 기준으로 그 이전 1년간 발생한 이자와 그 이후 발생하는 이자로 제한한다. 그러나 당사자는 합의를 하여 이전 이자를 1년에 한해 추가로 확장할 수 있다.

ad un'altra sola annualità d'interessi.

Articolo 577【Prescrizione】 I diritti derivanti dalla concessione di ipoteca si prescrivono con il decorso di due anni dalla scadenza dell'obbligazione.

Libro quarto Disposizioni processuali

Titolo I Dell'istruzione preventiva

Articolo 578【Inchiesta sommaria】 Quando giunga notizia di un sinistro, l'autorità marittima o consolare deve procedere a sommarie indagini sulle cause e sulle circostanze del sinistro stesso, e prendere i provvedimenti occorrenti per impedire la dispersione delle cose e degli elementi utili per gli ulteriori accertamenti.

Competente è l'autorità del luogo di primo approdo della nave o dei naufraghi, o, se la nave è andata perduta e tutte le persone imbarcate sono perite, l'autorità del luogo nel quale si è avuta la prima notizia del fatto.

Nei luoghi ove non esistono autorità marittime, l'autorità doganale compie le prime indagini e prende i provvedimenti opportuni, dandone immediato avviso all'autorità marittima più vicina.

Dei rilievi fatti, dei provvedimenti presi per conservare le tracce dell'avvenimento, nonché delle indagini eseguite è compilato processo verbale, del quale l'autorità inquirente, se non è competente a disporre l'inchiesta formale, trasmette copia all'autorità, che di tale competenza è investita.

Articolo 579【Inchiesta formale】 L'inchiesta formale sulle cause e sulle responsabilità del sinistro è disposta dal direttore marittimo o dall'autorità consolare competenti, ad istanza degli interessati o delle [associazioni sindacali] (1) che li rappresentano, e deve essere disposta d'ufficio se dal

제577조 【시효】 저당권의 설정으로 인한 권리는 채무의 소멸로부터 2년이 경과하면 시효로 인하여 소멸한다.

제4편 절차에 관한 규정

제1장 예비조사

제578조 【간이조사】 사고 소식을 접한 해운관청이나 영사관청은 사고의 원인과 상황에 대한 간이조사를 실시하고, 추후 그 확인을 위해 필요한 물건 기타 증거들이 사라지는 것을 방지하기 위해 필요한 조치를 취하여야 한다.

선박이나 난파물이 최초로 도착하는 곳을 관할하는 기관이 조사기관이 되며, 만일 선박이 완전히 멸실되고 승선한 사람도 모두 사라진 때에는 사건 소식을 처음 접한 지역을 관할하는 기관이 조사기관이 된다.

조사할 해운관청이 없는 지역에서는 관세관청이 최초조사를 시행하며 필요한 조치를 취하고 그 다음 이를 바로 가장 가까운 해운관청에게 통보하여야 한다.

사건 요지, 사고 경위를 보존하기 위해 취한 조치 및 시행한 조사 등에 관하여 진술조서를 작성하여야 하고, 만일 조사기관이 정식조사를 시행할 권한이 없으면 그 사본을 작성하여 조사할 권한을 가진 기관에 송부하여야 한다.

제579조 【정식조사】 사고의 원인과 책임에 대한 정식조사는 해역청장이나 영사관이 이를 시행하며, 원칙적으로 이해관계인이나 혹은 이해관계인

processo verbale di inchiesta sommaria o da informazioni attendibili risulta che il fatto può essere avvenuto per dolo o per colpa.

Se l'autorità competente ritiene di non disporre d'ufficio l'inchiesta, fa di ciò dichiarazione motivata in calce al processo verbale di inchiesta sommaria, che trasmette al ministro per la marina mercantile.

L'inchiesta formale può essere disposta anche se il sinistro riguarda una nave che batte bandiera straniera.

L'inchiesta formale è sempre disposta ad accertare le cause e le circostanze per cui un sinistro si è verificato quando interessa navi da carico o passeggeri, ivi comprese quelle di bandiera comunitaria, in acque soggette alla sovranità italiana, con l'obiettivo di un costante miglioramento delle condizioni di sicurezza, per la salvaguardia della vita umana in mare e dell'ambiente marino.

Articolo 580【Autorità competente】 La competenza è determinata dal luogo del sinistro, se avvenuto nel mare territoriale e, altrimenti, dal luogo di primo approdo della nave danneggiata o da quello d'arrivo della maggior parte dei naufraghi.

Nel caso in cui si sia perduta la nave e tutte le persone imbarcate siano perite, ovvero se l'autorità consolare abbia trasmesso il processo verbale d'inchiesta, con dichiarazione dell'impedimento a costituire la commissione inquirente, l'inchiesta formale è eseguita dalla Direzione marittima nella cui giurisdizione è compreso il porto di iscrizione della nave.

Il ministro stesso ha facoltà di affidare le inchieste formali a commissioni speciali, nonché di sottoporre a revisione quelle compiute nella forma ordinaria.

Articolo 581【Svolgimento dell'inchiesta】 L'inchiesta formale è eseguita dalla commissione inquirente costituita nel modo stabilito dal regolamento presso l'autorità marittima o consolare competente a disporla, sotto la presidenza dell'autorità medesima.

을 대변하는 노동조합[79]의 신청이 있어야 조사를 실시하지만, 만일 간이조사 후 작성한 진술조서나 혹은 관련 정보에 의하면 사고가 고의나 과실로 인해 발생한 것으로 판명되면 직권으로도 조사를 실시할 수 있다.

해당 관청에서 직권으로 조사를 하지 아니하기로 정한 경우, 간이조사 진술조서 말미에 이유를 붙여 그러한 선언을 한 다음 이를 해운장관에게 송부하여야 한다.

정식조사는 외국국적 선박이 관련된 경우에도 시행할 수 있다.

정식조사는 유럽연합 국기를 단 선박을 포함한 화물선과 여객선이 관련된 사고가 이탈리아 해역에서 발생한 때에 그 원인과 상황을 확인하기 위하여 반드시 실시하여야 하며, 안전 여건의 지속적인 개선을 목적으로 하고 해상에서 인간 생명과 해양 환경의 보호를 목적으로 한다.

제580조 【관할기관】 조사기관은 사고가 우리 해역에서 발생한 경우 발생지역에 의하여 정하고, 그렇지 아니하면 피해 선박이 최초로 도착한 지역 또는 난파 후 가장 많은 잔존물이 도착한 지역에 의하여 정한다.

선박이 전부 멸실되고 승선 인원이 전부 사라진 경우, 혹은 해당 영사관청이 조사위원회를 구성하는 것이 불가능하다는 의견을 첨부하여 진술조서와 함께 이첩한 경우, 그 선박의 등록항을 관할하는 해역청이 정식조사를 수행한다.

이 해운장관은 특별위원회를 구성하여 거기에 정식조사를 위임할 수도 있고, 또 통상절차에 따른 조사 결과를 거기에서 다시 조사하게 할 수도 있다.

제581조 【조사의 실시】 규정에서 정한 방식에 따라 구성된 조사위원회가 정식조사를 수행하고 조사위원회는 해운관청이나 필요한 권한을 가진 영

79) 노동조합은 1944년에 폐지되었다.

La commissione inquirente procede all'accertamento delle cause e delle responsabilità del sinistro, eseguendo sopraluoghi, raccogliendo deposizioni, e adottando in genere ogni opportuno mezzo di ricerca.

Hanno facoltà di assistere o di farsi rappresentare nello svolgimento della inchiesta e di essere intesi in presenza delle persone chiamate a deporre, l'armatore e il proprietario della nave, i componenti dell'equipaggio, gli assicuratori, coloro che hanno riportato lesioni personali o altri danni nel sinistro e i loro aventi diritto, ed in genere chiunque abbia interesse nella nave o nel carico.

Se il sinistro riguarda una nave di bandiera straniera ed è avvenuto nel mare territoriale, la commissione inquirente può procedere all'esame dell'equipaggio, informandone l'autorità consolare competente.

Delle operazioni compiute e delle conclusioni raggiunte sulle cause e sulle responsabilità del sinistro la commissione redige relazione e la deposita, insieme con i processi verbali, presso l'autorità che ha disposto l'inchiesta formale.

Articolo 582【Efficacia probatoria della relazione d'inchiesta】 Nelle cause per sinistri marittimi, i fatti risultanti dalla relazione di inchiesta formale si hanno per accertati, salvo l'esperimento della prova contraria da parte di chi vi abbia interesse.

Articolo 583【Spese per l'inchiesta formale】 Quando l'inchiesta formale è disposta su istanza degli interessati, i richiedenti ne devono anticipare le spese, salvo rivalsa verso coloro che risulteranno responsabili del sinistro.

Non sono tenuti ad anticipare le spese dell'inchiesta formale, anche se è stata disposta su loro istanza, i marittimi, nonché gli armatori di navi minori o di galleggianti di stazza lorda non superiore alle dieci tonnellate, se a propulsione meccanica o alle venticinque, in ogni altro caso, quando la nave o il galleggiante costituiscano l'unico materiale di esercizio dell'armatore e non siano assicurati.

사관에 설치하며 이들 관청이 의장으로 역할을 한다.

조사위원회는 사고의 원인과 책임을 확정하는 것을 목적으로 진행하고, 필요하면 현장 조사나 증언 청취를 하고 기타 규명에 필요한 모든 조치를 취한다.

의장자, 선박소유자, 선원, 보험자, 사고로 인해 인적 혹은 물적 피해를 입은 사람이나 이들 상속인, 기타 선박이나 적하에 이해관계를 가진 사람이면 누구나 조사의 실시에 참여하고 대리인을 출석시킬 수 있고 나아가 증언을 할 사람의 면전에서 그 해명을 할 수 있다.

외국국적 선박이 사고에 연루되고 그 사고가 영해 내에서 발생했다면 해당 영사관에 통지를 하고 그 선원의 조사에 들어가야 한다.

조사위원회가 취한 행위와 사고의 원인과 책임에 대해 조사위원회가 내린 결론에 관해 조사위원회는 보고서를 작성하여 진술조서와 함께 이를 조사를 시행하는 관청에 제출하여야 한다.

제582조【보고서의 증명력】 해사사고의 원인에 관한 한, 정식조사를 거쳐 제출된 보고서에 의거 인정된 사실은, 이해관계인의 의해 반대사실이 입증되지 아니하는 한, 확정된 것으로 본다.

제583조【정식조사의 비용】 이해관계인의 요청에 의하여 정식조사가 이루어진 경우, 청구인은 그 비용을 선급하여야 하며, 다만 사고에 책임이 있는 것으로 판명된 사람에게 구상할 수 있다.

그러나 동력이면 10톤 이하, 기타 것이면 25톤 이하 선박이나 구조물의 의장자가 요청하거나 선원이 요청을 하면, 비록 그 요청으로 조사를 실시하는 경우라 할지라도, 만일 그 선박이나 구조물이 그 의장자의 관리하에 있는 유일한 재산이고 달리 부보도 하지 아니하였던 때에는, 사고조사에 대한 비용을 선급할 의무가 없다.

Articolo 584【Verificazione della relazione di eventi straordinari】 Il presidente del tribunale, il pretore o il console, che ha ricevuto la relazione del comandante prevista nell'articolo 304, deve verificare d'urgenza i fatti in essa esposti, esaminando, fuori della presenza del comandante e separatamente l'uno dall'altro, i componenti dell'equipaggio e i passeggeri che creda opportuno sentire, nonché raccogliendo ogni altra informazione e prova. Gli interrogati non possono rifiutarsi di deporre. Delle loro dichiarazioni deve redigersi processo verbale.

Del giorno fissato per la verificazione deve essere data pubblica notizia a cura del cancelliere, con avviso affisso alla porta dell'ufficio stesso, nell'albo dell'ufficio portuale e in quello della borsa più vicina al luogo ove la nave è ancorata.

Gli interessati e coloro che, anche senza formale mandato, ne assumono la rappresentanza, sono ammessi ad assistere agli atti della verificazione.

Senza pregiudizio delle inchieste a cui le competenti autorità debbono procedere negli speciali casi previsti da questo codice, quando la relazione è confermata dalle testimonianze o dalle altre prove raccolte dal presidente del tribunale, dal pretore o dal console, i fatti da essa risultanti si hanno per accertati, salvo l'esperimento della prova contraria da parte di chi vi abbia interesse.

Titolo II Delle cause marittime

Capo I Disposizioni generali

Articolo 585【Dei giudici di primo grado】 Nelle cause di cui al presente titolo, la giustizia è amministrata in primo grado:

第584条【특이사건에서 선장보고서의 조사】 법원장, 간이판사,[80] 혹은 영사로서 제304조 소정의 선장보고서를 접수한 사람은 거기에 표시된 사실관계를 신속히 조사하여야 하며, 특히 선원을 선장이 없는 곳에서 하나씩 서로 분리하여 심문하여야 하고, 청취하는 것이 적절하다고 생각되는 여객도 모두 심문하여야 하며, 기타 유용한 증거나 정보가 있으면 이를 수집하여야 한다. 조사를 받는 사람은 이를 거부할 수 없다. 이들의 진술을 근거로 진술조서를 작성하여야 한다.

소관 서기는 그 사무소 정문, 항만청 게시판 및 그 선박 묘박지와 가장 가까운 시장 게시판에 이러한 조사를 위하여 지정된 날을 공고하여야 한다.

이해관계인이나 그 대리인은 구체적인 위임의 여부와 상관없이 이러한 조사절차에 참여하는 것이 허용된다.

해당 기관이 본법의 규정에 따라 특별사건에서 조사를 시행하는 것은 별론으로 하고, 법원장, 간이판사 혹은 영사가 수집한 다른 증언 기타 증거에 의하여 선장보고서가 확인되면, 그 보고서에 나타난 사실은, 이해관계인이 증거를 제시하여 반증을 하지 아니하는 한, 사실로 확정된 것으로 본다.

제2장 해사 사건

제1절 통 칙

第585条【제1심 재판관】 본장 소관 사건에 있어 제1심 재판은 다음과 같

80) 1998년부터 일반판사로 통합되어 현재는 없는 직책임.

a) dai comandanti di porto capi di circondario marittimo, nei limiti del rispettivo circondario;

b) dai tribunali.

I capi di circondario possono delegare, con decreto, l'esercizio delle funzioni giurisdizionali ad un ufficiale dipendente, di grado non inferiore a quello di capitano di porto.

Articolo 586【Regolamento di competenza; incompetenza per materia】

Gli articoli 42 e 43 del codice di procedura civile si applicano ai giudizi avanti i comandanti di porto.

L'incompetenza per materia del comandante di porto può essere rilevata anche d'ufficio in ogni stato e grado del giudizio.

Articolo 587【Foro della pubblica amministrazione】 Ai giudizi avanti i comandanti di porto non si applicano le disposizioni relative al foro della pubblica amministrazione.

Articolo 588【Rinvio】 Per tutto quanto non è espressamente regolato dal presente titolo, si applicano le disposizioni del codice di procedura civile.

Capo II Delle cause per sinistri marittimi

Sezione I Della competenza

Articolo 589【Competenza per materia e per valore】 Sono proposte avanti il comandante di porto, se il valore non eccede le lire centomila, avanti il tribunale, se il valore è superiore a tale somma, le cause riguardanti:

이 관할한다.

a) 각 해사구역의 범위 내에 한해 그 해사구역 수장인 항만장[81]

b) 법원

구역수장은 이러한 사법기능의 수행을 소속 공무원에게 위임할 수 있고, 다만 그는 등급에 있어 항구장보다 더욱 하급의 공무원이어서는 아니 된다.

제586조【권한 규정; 사안별 권한 한계】 민사소송법 제42조 및 43조 규정은 항만장에 의한 재판에도 적용된다.

사안에 따른 항만장의 재판권 부재는 재판의 심급이나 진행 정도를 가리지 아니하고 제기할 수 있고, 항만장이 직권으로 이를 제기할 수도 있다.

제587조【공공기간의 재판적】 항만장에 의한 재판에는 공공기관의 재판적에 관한 규정은 적용되지 아니한다.

제588조【준용】 본장의 규정에 의해 달리 규율되지 아니하는 사항에 대하여는 모두 민사소송법의 해당 규정이 적용된다.

제2절 해상 사고 사건

제1관 관 할

제589조【사안과 금액에 따른 관할】 아래와 관련된 사건은 그 가격이 10만 리라를 초과하지 아니하면 항만장에게,[82] 이 금액을 초과하면 법원에 제

81) 행정기관에 사법권을 부여하는 동 규정은 헌법재판소가 1976년 위헌에 해당된다고 판시하였다.

82) 이 절차는 위에서 보았듯이 위헌적이라고 선언되어 이제 관할권이 전부 일반법원으로 이관되었다.

a) i danni dipendenti da urto di navi;

b) i danni cagionati da navi nell'esecuzione delle operazioni di ancoraggio e di ormeggio e di qualsiasi altra manovra nei porti o in altri luoghi di sosta;

c) i danni cagionati dall'uso di meccanismi di carico e scarico e dal maneggio delle merci in porto;

d) i danni cagionati da navi alle reti e agli attrezzi da pesca;

e) le indennità e i compensi per assistenza, salvataggio e ricupero;

f) il rimborso di spese e i premi per ritrovamento di relitti.

Le disposizioni del presente articolo si applicano anche alle navi da guerra nazionali.

Articolo 590【Competenza per territorio】 Se il fatto che vi ha dato luogo è avvenuto nel mare territoriale, le cause contemplate nel precedente articolo sono proposte avanti il comandante di porto capo del circondario o il tribunale della circoscrizione, nella quale è avvenuto il fatto, ovvero avanti il capo del circondario o il tribunale della circoscrizione nella quale è avvenuto il primo approdo della nave danneggiata, o, in mancanza, l'arrivo della maggior parte dei naufraghi, ovvero il capo del circondario o il tribunale della circoscrizione nella quale è l'ufficio di iscrizione della nave.

Se il fatto è avvenuto fuori del mare territoriale, le cause sono proposte avanti il comandante di porto capo del circondario o il tribunale della circoscrizione, nella quale è avvenuto il primo approdo della nave danneggiata, o l'arrivo della maggior parte dei naufraghi, o, in mancanza avanti il capo del circondario o il tribunale della circoscrizione nella quale è il luogo di iscrizione della nave.

기한다.

a) 선박의 충돌로 인한 손해;

b) 항구 기타 체류소에서 정박, 접안 기타 유사한 작업을 하다가 선박이 야기한 손해;

c) 항구에서 선적 혹은 양륙 장비의 사용 기타 화물의 관리와 관련하여 발생한 손해;

d) 선박에 의해 그물 기타 어구에 야기한 손해;

e) 원조, 구조 및 회수에 대한 보상과 손해;

f) 유실물의 발견에 대한 비용의 전보와 그에 대한 보수.

이 장의 규정은 국가 소유 군함에 대하여도 적용된다.

제590조【지역에 따른 관할】 청구 원인사실이 영해에서 발생한 경우 전조 소정의 사건은 그 원인사실이 발생한 구역 관할법원이나 항만구역 항만장에게 제기하고 또 사고 후에 선박이 최초로 접안한 구역 혹은 대다수 난파물이 도착한 구역에서 법원이나 항만장에게 제기하여야 하며, 이러한 곳이 없으면 그 선박 등록지의 구역을 관할하는 법원이나 항만장에게 제기하여야 한다.

Sezione II Del procedimento avanti i comandanti di porto

Articolo 591 【Forma della domanda】 La domanda si propone mediante citazione, ovvero verbalmente se le parti sono volontariamente comparse.

Articolo 592 【Contenuto e forma della citazione】 La citazione deve contenere l'indicazione del comandante di porto adito e delle parti, l'intimazione a comparire a udienza fissa, l'esposizione sommaria dei fatti e la formulazione dell'oggetto della domanda.

Può essere notificata anche dal messo del comune nel quale ha sede il comandante di porto.

La notificazione per pubblici proclami può, su istanza dell'attore, essere autorizzata dal comandante di porto.

Articolo 593 【Termini per comparire】 Si applicano i termini di comparizione fissati dall'articolo 313 del codice di procedura civile.

Articolo 594 【Partecipazione delle parti al processo】 Le parti possono stare in giudizio personalmente o col ministero di persona munita di procura, redatta per atto notarile o per scrittura privata autenticata nella firma da notaro. Il mandatario, che esercita la professione forense, può autenticare la firma apposta dalla parte alla procura, redatta in calce all'atto di citazione.

Articolo 595 【Trattazione della causa】 Le parti si costituiscono depositando in cancelleria la citazione, e, quando occorre, la procura, ovvero facendo redigere processo verbale della comparizione volontaria; possono altresì presentare la citazione e la procura al comandante di porto in udienza.

Se alcuna delle parti citate non si costituisce e si ravvisano irregolarità nell'atto di citazione, ovvero se il contraddittorio fra le parti anche se volontariamente comparse non è integro, il comandante di porto assegna, con ordinanza, alle parti un termine per provvedere, e fissa altra udienza di trattazione.

제2관 항만장에 의한 재판절차[83]

제591조【청구 방식】 청구는 소장을 통하여 제기하여야 하며, 만일 당사자가 스스로 출두하면 구두로도 제기할 수 있다.

제592조【소장의 방식과 내용】 소장에는 제출하고자 하는 항만장을 표시하고, 당사자의 표시, 지정된 기일에 출석 요구, 사안의 간략한 적시 및 청구 취지 등을 기재하여야 한다.

항만장은 소재지 해당 관청에 소속된 전령을 통하여 이를 송달할 수 있다.

청구인의 신청이 있으면 항만장은 공시송달을 허가할 수 있다.

제593조【출석기간】 출석기간은 출석기한에 관한 민사소송법 제313조의 규정에 의한다.

제594조【당사자의 절차 참여】 당사자는 자신이 직접 혹은 대리인을 통하여 절차에 참여할 수 있고, 대리인은 공정증서 혹은 공증인이 확인한 사서증서의 형식을 갖춘 위임장을 휴대하여야 한다. 변호를 업무로 하는 사람은 출석요구서 말미에 첨부한 위임장에 있는 당사자의 서명이 진정성이 있는 것으로 확인할 권한이 있다.

제595조【사건의 진행】 기일에 당사자는 서기과에 소장을 제출하고 출석하여야 하고, 필요한 경우 위임장도 제출하여야 하며, 그렇지 않고 자의로 출석하여 진술조서를 작성하게 할 수도 있다; 그 외에 법정에서 항만장에게 소장이나 위임장을 제시할 수도 있다.

당사자가 어느 누구도 나타나지 않고 소장의 제출에 하자가 발견된 경우, 혹은 당사자가 자의로 모두 출석을 했다 하더라도 변론을 종료하지 못한 경우, 항만장은 명령으로 기간을 정하여 필요한 조치를 명하고, 다른 심

83) 1976년에 위헌판결이 있어 그 관할권이 일반법원으로 이전되었다.

Se tutte le parti citate si sono costituite e se il contraddittorio fra le parti anche se volontariamente comparse è integro, il comandante di porto deve tentare di indurre le parti ad un amichevole componimento.

Se il componimento non riesce, il comandante di porto verifica, a seconda dei casi, su istanza di parte o d'ufficio, la propria competenza e, se si ritiene incompetente, lo dichiara con sentenza.

La trattazione si svolge, senza formalità e possibilmente in unica udienza, sotto la direzione del comandante di porto, il quale fissa la modalità di esperimento dei mezzi istruttori, dispone l'acquisizione agli atti dei processi verbali di sommarie indagini nonché dei processi verbali e delle relazioni di inchiesta formale, e può chiedere in ogni momento chiarimenti alle parti, assegnando un termine per provvedervi.

Se è stata proposta querela di falso in via incidentale, il comandante di porto, qualora ritenga il documento impugnato rilevante per la decisione, sospende il giudizio e rimette le parti avanti il tribunale per il relativo procedimento. Può anche disporre a norma del secondo comma dell'articolo 225 del codice di procedura civile.

Articolo 596【Decisione della causa】 Il comandante di porto, se ritiene esaurita la trattazione della causa, invita le parti a formulare le conclusioni; e quindi delibera con sentenza.

Il dispositivo, se non è letto immediatamente in pubblica udienza, deve essere depositato, entro i successivi otto giorni, nella cancelleria; in entrambi i casi il testo della motivazione deve essere depositato nella cancelleria entro quindici giorni dalla chiusura della trattazione.

La provvisoria esecuzione delle sentenze del comandante di porto è regolata dagli articoli 282 a 284 del codice di procedura civile.

Articolo 597【Appellabilità】 Salva l'applicazione degli articoli 42, 43, 339, quarto comma dal codice di procedura civile, le sentenze pronunciate

리기일을 지정한다.

모든 당사자가 출석하고 당사자 사이의 변론이 종료되면, 비록 자의로 출석하였다 하더라도, 항만장은 당사자 사이에 타협이 이루어지도록 유도하려고 노력하여야 한다.

만일 타협에 성공하지 못한다면, 그 다음으로, 사안에 따라, 당사자의 청구에 의하거나 직권으로, 자신의 관할권을 확인하고 관할권이 없는 것으로 판명되면 판결로서 이를 선고하여야 한다.

심리는 항만장의 지휘하에 방식에 구애되지 아니하고 가능한 한 1회 기일에 모두 진행하며, 여기에서 주장 논거의 조사 방법을 정하고, 진술조서와 예비조사, 정조사보고서의 제출을 명하고, 나아가 언제든지 당사자에게 준비할 기간을 정하여 주고서 석명을 요구할 수 있다.

부수 쟁점으로 문서의 진위 논쟁이 제기된 경우, 항만장은 의혹이 제기된 문서가 최종 결정과 관련성이 있다고 판단되면, 즉시 절차를 중지하고 적절한 절차를 밟기 위해 사건을 법원으로 이송하여야 한다. 그리고 민사소송법 제225조 제2항에 따라 이를 처리할 수도 있다.

제596조【사건의 결정】 항만장은 심리가 종결되었다고 판단되면 최종 결론에 관한 의견을 진술할 것을 요청한 다음; 판결을 하여야 한다.

결정문은 공개 법정에서 즉시 이를 읽지 아니하면 적어도 그에 이은 8일 내에 이를 서기과에 제출하여야 하며; 어느 경우에 있어서든 그 결정에 이른 이유서를 심리 종료 후 15일 이내에 서기과에 제출하여야 한다.

항만장의 판결에 기한 가집행은 민사소송법 제282조 및 제284조에 의하여 처리한다.

제597조【항소】 민사소송법 제42조, 제43조 및 제339조 제4항이 적용되는 경우를 제외하고는, 항만장이 선고한 판결에 대하여 만일 소가가 2.58

su cause di valore eccedente gli euro 2.58 sono appellabili avanti il tribunale della circoscrizione, in cui il comandante di porto ha sede.

Il termine per appellare è di quindici giorni dalla data di consegna della lettera raccomandata con avviso di ricevimento, con la quale la cancelleria comunica il deposito del dispositivo e del testo della motivazione alle parti costituitesi e a quelle non comparse ma regolarmente citate.

Articolo 598 【Amichevole componimento】 Anche nelle cause contemplate nell'articolo 589 che eccedano il valore di euro 51.65, il comandante di porto, quando ne sia richiesto, deve adoperarsi per indurre le parti ad un amichevole componimento.

Se il componimento riesce, si compila processo verbale, sottoscritto dalle parti, dal comandante di porto e dal cancelliere. Il processo verbale costituisce titolo esecutivo.

Se il componimento non riesce, si compila processo verbale, sottoscritto dalle parti, dal comandante di porto e dal cancelliere, e ad esso si allegano gli atti relativi agli eventuali accertamenti di fatto.

Sezione III Del procedimento avanti i tribunal e le corti di appello

Articolo 599 【Nomina di consulenti tecnici】 Il presidente, all'atto della nomina del giudice o del consigliere istruttore, e il giudice o il consigliere istruttore nel corso dell'istruzione probatoria, scelgono uno o più consulenti tecnici fra gli iscritti in un elenco speciale, formato secondo le norme stabilite nel regolamento.

Il collegio, quando rileva che non sono stati nominati i consulenti tecnici, provvede alla nomina e può disporre che sia rinnovata l'istruzione probatoria.

유로를 초과하면 그 항만장 사무소를 관할하는 구역 지방법원에 항소할 수 있다.

항소기간은 영수확인서를 등록우편으로 송달한 날로부터 15일 이내이며, 이러한 송달에 의거 서기과는 항소장의 접수와 그 이유서를 출석한 당사자에게는 물론 출석은 하지 아니하였지만 적법하게 송달받은 당사자에게 통지한다.

제598조【화해】 소가가 51.65유로를 초과하는 제589조 소관 사건에 있어서도 항만장은 요청을 받으면 당사자 사이에 화해를 유도하기 위하여 모든 노력을 하여야 한다.

당사자 사이에 화해가 성립하면 진술조서를 작성하고 거기에 당사자, 항만장 및 서기가 서명하여야 한다. 이 진술조서는 집행문으로서의 기능을 한다.

화해에 이르지 못한 경우에도 진술조서를 작성한 다음 당사자, 항만장 및 서기가 서명하여야 하고 여기에 추후 사실 확정과 관련하여 취한 조치도 부기하여야 한다.

제3관 제1심법원 및 항소법원에서의 절차

제599조【기술보좌인의 임명】 법원장은 심리판사나 그 자문관을 지정하면서, 또 임명된 심리판사나 그 자문관은 증거조사를 하는 절차에서, 규정에서 정한 규칙에 따라 작성한 별도 명부에 등재된 사람 중에서 하나 혹은 그 이상 수의 기술보좌인을 선정한다.

합의부[84]는 기술보좌인들이 임명되지 않았음이 확인되면 그중 특정인을 선임하여 증거 조사를 갱신하여 다시 할 것을 명할 수 있다.

---

84) 이탈리아에서는 합의부 구성원 중 한 명이 심리판사로 임명되어 모든 절차를 진행하고 결정만 합의부에서 하는 것이 민사소송절차의 원칙이다.

Articolo 600【Funzioni del consulente tecnico】 Il consulente tecnico assiste il giudice per il compimento di singoli atti o per tutto il processo, e interviene in camera di consiglio, presenti le parti, per esprimere il suo parere sulle questioni tecniche che la causa presenta.

Del parere del consulente è compilato processo verbale, a meno che il consulente lo presenti per iscritto.

Articolo 601【Acquisizione degli atti di inchiesta】 Il giudice o il consigliere istruttore dispone di ufficio l'acquisizione agli atti della causa dei processi verbali di inchiesta sommaria nonché dei processi verbali e delle relazioni di inchiesta formale.

Articolo 602【Arbitrato dei consulenti tecnici】 Le parti possono d'accordo chiedere al giudice istruttore che la decisione sia rimessa a un collegio arbitrale composto dai consulenti nominati d'ufficio, e, qualora il numero di questi sia pari, integrato da un consulente nominato dal giudice istruttore con ordinanza.

All'arbitrato si applicano gli articoli 456, 457, 827 e seguenti del codice di procedura civile.

Capo III Delle controversie del lavoro

Articolo 603【Competenza del comandante del porto e del tribunale】 Sono proposte avanti il comandante di porto capo del circondario nel quale è iscritta la nave o il galleggiante, ovvero è stato concluso o eseguito o è cessato il rapporto di lavoro, ovvero, se trattasi di ingaggio non seguito da arruolamento, è pervenuta la proposta al marittimo, le controversie individuali, che non eccedono il valore di euro 51.64, riguardanti:

第600条【기술보좌인의 임무】 기술보좌인은 개별적인 조치는 물론 절차 전 과정에 있어 소관 판사를 지원하고 또 당사자가 참가한 심문절차에 참가해서 사건에 대한 기술적 문제에 대하여 자기 의견을 개진한다.

기술보좌인의 의견은 그 의견이 서면으로 제출되지 아니하였다면 이를 진술조서에 기술하여야 한다.

第601条【조사결과의 수집】 심리판사[85]나 그 자문관은 직권으로 사고 원인에 관한 간이조사의 진술조서와 정식조사의 진술조서 및 결과보고서의 송부를 명하여야 한다.

第602条【기술보좌인에 의한 중재】 당사자는 상호 합의를 하여 심리판사에게 법원이 직권으로 임명한 기술보좌인들로 구성된 중재위원회에 회부할 것을 요구할 수 있고, 만일 임명한 중재인의 수가 짝수에 해당되면 법원은 기술보좌인 1명을 더 임명하여 추가할 수 있다.

이 중재는 민사소송법 제456조, 제457조 및 제827조 이하의 규정에 의한다.

제3절 노동 분쟁

第603条【항만장 및 법원의 관할】 아래와 관련된 분쟁은 그 소가가 51.64 유로를 초과하지 아니하면 그 선박이나 유동구조물을 등록한 지역, 노동관계의 체약, 이행 혹은 종료의 지역, 혹은 만일 승선계약이 수반되지 아니한 근무라면 청약이 해원에게 도달한 지역을 관할하는 항만장이 이를 관할한다.[86]

---

85) 이탈리아 민사소송에서는 해당 재판부의 구성원 중 어느 판사를 지정하여 사실심리를 하는 경우가 많다.

86) 이 관할권은 1976년 위헌이라고 판결하여 이후 이를 일반법원이 관할하게 되었다.

a) i rapporti di lavoro della gente di mare, anche se la controversia è promossa da persone di famiglia del marittimo o da altri aventi diritto, e ancorché l'ingaggio non sia stato seguito da arruolamento, o il contratto di arruolamento sia nullo per difetto di forma;

b) l'esecuzione del lavoro portuale e l'applicazione delle relative tariffe;

c) le retribuzioni dovute ai piloti, ai palombari in servizio locale, agli ormeggiatori, ai barcaiuoli ed agli zavorrai; alle imprese di rimorchio; agli esercenti di galleggianti, meccanismi o istrumenti adoperati nelle operazioni di imbarco o sbarco delle merci e delle persone, ovvero comunque in uso o al servizio di navi o di galleggianti; ai fornitori di acqua per uso di bordo.

Le controversie suindicate, eccedenti il valore di euro 51.64, sono proposte avanti il tribunale, nella circoscrizione del quale è iscritta la nave o il galleggiante, ovvero è stato concluso o eseguito o è cessato il rapporto di lavoro, ovvero, se trattasi di ingaggio non seguito da arruolamento, è pervenuta la proposta al marittimo.

Le disposizioni delle lettere b) e c) del presente articolo si applicano anche alle navi da guerra nazionali, ma non innovano alle norme vigenti sulle controversie relative ai rapporti d'impiego pubblico.

Articolo 604【Denuncia all'associazione sindacale】 Chi intende proporre in giudizio una domanda relativa ai rapporti previsti nelle lett. a), b) e c), dell'articolo 603, deve farne denuncia anche a mezzo di lettera raccomandata all'associazione legalmente riconosciuta che rappresenta la categoria alla quale appartiene (1).

Si applicano gli articoli 430 secondo comma; 431 a 433; 438 del codice di procedura civile.

Articolo 605【Assistenza processuale dei minori】 Nelle controversie contemplate nell'articolo 603 il giudice può nominare un curatore speciale

a) 해원과의 노동관계. 여기에는 해원의 가족 기타 권리승계인이 제기한 분쟁, 승선관계에 의한 근무가 이루어진 것이 아닌 경우 및 형식적 흠결로 인하여 승선계약이 실효된 경우를 포함한다.

b) 항구에서 작업의 수행과 그와 관련된 비용 징수.

c) 도선사, 지역 잠수부, 계주원, 부선원 및 저하원에 대한 보수; 예선에 대한 비용; 사람이나 화물의 선적과 양륙에 이용되거나, 또는 여타 선박이나 유동구조물에 사용되거나 제공된 구조물, 기계 혹은 기구의 운영자에 대한 보수; 선상 사용용으로 제공된 물에 대한 비용.

위 분쟁이 그 소가가 51.64 유로를 초과하면 그 선박이나 유동물체를 등록한 지역, 노동관계의 체약, 이행 혹은 종료의 지역, 혹은 만일 승선계약이 수반된 근무가 아니라면 해원에게 도달한 지역을 관할하는 법원에 제기하여야 한다.

위 a), b), c) 각호 규정은 우리나라 전함에 대하여도 적용되나, 다만 그로 인하여 공직 근무와 관련하여 시행중인 규범에 변경을 가져오지 아니한다.

제604조【노동조합에 제기】 위 603조 a), b), c) 각호 소정의 법률관계에 관한 청구를 하고자 하는 사람은 등록우편의 방식으로 그 직역을 대변한다고 법적으로 인정된 소속 노동조합에 이를 제기할 수 있다.

민사소송법 제430조 제2항; 제431조 내지 제433조 및 제438조가 여기에 적용된다.

제605조【미성년자의 절차상 지원】 제603조 소정의 분쟁의 경우, 판사는 미성년자를 위한 특별후견인을 임명할 수 있고, 이는 미성년자가 절차상

al minore, anche se quest'ultimo sia fornito di capacità processuale.

È sempre in facoltà di chi esercita sul minore la potestà o la tutela di intervenire nelle controversie stesse o anche di surrogarsi al minore, se questo non faccia valere le sue ragioni.

Articolo 606 【Passaggio dal rito ordinario al rito speciale】 Il comandante di porto, quando rileva che una causa promossa nelle forme regolate dagli artt. 591 a 596 riguarda uno dei rapporti previsti nell'articolo 603, sospende il processo affinché abbia luogo il tentativo di conciliazione sindacale, fissando il termine perentorio per la riassunzione della causa col rito delle controversie individuali del lavoro.

Articolo 607 【Passaggio dal rito speciale al rito ordinario】 Il comandante di porto, quando rileva che una causa promossa nelle forme stabilite dal presente capo riguarda un rapporto che non rientra tra quelli previsti nell'art. 603, dispone con ordinanza che gli atti siano messi in regola con le disposizioni fiscali che debbono essere osservate nel procedimento ordinario; nel decidere della causa non può tener conto delle prove che sono state ammesse e assunte in deroga alle norme ordinarie.

Articolo 608 【Giudice di appello】 L'appello contro le sentenze pronunciate dal comandante di porto nei processi relativi a controversie previste dall'articolo 603 deve essere proposto avanti la sezione della corte di appello che funziona come magistratura del lavoro, la quale è integrata da due consiglieri designati dal primo presidente in sostituzione degli esperti.

Si applica l'articolo 450 secondo comma del codice di procedura civile.

Articolo 609 【Rinvio】 Al procedimento per la risoluzione delle controversie contemplate nell'articolo 603 si applicano gli articoli 591 a 598 del presente codice e gli articoli 439 a 444 del codice di procedura civile.

능력을 갖춘 때에도 마찬가지이다.

미성년자가 그 권리를 충분히 행사할 수 없는 경우, 그 친권자나 후견인은 언제든지 그 소송에 참가할 수 있고, 나아가 미성년자를 대위할 수 있다.

제606조【일반절차에서 특별절차로 이전】 항만장은 제591조 내지 제596조에 규정한 방식으로 제기된 사건이 제603조 소정의 법률관계와 관련이 있다는 것이 판명되면 그 절차를 중지하고 조합을 통한 화해를 시도하게 하여야 하며, 이를 위하여 노동관계 개인적 분쟁의 절차로 사건을 다시 재개하기 위한 임시 기한을 정하여야 한다.

제607조【특별절차에서 일반절차로 이전】 이 절의 규정에 의한 형식으로 제기된 소송이 제603조 소정의 법률관계에 해당하는 법률관계가 아니라는 것이 판명되면, 항만장은 통상절차에서 준수해야 할 재정에 관한 규정이 그 소송에도 적법하게 적용될 수 있도록 필요한 조치를 명령하여야 한다; 그러면 본안을 판단함에 있어서도, 일반규정을 무시하고 인정되거나 수용된 증거는 이를 고려하지 못한다.

제608【항소법원 판사】 제603조 소정의 분쟁과 관련된 절차에서 항만장의 판결이 선고되면 그 항소는 항소법원에 있는 노동법원으로 기능을 하는 재판부에 제기하여야 하며, 이 노동재판부는 검정인 대신에 법원장이 임명한 2명의 자문관의 협조를 받아 재판을 한다.

여기에는 민사소송법 제450조 제2항이 적용된다.

제609조【준용】 제603조 소정의 분쟁을 해결하기 위한 절차에 대하여, 본법 제591조 내지 제598조 및 민사소송법 제439조 내지 제444조가 준용된다.

Titolo III Della liquidazione delle avarie comuni

Articolo 610【Competenza】 Se la spedizione o, in caso di viaggio circolare, il viaggio contributivo, ha termine in porto nazionale, la procedura per il regolamento della contribuzione, a norma degli articoli 469 e seguenti, si svolge avanti il pretore della circoscrizione nella quale il porto è situato.

Se la spedizione o il viaggio contributivo hanno termine in porto straniero, la procedura per il regolamento della contribuzione si svolge avanti il pretore della circoscrizione nella quale è l'ufficio di iscrizione della nave.

Articolo 611【Domanda di regolamento】 L'azione per contribuzione alle avarie comuni si esercita con domanda di regolamento, proposta dall'armatore della nave o da altro interessato nella spedizione, mediante ricorso al pretore, competente ai sensi del precedente articolo.

Articolo 612【Atti preliminari】 Il pretore, a seguito della presentazione del ricorso, richiama i verbali dell'investigazione prevista nell'articolo 182, gli atti relativi alla verifica della relazione di eventi straordinari, e quelli dell'inchiesta sommaria prevista nell'articolo 578.

Con ordinanza, inoltre, il pretore nomina uno o più liquidatori di avaria, scelti, quando si tratti di navi marittime, nell'elenco speciale a tal uopo formato secondo le norme del regolamento; fissa il termine entro il quale il comandante della nave, quando non l'abbia già fatto in adempimento del disposto dell'articolo 304, è tenuto a depositare presso la cancelleria copia da lui sottoscritta del verbale indicato dall'articolo 314; dispone per una data successiva la convocazione degli interessati, dei quali l'istante ha indicato il nome e il domicilio.

La cancelleria procede alla pubblicazione dell'ordinanza nell'albo della pretura e ne informa gli interessati mediante lettera raccomandata con avviso di ricevimento.

第3장 공동해손의 정산

第610조【관할】 전체 항해 혹은, 만일 순환 항해라면 사고 항해가, 국내 항구에서 종료되는 경우, 제469조 이하 규정에 따른 공동해손정산절차는 그 항구 소재지 구역에 있는 간이판사[87]가 관할한다.

전체 항해 혹은 사고 항해가 외국 항구에서 종료되는 경우, 공동해손의 정산절차는 그 선박 등록사무소 소재 구역에 있는 간이판사가 관할한다.

第611조【정산신청】 공동해손분담금의 청구는 선박의장자 기타 이해관계인에 의해 전조에서 말하는 권한을 가진 간이판사에게 요구하는 방식으로 정산신청을 함으로써 개시된다.

第612조【예비조치】 정산신청을 받은 간이판사는 지체 없이 제182조 소정의 조사 기록부, 특별사건에 대한 조사보고서 및 제578조 소정 간이조사서를 요청하여야 한다.

간이판사는 그 외에도 한 명 혹은 여러 명의 해손정산인을 임명하여야 하고, 해손정산인은 항해선에 관한 것이면 관련 규정에 의거 작성한 특별명부에서 선정하여 임명하여야 하며; 만일 아직 제304조 소정의 조치를 이행하지 아니하였다면 기간을 정하여 제314조에 표시된 진술서의 서명 사본을 서기과에 제출할 것을 명하고; 이후 일자를 특정하여 청구인이 성명과 주소를 신고한 이해관계인의 소집을 명하여야 한다.

서기는 이러한 명령을 지역 게시판에 공시하여야 하며 또 영수증을 첨부한 등록우편으로 이를 이해관계인에게 통지하여야 한다.

---

87) 1998년에 간이판사 제도가 없어지고 제1심 법원 판사로 통합됨.

Articolo 613 【Liquidatori d'avaria】 Ai liquidatori d'avaria si applicano le norme del codice di procedura civile relative ai consulenti tecnici.

Articolo 614 【Adunanza di discussione】 Nel giorno stabilito per la convocazione, il pretore assistito dal liquidatore procede, in presenza degli interessati, all'esame degli atti indicati nel primo comma dell'articolo 612 e dei documenti prodotti.

Esaurito tale esame, il pretore fissa con ordinanza il termine entro il quale il liquidatore è tenuto a depositare, presso la cancelleria, il regolamento contributorio.

Il termine di deposito può essere prorogato a norma dell'articolo 154 del codice di procedura civile.

Articolo 615 【Pubblicazione del deposito del regolamento】 La cancelleria procede alla pubblicazione dell'avvenuto deposito del regolamento contributorio nell'albo della pretura, e ne dà comunicazione agli interessati, a norma dell'articolo 136 del codice di procedura civile.

Articolo 616 【Impugnazione del regolamento】 L'impugnazione del regolamento contributorio è proposta con ricorso da depositarsi, entro trenta giorni dalla comunicazione di cui al precedente articolo, presso la cancelleria della pretura, se l'ammontare della massa creditoria non supera gli euro 387.34, e presso la cancelleria del tribunale, se supera detta somma.

Il giudice competente, riuniti i ricorsi depositati e richiamato d'ufficio il regolamento, fissa la data della prima udienza di trattazione, della quale si informano le parti mediante lettera raccomandata con avviso di ricevimento.

Articolo 617 【Omologazione del regolamento】 Se il regolamento contributorio non è impugnato, o se le impugnazioni proposte sono rigettate con sentenza passata in giudicato, il pretore, con ordinanza, omologa il regolamento e gli conferisce efficacia di titolo esecutivo.

Se una o più impugnazioni sono accolte con sentenza passata in giudicato,

제613조【해손정산인】 이러한 정산인에 대하여는 민사소송법 중 기술보좌인에 관한 규정을 적용한다.

제614조【논의의 진행】 소집일에 간이판사는 정산인의 도움을 받아 이해관계인의 출석하에 제612조 제1항 소정의 서면 및 기타 제출된 서류를 검토한다.

이러한 검토가 종료되면 간이판사는 기한을 정하여 정산인으로 하여금 정산서를 작성하여 서기과에 제출할 것을 명하여야 한다.

이 제출기한은 민사소송법 제154조 규정에 따라 연장될 수 있다.

제615조【정산서 제출의 공시】 서기과는 이러한 정산서의 제출 사실을 지역 게시판에 공시하여야 하며, 또 민사소송법 제136조에 따라 이를 이해관계인에게 통지하여야 한다.

제616조【정산에 대한 이의】 정산서에 대해 이의를 하려면 전조에 의한 통지일로부터 15일 이내에 이의서를 제출하여야 하며, 이의서는 청구기금 총액이 387.34 유로를 초과하지 아니하면 간이재판소[88] 서기과에, 만일 청구기금이 이 금액을 초과하면 지방법원 서기과에 각각 제출하여야 한다.

해당 판사는 제출된 이의서를 수거하고 정산서를 직권으로 요청한 다음, 심리를 할 최초 기일을 정한 후, 이를 영수증을 첨부한 등록우편으로 당사자에게 통지하여야 한다.

제617조【정산서의 인가】 해손정산서에 이의가 전혀 없었다거나 혹은 이의가 기각되어 확정되었다면 간이판사는 명령으로 해손정산서를 인가하고 거기에 집행력을 부여한다.

---

88) 1998년에 폐지되고 일반법원으로 관할이 이전되었다.

il pretore, dispone, con ordinanza, che lo stesso liquidatore, o altro a tal fine nominato nelle forme di cui all'articolo 612, proceda alla formazione di un nuovo regolamento.

Il nuovo regolamento non può essere impugnato per motivi che hanno già formato oggetto di impugnazione del precedente regolamento.

Articolo 618 【Riapertura del regolamento】 Nella ipotesi di cui all'articolo 479, il pretore su istanza dell'armatore della nave o di altro interessato dispone la riapertura del regolamento, richiama in ufficio i liquidatori o, se questi non possono essere richiamati, procede a nuova nomina, e provvede a quanto altro è richiesto nelle precedenti disposizioni, al fine di tener conto del valore delle cose ricuperate.

Articolo 619 【Chirografo di avaria】 Gli interessati possono, mediante stipulazione di chirografo di avaria, far decidere da arbitri le cause relative alla formazione del regolamento contributorio.

Al chirografo e al regolamento si applicano in tal caso le norme del codice di procedura civile riguardanti l'arbitrato, se gli interessati intendono che al regolamento venga dal pretore competente conferita efficacia di sentenza, e di ciò fanno espressa dichiarazione nel chirografo.

Titolo IV Dell'attuazione della limitazione del debito dell'armatore

Articolo 620 【Giudice competente】 Il procedimento di limitazione è promosso avanti il tribunale o il pretore, nella circoscrizione dei quali è il foro generale dell'armatore, a seconda che si tratti di navi maggiori ovvero di navi minori e di galleggianti.

하나 혹은 다수의 이의가 받아들여져 확정되었다면 간이판사는 명령으로 제612조의 방식에 따라 동일한 혹은 다른 정산인을 새로이 임명하여 새로운 정산서를 작성할 것을 명하여야 한다.

새로운 정산서에 대하여는 이전 정산서의 이의사유가 되었던 그 사유로 다시 이의를 하지 못한다.

제618조 【정산의 재개】 제479조에 따른 사안에서, 선박의장자 기타 이해관계인의 신청이 있으면 간이판사는 정산의 재개를 명하고 정산인의 복귀를 명하며, 만일 정산인의 복귀가 불가능한 때에는 새로운 정산인을 임명하여야 하고, 여타 위 규정들에 의해 요구되는 조치를 취하여야 하며, 그 결과 구조된 물건의 가격이 정산에 반영되도록 하여야 한다.

제619조 【해손보상보증장】 당사자는 해손정산서의 작성에 관한 분쟁을 해손보상보증장을 통한 합의에 의하여 중재인으로 하여금 결정하게 할 수 있다.

이러한 경우에 있어서, 만일 정산서가 간이판사에 의한 판결과 동일한 효력이 부여되는 것을 당사자가 의도하고, 당사자가 해손보상보증장에 그러한 선언을 하여 둔 경우, 이 해손보상보증장과 해손정산서에는 민사소송법상 중재에 관한 규정이 적용된다.

제4장 선주책임제한절차

제620조 【관할판사】 책임제한절차는 원양선[89]에 관한 것인지 혹은 내항선이나 유동구조물에 관한 것인지에 따라 의장자의 재판적이 있는 지역을 관할하는 법원 혹은 간이재판소[90]에 제기하여야 한다.

---

89) 원양선과 내항선의 구별에 관하여는 위 제136조 참조.

90) 1998년부터 제도가 폐지되고 법원으로 일원화됨.

Articolo 621 【Domanda di limitazione】 L'armatore che intende valersi del beneficio della limitazione ne propone domanda, con ricorso al giudice competente, ai sensi del precedente articolo.

Il ricorso deve indicare il nome, la paternità, la nazionalità e il domicilio dell'istante; la dichiarazione di residenza o l'elezione di domicilio dell'istante stesso nel comune, in cui ha sede il giudice competente; gli elementi di individuazione della nave, l'ufficio di iscrizione e il luogo dove la nave o il galleggiante si trovano; il viaggio cui le obbligazioni si riferiscono.

Insieme con il ricorso, l'armatore deve depositare, a pena di inammissibilità, nella cancelleria del tribunale o della pretura:

a) dichiarazione del valore della nave al momento della domanda ovvero, se la domanda è proposta dopo la fine del viaggio, al termine di questo, nonché in entrambi i casi, del valore della nave all'inizio del viaggio;

b) elenco dei proventi lordi del viaggio;

c) copia dell'inventario di bordo secondo le forme stabilite dal regolamento;

d) elenco nominativo dei creditori soggetti alla limitazione, con l'indicazione del loro domicilio, del titolo e dell'ammontare del credito di ciascuno;

e) certificato delle ipoteche trascritte sulla nave.

Su istanza dell'armatore, il presidente del tribunale può disporre che il deposito della dichiarazione di valore della nave sia eseguito in un termine successivo alla domanda. Tale termine non deve superare i dieci giorni, ma può essere prorogato fino a otto giorni prima della data fissata ai sensi dell'articolo 623 per la presentazione in cancelleria delle domande dei creditori.

第621조 【책임제한신청】 선주책임제한의 혜택을 받으려고 하는 의장자는 전조 규정에 의해 관할권이 있는 판사에게 신청서를 제출하여야 한다.

신청서에는 청구인의 성명, 국적 및 주소; 거소 혹은 해당 법원 소재지역 내에 있는 선정주소; 선박의 특정 요소, 선박의 등록사무소 및 선박이나 유동구조물의 소재지; 책임과 관련이 있는 항해 등을 기재하여야 한다.

신청서와 함께 의장자는 법원 혹은 간이재판소의 서기과에 다음 서류를 제출하여야 하고 그렇지 아니하면 신청서는 접수되지 아니한다.

a) 신청을 할 당시의 선가를 기재하여야 하고, 신청을 할 때에 이미 항해가 종료되었을 때에는 항해가 종료된 때의 선가를 기재하여야 하고, 이 두 가지 어느 경우이든 항해를 개시할 때의 선가도 기재하여야 한다.

b) 항해에 있어 총수입 목록;

c) 해당 규정으로 정한 방식에 의한 속구목록의 사본;

d) 책임제한의 대상이 되는 채권자의 인명 목록과 각 채권자에 대한 주소, 권원, 채권금액의 표시;

e) 선박에 설정된 저당권 증서.

당사자의 신청이 있으면, 법원장의 결정에 의해, 선가신고는 신청 후 일정 기간 내에 이를 행할 수도 있다. 이 기간은 10일을 초과하지 못하고, 다만 이 기간은 제623조의 규정에 따라 채권자의 청구가 서기과에 제출될 날 8일 이전까지는 이를 연장할 수 있다.

Articolo 622【Valutazione della nave】 La dichiarazione del valore della nave all'inizio del viaggio deve indicare il valore commerciale secondo le risultanze del Registro italiano navale o dell'ispettorato compartimentale, tenuto conto altresì delle pertinenze indicate nella copia dell'inventario di bordo di cui alla lettera c dell'articolo precedente. In caso di nave assicurata, si assume per valore commerciale quello che la polizza di assicurazione indica come valore di stima ai sensi dell'articolo 515.

Articolo 623【Sentenza di apertura】 Con sentenza esecutiva il tribunale, accertata in seguito alla domanda dell'armatore l'esistenza degli estremi di legge, dichiara aperto il procedimento di limitazione. Con la stessa sentenza il tribunale designa un giudice per la formazione dello stato attivo e di quello passivo, per il riparto della somma e per l'istruzione dei processi, di cui agli articoli 627, 636, 637; assegna ai creditori per la presentazione in cancelleria delle domande e dei titoli un termine non superiore a giorni trenta dalla data di pubblicazione della sentenza, o a sessanta per i creditori residenti all'estero; stabilisce, entro sessanta giorni dalla decorrenza del maggior termine fissato per la presentazione delle domande e dei titoli dei creditori, la data di deposito dello stato attivo e di quello passivo; fissa, non prima di dieci e non oltre venti giorni da quest'ultima data, l'udienza di trattazione delle impugnazioni dello stato attivo e di quello passivo avanti il collegio.

Articolo 624【Notifica e pubblicazione della sentenza di aperture】 La sentenza di apertura, a cura della cancelleria, è portata a conoscenza dell'armatore e dei creditori indicati nell'elenco di cui all'articolo 621, mediante lettera raccomandata con avviso di ricevimento. La sentenza stessa, a cura della cancelleria, è altresì trasmessa in estratto all'ufficio di iscrizione della nave o del galleggiante, e, parimenti in estratto, pubblicata nella Gazzetta ufficiale della Repubblica.

L'ufficio di iscrizione, avuto conoscenza della sentenza, ne fa annotazione

第622조 【선박평가】 항해 개시시 선가의 기재는 이탈리아선급이나 부처 관리관의 기록에 의한 상사가치를 기재하여야 하며, 여기에 전조 해당 c)호에 있는 속구목록 사본에 표시된 속구를 참작하여야 한다. 부보된 선박의 경우, 보험증권에 개재된 제515조에서 말하는 추정가격을 상사가격으로 본다.

第623조 【개시결정】 의장자의 청구에 법적인 요건이 갖추어진 것이 확인되면 법원은 이행명령의 방식으로 책임제한절차의 개시를 명한다. 법원은 이 명령과 동시에 제627조, 제636조 및 제637조의 규정에 따라 적극목록과 소극목록을 구성하고, 나아가 금액을 분배하고 기타 절차를 진행할 판사를 지정하여야 한다; 그리고 법원은 채권자들이 서기과에 청구와 권원을 제시할 수 있도록 그 결정의 공표일로부터 30일이 초과하지 않는 범위 내에서 일정한 기한을 지정하여야 하고, 만일 외국 거주 채권자가 있는 경우 그에 대하여는 60일이 초과하지 않는 범위 내에서 기한을 지정하여야 한다; 동시에 법원은 청구와 권원의 제시를 위해 지정한 기간이 도과한 때부터 60일 이내 어느 날짜를 특정하여 적극목록과 소극목록의 제출을 명하여야 하며; 이 마지막 날로부터 10일 이전이 아니고 20일을 넘지 않는 어느 날을 기일로 지정하여 합의부 회의를 열어 적극목록과 소극목록에 대한 이의를 심리하여야 한다.

第624조 【개시결정의 통지와 공고】 절차개시결정은 서기과의 책임하에 의장자와 제621조에 따른 명부에 표시된 채권자에게 영수증이 첨부된 등록우편으로 통지하여야 한다. 그 외에도 이 결정은 서기과의 책임하에 그 요지를 그 선박이나 유동구조물의 등록사무소에 통지하여야 하며, 마찬가지로 그 요지를 관보에 게재하여야 한다.

통지를 받은 등록사무소는 선박 혹은 유동구조물의 등록부에 이를 부기하여야 하고, 이를 사무소 게시판에 부착해 두어야 한다.

nel registro di iscrizione della nave o del galleggiante, e ne cura l'affissione nell'albo dell'ufficio stesso.

Articolo 625【Effetti del procedimento sui debiti pecuniari】 Agli effetti del procedimento, i debiti pecuniari non scaduti, soggetti alla limitazione, si considerano scaduti alla data di apertura.

I crediti sottoposti a condizione partecipano allo stato passivo, e sono compresi con riserva fra i crediti ammessi.

I crediti per interessi convenzionali o legali, maturati dopo la data di apertura, sono ammessi a concorrere soltanto sul residuo della somma limite dopo il riparto fra i creditori.

Articolo 626【Improcedibilità e sospensione di atti esecutivi】 Dalla data di pubblicazione della sentenza di apertura i creditori soggetti alla limitazione non possono promuovere l'esecuzione forzata sui beni dell'armatore per le obbligazioni di cui all'articolo 275.

Dalla stessa data, il processo di esecuzione iniziato dai creditori medesimi è sospeso, anche d'ufficio, con provvedimento del giudice dell'esecuzione e si estingue se non è riassunto nel termine fissato con la sentenza che fa constare una delle cause di decadenza previste nell'articolo 640.

Articolo 627【Opposizione dei creditori】 Contro la sentenza di apertura i creditori possono promuovere opposizione, entro quindici giorni dalla pubblicazione nella Gazzetta ufficiale della Repubblica, per l'inesistenza degli estremi di legge, in contraddittorio dell'armatore.

L'opposizione non sospende il procedimento, a meno che il giudice designato non ne autorizzi, con ordinanza, la sospensione fino a che non sia pronunciata sull'opposizione sentenza passata in giudicato.

Articolo 628【Formazione dello stato attivo】 Nel termine fissato dalla sentenza di apertura, il giudice designato, sentiti l'armatore e i creditori concorrenti, forma lo stato attivo sulla base della dichiarazione di valore e

제625조【절차의 금전채무에 대한 효과】 이행기에 이르지 아니한 금전채무는 제한의 대상이 되면 절차 개시일에 이행기에 도달한 것으로 본다.

조건부 채권도 소극목록에 참여하며, 허용되는 채권으로 조건부로 포함된다.

채권에 대한 법정 혹은 약정 이자는 개시일 이후에 발생한 것이면 채권자 사이에 분배를 종료하고 난 다음 잔액에 한해 분배에 참여할 수 있다.

제626조【다른 집행행위의 개시불가능성과 중지】 개시결정이 공시된 날로부터 제한의 대상이 되는 채권자는 제275조에 의한 채권을 가지고 의장자의 재산에 대하여 강제집행을 실시하지 못한다.

동일한 날로부터 동일한 채권자에 의하여 이미 개시된 집행절차도 중지되며, 또 제640조 소정의 박탈사유가 있다는 것을 확인하는 판결과 함께 지정된 재개 기한 내에 그 절차가 재개되지 아니하면 그 절차는 소멸한다.

제627조【채권자의 반대】 개시결정에 반대하는 채권자는 공보에 공고된 날로부터 15일 이내에 법적 요건의 결여를 이유로 의장자를 상대로 하여 이의를 할 수 있다.

이러한 반대로 인하여 제한절차가 중지되는 것은 아니며, 다만 담당판사는 반대에 대한 판결이 확정될 때까지 중지를 명할 수 있다.

제628조【적극목록의 작성】 개시결정에서 정한 기간 내에, 담당판사는, 신고된 가격과 제621조 소정의 서류를 기초로, 의장자와 채권자로부터 동시에 변론을 들은 다음, 적극목록을 작성하여야 한다. 담당판사는, 신청이

dei documenti indicati nell'articolo 621. Egli può disporre anche d'ufficio accertamenti tecnici per la revisione del valore della nave dichiarato dall'armatore o sulla consistenza e l'ammontare del nolo e degli altri proventi; in questo caso fissa un termine per il deposito della relazione di stima, durante il quale sospende, ove sia opportuno, il procedimento.

Articolo 629【Deposito della somma limite】 Entro tre giorni dalla sentenza di apertura o dal deposito della dichiarazione di valore, disposto ai sensi dell'ultimo comma dell'articolo 621, il giudice designato fissa il termine, non superiore a cinque giorni, e le modalità per il deposito della somma limite, computata sulla base delle indicazioni e dei documenti presentati dall'armatore, nonché di una congrua somma per le spese del procedimento.

Articolo 630【Integrazione della somma depositata】 Quando, in seguito agli accertamenti tecnici previsti nell'articolo 628, risulta che il valore della nave o l'ammontare dei proventi è superiore a quello dichiarato, il giudice designato ordina l'integrazione della somma depositata entro un termine non superiore a cinque giorni.

Quando dagli accertamenti medesimi risultano proventi omessi o inesattamente indicati dall'armatore per dolo o colpa grave, il giudice designato provvede ai sensi dell'articolo 641.

Articolo 631【Vendita della nave e cessione dei proventi】 Se l'armatore proprietario ne fa istanza entro il termine previsto per il deposito della somma limite a sensi dell'articolo 629, il giudice designato, con ordinanza, può autorizzare, in luogo del deposito del valore della nave, la vendita all'incanto della nave stessa entro un termine anteriore di almeno dieci giorni alla scadenza di quello fissato per la formazione dello stato attivo.

Il giudice predetto, su istanza dell'armatore nel termine previsto per il deposito della somma limite, può altresì autorizzare la cessione alla massa

없으면 직권으로라도, 의장자가 신고한 선박의 가격을 재고하고, 운임 기타 수입의 금액과 그 정확성에 대해 재고하기 위해, 전문가에 의한 확인을 명할 수 있다; 이 경우 담당판사는 이 평가보고서의 제출기간을 정하고, 이 기간동안 필요하다면 절차 진행을 중지할 수 있다.

제629조【제한금액의 예치】 제한절차 개시결정일이나 혹은 제621조 마지막 항의 규정에 따라 선가신고서를 제출한 날로부터 3일 이내에, 담당판사는 5일을 초과하지 아니하는 예치기간을 정하고 또 예치할 방법을 정하여야 하며, 한도액은 의장자가 제출한 서류와 신고를 기초로 계산하고 여기에 절차에 필요한 비용을 더한 금액으로 한다.

제630조【예치금액의 보완】 제628조의 규정에 따라 검증인에 의한 평가를 한 결과 선박의 가격이나 수입의 총액이 신고된 금액보다 고가인 경우, 담당판사는 5일을 초과하지 않는 일정기간 내에 예치된 금액의 보충을 명할 수 있다.

이러한 평가의 결과 의장자가 고의나 중과실로 수입을 누락시키거나 혹은 부정확한 신고를 한 것이 판명되면 담당판사는 제641조에 따른 조치를 취하여야 한다.

제631조【선박의 매각 및 수입의 양도】 만일 소유자인 의장자가 제629조에서 말하는 한도 금액을 예치하기 위해 지정된 기간 이내에 희망을 하면 담당판사는 선가를 예치하는 대신 그 선박의 경매를 명할 수 있고, 경매는 적극목록의 작성을 위해 적어도 지정된 기간의 만료 10일 이전에 이루어져야 한다.

한도금액을 예치하기로 예정된 기간 이내에 의장자가 요구를 하면 담당판사는 적극목록 작성기간이 만료되기 적어도 10일 이전의 기간에 수령했거나 수령할 수입의 양도를 명할 수 있고 이 경우 이를 위한 정산인도 임명

passiva dei proventi esatti, o da esigere entro un termine anteriore di almeno dieci giorni alla scadenza di quello fissato per la formazione dello stato attivo, nominando in tal caso un liquidatore.

Venduta la nave o esatti i proventi, il giudice dispone che, entro un termine anteriore di almeno cinque giorni alla scadenza di quello fissato per la formazione dello stato attivo, la somma ricavata sia integrata fino a concorrenza della somma limite.

Articolo 632【Opposizione all'ordinanza di vendita della nave o di cessione dei proventi】 Entro dieci giorni dalla pubblicazione dell'ordinanza che autorizza la vendita della nave o la cessione dei proventi, i creditori possono proporre opposizione mediante ricorso al giudice designato, il quale, sentiti l'armatore e i creditori concorrenti, decide con ordinanza non impugnabile.

L'opposizione sospende l'esecuzione dell'ordinanza.

Articolo 633【Comunicazione dei provvedimenti del giudice designato】 I provvedimenti del giudice designato, indicati negli articoli precedenti, sono comunicati a cura della cancelleria all'armatore e ai creditori mediante lettera raccomandata con avviso di ricevimento. L'ordinanza che autorizza la vendita della nave o la cessione dei proventi è trasmessa inoltre all'ufficio di iscrizione della nave o del galleggiante, per la pubblicazione mediante affissione nell'albo.

Articolo 634【Formazione dello stato passivo】 Nel termine fissato dalla sentenza di apertura, il giudice designato, sentiti l'armatore e i creditori concorrenti, procede alla formazione dello stato passivo.

Articolo 635【Avviso di deposito dello stato attivo e passivo】 L'avvenuto deposito dello stato attivo e di quello passivo è comunicato all'armatore e ai creditori, mediante lettera raccomandata con avviso di ricevimento, nonché all'ufficio d'iscrizione della nave o del galleggiante, che ne cura la

하여야 한다.

선박이 매각되고 수입이 실현되면 적극목록 구성기간이 만료되기 적어도 5일 이전까지 한도금액에 이르기까지 수령금액으로 보충을 명하여야 한다.

제632조【선박의 매각 혹은 수입의 양도에 대한 이의】 선박의 매각 혹은 수입의 양도를 허용하는 명령이 공고된 날로부터 10일 이내에 채권자는 담당판사에 대한 청구서를 통해 이의를 제기할 수 있고 그러면 담당판사는 의장자와 채권자들 사이에 변론을 거쳐 결정하고 이에 대하여는 이의를 하지 못한다.

이러한 이의가 있으면 명령의 집행은 중지된다.

제633조【담당판사의 조치의 통지】 위 여러 조문에서 말하는 담당판사의 조치는 소관 서기과에서 의장자와 채권자들에게 영수증이 첨부된 등록우편의 방법으로 통지하여야 한다. 선박의 매각이나 수입의 양도를 허락하는 명령은 그 선박이나 유동구조물의 등록사무소에도 그 게시판에 부착하는 방식으로 공고하기 위하여 이를 송부하여야 한다.

제634조【소극목록의 구성】 제한절차 개시결정에 의해 지정된 기간 이내에 담당판사는 의장자와 채권자들의 변론을 듣고 난 다음 속구목록의 구성을 위해 절차를 진행하여야 한다.

제635조【적극목록과 소극목록의 제출고지】 적극목록과 소극목록이 제출되면 이를 의장자와 채권자들에게 영수증이 첨부된 등록우편을 이용하여 통지하여야 하고, 이는 그 선박이나 유동구조물의 등록사무소에도 통지하여야 하며, 등록사무소는 게시판에 부착하는 방식으로 이를 공고하여야 한

pubblicazione mediante affissione nell'albo.

Articolo 636 【Impugnazione dello stato attivo e passivo】 Le impugnazioni dello stato attivo e di quello passivo sono proposte in contraddittorio dell'armatore e dei creditori interessati, mediante citazione per l'udienza avanti il collegio, fissata ai sensi dell'articolo 623.

Decise le impugnazioni con sentenza passata in giudicato, il giudice designato, ove necessario, provvede alla formazione del nuovo stato attivo e di quello passivo e ordina l'integrazione della somma depositata entro un termine non superiore a cinque giorni.

Articolo 637 【Stato di riparto】 Decorso il termine fissato per le impugnazioni, ovvero quando il nuovo stato passivo è formato a norma dell'articolo precedente, i creditori compresi nello stato passivo possono concordare lo stato di riparto.

Se i creditori non raggiungono l'accordo, il giudice designato procede alla ripartizione della somma depositata, secondo l'ordine delle cause di prelazione.

Lo stato di riparto è impugnabile, entro dieci giorni dal deposito nella cancelleria, solo per quanto attiene all'ordine di prelazione.

Il giudice designato, in base al riparto concordato o a quello definitivamente formato, provvede all'emissione dei mandati di pagamento.

Articolo 638 【Ripartizione del residuo】 Fermo il disposto dell'ultimo comma dell'articolo 625, sul residuo della somma depositata sono ammessi a concorrere i creditori che abbiano presentata la loro domanda fuori del termine fissato nella sentenza di apertura.

Alla ripartizione del residuo si procede a norma dell'articolo precedente, ma lo stato di riparto è impugnabile anche per motivi attinenti all'esistenza del credito.

다.

제636조 【적극목록과 소극목록에 이의】 적극목록과 소극목록에 대한 이의는 제623조에서 정한 바에 따라 선박의장자 혹은 채권자들이 담당판사 소속 합의부[91]에서 변론을 진행하기 위해 지정된 기일에 출석할 것을 요구하는 출석요구서를 송부하는 방식으로 제기한다.

이러한 이의에 대해 합의부에서 판결로 재판을 하면 그 결과에 따라 필요하면 담당판사는 새로이 적극목록과 소극목록의 작성을 명하고 또 5일을 넘지 않는 일정기간 내에 예치된 금액의 보충을 명할 수도 있다.

제637조 【분배계획서】 이의의 기간이 경과하거나 혹은 전조 규정에 따라 새로운 목록이 구성된 경우 소극목록에 포함된 채권자들은 분배계획서에 관해 합의할 수 있다.

만일 채권자들이 합의에 이르지 못한 경우 담당 판사가 채권의 우선순위에 따라 예치된 금액을 분배한다.

분배계획서에 대해서는 서기과에 제출된 날로부터 10일 이내에 오로지 우선순위와 관련이 있는 것을 이유로 하여 이의를 제기할 수 있다.

담당판사는 합의된 분배계획서 또는 확정된 분배계획서를 기초로 지급의뢰서를 발부한다.

제638조 【잔금의 분배】 제625조 최종 항의 규정에 영향을 미치지 아니하는 범위 내에서, 예치된 금액에 잔액이 있으면 개시결정에서 정한 기간을 넘어 청구를 한 채권자들 사이의 분배가 허용된다.

이러한 잔액의 분배에 있어서도 전조에 따라 이를 진행하며, 다만 분배계획서는 채권의 존재 여부와 관련된 이유를 가지고도 이의를 할 수 있다.

---

91) 이탈리아에서는 어느 한 판사가 심리를 하고 판결은 소속 합의부에서 하는 이러한 방식의 재판이 오히려 일반적임.

Articolo 639【Fallimento dell'armatore】 Il fallimento dell'armatore, dichiarato successivamente al decorso del termine fissato per le impugnazioni dello stato attivo, o al passaggio in giudicato della sentenza che respinge le impugnazioni, ovvero alla integrazione della somma ai sensi del secondo comma dell'articolo 636, non estingue il procedimento di limitazione; le somme depositate non sono comprese nella massa attiva fallimentare, e i creditori soggetti alla limitazione non partecipano al concorso sul patrimonio del fallito.

Articolo 640【Decadenza dal beneficio della limitazione】 L'armatore decade dal beneficio della limitazione:

a) per l'inesatta indicazione o l'omissione, dolose o gravemente colpose, di proventi della spedizione;

b) per il mancato deposito, entro il termine fissato, della dichiarazione di valore della nave, disposto ai sensi dell'ultimo comma dell'articolo 622;

c) per il mancato deposito, entro il termine fissato, della somma limite o della somma per le spese del procedimento, ovvero per l'omessa integrazione del deposito stesso;

d) per l'occultamento della nave ovvero per l'intralcio all'opera dell'esperto nei casi di cui all'articolo 628.

Articolo 641【Dichiarazione di estinzione del procedimento】 In caso di fallimento dell'armatore dichiarato prima del momento indicato nell'articolo 639, o quando ricorra uno dei casi previsti nell'articolo precedente, il giudice designato rimette le parti al collegio.

Il collegio, accertati gli estremi di cui all'articolo 639 o quelli della decadenza, dichiara estinto, con sentenza il procedimento di limitazione, ordina la restituzione delle somme depositate, fatta deduzione delle spese, e fissa un termine per la riassunzione dei processi di esecuzione di cui

제639조【의장자의 파산】 적극목록의 이의기간을 경과하고 난 다음, 적극목록의 이의를 기각한 판결이 확정되고 난 다음, 혹은 제636조 제2항에서 말하는 금액보충이 있고 난 다음에, 의장자의 파산이 선고되면 그로 인하여 책임제한절차는 실효되지 아니한다; 일단 예치된 금액은 파산절차에서 적극기금에 포함되지 아니하고, 제한의 대상인 채권자는 파산자의 재산분배에 참여하지 못한다.

제640조【제한이익의 상실】 다음의 경우에는 의장자가 책임제한이익을 상실한다:

a) 항해로부터 발생하는 수입에 관해 고의 혹은 중대한 과실로 부정확한 신고를 하거나 누락을 한 경우;

b) 제622조 최종 항에 규정된 바에 따른 지정기일 내에 선가신고서 제출을 해태한 경우;

c) 지정된 기일 이내에 책임한도액이나 제한절차비용의 예치를 해태한 경우 및 예치한 금액에 보충해야 할 금액을 예치하지 아니한 경우;

d) 선박을 은닉하거나 제628조의 경우에 하는 전문가의 작업을 방해한 경우.

제641조【제한절차의 실효 선언】 제639조에 표시된 시기보다 이전에 의장자에게 파산이 선고되거나, 혹은 전조에 열거된 어느 경우에 해당되면, 담당판사는 당사자를 소속 합의부 재판에 보내야 한다.

합의부는 제639조 관련 요건이 충족되거나, 제한이익 상실의 요건이 충족된 것이 확인되면, 판결로써 책임제한절차의 종료를 선언하고 예치한 금액에서 먼저 비용을 공제한 다음 이를 반환할 것을 명하고, 제626조에 따라 집행절차의 재개를 위한 기한을 정하여야 한다.

이러한 판결은 제624조의 방식으로 통지하고 공고하여야 한다.

all'articolo 626.

La sentenza predetta è notificata e pubblicata nelle forme di cui all'articolo 624.

Articolo 642【Norme applicabili al procedimento promosso avanti il pretore】 Quando si tratta di navi minori o di galleggianti spettano al pretore tutti i poteri attribuiti dai precedenti articoli al tribunale al presidente e al giudice designato.

Titolo V Dell'esecuzione forzata e delle misure cautelari

Capo I Disposizioni generali

Articolo 643【Competenza】 L'esecuzione forzata è promossa avanti il tribunale o il pretore, nella circoscrizione dei quali la nave o il galleggiante si trova, a seconda che oggetto ne siano navi maggiori ovvero navi minori o galleggianti.

Il sequestro giudiziario e conservativo di navi o di galleggianti è autorizzato dai giudici competenti a norma del codice di procedura civile.

Articolo 644【Oggetto dell'espropriazione e delle misure cautelari】 Salve le eccezioni contemplate nell'articolo seguente, possono formare oggetto di espropriazione forzata e di misure cautelari le navi e i galleggianti, i loro carati e le loro pertinenze separabili.

Se oggetto di espropriazione forzata e di misure cautelari sono carati di navi, il giudice competente può, sentiti i comproprietari non debitori, autorizzare il pignoramento o il sequestro dell'intera nave, quando la quota del proprietario debitore eccede la metà; in tal caso, il diritto spettante ai comproprietari non debitori sui carati ad essi appartenenti è convertito nel

제642조 【간이판사에게 제기된 절차에 적용될 규범】 내항선이나 유동구조물과 관련된 경우, 위 규정에 의거 법원, 법원장 혹은 지정된 판사에게 귀속된 모든 권한은 간이판사에게 속한다.

제5장 강제집행과 보전처분

제1절 통 칙

제643조 【관할】 강제집행은 목적물이 원양선[92]인지 혹은 내항선이나 유동구조물인지에 따라 그 소재지를 관할하는 법원 혹은 간이재판소[93]가 관할한다.

선박 혹은 유동구조물의 가압류 및 가처분은 민사소송법의 규정에 의하여 해당 판사의 허락을 받아야 한다.

제644조 【강제경매와 보전처분의 목적】 아래 조문에서 예정하고 있는 예외를 제외하고는, 선박, 유동구조물, 그 지분 및 분리될 수 있는 속구가 모두 강제경매와 가처분의 대상이 된다.

지분이 강제경매나 가처분의 대상인 경우, 만일 채무자의 지분이 지분 과반수를 초과하면 담당 판사는 채무자 아닌 다른 지분 소유자의 의견을 들은 다음 선박 전체의 압류나 가압류를 허락할 수 있다; 이 경우에 채무자

92) 원양선과 내항선의 개념에 대하여는 제136조 참조.

93) 1998년에 간이재판소가 폐지되고 관할권이 모두 일반법원으로 이전되었다.

diritto alla corrispondente parte del prezzo di aggiudicazione ed è esente da ogni concorso alle spese delle procedure esecutive e cautelari.

Articolo 645【Navi non soggette a pignoramento e a sequestro】 Non possono formare oggetto di espropriazione forzata né di misure cautelari:

a) le navi da guerra, comprese le navi in costruzione per conto della marina militare nazionale;

b) le navi adibite alle linee di navigazione, dichiarate di preminente interesse nazionale dal ministro [per le comunicazioni] (1), se non sia intervenuta l'autorizzazione del ministro medesimo;

c) le navi adibite ai servizi pubblici di linea o di rimorchio della navigazione interna, se non sia intervenuta l'autorizzazione del ministro per la mercantile;

d) le navi e i galleggianti, pronti a partire o in corso di navigazione, purché non si tratti di debiti a causa del viaggio che stanno per intraprendere o che proseguono. La nave marittima si reputa pronta a partire quando il comandante ha ricevuto le spedizioni, e la nave della navigazione interna quando il comandante di porto ha dato la relativa autorizzazione.

Articolo 646【Provvedimenti per impedire la partenza della nave】 Il giudice competente a sensi dell'articolo 643, e, ove ricorra l'urgenza, il comandante del porto, o l'autorità di polizia giudiziaria del luogo, nel quale si trova la nave, possono prendere i provvedimenti opportuni per impedire la partenza della nave.

Articolo 647【Precetto】 Il precetto è regolato dalle disposizioni del codice di procedura civile, ma il termine ad adempiere è ridotto a ventiquattro ore.

가 아닌 다른 공유자 소유인 지분에 대한 권리는, 지분에 해당하는 만큼의 경락 대금에 대한 권리로 변경되고, 다른 공유자는 가처분이나 강제집행의 절차로 인한 비용은 이를 부담하지 아니한다.

제645조【압류나 가압류의 대상이 되지 아니하는 선박】 다음 물건은 강제경매나 가처분의 대상이 되지 아니한다;

a) 해군의 계산으로 건조 중인 선박을 포함한 전함;

b) 해운장관이 국익에 중대한 영향이 있다고 선언한 정기항로에 제공된 선박. 다만 동 장관의 허락이 있는 경우에는 그러하지 아니하다.

c) 공공목적에 제공된 정기선, 혹은 내항선의 예인선. 다만 해운장관의 허락이 있는 경우에는 그러하지 않다.

d) 항해의 준비를 완료하거나 항해중인 선박. 다만 수행하고 진행하려고 하거나 현재 수행하는 그 항해 때문에 생긴 채무의 경우에는 그러하지 아니하다. 항해선은 출항허가서를 받은 때에 항해준비가 완료되었다고 보고 내수항행선은 항만장이 출항을 허가한 때에 항해준비가 완료되었다고 본다.

제646조【선박에 대한 출항금지조치】 제643조에 의해 관할권을 가진 판사는 물론, 긴급한 때에는 그 선박 소재지 항만장 혹은 사법경찰관도 선박의 출항을 저지하기 위해 필요한 조치를 취할 수 있다.

제647조【집행예고】 집행예고[94]는 민사소송법의 규정에 의하여 규율하

94) 이탈리아 민사소송법에 의하면 원칙적으로 강제집행을 하기 이전에 10일 이상 기간을 주고 이행을 최고하여야 하며 이 최고는 90일간 유효하다. 그러나 독자의 이해의 편의를 위하여 이를 집행예고라고 번역하였다; 이탈리아 민사소송법 제479조 내지

Articolo 648【Notificazione del precetto】 Il precetto, ad istanza del creditore, deve essere notificato al debitore proprietario.

Il precetto diviene inefficace, trascorsi trenta giorni senza che si sia proceduto al pignoramento.

Capo II Del procedimento di espropriazione forzata

Articolo 649【Giudice dell'esecuzione】 L'espropriazione è diretta da un giudice.

Nei procedimenti avanti il tribunale la nomina del giudice dell'esecuzione è fatta dal presidente, su presentazione, a cura del cancelliere, del fascicolo di cui al terzo comma dell'articolo 653, entro due giorni da che è stato formato.

Nei procedimenti avanti le preture delle quali fanno parte più magistrati, la nomina è fatta dal pretore dirigente a norma del comma precedente.

Si applicano al giudice dell'esecuzione gli articoli 174 e 175 del codice di procedura civile.

Articolo 650【Forma del pignoramento di navi o di carati di navi】 L'atto di pignoramento deve contenere:

1) l'enunciazione della somma dovuta e del titolo esecutivo, in forza del quale si procede, e della sua spedizione in forma esecutiva;
2) la data della notificazione del precetto;
3) l'ingiunzione al debitore proprietario di astenersi da qualsiasi atto diretto a sottrarre alla garanzia del credito, per la soddisfazione del quale si agisce, la nave o il galleggiante o i carati, che si assoggettano alla espropriazione, e le relative pertinenze;

나, 다만 이행할 기간은 24시간으로 축소된다.

제648조 【집행예고의 통지】 집행예고는 채권자의 신청에 의거 채무자인 소유자에게 통지하여야 한다.

집행예고는 압류로 진행하지 아니하고 30일이 경과하면 실효한다.

제2절 강제집행절차

제649조 【집행판사】 단독판사가 강제집행을 주관한다.

법원에서 집행절차를 진행함에 있어서는 집행서기가 제653조 제3항에 의해 마련한 기록을 제출하면 그 날로부터 2일 이내에 법원장이 담당할 집행판사를 지명한다.

간이재판소에서의 절차[95]에서는 거기에 여러 간이판사가 있다면 전항의 규정에 따라 수석간이판사가 담당할 간이판사를 지명한다.

이 집행판사에 대하여는 민사소송법 제174조 및 제175조가 적용된다.

제650조 【선박이나 그 지분의 압류방법】 압류처분에는 다음 사항이 포함되어 있어야 한다.

1) 채무금액, 절차의 기초가 되는 집행권원, 이 권원에 집행문의 부여 등의 기재;
2) 집행예고[96]의 통지 일자;
3) 집행의 대상인 선박, 유동구조물, 그 지분에 대해, 절차의 목적이 되는 채무의 이행을 위한 담보가치를 저해하는 여하한 행위도 하지 아

제482조 참조.

95) 1998년 폐지되었다

96) 위 제647조 참조.

4) l'intimazione al comandante di non far partire la nave, ovvero, se oggetto dell'espropriazione è una nave in corso di navigazione, di non far ripartire la nave dal porto di arrivo;

5) gli elementi di individuazione della nave o del galleggiante.

Il pignoramento si esegue, su istanza del creditore precettante, mediante notificazione dell'atto al debitore proprietario e al comandante. Se si tratta di nave in corso di navigazione, il giudice competente ai sensi dell'articolo 643 può prescrivere che la notificazione dell'atto al comandante sia eseguita per mezzo di telegramma collazionato con avviso di ricevimento, ovvero mediante comunicazione radiotelegrafica degli estremi del pignoramento.

Non appena eseguita la notificazione o ritirata la ricevuta regolamentare della comunicazione telegrafica o radiotelegrafica, il creditore invia copia autentica dell'atto all'ufficio di iscrizione della nave o del galleggiante, il quale provvede alla trascrizione nel registro d'iscrizione e, ove si tratti di navi maggiori, anche all'annotazione sull'atto di nazionalità. Se la nave è in costruzione, la trascrizione del pignoramento si esegue nel registro delle navi in costruzione.

Il detto ufficio è tenuto a consegnare al creditore un certificato dal quale risulti l'espletamento delle formalità indicate nel precedente comma.

Articolo 651 【Forma del pignoramento di pertinenze separabili】

Il pignoramento di pertinenze separabili è autorizzato dal pretore della circoscrizione, nella quale si trova la nave, su istanza del creditore, sentiti i creditori ipotecari. Esso è eseguito, secondo le norme del codice di procedura civile, riguardanti il pignoramento di cose mobili, dall'ufficiale giudiziario, il quale cura il deposito delle cose nei magazzini generali o in altro luogo idoneo, e nomina un custode.

니하도록 하는 소유자인 채무자에 대한 중지명령;

4) 선장에 대해 선박으로 하여금 출항을 하게 해서는 안 된다는 통지, 혹은 이미 집행의 목적인 선박이 항해 도중에 있는 때에는 항구에 도착 이후에는 다시 출항을 하여서는 아니 된다는 통지;

5) 선박이나 유동구조물의 특정.

압류의 집행은 집행을 구하는 청구인의 청구에 의하여 채무자인 소유자와 선장에게 통지하는 방식으로 한다. 선박이 항해중인 경우 제643조 소정의 규정에 의하여 관할권을 갖는 판사는, 이 선장에 대한 압류처분 통지를, 영수증이 수반된 전신 혹은 압류 요지를 라디오 교신의 방식으로 송부하게 할 수 있다.

통지를 정상적으로 실행하였거나 혹은 그 정상적인 수령이 확인되면, 채권자는 즉시 선박이나 유동구조물의 등록사무소에 처분의 증명사본을 송부하여야 하고, 그러면 그 사무소는 이를 등록부에 등록하여야 하고 만일 선박이 원양선이라면 국적증서에도 이를 부기하여야 한다. 만일 선박이 건조중인 경우, 압류의 등록은 건조선박등록부에 하여야 한다.

위 사무소는 전항 절차가 완료된 것을 증명하는 증서를 채권자에게 교부하여야 한다.

제651조 【분리 가능한 속구의 압류방식】 분리 가능한 속구의 압류는 집행을 하는 채권자의 신청을 받아 선박소재지 관할 간이판사[97]가 저당채권자의 의견을 들은 다음 이를 허락하여 실시한다. 압류는 동산의 압류에 관한 민사소송법의 규정에 따라 집행관[98]이 이를 실시하며, 집행관은 목적물을 공인 창고 혹은 기타 적당한 장소에 보관시키고 그 관리인을 임명하여야

97) 1988년부터 일반법원 판사가 관할한다.

98) 집행관은 우리 법과 달리 공무원 신분이라고 한다.

Articolo 652【Amministrazione della nave pignorata】 Il capo dell'ufficio giudiziario competente ai sensi dell'articolo 643, su istanza di chi vi ha interesse e sentiti i creditori ipotecari, può disporre che la nave pignorata per intero o per carati, intraprenda uno o più viaggi, prescrivendo con ordinanza le garanzie e le altre cautele che creda opportune, e disponendo in ogni caso che sia stipulata una adeguata assicurazione.

Il viaggio non può essere incominciato sino a che l'ordinanza non sia stata resa pubblica con le forme previste dall'articolo 250, e il richiedente non abbia anticipato, nei modi indicati per i depositi giudiziari, le somme presumibilmente necessarie per intraprendere e condurre a termine il viaggio o i viaggi.

Il nolo, dedotte le spese da rimborsare, nei limiti dell'effettuato deposito, al richiedente, va in aumento del prezzo di aggiudicazione. Se le spese occorrenti eccedono il nolo, il richiedente è tenuto per la differenza, e per il pagamento di questa il giudice può emettere decreto di ingiunzione.

Il giudice può anche emettere, su istanza dei creditori ipotecari o privilegiati, decreto d'ingiunzione a carico dei debitori del nolo, degli accessori e dei valori contemplati negli articoli 553, 572, sempre che non vi sia stata surroga dell'assicuratore.

Con il decreto d'ingiunzione è nominato il curatore della nave, nei confronti del quale il richiedente o i debitori possono proporre opposizione.

I crediti per il nolo, gli accessori e i valori suindicati, e altresì quelli per la differenza dovuta dal creditore richiedente, possono essere ceduti per contanti dal giudice a chi ne faccia richiesta; il prezzo della cessione va in aumento del prezzo di aggiudicazione.

Articolo 653【Domanda di vendita】 Non prima di trenta e non oltre novanta giorni dal pignoramento, il creditore pignorante o uno dei creditori

한다.

제652조【압류선박의 관리】 제643조에 의한 소관 법원의 수석 집행관은 이해관계인의 신청이 있으면 저당채권자의 변론을 들은 다음, 선박이 전부 압류되었든 지분이 압류되었든, 그 선박이 하나 혹은 다수의 항해를 하는 것을 허가할 수 있고, 다만 명령의 방식으로 보증 기타 적당한 담보를 마련하게 하고, 반드시 충분한 보험에 항상 가입하도록 요구하여야 한다.

항해를 개시하기 이전에 먼저 제250조의 방식에 따라 명령을 공고하여야 하고, 그 항해를 적기에 수행하고 종료하기 위해 필요하다고 예상되는 금액을 청구인이 공탁의 방식으로 선급하여야 한다.

운임은 공탁한 금액의 범위 내에서 신청인에게 보전하여 줄 비용을 먼저 공제하고 난 다음 나머지 금액은 그만큼 경락 금액이 증가된 것으로 본다. 만일 발생한 비용이 운임을 초과하는 때에는 신청인이 그 차액을 부담하여야 하며, 그 변제를 위해 해당 판사는 지급명령을 발할 수 있다.

저당채권자 혹은 우선특권채권자의 신청이 있으면 제553조 및 제572조 규정에서 말하는 운임, 부속물 및 선가의 채무자에 대하여도 지급명령을 발할 수 있고, 다만 보험자가 이미 이를 대위한 경우에는 그러하지 아니하다.

지급명령과 함께 선박관리인을 임명하여야 하고 이에 대해 청구인 혹은 채무자가 이의를 제기할 수 있다.

위에서 본 운임, 부속물 및 선가에 대한 채권 및 청구채권자가 지는 차액채무에 기한 채권은 판사가 이를 원하는 사람에게 현금으로 양도할 수 있다; 양도 대금은 경락 대금에 추가한다.

제653조【매각 요청】 압류일로부터 30일 이후 90일 이전에, 압류채권자 혹은 어느 집행력을 가진 채권자는 제643조에 의한 관할판사에게 신청을

muniti di titolo esecutivo può chiedere la vendita della nave o del carato con ricorso al giudice competente ai sensi dell'articolo 643.

Il ricorso è notificato al proprietario debitore, ai creditori ipotecari e ai creditori intervenuti a norma dell'articolo 499 del codice di procedura civile, con invito a far pervenire le loro osservazioni sulle condizioni di vendita, e, se trattasi di nave straniera, al console dello Stato di cui la nave batte la bandiera.

Nel termine di giorni trenta dalla notificazione e non oltre novanta giorni dal pignoramento, il creditore istante è tenuto a depositare, presso la cancelleria del giudice competente ai sensi dell'articolo 643 il ricorso notificato e l'estratto del registro di iscrizione dal quale risultino le ipoteche trascritte; di essi si forma, a norma dell'articolo 488 del codice di procedura civile, fascicolo insieme con l'atto di pignoramento, con il certificato di cui all'ultimo comma dell'articolo 650 di questo codice, e con le eventuali osservazioni scritte degli interessati sulle condizioni di vendita.

Articolo 654【Designazione del giudice dell'esecuzione e nomina dell'esperto】 Sulla presentazione del fascicolo di cui al precedente articolo, eseguita dal cancelliere, il giudice, competente ai sensi dell'articolo 643, provvede alla nomina del giudice dell'esecuzione e alla designazione di un esperto per la stima della nave, e fissa un termine, non superiore a trenta giorni, per il deposito della relazione.

Se siano stati osservati gli adempimenti di cui all'articolo 652, secondo comma, non si fa luogo alla designazione dell'esperto, se non dopo dieci ma non oltre trenta giorni dal compimento del viaggio.

Articolo 655【Ordinanza di vendita】 Trascorsi cinque giorni dal deposito della relazione di stima, il giudice dell'esecuzione, sentiti il debitore proprietario, il creditore precettante e istante, i creditori ipotecari e quelli intervenuti, nonché il console dello Stato di cui la nave batte la bandiera,

통하여 선박이나 그 지분의 매각을 요청할 수 있다.

이러한 신청은 소유자인 채무자, 다른 저당채권자 및 민사소송법 제499조에 의거 참가하는 채권자에게 통지하여야 하고 통지와 함께 매각 조건에 대한 의견의 개진을 요청하여야 하며, 외국 국적 선박이 관련된 경우에는 그 영사에게도 이러한 통지를 하여야 한다.

이러한 통지를 하고 난 다음 30일이 경과한 후, 압류 후 90일이 경과하기 이전에, 청구한 채권자는 제643조에 의한 관할 판사의 서기과에 통지를 완료한 매각청구서와 등록된 저당권이 나타나는 선박등록부 초본을 제출하여야 한다; 이것을 가지고 본법 제650조 마지막 항에 의한 확인서 및 매각조건에 대한 관계인이 이후 작성한 의견서를 첨부하여 민사소송법 제488조에 따라 일건 서류를 작성한다.

제654조 【집행판사의 지정과 감정인의 임명】 전조에 의거 서기에 의하여 작성된 기록이 제출되면 제643조의 규정에 의한 해당 판사는 집행판사를 지명하고 선박을 평가하기 위해 감정인을 임명하며, 나아가 30일을 초과하지 않는 범위 내에서 보고서 제출기간을 정한다.

제652조 제2항에 의한 조치가 있었음이 판명되면, 항해 완료일로부터 10일 이후이며 30일 이전에 감정인을 지정한다.

제655조 【매각명령】 평가보고서가 제출되고 5일이 경과하면 집행판사는 채무자인 소유자, 청구인으로 집행신청인인 채권자, 여타 저당채권자 및 참가채권자는 물론 외국선박의 경우 그 영사로부터 소명을 들은 다음 공매의 방식으로 경매를 할 것을 명한다.

dispone con ordinanza la vendita mediante incanto.

Articolo 656 【Contenuto dell'ordinanza】 L'ordinanza deve contenere la descrizione della nave espropriata in tutto o per carati, e stabilire:

1) il prezzo base dell'incanto, determinato dall'esperto;
2) il giorno e l'ora dell'incanto;
3) l'ammontare della cauzione che deve essere prestata dagli offerenti per il decimo del prezzo base e per il presumibile ammontare delle spese d'incanto e di registrazione del decreto di trasferimento, nonché il termine entro il quale la cauzione stessa deve essere prestata dagli offerenti;
4) la misura minima dell'aumento delle offerte;
5) il termine, non superiore a sessanta giorni dalla aggiudicazione definitiva, entro il quale il prezzo deve essere depositato, e le modalità del deposito.

Articolo 657 【Notificazione e pubblicità dell'ordinanza di vendita】 L'ordinanza di vendita è notificata, a cura del cancelliere del giudice dell'esecuzione, alle persone indicate nell'articolo 655, che non sono comparse.

L'ordinanza inoltre deve essere annotata, a cura del cancelliere in margine al pignoramento e pubblicata nel foglio degli annunzi legali. Copia di essa è affissa, almeno dieci giorni prima della vendita, in apposito albo presso l'ufficio della cancelleria.

Il giudice dell'esecuzione può nella stessa ordinanza disporre le altre forme di pubblicità che ritiene opportune.

Articolo 658 【Persone ammesse a fare offerte】 Sono ammessi a fare offerte coloro che hanno prestata la cauzione stabilita nell'ordinanza di vendita.

Le offerte devono essere fatte personalmente o a mezzo di mandatario

第656조 【명령 내용】 매각명령에는 전체 혹은 지분이 경매될 선박에 관한 기술이 있어야 하고 다음 사항을 정하여야 한다:

1) 감정인이 정한 최저경매가격;
2) 경매 일시;
3) 최저경매가격의 10분지 1과 경매 및 이전등기비용의 추정액 상당의 보증금의 액수와 참가인이 보증금을 제공할 기간;
4) 증액 청약[99]의 최소 조치;
5) 경락이 확정된 날로부터 60일 이상 경과하지 아니한 날로서 경락대금을 납입할 기간 및 납입방법

第657조 【매각명령의 통지와 공고】 집행판사의 서기는 제655조에 표시된 사람으로 법정에 출두하지 아니한 사람이 있으면 그에게 매각명령을 통지하여야 한다.

그 외에도 동 서기는 압류명령 말미에 매각명령을 부기하고 이를 법원공보에 공고하여야 한다. 이 명령의 사본을 매각 이전 적어도 10일 이상 법원 서기과 게시판에 게시하여야 한다.

집행판사는 매각명령에서 그 외의 다른 적당한 공고방법도 정할 수 있다.

第658조 【청약이 허용되는 사람】 매각명령에서 정한 청약보증금을 예치한 사람이면 누구나 청약을 할 수 있다.

---

99) 제662조 참조.

munito di procura speciale. I procuratori legali possono fare offerte per persona da nominare.

Non sono ammesse offerte da parte del debitore proprietario.

Articolo 659【Modalità dell'incanto】 L'incanto ha luogo avanti il giudice dell'esecuzione nella sala delle udienze, col sistema della candela vergine. La nave o i carati sono aggiudicabili a chi abbia fatto l'offerta maggiore. Ogni offerente cessa di essere tenuto per la sua offerta quando essa è superata da altra valida.

L'incanto, se non può compiersi nella stessa udienza, è continuato nel primo giorno seguente non festivo.

Articolo 660【Aggiudicazione per persona da nominare】 Il procuratore legale, che è rimasto aggiudicatario per persona da nominare, deve, nei tre giorni dall'incanto, dichiarare in cancelleria il nome della persona per la quale ha fatto l'offerta, depositando il mandato. In mancanza, l'aggiudicazione diviene definitiva al nome del procuratore.

Articolo 661【Ulteriori incanti, vendita senza incanto】 Quando la vendita all'incanto non ha luogo per mancanza di offerte, il giudice dell'esecuzione, sentiti gli interessati e il debitore proprietario, dispone che si proceda ad ulteriori incanti, stabilendo di volta in volta un prezzo base inferiore almeno del venti per cento a quello precedente.

Se, pure essendo stato ridotto il prezzo al quaranta per cento del prezzo base, la vendita all'incanto non ha luogo per mancanza di offerte, il giudice dell'esecuzione, sentiti i creditori interessati e il debitore proprietario, dispone che si proceda alla vendita senza incanto, prescrivendone le condizioni.

청약은 청약자 본인이 직접 할 수도 있지만 특별위임장을 소지한 대리인을 통하여도 할 수 있다. 법정대리인은 장차 지명을 전제로 숨은 본인을 위하여 청약할 수 있다.

채무자인 소유자는 청약을 할 수 없다.

제659조【경매방법】 경매는 공개법정에서 집행판사의 주관하에 새로운 촛불 소진 방식으로 실시한다.[100)]

선박이든 그 지분이든 최고 금액으로 청약을 한 사람에게 경락을 허가한다.

어느 청약인이든 다른 유효한 청약에 의해 자기 청약이 추월되면 더 이상 그 청약에 의한 책임을 지지 않는다.

어느 경매기일에 경매절차가 종료되지 아니하면 그 다음 근무일에 경매절차를 속행한다.

제660조【숨은 본인에 대한 경락】 숨은 본인을 위하여 경락을 받은 법정대리인은 경락일로부터 3일 이내에 서기과에 위임장을 제출하는 것과 더불어 본인의 이름을 신고하여야 한다. 만일 이를 하지 아니하면 그 대리인 개인에게 확정적으로 경락된 것으로 본다.

제661조【추후 경매 및 비경매 매각】 청약의 부재로 인하여 경매가 이루어지지 못한 경우 집행판사는 이해관계인과 채무자인 소유자의 의견을 듣고 난 후 재경매를 결정하고 이어서 매 경매마다 이전 경매보다 적어도 20% 적은 최저경매가격을 정하여야 한다.

최저경매가격이 최초 최저경매가격의 40%에 이르기까지 감소되었음에도 불구하고 청약의 부재로 인해 경매가 이루어지지 못한 경우, 집행판사는 이해관계인과 채무자인 소유자의 의견을 들은 다음 조건을 정한 후에 그 조건으로 경매 없이 매각할 것을 명한다.

---

100) 1865년 상법, 1882년 상법에도 있는 제도로 당시 시계가 귀하기 때문에 촛불이 타는 동안 청약을 접수하고 촛불이 다 타면 청약을 종료하는 전통을 따른 것이다.

Articolo 662 【Offerte di aumento】 Nei dieci giorni successivi all'incanto possono presentarsi al giudice dell'esecuzione offerte di acquisto a un prezzo superiore almeno di un sesto a quello di aggiudicazione.

L'offerta deve essere accompagnata dal deposito di una cauzione pari al venti per cento del prezzo offerto.

Il giudice dell'esecuzione, accertato l'adempimento delle predette formalità, stabilisce un nuovo incanto, a norma degli articoli precedenti, sulla base del prezzo aumentato.

Articolo 663 【Versamento del prezzo】 L'aggiudicatario, entro il termine fissato dall'ordinanza di vendita, deve versare il residuo prezzo secondo le modalità fissate nell'ordinanza stessa, e depositare in cancelleria il documento comprovante l'avvenuto versamento.

Articolo 664 【Trasferimento della nave】 Avvenuto il versamento del prezzo, il giudice dell'esecuzione con decreto trasferisce all'aggiudicatario la nave descritta nella ordinanza di vendita, e ingiunge all'ufficio competente di cancellare le trascrizioni delle ipoteche e dei pignoramenti.

Il decreto, trasmesso dal cancelliere all'ufficio di iscrizione della nave o del galleggiante, è reso pubblico a norma dell'articolo 250, ed ha valore anche come titolo esecutivo per il rilascio della nave.

Le disposizioni del presente articolo si applicano anche alla vendita senza incanto.

Articolo 665 【Trasferimento dei carati di nave】 Avvenuto il versamento del prezzo, il giudice della esecuzione, con decreto, trasferisce all'aggiudicatario i carati indicati nella ordinanza di vendita e ingiunge all'ufficio competente di restringere le ipoteche ai carati, che non formano oggetto di espropriazione.

Il decreto è trasmesso dal cancelliere all'ufficio di iscrizione della nave o del galleggiante per essere reso pubblico a norma dell'articolo 250.

제662조【증액 청약】 경매 후 10일 이내에 경락 가격보다 6분지 1 이상 고액으로 구입하고자 하는 청약을 집행판사에게 제출할 수 있다.
이러한 청약을 할 때에는 청약 가격의 20%에 상당하는 보증금을 예치하여야 한다.
집행판사는 위와 같은 절차가 모두 이행된 것이 확인되면 증가된 가격을 최저경매가격으로 하여 위 규정에 따른 재경매를 명한다.

제663조【대금 납부】 경락인은 매각명령에서 정한 기간 내에 매각명령에서 정한 방식으로 잔액을 납부하여야 하며 납부한 것을 증명하는 서류를 서기과에 제출하여야 한다.

제664조【선박소유권 이전】 경락대금이 납부되면 집행판사는 매각명령에서 특정한 선박의 소유권 이전을 명하고 해당 사무소에 저당 및 압류 등록의 말소를 명하여야 한다.
서기에 의하여 이 명령이 그 선박이나 유동구조물의 등록사무소로 송부되면 제250조의 규정에 따라 이를 공시하여야 하며, 이 명령은 그 선박의 압류해제를 위하여 집행력을 가진 명령으로서의 효력이 있다.
본조의 규정은 위 비경매 절차에 의하여 매각이 이루어졌다 하더라도 마찬가지로 적용된다.

제665조【선박 지분 이전】 경락대금이 납부되면 집행판사는 매각명령에 표시된 지분을 경락인에게 이전할 것을 명하고, 해당 사무소에 지분에 대한 저당권을 경매의 목적이 아닌 다른 지분으로 한정할 것을 명하여야 한다.
서기는 제250조 규정에 따라 공고를 하기 위해 그 선박이나 유동구조물의 등록사무소에 이 명령을 송부하여야 한다.
본조의 규정은 위 비경매 매각의 경우에도 적용된다.

Le disposizioni del presente articolo si applicano anche alla vendita senza incanto.

Articolo 666 【Inadempienza dell'aggiudicatario】 Se il prezzo non è versato entro il termine stabilito, il giudice dell'esecuzione, con ordinanza pubblicata e affissa nelle forme stabilite nell'articolo 657, dispone che si proceda a nuovo incanto.

L'ammontare della cauzione prestata dall'aggiudicatario inadempiente, dedotte le spese, si distribuisce insieme col prezzo ottenuto nel nuovo incanto.

Se il prezzo unito alla cauzione è inferiore a quello dell'incanto precedente, il giudice dell'esecuzione, su istanza di un creditore intervenuto, emette a carico dell'aggiudicatario inadempiente decreto di ingiunzione a versare la differenza, entro il termine di cinque giorni, nei modi indicati per i depositi giudiziari; l'aggiudicatario può proporre opposizione nei confronti del creditore istante.

Articolo 667 【Opposizioni all'esecuzione】 La opposizione, con la quale si contesta il diritto della parte istante a procedere ad esecuzione forzata, e quella che riguarda la pignorabilità della nave o dei carati, si propongono con ricorso al giudice dell'esecuzione, o, in difetto, con citazione al giudice competente ai sensi dell'articolo 643, salva l'applicazione dell'articolo 480, terzo comma, del codice di procedura civile. Il giudice dell'esecuzione, se è competente per la causa, provvede alla istruzione a norma degli articoli 175 e seguenti del codice di procedura civile, altrimenti fissa con decreto l'udienza di comparizione avanti il giudice competente per valore, e stabilisce il termine perentorio per la notificazione del ricorso e del decreto.

Articolo 668 【Opposizioni agli atti esecutivi】 Salva l'applicazione dell'articolo 480, terzo comma, del codice di procedura civile, le opposizioni relative alla regolarità formale e alla notificazione del titolo esecutivo e del precetto, nonché quelle relative ai singoli atti di esecuzione, si propongono

제666조【경락인의 불이행】 경락대금이 정한 기간 내에 납부되지 아니하면 집행판사는 새로운 경매절차를 진행할 것을 명하고 이를 제657조에 규정한 방식에 따라 공고하고 게시하여야 한다.

불이행을 한 경락인이 납부한 보증금은 먼저 비용을 공제하고 새로운 경매에서 경락대금과 함께 이를 분배한다.

경락대금이 보증금을 합하여도 이전 경매의 경락대금보다 소액인 경우, 절차에 참여하는 채권자의 신청을 받아 집행판사가 불이행한 경락인을 상대로 그 차액을 5일 이내에 공탁의 방식으로 납부할 것을 명한다. ; 경락인은 요청을 하는 채권자를 상대로 이에 대하여 이의를 할 수 있다.

제667조【집행에 대한 이의】 신청인이 강제집행을 할 권리를 다투거나 그 선박이나 그 지분을 압류할 수 있는지를 다투는 이의는 집행판사에 대하여 신청의 방식으로 제기하여야 하고, 혹은 그렇게 할 수 없으면 제643조 규정에 의해 관할권이 있는 판사에게 소장을 제출하여 이의를 제기하여야 하며, 민사소송법 제480조 제3행이 적용되는 경우는 이를 예외로 한다. 집행판사는 만일 사안이 자기의 관할에 해당되면 민사소송법 제175조 이하의 규정에 따라 심리절차를 개시하여야 하며, 그렇지 아니하면 소가에 의거 관할권을 가진 판사에 의해 심리를 할 기일을 명령으로 지정하여야 하며, 또 이러한 신청이나 명령을 통지할 제척기간도 정하여야 한다.

제668조【집행처분에 대한 이의】 민사소송법 제480조 제3항이 적용되는 경우를 제외하고는, 형식적 적법성 및 집행권원이나 집행예고의 통지에 대한 이의, 기타 개별적인 집행처분에 대한 이의는 집행판사에 대한 청구의 방식으로 하여야 하며, 그렇게 할 수 없으면 제643조에서 말하는 관할 판사

con ricorso al giudice dell'esecuzione, o, in difetto con citazione al giudice competente ai sensi dell'articolo 643, nel termine perentorio di cinque giorni dal primo atto di esecuzione, se riguardano il titolo esecutivo o il precetto, oppure dal giorno in cui i singoli atti furono compiuti.

Il giudice dell'esecuzione provvede a norma dell'articolo 618 del codice di procedura civile.

Articolo 669【Opposizione di terzi】 Il terzo che pretende avere la proprietà o altro diritto reale sulla nave o sui carati, soggetti ad espropriazione, può proporre opposizione con ricorso al giudice dell'esecuzione prima che sia disposta la vendita.

Si applicano gli articoli 619, secondo comma, 621, 622 del codice di procedura civile.

Articolo 670【Espropriazione contro il proprietario non armatore e contro il terzo proprietario】 Quando l'espropriazione della nave o dei carati di nave è promossa dai creditori dell'armatore non proprietario, assistiti da privilegio navale, il titolo esecutivo e il precetto debbono essere notificati anche al proprietario non armatore.

Il pignoramento e in generale gli atti di espropriazione si compiono nei confronti del proprietario non armatore, al quale si applicano tutte le disposizioni relative al debitore, ad eccezione del divieto di cui all'articolo 658, terzo comma.

Ogni volta che, a norma del presente capo, deve essere sentito il debitore, deve essere sentito anche il proprietario non armatore.

Ai fini del comma precedente, il terzo proprietario è equiparato al proprietario non armatore.

Articolo 671【Vendita di pertinenze separate】 Alla procedura di vendita di cose già costituenti pertinenze si applicano le norme del codice di procedura civile relative alla vendita di cose mobili.

에게 소장을 제출하여 이의를 하여야 하며, 이 이의는 집행권원 혹은 집행예고와 관련이 있으면 최초 집행처분으로부터, 다른 여타 특정 처분은 그 처분일로부터, 각각 5일의 제척기간 이내에 제기하여야 한다.

집행판사는 민사소송법 제618조 규정에 따라 조치를 한다.

제669조【제3자에 의한 이의】 경매의 대상인 선박이나 그 지분에 소유권 기타 물권을 보유하고 있다고 주장하는 제3자는 매각이 이루어지기 전에 집행판사에게 신청의 방식으로 이의를 할 수 있다.

여기에는 민사소송법 제619조 제2항, 제621조 및 제622조가 적용된다.

제670조【비의장자 소유자 및 제3소유자에 대한 경매】 소유자가 아닌 의장자에 대한 채권으로 선박우선특권에 기하여 소유자의 선박이나 그 지분에 경매가 이루어지는 경우, 집행권원 및 집행예고를 비의장자인 소유자에게도 통지하여야 한다.

압류 기타 모든 매각처분은 비의장자인 소유자를 상대로 하여야 하며, 이 비의장자인 소유자에 대하여 채무자와 관련된 모든 규정이 적용되며, 다만 제658조에 의한 금지의 경우에는 그러하지 않다.

본장의 규정에 의하여 채무자의 의견을 들어야 하는 경우 비의장자인 소유자의 의견도 들어야 한다.

전항의 적용에 있어 제3자인 소유자는 비의장자인 소유자와 마찬가지로 본다.

제671조【분리된 속구의 매각】 이미 속구를 구성하고 있는 물건의 경매절차에는 민사소송법상 동산경매에 적용될 규정이 적용된다.

Articolo 672 【Rinvio】 Alla esecuzione per consegna della nave e alla estinzione e alla sospensione dei processi di esecuzione si applicano le disposizioni del codice di procedura civile.

Capo III Della liberazione della nave dai privilegi dalle ipoteche

Articolo 673 【Facoltà di liberare la nave】 Il terzo acquirente di una nave o di carati, che ha trascritto il suo titolo e non è personalmente obbligato verso creditori privilegiati o ipotecari, ha facoltà di liberare la nave o i carati da ogni ipoteca trascritta e da ogni privilegio per credito sorto anteriormente alla trascrizione del suo titolo di acquisto.

Articolo 674 【Liberazione dopo il pignoramento】 La facoltà prevista dall'articolo precedente spetta all'acquirente anche dopo il pignoramento, purché egli nel termine di trenta giorni proceda in conformità di quanto è disposto dall'articolo seguente.

Articolo 675 【Istanza per la liberazione】 L'acquirente deve far notificare ai creditori e ai precedenti proprietari un atto contenente:

1) la data e la qualità del suo titolo e la data della trascrizione;
2) il nome dei suoi danti causa;
3) gli elementi di individuazione della nave;
4) il prezzo convenuto e ogni altro peso posto a carico dell'acquirente, o il valore che egli offre di pagare;
5) l'elenco dei creditori ipotecari coll'indicazione dei loro nomi, delle somme loro dovute e della data dei loro titoli e della trascrizione di essi;
6) l'offerta di depositare entro trenta giorni dalla notificazione e dall'inserzione il prezzo convenuto o il valore dichiarato, affinché sia diviso tra i creditori;
7) l'elezione del domicilio nel comune ove siede il giudice che sarebbe

제672조 【기타】 선박의 인도 집행 및 집행절차의 소멸과 중지에 대하여는 민사소송법의 규정이 적용된다.

제3절 우선특권과 저당권으로부터 해방

제673조 【해방권】 선박이나 그 지분을 취득하고 이전등록을 한 제3자는, 저당채권자나 우선특권채권자에게 달리 개인적으로 채무를 지고 있지 않는 한, 그가 자신의 권리를 이전등록하기 이전에 등록한 모든 저당권과 이전에 취득한 모든 우선특권으로부터 그 선박이나 지분을 해방시킬 권한이 있다.

제674조 【압류 후 해방】 전조에서 말하는 해방권은 압류된 이후에도 계속 보유하며, 다만 이 경우 취득자는 30일 이내에 다음 조문에 규정한 바에 따른 절차를 개시하여야 한다.

제675조 【해방 청구】 취득자는 채권자 모두와 이전 소유자 모두에게 아래 사항이 포함된 내용의 청구를 고지하여야 한다:

1) 자기 권원의 성격과 날짜 및 등록 일자;
2) 전임 소유자의 성명;
3) 선박의 특정;
4) 합의한 가격과 기타 취득자가 지기로 한 부담, 혹은 그가 지급하기로 청약한 가격;
5) 피담보 채권자의 성명, 채무액 및 권리의 발생 및 등록일자가 표시된 저당채권자 명부;
6) 채권자들이 배분할 수 있도록, 통지와 게재한 날로부터 30일 이내에, 합의한 대금 혹은 신고한 가격을 공탁하고자 하는 청약;
7) 집행 관할권을 가진 판사의 사무소 소재지에 있는 선정주소.

competente per l'esecuzione.

Un estratto sommario di quest'atto deve essere inserito nel giornale degli annunzi giudiziari del luogo ove ha sede l'ufficio d'iscrizione della nave o del galleggiante.

Articolo 676【Istanza di vendita all'incanto della nave】 Ogni creditore privilegiato o ipotecario, entro quindici giorni dalla notificazione e dall'inserzione disposta nell'articolo precedente, può domandare la vendita all'incanto offrendo l'aumento di un decimo e congrua cauzione per il pagamento del prezzo e per l'adempimento di ogni altro obbligo. La domanda, sottoscritta dall'istante o da un suo procuratore speciale, deve essere notificata all'acquirente, e depositata nella cancelleria del giudice competente a norma dell'articolo 643, il quale constatata la regolarità degli atti, e sentiti, ove occorra, gli interessati, emana ordinanza di vendita ai sensi degli articoli 656, 657.

Articolo 677【Provvedimento di liberazione】 Se la vendita non è domandata nel termine o nel modo stabilito nell'articolo precedente o se la domanda è respinta, il prezzo offerto dall'acquirente rimane definitivamente fissato.

Eseguito dall'acquirente il deposito del prezzo, il pretore o il presidente del tribunale, competente a norma dell'articolo 643, ordina con decreto all'ufficio competente la cancellazione o la restrizione delle trascrizioni ipotecarie.

Il decreto è trasmesso d'ufficio dal cancelliere all'ufficio d'iscrizione della nave o del galleggiante, per essere reso pubblico a norma dell'articolo 250.

Articolo 678【Aggiudicazione al terzo acquirente】 Se l'aggiudicazione segue a favore del terzo acquirente, il giudice competente ai sensi dell'articolo 643, con decreto, pronuncia la conferma del titolo di acquisto e ingiunge all'ufficio competente di cancellare o di restringere le trascrizioni

이러한 청구의 요지는 그 선박이나 유동구조물의 등록사무소 소재지의 법원공보에 게재하여야 한다.

제676조 【선박 경매신청】 전조 규정에 의한 통지와 게재가 있은 날로부터 15일 이내에, 저당채권자 혹은 선박우선특권채권자이면 누구나 가격 10분지 1의 증액과, 대금지급과 다른 의무 이행에 충분한 담보를 제공하고서 경매를 통한 매각을 청구할 수 있다. 청구인이나 그 특별대리인이 서명한 경매신청은 이를 취득자에게 통지하여야 하고 이를 제643조의 규정에 따른 관할 판사의 서기과에 제출하여야 하며, 그러면 그 판사는 청구가 정상적으로 이루어진 것을 확인하고 필요하면 이해관계인의 의견을 들은 다음 제656조 및 제657조에서 말하는 매각명령을 발한다.

제677조 【해방 조치】 전조에서 정한 방식으로 그 기간 내에 신청을 하지 아니하거나 신청이 기각된 때에는 취득자가 청약한 가격은 확정된다.

취득자가 가격을 공탁하면 제643조에 의해 관할권를 가진 간이판사나 혹은 법원장은 관할 사무소에 저당권의 등록말소 혹은 그 제한을 명한다.

이 명령은 제250조 규정에 의한 공고를 위해 서기과에서 직권으로 그 선박이나 유동구조물의 등록사무소에 송부하여야 한다.

제678조 【제3취득자에게 경락】 만일 제3자 앞으로 경락이 이루어지면 제643조에서 말하는 관할 판사는 이미 취득한 권원을 확인하는 선언을 하고 해당 사무소에 등록저당권의 말소나 축소를 명한다.

제250조의 규정에 따라 공고를 하기 위하여 서기과가 그 선박이나 유동

ipotecarie.

Il decreto è trasmesso dal cancelliere all'ufficio di iscrizione della nave o del galleggiante, per essere reso pubblico a norma dell'articolo 250.

Il terzo acquirente, al quale è stata aggiudicata la nave o il carato, ha azione di regresso contro il venditore per il rimborso di ciò che eccede il prezzo stipulato nel contratto di vendita.

Articolo 679【Effetti del mancato deposito del prezzo】 Se il terzo acquirente non deposita il prezzo nel termine, la domanda di liberazione della nave dalle ipoteche e dai privilegi rimane senza effetto, salva la responsabilità del richiedente per i danni verso i creditori.

Capo IV Della distribuzione del prezzo

Articolo 680【Disposizioni generali】 Nel caso di cui all'articolo 677, il terzo acquirente deposita presso la cancelleria del giudice, competente a norma dell'articolo 643, l'elenco dei creditori ipotecari trascritti e di quelli privilegiati che siano noti, e promuove la nomina del giudice dell'esecuzione.

Nel caso di cui al secondo comma dell'articolo 644, i comproprietari non debitori depositano presso la cancelleria del giudice, competente ai sensi dell'articolo 643, la domanda con gli atti e documenti giustificativi dei loro diritti nel termine stabilito.

La distribuzione del prezzo non è sospesa per il ritardo del deposito del nolo o dei proventi della amministrazione della nave regolata dall'articolo 652, alla distribuzione dei quali si procede separatamente.

Articolo 681【Rinvio】 La distribuzione del prezzo ricavato dalla vendita di cose già costituenti pertinenze separabili è regolata dalle norme del codice di procedura civile riguardanti la distribuzione del prezzo ricavato dalla

구조물의 등록사무소에 이 명령을 송부한다.

선박이나 그 지분을 경락받은 제3취득자는 매도인에 대하여 양도계약에서 정한 가격을 초과하는 금액에 상당하는 보상을 받기 위한 구상권을 가진다.

제679조【대금미납의 효과】 제3취득자가 기한 내에 대금을 납부하지 아니하는 경우, 선박의 저당권이나 우선특권으로부터의 해방청구는 효력을 상실하고, 다만 청구인은 채권자에 대하여 손해배상책임을 진다.

제4절 대금 분배

제680조【통칙】 제677조의 경우 제3취득자는 제643조에 의한 관할 판사의 서기과에 등록된 저당채권자와 알고 있는 우선특권채권자의 명부를 제출하고 집행판사의 임명을 요청하여야 한다.

제644조 제2항의 경우, 채무자가 아닌 공유자가 제643조에 의해 관할권을 가진 판사의 서기과에 소정 기간 내에 자기 권리를 증명할 서류와 함께 청구서를 제출하여야 한다.

제652조에 의한 선박의 관리를 통한 운임이나 기타 수입의 납부가 지체된다 하더라도 그로 인하여 대금의 분배는 중지되지 아니하고 그 분배는 별도로 실시한다.

제681조【준용】 이미 종물로 제공되었지만 분리할 수 있는 물건의 매각으로 회수된 대금의 분배는 동산의 매각으로 인해 회수된 대금의 분배에 관한 민사소송법의 규정에 의하여 규율한다.

vendita di cose mobili.

La distribuzione tanto delle somme depositate ai sensi dell'articolo 677 di questo codice, quanto del ricavato della vendita forzata di nave o carati è regolata dagli articoli 510 a 512; 596 a 598 del codice di procedura civile.

Capo V Dei procedimenti cautelari

Articolo 682【Provvedimento di autorizzazione】 Il provvedimento di autorizzazione a procedere a sequestro giudiziario o conservativo deve contenere:

1) il divieto al proprietario debitore di disporre della nave o dei carati senza ordine di giustizia;
2) l'intimazione al comandante di non far partire la nave, e, se si tratta di nave in corso di navigazione, di non farla ripartire dal porto di arrivo;
3) gli elementi di individuazione della nave o del galleggiante, cui si riferisce l'autorizzazione.

Articolo 683【Notificazione del provvedimento】 Il provvedimento di autorizzazione, ad istanza del creditore, deve essere notificato al proprietario e al comandante della nave.

Esso deve essere notificato anche al proprietario non armatore, se chi agisce è creditore dell'armatore non proprietario ed è assistito da privilegio sulla nave, e al terzo proprietario, se si tratta di nave o di carati di nave, gravati da privilegi navali od ipoteche.

Se si tratta di nave in corso di navigazione, il giudice adito può prescrivere che la notificazione del provvedimento al comandante sia eseguita secondo le modalità indicate dal secondo comma dell'articolo 650.

Articolo 684【Pubblicità del provvedimento】 Il provvedimento notificato è, a cura del creditore, trascritto nella matricola o nel registro e, ove si tratti

제677조에서 말하는 납부금액 및 선박이나 그 지분의 강제경매를 통해 회수된 금액의 분배는 민사소송법 제510조 내지 제512조; 제596조 내지 제598조의 규정에 의하여 규율한다.

제5절 보전절차

제682조【허가처분】 가압류나 가처분의 실시를 위한 허가처분에는 다음 사항을 적시하여야 한다.

1) 법원의 명령이 없는 한 선박이나 그 지분을 처분할 수 없다는 소유자에 대한 금지;
2) 선박을 출항하게 하여서는 아니 되고 항해중인 선박인 때에는 항구에 도착하면 다시 출항하여서는 안 된다고 하는 선장에 대한 명령;
3) 명령의 대상이 되는 선박이나 유동구조물의 특정.

제683조【처분의 통지】 허가처분은 채권자의 신청에 의하여 선박의 소유자와 선장에게 통지하여야 한다.

소유자 아닌 의장자에 대한 채권으로 선박우선특권에 기해 청구를 하는 경우 그 의장자 아닌 소유자에게도 통지하여야 하고, 선박우선특권이나 저당권의 설정에 의해 부담을 안은 제3자 소유 선박이나 그 지분이 대상이 되면 그 제3자인 소유자에게도 통지하여야 한다.

현재 항해중인 선박이 대상인 경우, 담당판사는 제650조 제2항에 표시된 방법으로 선장에게 처분을 통지하도록 하여야 한다.

제684조【처분의 공고】 통지를 한 처분은 채권자의 요청에 의해 선박등록부나 등재부에 기재하여야 하고 원양선이나 그 지분인 경우 국적증서에도

di navi maggiori o loro carati, annotato inoltre sull'atto di nazionalità.

Articolo 685【Amministrazione della nave sequestrata】 In caso di sequestro giudiziario o di sequestro conservativo, all'amministrazione della nave si applica il disposto dell'articolo 652.

Articolo 686【Rinvio】 Per quanto non è espressamente disposto nel presente capo, si applicano le disposizioni del codice di procedura civile riguardanti il sequestro.

부기하여야 한다.

제685조【가압류된 선박의 관리】 가압류나 가처분된 선박의 관리에 대하여는 제652조 규정이 적용된다.

제686조【준용】 이 절에서 명시적으로 규정하지 아니하는 사항에 대하여는 민사소송법에 있는 가처분에 대한 규정이 적용된다.